JN448935

1880년대 조선-청 공동감계와 국경회담의 연구

서울대학교 아시아연구소총서 기초연구시리즈 10

1880년대 조선-청 공동감계와 국경회담의 연구

초판 1쇄 인쇄 2018년 1월 5일
초판 1쇄 발행 2018년 1월 10일

지은이 김형종
펴낸이 성낙인
펴낸곳 서울대학교출판문화원

출판등록 제15-3호

주소 08826 서울 관악구 관악로 1
대표전화 02-880-5252 | 팩스 02-888-4148
홍보마케팅팀(주문상담) 02-889-4424, 02-880-7995
이메일 snubook@snu.ac.kr
홈페이지 www.snupress.com

ISBN 978-89-521-1971-1 94910
978-89-521-1475-4 (세트)

ⓒ 김형종 · 2018
지은이와의 협의하에 인지는 생략합니다. 잘못된 책은 바꾸어 드립니다.
이 책의 무단 전재나 복제 행위는 저작권법 제98조에 따라 처벌받게 됩니다.

이 연구는 서울대학교 아시아연구소 아시아기초연구사업 연구비에 의하여 수행되었음.

서울대학교 아시아연구소총서
기초연구시리즈 10

1880년대 조선-청 공동감계와 국경회담의 연구

김형종 지음

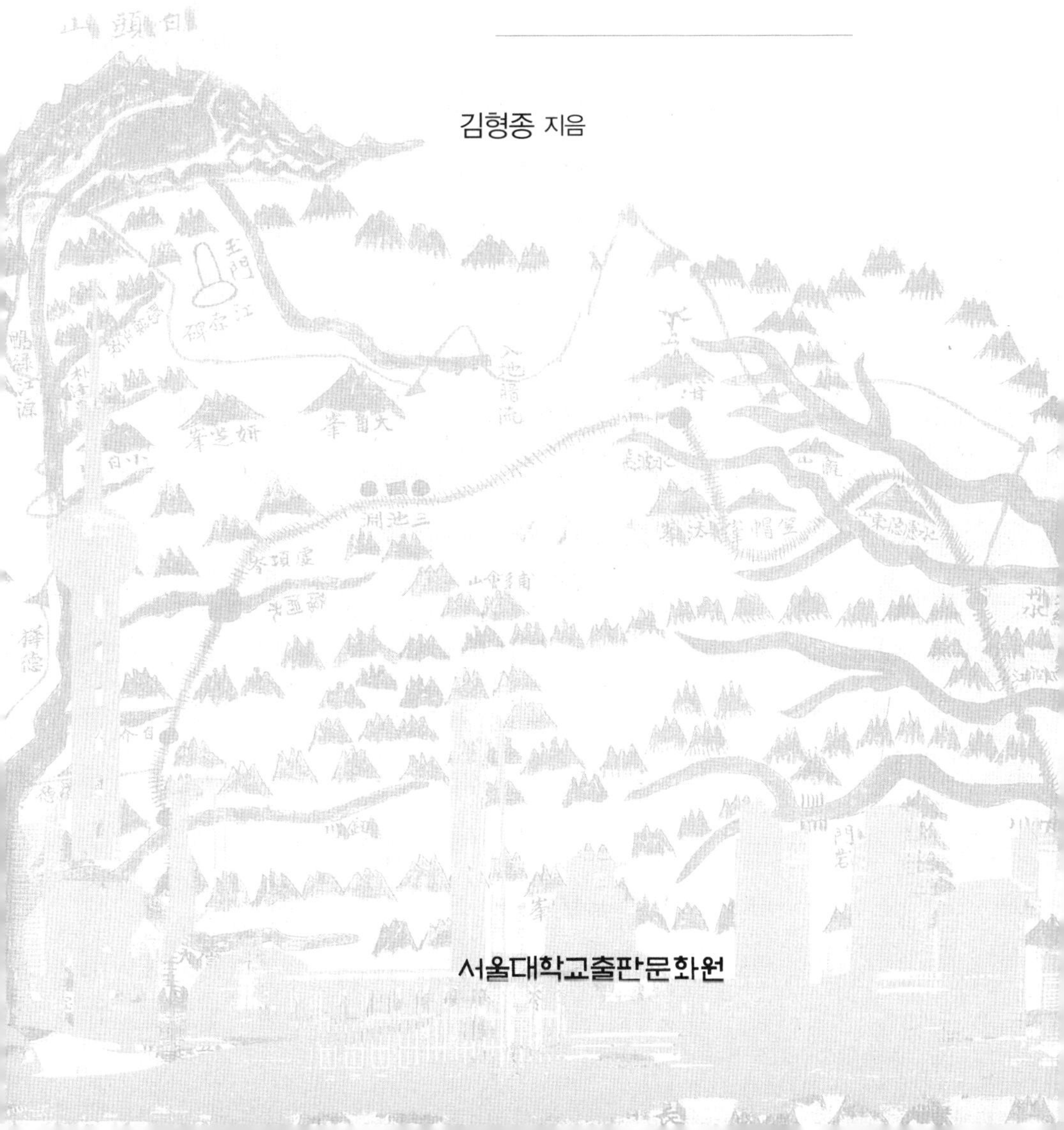

서울대학교출판문화원

A Study on the Joint-Investigations of the Korea-China Borders in the 1880s

Kim, Hyoung-chong

Seoul National University Press

머리말

이 책의 원고 초안을 대략 완성하는 데에는 2014년 6월 하순부터 9월 하순까지 여름 방학기간을 중심으로 약 3개월의 시간이 필요하였다. 무시무시한 여름 더위를 버티면서 짧은 기간 안에 서둘러 원고를 마감하느라 애당초의 의도와는 달리 문장이 거칠고 난삽하다는 인상을 피하기 어려울 것으로 보인다. 그래도 비교적 짧은 기간 안에 초안을 마무리할 수 있었던 것은 이미 그전에 5년 이상에 걸친 자료 수집과 번역을 거쳐 이 책에서 인용된 기초자료가 거의 갖추어져 있었기 때문이었다. 이 수집과 번역으로 이루어진 기초자료는 2014년에 가서야 서울대학교출판문화원에서 지금의 이 책과 거의 같은 제목의 『1880년대 조선-청 국경회담 관련 자료 선역』(서울대학교 규장각한국학연구원 한국학자료총서 제17, 총1,163쪽)으로 출판될 수 있었다. 동양사학과 대학원의 이지영·윤형진·김두현·양개강 군 등과 그 밖의 근현대사를 전공하는 대학원생들의 큰 도움을 받아 이루어진 이 자료집은 1880년대 국경회담 관련 자료에서 중국과 조선 양쪽 사료를 거의 망라하여 우리말로 전부 번역한 것이다.

그렇지만 실제로는 자료의 분량이 너무 많고, 국경과 영토에 관한 예민한 문제인 만큼 독자가 기존의 선입견이나 영토지상주의적인 낡은 내셔널리즘의 영향에서 벗어나거나, 상당히 복잡한 내용과 사건, 기록이 담겨 있는 이 자료들을 독파하고 거기에서 떠오르는 당시대의 실제적 역사현장을 재구성해 내는 일은 몹시 곤란한 일이나 마찬가지였다. 그래서 자료의 수집과 번역·편집 과정을 총괄한 필자가 나름대로 그것을 체계적으로 정리하여 제시함으로써, 관련된 역사상의 재구축을 위한 기초를 제공해야 한다는 의무감이 이 책의 출발점이 되었다. 실제 이 책을 집필하기 위해 자료를 다시 재구성하여 구조를 갖추어나가면서 기왕의 번역·편집 작업에서 놓쳤거나 잘못 이해하였던 여러 가지 사실·사항을 바로잡는 작업도 상당히 이루어졌다. 때문에 초안의 작성 못지않게 초안 원고의 수정·정리·개정 작업 또한 상당한 수고가 들어갈 필요가 있었는데, 이것은 뜻하지 않게 원고의 출판과정이 늦추어지는 차질이 발생함으로써 도리어 가능해졌다. 책은 좀 늦게 나오게 되었지만, 덕분에 좀 더 오류가 적고 좀 더 나은 내용을 갖출 수 있게 된 셈이다. 다만 좀 더 읽기 쉬운 문장으로 쓸 수 있을 것이라는 생각이었는데, 글의 길이를 줄이기 위해 사료의 원문을 가능한 한 모두 끌어와 쓰다 보니, 생각 밖으로 문장이 늘어져서 깔끔한 내용이 되지 못한 것이 못내 아쉽다. 또한 1880년대 전후 조선인의 해외 이주사는 최근 해외 학계에서 주목받고 있는 '이주민 식민주의(Settler Colonialism)'의 특이한 사례로서 접근하는 것이 가능한데, 이 분야의 연구 자체가 방대하여 그런 점에 대한 고려를 제대로 하지 못한 점 역시 마찬가지다.

청말의 광서 신정과 신해혁명기를 전공으로 하는 필자가 그보다 조금 앞선 시대의 이러한 주제에 관심을 두게 된 것은 십여 년 전 국경과 영토에 관한 국사편찬위원회의 프로젝트에 중국 측 자료를 담당하는 팀의 일원으로 일하게 된 것이 계기로 작용하였다. 그때 중국 측 자료를 탐색하던 중 가장 중요한 문헌 가운데 하나인 오록정(吳祿貞)의 『연길변무보고(延吉邊務報告)』가 우리말로 번역되어 있음에도 불구하고 그 번역이 너무 무성의하게 이루어져 도저히 참고자료로서 이용할 수 없는 상황임을 발견하고, 이 책의 번역을 과제로 선정하게 된 것이 새로운 연구의 출발점이 되었기 때문이다. 관련 자료나 연구에서도 이러한 점이 너무나 눈에 띄는 공통적 특성이 되고 있는 점은 매우 안타까운 현상이다. 뜻하지 않게 프로젝트의 중단으로 『연길변무보고』의 출판은 무산되었지만, 1880년대의 공동감계와 국경회담, 나아가 이 시기 한중관계사로 관심분야가 넓어지면서, 결국은 이 책으로 지난 십여 년 간의 관심사를 일단 정리할 수 있게 되어 다행으로 생각한다(이 책에서 다루지 못한 1890년대 이후 시기의 문제는 차후의 과제로 삼고자 한다).

이 책의 출판은 서울대학교 아시아연구소의 2013년도 아시아기초연구 지원과제(자유과제)로 선정될 수 있었기에 가능해졌으므로 아시아연구소의 지원에 대해 우선 감사의 인사를 하고 싶다. 또한 필자의 연구에 깊은 관심을 가지고 꾸준히 옆에서 격려해 주신 인문대학과 동양사학과의 여러 동료 선생님들, 필자의 작업이 훨씬 용이해지도록 많은 도움을 준 동양사학과 대학원생 여러분에게도, 그리고 어려웠던 기초자료집의 출간을 열성적으로 도와주었을 뿐만 아니라 아주 번거로운 이 책의 교정·출판 작업까지도 힘써 맡아 주신 서울대학교출판문화원에게도 깊은 감사를 드린다. 물론 이 책이 나오기까지, 아니 훨씬 그 이전부터 남편과 아버지로서 가정을 제대로 돌보지 못한 기나긴 세월 동안 인내와 사랑으로 견뎌 준 아내에게 이 책을 바치는 것이 마지막 순서가 될 것이다.

2017년 12월 7일

관악산 14동 503호 연구실에서

김형종

차례

그림차례

표차례

제1장

들어가는 말

1

그다지 잘 알려져 있지는 않지만, 1880년대 조선과 중국[淸] 사이에서는 두만강(豆滿江) 및 그 북쪽 건너편의 이른바 '간도(間島)'라고 불리는 지역의 영유권을 둘러싸고 분쟁이 발생하여 두 차례에 걸친 공동감계(共同勘界: 즉 공동 국경조사인 會勘을 말한다)와 회담이 이루어졌다. 보다 구체적으로 말하자면 1885년(高宗 22, 光緖 11) 9월-12월에 제1차 공동감계(乙酉勘界라고도 부른다)가 이루어지고, 뒤이어 1887년(高宗 24, 光緖 13) 3월-5월의 제2차 공동감계(丁亥勘界라고도 부른다)가 이루어졌으며, 이 두 차례의 공동감계를 전후하여 양측 대표 사이에 국경의 위치 설정 문제를 둘러싸고 여러 차례 담판이 이루어졌던 것이다. 이때 논쟁의 초점은 결국 두만강 북쪽 너머의 간도지역이 어느 나라에 속하는가를 따지는 것이었는데, 이를 확인하기 위해 그 역사적 근거(백두산 정계비와 압록강·두만강의 상류)를 찾아서 공동감계를 진행하고, 그 결과를 확정하기 위해 여러 차례의 담판을 나누었던 것이다.

당시에는 두만강(豆滿江)뿐만 아니라 토문강(土門江) 및 도문강(圖們江)이란 명칭도 함께 논의의 초점이 되어, 이 세 가지가 하나인가 아닌가를 두고 상당한 논쟁을 벌어지기도 하였다. 원래 이 두만·토문·

도문은 모두 '만(萬)'을 의미하는 만주어 발음을 달리 표기한 것이었지만, 당시로서는 그에 대한 해석의 차이가 컸던 것이다.[1] 제1차 공동감계 이후 사실 그것은 모두가 같은 강의 다른 이름·발음이라는 데 합의가 이루어졌다. 사실상 이러한 해석은 거의 이론의 여지가 없는 것으로 보이지만, 앞으로 거슬러 올라가면 1712년 백두산정계비가 설립된 이후, 그리고 뒤로 내려와 1880년대의 공동감계가 이루어진 다음 심지어는 오늘날에 이르기까지 이와 관련된 해석·논쟁은 여전히 논란이 끊이지 않고 있다. 양국 사이의 국경회담 전체에서 보면 그다지 비중이 크지 않은 이런 문제에 대해서조차 그 사실의 '확정'이 결코 쉽지 않은 양상인 것이다. 따라서 그 범위를 양국 사이에서 벌어진 국경회담 전체에서 다루어진 논쟁의 주제로 넓히면 확정해야 하는 '사실'들

1 이 문제에 대해서는 張存武, 「穆克登所定的中韓國界」 및 「淸代中韓邊界問題探源」, 『淸代中韓關係論文集』(臺北: 商務印書館, 1987 소수) 외에 李康源, 「조선 초 기록 중 '豆滿' 및 '土門'의 개념과 국경인식」, 『문화역사지리』(韓國文化歷史地理學會) 19-2, 2007a[앞으로 같은 저자의 같은 해 연구 성과가 있는 경우 a, b 등으로 구분하겠다]; 李康源, 「조선후기 국경인식에 있어서 두만강·토문강·분계강 개념과 그에 대한 검토」, 『정신문화연구』 30-3, 2007b; 李康源, 「『대동여지도(大東輿地圖)』 백두산(白頭山), 두만강(豆滿江) 일대에 표시된 몇 가지 지명(地名)의 검토 — 국경인식(國境認識) 위치(位置), 어원(語源) 및 오기(誤記) 문제를 중심으로 —」, 『한국지역지리학회지』 16권 5호, 2010a; 이강원, 「백두산(白頭山), 천지(天池) 지명(地名)에 대한 일고찰 — 한(韓)·중(中) 지명표기를 중심으로 —」, 『국토지리학회지』 44권 2호, 2010b; 배우성, 「18세기 청의 지리지·지도와 백두산 수계」, 『역사와 경계』 65, 2007; 배우성, 『조선과 중화: 조선이 꿈꾸고 상상한 세계와 문명』(돌베개, 2014)의 제3·4부(pp. 195-327); 이화자, 『명·청시기 중한 지리지에 기술된 백두산 수계」, 『한국문화역사지리학회지』 20-3, 2008; 문상명, 「한국 고지도에 표현된 백두산 동류 수계」, 『한국지역지리학회지』 19-2, 2013; 문상명·양보경, 「한국 고지도 속 백두산 북동류 하천에 나타나는 북방영역에 관한 인식과 사회적 담론」, 『문화역사지리』 25-2, 2013 등에서 집중적으로 다루고 있다.

의 범위나 수량은 더욱 늘어날 수밖에 없다. 새로운 자료나 근거의 발견에 따라 얼마든지 기왕의 해석이나 서술이 바뀌어야 할 부분이 도처에 깔려 있는 것이다.

때문에 이 책에서 다루고자 하는 것은 바로 이 두 차례의 공동감계·회담의 과정과 그 전후의 문제이지만, 되도록 이 주제에만 초점을 좁혀 그 내용을 구체적으로 상세하게 검토하면서 그에 관한 역사적 사실들을 재구성하는 데 우선 무엇보다도 중점을 두고자 한다. 그래야만 비교적 과제의 부담을 좁혀서 보다 효과적인 역사상의 재구축에 접근할 수 있다고 생각하기 때문이다.

이 분야에 관심을 가진 사람이라면 누구나 알고 있듯이 이 주제에 대한 연구의 역사는 국내에서는 1950년대부터 시작되어 이미 상당히 오랜 역사를 가지고 있다. 그동안 쌓인 연구도 주로 국내에서 이루어지기는 하였지만 — 그 학문적 수준은 매우 다양하다 — 방대한 분량에 속하여 연구서의 이름만 늘어놓기에도 벅찰 정도이다. 따라서 여기서는 사실상 그동안의 연구사를 정리한 최근의 논문만 소개하고자 하지만, 그것도 상당한 분량에 이른다.[2]

2 기존의 연구서나 연구논문을 모두 정리·소개하는 것은 너무 번거롭고 그 수준도 천차만별이라 학술적으로 인용할 만한 가치가 있는 것도 많지 않아 그다지 큰 의미도 없으므로 여기서는 참고문헌에 소개된 간단한 목록으로 대체하고자 한다. 한편 이러한 연구동향의 정리는 특히 21세기에 들어와서 아주 빈번해지고 있다. 김춘선, 「鴨錄·豆滿江 국경문제에 관한 한·중 양국의 연구동향」, 『한국사학보』 12, 2002; 김춘선, 「조선인의 동북이주와 중·조(한) 국경문제 연구동향 — 중국학계의 연구 성과를 중심으로 —」, 『한중관계사 연구의 성과와 과제』(국사편찬위원회·한국사학회, 2003); 고성훈, 「조선 후기 조·청 국경문제에 대한 연구사검토 — 백두산정계비를 중심으로 —」, 『한중관계사 연구의 성과와 과제』(국사편찬위원회·한국사학회, 2003); 한철호, 「근대 한중 국경조약과 국경문제의 연구현황과 과제」, 『한중관계사 연구의 성과와 과제』(국사편찬위원회·한국사학회, 2003); 배성준, 「중국의 조·청

또한 그 주제의 범위를 아주 좁힌다면 그 분량은 크게 줄어들지만, 조금만 넓혀서 관련 연구를 들여다볼 경우, 적지 않은 다른 분야의 주제들과 겹치거나 연결되는 경우도 많다. 따라서 함께 다루어야 할 문제나 기존 연구 및 관련 자료는 아주 쉽사리 보다 큰 범위의 문제로 확대되어 버린다. 이를테면 러시아나 중국 등지로의 조선인[韓人] 진출 역사와 관련된 해외이주사 및 연변(延邊) 조선족의 형성사,[3] 조선과

국경문제 연구 동향」, 고구려연구재단 편, 『중국의 東北邊疆 연구 동향 분석』(고구려연구재단, 2004); 고바야시 레이코(小林玲子. 이성환 옮김), 「일본에서의 간도연구의 현황: '만주'사변이전의 간도문제를 중심으로」, 『간도학보』(한국간도학회) 2, 2005; 김기훈, 「韓人의 만주이민사 연구의 현황과 과제」, 『백산학보』 76, 2006; 이성환, 「간도문제 연구의 회고와 전망 — 새로운 연구지평의 확장을 위한 비판적 검토 —」, 『백산학보』 76, 2006; 김종건, 「백두산간도 역사연구의 현황과 쟁점」, 『동북아역사논총』 18, 2007; 배성준, 「한·중의 간도문제 인식과 갈등구조」, 『동양학』 43, 2008; 김기훈, 「간도 담론의 연구사적 검토」, 한석정 외 지음, 『근대만주자료의 탐색』(동북아역사재단, 2009); 梁大彦, 「白頭山(長白山)和 中韓(朝鮮) 國境線 問題」, 『택민국학연구원』 8, 2011; 金春善, 「鴨綠江·圖們江國境問題硏究動態 — 以中韓兩國學界爲中心 —」, 『延邊大學學報』 47-3, 2014 등. 앞에 나온 논문이나 저서를 다시 인용할 때는 앞으로 김춘선, 2002라는 식으로 필자명과 출간연도만 표기하도록 하겠다.

3 조선백성이 이 지역으로 범월·이주한 것에 대해서는 玄圭煥, 『韓國流移民史』(語文閣, 1967); 高承濟, 『韓國移民史硏究』(章文閣, 1973) 등의 선구적 연구 외에 주성화, 『중국조선인이주사』(한국학술정보, 2007); 孫春日, 『中國朝鮮族移民史』(中華書局, 2009) 등 수많은 연구가 축적되어 있다. 이 분야의 연구에 대해서는 제2장에서 다시 언급하도록 하고 여기서는 백두산이나 국경 문제를 제외하고 移住史 방면에만 초점을 맞춘 硏究史·硏究動向의 정리만을 소개하도록 하겠다. 이에 대해서는 金春善, 「조선인의 동북이주와 중·조(한) 국경문제 연구동향 — 중국학계의 연구 성과를 중심으로 —」, 『한중관계사 연구의 성과와 과제』(국사편찬위원회·한국사학회, 2003); 김춘선, 「중국 조선족사 연구현황과 과제」, 『중앙사론』 24, 2006; 김춘선, 「연변에서의 조선족 역사 연구동향」, 『한국학연구』 27, 2012(→「동아시아한국학의 분화와 계보 — 복수의 한국학들」, 인하대학교 한국학연구소, 2013); 김춘선,

청 그리고 나아가 러시아 및 일본과의 관계의 역사 등 전통시대 및 근대조선의 복잡다단한 정치·외교사(특히 전통적 事大字小의 中華秩序에서 근대적 萬國公法의 秩序로의 전환과 이를 둘러싼 갈등),[4] 함경도 지역사와 19세기의 현황이나 조선 후기부터 두드러진 북방(또는 함경도)영토에 대한 의식의 대두 및 그 변화, 그리고 이를 해명하기 위한 관련된 지도들이나 역사지리의 문제를 분석하는 연구,[5] 백두산정계비의 설립과 거기

『북간도 한인사회의 형성과 민족운동』(고려대학교 민족문화연구원, 2016); 김기훈, 「韓人의 만주이민사 연구의 현황과 과제」, 『백산학보』 76, 2006 등을 참고.

4 이를테면 조선·청 사이의 관계에 대한 연구사적 정리를 시도한 것으로 노기식, 「중국의 청 전기 만주(東北) 및 조선 관계 연구 동향」, 고구려연구재단 편, 『중국의 東北邊疆 연구 동향 분석』(고구려연구재단, 2004); 권혁수, 「중국 학계의 근대 중한관계사 연구현황에 대하여」, 『근대한중관계사의 재조명』(혜안, 2007); 구선희, 「근대 한중관계사의 연구경향과 쟁점분석」, 『한중일 학계의 한중관계사연구와 쟁점』(동북아역사재단, 2009); 방향숙, 「중국학계의 한중관계사 연구, 어제와 오늘」, 『한중일 학계의 한중관계사연구와 쟁점』(동북아역사재단, 2009); 박상수, 「중국학계의 근현대 한중관계사 인식」, 『한중일 학계의 한중관계사연구와 쟁점』(동북아역사재단, 2009); 김형종, 「최근 중국에서의 청대사 연구동향의 분석 — 특히 조청관계사와 국경문제를 중심으로 —」, 유장근 외 지음, 『중국 역사학계의 청사 연구 동향 — 한국 관련 분야를 중심으로 —』(동북아역사재단, 2009); 구범진, 「동아시아국제질서의 변동과 조선-청 관계」, 『동아시아 국제질서 속의 한중관계사』(동북아역사재단, 2010); 張存武, 「近代中韓關係史的硏究」, 『六十年來的中國近代史硏究』 下(臺北: 中央硏究院近代史硏究所, 1989); 陳尙勝, 「최근 15년간 중국학계의 清朝와 朝鮮關係史에 대한 연구논평」, 『이화사학연구』 37, 2008; 陳尙勝, 「近16年來来中國學術界關于清朝與朝鮮關係史硏究術評」, 『當代韓國』 2009 秋季號; 權赫秀, 「最近三十年來國內學界的中韓關係史硏究綜述」, 『過去的經驗與未來的可能走向 — 中國近代史硏究三十年(1979-2009) —』(社會科學文獻出版社, 2010) 등을 참조.

5 이를테면 박인호, 『조선후기역사지리학연구』(이회, 1996); 배우성, 『조선 후기 국토관과 천하관의 변화』(일지사, 1998); 배우성, 『조선과 중화: 조선이 꿈꾸고 상상한 세계와 문명』(돌베개, 2014); 姜錫和, 『朝鮮後期 咸鏡道와

에서 비롯된 조선-청 사이의 국경문제 및 거기에서 비롯되어 20세기 초 이후 특히 불거지는 '간도문제(間島問題)',[6] 그리고 여기에서는 보다 상세하게 언급할 여지는 전혀 없지만 청대 동북, 즉 만주(滿洲) 지역과 그 개발의 역사나 이와 관련된 조선민족 이주의 기나긴 역사와 그들의 '간도'에서의 활동(특히 주목받는 것은 물론 독립운동이다) 등등 각기 나름대로 독자적인 연구영역을 갖춘 여러 문제·분야가 얼기설기 엮이게 되기 때문이다. 당연히 필자로서는 이러한 관련 연구 전체를 시

北方領土意識』(경세원, 2000); 박인호, 『조선시기 역사가와 역사지리인식』(이회, 2003); 고승희, 『조선후기 함경도 상업연구』(국학자료원, 2003); 문상명, 2013; 문상명·양보경, 2013; 양보경·이현군·문상명, 「논고: 백두산과 한국의 고지도」, 『백두산 고지도집: 한국 고지도 속의 백두산』(동북아역사재단, 2016) 등의 연구를 참조.

6 관련 연구성과가 아주 방대하므로 그 가운데 단행본으로 나온 연구서만을 든다면, 陸洛現 編, 『白頭山定界碑와 間島領有權』(백산자료원, 2000); 이성환, 『간도는 누구의 땅인가』(살림, 2004); 盧啓鉉, 『間島領有權紛爭史』(한국연구원, 2006); 白山學會 編, 『間島領土의 관한 연구』(白山資料院, 2006); 李花子, 『朝淸國境問題研究』(집문당, 2008); 김양수 등, 『조선 후기 외교의 주인공들』(백산자료원, 2008); 서길수, 『백두산국경연구』(여유당, 2009); 李花子, 『韓中國境史研究』(혜안, 2011a); 張存武, 『淸代中韓關係論文集』(臺北: 商務印書館, 1987); 楊昭全·孫玉梅, 『中朝邊界史』(吉林文史出版社, 1993); 姜龍范, 『近代中朝日三國對間島朝鮮人的政策研究』(黑龍江朝鮮民族出版社, 2000); 孫庫 等 編, 『中朝邊界的歷史演變』(瀋陽, 2002); 劉國石, 『中朝疆界與民族關係研究』(吉林文史出版社, 2006); 呂一燃 主編, 『中國近代邊界史』(四川人民出版社, 2007); 孫春日, 『中國朝鮮族移民史』(中華書局, 2009); 陳慧, 『穆克登碑問題研究 — 淸代中朝圖們江界務考證』(中央編譯出版社, 2011); 李盛煥, 『近代東アジアの政治力學 — 間島をめぐる日中朝關係の史的展開』(東京: 錦正社, 1991); 條田治策, 『白頭山定界碑』(樂浪書院, 1938 → 시노다 지사쿠 지음, 신영길 옮김, 『간도는 조선땅이다: 백두산정계비와 국경』, 지선당, 2005); 名和悅子, 『內藤湖南の国境領土論再考 — 二·世紀初頭の清韓国境問題「間島問題」を通して —』(汲古書院, 2012); 劉恩瑞·劉惠瑞, 손준식 옮김, 『중국근현대영토문제연구』(국방부 군사편찬연구소, 2012); 김춘선, 2016 등이 있다.

야에 넣고 다루어야 하겠지만, 이것은 결코 쉽지 않은 일이어서, 이 책에서는 가능한 한 그러한 시야·연구를 염두에 두면서도 고찰의 범위를 최대한으로 축소시켜 1885년과 1887년의 두 차례 공동감계 및 국경회담에 직접 관련되는 것으로만 한정하지 않을 수 없었다.

물론 이렇게 주제의 범위를 좁게 잡는다고 해도 그에 관한 관련 연구는 이미 오랜 역사를 가지고 있고, 주제가 주제인 만큼 상당한 분량의 성과가 축적되어 있다는 점은 물론 미리 알아 둘 필요가 있다.[7]

7 이를테면 관련된 연구는 훨씬 많지만, 이 주제에만 집중하여 다룬 대표적인 논문은 張存武, 1987; 秋月望, 「朝中勘界交渉の發端と展開 — 朝鮮側の理念と論理」, 『朝鮮學報』 132, 1989; 秋月望, 「魚允中における'自主'と'獨立'」, 『年報朝鮮學』 創刊號, 1990; 秋月望, 「朝淸境界問題にみられる朝鮮の'領域觀' — '勘界會談'後から日露戰爭期まで」, 『朝鮮史硏究會論文集』 40, 2002; 임계순, 「白頭山 定界碑와 朝淸間의 乙酉·丁亥 國境會談」, 『한국의 북방영토』(백산자료원, 1998); 고승희, 「1880년대 조청 감계 협상과 국경 문제 인식」, 동북아역사재단 편, 『근대 변경의 형성과 변경민의 삶』(동북아역사재단, 2009); 李花子, 「광서연간 조청 양국의 을유·정해 감계에 대한 재평가」, 『문화역사지리』 21-1, 2009b; 김춘선, 「'간도협약' 체결 전후 북간도 지역 한인사회」, 『근대 변경의 형성과 변경민의 삶』(동북아역사재단, 2009); 아키즈키 노조미(秋月望), 「화이질서에서의 경계지대와 국제법적 '국경'」, 『근대 변경의 형성과 변경민의 삶』(동북아역사재단, 2009); 沈志華, 박종철 옮김, 「'중·북 국경문제 해결'에 대한 역사적 고찰(1950-1964)」, 『아태연구』(경희대학교 국제지역연구원) 19-1, 2012(←沈志華·董潔, 「中朝邊界爭議的解決(1950-64年)」, 『二十一世紀』 124, 2011); 小林玲子, 「大韓帝國政府による間島における朝鮮人保護政策 — 界警務署と北墾島視察使, 管理使李範允を中心に —」, 『石堂論叢』 2010, Vol. 46; 이홍권, 「청의 간도 정책과 이범윤의 이주민 관리 연구」, 『인문과학연구』 48, 2016 등을 들 수 있다. 물론 이와 관련된 연구서나 논문집도 상당한데, 역시 마찬가지로 비교적 이 주제에만 집중한 것은 앞의 각주에 대부분 소개되었다. 연구목록으로도 崔蓮·金順子 編, 『中國朝鮮學 — 韓國學硏究文獻目錄(1949-1990)』(中央民族大學出版社, 1995); 김위현, 『韓中關係論著目錄(1900-1999)』(예문춘추관, 2002); 고구려연구재단 편, 『한중관계사연구논저목록(근현대)』(고구려연구재단, 2005); 崔蓮 編著, 『中國朝鮮學 — 韓國學工具書指南』(民族

더구나 중요한 것은 이미 이에 관련된 자료 역시 상당히 많은 분량이 정리·공간되어 있다는 점이다. 1881년까지의 중국-조선 외교사료를 정리해 놓은 『동문휘고(同文彙考)』나 제1·2차 공동감계 때 조선 측을 대표하여 토문감계사(土門勘界使)로 일한 이중하(李重夏)가 남긴 여러 보고서나 기록은 그 1차 사료의 출발점을 이루지만,[8] 1970년대에는 『청안(淸案)』과 『통서일기(統署日記)』[9] 등이 정리되었고, 1992년에 가장 먼저 『근세북방국경관련사초록집(近世北方國境關聯史抄錄輯)』이 나왔다(다만 초록과 영인뿐이라 활자화나 표점 처리는 이루어지지 않았으므로 이용에 큰 불편이 따른다).[10] 최근에는 『조선시대북방사자료집』,[11] 『조·청국경회담자료집』,[12] 『백두산정계비자료집』[13] 등이 정리되어 나왔다. 또한 『국역『동문휘고』강계사료』와 구범진 역, 『국역『동문휘고』범월사

出版社, 2011); 김태국·우경섭, 『중국조선족역사연구문헌목록』(유니스토리, 2013) 등이 있다.

8 이를테면 國史編纂委員會 編, 『同文彙考』 1-4(韓國史料叢書第二十四. 國史編纂委員會, 1978) 그리고 『勘界使交涉報告書』(李重夏 編. 奎11514-2. 奎는 奎章閣한국학연구원 소장도서를 가리킨다. 이하 동일); 『勘界使問答』(奎21038); 『白頭山定界碑勘界使交涉報告書』(土門勘界使 編. 奎26302); 『白頭山定界碑資料』(奎25219); 『土門勘界』(奎21306) 등이 바로 그것이다. 또한 이것들을 나중에 정리한 「土門勘界(事實)」, 『白山學報』 2. 1967; 「照會謄抄」, 『白山學報』 4, 1968; 「問答記」, 『白山學報』 4, 1968 등도 있다. 중국 측에서도 趙興元 等 選編, 『同文彙考中朝史料(1-4)』(吉林文史出版社, 2005) 등 조선 측 자료의 정리를 시도하고 있다는 점도 주목할 필요가 있다.

9 고려대학교 아세아문제연구소, 『舊韓國外交文書』 제8·9권 「淸案」 1·2(고려대학교출판부, 1970) 및 고려대학교 아세아문제연구소 한국근대사료편찬실, 『統署日記』 1·2(舊韓國外交關係附屬文書. 고려대학교출판부, 1972-74) 등.

10 양태진, 『近世北方國境關聯史抄錄輯』(法經出版社, 1992).

11 고구려연구재단 편, 『조선시대북방사자료집』(고구려연구재단, 2004).

12 고구려연구재단 편, 『조·청국경회담자료집』(고구려연구재단, 2005).

13 고구려연구재단 편, 『백두산정계비자료집』(고구려연구재단, 2006).

료』 1-4,[14] 『역주 감계사등록(譯註 勘界使謄錄)』 상·하,[15] 『국역『청계중일한관계사료』』 1·2·3[16] 등 역시 최근 우리나라에서 정리되어 출판된 대표적인 관련 자료집이다. 그리고 특히 최근 출간된 양보경·이현군·문상명, 『백두산 고지도집: 한국 고지도 속의 백두산』(동북아역사재단, 2016)은 백두산에 관련된 가장 많은 지도를 모아 놓은 지도집으로서 이 방면의 지도 연구를 종합하는 성과를 보여 주고 있다.

더구나 중국 측의 경우를 보면 이 점에 대해서는 훨씬 정리가 잘 되어 있다고 하지 않을 수 없다.[17] 오록정(吳祿貞)의 『연길변무보고(延吉邊務報告)』(1908)와 같은 경우는 그 가장 대표적인 초기 저작·자료집이고,[18] 이후에도 청말 외교사료를 모은 『청계외교사료(淸季外交史料)』[19]

14 배우성·구범진 옮김, 『국역『同文彙考』疆界史料』(동북아역사재단, 2008); 배우성·구범진 옮김, 『국역『同文彙考』犯越史料』 1-4(동북아역사재단, 2008-2012).

15 李重夏 編, 이왕무 등 옮김, 『역주 감계사등록(譯註 勘界使謄錄)』 상·하(동북아역사재단, 2008, 2010).

16 김형종·배우성 등 옮김, 『국역『淸季中日韓關係史料』』 1·2·3(동북아역사재단, 2012, 2013, 2016)

17 중국과 조선의 관계 및 중국 내 동포(조선족)의 역사에 관한 사료의 현황에 대해서는 김춘선, 「중국한인사 관련자료집 현황」(국사편찬위원회 한국사데이터베이스 http://db.history.go.kr에 수록된 『재외동포사 총서 15 중국 한인의 역사(자료집)』 No. 34)에 상세한 소개가 이루어져 있어 좋은 참고가 된다.

18 吳祿貞, 『延吉邊務報告』(吉林官書刷印局, 1908. 奉天學務公所 印刷處, 1908. 『近代中國史料叢刊』, 臺北: 文海出版社, 1969 正編 317); 吳祿貞 等撰, 朴慶輝 等 標注, 『延吉邊務報告, 延吉廳領土問題之解決』(長白叢書 初集. 吉林文史出版社, 1986); 皮明休 等 編, 『吳祿貞集』(華中師範大學出版社, 1989).

19 王彦成 纂輯·王亮 編, 『淸季外交史料』(北京: 書目文獻出版社, 1987 影印. 沈雲龍 主編, 『近代中國史料叢刊』 三編 第二輯, 臺北: 文海出版社, 1985 影印. 天津: 學苑出版社, 1999 影印 등).

외에도 『청광서조중일교섭사료(清光緒朝中日交涉史料)』[20]나 『청계중일한관계사료(清季中日韓關係史料)』[21]는 마찬가지로 우리가 다루는 주제와 관련된 풍부한 자료를 담고 있고, 기존의 연구에서도 충분히 이용되었다. 하지만 최근에는 『근대중한관계사자료휘편(近代中韓關係史資料彙編)(1860-1945)』,[22] 『중조변계연혁급계무교섭사료휘편(中朝邊界沿革及界務交涉史料彙編)』과[23] 같은 근대중국·조선관계 또는 중국·조선의 국경문제에 대해 가장 포괄적인 기초자료집이 출간되었다는 점은 특히 주목할 필요가 있다(여기에서 처음 공개된 자료가 적지 않다). 또한 청대 중조관계에 관한 사료집도 적지 않게 출판되었는데 『조선문헌중적중국동북사료(朝鮮文獻中的中國東北史料)』[24]나 『청실록 인국조선편(淸實錄 鄰國朝鮮篇)』,[25] 이 밖에도 최근 『혼춘부도통아문당안사료선편(琿春副都統衙門檔案史料選編)』,[26] 『청대중조관계당안사료휘편(清代中朝關係檔案史料

20 故宮博物院 編, 『清光緒朝中日交涉史料』(北京: 1932. 臺北: 文海出版社, 1963. 1970 影印).

21 中央研究院近代史研究所 編, 『清季中日韓關係史料』 全11卷(中央研究院近代史研究所, 1972).

22 趙中孚·張存武·胡春惠 主編, 『近代中韓關係史資料彙編(1860-1945)』 12冊(國史館, 1988).

23 楊昭全·孫玉梅 編, 『中朝邊界沿革及界務交涉史料彙編』 上·下(吉林文史出版社, 1994).

24 王崇實 等 選編, 『朝鮮文獻中的中國東北史料』(吉林文史出版社, 1991).

25 王其矩 編, 『清實錄鄰國朝鮮篇』(中國社會科學院邊疆史地中心. 內部發行, 1987). 비슷한 성격의 자료로 李澍田 編, 『清實錄朝鮮史料摘編』(吉林文史出版社, 1991)도 있고, 吉林師範大學古籍研究所 編, 『二十六史中朝關係史料選編』(吉林文史出版社, 1995)이나 劉子敏 主編, 『中國正史中的朝鮮史料』 1·2(延邊大學出版社, 1996); 朴興鎭 等 編, 『東亞三國關係史料全輯 — 中國廿六史及明清實錄』 全五冊(延邊大學, 2007)도 있다.

26 李澍田 主編, 『琿春副都統衙門檔案史料選編』 上·中·下(吉林文史出版社, 1991).

彙編)』(國際文化出版公社, 1996) 및 그 『속편(續編)』,[27] 『길림성당안관장(吉林省檔案館藏) 청대중조관계사료선집(淸代中朝關係史料選輯)』,[28] 『혼춘부도통아문당(琿副都統衙門檔)』,[29] 『근대중한관계사료선편(近代中韓關係史料選編)』,[30] 『길림성당안관장(吉林省檔案館藏) 청대당안사료선편(淸代檔案史料選編)』,[31] 『동북변강당안선집: 청대·민국(東北邊疆檔案選輯: 淸代·民國)』,[32] 『청대변강사료초고본휘편(淸代邊疆史料抄稿本彙編)』,[33] 『국가도서관장(國家圖書館藏) 청대고본외교당안(淸代孤本外交檔案)』 및 『국가도서관장(國家圖書館藏) 청대고본외교당안속편(淸代孤本外交檔案續編)』[34] 등 대량의 사료집이 집중적으로 출판되었다. 더구나 최근에는 이 주제와 밀접한 관련이 있는 청말의 고위 관료인 이홍장(李鴻章)과 그를 대신해서 1880년대 중반에서 1890년대 중반까지 10년 가까

27 中國第一歷史檔案館 編, 『淸代中朝關係檔案史料彙編』(國際文化出版公社, 1996) 및 『淸代中朝關係檔案史料續編』(國際文化出版公社, 1998).

28 吉林省檔案館·中國邊疆史地硏究中心 合編, 『吉林省檔案館藏淸代中朝關係史料選輯』(吉林人民出版社, 2000).

29 中國邊疆史地硏究中心 等 編, 『琿琫副都統衙門檔』 238冊(廣西師範大學出版社, 2006).

30 權赫秀 編著, 『近代中韓關係史料選編』(世界知識出版社, 2008).

31 吉林省檔案館 編, 『吉林省檔案館藏淸代檔案史料選編』 68冊(北京: 國家圖書館出版社, 2012).

32 中國邊疆史地硏究中心·遼寧省檔案館 合編, 『東北邊疆檔案選輯: 淸代·民國』 151冊(廣西師範大學出版社, 2007).

33 國家圖書館分館 編, 『淸代邊疆史料抄稿本彙編』 50冊(線裝書局, 2003). 비슷한 성격의 자료집으로 蝠池書院出版有限公司, 『近現代中國邊疆界務資料』(香港: 蝠池書院出版有限公司, 2007)와 『近現代中國邊疆界務資料續編』(香港: 蝠池書院出版有限公司, 2007); 陳湛綺 編, 『淸末邊境界務檔案』 3冊(全國圖書館文獻縮微複製中心, 2008)도 있다.

34 孫學雷·劉家平 主編, 『國家圖書館藏 淸代孤本外交檔案』 52冊(國家圖書館, 2003) 및 經莉 編, 『國家圖書館藏 淸代孤本外交檔案續編』 20冊(國家圖書館, 2005).

이 청의 대(對) 조선정책을 집행한 원세개(袁世凱)의 전집(全集)이 새롭게 편찬되어 출간되기도 하였다.[35] 아울러 2004년 이후 대만(臺灣)의 중앙연구원근대사연구소(中央硏究院近代史硏究所) 당안관(檔案館)에서는 19세기 후반 이후 서울에 주재하였던 중국관리의 외교문서를 정리한 『주조선사관당(駐朝鮮使館檔)』을 정리하여 공개하였다.[36]

또한 최근에는 총100권으로 이루어진 『중국조선족사료전집(中國朝鮮族史料全集)』의 일환으로 『력사편(歷史篇) 이주사[遷入史]』 1-12책이 출간되어 역시 관련 자료를 총망라하고 있다.[37]

이렇게 본다면 실제 중국의 경우 이 주제와 관련된 자료의 정리가 일찌감치 대부분 완결되었을 뿐만 아니라, 최근에는 전에는 공개되지 않았던 많은 공문서(檔案이라고 불린다)나 자료들도 계속 공개되고 있어 청말 시기의 조선-청 국경·영토 관련 자료는 이미 정리가 거의 끝난

35 國家淸史委員會 編, 『李鴻章全集』 39冊(安徽敎育出版社, 2007); 駱寶善·劉路生 主編, 『袁世凱全集』 36冊(河南大學出版社, 2013). 皮明休 等 編, 『吳祿貞集』(華中師範大學出版社, 1989)도 마찬가지로 중요한 자료가 된다.

36 駐朝鮮使館檔에 대한 소개는 김희신, 「근대 한중관계의 변화와 외교당안의 생성 ―「淸季駐韓使館保存檔」을 중심으로 ―」, 『中國近現代史硏究』 50, 2011; 박정현 외, 『중국 근대 공문서에 나타난 韓中關係: 「淸季駐韓使館檔案」解題』(파주: 한국학술정보, 2013) 등을 참조.

37 金春善 主編, 『中國朝鮮族史料全集 歷史篇 遷入史』 1-12卷(延邊人民出版社, 2009-2016). 이 가운데 1·2권은 지리적 정보에 관련된 사료를 모은 것이고 3·4·5권은 『조선왕조실록』에서 조선인의 이주와 정착에 관련된 사료를 발췌한 것이다. 6권은 『承政院日記』, 7권은 『備邊司謄錄』, 8권은 『同文彙考』에서 각기 관련된 사료를 발췌한 것이다(한글 번역이 있는 것도 모두 수록되었다). 9·10권은 盛京將軍衙門·琿春副都統衙門檔案 등 청과 조선 측 각종 관련 당안과 자료집·문서 등을 포괄적으로 수록하고 있다. 11·12권은 이민 1세대의 구술기록을 모은 것이다. 한편 이보다 앞서 편찬된 조선족의 이주사 관계 자료는 韓俊光, 『朝鮮族遷入史資料彙集』(延邊人民出版社, 1988)도 있다.

셈이나 마찬가지다. 따라서 이러한 자료와 동향에 우리 연구자들이 주의를 기울여 보다 적극적으로 이용하고 관련 사료를 발굴하여 이용하는 것을 서둘러야 할 필요가 있다(물론 최근 들어와 한·중관계 당안자료에 대한 접근이 아주 어려워지고 있다는 점도 감안할 필요는 있기 때문에 공개되지 않는 자료의 존재도 충분히 상정이 가능하지만, 이미 공개된 자료만으로도 이 분야에 대한 연구의 진전은 충분히 가능하다고 생각한다).

이렇게 지금까지 출간된 다양한 자료집들은 우리가 다루고자 하는 주제와 밀접한 관련을 맺고 있는 1차 자료를 풍부하게 수록하고 있지만, 지금까지의 연구에서는 대체로 이러한 자료집을 통해 새롭게 공개된 자료를 충분히 이용한 적이 거의 없었다고 해도 과언이 아니다. 이것은 이러한 자료집들이 대부분 최근에 와서야 공개되었다는 점 때문일 수도 있다. 물론 이러한 상황은 국내의 자료에 대해서도 거의 마찬가지다.

더구나 앞서 언급한 기존의 연구는 대부분이 짧은 논문 차원의 것이어서 이렇게 관련된 자료 전체를 분석하여 제1·2차 공동감계의 실상을 본격적으로 재현해 내는 데에는 당연히 한계가 따를 수밖에 없었다. 나아가 이 주제는 양국 간의 국경 설정에 관련된 것인 만큼 당연히 기왕의 역사적 사실에 대한 냉정하고도 객관적인 분석을 모색하기보다는 오늘날에도 여전히 이 분야에 대한 연구에서 강력한 동기를 부여해 주고 있는 내셔널리즘의 강력한 영향력 아래 이미 자신에게 유리하도록 사전에 설정된 결론에 맞추어 거기에 유리한 자료나 사실만 의도적으로 선택·해석·강조하는 경향이 강하였기 때문이라는 점도 크게 작용하고 있다. 관련된 수많은 역사적 사실에 대한 오해나 오독이 넘치는 것은 그에 따른 당연한 부산물이다.

더구나 이 주제에 관한 연구는 주로 국내의 연구자에 의해서 이루어져 왔는데, 거기서 참조한 자료는 대부분 오래전에 공개된 국내의 기존 자료에만 의존하는 경향이 강하고, 지난 20년 동안 중국에서 공개된 자료를 효과적으로 이용한 연구는 일부 연구자를 제외하면 아주 드물었다고 할 수 있다. 이것은 근대중국사에 대한 전문 연구자가 아니라면 청말(淸末)에 작성된 외교문서(外交文書)나 당안(檔案) 자료에 대한 접근과 해독이 지금까지 상대적으로 크게 제약될 수밖에 없었던 점에서 그 원인을 찾을 수 있을 것이다. 국내의 자료만 이용하고 중국 측의 자료를 참고하지 않는 경우 당연히 상대방의 주장에 대한 정확한 이해나, 자신뿐만 아니라 상대방도 납득시킬 수 있는 논리의 전개에 미리 한계가 설정될 수밖에 없다는 것은 분명하므로, 이 주제에 관한 연구의 진전을 위해서는 이러한 방면에서의 보완이 기본적인 과제가 되지 않을 수 없다.[38]

한편 중국 측의 연구도 적지 않은 분량이 축적되어 있지만, 대부분 조선 측의 사료에 대한 깊이 있는 천착을 시도한 연구는 일부의 경우를 제외하면 거의 없다고 해도 과언이 아니다. 이를테면 『조선왕조실록』이나 『동문휘고』, 백두산정계에 참가한 당사자들이 남긴 『일기』, 기타 토문감계사 이중하가 남긴 자료에 대해서도 충분히 접근이 가능

38 당사자의 한쪽인 조선에서 만들어진 자료뿐만 아니라 상대편 쪽 중국의 관련 사료를 찾아서 아울러 검토할 수 있는 기회를 제공하는 자료집은 지금까지 우리나라에서 출판된 적이 없다. 따라서 두 나라 자료를 모아 분석한다는 기초 위에서 연구 성과를 내는 작업은 제한된 소수의 전문연구자에게만 한정되어 있었다고 하겠다. 양측 모두를 납득시킬 수 있는 연구의 진행을 위해서는 중국과 조선 양측 자료를 모두 검토하는 기초 작업이 무엇보다도 전제가 되어야만 하기 때문이다. 이러한 사전 작업의 성과가 바로 김형종 편역, 『1880년대 조선-청 국경회담 관련 자료 선역』(서울대학교출판문화원, 2014)이다. 한편 중국(명·청)과 조선 사이에 오고간 외교문서를 해독하는 데에는 구범진, 『조선시대 외교문서 — 명·청과 주고받은 문서의 구조분석 —』(한국고전번역원, 2013)이 아주 훌륭한 길잡이 역할을 하므로 이러한 외교자료의 해독과 이용을 위한 필독서가 된다고 하겠다.

한 것이 오늘날의 상황이고, 이러한 자료들을 제대로 참조하면 중국 측에서 내세우는 대표적인 주장인 백두산정계비가 원래 소백산 쪽에 세워졌다가 조선 사람들이 몰래 오늘날의 위치로 옮긴 것이라는 '이설론(移設論)'은 아무런 근거도 없는 오해와 의심에 지나지 않는다는 것이 거의 분명한데도 여전히 중국에서의 연구 대부분은 이것을 그냥 되풀이하는 차원에 머물고 있다. 근대국민국가의 기본적인 구성요소인 국경과 영토·국민·주권에 관련된 민감한 문제를 다루고 있는 만큼, 학문적 이성이나 역사적인 시각보다는 쉽사리 '내셔널리즘'의 감성이나 가상적인 '국가이익'에 휩쓸리기 십상인 이 분야의 연구동향을 여실히 보여 주는 것이다.[39]

물론 이러한 문제점에도 불구하고 이를테면 대만이나 일본에서의 일부 연구는 상대적으로 이러한 한계에서 벗어난 뛰어난 성과를 보여 주는 경우도 있어, 이 책에서의 연구도 그에 도움을 받은 바가 적지 않지만,[40] 최근 수십 년간 공개된 자료의 이용이라는 점에서는 마찬가지

39 이러한 경향을 가장 잘 보여 주는 것이 최근에 출판된 呂一燃 主編, 『中國近代邊界史』 上(四川人民出版社, 2007)이나 陳慧, 2011이다. 일단 세워진 다음 옮겨진 흔적이 없는 백두산정계비가 몰래 옮겨졌다는 것을 입증하는 데 목표가 있지만, 사실상 이 주제에 관한 연구의 진전에 거의 의미가 없는 불필요한 작업이 될 수밖에 없다. 반면 이와는 달리 앞서 든 李花子, 2008; 李花子, 2011a; 李花子, 「康熙年間穆克登立碑位置再探」, 『社會科學輯刊』 197, 2011b-6 등의 연구는 이러한 移設論을 반박하면서 아울러 이 분야의 연구를 가장 선도하는 작업의 성과를 보여 주고 있다. 필자의 연구도 이외에 많은 성과를 내놓고 있는 李花子의 선행연구에 힘입은 바가 많다.

40 이를테면 『淸代中韓關係論文集』(臺北: 商務印書館, 1987)에 수록된 張存武의 「穆克登所定的中韓國界」; 「淸代中韓邊界問題探源」; 「淸季中韓關係之變通」 등은 이 주제에 관한 가장 객관적이고도 탁월한 연구성과 가운데 하나이다. 아울러 秋月望, 「韓中間の三貿易章程の締結經緯」, 『朝鮮學報』 115, 1985; 秋月望, 1989; 秋月望, 1990; 秋月望, 2002; 아키즈키 노조미(秋月望), 2009 등의 일련의 연구도 마찬가지다.

로 보완이 필요한 부분이 있다고 할 것이다. 따라서 이러한 여러 가지 연구의 현황 때문에, 1880년대의 제1·2차 공동감계·국경회담에 대한 기초적인 역사적 사실을 상세하고도 가능한 한 정확하게 재구축해 나가는 작업은 장차 이 방면의 연구가 한 걸음 더 나아가기 위해 시급한 과제라 하지 않을 수 없다. 기왕의 연구에서 지금까지 그렇게 중요하게 여겨지지 않았던 기초적인 사실의 재구축이라는 점에서부터 다시 시작하지 않으면, 사실상 더 이상 연구의 진전을 꾀할 수 없는 것이 현실이기 때문이다.

필자는 그 때문에 가능한 한 중국과 조선에서 출간·공개된 이 주제에 관한 자료들을 최대한 망라하고 분석하여 이 문제에 관한 양국의 입장을 두루 살펴볼 수 있는 기회를 잡고자 하였다. 다만 청말 시기의 중국사를 전공하는 필자의 위치 때문에 중국 측 자료에 대해서는 비교적 숙지하고 있지만, 오히려 조선 측 자료에 대해서는 상대적으로 문외한일 수밖에 없기 때문에, 선행 국내연구자들의 업적에 기초하면서 최대한 보완하려고 노력하였지만, 한계나 허점이 드러나는 부분도 적지 않을 것이다.

또한 상대적으로 중국 측 자료에 의한 지금까지의 공백을 메우려는 시도가 여기서 시도되기는 하지만, 그렇다고 이 책에서 시도하는 작업이 전혀 새로운 시도인 것만은 아니다. 다양한 주제와 관한 이왕의 많은 연구가 있어 제1·2차 공동감계·국경회담에 관한 대강의 기초적 사실은 대체적으로 보면 선행연구에 의해 상당수 확인되어 있기 때문이다. 그럼에도 불구하고 이 분야에 대한 전문적인 차원에서의 학술적 연구는 상당히 제한되어 있는 만큼, 이 분야의 특정한 주제로 좁혀 좀 더 깊이 파들어 가면 보다 세밀하게 재검토할 필요가 있거나, 새롭게 각도를 바꾸어 서술하거나 이해해야 할 사실·해석이 적지 않은 것도 분명한 사실이다. 이 책의 집필과정에서도 각종 자료를 종합하여 틀을 짜고 서술의 얼개를 맞추어 나가는 동안 도중에 새로운 자료나 사실을 확인할 때마다 앞에서 성급하게 서술하거나 단정하였던 내용을 그때그때 바꾸어야만 하는 경우에 직면한 적도 적지 않았다.

따라서 이 책에서의 작업은 기왕의 연구 성과 위에서 이루어졌던 서술과 해석을 하나하나 재검토해 가면서 그 가운데에 일부의 내용을 재검토하고 새롭게 해석하거나 서술하는 시행착오의 연속이 되지 않을 수 없었다. 선입견과 편견, 성급한 내셔널리즘의 함정에 쉽사리 빠지지 않도록 주의하면서 가능한 한 객관적인 시야를 확보하기 위해 노력하였지만, 동시에 관련 자료의 결여나 부족 때문에 더 이상의 추론이나 설명을 진행시키지 못하고 추후의 연구과제로 넘겨진 부분도 많다. 필자의 역량 부족 탓이 크지만, 약간의 새로운 자료나 사실의 확인을 제외한다면 사실상 기본적인 방대한 사실에 대한 상세한 정리와 서술 작업 이상으로 연구의 성과를 크게 진전시키지 못한 한계가 있다는 점을 미리 밝혀 두면서도 앞으로의 연구의 진전을 위한 탄탄한 초석을 깔 수 있었으면 하는 희망을 가져 보고자 한다.

2

한편 본문에서는 그에 대해 자세히 서술할 공간이 부족한 만큼 이러한 19세기 말의 국경·영토 분쟁을 낳은 원인이 된 조선 숙종(肅宗) 시기인 1712년의 '백두산정계(白頭山定界)'에 대해 간단히 언급하지 않을 수 없다. 사실상 이후 벌어지는 모든 분쟁·논란의 기원은 1712년(肅宗 38년, 康熙 51년) 청조(淸朝) 강희제(康熙帝)의 지시를 받아 이 지역을 답사한 만인(滿人) 관리 오라총관(烏喇總管) 목극등

(穆克登)[41]이 백두산 정상의 천지(天池)에서 남쪽으로 10리쯤 떨어진 분수령 위에 세운 '정계비(定界碑)'[42]에서 비롯되기 때문이다. 그보다 수십 년 전인 1644년 청조는 산해관(山海關)을 넘어 남하하여 명조(明朝)의 수도였던 북경(北京)을 점령하고 이곳을 새로운 수도로 정하였는데, 북경 천도 후 제2대째의 황제인 강희제(康熙帝)는 1712년 목극등을 파견하여 백두산 일대를 탐사하게 하였다(그 이전에도 이 지역의 지리 조사를 위한 관원의 파견은 여러 차례 있었다). 그 기본적인 목적은 청조 전역에 대한 정확한 측량 지도(『(康熙)皇輿全覽圖』 1717년 木刻版, 1719년 銅刻版 발행)를 작성하기 위한 지리적 조사였던 것으로 보인다. 그 전해인 1711년(康熙 50)에 목극등을 파견하여 이전에 조사가 이루어지지 않아 분명하게 파악되지 않았던 압록강 상류와 두만강 상류 사이의 백두산 지역에 대한 조사를 시도하였다가 중도 포기하였던 일이 있었으므로,[43] 강희제는 다시 같은 임무를 주어 그를 파견하였던 것이다. 백

41 穆克登(1664~1735)은 성이 富察氏(또는 傅氏)로 吉林 烏拉사람이다. 滿洲鑲黃旗에 속하는데 康熙 23년(1684) 강희제의 侍衛가 되었고, 강희 37년(1698)에는 고향 길림으로 돌아와 第四任 烏喇總管이 되었다. 강희 51년(1712) 강희제의 명으로 백두산에 올라 양국의 경계를 살펴보고 분수령에 界碑를 세웠다('奉旨査邊'). 雍正 13년(1735)에 사망하였다.

42 우리는 보통 '白頭山定界碑'라 부르지만 당시는 주로 '界碑(또는 界牌)'라고 표기되었고, 중국 측에서는 '定界'라는 역사적 사실도 인정하고자 하지 않았으므로 그러한 표현도 거부하였다. 당시의 上國-屬邦 사이의 비대칭적 역학관계를 고려하면 황제의 사신[欽差]에 의한 '査邊'과 '立碑'는 사실상 定界나 마찬가지다. 여하튼 편의상 여기서는 정계비라는 명칭을 그대로 사용하겠다. 정계비에 기록된 '土門江'이 무엇을 가리키는가 하는 문제와 더불어 이 정계비의 설립 의도가 '정계, 즉 국경설정[定界]'이냐 아니면 단순한 '사계, 즉 변경 조사[査界]'냐 하는 문제를 둘러싼 논란은 지금까지도 지속되고 있다.

43 이에 대해서는 『大淸歷朝實錄 康熙朝』(中華書局, 1985) 卷246 康熙 50年 5월 癸巳條, 9a-10b(pp. 440-441)와 卷247 康熙 50년 8월 辛酉條,

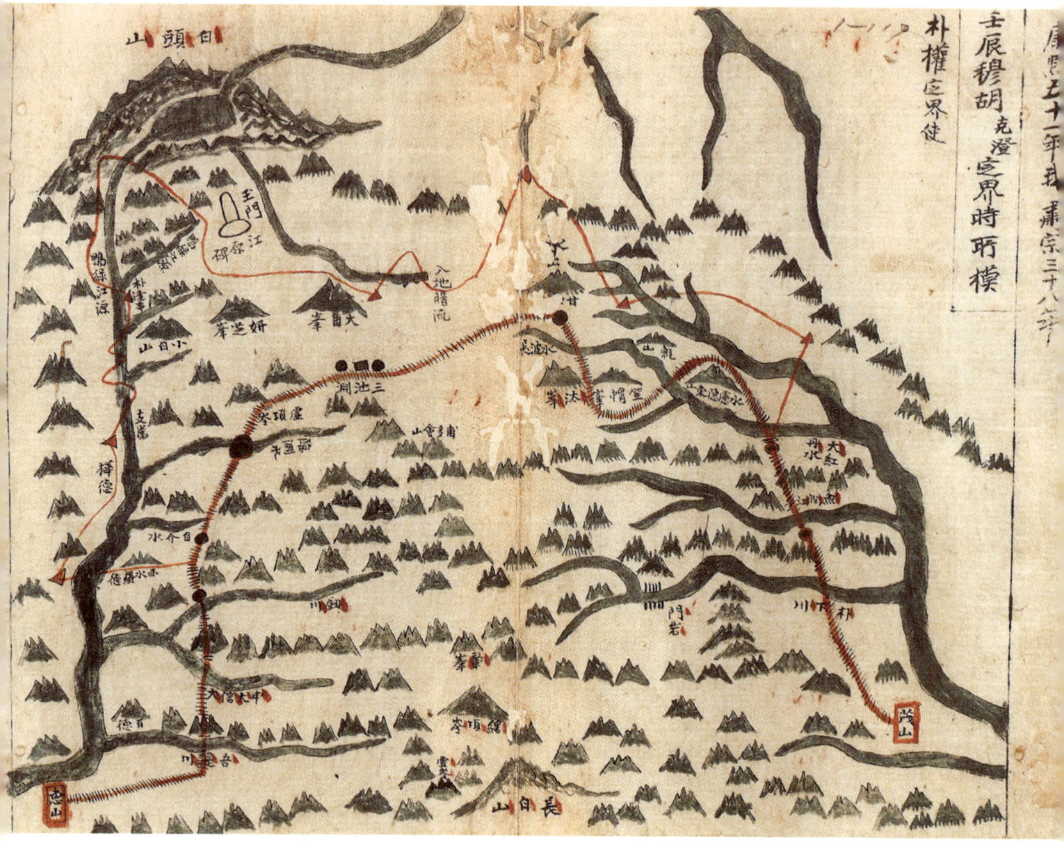

그림 1. 백두산정계를 하였을 때 목극등이 그린 지도의 모사본. 목극등의 행로와 조선 측 접반사 박권(朴權) 등의 행로(백두산에 오르지 못하였다)가 분명하게 표기되어 있다[각기 가는 붉은색 선과 아래쪽의 굵은 붉은색 선]. 강희 51년(1712) 목극등이 '정계(定界)'할 때 모사한 것이라는 설명이 첨부되어 있다. 또한 접반사를 '정계사'로 표기하고 있어, 당시 조선 측이 목극등의 '사계(査界)'를 분명하게 '정계'로 파악하고 있었다는 점이 확인된다. 그리고 양측 인원의 행로를 보더라도 양측이 두만강을 경계로 설정하고 있었다는 점은 너무나도 분명하게 드러난다.
출전: 「壬辰穆胡克澄定時所模」(康熙五十一年, 我肅宗三十八年. 1712), 『輿地圖』(奎. 古4709-1).

6a-6b(p. 448)를 참조. 이 부분이 사실상 穆克登의 '奉旨查邊'에 대한 당시 중국 측의 유일한 직접적인 기록이다. 전자는 "諭大學士等曰: 天上度數, 俱與地之寬大吻合. 以周時之尺算之, 天上一度, 即有地下二百五十里. 以今時之尺算之, 天上一度, 即有地下二百里. 自古以來, 繪輿圖者, 俱不依照天

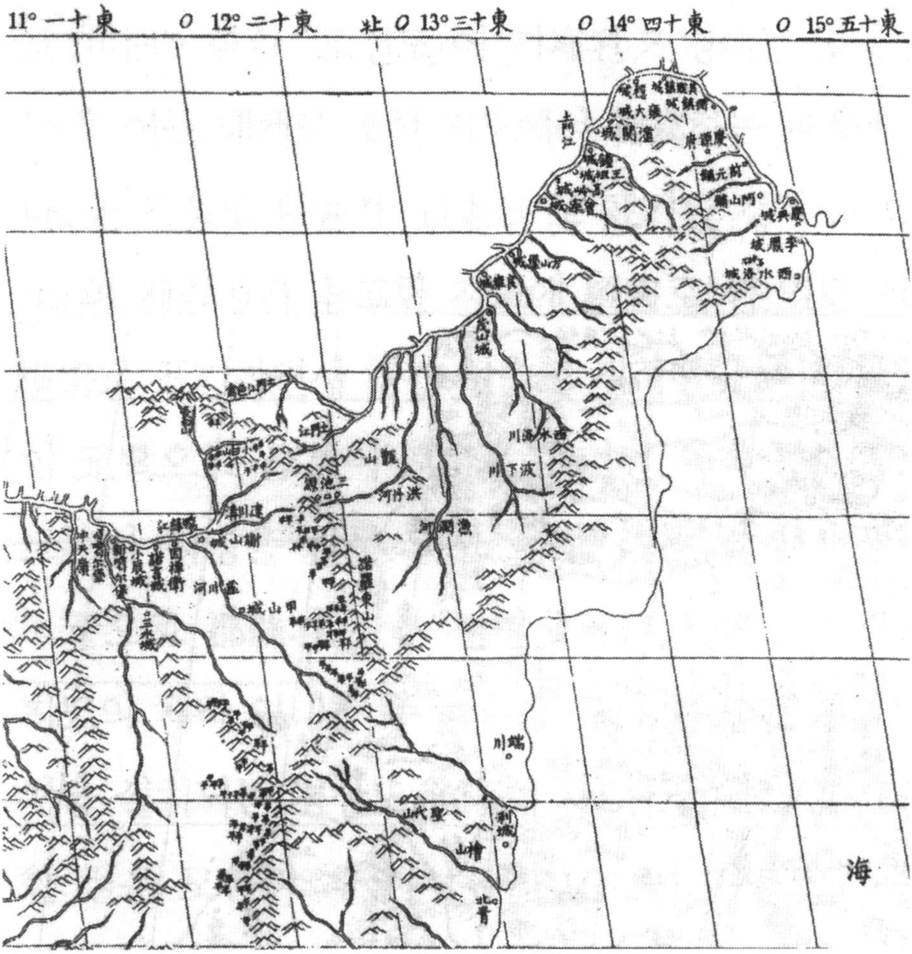

그림 2. 『황여전람도(皇輿全覽圖)』(1717)에 나오는 토문강(두만강)의 모습
출전: 장상훈, 「청대 『皇輿全覽圖』 수록 「朝鮮圖」 연구」, 서강대학교 동양사학연구실 편, 『한중관계 2000년: 동행과 공유의 역사』(소나무, 2008)의 도판 3, 『황여전람도』(外文出版社, 2007) 수록 조선도의 부분(동북부), p. 453.

上之度數, 以推算地理之遠近, 故差誤者多. 朕前特差能算善畵之人, 將東北一帶山川地里, 俱照天上度数推算, 詳加繪圖視之. 混同江, 自長白山後流出, 由船廠打牲烏喇, 向東北流, 會於黑龍江入海. 此皆系中國地方. 鴨綠江, 自長白山東南流出, 向西南而往, 由鳳凰城·朝鮮國義州, 兩間流入于海. 鴨綠江之西北, 係中國地方, 江之東南, 係朝鮮地方. 以江爲界. 土門江,

두산은 청조의 시조가 태어난 성지(聖地)로도 간주되었던 만큼 강희제는 이 지역 상황을 정확하게 알고자 하였을 것이다.[44]

목극등은 이번에는 조선 측의 안내와 협력을 받아 백두산 정상

自長白山東邊流出, 向東南流入于海. 土門江西南, 係朝鮮地方. 江之東北, 係中國地方, 亦以江爲界. 此處俱已明白. 但鴨綠江·土門江二江之間地方, 知之不明. 前遣部員二人, 往鳳凰城會審朝鮮人李玩枝事. 又派出打牲烏喇總管穆克登同往. 伊等請川旨時, 朕曾密諭云: 爾等此去, 幷可查看地方, 同朝鮮官沿江而上. 如中國所屬地方可行, 即同朝鮮官在中國所屬地方行. 或中國所屬地方, 有阻隔不通處, 爾等俱在朝鮮所屬地方行. 乘此便至極盡處, 詳加閱視. 務將邊界查明來奏. 想伊等已由彼起程前往矣. 此番地方情形, 庶得明白."이라는 내용이고, 후자는 "上諭大學士等曰: 前差打牲烏喇摠管穆克敦等, 查看鳳凰城至長白山邊界. 伊等業將所查地方, 繪圖呈覽. 因路遠水大, 故未能至所指之地. 著于來春冰解之時, 自義州乘小舟, 溯流而上. 至不可行之處, 令其由陸路, 向土門江查去. 但道里遼遠, 萬一中途有阻, 令朝鮮人供應. 將此情由, 令該部曉諭來朝正之朝鮮國官員, 書旨給與帶付伊王."이란 내용이다. 강희제는 오라총관 목극등에게 '비밀지시'를 내렸던 만큼, 이후 중국 측의 漢文記錄에 그에 관한 기록이 남아 있을 가능성은 크지 않다. 이렇게 1711년에는 두 기사가 목극등의 백두산행과 그 실패를 전해 주고 있지만, 목극등이 다음 해에 조선 측의 협력을 얻어 백두산을 답사하고 정계비를 세우고 돌아간 사실은 중국 측의 기록에는 전혀 남아 있지 않다. 백두산 문제는 청의 본거지인 '만주'·만주족 내부의 사정에 속하는 일이라 아마 청조 조정의 공식 업무로 처리되지 않고, 따로 만주족 내부에서 '비밀'리에 처리된 것이었기 때문이 아니었을까?

44 이 문제에 대해서는 이를테면 이화자, 2008의 제4장이나 장상훈, 「청대 『皇輿全覽圖』 수록 「朝鮮圖」연구」, 서강대학교 동양사학연구실 편, 『한중관계 2000년: 동행과 공유의 역사』(소나무, 2008); 馬孟龍, 「穆克登查邊與『皇輿全覽圖』編繪 — 兼對穆克登審視碑初立位置的考辨 —」, 『中國邊疆史地研究』 19-3, 2009 등을 참조할 수 있다. 하지만 馬孟龍은 陳慧, 2011의 연구처럼 정계비가 최초에는 小白山에 설립되었지만, 나중에 조선 측에 의해 白頭山 쪽으로 옮겨졌다는 잘못된 결론을 내놓고 있다. 앞서도 지적하였지만 穆克登의 '査邊'에 관한 조선 측의 상세한 등정기록을 참조하면 이러한 논증과 결론은 역사적 사실의 이해에 아무런 도움도 되지 않는다. 李花子, 「康熙年間穆克登立碑位置再探」, 『社會科學輯刊』 197, 2011b-6는 조선 측의 일차사료에 기초하여 이러한 논증과 결론을 반박하고 있다.

을 오를 수 있었으며, 그다음 거기에서 동남으로 10여 리 떨어진 압록강과 토문강의 발원지점에 도착하여 "변경을 조사하여 여기에 이르러 살펴보니 서쪽은 압록[강]이 되고 동쪽은 토문[강]이 된다. 그러므로 강이 나뉘는 고개[分水嶺] 위에 돌을 새겨 기록한다"는 내용의 정계비(定界碑)를 세우게 하였다. 이렇게 함으로써 그는 압록강과 두만강 상류 사이의 지역을 분명하게 확인하여 강희제가 부여한 임무를 완성한 것으로 생각하였던 것이다.

그리고 이 정계비가 세워진 다음 사실상 19세기 후반에 이를 때까지는 이것을 둘러싸고 양국 사이에 실질적으로 영토나 국경 문제가 불거진 적은 없었다. 두 나라 사이에는 압록강과 두만강이라는 천연의 경계가 자리 잡고 있다는 인식에 대해 양측이 대체로 합의하고 있었기 때문이다. 하지만 압록강·두만강 경계지역은 대대로 조선의 변경 거주자들이 인삼 등을 채취하고 수렵과 벌목에 종사하던 생활무대이기도 하였다. 그 때문에 이 강을 건너 들어가 수렵이나 채취(蔘이나 木材 등)를 하다가 적발되거나 현지인과 충돌하는 일이 적지 않게 발생하였다.

그렇지만 청조는 만리장성을 넘어 들어와 북경을 수도로 정한 다음 만주족 대부분이 산해관(山海關) 남쪽으로 이주해 버려 상대적으로 공백지대가 된 이 지역을 또한 발상(發祥)의 중지(重地)[또는 龍興之地]로 간주하면서 한족(漢族) 등 외부인의 침입이나 이민·거주를 막는 봉금(封禁) 정책을 실시하고, 그것을 점차 강화시켰다. 때문에 시대적 추세에 따라 이러한 조선인의 범월(犯越)에 대한 처벌 강도가 달라지기는 하지만 발각되는 경우에는 당사자가 효수형(梟首刑)을 당하는 것은 물론이고 심한 경우 관련 지방관들까지 중징계를 당하는 일도 드물지 않았다. 나아가서는 심지어는 이 문제 때문에 조선국왕이 벌금형을 선고받은 적이 있을 정도였다. 당연히 조선 측에서는 이러한 사태가 발생하여 중대한 외교적 문제가 되는 것을 막기 위해 범월에 대해 아주 강경한 처벌의 입장을 고수하는 수밖에 없었다. 실제로 19세기 전반기의 경우 발각된 개인은 대부분 강변에서 효수형을 당하였다.[45]

또한 백두산정계 이후, 이 정계나 관련 사실에 대해 정확하지 않은 추론이나 다양한 입장의 해석이 등장하면서 나중에 점점 더 분란과 오해의 소지를 키우게 된 것도 분명한 사실이다. 이를테면 백두산에 정계비를 세우는 과정에서 중국의 목극등이 시종일관 강압적인 태도를 취하였고 심지어는 조선 측 고위관료의 백두산 정상 등정도 고의적으로 가로막아 조선에 불리한 경계 설정을 시도하였다는 의혹 같은 경우가 가장 대표적인 사례의 하나이다. 하지만 이러한 오해는 기초적인 사실을 제대로 확인하지 않고, 정계 결과가 우리의 영토를 압록강-두만강 이남으로 한정되도록 만든 불리한 결과라고 판단한 논리에 기인한 바 크다. 목극등과 함께 백두산을 올랐던 당사자들의 기록을 참고하면, 목극등은 강희제의 명령을 문자 그대로 이행하는 데 최선을 다하면서 누차에 걸친 집요한 조선 측의 향응 시도를 철저하게 거부할 정도의 충직한 관료였고, 이런 점에서 본다면 조선 측 고위관료의 등정을 막은 것도 노령인 그들이 임무수행에 장애가 될 것이라 판단하였던 결과라고 이해할 수 있는 측면이 있다.[46] 더구나 당시 정계비의 설립을 통해서 백두산 남쪽, 그리고 압록강과 두만강 조선의 영토로 확정된 것이 조선 측의 입장에서는 예기하지 않았던 큰 수확으로 평가를 받았다는 점도 염두에 둘 필요가 있다. 그 이전에는 중국이나 조선

45 이에 대한 가장 종합적인 연구는 이화자, 2008을 참조.

46 이상태 외 옮김, 『조선시대선비들의 백두산 답사기』(혜안, 1998)에 실린 譯官 金指南·金慶門 등 당사자들의 日記나, 이와 관련된 자료·논문을 모은 김양수 등, 『조선 후기 외교의 주인공들』(백산자료원, 2008)을 참조. 또한 張存武, 「穆克登所定的中韓國界」 및 「淸代中韓邊界問題探源」, 『淸代中韓關係論文集』(臺北: 商務印書館, 1987)을 참조.

쪽의 어떠한 문서나 기록도 이러한 것을 확실하게 보장해 주지는 못했기 때문이다.

그리고 앞서도 언급하였지만 토문강(土門江)·도문강(圖們江)과 두만강(豆滿江)이 같은 강인가 아닌가에 대한 이후의 논란 역시 이와 관련된 대표적인 사례의 하나이다. 정계 이전 또는 그 이후 조선왕조가 두만강 이북 지역에 대한 효과적인 통치력을 행사하거나 실효성 있게 지배한 적이 전혀 없음에도 불구하고, 고구려의 역사나 고려 때 윤관(尹瓘)의 출정에 대한 기억에 기초하여 나중에 이러한 논의가 활발하게 출현하게 되는 것이다.[47] 하지만 이에 관련된 가장 정확한 정보를

47 이에 대해서는 趙珖, 「朝鮮後期의 邊境意識」, 『白山學報』 16, 1974; 趙珖, 「實學 및 開化期의 領土問題硏究」, 『領土問題硏究』 創刊號, 1983; 조광, 『조선후기 사회의 이해』(경인문화사, 2010), pp. 209-314; 배우성, 1998; 배우성, 2007; 배우성, 『조선과 중화: 조선이 꿈꾸고 상상한 세계와 문명』(돌베개, 2014), pp. 195-327; 박인호, 『조선후기역사지리학연구』(이회, 1996); 姜錫和, 『朝鮮後期 咸鏡道와 北方領土意識』(경세원, 2000); 박인호, 『조선시기 역사가와 역사지리인식』(이회, 2003); 강석화, 「조선후기의 북방영토의식」, 『한국사연구』 120, 2005; 문상명, 2013; 문상명·양보경, 2013 등 많은 연구가 있다. 이화자, 「18·19세기 조선의 토문강·분계강 인식」, 『근대변경의 형성과 변경민의 삶』(동북아역사재단, 2009a)에 의하면 1740년대 처음으로 정상기(1678-1752)가 만든 『東國地圖』에서 두만강과 구별되는 토문강·분계강을 그려 넣고 있으며, 영조 때의 저명한 지리학자 申景濬(1712-1781)은 백두산에서 발원하여 동쪽으로 흐르는 원류가 토문강, 그것이 동쪽으로 흐르면 해란강, 또 동쪽으로 가면 분계강이 되어 종성 북쪽에서 두만강으로 합류한다고 보았다고 한다(다만 그는 토문강·분계강은 청의 경내에 속한다고 보았다). 반면 李瀷(1681-1763)은 『星湖僿說』 제2권 「天地門 白頭山」에서 "토문강은 두만강이다. 옛날에 尹瓘이 속평강까지 국경을 넓히고 그 일을 기록한 비석이 아직까지 그곳에 서 있는데 金宗瑞 때에 와서 두만강으로 경계를 정한 것을 나라 사람들이 분하게 여기고 있다. 그런데 이번에 윤관의 비를 가지고 따져서 경계선을 정하지 못한 것은 그 일을 맡은 사람의 잘못이라 하는 사람도 있다. 그러나 咸鏡道는 모두 靺鞨의 땅이었다. 지금에 와서 경계를 정한 지가 오래되었고 우리 영토 안에 있는 廢四郡도

담고 있는 『조선왕조실록』이나 앞서 언급한 답사 당사자(譯官 등)의 일기(日記) 등이 모두 공개되어 이용할 수 있게 된 것은 20세기에 들어와서도 한참 시간이 지난 다음이었다.[48] 따라서 『실록』이나 『일기』에 담긴 정계 당시의 진상을 이후의 사람들이나 19세기 후반의 사람들이 제대로 파악하기는 쉽지 않았을 뿐만 아니라 거의 불가능한 일이었다. 오히려 부분적이거나 불확실하거나 잘못 전달된 정보나 추측에 얽매일 가능성이 훨씬 컸다고 할 수 있는 것이다.[49]

심지어는 이에 관련된 가장 정확하고 깊이 있는 정보를 파악하였을 1880년대 국경 공동감계·회담에 참가한 양측 당사자들도 이 점에서는 마찬가지였다. 그들 역시 정확한 정보의 부재나 혼란스럽고 서로

가끔 외적의 침범이 있어서 모두 이민을 시키고 비워 두었는데 하필이면 다시 쓸데없는 땅을 가지고 외국과 분쟁을 일으킬 것이 무엇이냐? 지금의 국토는 金甌와 같이 완전하게 되었으니 아무튼 손상을 시켜서는 안 될 것이다."라는 입장을 보였다(제1권의 「天地門 豆滿爭界」에도 비슷한 서술이 보인다. 한국고전종합DB http://db.itkc.or.kr을 참조). 이익의 입장이 보다 정확하고 현실적인 관점이었지만, 기본적으로 국경·영토 분쟁은 앞의 견해에 기초하여 이루어졌다. 그러나 실제로 토문강과 해란강[=분계강]은 서로 연결되지 않으며, 중간에 산맥이 있어 연결될 수도 없다. 이러한 점들이 당시로서는 분명하게 확인되지 않은 채 전승이 되면서 많은 오해를 낳았고 거기에 기초한 지도가 그려졌다. 조선 측에서 제1차 공동감계를 제안하면서 해란강[=분계강] 남쪽이 조선 땅에 속한다고 주장한 것도 이러한 오해에 기초하였다.

48 『朝鮮王朝實錄』은 1925년에 처음 영인·출판되었고(이성무, 『조선왕조실록 어떤 책인가』, 동방미디어, 1999, p. 31), 譯官 金指南·金慶門의 日記도 1930년대에 가서야 공개되었다.

49 양보경·이현군·문상명, 2016에 실린 수많은 백두산 관련 고지도는 정계비와 두만강·토문강·분계강에 대한 각기 다른 정보를 제공해 주고 있는데, 사실 오늘날의 관점에서 보면 제대로 된 지리적 정보를 제공해 주는 것은 오히려 아주 소수의 경우에 해당된다. 이러한 각기 다른 정보를 제공해 주는 지도의 존재도 오히려 이러한 혼란을 늘리는 데 일정한 역할을 하였을 것으로 보인다.

배치되는 기록 때문에 발생하는 여러 가지 모순을 마주해야 하는 곤혹스러운 상황을 피해 나갈 수 없었다. 목극등이 비석을 세우고 "동쪽이 토문"으로 연결된다고 기록하였지만, 사실 이 동쪽의 '토문'은 오늘날에는 두만강이 아닌 송화강(松花江)의 원류 물줄기 쪽으로 향한다는 점이 확인되었기 때문이다. 이것을 분명하게 다시 확인한 것이 바로 제1차 공동감계 때인데, 이 공동감계를 통해 알게 된 양측의 당사자들은 왜 목극등이 이렇게 비석을 설치하였는지 그 수수께끼의 이유를 제대로 이해할 수 없어 당혹스러워하였다.

그 결과 본문에서도 누차 강조하겠지만, 정계에 관련된 (한문)자료가 거의 남아 있지 않았던 중국 측으로서는 백두산정계비의 위치나 그 비문의 내용이 지닌 의미를 철저하게 부정하는 방안을 선택하게 되었다. 지금도 이것은 중국 측의 이에 관한 기본적인 입장 가운데 하나로 확고하게 뿌리를 내리고 있다. 때문에 목극등의 조사와 비석 설치는 경계를 정하기 위한 것[定界]이 아니라 변경이나 경계를 조사하기 위한 것[査界]에 지나지 않는다는 해석이나, 원래 약 40리(즉 20km) 쯤 남쪽에 있는 소백산 정상에 세워졌던 비석을 조선의 월간민이 자신들에게 유리하도록 몰래 옮겼을 것이라고 애써 강변하는 해석은 그러한 대표적인 경우가 된다. 두 가지 주장 모두 정계비가 두만강이 아닌 송화강의 상류에 세워진 경위를 제대로 파악하지 못하였기 때문에(사실은 제대로 두만강의 상류를 확인하지 못한 목극등의 실수, 그리고 그것을 덮어 버린 조선 측의 얼버무림 때문이다)[50] 자연스럽게 중국 측 입장은 이런 식으로

50 이 문제에 대해서는 『朝鮮王朝實錄』 肅宗 38년의 定界 관련 기사(5월 5일, 5월 15일, 5월 23일, 6월 3일, 6월 9·10일, 10월 10일, 10월 29일, 12월 7일자 및 숙종 39년 1월 22일, 3월 15일, 윤5월 27일, 6월 2일, 6월 4일) 및 정계 당시에 참가한 譯官 등의 일기(이상태 등, 1998)가 기존의 사료 가운데에서는 가장 상세하고도 정확한 정보를 제공해 주고 있다.

나타나지 않을 수 없었다.

반면 조선 측은 제1차 공동감계 이후 감계 직전에 내세웠던 토문강(즉 송화강) 동쪽/남쪽 땅이 조선 땅이라는 주장을 더 이상 고집할 수는 없게 되었다. 더구나 이것은 청조의 발상지인 동북지구의 길림과 흑룡강 지역 대부분이 조선 땅이 되어야 한다는 논리로 직결되므로, '속방(屬邦)'이었던 조선이 '천조상국(天朝上國)'에게 그 발상지 대부분을 우리에게 내놓으라고 주장하는 셈이 된다. 설사 이러한 주장이 역사적·논리적 정당성을 갖추었더라도 실제 청조가 그런 요구에 따라 줄 가능성은 전혀 없었을 것이다. 따라서 조선에서 이러한 주장을 계속 내세운다는 것은 그야말로 어불성설이었다. 특히 임오군란 이후 청조가 직접 군사력을 파견하고 조선의 내정에 대해서도 강력한 영향력을 발휘하면서 종전과는 달리 훨씬 더 '속방'에 대한 통제력을 강화하려고 시도하기 시작하였던 것이 바로 이 무렵부터였다는 점도 고려할 필요가 있다. 당연히 조선 측에서는 더 이상 이러한 토문강경계론을 고집할 수 없게 되었다. 여기에 소개된 제1차 공동감계 이후 조선의 토문감계사 이중하의 보고서는 이 점을 분명하게 확인해 주고 있다. 오늘날 많은 사람들이 이 부분을 분명하게 알지 못하는 경우가 많지만, 그 이후의 교섭과 회담에서도 조선정부는 이 점을 명확히 인정하였다.[51]

그런데 사실은 목극등 등이 백두산 천지(天池)에 올랐다가 내려오면서 정계비를 세웠고, 그다음 하산하면서 두만강 상류라고 지정하였

51 이렇게 '토문강=송화강'설은 제1차 공동감계 이후 조선정부에 의해 폐기되었으나, 1894년의 청일전쟁과 뒤이은 대한제국의 성립 이후 다시 부활하여 오늘날까지도 한국 사회에서 일정한 '영향력'을 행사하고 있다. 이것은 조선-청의 관계가 대한제국-청의 관계로 바뀜과 동시에 간도이주민의 지속적인 증가가 낳은 새로운 상황의 전개인데, 이 책에서는 이 점까지는 다루지 않았다.

던 골짜기의 물줄기가 동쪽으로 흐르는 것처럼 보이다가 북쪽으로 굽어들어 실제로는 그 방향을 따지면(즉 중간에 물이 흐르지 않는 곳은 伏流를 한다는 가정 아래) 송화강 쪽으로 이어지게 되었다는 점이 문제의 출발점이었다. 목극등 일행이 정계비를 세운 다음 동쪽의 토문강 물줄기를 계속 따라 내려왔다지만(사실은 절벽 등의 존재로 그대로 물가를 따라 하산하는 것은 불가능하였다), 중간에 물줄기가 끊기는 삼포(황화송전자)라는 40리 가까운 넓은 평지(언덕)를 만나자 물줄기가 '복류(伏流)'한다고 생각하여 다시 솟아나는 물줄기를 찾는 과정에서 두만강이 아닌 송화강 쪽으로 합류하는 물줄기를 바로 두만강의 원류로 잘못 설정하였던 것이다. 그렇지만 목극등은 자신의 착오를 인식하지 못한 상태에서 제대로 임무를 완수했다고 생각하면서 답사를 마무리했다. 그는 실제로는 두만강 하류까지 내려가 동해와 만나는 지점까지 방문하였으므로 자신이 토문이라고 기록한 강이 바로 두만강이고, 그것이 바다로까지 연결되면서 양국 사이의 경계를 이룬다고 생각하였던 것이다.

따라서 정계비의 '토문'은 무엇보다도 그것을 세운 당사자의 입장에서 보면, 사실상 두만강을 의미한다고 해야 한다. 그러나 다음 해 정계비에서 토문강 상류지역 물이 흐르지 않는 곳에 돌더미·흙무더기·나무울타리를 세워 표시를 하고자 하였던(이 점은 중국 측의 동의를 받았다는 것이 분명한 사실이고, 조선 측의 관련 자료에서 이것을 분명하게 확인할 수 있다) 조선 측 당사자들은 목극등이 지정한 물줄기가 두만강이 아니라 송화강 쪽으로 흘러드는 것을 발견하였고, 이 사실을 조정에 보고하였다. 하지만 조정에서는 이 문제를 논의한 결과 이미 지난 일이고 굳이 중국(또는 목극등) 측에 알려서 좋을 것이 없다는 생각으로 이 문제를 덮어 버리게 되었다. 아마 물줄기가 북쪽으로 가다가 다시 동쪽으로 흘러 두만강으로 합류할 것이라고 생각하였거나 그렇지 않더라도 조선 측에 불리할 것은 없을 것으로 여겼던 것처럼 보인다. 그 경우 '북

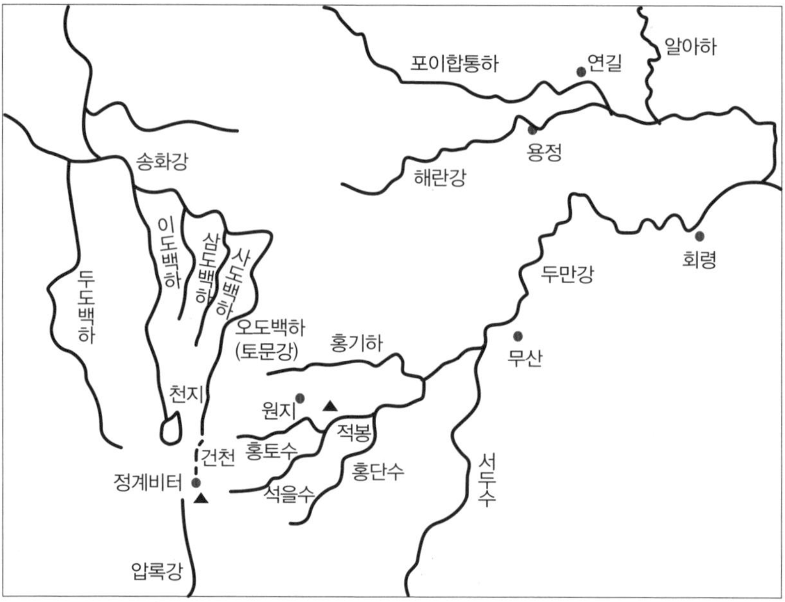

그림 3. 두만강과 송화강 상류 수계의 대략적 모습을 그린 간략 지도

간도' 지역 정도는 우리 쪽 땅이 될 수도 있으니 나중에 문제가 되더라도 손해는 생기지 않는다고 본 것이다(그림 3을 참조).[52]

더구나 표시 공사의 담당자들은 목극등이 지목한 것보다 남쪽의 물줄기를 찾아내어 이 두만강 상류와 이어지는 나무울타리[木柵]와 흙무더기[土敦]를 설치하였지만, 나무울타리는 시간이 지남에 따라 사라져 버렸고, 또한 중국 측에 대한 통보나 동의의 확보 없이 자의적으로 설치한 것이었으므로 나중에 이에 대한 중국 측의 수긍과 동의를 얻어 내기는 곤란하였다(실제 공동감계 과정에서 이러한 부분을 제대로 확인하지 못해 이중하가 한 일은 삼포에서 끊긴 물줄기가 두만강 상류지역까지의 '복류'한다는 주

52 이 점에 대해서는 앞서 든 『조선왕조실록』의 기사에 잘 나타나 있다.

장을 내세운 것이었다. 하지만 이에 대한 중국 측의 동의를 받아 내지는 못하였다).

또한 1880년대의 공동감계에 가서야 비로소 확인이 되었지만, 제2차 공동감계에서 정계비와 이어지는 두만강의 상류라고 조선 측에서 주장하게 되는 홍토산수(紅土山水)의 발원지는 정계비에서 무려 90리(중국의 경우라면 약 45km, 조선의 경우라면 약 36km정도 된다)나 떨어져 있었다(더구나 홍토산수라는 명칭도 공동감계 때 중국 측이 붙인 것인데, 조선 측은 그것이 대도문강, 즉 두만강의 본류라고 주장하였다). 당시 정계나 공사에 참여하였던 그 지역 사람들은 두만강의 원류가 어디인지를 알고 있었을 가능성이 크다. 하지만 이렇게 백두산정계비와 두만강의 원류가 직접 연결되지 않았던 사실 때문에 정계 이후에 이 지역과 관련된 지도에서는 두만강의 상류가 백두산 부근에서 발원할 것이라고 상정하여 그리면서도 동시에 정계비에서 발원하는 '토문강'과 실제의 두만강은 서로 연결되지 않는다는 정보도 아울러 전달하게 되었다.

그리하여 이후 토문강(분계강으로 불리게 된다)과 두만강은 다른 강이라는 표시를 한 지도도 상당수 출현하지만, 대부분 정확한 지식과 정보에 기초한 것이 아니라 오히려 부정확한 가정이나 오류에 기초하여 그려졌으므로 나중이 되면 도리어 양측이 정확한 진상을 파악하기 어렵게 만드는 데에 영향을 미쳤다(토문강에서 두만강 쪽으로 연결되는 나무울타리를 표시한 지도도 적지 않지만, 토문강[분계강]의 아랫부분이 제대로 표시되지 않는 지도도 많아 모두 정확한 정보를 전달해 주지 못한다. 더구나 정계비 아래쪽에서 시작된 토문강[분계강]이 두만강 위쪽을 흐르다 나중에 연변지역을 지난 다음 아래쪽으로 내려와 두만강으로 합류하는 모습을 보여 주는 지도도 있다). 당시의 지도는 실제적인 측량과 답사의 결과라기보다는 부분적으로만 정확한 정보에 의거한 가정과 상상, 그리고 혹은 '희망'에 기초하여 그려진 측면이 컸다고 하지 않을 수 없는 것이다. 심지어는 우리에게 가장 잘 알려진 『대동여지도』조차 정계비 동쪽에서 발원하여 두만강 상류로 연결되는 물줄기를 그려 놓고 있지만, 이것은 실제상황과는 상당한 거리가 있다. 송화강 남쪽이 우리 땅이라고 그려 놓고 있지 않음은 물론이다. 중국 측에서 정계비보다 훨씬 남쪽에 위치한 소백산 동쪽에서 발원하는 물줄기가 두만강의 상류이고, 따라서 정계비가 소백산 위쪽에 있어야 정상이라고 고집하는 근거도 바로 이렇게 정계비와 두만강 발원지가 서로 조응하지 않는다는 점에 있다.

이상과 같은 논란이 1880년대 제1·2차 공동감계·국경회담의 배경을 이루게 되겠지만, 이렇게 백두산정계비와 관련된 여러 사실이 시간이 지남에 따라 더욱더 정확한 사실과 부정확한 정보가 뒤섞여 전파되어 가는 매우 혼란스러운 상태 속에서 국경분쟁이 시작되었다는 점을 우리는 주의할 필요가 있다. 백두산정계비의 문제는 당시로서는 좀처럼 풀기 어려운 수수께끼였던 것이다.[53]

53 이 수수께끼는 최근 李花子와 李康源의 정력적인 현지답사와 연구에 의해 거의 풀린 것이나 마찬가지다. 이화자, 2008; 이화자, 2009a: 李花子, 「광서연간 조청 양국의 을유·정해 감계에 대한 재평가」, 『문화역사지리』 21-1, 2009b; 李花子, 2011; 李花子, 「康熙年間穆克登立碑位置再探」, 『社會科學輯刊』 197, 2011b-6; 이화자, 「중국·북한 국경 답사기: 백두산 토퇴군(土堆群)의 새로운 발견」, 『문화역사지리』 24-3, 2012; 이화자, 「백두산 정계의 표식물-흑석구(黑石溝)의 토석퇴에 대한 새로운 고찰」, 『동방학지』 162, 2013; 이화자, 「黑石溝土堆考」, 『淸史硏究』 2014-1; 李康源, 2007a; 李康源, 2007b; 李康源, 2010a; 李康源, 2010b; 李康源, 「임진정계시 '입지암류(入地暗流)'의 위치와 '토문강원(土門江源)'의 송화강 유입 여부」, 『대한지리학회지』 50-6, 2015; 李康源, 「역대 실지조사기록 검토를 통한 임진정계 경계표지물 분포 복원」, 『대한지리학회지』 51-5, 2016 등을 참조.

3

지금까지는 이 책을 쓰게 된 이유와 그 배경으로 꼭 알아 두어야만 하는 정계비의 '수수께끼'에 대해 서술하였지만, 이 책의 구성에 대해서 잠깐 간단하게 소개하는 순서로 넘어가겠다.

앞서 언급한 대로 이 책은 1880년대 조선-청의 공동감계에만 초점을 맞추고 있다. 따라서 우선 제2장에서는 그 배경을 이루는 19세기 후반 조선 북방 주민의 월경과 이산의 문제(제1절)에 대해 다루고 그다음으로는 청의 월간 조선인 귀환 요청과 이에 대한 조선의 대응(제2절)을 다루고자 한다. 특히 여기서 주목한 것은 1880년의 이른바 '경진개척(庚辰開拓)'의 문제인데, 비록 관련 자료가 크게 부족한 상황이지만, 이 문제에 대한 구체적인 분석은 이후 국경분쟁의 배경을 정확하게 파악하는 데 상당히 관건적인 핵심이 된다. 때문에 이 부분에 주목하여 1880년 회령부사(會寧府使) 홍남주(洪南周)가 독단으로 추진한 '경진개척'이 이후 두만강 중류지역 북안으로 대규모의 조선백성이 월간(越墾)하는 단서가 되었다는 점을 지적하였다. 그 결과 형성된 대규모 월간지(越墾地)를 함경북도 지방당국이 실질적으로 장악하여 호적을 편성하고 각종 세금과 잡세 및 소작료를 징수하는 상황이 출현하였고(물론 중앙정부에는 알리지 않은 상태에서), 이것이 국경분쟁을 낳은 기본적인 원인이 된다는 점을 확인하였다. 대규모 월간민의 존재가 가져온 새로운 경제적 이권을 계속 유지하고자 하는 시도가 결국은 국경문제의 제기로 이어지는 직접적인 계기가 된 것이다. 하지만 이 단계는 아직 양국 사이에 본격적으로 국경분쟁이 시작되기 이전이었다. 그리고 이러한 대규모 조선월간민의 존재에 대해 길림당국이 편입·동화정책을 시도하게 되면서, 그들의 쇄환(刷還) 문제가 논의되었다가, 뒤이어 조선 지방당국에 의한 국경문제의 제기가 이루어지고 이에 대한 청의 지방당국(앞으로는 길림당국, 또는 좀 더 좁힐 경우 혼춘당국으로 부르겠다)의 맞대응으로 양자 사이의 갈등이 고조되어 결국은 중앙정부 차원의 교섭과 공동감계로 이어지는 문제(제3절)를 뒤이어 다루고자 한다. 지방당국에 의해 제기된 국경문제가 결국은 정부 차원의 교섭과 공동감계로 이어지는 과정이 여기서 분석의 초점이 될 것이다.

그리고 제3장에서는 1885년의 제1차 공동감계(乙酉勘界)와 국경회담에 대해 다루게 되는데, 우선 제1차 공동감계가 실행되는 경과에 대해 서술한 다음(제1절), 뒤이어 제1차 공동감계 직후에 이루어진 국경회담의 내용을 분석하게 된다. 이를 통해 제1차 공동감계와 국경회담에서 양측의 핵심적인 주장이 무엇이었고, 회담 결과 얻어진 결론이 어떠한 것이었는지에 대한 논의가 이루어질 것이다. 그리고 그다음에는 제1차 공동감계·국경회담을 마친 다음 양측 당국의 대응이 어떠한 것이었는지를 길림당국과 조선정부의 대응으로 구분하여 분석하고자 한다(제3절). 양쪽이 회담에서 다룬 이야기와 이후 실제 길림당국이나 정부에 보고하는 내용에는 상당한 실질적인 차이가 있었다는 점을 여기에서 확인할 수 있다. 아울러 제1차 공동감계·국경회담 이후 조선측에서는 기존의 '토문강=분계강론'을 더 이상 고집할 수 없게 되었고, 토문감계사 이중하는 이렇게 당장 풀기 어려운 국경문제보다는 조선월간민(朝鮮越墾民)의 안치(安置) 문제에 보다 중점을 두게 되었다는 점도 확인이 된다. 하지만 결과적으로 국경문제에 대한 합의가 없었으므로 제2차 공동감계·국경회담에 대해 적극적으로 나오는 중국(길림)측의 반응에 비해 조선 측의 경우는 상대적으로 소극적으로 거기에 대응할 수밖에 없었던 점도 마찬가지다.

한편 제4장에서는 1887년의 제2차 공동감계[丁亥勘界]와 국경회담이 이루어지는 과정과 그 내용에 대한 분석이 이루어진다. 우선 중국 측의 반응과 공동재감계 제안에 대해 조선 측이 기존의 입장에서 후퇴하여 과거처럼 두만강 옛 경계를 지키겠다는 태도로 방향을 선회하면서 나아가 이때부터 이 문제에 개입하게 된 원세개(袁世凱)가 제안한 '차지안치론(借地安置論)'으로 당면문제를 해결하겠다는 입장으로 나왔지만, 중국 측의 거부로 인해 결국은 제2차 공동감계·국경회담에 응하게 되는 배경을 제1절에서 다룬다. 그다음은 제2차 공동감계의 실행 경과와 국경회담의 내용을 분석하는 순서로 넘어가게 된다(제2절). 제2차 공동감계·국경회담 역시 제1차 때와 거의 비슷한 형태·내용으로 전개되었다는 점을 여기에서 확인할 수 있다. 조선 측의 후퇴에도 불구하고 중국(길림당국) 측은 거의 양보의 의사를 보이지 않았던 것인데, 공동감계·국경회담을 거치면서 조선 측의 주장이 여러 차례 바뀌었던 것(중국 측도 이 점에서는 마찬가지다)이 이러한 중국 측의 반응을 낳았던 것으로 생각된다. 그리고 앞서의 경우와 마찬가지로 제2차 공동감계와 국경회담 이후에 나타난 양측 당사자의 결과보고와 이에 대한 양국 정부·지방당국의 반응을 살피는 것이 다음의 순서이다(제3절). 이때에도 마찬가지로 길림당국의 강경한 반응은 결국 제2차 공동감계와 국경회담이 결렬될 수밖에 없는 가장 중요한 원인이 되었던 것으로 보인다.

그럼에도 불구하고 길림당국의 주장에 의해 다시 제3차 공동감계가 제기되고, 이것이 조선 측의 소극적인 반응에 의해 무산되었지만, 이후 길림당국이 조선월간민에 대한 적극적인 편입정책을 다시 추진하는 문제는 제5장에서 다루고자 한다. 이러한 문제들은 제1·2차 공동감계 및 국경회담에만 집중하고자 하는 이 책의 본래 의도에서 약간 범위를 벗어나는 것이기는 하지만 양국 사이의 국경문제는 이 단계에서 마무리되는 것이 아니라 사실상 첫 단계를 거친 것에 지나지 않기 때문에 꼭 다루어야 할 필요가 있다. 일단 제1절에서는 제3차 공동감계가 다시 길림당국의 요구로 제기되지만 점차 무산되는 과정에 대해 분석한 다음, 제2절에서는 조선월간민의 장악을 둘러싼 양국 사이의 경쟁의 심화, 그리고 길림당국의 편갑승과(編甲升科) 추진에 의한 조선월간민의 장악 시도와 그 성과에 대해서 간단히 다루었다. 대략 청일전쟁 직전까지의 시기로 한정된 이 정책의 성과는 사실상 제1·2차 공동감계·국경회담이 어떠한 결과로 이어졌는가를 알려 주는 하나의 지표가 될 수 있을 것이다.

한편 본문의 서술 과정에서는 기왕의 1차 사료를 직접 번역하여 길게 인용한 부분이 상당히 많다. 이것은 그 내용에 대한 자세한 중복 서술과 요약을 가능한 한 피하기 위한 목적에서 비롯되었지만, 아울러 필자의 직접적인 설명만으로는 당시의 실제 상황에 대한 구체적이고 보다 직접적인 이해를 끌어내기 힘든 부분이 많다는 점도 상당히 작용하였다. 필자의 간단한 설명이나 해석만으로는 당시의 역사적 현실을 충분히 재현하는 데에는 상당히 한계가 있기 때문이다. 보다 정확한 역사적 사실의 파악과 전달이라는 이 책의 의도가 이를 통해 얼마만이라도 이루어질 수 있다면 다행이라고 하겠다.

제2장

1880년대 조선-청 공동감계와 국경회담의 배경

1. 19세기 후반 조선 북방 주민의 월경과 이산

청조가 성립된 이래 그 '발상(發祥)의 근본(根本)'이었던 만주 지역에 대해 만주족(滿洲族)의 특권 보호와 경제적 이득 독점을 위해 봉금(封禁)을 실행한 것은 잘 알려져 있는 사실이다.[1] 이것은 이를 위한 장정(章程) 등 제도적 정비뿐만 아니라, 변장(邊墻)·무인지대(無人地帶)의 설치와 각종 위장(圍場. 사냥·채취를 위해 지정된 장소)·삼산(蔘山)·변경초소[卡倫. 또는 哨卡] 등의 설치, 청·조선 양국 부대에 의한 합동순찰[統巡會

1 이를테면 청대 만주의 봉금과 근대의 개발에 대해서는 趙中孚, 「淸代東三省的地權關係與封禁政策」, 『中央硏究院近代史硏究所集刊』 10, 1981; 趙中孚, 「淸代東三省的北部開發與漢化」, 『中央硏究院近代史硏究所集刊』 15, 1986; 許淑明, 「淸代東北地區土地開墾述略」, 馬汝珩·馬大正 主編, 『淸代邊疆開發硏究』(中國社會科學出版社, 1990); 정혜중, 「광서년간(1875-1908)의 동북관리와 1907년 동삼성 설치 — 동북 봉금지대의 내지화」, 『중국학보』 54, 2006; 李志英, 「19世紀末 淸朝의 對間島朝鮮人 政策 — 越墾 韓人의 地位문제와 관련하여 —」, 『명청사연구』 32, 2009 등의 논문 외에도 佟冬 主編, 『中國東北史(修訂版)』 第5卷(吉林文史出版社, 2006); 林士鉉, 『淸季東北移民實邊政策之硏究』(國立政治大學歷史學系, 2001); 高樂才, 『近代中國東北移民硏究』(北京: 商務印書館, 2011) 등 수많은 연구가 있다.

哨] 등을 통해 한인(漢人)·조선인을 비롯한 외부인의 침범·유입·정착을 막는 방식으로 진행되었다. 하지만 토착인구가 아주 적고 출입이 금지된 이 지역에 들어가 채삼(採蔘)·수렵(狩獵)·사금(沙金)과 진주(珍珠) 채취·개간과 이주 등에 의한 경제적 이득을 노리는 외지인의 '범월(犯越)'의 역사는 동시에 '봉금'의 역사만큼 기나긴 것이었다. 청조와 조선 정부의 다양한 금지령에도 불구하고 이 지역에 대한 조선인의 범월이 끊이지 않았다는 점은 물론 마찬가지로 잘 알려진 역사적 사실이다.[2]

2 조선백성의 이 지역으로의 범월·이주에 대해서는 玄圭煥, 『韓國流移民史』(語文閣, 1967); 高承濟, 『韓國移民史研究』(章文閣, 1973) 등의 선구적 연구 외에 수많은 성과가 축적되어 있다. 여기서 가장 대표적인 것만을 든다면 金慧子, 「朝鮮後期北邊越境問題研究」, 『梨大史苑』 18·19, 1982; 金炅春, 「朝鮮朝後期의 國境線에 대한 一考」, 『白山學報』 29, 1984; 金炅春, 「朝·淸國境問題의 一視點: 犯越을 中心으로」, 『경주사학』 6, 1987; 全海宗 等, 「延邊의 韓族에 대한 基礎硏究」, 『東亞硏究』 24, 1992; 전해종 등, 「漢族의 滿洲(특히 間島)移住에 대하여」, 『東亞硏究』 26, 1993; 전해종, 「연변 한족의 정착과정과 초기 한인사회 — 19세기 말에서 1920년대 초까지의 이민과 농업경영 —」, 『동아연구』, 1994; 金春善, 「조선후기 한인의 만주로의 '犯越'과 정착과정」, 『白山學報』 51, 1998; 金春善, 「北間島地域 韓人社會의 形成과 土地所有權 問題」, 『전주사학』 6, 1998; 김춘선·김태국, 「조선후기 한인의 북방이주와 만주개척」, 『한국사론』 34, 2002; 李華, 「淸의 中原入關전후 조선인의 越境문제를 둘러싼 朝·淸교섭」, 『韓國學報』 29, 2003; 정혜중, 「청대 조선인과 청국인 범월의 특징 — 양국 범월사례의 분석을 중심으로 —」, 『明淸史硏究』 26, 2006; 구범진, 「19세기 성경 동변의 산장의 관리와 조·청 공동회초」, 『근대 변경의 형성과 변경민의 삶』(동북아역사재단, 2009); 김선민, 「변경의 인삼을 둘러싼 조선과 후금의 갈등」, 인하대학교 한국학연구소 편, 『범월과 이산: 만주로 건너간 조선인들』(인하대학교출판부, 2010); 김선민, 「옹정(雍正)-건륭년간(乾隆年間) 망우초(莽牛哨) 사건(事件)과 청(淸) — 조선(朝鮮) 국경지대(國境地帶)」, 『중국사연구』 71, 2011; 남이슬, 「康熙年間 淸國人의 海洋犯越과 朝·淸 양국의 대응」, 『명청사연구』 44, 2015; 李花子, 2008; 李花子, 2011; 이흥권, 2016; 孫春日, 『中國朝鮮族移民史』(中華書局, 2009); 김춘선, 2016 등을 들 수 있다. 특히 이화자와 손춘일·김춘선의 연구는 이 문제에 대해 아주 상세하게 잘 정리해

이런 점은 『조선왕조실록(朝鮮王朝實錄)』이나 『동문휘고(同文彙考)』 등 자료에서 범월 관련 기사만을 한 번 훑어 보아도 쉽사리 확인할 수 있다.[3] 조선백성의 북방으로의 범월과 이산은 19세기 후반, 특히 1860년대를 기준으로 범월의 형태와 규모 면에서 현저한 차이를 보이게 된다는 점 역시 기존 연구에서 이미 널리 지적하고 있다. 즉 이전에는 채삼·수렵·벌목이나 개간·교역 또는 기근 도피[逃荒] 등을 위한 개인적·분산적이고 소규모적인 범월이었으나, 이 이후에는 집단적이고 대규모적인 범월이 이루어지면서 그 목적도 이주와 개간·정착으로 점차 바뀌게 되었다는 것이다.[4]

이러한 조선백성의 대규모 범월을 낳은 원인은 근본적으로는 함경도 지역의 열악한 자연조건과 조선정부의 차별정책과 수탈 및 국내 이동에 대한 통제에서 찾는 것이 타당할 것이므로 "조선 북부 거민의 범월은 사실은 조선조정의 압박이 낳은 결과"라는 지적은 핵심을 찌른 것으로 보인다.[5] 하지만 그 밖에도 이 시대의 특수한 사정으로는 청조의 변금정책 이완과 만주지역 개발에 따른 유민의 급증, 그리고 이에 대처하기 위한 이민실변(移民實邊) 정책의 추진, 마찬가지로 연해주(沿海州) 지역의 개발을 노리는 러시아의 이민 유인정책, 러시아의 남진과 거기에 맞물린 함경북도 6진의 재정 위기, 1860년 이래의 함경도

놓고 있다.

3 『同文彙考』의 '犯越' 關聯史料는 최근 구범진·배우성 등 옮김, 『국역『同文彙考』犯越史料』 1-4(동북아역사재단, 2008-2012)로 번역되어 출간되었다(이하 『범월사료』로 약칭). 한편 배우성·구범진 등 옮김, 『국역『同文彙考』疆界史料』(동북아역사재단, 2008)는 『同文彙考』에서 國境問題 관련 자료만 따로 뽑아 옮긴 것이다.

4 李花子, 2008, pp. 229-235; 孫春日, 2009, pp. 76-88 및 pp. 121-137; 김춘선, 2016의 제1부 「조선후기 한인의 만주 범월과 이주」 등.

5 孫春日, 2009, pp. 66-76, p. 105.

지역의 인구 팽창과 잦은 재난(특히 1869년·1870년의 己·庚大災), 조선의 변금 이완과 월경자 처벌제도의 붕괴 등 다양한 요소가 서로 맞물리면서 상승작용을 하였던 것이라 보아야 할 것이다.[6]

그리고 조선인의 월경·월간과 이주가 먼저 향한 곳은 상대적으로 유민의 유입과 개발이 먼저 이루지게 된 압록강(鴨綠江) 맞은편의 지역이었다.[7] 하지만 두만강(豆滿江) 경계지역을 대상으로 한 이 책에서

6 이하 본문이나 각주의 연도는 중국황제와 조선국왕의 연호·재위연도는 서력(양력)을 기초로 하였지만, 달과 날짜의 경우는 특별한 주기가 없는 한 모두 음력이 기준이다. 음력과 양력 사이에 약 한 달 정도의 차이가 있어 연말·연초에는 연호·재위연도와 서력이 불일치하게 되는 경우도 있지만, 그럴 경우도 따로 표시를 하였다.

7 孫春日, 2009, pp. 128-137. 또한 李花子, 2008, pp. 229-241이나 앞서 든 金春善의 연구는 1872년 작성된 崔宗範의 『江北日記』에 나오는 '十居七八'은 '茂山人'이라는 기록 등을 근거로 咸境道 六鎭地域 朝鮮人의 移住路線은 대체로 茂山을 기준하여 두만강 상류 쪽 邊民은 압록강 연안으로, 두만강 중·하류의 邊民은 러시아의 연해주로 각각 이주한 것이 특징적이라고 지적하고 있다. 鴨綠江지역으로의 월경을 다루고 있는 자료는 崔宗範(朝鮮) 等 記, 『江北日記』(刊者未詳, 1943)와 解題가 붙은 국학진흥연구사업운영위원회 편, 『江北日記 江左輿地記 俄國輿地圖』(韓國精神文化硏究院, 1994), 그리고 번역본인 최종범(최강현 역주), 『간도 개척 비사: 강북일기』(신성, 2004)를 참조할 수 있다. 이 자료를 분석한 연구는 또한 유승주, 「조선후기 서간도이주민에 대한 일고찰 — 「강북일기」의 해제에 붙여」, 『아세아연구』 21-1, 1978; 孫春日, 「청대 江北의 개척과 한인에 대한 토지정책」, 『청계사학』 13, 1997; 이왕무, 「조선 후기 『강북일기』에 나타난 만주지역 인식」, 『동북아역사논총』 4, 2005; 이동진, 「1872년 '江北'의 조선인 사회」, 『동북아역사논총』 8, 2005; 허경진, 「강북일기」, 연세대학교 국학자료원 편, 『중앙도서관소장 고서해제 III』(평민사, 2005); 구범진, 2009; 金宣旼, 「雍正-乾隆年間莽牛哨事件과 淸-朝鮮國境地帶」, 『中國史硏究』 71, 2011; 김택경, 「淸末 '韓淸境界地域' 行政體制 構築과 韓人 管理 — 輯安·臨江·長白 地域을 중심으로 —」, 『동국사학』 55, 2013; 金宣旼, 「國境地帶에서 國境線으로 — 19세기말 淸과 朝鮮의 關係」, 『中國史硏究』 82, 2013; 趙興元, 「從"犯越"到墾居 — 19世紀60年代朝鮮邊民偷越圖們江性質的變化」, 『東北史地』

상세히 다룰 여지는 없으므로 일단 여기서는 배제하고, 함경도 지역에서 두만강 북쪽이나 연해주 지역으로 넘어가는 집단적 월경의 문제만을 다루도록 하겠다.[8] 이에 대한 자료를 가장 풍부하게 담고 있는『동

2006-5; 宋佳,「鴨綠江北岸朝鮮移民社會研究(1860-1910)」, 廣西師範大學 석사학위논문, 2008; 廉松心,「清代對鴨綠江北岸朝鮮移民的政策」,『社會科學戰線』, 2009-8; 廉松心,「清朝同治年間鴨綠江中上游地區的社會狀況 — 以《江北日記》爲中心」,『中國邊疆史地研究』 2010-6; 許學權,「清朝莽牛哨設汛事件及其對清·鮮關係影響」, 長春師範大學 석사학위논문, 2011; 王燕杰,「清朝前期與朝鮮邊務交涉與合作研究 — 以朝鮮人越境犯罪案件的審理爲中心」, 山東大學 박사학위논문, 2012; 辛聖鳳,「朝鮮人的滿洲移民史研究」, 延邊大學 박사학위논문, 2013; 魯子權,「淺論清朝封禁政策及朝鮮邊民犯越」,『黑龍江史志』 2014-5; 王尉冰,「清朝封禁東北時期朝鮮人犯越動機探析」,『黑龍江史志』 2014-5; 詹守,「乾隆時期朝鮮人越境案探析」,『東北史地』 2014-1; 陳躍,「清政府對越界朝鮮人民之管理」,『明清論叢』 2014-2; 陳躍,「論清政府對越境朝鮮人管理政策之演變」,『昆明學院學報』 2014-4; 秋月望,「一九世紀後半の鴨緑江境界と越江朝鮮人: 『江北日記』を通して」,『東アジア近代史』 16, 2013, 그리고 山本進,『大清帝國と朝鮮經濟 開發·貨幣·信用』(九州大學出版會, 2014)의 제1부「鴨綠江流域の開發」에 실린 여러 논문을 참조.

8 孫春日은 이 시기 중국·조선의 官方記錄은 러시아로 넘어가는 유민에 대한 기재만 있을 뿐 중국 경내(두만강 북안)로의 유입에 대해서는 거의 기록이 없는 현상에 대해 양국의 범월에 대한 엄격한 처벌 때문에 아주 신중한 잠입을 통해 발각을 피했을 가능성과 더불어 양측의 책임도피를 위한 방치·외면의 가능성도 언급하고 있다(孫春日, 2009, p. 123). 金春善, 2016, pp. 128-138에서도 무산 사람들이 압록강 지역으로 이주한 것은 1860년대부터 청정부가 압록강 대안지역의 봉금을 점차 해제하고 있었으나 두만강 북안의 경우 여전히 봉금을 강화하고 있었기 때문이라고 지적하고 있다. 일단 두만강 중하류의 琿春지역은 琿春協領衙門이 있어 비교적 감시·관찰이 용이하였지만, 두만강 상류 쪽으로는 정기적 순찰이 있었으나 거리가 멀어 평소 시야가 거의 미칠 수 없었다는 점도 고려될 필요가 있을 것이다. 한편 씸비르쩨바 따찌야나,「1869-1870년간에 진행된 러시아와 조선간의 경흥협상과 그 역사적 의의」, 한국민족운동사학회 편,『한러관계와 민족운동』(국학자료원, 2002); 고승희,「19세기 후반 함경도 변경지역과 연해주의 교역 활동」,『조선시대사학보』 28, 2004; 김태웅,『한국근대지방재정연구 — 지방재정의

문휘고(同文彙考)』에 의하면, 가장 먼저 나타난 사례로서 주목될 수 있는 것은 고종(高宗) 3년(1866) 10월 말에 나타난 경원부(慶源府) 아산진(阿山鎭) 백안촌(白顔村) 거주민의 집단 월경 사건이었다. 이보다 앞서 먼저 1866년 10월 25일과 26일 윤재관 등 조선인 9명이 월경하여 두만강 북쪽으로 넘어갔고, 뒤이어 30일에는 '중국인' 수백 명이 무리를 지어 건너와 촌에 남아 있던 도망간 사람의 가족이나 곡식(재산), 우마(牛馬) 등을 모두 운반해 가 버렸으며, 덩달아 김응철 등 6명이 일가와 함께 넘어가면서 월경한 인원이 모두 합해 열다섯 가구 남녀 70(75)명에 이른 것이다.[9] 조선 측에서는 이러한 범월을 한 뭇 백성을 모두 하

개편과 지방해정의 변경』(아카넷, 2012)의 제2장 등에서도 조선유민의 러시아 유입에 관한 문제를 상세히 다루고 있다. 17·18세기 후반의 함경도 지역의 범월에 대해서는 이욱, 「17-18세기 犯越사건을 통해 본 함경도 주민의 경제생활」, 『한국사학보』 20, 2005; 김선민, 「18세기 후반 청-조선의 범월문제와 경계관리: 金順丁·朴厚贊 사건을 중심으로」, 『민족문화연구』 72, 2016 등에서 다루고 있다.

9 국사편찬위원회, 『同文彙考』 4(국사편찬위원회, 1978) 「原續編 犯越 二 我國人」, 14b-15b; 趙興元 等 選編, 『『同文彙考』中朝史料(四)』(吉林文史出版社, 2005. 이하 『중조사료』로 약칭), p. 103; 『범월사료』 4, pp. 497-499. 또한 이와 관련된 내용은 「咸鏡監司 金有淵의 狀啓에 대해 匪類의 犯越을 살피지 못한 北兵使 鄭岐源과 慶源府使를 分揀하라는 傳敎」, 『高宗時代史』 1輯(국사편찬위원회, 1967) 1866년(同治 5) 12월 4일 및 『承政院日記』 高宗 3년 12월 3일·4일, 高宗 4년 3월 8일, 『日省錄』 高宗 3년 12월 3·4일, 高宗 4년 3월 8일, 『備邊司謄錄』 高宗 3년 12월 4일, 『高宗實錄』 高宗 3년 12월 4일 및 『通文館志』 卷11 「紀年續編 今上 3年」, 그리고 『籌辦夷務始末 同治朝』 卷47, 同治 6년 2월 17일條 기사 등을 참조할 수 있다. 조선국왕이 보낸 咨文에 대해 淸의 禮部가 1867년 3월에 보낸 답장에서는 도망친 조선백성을 백안촌의 거민 15가구 남녀 75명으로 파악하고 있다. 『同文彙考』 4 「原續編 犯越 二 我國人」, 15b-16a; 『중조사료』 4, pp. 103-104; 『범월사료』 4, pp. 499-501.(『자료선역』 1 — 001 — pp. 2-4. 이하 이 책에서 인용되는 자료는 거의 대부분 김형종 편역, 『1880년대 조선-청 국경회담 관련 자료 선역』, 서울대학교출판문화원, 2014에 수록·번역되어 있다. 때문에

나하나 추적·체포하기 위해 청의 예부에 자문(咨文)을 보내 이들 모두를 원래 거주하던 지방으로 압송하여 법에 따라 처리할 수 있게 해 달라고 요청하였다.[10]

그리고 같은 무렵 길림장군(吉林將軍)[11] 부명아(富明阿)[12]는 청국 관병이 혼춘(琿春)의 강 하구 지방을 순찰하다가 조선국 남녀노소 2백

앞으로 이 책에서 인용할 때는『자료선역』1[제1부라는 뜻] — 001[제1부의 제001호 자료라는 뜻] — p. 2[자료가 수록된 페이지]라는 방식으로 표기하도록 하겠다)

10 朝鮮國王의 咨文에서는 또한 11월 20일 러시아인[異樣人] 12명이 慶興府의 동문 밖에 와서 러시아가 장차 界牌(러시아와 중국 사이의 경계비) 근처에 건물을 지을 터인데, 혹시 조선 측에서 놀라거나 의심할까 염려되어 공문을 가지고 와서 미리 통고하는 바라고 조선말로 전한 다음 그날로 강을 건너 되돌아갔다는 사실도 아울러 전하였다.『同文彙考』4「原續編 犯越 二 我國人」, 16a-19b;『중조사료』4, pp. 104-106;『범월사료』4, pp. 501-507.(『자료선역』1 — 003(1) — p. 12)

11 吉林將軍은 淸代 吉林地區의 最高軍政長官이다. 원래는 寧古塔將軍이었으나 길림으로 이동하고(1676), 乾隆연간에 吉林將軍으로 개칭되었다(1759). 길림에 駐防하는 八旗旗營 및 地方軍民事務를 관장하고 文·武官員을 이끌면서 封疆을 鎭守하는 역할을 맡았다. 1907년 吉林省이 설치되면서 吉林巡撫로 바뀌었다. 吉林將軍의 沿革과 機能에 대해서는 田志和 等 編著,『吉林建置沿革概述』(吉林人民出版社, 1990), pp. 57-66 및 p. 78과 p. 88을 참조. 이에 따르면 光緖 17년(1891)의 경우 吉林將軍이 직접 통솔하는 旗人은 1만 4,811가구, 7만 9,059명이었다. 또한 吉林將軍 관할하의 지역에서는 滿洲八旗 4만 4,949가구 37만 2,251명, 蒙古八旗 404가구 2,070명, 漢軍八旗 6,445가구 3만 5,782명이 있었으므로 전체적으로 보면 旗人 5만 1,788가구(남자 23만 3,027명, 여자 17만 7,076명)로 총 인구가 약 41만 명 이상이었으며, 이러한 旗人이 아닌 일반 民人은 길림 전체에 약 11만 8,298가구, 77만 1,057명이었다.

12 富明阿(?-1882)는 字가 治安으로 漢軍正白旗人(漢軍은 입관 이전에 팔기에 포섭된 漢人을 뜻한다) 출신인데, 明의 名將 袁崇煥의 6세 후손이다.『淸史稿』「列傳」204에 전기가 있다. 부명아는 太平天國의 진압에 큰 공을 세운 다음 同治 5년(1866)에 吉林將軍의 직을 맡아 同治 9년(1870)까지 약 4년간 재임하였다.

여 명이 수레를 타고 빠르게 동쪽으로 이동하는 것을 발견하여 물어 본 결과, "지금 러시아에서 조선사람 수천 명을 끌어모아 길심하(吉心河)[13] 지역에서 토지를 개간하고 있다. 조선에서는 누차 병사를 뽑아 가고, 수확도 흉년인 데다가 세금까지 배로 늘어 도저히 낼 힘이 없기 때문에 정말로 살아가기 힘들어서 어쩔 수 없이 가족을 이끌고 도망쳐 나가 목숨을 유지해 볼까 한다"는 답변을 들었지만, 사람들의 수가 아주 많았고, 또한 길심하는 러시아 경내에 속하기 때문에 바로 저지하지 못하였다고 보고하였다.[14] 그 이전인 동치(同治)[15] 3년(1864)에도 길림장군 경륜(景綸)[16]이 러시아의 길심하 지역에 "조선인[高麗]이 세운 임시 건물이 네 채 있고, 안에는 조선남녀 50여 인이 거주하면서 토지를 개간하고 있다."라고 보고한 적이 있고, 다음 해에도 길림장군 덕영(德英)[17]이 "현재 길심하 지역에는 남녀 1천 수백 명이 모여 있으며, 그곳의 언덕이나 광야는 모두 조선인에 의해 개간되고 있다."라고

13 沿海州地域으로 이주한 조선인 최초의 마을로 지신허(地新墟 또는 芝新墟)로 한국 측 사료에는 나오는데, 아마 길심하(吉心河)의 중국어 발음(Jixinhe)을 우리 발음에 따라 한자를 붙인 것 같다. 지신허에 대해서는 반병률, 「러시아 최초의 한인 마을 地新墟」, 『한국근현대사연구』 26, 2003; 반병률, 「근대 동아시아 변경형성과 러시아 연해주 한인이주」, 2013년 11월 8일. 동북아역사재단 발표; 이왕무, 「『俄國輿地圖』에 나타난 조선의 러시아 영역 인식과 국경 상황」, 『동북아역사논총』 5, 2005 등을 참조. 『俄國輿地圖』에 의하면 1880년대 중반 여기에는 238호 약 1,665명의 조선인이 옮겨 가 살고 있었다.

14 『同文彙考』 4 「原續編 犯越 二 我國人」, 16a-19b; 『중조사료』 4, pp. 104-106; 『범월사료』 4, pp. 501-505에 실린 「總理衙門原奏」를 참조. 이하 원사료에서의 인용문은 편의상 원래의 존칭·존대 여부를 생략할 수도 있다.(『자료선역』 1 — 003 — pp. 11-12)

15 同治帝의 재위기간은 1861년(同治 元年)부터 1874년(同治 12)까지이다.

16 同治 원년(1862)부터 同治 3년(1864) 사이 吉林將軍의 지위에 있었다.

17 同治 4년(1865)부터 同治 5년(1866) 사이 길림장군의 지위에 있었다.

보고한 적이 있었다.[18]

이렇게 길림당국이 러시아로 유입하는 조선인에 대해 주목하게 된 것은 1861년 러시아가 「동시베리아 아무르[阿穆爾] 주 및 연해[沿海. 또는 瀕海]주의 러시아인 및 외국인 정착에 관한 규정」을 발표하여 중국인·조선인 등의 러시아 경내로의 '월경'을 유인하고 있다고 판단한 청조 정부의 순찰·감시 지시 때문이었다.[19] 하지만 이러한 상황을

18 『同文彙考』 4 「原續編 犯越 二 我國人」, 16a-19b; 『중조사료』 4, pp. 104-106; 『범월사료』 4, pp. 501-505에 실린 「[總理衙門]原奏」를 참조.(『자료선역』 1 — 003 — p. 132) 이렇게 1860년대에 조선유민들이 유입되는 수가 늘어나면서 러시아 당국은 이를 크게 환영하였지만, 1869년의 기근으로 일거에 7,000명 이상이 유입되자 점차 이러한 상황에 대해 불안을 느끼고 그 이주를 제한하는 한편 새로 이주한 조선인들을 더욱 내지로 이동시키는 조치를 취하였다. 그 결과 1870년대에는 그 수가 줄어들기 시작하였다. 이 점에 대해서는 박 보리스 드리트리예비치(민경현 옮김), 『러시아와 한국』(동북아역사재단, 2010)의 제2장을 참조. 또한 조선인이 러시아지역으로 이주한 것에 대해서는 최근 중국에서도 初智巍·潘曉偉, 「略論1863-1884年俄國遠東地區朝鮮人」, 『西伯利亞研究』 2011-3; 南慧英, 「俄國的朝鮮移民政策研究(1860-1917)」, 吉林大學 박사학위논문, 2012 등의 연구가 나오고 있다.

19 孫春日, 2009, pp. 138-144 부분을 참조. 박 보리스, 2010, p. 164에 의하면 조선인들은 바로 다음 해인 1862년 이 규정을 알게 되었다. 19세기 러시아의 진출과 중·러국경 문제에 대한 개괄적인 서술은 吉田金一, 『近代露淸關係史研究』(近藤出版社, 1974); 趙中孚, 『淸季中俄東三省界務交涉』(中央研究院近代史研究所專刊. 臺北: 1970. 1998년 2판); 魁喜 等, 『近代東北史』(黑龍江人民出版社, 1984); 佟冬 主編, 『沙俄與東北』(吉林文史出版社, 1985); 姜長斌, 『中俄國界東段的演變』(中央文獻出版社, 2007); 呂一燃 主編, 『中國近代邊界史』(四川人民出版社, 2007) 上冊; 『岩波講座 東アジア近現代通史 1 東アジア世界の近代』(岩波書店, 2010); 송금영, 『러시아의 동북아 진출과 한반도 정책(1860-1905)』(국학자료원, 2004), 제1-3장; 박 보리스 드미트리예비치, 2010; 이완종, 「러시아의 극동진출과 중-러 국경획정과정 연구」, 『북방사논총』 4. 2005; 박명용, 「연해주를 둘러싼 한국과 러시아 영토문제 — 1650년에서 1900년까지 —」, 『북방사논총』 4, 2005; 홍웅호, 「1858-1898년 러시아의 동아시아 팽창과 만주」, 『동북아역사논총』 14,

파악하면서도 길심하가 러시아 경내에 속한다고 판단하여 직접적으로 이들을 저지하는 행동에 나설 수는 없었지만, 조선 측의 월경민 송환 요청에 대해 청조는 "조선 거민이 러시아 경내로 옮겨 가 개간을 하고자 하는 것은 응당 조선에서 금지령을 내려야지 중국에서 나서서 금지시키기 곤란하다"는 입장을 보였다. 근본적으로 이 문제에 대해 힘을 쓸 여력이 없었던 조선정부에 대해 불만을 표시하였던 것이다.

이러한 상황을 보면 1860년 북경조약(北京條約) 이후 러시아 영토가 된 연해주(沿海州) 지역으로 조선백성이 월경하는 것은 조선정부가 그 실상을 제대로 파악하지 못하는 가운데 이미 상당히 진행되었던 것으로 보인다. 이러한 상황에 대해 1882년 임오군란 시 청군(淸軍)을 이끌고 조선에 진주한 오장경(吳長慶)을 영접한 영접관(迎接官) 김창희(金昌熙)는 조선의 개혁방안에 대해 충고를 한 장건(張謇)·이연호(李延祜)의 논의에 대한 비평에서 자신의 의견을 이렇게 서술하고 있다.

> 관북의 세금은 본디 서울에 보내지지 않았다. 개국 초에 백성들을 모집한 데에는 변방을 수비하려는 원대한 계책이 담겨 있었는데, 결과적으로 무관들의 사적인 차지가 되고 순영(巡營, 감영)과는 길이 멀어 백성들이 왕의 교화를 모르고 지냈다. 그래서 문곡(文谷) 김문충(金文忠, 金壽恒)이 마천령 이북에 별도로 도(道) 하나를 세우자는 논의를 내기도 하였다. 그런데 근래 탐관이 갈수록 기승을 부려 포(布), 가체(加髢), 인삼, 녹용, 담비, 수달 등을 절제 없이 수탈하거나 농작물의 매매에 농간을 부리기도 하고, 채포(債逋, 결손 세금)에 대한 이징(里徵)과 족징(族徵)

2006; 홍웅호, 「19세기 후반 러시아 동아시아정책의 변화」, 홍웅호 외, 『근대 한러관계연구: 수교와 교섭의 시기 한러관계』(선인, 2008) 등 많은 연구가 있다.

이 하루도 빠짐없이 이어진다. 그래서 그곳 백성들이 구렁텅이에 나뒹굴어도 호소할 곳이 없어 다른 국경으로 넘어가는 것을 지켜만 보는 실정이 된 것이다. 결국 조만간 민변이 발생할 지경이지만 도의 책임자가 거리가 멀어 그들을 다독일 수가 없고 또 갑작스레 그들을 안심하고 모이게 하기도 어려운 상황이어서, 머지않아 러시아가 힘들이지 않고 차지해 버리고 말 것이다. 만에 하나 육진(六鎭)에 문제가 발생하면 내지에 사는 사람이 어떻게 베개를 높이 베고 편하게 잠잘 수 있겠는가.[20]

이 점에 대해 나중에 의견을 제시한 김윤식의 경우도 다음과 같이 거의 비슷한 설명을 하고 있어 당시에는 이러한 의견이 상당히 보편적이었던 것으로 보인다.

일찍이 육진(六鎭) 사람들로부터 듣기에 러시아가 새롭게 귀순하는 백성들을 대우하는 것이 매우 관대하여 열 가구, 혹은 400-500가구를 1사(社)로 만들어, 그 우두머리로 하여금 본래의 습속으로 다스리게 하며, 입적(入籍)을 원하는 자는 입적시키고 원하지 않는 자는 그 뜻에 따르게 하였다. 사를 세워 새로 개간한 땅은 보통보다 훨씬 비옥한데도 그 땅을 경작하게 해 주면서도 조세를 거두지 않아서, 한해 내내 배불리 먹고 즐기며 괴롭힘을 당하지도 않았다. 이 때문에 학정(虐政)으로 고통을 받은 조선백성이 물 흐르듯 잇따라 분주하게 강을 건너가 버렸으므로, 육진은 거의 텅 비게 되었다. 넘어가지 않은 사람은 분묘(墳墓)가 있는 세족(世族)이나 뿌리가 깊어 움직이기 어려운 사람들 아니면 제법 전산(田産)이 있거나 작은 이익에 집착하는 사람들뿐으로 나머

20 金昌熙, 「善後六冊補」, 최우길·김규선 공역, 『개항기 한중 지식인의 조선개혁론 삼주합존』(보고사, 2016), pp. 74-75, pp. 77-78(원문).

지는 모두 짐을 지고 떠나가 버린 것이다. 관북(關北), 즉 함경북도 지역은 우리 조정이 일어난 땅으로서 발상(發祥)의 근원지이다. 그 풍속이 소박하고 무(武)에 뛰어난 인재가 많은 것이 중국의 산서성(山西省)과 같다. 조정에서 아끼고 염려하는 것이 다른 지역보다 훨씬 더하지만, 경성(京城)에서 2,000리 떨어져 있고 산이 험하고 막혀 소식을 잘 듣지 못하기에 훌륭한 지방관이 은덕을 베푸는 정치를 행하지 않는다면 백성들이 왕의 은택을 입기 쉽지 않다. 육진은 대개 무관(武官)들이 경력을 쌓는 곳으로서 수령이 된 자들이 거칠고 염치를 돌보지 않으며 또한 감사(監司)의 아문과 떨어져 있어 칭찬이나 비난이 잘 전달되지 않기 때문에 마음 놓고 탐학(貪虐)을 저지르면서 백성들을 괴롭히는 경우가 많다. 수십 년 이래 [지방관으로 부임하기 위해 여러 가지 비용이 많이 들어] 경성에서 빚을 지고 내려온 수령들이 백성을 수탈하는 기풍이 나날이 심해졌는데도 조정에서는 따져 묻지 않고 감사는 살피지 않아 백성들이 힘들고 막막해도 호소할 데도 없으니, 강 건너 보이는 곳에 낙토(樂土)가 있어서 정치는 관대하고 풍속은 도탑고 농작물도 풍성한데 어찌 이곳을 떠나 저쪽으로 가려는 마음이 없을 수 있겠는가? 이에 먼저 간 자는 편안하게 배부름과 즐거움을 누리고 가지 않고 남은 사람은 온갖 고통을 다 감당해야 한다. 예전에 100호가 있던 마을에 지금은 10호만이 남아 있으니 요역(徭役)은 몇 배나 무거워졌고, 그 고통을 감당하지 못하게 되면 장차 모두 다 저쪽으로 넘어가 버릴 것이니, 남은 자는 관리와 읍민(邑民) 몇 호에 지나지 않게 될 것이다. 지방관리가 된 사람은 오로지 부임하기 전에 경성에서 진 부채[京債]의 무거움만을 걱정하여 남은 백성들을 악랄하게 수탈하니, 장차 이들이 반드시 무리 지어 일어나 서로 앞다투어 읍촌(邑村)을 약탈하고 러시아의 경계로 들어가는 경우가 생겨도 조정에서는 또한 아무런 방법이 없어 못 본 체 외면할 것이고, 마침내 이곳은 깨어진 벽돌과 기와조각만 남는 황량한 폐

허가 되어 여우와 토끼의 소굴로 바뀔 것이다.[21]

여기서 김윤식은 함경북도 주민들이 대규모로 또한 집단적으로 러시아 경내로 넘어가게 된 배경에 대해 관북 지방관의 학정과 러시아의 적극적인 이주민 환영정책이 맞물린 결과라고 설명하고 있다. 이러한 흐름을 막지 못하고 방치한다면 이곳은 "깨어진 벽돌과 기와조각만 남는 황량한 폐허가 되어 여우와 토끼의 소굴"이 될 것이라는 것이 그의 예측이었다.[22] 결국 이러한 대규모 월경·이주가 지속되는 상

21 金允植, 「十六私議 第十三 綏北」, 『雲養集』(韓國文集叢刊 328, 民族文化推進會, 2004), 卷7 「議」, pp. 354-355; 韓國學文獻硏究所 編, 『金允植全集 壹』(亞細亞文化社, 1980), pp. 506-509.(『자료선역』 4 — 042 — pp. 1049-1054)

22 마찬가지로 여기서 자세히 다룰 여지는 없지만, 한국-러시아 관계사 방면의 연구에 의하면 조선백성의 월경은 지금 현재 공식적으로 1863년에서 시작된다고 간주되고 있다. 박 보리스, 2010, pp. 157-179를 참조. 한편 조선인의 러시아 이주와 그 경과에 대해서도 앞서 든 것을 제외하고도 다음과 같은 많은 연구가 축적되어 있다. 朴泰根, 「러시아의 동방경략과 수교이전의 한러교섭(1861년 이전)」, 『韓露關係100年史』(한국사연구협의회, 1984); 심헌용, 「조선인의 러시아 이민사: 이민 초기의 쟁점과 현대적 의미」, 서대숙 편, 『한국과 러시아 관계: 평가와 전망』(경남대학교, 2001)의 제2장; 潘炳律, 「한국인의 러시아 이주사 — 연해주로의 유랑과 중앙아시아로의 강제이주」, 『한국사시민강좌』 28, 2001(또는 『문화역사지리』 18-3, 2006); 반병률, 2003; 潘炳律, 「러시아 연해주 한인마을 연추의 형성과 초기 모습」, 『동북아역사논총』 25, 2009; 潘炳律, 「러시아 연해주 두만강 하구의 한인마을 크라스노예 셀로(鹿屯島)의 형성과 변화」, 『한국근현대사연구』 54, 2010; 潘炳律, 2013; 이왕무, 2005; 이왕무, 「조선시대 녹둔도(鹿屯島)의 역사와 영역변화」, 『정신문화연구』 34-1, 2011; 이민원, 「19세기 말의 한·러관계와 〈俄國輿地圖〉」, 『장서각』 29, 2013 등. 이러한 논문 외에도 한국민족운동사학회 편, 『한·러관계와 민족운동』(국학자료원, 2002); 심헌용, 『러시아의 한반도 군사관계사』(국방부 군사편찬연구소, 2002); 송금영, 『러시아의 동북아진출과 한반도정책(1860-1905)』(국학자료원, 2004); 홍웅호 외, 『근대한러관계

황 속에서 조선정부는 길림당국의 지적에 대해 "변방의 어리석은 백성들이 무지하게도 법을 두려워하지 않고 몰래 나라를 빠져나간 숫자가 수천 명[원문 그대로]에 이르고, 이미 몇 년 동안의 일인데도 전혀 이를 알아차리거나 단속하지 못한" 점을 인정하지 않을 수 없었다. 하지만 조선정부는 "금령을 엄격하게 다시 반포함으로써 큰 잘못을 피하고자 한다"는 답장을 하면서도, 두만강을 건너와 당시 약탈에 가담했던 무리에 대해서는 "이익이나 재산을 노려서 무리를 지어 와서 약탈을 한 것인지, 또는 남의 권장을 받고 힘을 보태 주려 한 것인지는 결코 알 도리가 없습니다. 금령을 어기고 경계를 건너 속국을 무시한 행위는 법률로 헤아려서 응당 관대하게 용서해서는 안 될 것입니다."라는 입장을 보였다.[23]

이 문제는 조사 결과 '중국인'이 개입된 소행이 아니고 월경한 조선인들에 의한 소행이라고 청조 측이 판단을 내리면서 흐지부지 마무리되었다.[24] 결국 이들 월간민에 대해 어떤 조치가 이루어졌는지는 현재로서는 파악하기는 어렵지만 이들의 송환이 이루어졌다는 기록은 보이지 않는다. 청이나 조선 어느 쪽에서도 월경을 막을 효과적인 대책을 실행에 옮길 수는 없었던 것으로 보이는데, 이 점은 광서 2년(고종 13. 1876)에[25] 혼춘협령(琿春協領)이[26] 올린 다음과 같은 보고에서도

연구: 수교와 교섭의 시기 한러관계』(선인, 2008); 김춘선, 2016 등 관련 연구서도 적지 않다.

23 『同文彙考』 4 「原續編 犯越 二 我國人」, 18b-19b; 『중조사료』 4, pp. 104-106; 『범월사료』 4, pp. 506-507에 실린 附件. 「回咨」(同治 6년 3월 27일)를 참조.(『자료선역』 1 — 003(2) — pp. 15-16)

24 孫春日, 2009, pp. 140-142.

25 光緒帝의 재위는 1875년에서 1908년에 걸친다.

26 琿春協領은 康熙 53년(1714) 설치되어 寧古塔副都統의 지휘를 받았고, 光緒 7년(1881) 琿春副都統으로 격상되어 두만강 북쪽 연안지대(오늘날의 延

확인된다.

온숭아(溫崇阿)를 토문강변(土門江邊)에 파견하여, 계속해서 비밀리에 탐문하게 한 결과 다음과 같은 사실을 알게 됐습니다. 조선백성은 올해 2월 하순부터 매일 밤 3-5명이 무리를 이루어 강구(江口)의 어둡고 외진 곳을 통해 계속 분분히 러시아 경계로 넘어가고 있으며, 모두 해구(海口)의 암저하(巖底河) 등지로 가서 정착하고 있습니다. 온숭아가 토문강 어귀 지방에 이르렀을 때 마침 조선인 남자 및 부인과 자녀를 보았

邊 대부분)를 관할 아래 두게 되었다. 琿春協領의 설치 이전 淸朝가 東北지방에서 설치한 방어의 중심은 서북부에 있었고 조선과의 경계지역에는 아무런 방어설비가 없었는데, 1712년 백두산 '정계' 이후, 이 지역의 안정을 위해 설치한 것이다(孫春日, 2009, 中華書局, 2009. pp. 92-95를 참조). 協領은 淸代 駐防八旗의 武職官員이다. 副都統 아래, 佐領 위의 직위로 從三品이며, 소속 官兵을 관할하면서 操練·守衛를 통해 防務를 돕는 역할을 맡았다. 琿瑃은 宣統 원년(1909) 琿春廳으로 바뀌었는데 오늘날 吉林省 延邊朝鮮族自治州 동쪽에 위치한 縣이다. 田志和 等 編著, 『吉林建置沿革概述』(吉林人民出版社, 1990), pp. 77-78, p. 88에 의하면 훈춘부도통은 광서 17년(1891)의 경우 官兵 623명과 八旗人口 1,403가구 1만 43명을 관할하고 있었으며, 琿春城의 일반 民人은 4,410가구 1만 9,940명, 그전에 훈춘부도통 관할이었다가 10년 전에 떨어져 나간 敦化縣은 1,413가구 9,388명이었다(유배당한 流人 포함). 청대의 琿春協領 및 이후의 琿春副都統衙門에 대해서는 郭春芳, 「從淸代檔案看琿春副都統衙門的機構設置和沿革變化」, 『滿族研究』 2004-3; 顧松潔, 「淸代琿春八旗駐防初探」, 『歷史檔案』 2008-3; 李博, 「近代圖們江流域國際關係與延邊地區軍行政機具沿革」, 延邊大學 석사학위논문, 2012; 薛剛, 「淸代琿春駐防旗官管理相關問題考論」, 『黑龍江民族叢刊』 2013-6; 王帥, 「淸代琿春副都統衙門及其劃區研究」, 黑龍江大學 석사학위논문, 2014; 王帥, 「淸代琿春駐防旗官補正」, 『歷史檔案』 2013-2; 徐少卿, 「淸代東北巡防體系研究 — 以《琿春副都統衙門檔》所載1736-1860年琿春協領轄區爲例」. 復旦大學 석사학위논문, 2014; 任藝, 「晚淸琿春地區外邊問題研究」. 吉林師範大學 석사학위논문, 2015 등에서 다루고 있다.

는데, 모두 그 지역을 통해서 강을 건너고 있었다고 합니다. 온 이유를 물어보니, 각기 조선국은 토지가 척박하고 백성들은 가난한데, 러시아 경내의 수분(綏芬) 등지에 거주하는 조선인[高麗人]은 보통 생활이 풍부하다고 하므로 그래서 그들 또한 그곳으로 가서 취식(就食)한다는 것입니다.[27]

이러한 보고 후에 일찍이 길림장군의 지시로 혼춘협령이 누차 가서 러시아 계무관(界務官)[28]을 만나, 조선인들을 쫓아낼 것을 권유했지만, 계무관은 고집을 부리면서 따르지 않으며 "이 일은 당신들이 상관할 바 아니라"고 하면서 화를 내며 거절하였다. 혼춘협령은 "그들과 협상하여 조선인들을 모두 쫓아내라고 권유해도 역시 쓸데없이 입만 아프게 되고, 또한 오히려 그들의 의심을 불러 나중에 문제를 키울지 염려된다"면서 상황을 계속 비밀리에 탐문하도록 지시할 수밖에 없었다.[29] 혼춘당국으로서는 이곳을 경유하여 러시아 경내로 넘어가는 조

27 「吉林將軍致琿春協領札[爲俄招留朝鮮逃人, 嚴飭密探確情, 隨時飛報事]」(光緒 2年 3월 11일), 中國邊疆史地硏究中心 等 編, 『琿琣副都統衙門檔』(廣西師範大學出版社, 2006, 이하 『琿春副都統衙門檔』으로 약칭) 卷92, p. 343.(『자료선역』 1 — 012 — p. 104)

28 원문은 커미샤르[廓米薩爾]로 되어 있는데 아마 Commissar(소련 시절에는 공산당의 통제위원이나 인민위원을 뜻했다)의 音譯인 것 같다. 중국 측 자료에서는 界務官으로 번역되고 있어 이에 따랐다. 영어로는 Community Service Officer라고도 번역된다.

29 吉林當局의 러시아와의 접촉 시도에 대해서는 孫春日, 2009, pp. 138-144, 그리고 러시아 측의 조선인 통제와 혼춘 측의 교섭에 대한 반응에 대해서는 보리스 박, 2010, pp. 172-179 및 pp. 184-189에서도 간단하게 다루고 있다. 결국 러시아 측과 조선 측의 비협조로 혼춘당국의 시도는 아무런 성과를 거두지 못하고 끝이 났다. 1860년대에서 1870년대 두만강 하류지역 조선백성의 러시아 경내로의 유입 상황과 이에 대한 길림·혼춘당국의 정보 파악과 단속, 조선·러시아 당국과의 송환 교섭에 대해서는 김형종 등 옮김, 『국역

선유민의 월경을 저지할 방법이 마땅치 않았던 것이다.

이렇게 끊이지 않는 집단 월경에 대해 고종은 고종 6년(1869)에 북방 백성들의 이탈이 무거운 요역과 징세 때문이라는 것을 듣고 가능한 한 최대한 백성들을 위무할 수 있게 조세의 부담을 줄이는 방책을 실시하도록 지시한 적이 있었다. 북관(北關)지방[30]의 "연읍(沿邑)에서 국경을 넘는 우환은 듣기에 여러 가지 놀라운 점이 없지 않고, 심지어 중국(中國)에 자문(咨文)을 보내어 비류(匪類)들을 잡아 오는 일까지 있으며" "요역(役)이 무겁고 거두어들이는 것이 가혹하기 때문에 백성들이 살아갈 수 없어 그렇다고 하는데", "연변(沿邊)의 백성들과 관계되는 모든 문제는 어공(御供)으로 바치는 중요한 물건이라 하더라도 견감(蠲減)할 수 있는 것은 견감해 주고 정리할 수 있는 것은 정리하도록 하라. 그리고 나머지 영(營)·읍(邑)의 허다한 명색(名色) 중에서 탕감(蕩減)하여 없앨 수 있는 것은 탕감하여 없애도록 하라"는 지시 내용을 "한문(漢文)과 언문(諺文)으로 번역하여 베껴서 방곡(坊曲)에 게시하여 붙임으로써 몰랐다고 한탄하는 백성이 한 사람도 없게 하라"는 내용이었던 것이다.[31]

『淸季中日韓關係史料』 1(동북아역사재단, 2012)에 실린 자료에 다양한 사례가 수록되어 있다.

30 北關은 함경도의 마천령 북쪽 지방, 즉 함경북도 지역을 가리킨다. 남쪽 지방, 곧 함경남도는 南關이라 했다. 때로는 함경도 전체를 일컬을 때 北關이라 부르기도 한다.

31 『朝鮮王朝實錄』(이하 대부분 고종시대의 내용을 인용한 부분은 『高宗實錄』으로 약칭하겠다) 高宗 6卷, 高宗 6년 11월 23일 첫 번째 기사(원본 10책 6권 34장 A면. 영인본 1책 326면).(『자료선역』 1 — 004 — pp. 20-22) 『淸史稿』(中華書局, 1977) 『列傳』 313 「屬國 1 朝鮮·琉球」, p. 14596에 의하면 "同治 9年 9月 조선국왕이 慶源府의 農圃社民 李東吉이 琿春으로 도망가 집을 짓고 토지를 개간하고 무뢰배를 불러 모으고 있다면서 조사와 압송을 요청하자, 同治帝가 이들을 모두 잡아 조선에 넘겨 처벌하도록 하였다.

하지만 이러한 일시방편적인 조치가 효력을 제대로 발휘하지 못하였음은 고종 8년(1871) 1월 다시 영고탑부도통(寧古塔副都統)으로부터[32] 대규모의 조선월경민을 인수해 가라는 조회(照會)가 회령부사(會寧府使)에게 전해진 사건을 통해서 분명해진다.[33] 영고탑부도통이 혼

이해 조선에서는 큰 우박이 내려 국내에 饑荒이 들고 굶어 죽은 시체가 길에 널릴 정도가 되어 백성들이 무거운 금지령을 어기고 두만강을 건너 혼춘 등지로 넘어와 걸식하면서 살길을 찾고자 하였는데 이것이 조선유민 월간의 시작이다. 황상은 조선국왕에게 백성들을 모두 거두어들여 가 단속하고 아울러 스스로 방법을 강구하여 불러 모으고 금령을 엄히 펼쳐 다시 이런 일이 없게 하라고 지시하였다."라고 기록하고 있다. 중국 측에서 파악한 대규모 월간의 동향은 1869년 무렵으로 파악되고 있는 것이다. 1860-1880년대 러시아의 존재와 함경도의 재정 위기와 인구 유출, 그에 따른 조선정부의 대응 문제에 대해서는 김태웅, 2012, pp. 119-152에서 상세히 다루고 있다.

32 寧古塔은 滿洲語로 '여섯'이라는 뜻으로 淸皇室의 조상 여섯 형제가 여기에 거주했기 때문에 이렇게 부르게 되었다고 한다. 당시에는 寧古特·寧姑特·寧古台라고도 했다. 러시아의 침입에 대비하기 위해 1652년 처음으로 駐防部隊가 설치되었다가 이후 여러 차례의 변경을 거쳐 18세기 후반에 寧古塔副都統衙門이 되었다. 시기에 따라 다르지만 寧古塔副都統의 관할 구역은 흑룡강 지역이나 길림성의 敦化縣·和龍縣, 그리고 東海에 이르는 지역에 미쳤으며, 1913년에는 永安縣으로 바뀌었다. 副都統(梅勒章京)은 淸代 八旗官職 가운데 1旗의 副長官으로 각 기마다 2명씩 있는 정2품 관직이며, 都統을 도와 本旗의 戶籍·田宅·教養·操練 등 군정사무를 처리하였다. 각 요지에 산재한 駐防八旗의 경우 將軍이 없는 지역에서는 최고의 軍政長官이었다. 田志和 等 編著, 『吉林建置沿革概述』(吉林人民出版社, 1990), pp. 73-74에 의하면 그는 協領以下 旗官 107명과 前鋒甲兵 및 匠役 1,281명 등을 통솔하였으며, 광서 17년(1891)의 경우 八旗人口 6,772가구 3만 2,883명과 官莊人 895가구 2,824명을 관할하고 있었다.

33 『同文彙考』 4 「原續編 犯越 二 我國人」, 48b-50b; 『중조사료』 4, pp. 123-125; 『범월사료』 4, pp. 567-577.(『자료선역』 1 — 005 — pp. 23-30) 또한 이에 대해서는 『高宗時代史』 1輯 1870년(同治 9) 윤10월 6일條의 「지난 10월 1일에 淸 琿春協領 訥穆錦의 越境한 本國民의 領回를 위하여 乾原權管 金光雨等을 入送시켜 該 協領과 商議케 하다」는 기사를 참조. 동시에 『承政院日記』 高宗 7년 10월 24일, 『日省錄』 高宗 7년 10월 24일, 윤10월

춘·영고탑 등지 변경초소의 순찰관에게 각자의 관할 구역을 엄밀하게 수색하라고 지시한 결과, "조선마을은 모두 혼춘 소속의 각 마을과 아주 밀접해 있고, 비록 토문강을 가운데에 두고 있지만 위아래로 백여 리 이상 인접해 있는데다가, 또한 강물이 모두 얼어붙어 있어 이쪽에서 막으면 저쪽으로 넘어가는 일이 있을 수 없다고는 하기는 곤란하다. 조선에서는 전혀 조사·금지를 하지 않고 도망쳐 넘어가도록 놔두고 있다"면서 혼춘협령이 조선월경민의 상황을 다음과 같이 보고하였다.

> 각 변경초소의 보고에 의하면 지금 조선의 남녀노소가 계속해서 왕래하는 것이 끊이지 않고 있으며, [혼춘 경내의 — 인용자] 각 마을마다 집이 있으면 억지로 들어가 구걸을 하고, 막고 밀어내도 다시 돌아와 걸식을 하는 상황입니다. 물어보아도 말이 통하지 않고, 사정을 보면 추위와 굶주림에 시달린 모습인데, 먹을 것을 달라고 애걸하면서 입을 벌려 기다리고 있는 모습이 정말로 가련합니다.[34]

그 결과 "조선 경흥부의 지방관에게 조회(照會)하여 영고탑·혼춘성에 가서 경계를 넘어온 조선난민을 모두 인수하여 돌아가게" 하라는 길림장군의 지시가 떨어졌다. 이에 영고탑부도통은 조선 회령부(會寧府)·경원부(慶源府)의 지방관에게 조회를 보내 경계를 넘어온 난민을 모두 인수해서 거두어들이고 다시는 몰래 넘어오지 못하게 함으로

4·5·6일, 『備邊司謄錄』 高宗 7년 윤10월 4일, 『高宗實錄』 卷7 高宗 7년 윤10월 3·4일, 『通文館志』 卷11 「紀年續編 今上 7年」 및 『籌辦夷務始末同治朝』 卷77 同治 9년 9월 丙子, 卷78 同治 9년 10월 癸巳, 卷79 同治 9년 12월 戊寅에 관련기사가 있다.

34 위와 같음.(『자료선역』 1 — 005 — p. 26)

써 각기 변경을 깨끗이 정리하자고 통보하게 된 것이다. 이리하여 조선 측에서는 회령부 권관(權管) 김광우(金光雨) 등을 영고탑으로 보내 유민을 인수하여 돌아오게 되었다.[35] 조선 측이 추적이나 수색 능력·준비가 전혀 없었으므로 영고탑 측은 대신 사방으로 수색을 한 결과 난민 남녀노소 511명을 찾아내어 1차로 4월 15일에는 300명을 넘겨주고, 뒤이어 5월 18일에는 다시 150명을 넘겨주어 김광우가 인솔하여 돌아가게 하였다. 뒤이어 수색하여 붙잡지 못하였던 61명 가운데 이미 사망한 4명을 제외한 나머지 57명도 모두 체포하여 넘겨주었으므로, 인수된 조선유민의 숫자는 돌아올 때 도망친 사람을 제외하면 모두 454명이 되었다. 이렇게 많은 조선유민을 데리고 돌아오기 위해 조선 측에서 도중의 식량을 구입하는 데 필요한 금액 299냥 2전 및 중도에서 수색하여 포획한 13명분 식량비용 은자 4냥 등 모두 은 303냥 2전의

35 『同文彙考』 4「原續編 犯越 二 我國人」, 51a-53b; 『중조사료』 4, pp. 125-126.(『자료선역』 1 — 006 — pp. 31-38) 또한 이에 대해서는 『高宗時代史』 1집 1870년(同治 9) 윤10월 6일조의 「지난 10월 1일에 清 琿春協領 訥穆錦의 越境한 本國民의 領回를 위하여 乾原權管 金光雨等을 入送시켜 該 協領과 商議케 하다」는 기사(그리고 아울러 1871년 3월 6일, 7월 19일의 기사) 및 『備邊司謄錄』 및 『국역비변사등록』 253책 高宗 8년 7월 20일과 『承政院日記』 129책(탈초본 2766책) 高宗 8년 7월 19일 丁未 기사 「北兵使 金箕錫의 狀啓에 대해 犯越罪人을 중도에 놓친 差使員 乾原權管 金光雨 등을 그냥 두라는 傳敎」(국사편찬위원회 한국사데이터베이스 http://db.history.go.kr)를 참조. 이때 조선 측은 러시아 경내로 넘어간 유민의 회수도 모색하였던 것으로 보인다. 당시 琿春協領 訥穆錦은 이미 러시아 경내로 들어간 조선유민의 송환을 교섭하고, 아울러 더 이상의 월경을 막아 달라고 요구하였는데, "俄國은 그들의 招留를 不願하며, 초소를 설치하여 막고자 하였지만 그들 사이에 偷入한 人數가 이미 많아져서 驅逐이 不可能하므로 春融·綏芬 一帶에 設置하여 服役시키려 한다"고 답변하면서, 러시아 측이 송환비용의 문제를 제기하는 등 비협조적인 태도를 취하였다는 점을 들어 조선 측의 요청을 거부하였다.

비용을 영고탑부도통아문에서 차용(借用)하였던 것은 난민의 규모가 예상 외로 큰 것과 조선 측이 이러한 유민을 맞이하기 위한 제대로 된 준비를 하지 못하였던 것을 잘 보여 준다.[36]

그리고 이러한 대규모 월경민의 송환 때문에 조선정부는 범월을 한 조선백성을 종래의 규정대로 '효수(梟首)' 등의 중형으로 처벌하는 대신 안무(安撫)하는 방침을 취하지 않을 수 없었다. 당시 고종은 이 문제에 대해 다음과 같이 지시하였다.

> 이들이 당초에 도망쳐 경계를 넘어간 것은 이 백성들의 허물이 아니고, 최근 관찰사와 지방 수령들이 잘 이끌지 못해 백성들을 잃게 된 데서 비롯된 것이다. 백성들이 어찌 즐겨 이렇게 도망쳤겠는가? 잇따른 흉년을 만났던데다가 관리의 수탈이 강하고, 생계 또한 잇기가 곤란하니 경계를 넘어간 것이지, 사실 자신들이 무엇을 하는지도 모르고 저지른 일인 것이다. 만약 본심으로 일부러 범했다면, 관리 한 사람을 파견해서 이끌어 돌아온다고 해서 그 수많은 무리들이 어찌 공손히 그를 따라 돌아왔겠는가? 그 사정을 따져 보면 그래서 여전히 불쌍하고 애처로우니, 이들에게 양식을 나눠 주어 각기 생업에 안주하게 함으로써 어느 한 사람이라도 떠돌면서 허둥지둥한다고 한탄하는 일은 없게 해야 할 것이다. 도중에 잃어버린 30명의 경우도 반드시 무서워서 도망친 것일 터이다. 이런 조치를 듣고 혹시라도 돌아오면 모두 그대로 안무해서 북쪽지방에 대한 근심을 풀 수 있게 해야 할 것이다. 그렇지만 이러

36 이 일을 맡은 金光雨가 송환 경과를 기록한 『寧古塔北誌』는 규장각한국학연구원에 소장되어 있으며(想白古 951.054-Y42), 『조선시대북방사자료집』(고구려연구재단, 2004)이나 金春善 主編, 『중국조선족사료전집 력사편 이주사 제9권』(연변인민출판사, 2012)에도 轉載되어 있다.

한 처분이 있은 다음에 혹시라도 또다시 금령을 어기고 범월을 하는 경우가 있다면 단연코 법률에 의해 엄히 처벌해야 한다.[37]

대규모 월경사태에 대한 조선정부의 유화적 대책은 고종 8년(1871) 이 문제를 둘러싼 회의에서도 잘 나타나고 있다. 이 회의는 "함경도(咸鏡道) 6진(鎭)의 백성들이 몰래 범월을 하는 폐단이 갈수록 심해지고 있고, 심지어는 이번에 일본의 이사관(理事官) 미야모토 오카즈(宮本小一)가 이 일을 언급하기까지 한 것" 때문에[38] 대응조치가 불가피해서 이루어진 것이었다. 여기서 [대호군(大護軍) 김]유연([金]有淵)은 "신이 체직된 지 지금 10년이라는 오랜 세월이 지났기 때문에 근래의 일에 대해서는 상세히 알 수 없지만 국경을 넘어가는 조짐은 그때에도 있었습니다."라면서 이 문제가 이미 상당히 오래된 것임을 우선 지적하였다. 이에 [병조판서(兵曹判書) 서]당보([徐]堂輔)도 "백성들이 해마다 흉년을 겪던 나머지 사방으로 흩어져 떠돌던 것은 처음에는 먹을 것을

37 『日省錄』高宗編 8 辛未年(1871) 5월 28일, 『承政院日記』高宗 8년 5월 28일 기사(원본 2764책, 탈초본 129책)나 『備邊司謄錄』第26, 253책, 464b-465a의 같은 기사를 참조.(『자료선역』1 — 008(2) — p. 69)

38 이후 강화도조약 체결과정에서 일본의 실질적인 교섭을 담당한 온건론자 宮本小一에 대해서는 제홍일, 「근대 여명기 일본의 조선정책과 宮本小一」, 『역사와 세계』37, 2010을 참조. 흥미롭게도 宮本小一은 1881년 일본에 파견되어 서구화된 문물제도를 시찰하던 朝士視察團의 閔種默·沈相學에게 조선백성 가운데 러시아 국경으로 넘어간 사람이 3천 가구가 넘는 마을[大審部]을 꾸리고 있는데, 어찌 데리고 오지 않느냐는 질문을 외무성 대서기관으로서 던졌다. 金泰雄, 「開港前後-大韓帝國期의 地方財政改革 硏究」, 서울대학교 국사학과 박사학위논문, 1997, p. 71. 같은 내용은 허동현, 「1880년대 한국인들의 러시아 인식 양태」, 한국민족운동사학회 편, 『한·러관계와 민족운동』(국학자료원, 2002), p. 35에도 나와 있다. 앞의 경우는 민종묵, 뒤의 경우는 심상학에게 이야기한 것으로 인용되고 있다.

얻자는 방책에 지나지 않았으나, 점차 이웃을 유혹해서 낙원으로 가듯이 친척과 이웃을 이끌고 떠나기 때문에 거의 열 집 가운데 아홉 집이 비어 버린 것이니 민정을 생각하면 참으로 걱정스럽습니다. 현재의 급선무는 어루만져 보호하고 안정시키는 것보다 우선해야 할 것이 없습니다."라고 유화책을 제시하였다. 또한 [어영대장(御營大將) 김]기석([金]箕錫) 역시 "기(己)·경(庚)[39] 양년에 흉년을 잇달아 당하였는데 저쪽 지방의 강변에 미곡 시장이 많기 때문에 밤을 틈타 몰래 국경을 넘어가 교역을 하게 되었고, 이 습관이 점점 자라나 러시아 국경을 넘어서 들어가는 지경에까지 이른 것이니, 진실로 삶을 도모하기 위한 방책에서 연유한 것"이라는 의견을 내놓았다. 또한 박규수(朴珪壽)의 진술은 저간의 사정과 그에 대한 대책을 잘 설명해 주고 있다.

> 함경도의 여러 읍들이 대체로 궁벽하고 멀리 떨어져 있는데, 육진과 감영(監營)과의 거리는 모두 천 리가 넘거나 혹은 수천 리에 가까우니 감영에서 안찰(按察)하는 것이 두루 미칠 수 없고, 일반 백성들의 사정이 위로 전달될 수가 없어서 위에서 덕의를 선포하는 것과 아래에서 고통을 호소하는 것이 막혀서 시행되지 않고 통하지 않습니다. 또 각 읍의 수령들로 모두 무인(武人)을 등용하니 백성들을 보살펴 주고 사랑하는 방도가 혹은 적절하지 못한 경우도 있습니다.

이러한 설명은 앞서 인용한 김창희(金昌熙)·김윤식(金允植)의 그것과 놀랍게도 유사하다. 결국 영돈녕부사(領敦寧府事) 김병학(金炳學)이 "육진의 수령들이 어찌 모두 탐욕스러워서 그렇겠습니까? 길은 대

39 己·庚은 己巳年(1869)·庚午年(1870)을 가리킨다.

단히 멀고 집과 조정은 아득히 떨어져 있어서 임기가 차기만 하면 교체되어 돌아올 것만 기대하여 백성들과 관련되는 사안을 제대로 다스리지 않으니 점차 수습할 수 없는 지경에 이르게 된 것입니다."라고 지적한 것처럼, 정부의 실정(失政)이 근본적인 원인으로 파악되었다. 이 문제에 대한 대책은 함경북도에 파견되는 관원의 신중한 선발과 환곡(還穀) 등 폐정의 혁파, 전례에 따른 순변사(巡邊使)의 파견을 통한 위무 등으로 결론이 났다.[40] 그리고 몇 년 뒤이지만 전에 함경도를 맡아 다스린 적이 있는 김유연(金有淵)을 고종 13년(光緒 2. 1876) 8월 9일 함경도안무사(咸鏡道按撫使)로 차출(差出)하면서 내려진 고종의 교지에도 이것은 그대로 반영되었다.[41]

> 어찌된 일인지 근래에 와서는 기근에 시달리고 부역(賦役)에 고달프며 죽고 싶어도 죽지 못해 러시아[俄羅斯]로 흘러들어 가는 사람들이 무려 몇 천 몇 백 명이나 되는지 헤아릴 수도 없다. … 이미 국경을 넘어간 백성들은 친척과 보갑호(保甲戶)에서 서로 통보하여, 기한 안에 돌아온다면 잘못과 죄를 용서하여 특별히 널리 은혜를 베풀고 위로하며, 모아들여서 안정된 생활을 하게 하여 나라에서 함양해 주는 혜택을 볼 수 있도록 할 것이니 어찌 즐겁지 않겠는가?[42]

40 『日省錄』 高宗編 高宗 13년(1876) 7월 13일; 『承政院日記』 高宗 13년 7월 13일(2828책. 탈초본 131책); 『高宗實錄』 같은 날(원본 17책 13권 38장 A면, 영인본 1책 531면).(『자료선역』 1 — 008(3) — pp. 70-75)

41 이때 함경도 鏡城에 按撫使의 軍營인 按撫營이 설치되었다. 金有淵이 按撫使로 임명된 것은 高宗 13년 7월 13일이었다. 『高宗實錄』 13卷 高宗 13년 7월 13일 두 번째 기사(원본 17책 13권 41장 A면. 영인본 1책 533면).

42 『日省錄』 高宗編 高宗 13년(1876) 8월 9일. 또는 『高宗實錄』 17卷, 高宗 13년 8월 9일 첫 번째 기사(17책 13권 42장 B면. 영인본 1책 533면).(『자료선역』 1 — 008(4) — pp. 75-77)

이때 안무사 김유연은 임무를 마치고 돌아와 다음과 같은 보고를 올렸다.

> 육진(六鎭) 백성의 범월은 최근 무산(茂山)·경흥(慶興)·경원(慶源) 세 읍에서 가장 심합니다. 무산 백산의 북쪽은 일찍이 텅 비워 놓은 땅이라 중국의 무뢰배들이 점차 개척을 하여 서너 가구끼리 스스로 마을을 이루고 1·2리마다 서로 개 짖는 소리를 들을 정도로 늘어났습니다. 혹은 사슴을 사냥하든지, 사금을 캐든지, 아니면 가시덤불을 자르고 농사를 지어 거의 이역지방이나 마찬가지입니다. 인접한 곳에서는 놀라운 소리나 이야기가 들리기도 합니다. 경흥의 두만강 동쪽은 바로 러시아와의 경계인데, 러시아 오랑캐의 뜻은 큰 데 있지 작은 데 있지 않으며, 장기적인 것을 꾀하지 신속한 것을 꾀하지 않아, 황무지를 개간함으로써 인구가 늘어나는 것을 도모하고자 합니다. 못된 무리들이 그리 넘어가는데, 이들에게 비옥한 황무지를 제공하지만 세금을 거두지도 않습니다. 그런데 조선백성들은 1869년·1870년의 잇따른 흉년을 만난 다음 인구가 줄어드는데다가 부역이 빈번하고 세금이 무거워졌으며, 그곳 지방관들은 단지 경력을 위해서 15개월을 넘기는 데만 신경을 쓰면서 온갖 수단을 다해 [번거로운 임무를] 피하려고 합니다.[43]

여기에서는 다시 한 번 함경북도 주민의 월경 배경이 무엇인지 간결하게 설명되고 있지만, 주목할 것은 경흥·경원 등 두만강 하류지역에서 러시아 쪽으로 월경하는 경우가 상당히 많다는 점과[44] 두만강 상

43 『日省錄』 高宗編 14 高宗 14년(1877) 1월 30일.(『자료선역』 1 — 008(7) — pp. 80-81)

44 여기서 상세하게 분석하지는 않았지만, 앞서 언급한 김형종 등 옮김, 2012에

류지역인 무산 지역에서 중국인에 의한 진출과 개척이 진척되고 있다는 점이다. 이 점에 대해서는 "길림성의 순찰과 금지가 비교적 엄격하기 때문에 이들 대부분은 러시아 경내로 들어가 땅을 찾아 농사를 지으면서 각기 생계를 도모하게 되었다."라고 길림장군은 설명하기도 하였지만,[45] 초기 단계에서는 두만강 상·하류지역에서 압록강 상류지역·러시아로의 월경·이주가 두드러졌다는 앞서의 설명을 재확인해 주는 것인 동시에, 이후 서술할 1880년대 이후의 상황과는 달리 이 무렵에는 두만강 중류지역의 회령·종성에서는 아직 북부로의 월간·이주 현상이 두드러지지는 않았다는 점도 아울러 보여 주고 있기 때문이다.

여하튼 안무사 김유연은 또한 큰 은혜를 베풀고 정성껏 위무한 결과 회령·경원부의 유민 16명 등을 포함하여 돌아온 백성이 다시 223

실린 자료의 대부분은 수 명, 수십 명 또는 수백 명 단위의 조선유민이 러시아 경내로 유입하여 그 수가 천여 명에 이르렀다고 하는 혼춘당국의 현황 파악 사실을 잘 보여 주고 있다. 조선유민의 이동 상황에 대해 적어도 혼춘(길림)당국에서는 상당한 정도로 주의를 기울이고 있었음을 알 수 있다.

45 「吉林將軍銘安等奏, 朝鮮貧民占種吉林邊地, 遵旨妥議覆陳摺 附件」(光緒 8년 1월 25일), 『清光緒朝中日交涉史料』 卷3, 7a-7b(文件番號 98).(『자료선역』 1 — 020 — p. 135) 앞서 孫春日·金春善 등의 연구에서 두만강 북안으로의 유입이 적었던 이유에 대해서는 이 지역에 대한 봉금과 감시 때문이었다고 설명한 바 있지만, 吳祿貞 역시 비슷한 설명을 하였다. "광서 초년 돈화현에서 황무지가 된 토지를 자세히 조사하였는데, [두만강 상류지역인] 조선의 무산 맞은편 강안, 즉 外六道溝 등에 가끔 몰래 개간한 韓民이 있었다. 혼춘 부근 지방에서는 매년 협령이 군사를 파견·순찰시켜 개인이 몰래 개간하고 집을 지은 자가 있으면 즉시 부수어 버렸다. 그러나 무산의 맞은편 강 연안 지역은 혼춘과 거리가 떨어져 있어 순찰과 감시가 약간 소홀하였다. 이때는 금지령을 무릅쓰고 몰래 땅을 개간하는 韓民은 있었지만 황무지를 얻어 소작하는 韓民은 없었다." 吳祿貞, 『延吉邊務報告』(吉林文史出版社, 1986년. 또한 吉林官書刷印局本(1908)이나 奉天學務公所印刷處本(1908)과 그에 기초한 『近代中國史料叢刊』, 臺北: 文海出版社, 1969, 正編 317의 影印本도 있다), pp. 60-61.

명이 되었다는 점을 보고하면서, 다음과 같은 대책을 제안하였다.

> 특별하게 더할 나위 없이 넓은 혜택을 베풀어 끌어안고 위로하겠다는 뜻을 보여야 하므로, 매 1인마다 정곡 1석을 우선 제공하고자 합니다. 또한 신이 각 읍에 도착하는 날, 조정에서 죄를 용서하고 돌아온 유민을 위로하는 국왕의 덕의를 깨우쳐 주기 위해 징사전(徵査錢) 가운데 각기 곡식과 목면, 2석과 1필씩 마련하여 따로 지급함으로써 겨울을 날 수 있게 하려고 합니다. 그리고 다시 돌아온 유민 각 호마다 환역신포(還役身布) 및 신간전세(新墾田稅)를 5년 기한 동안 징수하지 않고, 공·사의 부채도 아울러 탕감해 주고자 합니다.[46]

월경 유민에 대한 조선정부의 정책이 기존의 엄격한 처벌이 아닌 '회유'로 바뀌지 않을 수 없었다는 점은 여기서도 확인된다. 이것은 사실상 조선의 변금(邊禁) 이완과 월경자 처벌제도의 붕괴로 범월(犯越)·월경(越境)에 대한 전통적인 처리방식이 종결된 것을 의미하였다.[47] 물론 실제 그러한 정책적 전환의 효과가 과연 어떤 것인지를 정확하게 파악하기는 어렵다. 다만, "넓은 혜택을 베풀어 끌어안고 위로하겠다"는 것이 이 무렵 조선정부의 범월문제에 대한 대책의 기저에 자리 잡고 있지만, 이후의 사태전개로 보아 유민의 개별적·집단적 월경이라는 흐름을 저지하기 어려웠다는 점은 확실하다.[48]

46 『日省錄』 高宗編 13년(1876) 12월 11일.(『자료선역』 1 — 008(5) — p. 78) 이 자료는 『高宗時代史』 1집 高宗 13년 12월 11일 기사(「咸鏡道安撫使 金有淵, 流民還來者가 前後 144名에 이름을 報告하다」)에도 나오며, 『承政院日記』나 『高宗實錄』 13卷 高宗 13년 12월 11일條 기사에도 나온다.

47 李花子, 2008, pp. 229-236.

48 李鴻章의 경우 1882년에 조선의 회령·경원 등지에서 러시아 경내로 도망

그렇다면 청조 측에서는 이러한 조선유민의 유입에 대해 어떠한 조치를 취하고 있었던 것일까? 이 문제를 여기서 전반적으로 다룰 여지는 없으므로 이에 대해서는 기존의 연구에 넘기고,[49] 다만 19세기 중반 이후의 사정만 간략하게 살펴보기로 하자. 이 시기의 상황을 가장 잘 보여 주는 것은 도광(道光) 28년(1848) 2월 23일 청 황제의 상유인데, 이것은 이후 중국 측의 두만강 북안 범월대책에서 가장 기초적인 출발점을 제공해 준다. 이 상유는 그전에 "길림지방은 성경(盛京)과 산으로 연결되어 있고 조선과는 강을 사이에 두고 경계를 이루고 있으니, 마땅히 모든 것을 깨끗하게 정리하여 간민(奸民)이 숨어 들어오지

친 사람이 거의 1만 명에 이른다는 정보를 이미 갖고 있었다. 李鴻章, 「妥議朝鮮通商章程摺」(光緒 8년 8월 29일), 『李鴻章全集』(安徽教育出版社, 2007. 이하 『李鴻章全集』으로 약칭) 卷10 「奏議」 10, p. 94를 참조. 보다 이후의 자료이지만 1885년의 공동감계를 마친 다음 조선의 土門勘界使 李重夏는 이렇게 보고하고 있다. "辛未年(1871)과 丁丑年(1877) 사이에는 경계를 넘어간 사람을 거두어들이고, 국가의 곡식으로 구휼하여 안치시키려 한 적도 있습니다. 그런데 강을 건너온 이들 백성은 마치 망한 집 자식처럼 위태로워 며칠이 지나지 않아 바로 모두 다시 도망가 버렸습니다(「[李重夏] 別單草(1)」(光緒 11년 12월 6일 이후), 『조·청국경회담 자료집』(고구려연구재단, 2005. 이하 『조·청국경회담』으로 약칭), pp. 190-192; 李重夏, 「別單草」, 『勘界使謄錄』(국립중앙도서관 소장본. 고려대학교 해외한국학자료센터(http://kostma.korea.ac.kr)에서도 일본의 東洋文庫에 소장된 『勘界使謄錄』 필사본의 이미지를 열람할 수 있으나, 이 필사본의 상태는 국립중앙도서관 소장본보다 훨씬 못하다) 上(乙酉冬), pp. 140-145; 李重夏, 「別單草」, 이왕무 등, 『역주 감계사등록(譯註 勘界使謄錄)』 상책(동북아역사 자료총서. 동북아역사재단, 2008. 이하 『역주 감계사등록』 상으로 약칭), pp. 278-286, pp. 336-339. 「土門勘界(事實)」, 『白山學報』 2. 1967, pp. 170-172).(『자료선역』 2 — 067 — p. 499) 중국에서 데려온 백성들이 다시 몰래 복귀하는 사태가 있었음을 여기서 알 수 있으므로 회유에 의한 안무는 어디까지나 임기응변이지 장기적 대책은 되지 못하였던 것이다.

49 孫春日, 2010, pp. 64-66, pp. 88-102; 李花子, 2008, 第5·6章, pp. 173-221; 구범진, 2009; 김선민, 2011; 徐少卿, 2014; 김선민, 2016 등.

못하게 해야 합니다."라고 보고한 길림장군의 상주에 대해 내려진 것인데, 그 내용은 다음과 같다.

> 앞으로 장정(章程)을 만들어 매년 봄·가을에 인원을 파견하여 휘법(輝法)[50]·토문(土門) 두 강으로 보내, 위아래 지역을 두루 조사하게 해야 할 것이다. 봄에는 2월 초부터 4월 말까지, 가을에는 7월 초부터 10월 말까지 좌령(佐領)·방어(防禦)[51]·효기교(驍騎校)[52] 등의 장교를 선발·파견하여 병사를 이끌고 가서 변방초소[邊卡]의 각관(各官)을 통솔하여 서로의 직분을 가리지 말고 성실하게 순찰하여 엄격하게 단속하게 하라. 임무가 완료되면 해당 장군은 이 일에 대해 상주하라. 만일 범법자를 체포하거나 조사하는 데 놓치는 실수가 있다면, 전례에 따라 해당 인원 등을 구별하여 포상하거나 처벌하라.[53]

이 상유에 따라 두만강 북안지역에 대한 순찰이 정기화되었으므로, 길림장군은 영고탑부도통아문·혼춘협령에게 「주정장정(奏定章程)」에 따라 봄에는 2월 초부터 4월 말까지, 가을에는 7월 초부터 10월 말

50 輝法은 揮發 등으로도 표기되는 백두산 유역 松花江 상류의 지류 가운데 하나이다.

51 防禦는 淸代 駐防八旗의 職官으로 驍騎校의 바로 위 正五品의 品級을 지녔다. 駐防의 戶籍·教育 등을 책임졌는데, 佐領을 두기에는 壯丁이 적은 경우에 보통 防禦를 두어 관할하게 하였다.

52 驍騎校는 淸代 八旗 佐領의 부관으로 正六品의 품급을 지녔으며, 佐領을 도와 戶口·田宅·兵籍·教養 등 사무를 관할하였다.

53 吉林省檔案館·中國邊疆史地研究中心 合編, 『吉林省檔案館藏 淸代中朝關係史料選輯』(吉林人民出版社, 2000. 이하 『淸代中朝』로 약칭), pp. 6-7. 『大淸歷朝實錄 道光朝』(中華書局, 1986) 卷452, 道光 28년 2월 丁卯條, p. 709.(『자료선역』 1 — 009 — pp. 89-90)

까지 두만강 일대에 가서 엄격하게 순찰하여 단속하고, 임무가 완료되면 몰래 숨어 들어온 월경 범법자의 유무에 대한 보증서를 갖추어 올리고, 거기에 해당 부도통의 확인서를 첨부하여 보고하도록 지시하였다. 이 때문에 이후 이러한 조사는 1880년대 초까지 시행되는 정기적인 행사가 되었고, 이러한 순찰이 줄곧 시행되었음을 확인해 주는 사료도 여기저기 산견(散見)된다.

이를테면 동치 12년(고종 10. 1874) 11월 영고탑부도통아문은 그 해 봄에 시기가 되자, 운기위(雲騎尉) 규덕(奎德)을 선발·파견하고, 병사 6명을 이끌게 하여 2월 1일 혼춘으로 출발하여, 해당 지역에 특별히 파견된 인원 및 변방 초소의 각관들과 함께 토문강 일대를 나누어 순찰하여 성실하게 두루 조사하도록 지시하면서, 만약 비도(匪徒)가 경계를 넘어 몰래 숨어들어 토지를 개간하고 가옥을 지었다면, 즉시 체포하여 성성(省城. 여기서는 吉林을 가리킨다)으로 압송함으로써 처벌할 수 있게 하라고 명령하였다.[54] 광서 원년(1875) 5월 초에도 혼춘좌령 덕옥(德玉)은 협령 눌목금(訥穆錦)의 지시에 따라 파견한 운기위(雲騎尉) 이살용액(伊薩用額)으로부터 운기위 규덕(奎德)·변방초소의 각관들과 함께 토문강 일대로 가서 성실하게 두루 조사하여 "비도가 경계를 넘어 몰래 들어와 토지를 개간하고 가옥을 짓는 등의 폐단이 없었다."라는 점을 확인한 보고서와 보증서를 받아 올려 보냈다고 영고탑부도통에게 보고하였다.[55]

이러한 자료들은 청조 측에서는 줄곧 국경지역에 대한 꾸준한 정

54 「寧古塔副都統咨札稿[爲春季派員赴圖們江一帶, 調查韓民越墾事]」(同治 12년 11월 25일), 『淸代中朝』, pp. 6-7.(『자료선역』 1 — 009 — pp. 88-92)

55 「琿春佐領德玉呈報[爲報圖們江一帶, 並無越界墾田構舍情弊事(附保結)]」(光緒 원년 5월 5일), 『琿春副都統衙門檔』, 卷91, pp. 262-265.(『자료선역』 1 — 011 — pp. 99-102)

기적인 순찰을 통해 조선유민의 월경과 이입(移入)을 조사해서 점검하였다는 점을 확인해 주고 있다.[56] 물론 과연 이러한 비교적 회수가 적은 정기적인 순찰·조사가 제대로 성과를 거둘 수 있는가 하는 점은 전혀 다른 문제이다.[57] 바로 위에서 인용한 보고서와 보증서의 사례는 정기적인 순찰의 결과를 알린 것이지만, 그러한 시기가 아닌 경우 조선백성의 유입은 청조 지방당국이 예의 주시하는 바가 되었을 정도로 이미 쉽사리 저지할 수 없는 흐름이 되고 있었기 때문이다. 그러나 사실 개별적이거나 소규모적 월경이 이러한 조사·순찰을 피할 수 있었다고 하더라도 수십 명이나 수백 명 단위의 월경이라면 사실상 청조 측의 감시를 그대로 피해 내기는 어려웠을 것으로 보인다. 앞서도 1860-1870년대 두만강 하류 지역 조선백성이 수 명, 수십 명 또는 수백 명

56 이러한 봄·가을 두 차례 인원 파견에 의한 정기순찰[派員勘査]은 이후에도 지속되어 길림장군은 매년 연말에 輝法·土門江 지역에 窩匪·偸渡人犯이 결코 없었다는 점을 정례에 따라 보고했어야 하는데, 1880년대에 들어와 두만강 북안 지역 황무지 개간에 대한 재가가 떨어지면서 조선 빈민의 월경 개간에 대해서도 금지령이 완화되어 더 이상 쓸모없다고 판단한 혼춘부도통은 광서 7년(1881) 그 폐지 여부를 길림장군에게 문의하였다. 길림장군이 이에 대해 道光年間에 奏定한 「派員巡緝土門們江章程」의 정지 여부를 상주하여 "派員巡緝을 할 필요가 없고 연말에 附片으로 밝히기만 하면 된다"는 재가를 받아 내면서 이를 광서 8년(1882) 6월 9일 혼춘부도통에 통보하였다. 「光緖捌年六月來文檔 六月初九日來文 將軍衙門爲咨覆事」, 『琿春副都統衙門檔』 卷109, pp. 142-143. 이것을 통해 두만강 유역 정기 순찰은 1882년에 폐지되었음을 알 수 있다.

57 이를테면 앞서 든 구범진, 2009는 비록 압록강 유역을 다루고 있지만 이 지역에 대한 청조 또는 조선과의 공동순찰[共同會哨]이 사실상 형식화되어 유민의 진입과 개간을 전혀 막지 못하게 되었음을 밝히고 있다. 즉 봉금을 위한 규제·감시는 외형상 강화된 것처럼 보이지만 실제로는 경제적 기회를 찾아 들어오는 유민의 거대한 흐름을 전혀 막지 못했다는 것이다. 여기서 아마도 두만강 유역에 대한 共同會哨나 四季統巡 역시 어느 정도 비슷한 것이 아니었을까 충분히 짐작해 볼 수 있을 것이다.

단위로 러시아 경내에 유입되는 상황에 대해서는 혼춘당국이 상당한 정도로 주의를 기울여 파악하고 있었음을 확인할 수 있었지만,[58] 바로 그 이후의 시기인 광서 원년(1875) 3월 5일 혼춘협령이 올린 다음과 같은 보고도 이러한 사실을 입증해 준다.

> 작년 겨울부터 지금까지 서쪽에서 온 유민들이 삼삼오오, 혹은 수십 명씩 무리를 이루거나 또는 이쪽 주민들과 함께 가족을 데리고 옮겨 가면서 현재 날마다 각 초소를 지나가는 행렬이 끊이지 않고 있습니다. 그 정황을 물어보니 모두가 혼춘 지역 남강(南岡. 오늘날의 延邊 — 인용자) 등지로 간다고 하면서, 혹은 사금(沙金)을 캐러, 아니면 소작농을 불러들여 황무지를 개간한다는 말을 듣고 간다고 하였습니다. 비록 저지한다고 해도 결국 모두 막기는 어렵지만, 엄격히 금지하여 체포하겠다고 공포하지 않는다면 호란청(呼蘭廳)[59]에서 탈옥한 범인들이나 도비(盜匪)들이 이들 유민과 뒤섞여 외산(外山)으로 잠입하는 자가 없다고 하기 어려울까 두렵습니다. … 생각해 보면 혼춘 지역에는 본래 일반 백성이 없었고, 남강에서도 역시 황무지를 개간한다는 이야기가 없었고, 그런 지시공문을 받은 적도 없었습니다. 이런 상황을 헤아리건대 실로 그곳은 순찰을 행하지 않아 그런 무리들이 마음대로 금을 캐고 개간하여 농사를 짓게 된 것입니다. 만약 이들을 미리 구축하지 않는다면

58 김형종 등 옮김, 『국역『清季中日韓關係史料』』 1(동북아역사재단, 2012)을 참조.

59 呼蘭은 중국의 黑龍江省 중부 呼蘭江 上流에 있는 지명을 가리킨다. 松花江을 사이에 두고 남쪽 기슭의 하얼빈과 마주하고 있다. 과거에는 호란하 유역의 곡창지대에서 나오는 농산물의 집산지이기도 하였는데 同治 원년(1862)에 呼蘭廳이 설치되었고 光緒 31년(1905)에는 呼蘭府, 1912년에는 呼蘭縣이 설치되었다. 오늘날에는 하얼빈시에 속한다.

나중에 이미 고착화되어 버렸을 경우 즉각적으로 제거하기 어려워질 것입니다.[60][밑줄 — 인용자]

여기서 혼춘당국의 조선유민 통제나 순찰이 아주 효율적이었던 것은 아니었음을 알 수 있지만, 영고탑부도통은 이에 대해 "도비(盜匪)들이 끼어들어 유민과 뒤섞이고 패거리를 규합하여 말썽을 일으킬 것"이라는 점에 주의하면서 파견 인원이 수시로 분기마다 보고해야 하며, 관행적인 지시로 간주하여 얼버무려서는 안 된다고 지시하였다. 하지만, 아울러 이 보고 이전에도 서로(西路) 변경초소에서 "혼춘 토문강 왼쪽의 남강 일대 지역에 서쪽에서 온 유민들이 몰래 거주하면서 사사로이 개간하고 있다"는 보고를 받고 조사·금지를 실행한 적이 있다는 점을 보면,[61] 점차 조선유민의 월경과 개간이 눈에 띄는 현상이 되어 가고 있으며, 혼춘당국으로서는 그러한 사실을 알고도 실제로 단속하여 막아 내기는 쉽지 않게 되었음을 알 수 있다.

2. 청의 월간 조선인 귀환 요청과 조선의 대응

1) '경진개척'과 청조의 대규모 월간민 발견

1860년대 말부터 점차 늘어나기 시작한 조선유민의 두만강 북쪽으로

60 「琿春協領呈文[爲驅逐西來流民, 嚴防朝鮮難民越境的]」(光緒 원년 3월 12일경), 楊昭全·孫玉梅 編, 『中朝邊界沿革及界務交涉史料彙編』(吉林文史出版社, 1994. 이하 『中朝交涉史料』로 약칭), pp. 1142-1143.(『자료선역』 1 — 010 — pp. 93-98)

61 위와 같음.(『자료선역』 1 — 010 — p. 96)

의 월경·정착은 1880년대로 넘어가면서 갑작스럽게 대규모로 확대되었고, 결국은 이에 대한 청조의 적극적인 대응을 불러오지 않을 수 없었다. 이러한 청조의 대응을 불러오게 된 것은 바로 혼춘의 삼품함(三品銜) 후선지부(候選知府) 이금용(李金鏞)이 광서 7년(고종 18, 1881) 9월 두만강 북안 약 2백 리 지역을 조사한 결과 수천 명의 조선백성이 이곳을 침범해서 2천 상(晌)의[62] 황무지를 개간하여 경작하고 있으며, 아울러 그에 대해 조선지방관이 증명서를 발급하였다는 것을 알아내서 보고한 데서 비롯되었다. 이금용의 이러한 발견은 당시 영고탑·혼춘 등지의 군사방어 및 둔간사무를 감독하는 흠차대신[欽差督辦寧古塔·琿春等處防務兼屯墾事宜]으로 파견되어 있던 오대징(吳大澂)에 의한 변강개발과 이민실변(移民實邊) 정책의 추진이 나은 부산물이라는 성격이 뚜렷하지만(이에 대해서는 뒤에서 다시 서술하겠다),[63] 이 보고에 대해 길림장군은 오대징에게 자문(咨文)을 보내 상의하면서 그에 대한 대응책을 모색하게 되었다.

이금용의 보고는 비교적 긴 내용이지만, 그 중요성 때문에 길게 인용해 볼 필요가 있다.

> 저는 전에 7월 15일에 48곳의 황무지 목록을 보고하여 아뢴 적이 있습니다. 그 안에는 토문강 북안의 하알아하(下嘎牙河)[64]에서 고려진

62 晌(또는 垧, 坰, 埛)은 동북지역에서 사용하는 토지면적 단위로 보통 10畝(또는 6무, 15무)를 가리킨다고 일컬어진다. 畝는 청대의 경우 1步(= 5尺)×240보의 면적을 가리킨다.

63 金衡鍾, 「오대징과 1880년대 淸·러 동부국경감계」, 『中國近現代史硏究』 60, 2013, pp. 15-22를 참조.

64 嘎牙河는 嘎雅河라고도 쓰인다. 下嘎牙河는 嘎牙河와 海蘭江이 만나서 豆滿江으로 합류하는 지점까지의 지역으로 오늘날의 圖們市 부근이다.

(高麗鎭)까지 대략 2백 리 지역을 조선인[高麗人]들이 침범해서 경작하고 있다는 내용이 있었습니다. 이 부분은 응당 더욱 자세하게 조사하여 장래의 처리에 대비해야 하기에, 저는 그때 돈화현 지현 조돈성(趙敦誠)을 만나러 가는 김에, 정변좌영(靖邊左營)의 초장(哨長)을 대동하여 김성(金城)을 이끌고 길을 따라 조사하게 하였습니다. 하얼아하 하구에서 시작하여 험준한 산악을 오르고 산을 넘어 고려진(高麗鎭) 북안에까지 가서 조사를 하였더니, 모두 여덟 곳의 황무지를 파악할 수 있었습니다. 앞에는 강이 있고 뒤에는 산으로 둘러쳐 있는데다가 황량하고 외지고 깊이 들어가 있어 종래 사람들의 발걸음이 거의 미치지 못하는 지역이었습니다. 남강(南崗. 오늘날의 연길시 — 인용자)의 황무지 개발 이후 점차 사람들이 들어가기는 하였지만 그래도 역시 사람들이 깊이 들어간 적이 없었습니다. 단지 조선[高麗]과는 강 한 줄기를 사이에 두고 떨어져 있어, 조선백성은 중국 사람의 발자취가 여기에까지는 이르지 않는다고 해서, 바로 강을 건너와 개간을 하였습니다. 현재 이미 경작되고 있는 땅을 살펴보니 2천 상(晌)을 밑돌지 않습니다. 매번 봄에 파종을 하거나, 가을에 추수를 할 때가 되면 강을 건너 북쪽으로 오는데, 자세하게 물어보니 조선에서는 대흉년을 만난 이후 바로 이곳에 와서 개간과 경작을 시작하였으며, 수천 명이 여기에 의지하여 생계를 꾸리고 있다는 것이었습니다. 또한 조선의 함경도자사는 그들에게 경작을 허가하는 증명서[執照]를 발급해 주었습니다. 저는 조선의 관원을 요청하여 직접 물었더니, 조선 온성부(穩城府)의 병관(兵官) 조병직(趙秉稷)[65]

65 여기에 나오는 趙秉稷(A)은 아마도 조선 말기의 문관으로 전보국총판·외무독판·의정부찬정 등 고위관직을 지낸 趙秉稷(B)(1833-1901. 字 稚文, 號 蒼惠, 諡號 忠簡)과는 다른 인물로 보인다. 조병직(B)은 1884년 함경도병마수군절도사 겸 안무사가 되어(3월 21일 임명) 1886년 5월까지 근무하였고, 그 직전시기에는 右承旨·監理仁川港通商事務의 직책에 있었다는 것이 분

이 와서 역시 다음과 같이 이야기하였습니다.

> 강 북쪽의 땅은 조선의 관할 구역이 되었으며, 강 주변 사람들 대부분은 북안(北岸)에서 나는 것에 의존해서 살고 있어, 이미 구역별로 나누어 등록을 하였습니다. 함경도자사가 발급한 허가증을 여기 제시하니 검토해 보십시오. 저희들은 스스로 경계를 넘어와 경작을 하고 있음을 알고 있지만 특별히 중국에서 각별한 은혜를 베풀어 이들을 구휼해 주기를 바랍니다.

이 문제는 변계(邊界)를 드나드는 문제에 관한 것으로 사실에 의거하여 보고하지 않을 수 없는 바, 어떻게 조사하고 안치시켜야 할지 검토해 주신 다음 지시를 내려 주시기를 엎드려 기다려 그에 따라 처리하고자 합니다.[66] [밑줄 — 인용자]

이상의 보고에서 우리가 확인할 수 있는 것은 1) 토문강 북안의 하알아하(下嘎牙河)에서 고려진(高麗鎭)까지 대략 2백 리 지역은 앞에는 강이 있고 뒤에는 산으로 둘러쳐 있어 종래 사람들의 발걸음이 거의 미치지 못하는 지역이었는데, 이곳을 조선백성이 침범해서 모두 여덟 곳의 황무지 2천 상 정도를 개간·경작하고 있다는 점, 2) 조선에서

명히 확인되기 때문이다(『高宗實錄』 검색). 따라서 조병직(B)이 1881년 무렵 함경북도의 병관으로 근무하는 것은 불가능하였으므로, 우연히 같은 이름의 두 관원이 비슷한 시기에 같은 지역에서 활동하였다고 볼 수밖에 없다.

66 「吉林將軍咨文[據琿春邊荒知府呈報, 圖們江北岸有高麗人越界墾種等情的]」(光緒 7년 9월), 『淸代中朝』, pp. 18-20.(『자료선역』 1 — 014 — pp. 113-114)

는 대흉년을 만난 이후 바로 이곳에 와서 개간과 경작을 시작하였으며,[67] 수천 명이 여기에 의지하여 생계를 꾸리고 있는데, 매번 봄에 파종을 하거나, 가을에 추수를 할 때가 되면 강을 건너 북쪽으로 온다는 점, 3) 함경도당국은 조선의 '관할구역'이 된 이곳을 구역별로 나누어 월간민을 등록하고, 증명서를 발급하여 통제를 하고 있었다는 점, 그리고 4) 함경북도의 병관(兵官) 조병직(趙秉稷)이 중국 측에 대해 "스스로 경계를 넘어와 경작을 하고 있음을 알고 있지만 특별히 중국에서 각별한 은혜를 베풀어 이들을 구휼해 주기를" 바란다는 입장을 표명하였다는 사실 등이다.

조선백성의 수십, 수백 명 규모 월경·유입은 이미 누차 주목되어 온 바 있지만, 수천 명 규모의 조선백성이 두만강 북부 연안지역에 집단적으로 이주하여 황무지를 개간하였거나, 남부지역에 근거를 두면서 계절적인 이동을 통해 두만강 북안지역에서 농사를 짓고, 그에 따라 이 지역의 경제가 강북에서 나는 것에 크게 의존하고 있다는 사실이 처음으로 혼춘당국에 의해서 확인된 것은 많은 점들을 시사해 준다. 조선유민의 월경·범월은 1860년대 후반 이후 급격히 늘어나기 시작하였지만, 모두 합해 수십 명에서 수백 명 단위에 지나지 않았기 때문이다. 그런데 1881년 9월 중국 측의 조사로 두만강 북쪽으로 넘어와 개간을 한 조선유민의 수가 수천 명으로 파악되고, 그 개간면적도

67 "대흉년을 만난 이후 바로 이곳에 와서 개간과 경작을 시작하였다"는 증언에서 대흉년은 보통 조선백성의 월간을 본격적으로 촉발한 기사(己巳, 1869)·경오(庚午, 1870)년의 '前古에 없는 대기근'을 가리키기 때문에 월간의 시기가 상당히 위로 거슬러 올라갈 수 있는 가능성을 제기하기도 한다. 하지만 이것은 조선인의 월간이 본격적으로 시작된 시기를 가리키는 것일 수도 있고, 또한 조선백성의 월간을 합리화하기 위한 구실로 내놓은 변명일 수도 있는 만큼 개별적·산발적 월경이 아니라 곧바로 집단적·대규모적 월경이 시작되었다는 것을 입증해 주는 것도 아니다.

2천 상을 헤아리는 대규모로 갑작스럽게 증가하였다는 점은 무언가 특수한 계기가 있었음을 시사해 준다.

앞서 서술한 대로 도광 28년 이래 영고탑·혼춘당국에서는 매년 정기적으로 토문강 일대에 대한 정기적인 순찰과 조사를 시행하고 있었던 만큼, 이러한 상황은 특히 의외가 아닐 수 없다. 여기서 이러한 현상을 설명하기 위해 상정할 수 있는 첫 번째의 가능성은 중국 측의 정기순찰·조사가 관행화되면서 아주 부실하게 이루어졌거나, 또는 제대로 된 순찰·조사를 하지 않고 허위보고를 일삼아 왔기 때문에 조선 유민의 지속적인 증가를 제때에 파악하지 못하였다고 보는 것이다. 19세기 중반 이래 특히 실제 광서연간 초기의 길림지방이 그 통치의 근간을 이루던 팔기주방체제(八旗駐防體制)의 이완과 더불어 행정체제의 마비와 팔기 군사력의 무력화로 '마적(馬賊)'과 '금비(金匪, 불법으로 사금을 채취하는 무리)' 등 여러 "도적이 횡행"하는 혼란의 상태에 빠져 있었던 것은 잘 알려진 상황이기도 하다. 광서 원년(1875) 길림의 비도(匪徒) 토벌에 무력하였던 삼성부도통(三姓副都統)과 길림장군(吉林將軍)이 혁직(革職)되고, 다음 해 성경형부시랑(盛京刑部侍郎) 명안(銘安)을 길림장군으로 임명하면서 청조 조정이 길림의 "부패한 이치와 군사태세의 해이[吏治暗黑, 兵備廢弛]" 문제를 처리하라고 지시한 기록은 그러한 사례 가운데 하나이다.[68] 하지만 아무리 이처럼 길림지역의 통치 체제가 이완·부패되었다고 하더라도, 이러한 대규모 월경민의 존재가 청조 당국의 눈을 오랫동안 피할 수 있었다고 보기는 어렵다. 앞서 인용한 혼춘협령의 보고는 적절한 대응조치를 취할 수는 없었지만, 그래도 조선유민의 흐름에 대해서는 어느 정도 파악하고 있었다는 점을

68 李鴻文 等 編, 『東北大事記』 上卷(吉林文史出版社, 1987), pp. 160-167.

알려 주기 때문이다. 또한 기존의 연구에서도 무산지역 이주민이 바로 북쪽의 두만강 북쪽을 놔두고 압록강 유역이나 러시아 경내로 유입하는 경향이 있었다는 점을 지적하고 있는 것도 하나의 보조증거가 된다.

따라서 이러한 가능성이 적다고 본다면, 두 번째의 가능성은 1881년 이금용이 발견한 대규모 조선월간민의 존재는 장기적으로 누적된 것이 아니라 바로 단시일 내에 이루어진 것이고, 그 때문에 얼마 동안은 혼춘당국의 눈을 피할 수 있었을 것이라는 점이다. 무엇보다도 이러한 조선월간민의 존재를 함경도당국에서 모두 '등록'을 할 정도로 정확하게 파악하고 있었다는 사실을 주목할 필요가 있다. 이것은 동시에 이러한 조선월간민의 대규모 월간에 대해 함경도당국이 실질적으로 깊숙이 간여하고 있었다는 점을 시사해 주기 때문이다. 물론 이러한 상황을 입증해 줄 수 있는 공식 문서자료는 현재로서는 찾기 어렵다. 또한 오랫동안 금지되어 왔던 조선백성의 두만강 북안으로의 대규모 월경·개간을 중앙정부에서 직접 지시하였을 가능성은 거의 없다고 해야 할 것이다. 그렇다면 남은 것은 함경도 지방당국의 개입 또는 지시·방조인데, 실제 함경도 지방당국이 어떠한 형태로든 이러한 대규모 월간에 직접 개입하였더라도 그것을 관부의 공식기록에 남기거나 또는 중앙정부에 보고하였을 가능성도 아주 적다.[69]

하지만 이러한 문제를 해결해 주는 실마리의 하나는 바로 함경도

69 종래 함경북도 주민의 犯越 배경에는 지방관이나 지방관청이 蔘利나 木材 확보를 위해 범월을 방조하거나 묵인 또는 허가하는 경우가 있었다는 점도 고려할 필요가 있다. 이욱, 「17-18세기 犯越사건을 통해 본 함경도 주민의 경제생활」, 『한국사학보』 20, 2005을 참조. 또한 함경도와 길림 지역과의 牛·馬·穀物 등을 중심으로 한 私貿易의 활성화에 대해서는 고승희, 『조선후기 함경도 상업연구』(국학자료원, 2003), pp. 153-177을 참조할 수 있다.

백성의 이민사(移民史)에서 오랫동안 전해져 온 '경진개척(庚辰開拓)'의 전승(傳承)에서 찾아볼 수 있다. 경진개척이란 1880년 회령부사(會寧府使)로 부임한 홍남주(洪南周)의 묵인하에 진행된 두만강 북안으로의 대규모 월경·개간이었다. 이 경진개척에 관한 유일한 사료로 전해지는 것은 윤병석 교수에 의해 전체가 소개된 윤정희(尹政熙)의 회고록 『간도개척사(間島開拓史)』이다.[70] 이 당시의 사정을 비교적 정확하게 전해주는 자료로서 이 『간도개척사』의 내용은 보다 상세하게 소개·분석할 필요가 있다.[71]

이에 따르면 먼저 조선백성의 월경에 대해 고종 경오(庚午, 1870)년에 난 '전고(前古)에 없는 대기근'의 역할을 강조하면서 "경원·경흥 양군은 폐읍(廢邑)에까지 이르렀고, 유리(流離)한 기민(飢民)은 사람이 사람을 잡아먹는 참화와 길가에 굶주려 죽은 시체가 낭자하여 목불인

70 『間島開拓史』의 원문은 윤병석, 「尹政熙著『間島開拓史』 附 〈永新學校沿革〉 解題」, 『韓國學硏究』(인하대학교 한국학연구소) 제3집 별집 91, 1991에 실려 있으며, 이에 대한 해설 및 연구는 또한 윤병석, 「한인(조선인)의 간도 이주 개척과 『간도개척사』」, 『白山學報』 79, 2008을 참조. 후자는 未刊行 手筆傳來本의 소개였던 전자에 비해 親筆本에 기초하여 오류를 바로잡고 그 내용을 소개한 것이다. 윤정희의 부친은 會寧 출신의 尹相哲로 1909년 龍井村 新村에 廣成書塾을 설립하였다. 이 광성서숙은 永新學校로 바뀌었다가 나중에 일본의 식민지 교육기관으로 바뀌었다(〈永新學校沿革〉). 『間島開拓史』는 윤정희가 19세기 후반 이후 間島(오늘날의 연길 조선족자치주) 지역으로의 조선인 월간의 경과 및 정착 과정, 그리고 1930년대 초반까지 이 지역의 교육·종교·독립운동의 상황을 간결하게 정리한 것이다.

71 『간도개척사』를 이용하여 '경진개척'을 간략하게 다룬 기존 연구로는 玄圭煥, 『韓國流移民史』(語文閣, 1967), pp. 136-137; 김춘선, 「조선 후기 한인의 만주로의 '犯越'과 정착과정」, 『백산학보』 51, 1998; 김춘선, 「1880-1890년대 청조의 '移民實邊'정책과 한인이주민 실태연구 — 북간도 지역을 중심으로 —」, 『한국근현대사연구』 8, 1998(→ 김춘선, 2016); 윤병석, 「조선인의 간도 개척과 조선인 사회」, 『한국사 시민강좌』 28, 2001 등을 참조할 수 있다.

견(目不忍見[원문은 自不忍見])의 대변(大變)을 빚어 내었던" 것이어서, "필경 유리한 기민은 강을 건너 저 청인(淸人)의 노예가 되거나 혹은 자녀로 양곡을 바꾸거나 혹은 가모(嫁母) 혹은 수양자(收養子)가 되어 목숨을 이어 여생을 유지하였다. 그래서 경오년의 기근은 우리 백성이 월강케 한 동기"가 되었다고 설명하고 있다.[72] 이것은 기사·경오연간의 대기근이 조선백성의 월경에 하나의 중요한 계기가 되었다는 점을 전해 주는 증거라고 하겠다.

하지만 이 '기·경대재(己·庚大災)'에 대해서는 다른 연구에서도 항상 언급하는 바이기 때문에 『간도개척사』가 중요한 사료적 의미를 지니는 부분은 바로 1880년의 경진개척에 대한 서술이다.[73] 이 당시의 조선백성의 이주사를 다룬 연구에서는 거의 모두 이 '경진개척'을 언급하고 있으나 『간도개척사』로부터의 단순한 인용을 제외하고는 더 이상 깊은 분석을 시도하고 있는 경우가 없다. 아마도 회고록으로서의 『간도개척사』를 보완할 수 있는 자료의 부족 때문이겠지만, 그 내용 자체에 대한 분석·검토가 우선 이루어져야 할 필요가 있다.

그것을 요약·인용해 보면, 1880년 회령부사(會寧府使)로 부임한 홍남주(洪南周)가 마침 모스크바에서 돌아온 조중응(趙重應)과[74] "월변

72 尹政熙, 『間島開拓史』 附 「永新學校沿革」(原文), pp. 13-28.

73 인용문의 내용은 한자어가 대부분인 당시의 표현을 필자가 오늘날의 표현으로 바꾸었다.

74 윤병석의 해제와 한국학중앙연구원의 『한국민족문화대백과』, 그리고 金允植, 『雲養集』 제10권 「序 琅田子爵事實序」(한국고전종합DB)에 의하면 趙重應(1860-1919)은 본관이 양주로 대한제국기에는 법부대신, 농상공부대신 등을 역임하였으며, '정미칠적'과 '경술국적'으로 지탄을 받는 친일파가 되었다. 일제강점기에는 자작 작위를 받았으며, 중추원 고문과 大正親睦會 회장 등으로 활동하였다. 그는 1880년 殿講儒生으로 경서를 進講하였고, 초시에 합격하여 殿上에 승진하였으며, 1883년 10월 西北邊界 調査委員으로

지역(越便地域: 두만강 북쪽 지역 — 인용자)은 양국이 비워 둔 땅으로 서로 인민을 금지하였으나 지금에 이르러 저쪽에서는 이민개간을 하거늘 우리 쪽은 여전히 [犯禁을] 고집하니 장래에 후회를 피할 수 없을 것이므로, 월강개간(越江開墾)을 허용하여 저쪽과 병진(竝進)하면서 점령하게 되면 필경 국제담판으로 감계(勘界)가 될 것이니 좋은 기회를 잃지 말라"는 밀담을 나누었다는 데서 일이 시작되었다. 이에 따라 "국도확척(國土廓拓)의 대공(大功)을 수립하려는 자부심이 자연스럽게 생겨난" 홍남주는 이 지역 백성의 민생고 해결과 국토 확충을 위해서 지방토호인 이인회(李寅會) 등을 불러 "이곳은 해를 잇는 기근으로 인하여 민생의 고통이 지극하였으니 이에 구제책은 저 월변토지를 개간케 하는 한

임명되어 러시아·만주·외몽고 등지를 답사한 뒤 1885년 귀국하였다(러시아의 남하에 대한 의구심에 따라 러시아에 밀파되어 동정을 살펴보려 하였으나 3개월 만에 갑신정변의 소식을 듣고 급거 귀국하였고 「北行錄」이라는 국방의견서를 고종에게 제출하였다고 하기도 한다. 김성배, 『유교적 사유와 근대국제정치의 상상력: 구한말 김윤식의 유교적 근대 수용』, 창비, 2009, p. 73을 참조). 귀국 후 성균관으로 돌아와 北防南開論을 주장하다가 탄핵을 받아 전라도 보성으로 유배되었다고 한다. 그렇다면 1880년의 시점에서 會寧에 와서 洪南周와 만났다는 것은 시기가 들어맞지 않아 사실이라고 판단하기 어렵다. 무언가 착오가 있거나, 1883년 10월 西北邊界 調査委員으로 임명되어 러시아·만주·외몽고 등지를 답사한 일과 얽혀 回顧·傳承의 오류가 생겼을 수도 있을 것이다. 또한 후술하듯이 국제담판으로서의 勘界를 이야기하고 있는데 이것도 사실 전혀 사전에 예상에 없다가 1883년에 가서야 魚允中에 의해 제기되는 것인 만큼 事後에 꾸며지거나 만들어진 이야기가 아닌가 하는 의심을 피할 수 없다. 또한 『간도개척사』에서 경오대흉작을 이야기한 다음 바로 "이때[此時]를 맞이하여"라고 바로 경진개척에 대해 이야기하는 것도 중간에 10년의 시간이 끼어 있다는 점을 보면 정확한 기술이라고 보기는 어렵다. 이 밖에도 여러 문제점이 있지만, 이렇게 보면 회고록으로서의 『간도개척사』 내용을 모두 그대로 받아들여서는 곤란할 것이고, 다른 자료에 의한 검증이 필요한 부분도 적지 않을 것이다. 하지만 일단 '경진개척'에 관해서는 다른 자료에서 보이지 않기 때문에 최대한 비판적 시각을 유지하면서 이용하는 것이 필요하다고 하겠다.

편으로 이주(移住)를 허가하는 것이 가위 일거양득의 일이므로 그대는 많은 백성을 권유(勸誘)하여 「월간원서(越墾願書)」를 올리게 하되 명목은 인수기간원(引水起墾願)이라 하고 두만강을 월변으로 흘러들게 하여 간도(間島)라 칭하게 하라"는 지시를 내렸다.

이에 이인회는 곧바로 본면(本面)의 풍헌(風憲. 면장) 임병하(林秉河)에게 많은 농민을 동원하여 「인수개간원서(引水開墾願書)」를 제출하게 하였더니, 주저함도 없이 곧바로 이에 대한 부사의 허가가 떨어졌다. 그 결과 "어제까지 범월죄(犯越罪)가 적용되던 지역에 대한 개간허가가 떨어지자 백성들은 놀라서 눈을 부릅뜨고 서로를 쳐다보다가, 한편으로는 배를 준비하고 한편으로는 농구를 휴대하여 회령부 서쪽 25리 지점인 마라동구(馬羅同口) 평야 1백여 정보(町步)의 개간에 착수하였으며, 관개[引水]란 것은 명목뿐이고 실제로는 개간에만 주력을 써서 불과 며칠 사이에 개간과 파종을 하게 되었으니 이것을 바로 '경진개척'이라고 하였다."

하지만 이러한 홍남주의 조치에 대해 이의가 전혀 없었던 것은 아니라는 점도 『간도개척사』는 다음과 같이 전하고 있다.

> 이때를 맞이하여 무지한 농민들은 생명(生命)의 원(源)을 얻었다고 환호하나 소위 지식층이라는 인사들은 장래의 화근이라 하여 발걸음도 피하였다. 그때 회령좌수(會寧座首) 이후섭(李垕燮)이[75] 부사에게 항의하여 말하길 "국법(國法)으로 금지하던 지역을 조정에 하등의 문의도 없이 제멋대로 허가하는 것은 사도(使道)의 체제(體禮)에도 맞지 않고, 좌수(座首)인 본인으로서도 불근신칙(不勤申飭)이란 죄과를 입게 될 터이오니 애매한 바이로소이다."라고 하였는데, 부사 홍씨는 웃으면서

75 李垕燮은 제2차 공동감계에 참여하는 조선 측 인원의 명단에도 나온다.

말하길, "곤핍(困乏)이 지극한 민중 수만 명을 구제하고 당신과 내가 죽는다면 무슨 한이 있으리오. 또한 이른바 변금(邊禁)은 우리 쪽에는 탁수(托守)한 증거가 있으나 저쪽은 하등의 표시가 없었으니, '양국 사이에 끼어 있는 공허지(空虛地)'임에도 불구하고 저쪽에서는 이미 개간을 하여 사람 사는 흔적[人烟]이 생겨나거늘 우리 쪽에서 [계속 변금(邊禁)을] 고집하면 결국에는 낙후되었다는 후회가 적지 않을지라, 조정의 지시라는 그대의 말이 맞기는 하지만, 어느 겨를에 시일을 기다리겠소? 그래서 물을 끌어들여 개간케 하고 간도(間島)라고 명명(命名)하였다가 나중에 만일 시비가 날 때에는 간도라고 하여 과실(過失)을 회피하려 함이니 당신은 한 번 죽는 것을 두려워하지 말고 침묵하여 하회(下回)만 기다리라"는 누누 수백 마디에 달하는 부탁이었다. 다음 해 신사(辛巳, 1881)년에 이르러 인근 지역[隣郡]도 동일한 보조로 향응하여 수만의 농민이 개간에 착수하니 길이 오백 리에 넓이가 사오십 리의 강변지대가 파죽지세로 기간(起墾)되어 수천 호의 이주민이 들어가 일위수(一葦水)인 두만강을 혹은 가교나 선박으로 조석으로 왕래할 뿐 아니라 애·경사(哀·慶事)가 있을 때의 상위상조(相慰相助)까지 외지(外地)라는 느낌이 전혀 없었다. 이때에 관부(官府)로서는 양전원(量田員, 測量員)을 파견하여 전정(田政)을 맡겨 「토지대장(土地臺帳)」과 「야초(野草, 地稅名寄帳)」를 작성하니 바로 「간도토지대장(間島土地臺帳)」이다. 이것을 「간도야초(間島野草)」라 제명(題名)하니 이것이 바로 간도라는 명칭의 원인이다. 세금의 수납과 잡역(雜役)의 수응(酬應)이 내·외지(內·外地)의 차이가 없었다. 간도라 함은 사면에 해양 또는 물을 접한 땅을 말함이나, 여기서는 만주대륙의 일부 땅을 섬[島]이라 [칭하니], 또한 간도(間島)라는 명칭이 후세 사학가들이 의난(疑難)하게 될 곳이로다. 그럼에도 불구하고 '간도'란 두 글자가 국제문서(國際文書)에까지 등장하여 혹은 북간도(北間島) 혹은 서간도(西間島), 혹은 동간도(東間島)라 칭하는 것은 우연한 일이 아니라, 고구려(高句麗)의 옛 땅이 우리 판도에 귀속된 조징(兆徵)이 아닐 수 없다. 이때에 즈음하여 내지의 토지는 모두 사려는 사람이 없어 옛날 첨서(籤書)에 "땅값이 똥값과 같다[土價如糞]"고 한 말과 부합된다.

이상이 『간도개척사』에서 전하는 이른바 '경진개척'의 실상이다. 여기서 우리는 다음과 같은 몇 가지 사실을 확인할 수 있다.

첫째, 이 지역 백성의 민생고 해결과 국토 확충을 위해서 새로 부임한 회령부사 홍남주는 기존의 범금령을 무시하고 두만강 북쪽의 토지를 개간케 하여 대규모 백성의 이주를 허용하였으며, 이에 환호하면서 동조한 이 지역 백성들은 회령부 서쪽 마라동구(馬羅同口) 평야 1백여 정보(町步)를 순식간에 개간하여 농토로 만들었다.

둘째, 다음 해 신사(辛巳, 1881)년에 이르러 인근 지역[隣郡]도 동일한 보조로 호응하여 수만 명의 농민이 개간에 착수하니 길이 오백 리에 넓이가 사오십 리의 두만강 북쪽 연안 강변지대가 파죽지세로 기간(起墾)되고 수천 호의 이주민이 들어가게 되었다.

따라서 두만강 상·중류지역에서 조선백성의 대규모 월간과 이주는 1880년에서 1881년 사이라는 비교적 짧은 시간 안에 이루어졌다는 점을 여기서 확인할 수 있다. 『간도개척사』의 사료적 가치는 바로 여기에 집중된다. 바로 그 직후인 1881년 9월에 혼춘당국의 이금용이 이러한 사실을 발견하게 되었으므로, 조선백성의 이러한 대규모 월간·이주가 그 이전부터 비교적 긴 시간에 걸쳐서 이루어져 온 것이 아닐 가능성이 크다는 것, 그리고 혼춘당국에서 이런 상황을 파악한 것도 그리 뒤늦은 시점은 아니었다는 점을 확인해 주기 때문이다. 소규모의 산발적 월경·이주민의 존재는 조사·순찰의 소홀이나 의도적 외면(대가를 받고 눈감아 주기) 등 청조 지방당국과 관병(官兵)의 무능·부패 때문에 넘어갈 수도 있을지 모르지만, 이러한 대규모 월간·이주민의 존재는 아무리 무능하고 부패하였더라도 혼춘당국의 눈을 피할 수 있었다고 판단하기에는 무리가 있다.[76]

76 나중에 1885년의 제1차 감계를 마친 다음 이중하가 올린 「별단초(別單草)」에서는 다음과 같은 약간 다른 설명이 나온다. "간도(間島)는 종성과 온성 사이에 두만강의 지류가 있는 곳에서 몇 궁(弓)을 넘지 않는 [좁은] 땅을 말합니다. 본래 농지가 아주 귀한데다 정축(丁丑, 高宗 14, 1877)년부터 분거하던 사람들이 누차 호소하는 글을 올려 비로소 농사를 지어 먹고 살 수 있게 되었고, 이를 간도라 부르게 되었습니다. 이것이 그 시발점으로 그 후 종성·회령·무산·온성 네 읍의 사람들이 점차 간도 이외의 땅을 경작하기 시작하여 마침내 강 주변 일대 온 들판이 개간되지 않은 곳이 없게 되었습니다."(李重夏, 「別單草」, 『勘界使謄錄』 上, p. 144; 「別單草」, 『역주 감계사등록』 상, p. 282, p. 338; 「[李重夏]別單草」(光緒 11년 12월 6일 以後), 『조·청국경회담』, p. 191; 「土門勘界(事實)」, 『白山學報』 2. 1967, p. 171. 『자료선역』 2 — 067 — p. 499). 여기서는 대규모 월간의 시발점이 1877년으로 잡혀 있으므로 앞서의 서술이나 『간도개척사』의 서술과는 차이가 있다. 다만 한 곳에서 시작된 월간이 두만강 중류 전체로 확산되었다는 점을 지적하는 것은 『간도개척사』의 서술과 일치하는 부분이다. 한편 국사편찬위원회 한국사데이터베이스(http://db.history.go.kr)에 수록된 『재외동포사 총서 13 중국 한인의 역사』(상)의 제1장 「초기 한인 이민 사회의 형성(1860-1919)」 — 1. 간도 문제와 재만 한인의 삶 - 1) '간도 문제의 근원'에도 "1881년 한인들이 두만강 북쪽 가에 멋대로 도랑을 파서 강물을 갈라지게 만든 후 그곳에 곡식을 심었는데, 후에 종성 북쪽 두만강 가운데 중주가 형성되어 한인들이 그곳을 개간한 후 간도라고 하였다."거나 "또 종성, 온성 사이 두만강 가운데의 땅을 1877년 조선지방관이 개간하도록 하고 간도라 불렀다. 후에 종성, 회령, 무산, 온성 4읍의 인민들이 간도 이북 지역으로 개간을 확대하여 그 부근 지역을 전부 간도라 부르면서 '간도'설이 나왔으나 전설에 속할 뿐이라고 하였다"는 기술도 나온다. 또한 이어지는 '봉금 지대 설정과 간도 지역 통치권의 이해' 부분에서도 "한국에서는 1845년 쇄국의 금령이 해이해지고 이주자가 많아지자 함경북도관찰사가 지권을 발부하여 개간을 허가하고 장려하여 조선령으로 삼았다고 보았다. 특히 청조가 간도 지역의 현상을 정확하게 파악하기 전에 함경도관찰사로부터 지권을 발급받아 경작했던 지역임을 강조하였다"거나 "1881년 평안도관찰사는 압록강 북쪽의 조선인 거주 지역을 28개면으로 구획하였고, 1897년 함경북도관찰사 趙存

셋째, 조선월간민이 "가교나 선박을 통해 조석으로 [두만강을 건너] 왕래하게 되었을 뿐 아니라 애·경사(哀·慶事)가 있을 때의 상위상조(相慰相助)까지 외지(外地)라는 느낌이 전혀 없을 정도가 되었다"거나 함경도에서 "양전원(量田員. 測量員)을 파견하여 전정(田政)을 맡겨 「토지대장(土地臺帳)」과 「야초(野草. 地稅名寄帳)」를 작성"하였고 "세금의 수납과 잡역(雜投)의 수응(酬應)이 내·외지(內·外地)의 차이가 없었다"고 하는 서술은 분명하게 이러한 상황이 함경도 지방당국의 의도적인 정책 추진의 결과로서 나타난 것이며, 그 결과 두만강 연안의 양쪽이 사실상 그 실질적인 행정적 통치 아래 들어왔음을 말해 준다. "내·외지(內·外地)의 차이가 없다"고 느꼈을 정도로 토지대장의 작성과 세금·잡역의 수취가 이루어진 것은 바로 그러한 점을 잘 보여 주는데, 앞서 이금용의 보고에서 "강 북쪽의 땅은 조선의 관할구역이 되었으며, 강 주변 사람들 대부분은 북안(北岸)에서 나는 것에 의존해서 살고 있어, 이미 구역별로 나누어 등록을 하였다."라고 지적한 상황은 이 『간도개척사』에서도 다시 확인된다.

넷째, 함경도 지방당국의 이러한 '경진개척'은 분명하게 중앙정부의 지시가 없는 상황에서 '국토확척(國土廓拓)의 대공(大功)'을 염두에 둔 회령부사의 '죽음을 무릅쓴' 독단에 의해 이루어진 것이라는 점이다. 나아가 이러한 회령부사의 주동적인 두만강 강북 개척에 대해 함경북도안무사·함경도관찰사 등 상층 당국에서도 이를 추인하는 형식으로 묵인하였던 것으로 여겨진다는 점도 주목할 필요가 있다. 이금

禹는 현지를 조사하여 정밀하게 지도를 작성하고 간도 문제에 관해 정부에 의견을 보고하기도 하였다"는 기술이 나온다. 이 '간도' 지역의 출현과 조선 지방당국의 대응 방면에 대해서는 이렇게 서로 어긋나거나 부정확한 전승·해석 등이 마구잡이로 뒤섞여 있어 앞으로 좀 더 분석이 필요한 부분이라고 하겠다.

용의 보고에서 함경북도 병관 조병직(A)도 "함경도자사가 이들 월간민에게 허가증을 발급하였음을 인정하였다"고 한 점은 이를 뒷받침해준다. 사실 이러한 두만강 강북지역의 월간이 회령부뿐만 아니라 인근지역(두만강 상·중류 지역)까지 파급되었기 때문에, 회령의 경우처럼 조선백성에 의해 이루어진 '순식간의' 개척은 함경도 각 지방·상층 당국도 곧바로 인지하고, 나아가 그것을 묵인·동조하지 않을 수 없었을 것이다.

또한 이름은 같지만 사실상 다른 인물로서 1884년 3월 21일 함경북도안무사로 제수되어 1886년 중반까지 이곳에서 근무한 조병직(B)이 홍남주의 이러한 행동을 묵인하였다는 것을 입증해 주는 자료는 『승정원일기(承政院日記)』의 고종 21년 12월 20일자 기사이다. 이 기사에서는 다음과 같이 서술하고 있다.

> 함경북도안무사 조병직(趙秉稷)의 장계를 보니, '회령부사(會寧府使) 홍남주(洪南周)는 5년 동안 근무하면서 은혜를 갚으려는 일념뿐이었습니다. 그리고 미리미리 만약을 대비하는 생각을 지녔는데, 백성들은 그를 살아 있는 부처처럼 받들었고, 사졸들은 그를 장성(長城)처럼 믿었습니다. 단지 한 고을의 순리(循吏)일 뿐만 아니라 변방의 어진 방백이라고 말할 수 있습니다. 흉년이 든 이 시기를 당하여 그에게 먹을 것을 의지하고 있는 자가 수천 명이나 되는데, 한 번 대궐의 보고를 듣고는 모두 실망하여 어린아이와 노인까지도 떼를 지어 한결같이 그의 유임을 희망하고 있습니다. 민정을 참작하고 일의 형편을 헤아려 볼 때 지금과 같은 흉년에는 결코 일이 서툰 자에게 맡길 수 없으니, 다시 1년을 더 잉임(仍任)시켜 대중의 마음을 진정시키는 것이 사리에 합당할 듯합니다. 해조로 하여금 품처하게 하소서' 하였습니다.
>
> 임기가 만료되면 후임자를 뽑아서 보내는 것은 불변의 법입니다.

새로 제수된 부사 서형순(徐珩淳)은 이미 조정에 사은을 마친 상태이니, 장계로 요청한 내용은 그대로 내버려 두는 것이 어떻겠습니까? 하니, 아뢴 대로 윤허한다고 판부하였다.[77]

앞서 서술한 것과 같은 홍남주의 '경진개척'이 없었다면 어떻게 "백성들은 그를 살아 있는 부처처럼 받들었고, 사졸들은 그를 장성(長城)처럼 믿고", "그에게 먹을 것을 의지하고 있는 자가 수천 명이나 되는[不可以千數]" 상황이 출현할 수 있었을까? 또한 함경북도안무사 조병직이 그의 '유임[仍任]'을 조정에 요청한 것 역시 '경진개척'의 실상을 알면서도 그것을 묵인하였다는 해석을 충분히 가능하게 만든다. 더구나 그의 '잉임'은 함경도관찰사도 그에 앞서 조정에 이미 요청한 바 있었다. 이보다 앞선 『비변사등록(備邊司謄錄)』 12월 12일자의 기사를 보면 다음과 같이 기록하고 있다.

함경도관찰사[北伯]가 장계에서 회령부사 홍남주는 치적이 뛰어나게 우수하니 지금 이미 임기가 만료되었지만 특별히 잉임(仍任)시키는 일을 묘당에서 품처(稟處)해 달라고 요청하였습니다. 변경지역을 다스리는 일은 정성과 힘을 다해 민력(民力)을 소생시키는 것인 만큼 익숙하지 않은 사람에게 넘기기 어렵지만, 이것은 묘당(廟堂)에서 답장을 할 것이 아니고 해당 부서[吏曹]에 품처하게 하는 것이 어떻겠습니까? 하니 윤허하셨다.[78]

77 『국역승정원일기』 高宗 21년(1884) 12월 20일 기사(원본 2931책. 탈초본 135책. 한국고전번역원 한국고전종합DB).

78 『備邊司謄錄』 263冊 高宗 19년 12월 12일, 「임기가 찬 會寧府使 洪南周를 仍任시키는 사항은 該曹에서 稟處하게 할 것을 청하는 議政府의 啓」(서울대학교 규장각한국학연구원).

이것을 보면 당연히 함경도관찰사 역시 조병직(B)과 같은 입장이 아니었을까 하는 질문을 던질 수 있을 것이다. 앞서 인용한 이금용의 보고에도 [조병직(A)이] "조선의 함경도자사는 그들에게 경작을 허가하는 증명서를 발급해 주었습니다."라고 인정한 구절이 있었다. 이 두 가지를 모두 사실로 인정할 수 있다면, 그것은 함경북도안무사뿐만 아니라 함경도관찰사까지 사실상 이러한 '묵인'에 동조하였다는 증거가 될 것이다.[79] 그게 아니더라도 최소한 조병직(B)이 홍남주의 행동을 묵인한 것은 의심할 나위가 없다. 그가 이러한 사정을 조정에 보고한 '흔적'이 보이지 않기 때문에, 여기서 조병직(B)이 '경진개척'의 실상을 조정에 알리지 않았다는 것도 추론이 가능하다.[80] 이후에도 어윤중이나 이중하 등 함경북도를 다녀간 외부인사 역시 이 문제에 관해서는 상당한 정보를 파악하게 되었을 터인데도, 그에 대해 전혀 언급이 없는 것은 아마 이런 사정 — 지방관들 사이의 일종의 담합 — 때문일지도 모른다. 흥미 있는 것은 훨씬 후의 일이지만, 1891년 8월 4일의 『고

79 「吉林將軍咨文[據琿春邊荒知府呈報, 圖們江北岸有高麗人越界墾種等情的]」(光緒 7년 9월), 『淸代中朝』, pp. 18-20.(『자료선역』 1 — 014 — pp. 113-114)

80 이 무렵 『高宗實錄』에 나오는 趙秉稷의 행적은 高宗 21년(1884) 3월 21일에 함경북도 병마수군절도사 겸 안무사에 임명한 것[丙申 두 번째 기사, 「조병직을 함경북도 병마수군절도사 겸 안무사에, 박봉빈을 이조 참의에 임명하다」], 윤5월 22일에 辭陛하는 그를 召見한 것[乙丑 첫 번째 기사, 「안무사 조병직을 소견하다」], 그리고 22년(1885) 1월 8일에 조병직이 "10개 고을 백성들의 황급한 사정에 대하여 자세히 진달하고 나서 영남(嶺南)과 호남(湖南)의 쌀 5만 석(石)을 이획(移劃)하여 설진(設賑)하는 사안을 묘당(廟堂)에서 품처(稟處)하게 해 달라고 요청한 일[戊申 첫 번째 기사, 「흉년이 든 함경도의 백성들을 구휼하도록 하다」], 그리고 마지막으로 22년 5월 7일에 조병직이 길림당국의 월간민 구축에 대해 待罪를 청한 것[乙巳 두 번째 기사, 「함경도 경계를 확정하기 전에 경작하는 것을 금지시킨 함경북도 안무사가 대죄하다」]뿐이다.

종실록』에 다음과 같은 기사가 실려 있다.

> 의정부에서 아뢰기를, "함경감사(咸鏡監司)와 안무사(按撫使)의 장본(狀本)을 연이어 보니, 각 고을에서 불법적으로 강을 건너갔던 백성들이 차례로 귀화(歸化)하고 있다고 합니다. 작년 가을에 윤음(綸音)을 선포한 후에 많은 유민들이 명령을 듣고 그 은덕에 감동이 되어 잇달아 도로 모여드니, 이것은 성상의 교화가 미쳤기 때문입니다. 다만 생각건대, 정성을 다하여 명령을 집행하고 성실하게 위로하여 오게 한 것은 수령들이 돌보아 줄 생각을 품고 자기 책임을 다했기 때문입니다. 드러난 업적이 가장 우수한 무산 부사(茂山府使) 서형순(徐珩淳), 갑산부사(甲山府使) 홍남주(洪南周)에게는 모두 새서(璽書)와 표리(表裏)를 주는 은전을 베풀고, 삼수부사(三水府使) 신림(申林)에게는 방어사(防禦使)의 이력을 허용하시어 조정에서 특별히 표창하는 뜻을 표시하는 것이 어떻겠습니까?" 하니, 윤허하셨다.[81]

81 『高宗實錄』 28卷, 高宗 28년 8월 4일 두 번째 기사, 「백성들이 귀화하는 데에 대해 서형순, 홍남주에게 새서와 표리를 내리다」(원본 32책 28권 26장 A면. 영인본 2책 394면). 관련 기록은 『承政院日記』·『日省錄』·『備邊司謄錄』의 같은 날짜 기사에도 나온다. 이러한 유민의 귀환은 조선정부의 정책 추진 때문이라기보다는 아마도 이 책의 4장에서 나오는 길림 당국의 동화 정책 강행 탓이 더욱 컸을 것이다. 1890년대 이후 이러한 정책의 시행에 반발하여 일부는 정착 대신 귀환의 길을 선택하였기 때문이다. 이를테면 국사편찬위원회 편, 『各司謄錄』 42: 咸鏡道篇 1(국사편찬위원회, 1990. 국사편찬위원회 전자도서관 http://library.history.go.kr/)에 실린 「咸鏡道關草」 제2책, pp. 423-424의 「關按撫營」(高宗 26년[1890]) 庚寅 8월 초4일)을 보면 薙髮 강행 소식을 듣고 일가가 모두 撤還한 越墾民에 대한 慰撫와 洞諭의 지시가 내려지고 있다는 점을 알 수 있다. 이후 高宗 31년(1893) 5월 19일 按撫營에서 統理交涉通商事務衙門에 올린 보고에 따르면 귀환한 월간민은 모두 합해 이때까지 626호, 남녀 2,413명이었다(「咸鏡道關草」 제4책, 「按撫營報」(高宗 31년[1894] 5월 19일, p. 451).

홍남주는 이때까지 여전히 북방에서 부사직에 있었던 것이지만, 만약 앞서 서술한 '경진개척'의 내막을 조정에서 조금이라도 파악하고 있었다면, "불법적으로 강을 건너간 백성"을 대량으로 출현시켰던 주역인 홍남주에게 "백성들이 차례로 돌아오게 한 공로로" 특별히 표창을 하는 일은 아마 없었을 것이다.[82] 이 또한 앞서 든 추론을 보완하는 하나의 증거가 될 수 있을 것이다. 이렇게 본다면 이후 공동감계 과정에서 중국 측이 조선 지방당국이 뒤에서 백성의 월간을 비호한 것이 아니냐고 한 의심은 관련된 정황과 증거를 통한 추론으로 자연스럽게 제기될 수 있는 것이었지, 전혀 근거 없는 비방은 아니었다고 할 것이다.

다섯째, 물론 "소위 지식층이라는 인사들은 장래의 화근이라 하여 발걸음도 피하였다"는 점과 조정에 문의하지도 않고 지방당국에서 제멋대로 월간을 허용하는 것에 대해 회령좌수 이후섭의 반발 등이 있었다는 점은 이후에 전개될 정계비를 중심으로 한 '간도문제(間島問題)'에 대한 지금까지 지속되는 논쟁(분쟁)의 씨앗이 사실은 이미 여기서 배태되었음을 알려 준다. 그리고 "간도(間島)라고 명명(命名)하였다가

82 이러한 상황이 과연 중앙정부에 보고되었는지, 아니면 중앙정부에서 어떠한 경로를 통해서든 이러한 상황을 알게 되었는지는 앞으로 좀 더 추적이 필요한 문제일 것이다. 하지만 1883년 1월 西北經略使로 파견되었다가 돌아온 魚允中에 대해 高宗은 "분계강(分界江) 안쪽의 경계 문제에 대한 일"을 물으면서 "이 땅은 조선에서 일찍이 강역으로 다스린 적이 없는데, 중국 또한 알지 못하는 바인가?"라고 질문을 던졌다(국사편찬위원회 편, 『從政年表·陰晴史』, 探求堂, 1971, pp. 151-162; 한국학문헌연구소 편, 『魚允中全集』, 亞細亞文化社, 1979, pp. 151-162. 『자료선역』 2 — 010 — p. 214). 두만강 북쪽(에서 '分界江'까지의) 영역을 "조선에서 일찍이 강역으로 다스린 적이 없다"는 지적은 중앙정부에서 이 지역에 대해 조선관리들이 실질적인 지배를 실행하고 있었던 당시의 상황을 제대로 파악하고 있지 않았다는 것으로 해석될 수 있다.

나중에 만일에 시비가 날 때에는 간도라고 하여 과실(過失)을 회피하려 함"이라는 홍남주의 발언과 "월강개간(越江開墾)을 허용하여 저쪽과 병진(竝進)하면서 점령"하자는 조중응의 발언은[83] 사실 여부를 차치하더라도 중국 측에서 시작된 봉금(封禁)과 변강개발에 대항하여 일단 대규모의 월간·이주를 통해 두만강 북쪽에 대한 실질적인 통제력의 행사라는 기득권을 확보해 놓고, 이후의 분쟁이나 감계에서 그것을 발판으로 삼아 대응하려는 자세를 보였다는 점에서 역시 주목할 필요가 있다. 실제 이후의 공동감계·회담 또는 그 이전 양국 지방당국끼리의 교섭에서도 이러한 상황은 잘 반영되고 있다.

또한 경진개척과 그 이후의 공동감계·국경회담은 어떻게 보면 근대국가로서의 확립을 위한 영토 확보 내지는 일종의 '식민지화'를 노린 확장 동기에서 출발한 것이라는 해석도 가능하지만,[84] 동시에 "저희들은 스스로 경계를 넘어와 경작을 하고 있음을 알고 있지만 특별히 중국에서 각별한 은혜를 베풀어 이들을 구휼해 주기를 바란다"고 한 조병직(A)의 자세는 다른 한편으로는 여전히 사대(事大)의 대상인 천조상국(天朝上國)에게 자소의 은혜[字小之義]를 요청하였다는 점에서 그가 전통적인 중화질서 관념 속에서 문제를 바라보고 있었다는 것을

83 물론 이러한 감각은 '간도문제'가 제기되고 간도를 일종의 '식민지'로서 개척하려는 의도가 출현하는 이후 시기에 나온 것인 만큼 그대로 신빙하기는 어렵다는 측면도 존재한다. 이에 대해서는 백동현, 「한말 민족의식과 영토관: 『皇城新聞』과 『大韓每日申報』의 論說에 나타난 領土觀을 중심으로」, 『한국사연구』 129, 2005이나 은정태, 「대한제국기 '간도문제'의 추이와 '식민화'」, 『역사문제연구』 17, 2007; 이화자, 「대한제국기 영토관과 간도정책의 실시」, 『전주사학』 35, 2009c; 이명종, 「대한제국기 간도영토론의 등장과 종식」, 『동아시아문화연구』 54, 2013 등의 연구를 참조.

84 張存武, 「清代中韓邊界問題探源」, 『清代中韓關係論文集』(臺北: 商務印書館, 1987); 백동현, 2005; 은정태, 2007을 참조.

드러내준다. 경진개척과 그 이후의 감계·회담의 문제를 둘러싼 양국 사이의 분쟁에서는 '만국공법'에 기초한 근대국민국가의 주권·영토·국민에 대한 논리와 전통적 중화질서(사대질서)의 '사대-자소'의 논리가 아주 복잡하게 뒤엉키면서 혼재하게 되는 것이다. 근대 국민국가의 기본 요소인 영토와 국민·주권을 배타적으로 확보하려는 의도와 중국 황제의 은혜와 관용을 기대하는 전통적인 사대질서에 기댄 희망이 교차하면서도, 실제로는 중국 측의 강경한 대처 때문에 후자의 그림자가 훨씬 짙게 나타나는 것은 이후의 경과에서도 줄곧 관철되는 현상이기도 하다.[85]

여섯째, "명목은 인수기간원(引水起墾願)이라 하고 두만강을 월변으로 흘러들게 하여 간도(間島)라 칭하게 하라"는 지시를 내렸다는 점이나 "간도(間島)라고 명명(命名)하였다가 나중에 만일에 시비가 날 때에는 간도라고 하여 과실(過失)을 회피하려" 하였다는 홍남주의 주장, 이때에 "토지대장(土地臺帳)과 야초(野草. 地稅名寄帳)를 작성하니 바로 「간도토지대장(間島土地臺帳)」이다. 이것을 「간도야초(間島野草)」라 제명(題名)하니 이것이 바로 간도라는 명칭의 원인이다", "간도라 함은 사면에 해양 또는 물을 접한 땅을 말함이나, 여기서는 만주대륙의 일부의 땅을 섬[島]이라 [칭하니], 또한 간도(間島)라는 명칭이 후세 사학가들이 의난(疑難)하게 될 곳이로다."라는 설명은 '간도(間島)'라는 명

85 이 점에 대해서는 秋月望, 1985; 秋月望, 1989; 秋月望, 1990; 秋月望, 2002; 秋月望, 2009 등에 의해 이미 상당한 연구의 진척이 이루어졌으며, 본문의 분석도 이에 상당한 도움을 받았다. 한편 중화질서(사대질서)와 만국공법의 충돌이라는 시야에서 근대 중국과 조선, 또는 한중관계사나 동아시아에 대한 이해를 도모하는 연구는 많은 축적이 이루어져 있고, 여기서의 서술도 그러한 연구에 힘입은 바 크지만, 여기서 그에 대한 자세한 서술은 피하고 참고문헌 목록으로 넘기도록 하겠다.

칭의 기원에 대해서 가장 새로운 주장을 제시해 주고 있다. 주지하듯이 '간도'라는 명칭이 어디서 나왔는가에 대해서는 지금까지 수많은 추론·주장이 난립하고 있어 사실상 정확한 기원을 따지는 것이 곤란할 정도이지만, 『간도개척사』의 설명은 어쩌면 가장 유력한 설득력 있는 주장으로 등장할 가능성도 크다.

2) 청의 월간 조선인 편입 정책

이상에서는 '경진개척'을 통해 1880-1881년 사이 두만강 상·중류 북부 지역으로 조선백성의 대규모 월간과 이주가 이루어진 것을 살펴보았다. 그러면 이러한 사태에 대해 청조 지방당국은 어떠한 대응의 자세를 보였는가를 검토해 보는 순서가 된다. 청조가 건륭연간 이래 만주지역에 대해 한인(漢人) 등 외부인의 이주를 적극적으로 통제하는 봉금(封禁)정책을 추진해 왔다는 것은 앞서도 서술했지만, 특히 19세기 후반 들어서면서 이러한 봉금 체제와 만주의 지배체제가 이완되면서 외부인의 이주·유입에 의한 개발과 비적(匪賊)·마적(馬賊)·금비(金匪) 등의 횡행에 의한 치안 붕괴가 진척되어 왔다는 것 또한 널리 지적되는 현상이다. 이러한 상황에 대해 청조의 대응은 그다지 효율적인 것은 되지 못하였지만, 1880년대에 들어오면 1860년에 제2차 아편전쟁을 틈타 흑룡강 북부 지역과 연해주 지역의 영토를 청조로부터 빼앗아 간 러시아와의 군사적 긴장 관계가 깊어지면서 청조로서도 긴급한 대책을 추진하지 않을 수 없게 되었다.

이러한 러시아와의 군사적 긴장 관계의 심화는 그 가까운 기원을 따져 보면 청조의 신강(新疆) 지배체제 붕괴를 틈탄 1871년 러시아의 일리(伊利) 점령에서 비롯되었다. 그 때문에 일리 반환교섭을 위하여 숭후(崇厚)를 파견하여 러시아와 맺은 리바디아조약(1879)이 크게 불리한 결과를 낳자 이를 절대로 승인하기 어렵다면서 청조가 숭후의 처벌을 논의하고 대신 한인관료(漢人官僚) 증기택(曾紀澤)을 파견하여 재의(再議)를 시도하였기 때문이다. 러시아가 일리 교섭기간 동안 중국의 동북(東北) 변경에 군대를 증파(增派)하고 중국으로 진격하겠다고 공언하였으므로, "금일 방무(防務)에 대해서는 모두 동삼성(東三省)이 우선이고, 동삼성에서는 길림(吉林)이 가장 중요하며", "금일 러시아의 문제에서 오로지 혼춘(琿春)이 가장 가깝고, 삼성(三姓)이 가장 위태로우며 영고탑(寧古塔)이 남북의 가운데 있다"고 우려한[86] 청정부는 북양대신(北洋大臣) 이홍장(李鴻章) 등에게 경사(京師)·천진(天津) 등에 대한 방비의 강화를 지시하면서 아울러 신강의 러시아 접경 지역이나 동북지역에 변방(邊防) 강화의 지시를 내렸다. 그리고 이를 위해 하남하북도(河南河北道) 오대징(吳大澂)에게 삼품경함(三品卿銜)을 상으로 내리고, 길림(吉林)에 가서 길림장군 명안(銘安)을 도와 모든 사무를 '방판(幇辦)'하라는 상유(上諭)를 내린 것은 광서 6년 1월이었다.[87] 또한 오대징이 길림군무(吉林軍務)를 방판하게 된 것과 동시에 1879년 신강(新疆)의 영토를 회복한 좌종당(左宗棠)의 유력한 조수(助手)로서 크게 기여한 통정사(通政使) 유금당(劉錦棠)에게도 신강의 군무(軍務)를 방판(幇辦)하라는 임무가 주어졌는데,[88] 이것은 오대징의 파견이 러시아와

86 佟冬 主編, 『沙俄與東北』, p. 258. 東三省이라는 명칭은 정식으로는 1907년의 建省 이후에야 적용되어야 하지만, 여기에서의 인용문에도 사용되듯이 사실 그 이전에도 이러한 용어가 사용되고 있었다고 하므로(趙中孚, 「淸代東三省的北部開發與漢化」, 『中央硏究院近代史硏究所集刊』 15, 1986, p. 1) 여기서는 편의상 滿洲·東三省이라는 용어를 그대로 사용하겠다. 趙中孚는 東三省을 '八旗系統 管理하의 邊疆特區'로 기술하고 있다.

87 『淸實錄 德宗景皇帝實錄』(中華書局, 1987. 이하 『光緖實錄』으로 약칭) 卷108 光緖 6년 정월 己丑條, p. 592.

88 『淸史稿』 卷23 「本紀 23」, p. 866.

의 군사적 긴장 관계가 낳은 위기에 대처하기 위한 전국적 방어 체제의 강화를 위한 것임을 알려 준다.

당시의 실력자인 북양대신 이홍장과 밀접한 관계를 맺고 있으면서 신임을 받았던 유능한 한인관료인 오대징이[89] 길림으로 파견된 것은 사실상 청조의 만주(동북) 지배에서 하나의 커다란 획기를 긋는 사건이 된다. 청조의 동삼성 및 그와 관련된 러시아와의 외교문제의 처리에서는 종래 한인(漢人)의 참여가 극히 제한되거나 배제되어 왔었기 때문이다. 청조는 이번원(理藩院)의 관할이기도 하였던 간접지배의 구역(藩部)에는 종래 한인관료를 파견하지 않았으며, '용흥지지(龍興之地)'로서 직접 통치하였던 동삼성의 경우에도 건륭(乾隆) 이후에는 한인관료의 파견을 강력히 억제하였다. 더구나 러시아와의 외교에서도 한인의 참여는 일관되게 배제되었을 뿐만 아니라 심지어는 19세기 중반에 이르기까지 조약문에서도 한문(漢文) 자체가 배제되었다. 몽골문제의 연장으로서의 러시아문제는 기본적으로 한인관료가 임용될 수 있는 범위인 '순례권(巡禮圈)' 밖에 있었던 것이다.[90] 물론 1860년 총리

89 金衡鍾, 2013, pp. 6-7을 참조. 앞서 나왔지만 吳大澂의 휘하에서 활약하게 될 候選知府 李金鏞 역시 李鴻章의 추천으로 吉林에 파견되었다. 李鴻章, 「派員赴吉差遣片」(光緒 6년 4월 7일), 『李鴻章全集』 卷9 「奏議」 9, p. 66을 참조.

90 이에 대한 자세한 분석은 구범진, 「清代 滿洲地域 行政體制의 變化 — '駐防體制'에서 '州縣體制'로 —」, 『동북아역사논총』 14, 2006; 구범진, 「청대 대러시아 외교의 성격과 그 변화 — 체약대신(締約大臣)과 교환 조약문의 언어를 중심으로」, 홍웅호 외, 『근대한러관계연구: 수교와 교섭의 시기 한러관계』(선인, 2008), pp. 47-80; 구범진, 「동아시아 국제질서의 변동과 조선-청 관계」. 『동아시아 국제질서 속의 한중관계사 — 제언과 모색 —』(동북아역사재단, 2010); 丘凡眞, 「大清帝國の朝鮮認識と朝鮮の位相」, 『中國史學』 22, 2012; 丘凡眞, 『청나라, 키메라의 제국』(민음사, 2012)의 제3·4장(pp. 101-172)을 참조.

각국사무아문(總理各國事務衙門. 이하 총리아문으로 약칭)의 성립 이후 러시아와의 외교는 이번원에서 총리아문으로 넘겨져서 기존 전통에 변동이 생겼지만, 여전히 한인이 러시아외교에 간여하는 일은 없었다.

기존 연구는 거의 주목하고 있지 않지만, 오대징의 파견은 러시아와의 외교 관계에서 이러한 한인·한문 배제라는 오랜 관례를 깨뜨린 것이었다. 따라서 현지 동삼성 장군이나 팔기장령(八旗將領)에게 변계(邊界) 임무를 맡기지 않고, 중앙에서 한인관료를 직접 흠차대신(欽差大臣)으로 파견하여 일을 맡긴다는 것은 전례가 없는 일이었다.[91] 전통적으로 팔기주방체제(八旗駐防體制) 아래 있던 기존 질서와 거기에 기반을 둔 기인(旗人)의 특권이 도전을 받게 된 것이다. 물론 번부(藩部)였던 신강의 경우에는 코칸드에서 건너온 야쿠브 벡 정권의 독립을 저지하는 과정에서 한인관료 좌종당이 이끄는 상군(湘軍)의 활약에 의존할 수밖에 없었고, 이후의 재건과 건성(建省. 1884) 과정에서도 한인관료 유금당(劉錦棠)이 순무(巡撫)로 임명되면서 내지(內地)의 직성(直省)과 같은 주현제(州縣制)적 행정체제로의 개편을 통한 한화(漢化)·내지화(內地化)가 본격적으로 추진된 선례가 있었다.[92] 결국 오대징의 파견

91 이미 北京條約에 따른 吉林東部지역의 勘界를 위해서 倉場侍郎 成奇가 파견된 선례가 있지만, 그의 허술한 일처리는 결국 吳大澂의 파견을 불가피한 것으로 만드는 배경이 되었다. 중대한 사무를 제대로 처리할 수 없었던 滿洲 現地官僚의 능력에 대한 청 조정의 不信이라는 점도 작용하였을 것이다. 崇厚가 처리한 리바디아조약의 개정을 위해 역시 이례적으로 曾紀澤이라는 漢人관료가 러시아외교문제에 처음 참여하게 된 것도 아마 같은 배경에서였을 것이다.

92 이에 대해서는 앞서 든 관련 연구 외에 임마누엘 쉬, 「청 말의 대외관계(1866-1905년)」, 『캠브리지 중국사 11(1800-1911) 청 제국말 2부 上』(새물결, 2007), pp. 129-239; 김호동, 『근대 중앙아시아의 혁명과 좌절 — 신강(新疆) 무슬림 국가 연구(1866-1877) —』(사계절, 1999); 片岡一忠, 『清朝新疆統治研究』(雄山閣, 1991); 제임스 A. 밀워드(김찬영·이광태 옮김), 『신

은 청조의 직할지였던 동삼성도 대외적 위기의 심화 속에서 그러한 변동의 대상으로 바뀌지 않을 수 없었다는 청대 후기의 큰 흐름을 잘 보여 준다고 할 것이다.[93]

그리고 실제 길림에 '방판'으로 파견된 오대징은 동북 지역의 안보를 위해 긴급히 방군(防軍) 5,000명을 편성하는 등 군사태세[防務]의 강화와 '금비(金匪)' 초무(招撫)에서 커다란 성공을 거두었으며, 길림 성성(省城)에 새로 편성한 군대에 제공하기 위한 무기 공장[機器製造局]을 창설하여 이른바 양무운동(洋務運動)의 성과를 길림 지역에 도입하는 데도 크게 기여하였다.[94] 하지만 이후 광서 7년(1881) 2월 증기택이 러시아와 상트페테르부르크 조약을 체결하여 위기에서 한숨을 돌

장의 역사』(사계절, 2013)의 제4장 「제국과 민족 사이에서」(pp. 195-262) 등을 참조. 광서 4년(1878) 이미 길림장군 명안은 '地方親民之官'이 아니면 治理하기에 부족하다는 결론을 내리고 새로운 주현기구로 吉林廳을 府治로 승격시켜 知府를 두고, 五常廳·敦化縣·伊通州·雙城廳·賓州廳을 설치하겠다는 의사를 보여 이에 대한 吏部의 동의를 받아냈다(「銘安奏」 光緒 4년 9월 9일, 中國第一歷史檔案館 編, 『光緒朝硃批奏摺』 第01輯, 中華書局, 1996, pp. 42-47). 하지만 이에 필요한 재원의 부족으로 그 실행은 광서 8년(1882)에야 비로소 개시되어 道·府·縣 三級制로의 변동이 시도된다. 또한 광서 8년(1882) 2월 명안은 이 자료에서 보이는 것처럼 당시 오대징이 독판으로 있던 영고탑·혼춘·삼성지방에 대해 도·부·청·현의 정인관·좌잡관 등을 추가하여 행정 정리와 변경 통제에 도움을 받겠다고 주청하지만(조정의 회답을 보면 사실 이 상주는 '督辦寧古塔事宜都察院左副都御史' 吳大澂이 올린 것임을 알 수 있다), 吏部의 반대로 승인을 받지 못하였다(『光緒實錄』 卷217 光緒 11년 10월 甲午條).

93 그럼에서 불구하고 청조의 직접통치 영역이었던 동북의 漢化·內地化는 다른 藩部地域에 비해 훨씬 지체될 수밖에 없었다. 오대징이 길림을 떠난 다음에는 한화·내지화의 시도가 실질적으로 좌절되면서 길림장군에 의한 전통적 체제가 다시 되살아났고, 建省도 1907년에 가서야 실현이 된다. 이에 대한 간략한 개괄은 金衡鍾, 2013, pp. 18-22를 참조.

94 이에 대해서는 金衡鍾, 2013, pp. 6-15에서 상세하게 다루었다.

릴 수 있게 되자, 청조는 보다 장기적인 변경방어 강화를 위한 이민실변(移民實邊), 즉 백성을 이주시켜 변경지역을 튼튼하게 만드는 정책으로 옮겨 가게 되었다.

결국 청조는 광서 7년(1881) 4월 러시아와의 긴장된 대립관계가 해소되었지만 변경에 대한 예방조치를 늦추어서는 안 된다면서 길림 동부인 삼성(三姓)·영고탑(寧古塔)·혼춘(琿春)의 병력 9,000명과 일체의 지방사무에 대해서는 길림에서 비교적 멀고 아울러 돌보기 어려우므로 오대징이 전담하여 '독판(督辦)'하고, 아울러 둔간사무(屯墾事務)가 있으면 길림장군과 함께 협의하여 상주하라고 지시하였다.[95] 길림장군 명안과 오대징 사이의 사권(事權) 분쟁을 우려하여 청조가 오대징을 성성(省城)인 길림에서 동부의 영고탑으로 보내 이 지역에 대해 전권(專權)을 부여한 것은 오대징의 역할과 성과에 대한 확실한 신임의 뜻을 보여 주는 것이다. 이때 기존의 혼춘협령(琿春協領)도 혼춘부도통(琿春副都統)으로 승격되었다.[96]

이후 오대징은 광서 8년(1882) 초 영고탑으로 이동하여 특히 이민실변을 위한 둔간사무에 전념하게 되었다. 이보다 앞선 광서 7년 명안은 봉천(奉天)의 전례를 따라 남황위장(南荒圍場)의 10여 만 상(晌) 황무지를 초간(招墾)하자고 주청하였고, 조정에서도 오대징에게 영고탑·삼성·혼춘 등지에서 둔전(屯田)을 시판하여 둔병(屯兵)을 늘리라고 지시한 바 있었다.[97] 오대징은 다음 해에는 길림방군(吉林防軍)을 재철(裁撤)하여 향은(餉銀)을 줄임으로써 둔전에 이용하자고 주청하였다. 뒤

95 吳大澂, 「愙齋自訂年譜」, 章伯鋒 等 主編, 『近代稗海』(四川人民出版社, 1985) 第13輯, pp. 78-79; 『光緖實錄』 卷130 光緖 7년 5월 甲戌條, pp. 872-873.

96 李鴻文 等 編, 『東北大事記』 上卷(吉林文史出版社, 1987), p. 184.

97 李鴻文 等 編, 『東北大事記』 上卷, p. 185.

이어 그는 목릉하(穆楞河)에서 삼차구(三岔口)에 이르는 지역에 둔병을 설치하였다고 주보(奏報)하였다.[98] 그는 또한 광서 7년 말 산동성(山東省)으로부터 둔병 200명을 초모(招募)하여 다음 해 그들이 도착하자, 변경 부근에 6둔을 설치하여 그들을 안치시키기도 하였다.[99] 청대 중기의 봉금(封禁) 이래 불법적으로 유입된 한인(漢人) 유민의 정착은 거의 중단된 적이 없겠지만, 내지의 한인을 직접 공식적으로 불러들여 안착시킨 것은 이것이 아마 최초의 사례가 될 것이다. 또한 오대징이 처음 방문하였을 때 영고탑에서 목릉하의 조어대(釣魚臺)까지 240리 지방에는 그나마 머물 곳이 있었지만, 거기에서 러시아와의 국경지대인 삼차구까지 350리 지방에는 한 가구의 거민도 없어 노숙을 해야 하는 상황이었을 정도였다.[100] 본래 집진(集鎭)이 없던 삼차구는 오대징이 1882년 관방(官房)을 세우고 상인을 불러들여 초간한 결과, 1886년 러시아와의 혼춘감계(琿春勘界)를 위해 재차 방문하였을 때에는 상점이 50여 가가 있고, 뒤쪽의 건물들도 점차 들어서서 도시로서의 모습을 갖추기 시작하였다고 기록하고 있어[101] 그가 추진한 이민실변의 성과를 엿보게 해 준다.

98 李鴻文 等 編, 『東北大事記』 上卷, pp. 185-188. 三岔口는 현재 중·러 경계지역의 東寧縣(혼춘의 북쪽)에 속하며, 원래 三岔河口로 瑚布圖河·小烏蛇溝河와 大肚川河가 서로 교차하는 지점에 위치하였다. 청조가 이민실변 정책을 추진하면서 점차 개간이 이루어지는데 1881년 길림장군이 관원에게 위임하여 이곳에 屯田과 招民墾荒을 시도하였고, 1889년 招墾總局이 설립되어 穆棱河招墾分局 등을 관할하게 되었다. 지금도 이곳에는 朝鮮族鎮이 존재하고 있다.

99 吳大澂, 「愙齋自訂年譜」, pp. 79-80.

100 吳大澂, 「愙齋自訂年譜」, p. 79.

101 吳大澂, 「皇華紀程」, 李澍田 主編, 『松漠紀聞 扈從東巡日錄 啓東錄 皇華紀程 邊疆叛迹』(長白叢書 初集. 吉林文史出版社, 1986), pp. 326-329.

결국 도임 이후 혼춘과 삼차구 일대를 중심으로 이민실변 정책을 통해 러시아의 침입을 저지하려 한 오대징에 의해 혼춘과 삼차구에 총초간국(總招墾局) 두 군데가 설치되어 간황사무(墾荒事務)를 맡게 되었다. 나아가 오도구분국(五道溝分局. 혼춘소속)·남강분국(南岡分局)·목릉하분국(穆棱河分局)도 설치되었다. 이러한 오대징의 정책 추진이 사실상 이후 만주지역의 개발에 본격적인 출발점을 이루는 것은 기존 연구에서 상세하게 다루고 있다.[102] 여기서 우리의 주제와 관련된 문제는 바로 오대징의 지시를 받고 후선지부(候選知府) 이금용(李金鏞)이 두만강 북안 약 2백 리 지역을 조사한 결과 앞서 서술한 바와 같이 1880년대에 들어와 (경진개척을 통해) 대량으로 두만강 북쪽으로 월간한 조선 빈민이 2천 상(晌)의 황무지를 개간하여 경작하였고, 조선지방관이 증명서를 발급하기까지 하였음을 발견하였다는 점이다.[103] 또한 이 무렵

102 佟冬 主編, 『中國東北史(修訂版)』 第5卷(吉林文史出版社, 2006), pp. 106-108, pp. 158-160; 許淑明, 「清代東北地區土地開墾述略」, 馬汝珩·馬大正 主編, 『清代邊疆開發研究』(中國社會科學出版社, 1990), pp. 87-122; 林士鉉, 『清季東北移民實邊政策之研究』(國立政治大學歷史學系, 2001); 高樂才, 『近代中國東北移民研究』(北京: 商務印書館, 2011) 등을 참조. 吳大澂을 기리기 위한 祠堂과 樓臺가 세워지고, 1931년에 墾荒 50주년을 기념하는 石碑가 세워진 것은(高艷, 「愛國愛民的一代名臣吳大澂」, 『黑龍江史志』 2005-4) 이 지역 주민의 기억 속에 새겨진 그의 이미지를 잘 보여 준다. A. 말로제모프(석화정 옮김), 『러시아의 동아시아정책』(지식산업사, 2002)에 따르면(p. 48) 1882년부터 1890년에 북만주에 이주한 淸國人 이주민이 아무르·연해주 지방에 정착한 러시아 이주민보다 30배나 많았는데, 적어도 러시아 측과 비교하는 한 1880년대 이민실변은 큰 성공을 거두었다고도 할 것이다.

103 「吉林將軍咨文[據琿春邊荒知府呈報圖們江北岸有高麗人越界墾種等情的]」(光緒 7년 9월), 『淸代中朝』, pp. 18-20.(『자료선역』 1 — 014 — pp. 113-114) 朱壽朋 纂, 『光緒朝東華錄』(中華書局, 1959) 光緒 7년 10월 辛巳條의 「銘安等奏」에도 이를 요약한 내용(p. 1216)이 실려 있고, 이에 기초하여 權錫奉, 「淸末 間島地方의 越墾 韓民策研究」, 『淸末對朝鮮政策史研

오대징은 예전부터 사간(私墾)이 금지되었던 두만강 동북안 일대 황무지에 대해 옛 장정(章程)을 변통하고 민간인을 끌어들여 개간(開墾)·파종(播種)을 하겠다고 주청하여 허락을 받았고(1881년 9월 9일), 아울러 조정에서는 예부(禮部)에서 바로 조선국왕에게 자문을 보내 "이번 개간은 관부에서 경영하는 것으로, 변경의 소속 지방관에게 명하여 조금이라도 의심이나 염려할 필요가 없다."라고 알리도록 하고, 또한 명안·오대징에게는 소속관리로 하여금 거민을 단속케 하여 국경을 넘어가 말썽을 일으키지 않도록 하라고 지시하였다.[104]

이런 점들을 보면 이금용이 지시를 받고 두만강 북안 약 2백 리의 지역을 조사하여 대규모 조선월경민의 존재를 발견하게 된 것은 단순한 우연은 아니고, 오대징이 길림 동부 지역에서 적극적으로 이민실변 정책을 추진하게 된 결과 파생된 부산물임을 알 수 있다.[105] 이금용은 이러한 사실을 보고한 다음 길림장군으로부터 "도문강(圖門江, 圖們江) 북안의 비어 있는 지역은 비록 들어가서 몰래 개간하는 일이 금지되어

究 續編』 下卷(도서출판 한모임, 2007), pp. 57-65에서는 李金鏞의 발견 이후 銘安과 吳大澂의 이에 대한 대책을 분석하고 있다.

104 『光緒實錄』 卷136 光緒 7년 9월 戊戌條, pp. 956-957.(『자료선역』 1 — 015 — pp. 117-118) 朝鮮에서는 이 사실을 통보받았다는 것을 자문으로 답장하였다. 「朝鮮國王覆咨」(光緒 7년 10월 21일), 『各司謄錄』 近代編 「啓下咨文冊」 1 「土門江 주변의 개간에 관한 사정을 알림(爲土門江邊開墾情形知照 事, 北京禮部回咨)」(국사편찬위원회 한국사데이터베이스); 統理機務衙門 編, 「啓下咨文冊」 11, 『조·청국경회담』, p. 39.(『자료선역』 1 — 017 — pp. 124-125)

105 한편 李金鏞에 의한 琿春지역의 조사는 1882년에 이루어졌다. 여기서도 이금용은 黑頂子(羅鮮洞) 등지에서 조선월간민의 존재를 발견하게 되고, 아울러 청조의 영역에 해당되는 黑頂子 지역을 러시아가 점거하고 있음을 알고 그 반환과 중·러境界碑의 再設立을 주장하게 된다. 이것이 1886년 吳大澂이 주관한 琿春勘界(巖杵河會議)와 黑頂子 지역의 회수로 이어지는 것에 대해서는 金衡鍾, 2013, pp. 22-42를 참조.

있기는 하지만 결국은 중국의 강계에 속한다. … 혼춘도 [봉천의 봉황성 변문 밖의 안동현과 같은] 선례를 따르고자 하는데, 보고에 따르면 충분히 실행할 수 있다고 한다. 상주하여 재가를 얻는 것을 기다려 처리하도록 하라"는 지시를 받은 바 있었다.[106] 하지만 뒤이어 광서 7년(1881) 10월 4일 명안과 오대징은 보다 구체적인 대책의 강구에 나섰다. "변경의 비어 있는 땅이라고 해도 어찌 외번(外藩)이 마음대로 침범하여 차지하도록 놔둘 수 있겠습니까? 조선의 함경도자사가 증명서를 발급한 것은 특히 잘못된 일"이라고 지적하면서 그들은 다음과 같은 방안의 시행을 주청하였다.

> 수천 명이나 되는 많은 수이지만 천하의 궁핍한 백성은 모두 천자의 적자(赤子)가 아님이 없으니, 만약 법에 따라 이들을 엄격히 경계 밖으로 쫓아낸다면, 아마 수천 명의 무고한 빈민들이 동시에 살 곳을 잃어버릴 것이라 정말로 안타까운 일입니다. 신등은 황상께서 번복(藩服)을 안심시키면서 모두를 아무런 차별 없이 대하시는 뜻[綏來藩服一視同仁之意]을 받들어, 예부에 명령하여 조선국왕에게 자문을 보냄으로써 조선에서 인원을 파견하면 길림에서 위임한 관원과 함께 조사하여 경계를 확정할 수 있도록 주청(奏請)하는 바입니다. 기거하는 모든 조선인 호구나 개간된 황무지에 대해서는 가난한 백성이 의지하거나 돌아갈 곳이 없음을 굽어살피셔서 은혜를 내려 주신다면, 길림의 기존법규에 따라 매 상(晌)마다 황무지개간 보증금[押荒錢] 2,100문(文)[107]을 납

106 「吉林將軍咨文[據琿春邊荒知府呈報圖們江北岸有高麗人越界墾種等情的]」(光緒 7년 9월), 『淸代中朝』, pp. 18-20.(『자료선역』 1 — 014 — p. 113)

107 文은 銅錢의 개수를 나타내는 단위이다.

부하고, 매년 매상마다 소작지에 대한 소작료[租錢] 660문을 납부하면 신 명안이 담당 관리에게 지시하여 증명서를 발급해 주도록 하겠습니다. 백성들이 매년 겨울철 소작료를 가까운 혼춘에 가서 납부하면 황무지 개간 담당 위원[放荒委員]이 기존법규에 따라 수납하든지, 아니면 조선에서 인원을 파견하여 대신 징수한 다음 한꺼번에 모아 납부하는 간편한 방법을 따를 수도 있습니다. 혹은 조선에서 주조된 동전[鑄錢]을 국외로 반출하는 것이 금지되어 있다면, 절반은 실물로 내게 하여 길림의 황무지 개간용으로 비축할 수도 있을 것입니다. 함경도자사가 발급한 증명서는 마땅히 회수하여 폐기하도록 함으로써 권한이 두 갈래로 나뉘는 것을 피해야 할 것입니다.[108]

여기서 이들은 수천 명이나 되는 조선백성을 모두 쫓아내는 것이 불가능하므로, 1) 길림·조선의 관원을 파견하여 경계를 확정하겠다. 2) 조선월간민이 길림의 기존법규에 따라 매 상마다 황무지 개간 보증금과 소작료를 납부하면 증명서를 발급하여 [중국의 백성으로] 편입시키겠다, 3) 소작료의 납부는 혼춘에서 관할하든지 아니면 조선지방관 측의 대행을 고려할 수도 있지만, 조선지방관 측에서 발급한 증명서는 회수하여 폐지함으로써 조선월간민과 토지에 대한 통제권을 중국에서 장악하겠다는 뜻을 보여 준 것이다.[109] '천자의 적자'인 조선월간민에

108 「銘安·吳大澂奏[爲査明朝鮮貧民占吉林邊地, 擬懇天恩准其一體領照納租, 以廣皇仁而綏藩服恭摺, 仰祈聖鑒事]」(光緖 7년 10월 4일), 『淸代中朝』, pp. 18-20; 『光緖朝東華錄』 光緖 7년 10월 辛巳條 「銘安等奏」, p. 1216.(『자료선역』 1 — 016 — p. 121)

109 조선지방관 측에서 발급한 증명서는 회수하여 폐지하겠다는 이러한 정책이 과연 어떻게 실현되었는가를 알려 주는 증거는 현재로서는 거의 찾아볼 수 없다. 다만 지금까지 이용된 적이 없는 자료로 보이지만 현재 서울대학교 규장각한국학연구원에 소장되어 있는 『調査吉林東邊報告』 上·

대해 '번복을 안심시키면서 모두를 아무런 차별 없이 대하는' 은혜를 베풀어 그들을 동화시키면 문제가 쉽사리 해결될 수 있으리라는 어찌 보면 상당히 낙관적인 자세가 엿보인다고 할 것이다.

이때 길림 측에서 "조선에서 인원을 파견하면 길림에서 위임한 관원과 함께 조사하여 경계를 확정할 수 있도록 주청"한 것을 보면 이들이 가장 먼저 국경지역의 공동조사, 즉 공동감계(共同勘界)를 제안한 것임을 알 수 있다. 한편 광서 7년(1881) 10월 17일 "해당 부서[禮部]에서 논의하여 상주하도록 하라"는 상유가 내려지자, 예부에서는 "응당 조선국왕에게 그들 모두를 거두어들여 방법을 강구하여 안치시키고, 금지령을 다시 확인하도록 요청하는 것이 정상적 방법[正辦]입니다.

下冊(편저자[中國], 출판지, 출판연도[20세기 초] 未詳. 奎章閣 想白古 915.28-J77-v.1-2)의 第4編 第5款 「和龍峪日人名爲間島之起因」에 따르면 광서 7년 길림장군 명안이 정부에 요청하여 越墾韓民을 구축하려 하였지만 "성공하지 못하였고 다만 한민의 戶籍과 租稅 重收를 査明하고 함경도에서 付給한 地券을 모두 불태워 버렸다", "한민이 耕種하던 地券은 모두 우리에 의해 焚毁되었지만 함경도에서 부급한 證券의 簿冊은 여전히 존재하여 이것으로 증거를 삼으려 한다"고 서술하고 있다. 이를 통해 길림(혼춘) 당국이 함경도에서 지급한 지권과 그 발급장부를 확인하였으며, 지권을 모두 불살라 버렸다는 것을 알 수 있다. 다만 이 자료는 그 내용으로 보아 20세기 초에 중국인에 의해 작성된 것이라(庚子年의 상황, 즉 의화단사건에 대한 언급이 있고 누차 일본인의 존재를 언급하고 있어, 일본이 이른바 '간도 문제'에 개입하게 된 이후에 작성된 것으로 볼 수 있어 아마도 1905년 이후가 될 것으로 보인다), 그 '傳聞'의 정확성이 반드시 확고하지는 않다는 점을 염두에 둘 필요가 있다. 앞서 서술한 내용을 보면 光緖 12년(1886) 공동감계 때 紅丹水와 半截江(아마 石乙水)이 만나는 곳을 답사하여 이곳을 두만강의 正源으로 인정하여, 이곳에 '山'·'因'·'貞'字碑를 세워 두만강이 中·韓國界라는 明證으로 삼았다고 하는데, 나중에 서술하겠지만 이러한 界碑는 양국 합의 아래 세워진 적이 없다는 것이 거의 확실하므로(더구나 나중에 중국 측에 의해 세워졌다고 주장되는 界碑의 명칭도 '華夏金湯固, 河山帶礪長'의 글자를 따르기 때문에, 이것도 확실한 오류에 속한다) 이 점에서는 '傳聞'에 오류·오해가 포함되어 있다는 것을 보여 주는 것이기도 하다.

아니면 증명서를 발급하여 소작료를 내게 하면서 그들을 중국의 행정 구역에 편입시키고, 둔전(屯田)의 선례처럼 관청을 설치하고 병사를 두되, 길림장군 등에게 명하여 이롭지만 전혀 폐해가 없는 방안을 다시 마련하도록 지시해야 할 것 같습니다."라는 대책을 상주하였다.[110] 이때 예부에서는 "이미 중국의 땅을 경작하고 있으니, 바로 중국의 백성입니다. 증명서를 발급해 주고 소작료를 납부하게 하는 것 외에도, 반드시 중국의 판도에 예속시켜 중국의 정교(政敎)를 따르게 해야 하며, 또한 기한을 세워 모자나 의복을 중국식으로 바꾸게 하되, 잠시 운남성(雲南省)·귀주성(貴州省)의 묘족(苗族)들에게 한 것처럼 각자의 편의에 따르게 하고, 이 모든 것을 조선국왕에게 명확히 자문(咨文)으로 알려야 합니다."라고 주장함으로써 그들을 보다 완벽하게 중국에 동화시켜야 한다는 방침을 제안하였다.

이에 대해 길림장군 명안 등은 광서 8년(1882) 1월 25일 이에 동의하면서도, "신등이 듣기에 조선의 금령은 매우 엄격하여 국경을 넘은 범인을 본국으로 송환하면 곧바로 처형한다고 합니다. 만약 엄히 질책하는 유지를 성실하게 그대로 집행한다면 아마 조선백성은 살아서 돌아갈 희망을 잃게 될 것"이라고 우려하면서, 예부의 방안에 따라 그들을 중국백성으로 받아들이되, "다만 이 변경백성들에게는 본래 부과할 수 있는 요역(徭役)이 없으니, 잠시 너그러이 면제해 주어도 될 것 같으며, 문·무 관원과 병사를 배치하는 것 역시 늦춰도 될 것입니다. 호적조사가 완결되기를 기다려 혼춘 경내에 있는 사람은 혼춘 지방관의 관할에, 돈화현 경내에 있는 사람은 돈화현 관할에 편입시키고,[111] 지

110 『光緖實錄』 卷139 光緖 7년 11월 14일條, p. 994; 『中朝交涉史料』, p. 1069. (『자료선역』 1 — 018 — pp. 127-128)

111 光緖 4년(1878) 길림지방에 墾務局이 설치되면서 이민이 점차 늘자 內地처

방의 모든 소송과 살인·강도 사건은 모두 길림 사례에 따라 일률적으로 처리할 것입니다."라는 입장을 보였다.[112]

예부의 완전한 동화 정책을 수용하기는 하면서도 지방의 길림당국으로서는 비교적 '관대한' 방식을 통해 이들을 점차 흡수하려는 자세를 보였던 것이다. 길림당국이든 청 조정이든 조선백성의 쇄환(刷還)보다는 처음부터 그들을 중국인으로 편입시키거나 아예 동화시키려는 데 중점을 두고 있었다는 점은 여기서 잘 드러난다. 길림당국으로서는 현지의 기민(旗民)이나 한족(漢族) 유민을 동원하여 개간·개발을 추진하는 것이 앞서 본 대로 일정한 성과를 거두었지만, 내지로부터 수천 리 멀리 떨어진 길림 동부에 한족을 끌어들여 '이민실변'의 정책을

럼 州縣을 설치하고 知縣을 파견하여 이곳의 황무지 개간사업을 관할하게 하였고, 光緒 8년(1882) 敦化縣이 설치되어 吉林府의 관할 아래 들어갔다. 돈화현의 현성은 吉林府와 延吉 사이에 자리 잡았다.

112 「吉林將軍銘安等奏, 朝鮮貧民占種吉林邊地, 遵旨妥議覆陳摺」(光緒 8년 1월 25일), 故宮博物院 編, 『淸光緒朝中日交涉史料』(北京. 1932. 臺北: 文海出版社, 1970 影印) 卷3, 6b-7a(文件番號 98); 王彦威 輯·王亮 編, 『淸季外交史料』(北京: 書目文獻出版社, 1987 影印) 卷27, pp. 497-498; 『淸代中朝』, pp. 31-32; 『中朝交涉史料』, pp. 1070-1071(2월 6일자).(『자료선역』 1 — 019 — pp. 129-134) 權錫奉, 2007, p. 63에서는 『淸光緒朝中日交涉史料』와 『淸季外交史料』에 실린 같은 문건에서 '土門江'과 '圖們江'으로 달리 표현한 것 가운데 '土門江'이라는 표기가 옳다고 지적하고 있는데, 국경·변계문제가 발생한 무렵부터(또는 그 이전부터) 지금에 이르기까지 중국 측에서는 특별한 경우가 아니면 두만강을 모두 '도문강'으로 표기하거나 기존의 기록도 바꿔치기하면서 '토문강'이라는 표현을 극력 회피하고 있다는 점을 기억할 필요가 있다. 나중에도 서술하지만 정계비에 나오는 '土門' 이라는 표기는 중국 측으로서는 인정하기 곤혹스러운 약점, 일종의 '아킬레스건'이 되기 때문이다. 이하의 서술에서 나오는 두만강·토문강·도문강의 경우도 이에 따라 매우 혼란스럽게 사용되고 있지만 도문강과 두만강은 일단 같은 강을 가리키는 명칭이라 간주할 수 있다. 토문강과 두만(도문)강이란 용어는 경우에 따라 서로 다른 강을 가리키는 의미로도 쓰인다.

추진하는 것이 사실상 쉽지는 않은 과제였다. 그런 만큼 조선월간민을 중국에 편입시키는 것은 수천 가구 단위에 이르는 그들이 2천 상 정도의 개간을 이루어 낸 성과를 그대로 이민실변의 성과로 바꿔칠 수 있게 되므로 크게 반길 만한 일이었다. "신등은 변경을 정리하더라도, 여전히 그들에 대한 황상의 은혜를 크게 늘려 주실 것을 청하고자 합니다", "조선백성은 본래 매우 공손하고, 황상의 덕과 위엄을 따르고 두려워하니, 앞으로 감격하여 눈물을 흘릴 것이며, 반드시 법규를 따라 받들면서 영원토록 다른 뜻을 보이지 않을 것"이라는 '환영'의 표현은 그 점을 잘 보여 준다. 이 시점에서 그들은 조선백성의 편입·동화에 의해 순조로운 마무리가 이루어질 것으로 아마 예상하였던 것 같다.

또한 이러한 대응책을 내놓으면서 길림장군 명안이 다음과 같은 혼춘부도통 의극당아(依克唐阿)의 제안을 받고 있었던 것은 그 점을 잘 보여 준다.

> 길림성의 순찰과 금지가 비교적 엄격하기 때문에 이들 대부분은 러시아 경내로 들어가 땅을 찾아 농사를 지으면서 각기 생계를 도모하게 되었습니다. 현재 혼춘·영고탑 등 변경지방의 황무지는 계속해서 사람을 불러들여 개간을 하고 있는데, 중국백성은 대부분 내지로 이주하여 스스로 촌락을 만들고자 합니다. 간혹 한두 가구의 조선백성 역시 러시아 경내에서 자발적으로 귀순해 치발(薙髮)과 전족(纏足)을 함으로써[113] 중국백성이 되기를 원하고 있습니다. 만약 다시 엄격하게 쫓아낸

113 薙髮은 이마의 앞부분을 밀고 뒷부분의 머리만 남겨 댕기를 땋는 만주족의 남성의 머리모양으로 만주족의 중국 정복 이후 전국적으로 강제 시행된 풍속이다. 纏足은 女兒의 발을 천으로 묶어 더 이상 자라지 못하게 만듦으로

> 다면 그 백성 역시 본래 중국황제[天家]의 적자(赤子)인데, 오랫동안 이역(異域)에 빠져 있으면서 보살핌을 받지 못하게 될 것입니다. 이러한 농민 및 왕래하며 무역에 종사하는 노동자들은 대부분 모두 본분을 지키는 양민들이니, 일률적으로 호적에 편입시켜 널리 끌어들여야 합니다.[114]

그리고 당연한 일이지만 길림장군은 이러한 제안을 승인하여 혼춘·러시아 방면으로 넘어간 조선백성을 '포섭'하겠다는 의사를 다음과 같이 분명하게 드러내었다.

> 조선백성은 러시아 경내의 유민이 되기를 원치 않고 중원(中原)의 고토(故土)로 들어오기를 희망하고 있습니다. 중국의 풍속과 도덕을 흠모하고 황은에 감사하고 있으니 역시 칭찬해 줄 만합니다. 상황은 이미 현재와 과거에 큰 차이가 있으니, 대응하는 방법 역시 당연히 변통해야 할 점이 있을 것입니다. … 농민이나 상인·수공 장인 가운데 간혹 조선백성이 머리모양이나 옷차림을 중국식으로 바꾸고 즐겁게 생업에 종사하고 편안하게 생활하는 경우가 있다면 이것은 범금(犯禁)에 해당하지 않는 것으로 간주해야 할 것입니다. 현재 이미 호적에 편입된 백성은 변경초소의 관리들이 구실을 빌려 학대하지 못하도록 하여, 좋고 나쁜

써 작은 발을 만들고자 하였던 漢族의 風習이다(사실 만주족 여성은 전족을 하지 않았다). 이렇게 머리모양과 옷차림, 풍습을 중국식으로 바꾸는 것은 중국에의 귀속을 원한다는 뜻하기도 하였고, 월간 조선인을 동화시키기 위해 청조(중국) 당국이 이후 채택한 가장 중요한 정책 가운데 하나이기도 하였다.

114 「吉林將軍銘安等奏, 朝鮮貧民占種吉林邊地, 遵旨妥議覆陳摺 附件」(光緖 8년 1월 25일), 『淸光緖朝中日交涉史料』 卷3, 7a-7b(文件番號 98).(『자료 선역』 1 — 020 — p. 135)

백성이 구별되고, 금지령 역시 다시 확인될 수 있게 하였습니다.[115]

조선백성이 머리모양이나 옷차림만 중국식으로 바꾼다면 "범금(犯禁)에 해당하지 않는 것으로 간주하고" 그들을 호적에 편입시키고 학대를 막아 중국인으로 귀화시키는 은혜를 베풀겠다는 그의 주청에서도 역시 본분을 지키는 양민인 조선의 농민 '노동력'을 환영하는 태도가 잘 나타나는 것이다.

앞서 우리가 살펴본 대로 1860·1870년대 전후 본격화되기 시작한 조선백성의 두만강(및 압록강) 북쪽 중국과 러시아 경내로의 대규모 이동이라는 배경에서 이 문제를 살펴본다면, 길림당국의 이러한 태도는 동시에 중국(길림)과 조선, 그리고 러시아(연해주) 사이에서 변경 지역의 개발과 유지를 위한 노동력, 특히 이 경우는 농경민으로서 그 자질이 높이 평가되는 '조선백성'에 대한 쟁탈전이 본격화되기 시작하였다는 점을 의미하는 것이기도 한다.[116] 또한 이 때문인지 길림 측은 이 단계에서는 경계(국경)문제에 대해서도 그다지 심각하게 여기지 않았던 것으로 보인다. 앞서 든 자료에 나오는 다음과 같은 부분은 그 점을 잘 보여 준다.

지금 조선인들이 개간한 지역[두만강에 있는 모래 섬]의 북쪽에 지류

115 위와 같음.(『자료선역』 1 — 020 — pp. 135-136)

116 러시아 측의 조선농민에 대한 우호적인 환영의 태도에 대해서는 앞서 든 관련 연구를 참조할 수 있다. 조선농민의 러시아 이주에 대한 청·조선의 저지에 대해서는 앞서 든 김형종 등 옮김, 『국역『청계중일한관계사료』』 1에 실린 자료에 상세하게 나타나며, 南慧英, 「19世紀60-80年代俄國境內朝鮮移民法律地位形成的中朝因素探析」, 『求是學刊』 39-3, 2012에서 간단한 분석을 시도하고 있다.

가 하나 있는데, 근년에 더욱 침식되면서 그 강폭이 더욱 넓어졌습니다. 조선의 가난한 백성들은 [두만]강 남쪽의 땅이 수몰된 곳이 많고, 강 북쪽의 모래섬[沙灘]에 새로 늘어난 땅이 생기자 마침내 지류를 본류로 오인하고, 이것이 거듭 와전되었던 것입니다. 따라서 함경도자사가 증명서를 발급한 것도 일부러 침범하기 위한 것이 아니었으며, 관원을 파견하여 답사하고 상세한 지도를 그린 것도 아니므로 이것만으로 변계를 바로잡고 모든 사람을 납득시킬 수는 없는 것으로 보입니다. 신등이 경계를 명확히 구획하자는 것도 이 때문입니다.[117]

이렇게 그들은 조선인의 대규모 월간이 의도적인 '침범'인 것은 아닌 것 같다면서, "장기적인 관점에서 생각하여 상황을 살펴보니 다만 변계의 관원들이 그들을 학대하지만 않는다면, 조선백성이 통제에 불복하는 문제는 걱정하지 않아도 될 것"이라는 낙관적인 전망을 하고 있었다. 물론 여기서는 또한 "관원을 파견하여 답사하고 상세한 지도를 그리지" 않는다면 "변계를 바로잡고 모든 사람을 납득시킬 수는 없는 것으로 보인다."라고 하여 공동감계의 의사를 재확인하였지만,[118] 이에 대해서는 광서 8년(1882) 2월 6일 이를 승인하면서 아울러 조선에는 금지령을 재확인하여 더 이상 월간유민이 있게 해서는 안 된다는 경고를 예부의 자문을 통해 전하라는 상유가 내려졌다.[119] 이때 공동감계

117 「吉林將軍銘安等奏, 朝鮮貧民占種吉林邊地, 遵旨妥議覆陳摺」(光緖 8년 1월 25일), 『淸光緖朝中日交涉史料』 卷3, 6b-7a(文件番號 98).(『자료선역』 1 — 019 — p. 131)

118 權錫奉, 2007, pp. 62-63에서도 길림당국이 감계의 필요성을 강조하였다는 점을 지적하고 있다.

119 「吉林將軍銘安等札飭」(光緖 8년 2월 20일), 承文院 編, 「啓下咨文冊」 12, 『조·청국경회담』, pp. 46-48; 『淸代中朝』, pp. 23-24; 『中朝交涉史料』, pp. 1144-1145.(『자료선역』 1 — 021 — pp. 138-142) 이 안에 인용된 「軍機處

문제에 대해서는 구체적인 언급이 없이 단지 "인원을 파견하여 조사[履勘]하고 호적을 확인[査明]하여 혼춘과 돈화현으로 나누어 귀속시켜 관할하라"는 지시가 내려졌다. 여기서의 '인원'을 파견한 '조사'는 두만강 경계지역 답사가 아니라 혼춘·돈화현 지역과 월간민에 대한 조사라는 의미로 한정된 것으로 보이고, 나아가 조선과의 공동감계에 대해서는 더 이상 구체적인 언급이 없었기 때문에 청정부가 공동감계에 대해서는 적극적인 관심을 보이거나 구체적인 지시를 내리지 않았다고 보아야 할 것이다.

이 때문에 길림당국도 더 이상 공동감계에 대해서는 문제를 제기하지 않았던 것으로 보이는데, 이 점은 이후 양국 사이의 논쟁과 갈등이 현실화되면서 나타나는 길림 측의 반응과는 상당한 차이가 있다. 당시로서는 길림당국이 비록 국경문제를 정리하기 위한 공동감계를 제안하였지만, 청정부가 두 차례에 걸친 요청에 대해 더 이상 반응을 보이지 않았고, 길림 측도 마찬가지로 이후로는 이 문제를 더 언급하지 않았던 것은 중앙이든 지방당국이든 청조 측에서는 이 무렵 조선백성의 월간이 영토·주권과 백성에 대한 통제를 둘러싼 첨예한 대립으로 확산되리라는 것을 전혀 예상하고 있지 않았기 때문일 것이다(이 점은 조선정부의 경우도 마찬가지일 것이다). 아마도 조선월간민의 중국 편입이라는 '시혜'로 문제가 가라앉을 것이라는 낙관적인 견해가 당시로서는 지배적이었을 것이다.

여기서 주목할 만한 것은 양국 지방당국의 영토·주민에 대한 시각의 문제이다. 앞서의 서술 내용을 참조하면 양국 지방당국은 명확하

寄禮部等上諭」(光緒 8년 2월 6일)는 『光緒實錄』 卷143, 光緒 8년 2월 壬戌條, pp. 17-18; 『淸光緒朝中日交涉史料』 卷3, 8a-8b(文件番號 100); 『中朝交涉史料』, pp. 1070-1071에도 실려 있다.

게 획정된 국경선 내부에서 국가 주권을 배타적으로 적용하고 그에 따라 그 경내의 '국민'에 대해서도 일원적인 통제를 시도하는 근대적 국민국가의 태도와는 상당히 다른 자세를 보여 주었다.[120] 물론 전통 왕조에서도 판도(版圖)와 신민(臣民)의 범위는 분명하였다는 점도 기억할 필요가 있다. 길림당국이 누차 변계 정리의 의사나 조선월경민의 쇄환과 금지령 재확인이라는 입장을 밝힌 것, 또한 월간민에 대해 호적 편입 등에 의한 동화 등의 통제정책을 고려하였던 것은 그 점을 잘 보여준다. 하지만 "스스로 경계를 넘어와 경작을 하고 있음을 알고 있지만 특별히 중국에서 각별한 은혜를 베풀어 이들을 구휼해 주기를 바라"는 조선 측의 태도는 '사대'-'자소'라는 전통 속에서 청조의 시혜를 통한 문제 해결을 요청·기대하는 것이었다. 길림당국이 이에 대해 "조선백성은 본래 매우 공손하고, 황상의 덕과 위엄을 따르고 두려워하니, 앞으로 감격하여 눈물을 흘릴 것이며, 반드시 법 규정을 따라 받들면서 영원토록 다른 뜻을 보이지 않을 것"[121]이라고 반응한 것도 마찬가지다. 흥미 있는 것은 조선빈민의 길림 황지 점령·경작에 대해 상주를 받은 광서제가 직접 그 친필 주비(硃批)에서 다음과 같이 지적하고 있다는 점이다.

> 조선빈민이 길림 황지를 점거·경작한 일은 지방관의 입장에서 보면 본래 피차 서로 나눠지는 바[의 경계]가 있지만 조정의 입장에서 보

120 金宣旼, 「國境地帶에서 國境線으로 — 19세기말 淸과 朝鮮의 關係」, 『中國史研究』 82, 2013에서는 이러한 이 두만강 유역의 성격을 일종의 '국경지대'로 파악해서 설명하고자 한다.

121 「吉林將軍銘安等札飭」(光緖 8년 2월 20일), 承文院 編, 「啓下咨文冊」 12, 『조·청국경회담』, pp. 46-48; 『淸代中朝』, pp. 23-24; 『中朝交涉史料』, pp. 1144-1145.(『자료선역』 1 — 021 — pp. 138-142)

면 처음부터 중외의 구별이 없는 것이다. 적절하게 안삽하되 불필요하게 규정을 많이 만들지는 말라. 양민이 분수에 맞게 개간·경작하는 일은 원래 관대히 용납할 수 있는 일이지만, 만약 이 일을 빌려 변강을 잠식하려 한다면 응당 구축해야 할 것이다. 적절하고 신중하게 처리하라.[122]

광서제의 입장은 길림당국과 마찬가지로 자소의 은혜에 의해 이 문제를 처리하겠다는 의사를 분명하게 보여 주고 있다. 실제 이후의 국경분쟁에도 불구하고 청의 중앙정부에 의한 월간민 '구축'은 이후에도 일어난 적이 없지만, "이 일을 빌려 변강을 잠식하려 한다면 응당 구축해야 할 것이다."라는 광서제의 지적은 변계문제의 해결이 월간민 안치의 문제보다는 훨씬 더 어려운 과제가 될 것임을 예고해 주는 것이기도 하다.

3) 조선의 월간민 쇄환 요청

한편 청정부와 길림당국의 이러한 구체적인 대책은 북경·성경의 예부가 자문을 통해 3월 초 조선에 통보하였고, 이에 대해 조선 측은 5월 8일과 13일 북경·성경의 예부에 이런 통보를 받았다는 답장자문을 보냈다.[123] 그리고 혼춘당국에서도 나중에 다시 이를 함경도 지방당국에

122 中國第一歷史檔案館 編, 『光緒朝硃批奏摺』(中華書局, 1996) 第112輯 外交「中朝」, p. 243.

123 「朝鮮國王覆咨[爲土門江犯越申禁事, 北京禮部回咨]」(光緒 8년 5월 8일), 『各司謄錄』 近代編 「啓下咨文冊」 2 「土門江을 넘어 중국에 들어가는 것을 금지하는 것에 대해 중국 예부에 보낸 회답 자문」 및 「朝鮮國王覆咨[爲土門江越界占種申嚴事, 盛京禮部回咨]」(光緒 8년 5월 13일), 『各司謄錄』

통보하였다.[124] 그리고 이러한 통보에 대해 조선의 의정부(議政府)에서는 8월에 가서야 "중국이 우리 백성들을 즉시 쫓아내지 않는 것은 대체로 회유하기 위한 뜻에서 나옵니다. 그들을 거두어들이는 일[刷還]을 속히 도모하지 않으면 거의 막을 방도가 없게 될 것"이라면서, 이에 대한 대응을 제안하여 국왕의 윤허를 받았다.[125] 이러한 뒤늦은 반응은 이해(1882년) 6-7월 사이에 임오군란(壬午軍亂)이 발생하여 그것을 가까스로 수습한 다음에야 비로소 정부의 본격적인 대책이 가능했기 때

近代編「啓下咨文冊」2「土門江을 넘어 농사짓는 것을 금지하는 것에 대해 성경의 예부에 보낸 회답 자문」(국사편찬위원회 한국사데이터베이스).(『자료선역』1 — 023 — pp. 145-148) 이 내용에 의하면 조선이 예부의 자문을 받은 것은 3월 8일이고, 이에 대해 각기 북경·성경의 예부에 답장자문을 보낸 것은 5월 8일과 13일이다. 조선의 월간민 쇄환 요청과정을 상세하게 추적한 權錫奉, 2007, pp. 66-67에서도 조선에서 예부의 자문을 받은 것은 3월 8일이고, 답장자문을 보낸 것은 5월 8일로 파악하고 있지만, 5월 8일과 13일 보내진 자문은 단순히 중국의 자문을 받았다는 것을 확인하는 답장을 보낸 것(除將貴部咨內辭意, 欽遵祇領外, 爲此合行咨覆)뿐이라 조선 측이 구체적인 반응을 보인 것이라고 보기는 어렵다(孫春日, 2009, p. 151에서는 이것을 同意를 표시한 것이라 보고 있다). 또한 다음 각주의 8월 7일 기록에 나오는 咸鏡監司 金有淵의 狀啟에서 '증명서를 발급 받고 소작료를 납부하는 것(領照納租)'에 대해 처음 기록하였다고 하였지만, 앞서 든 5월 8일과 13일의 回咨에 인용된 중국 측 자문에 이미 그 내용이 기재되어 있다.

124 『高宗實錄』19卷, 高宗 19년 8월 7일 세 번째 기사(원본 23책 19권 52장 B면. 영인본 2책 60면). 『承政院日記』(원본 2903책. 탈초본 134책)나 『備邊司謄錄』의 高宗 19년 8월 7일의 기사에도 이것이 실려 있다(국사편찬위원회 한국사데이터베이스. 이하 동일).(『자료선역』1 — 025 — pp. 154-155)

125 『高宗實錄』19卷, 高宗 19년 8월 11일 두 번째 기사(원본 23책 19권 54장 A면. 영인본 2책 61면). 『承政院日記』(원본 2903책. 탈초본 134책)이나 『備邊司謄錄』의 8월 11일 기사에도 같은 내용이 실려 있다. 다만 마지막 줄에 "金載信을 따로 자문전달관으로 뽑아 들여보내고자 한다(別定齎咨官金載信, 以爲入送之地)"는 구절이 추가되어 있다.(『자료선역』1 — 025 — pp. 155-156)

문으로 보이는데, 이러한 방침에 따라 조선정부는 월간민을 본국에서 거두어들여 원적지로 귀환시킬 수 있게 해 달라고 요청하면서 이를 예부에서 대주(代奏)하도록 요청하는 다음과 같은 자문을 보냈다.

> 조선과 중국의 관계는 마치 한집이나 마찬가지여서 실로 중국의 내지(內地)나 다름이 없으며, 중국·조선 두 나라의 경계는 또한 원래 정해진 자연적인 경계가 있었습니다. 토문강은 길림과 함경·평안지역에 나누어 속해 있습니다. 3백 년 동안 [두 나라의] 국경은 평안하여 전혀 다른 말썽이 없었습니다. 그런데 최근 조선에서 제대로 끌어안고 어루만져 주지 못해 변방의 우매한 백성들이 금령을 어기고 경계를 넘어가, 몰래 농지를 개간하고 경작하기에 이르렀습니다. 다행히 작은 나라를 길러 주시고 먼 나라를 안정시켜 주시는 [중국의] 은혜를 입어, [백성들이] 처벌을 받지 않고 다시 돌아오게 해 주셨으니 조선의 모든 사람들을 부끄러움을 느끼면서도 감격을 하였습니다.
>
> 다만 [양국은] 습속이 다르고 풍토가 같지 않을뿐더러, 그 백성들은 조선에서 나고 자랐으므로, [황무지를] 차지하여 경작했다고 해서 중국의 행정구역 내로 편입시킨다면 만에 하나 중국의 정교를 따르지 않거나 양쪽 변경에서 말썽을 일으킬 것이 심히 우려되는 바입니다. 또한 조선은 북으로는 러시아, 동쪽으로는 일본과 모두 국경을 맞대고 있는데, 만약 그곳에도 변민이 토문의 사례처럼 경계를 넘어가 토지를 차지하는 사태가 발생하게 되고, 그 나라들이 중국 사례를 원용한다면, 비록 사대(事大)·교린(交隣)은 그 성격에 큰 차이가 있다고 하더라도 따르거나 어기는 가운데 적지 않은 장애에 부딪히게 될 것입니다. … [아울러 황상께서] 길림장군과 혼춘·돈화 지방에 지시하시어 모든 조선유민을 본국으로 돌려보내 본국의 지방 문·무관에게 넘김으로써 본적지로 돌려보내 주시기 바랍니다. 길림변지에서 조선백성이 이미 개간하여

경작한 것은 당연히 길림 지방관이 소작료를 거두면 될 것이고, 이후에는 계속해서 엄격하게 금지령을 적용하여 영원히 훗날의 폐해를 막게 되면, 조선변민 역시 다시는 강계를 넘어가지 않을 것이므로, 그렇게 해서 황상의 마음을 편안히 해 드리고 제후의 법도가 경건히 바로잡히게 된다면 정말 다행이겠습니다.[126]

여기에 나타나는 조선 측의 태도는 "조선과 중국의 관계는 마치 한집이나 마찬가지여서 실로 중국의 내지(內地)나 다름이 없으며, 중국·조선 두 나라의 경계는 또한 원래 정해진 자연적인 경계가 있었다"는 점을 인정하면서도, 조선백성의 습속과 풍토의 차이를 구실로 그들의 중국으로의 편입을 반대하고, 나아가 이것을 러시아나 일본이 원용하게 되면 기존의 중국·조선 관계에 적지 않은 장애가 발생하게 될 것임을 강조하여 그들을 모두 조선 측에서 거두어들이고 월간의 재발을 막겠다는 것이었다. 전통적 중화질서 속의 양국관계를 인정하면서도 여기서는 조선이 일본이나 러시아 등과의 국제관계라는 새로운 근대적 상황을 중국에 대한 일종의 대응논리를 펴는 데 이용하고 있는 것이다. 조선의 금령은 매우 엄격하여 본국으로 송환하면 곧바로 처형한다는 논리로 그들의 편입·동화를 꾀한 길림당국의 논리에 대해 조선 측에서 "돌아온 유민을 모두 지방관에게 넘김으로써 본적지로 돌려보내겠다."라고 한 것은 이러한 대응논리의 뒷받침이 있어서였다고 할 것이다. 그리고 이러한 '처벌'이 아닌 '위무'의 정책은 앞서 보았듯

126 「길림의 조선 빈민 쇄환을 청하는 일로 중국 예부에 보낸 자문」, 『各司謄錄』 近代編 「啓下咨文冊」 2; 承文院 編, 「啓下咨文冊」 12, 『조·청국경회담』, pp. 46-48; 『中朝交涉史料』, pp. 1072-1074.(『자료선역』 1 — 026 — pp. 159-160)

이 이미 대규모 월경사태에 대한 조선정부의 대응책으로 실행된 것이기도 하였다.[127] 하지만 아울러 이후 실제 조선정부의 월간민 쇄환을 위한 구체적인 정책이 전혀 확인되지 않는다는 점을 보면, 이러한 쇄환 요청은 아마도 일종의 임시방편이었을 가능성이 크다.

여하튼 광서 8년 8월 23일 전달된 이러한 조선 측의 요청에 따라 예부에서는 광서제의 지시를 요청하는 상주를 하고,[128] 총리아문에도 자문으로 이 사실을 통보하였고,[129] 이에 대해 바로 그날 길림장군 명안과 오대징에게 대책을 지시하는 상유가 내려졌다.[130] 그리고 아마도 10월 초에 조선 측에서는 이에 대한 청조 측의 허락 의사를 전달받았던 것으로 보이는데,[131] 그 때문인지 이해 11월 8일 조선정부는 예부에 다음과 같은 자문을 보내 월간민의 쇄환을 허용해 준 것에 대해 감사의 뜻을 표명하였다.

127 權錫奉, 2007, pp. 68-69에서는 5월 8일의 답장자문이 조선정부의 無策을 짐작케 하는 것이며, 임오군란을 감안하더라도 조선정부의 반응이 너무 늦었으며, 조선월간민의 상황을 파악하기 위한 조선정부의 노력이 전혀 없었다는 점, 또한 咨文 작성과 差員 선정도 별도로 결정되는 것이 通例인데 이 경우 동시에 이루어졌다는 점은 조선정부가 황급하게 결정하였다는 것이라 지적하고 있다.

128 「禮部尙書臣恩承等奏[爲據咨轉奏事]」(光緒 8년 8월 26일), 『中朝交涉史料』, pp. 1072-1074.(『자료선역』 1 — 027 — pp. 163-164)

129 「禮部咨文」(光緒 8년 8월 27일), 中央硏究院近代史硏究所 編, 『淸季中日韓關係史料』(臺北: 中央硏究院近代史硏究所, 1972. 이하 『中日韓』으로 약칭한다) 卷3, pp. 972-974; 김형종 등 옮김, 『국역『淸季中日韓關係史料』』 2(동북아역사재단, 2013. 이하 『국역중일한』으로 약칭』), pp. 237-243.(『자료선역』 1 — 029 — pp. 167-169)

130 「上諭」(光緒 8년 8월 26일), 『中朝交涉史料』, p. 1074; 『국역중일한』 2, pp. 244-245.(『자료선역』 1 — 028 — pp. 165-166)

131 「議政府啓(北京의 禮部에 감사의 뜻을 표하는 회답 자문을 지어 보낼 것을 청하는 의정부의 계)」(光緒 8년 10월 8일), 『備邊司謄錄』 高宗 19년 10월 8일 기사.(『자료선역』 1 — 032 — pp. 177-179)

조선유민이 황상의 내지에 월간을 하고 있는데, 그곳 지방관은 도리어 그들을 어루만져 안정시키고 생활해 나갈 수 있도록 도움을 주고, 편한 대로 그 자리에 머물러 살 수 있게 해 줌으로써 번거롭게 [조선에서는] 그들을 모을 필요가 없었습니다. 그렇지만 토문강이 경계를 둘로 나누고 있고, 범월은 본래 금지령이 엄격하며, 유민들이 중국의 정교에 익숙하지 않아 문제를 일으킬까 염려됩니다. 다행히 황상께서는 모든 것을 꿰뚫어 살펴보시고 지극히 두터운 은혜를 베푸시는지라, 어떤 작은 일도 그 내막을 명백히 파악하시지 않는 경우가 없고 저희가 원하는 것을 들어주시지 않는 경우가 없습니다. 사실 몰래 땅을 차지한 기민(饑民)들을 조선으로 되돌아갈 수 있도록 허락해 주시는 것이 정상적인 처리 방법이겠지만, 뒤이어 [황상께서] 지방의 문무 관원에게 지시하여 마음을 다해 계획을 마련하고 [조선의] 담당 관리와 논의하여 적절하게 거두어들일 수 있도록 하라고 지시해 주셨으니, 지극히 공정하여 사사로움이 없는 천자의 덕은 마치 하늘처럼 큰 것입니다. 앞으로 조선유민들은 고향으로 돌아가 다시 농사에 종사할 수 있게 되었으니, 조선은 백성들이 고향을 버리고 타향을 떠도는 폐해가 없어지게 되었으며, 먼 곳과 가까운 곳 모두 평안하여 백성들이 날로 번식하여 크게 교화가 이루어지지 않음이 없을 것입니다.[132]

132 「朝鮮國王咨報[擬恭伸許令饑民回國之謝]」(光緒 8년 10월 17일), 『淸光緒朝中日交涉史料』 卷4, 46b-47a(文件番號 169); 承文院 編, 「啓下咨文冊」 13, 『조·청국경회담』, pp. 49-50(『啓下咨文冊』은 원래 11·12권 외에는 실물이 현존하지 않는 것으로 알려져 있다. 하지만 アジア歴史資料センター(https://www.jacar.go.jp)에 수록된 B03041217300 「間島ノ版図ニ関シ清韓両国紛議一件」 参考書 第三巻 04 「壬午下 啓下咨文冊」 13에 현존하지 않는 13권의 내용을 확인할 수 있다. 『조·청국경회담』, pp. 49-71에도 수록된 것은 아마 이 내용이 轉載된 것으로 보인다); 『中朝交涉史料』, pp. 1149-1150 및 「禮部代奏」(光緒 9년 1월 18일), 『中朝交涉史料』, pp. 1149-1150.

조선 측은 또한 아울러 길림에 들어간 조선빈민을 거두어들이라는 혼춘으로부터의 공문에 대해 함경도 지방당국이 답장을 하도록 승인하는 결정을 내리기도 하였다.[133] 뒤이어 예부에서 "그 유민의 수효가 많기 때문에 즉시 몰아내 보내면 살 곳을 잃고 떠돌아다닐 것 같아서 기한을 넉넉히 줌으로써 돌봐 주는 뜻을 보이라는 황제의 칙유를 받들어 통지합니다."라고 알려 온 것에 대해서도 회답 자문을 보내기로 결정하였다.[134] 그리고 앞서의 상유에 따라 명안·오대징은 다시 대책을 논의하여 광서 8년(1882) 11월 2일 다음과 같이 상주하였다.

> 조선유민은 그 수가 많고 정착했던 곳을 쉽사리 떠나려 하지 않는데다가, 만약 한꺼번에 쫓아내어 경계 밖으로 몰아낸다면 조선지방관이 안치할 방법이 없어 오히려 갈 곳을 잃고 떠돌게 될까 몹시 염려됩니다. 그래서 그 기한을 관대하게 늘려 주시고, 조선국왕에게 자문을 보내 해당 지방관에게 방법을 마련하여 그들을 안치시키되 1년 내에 모두를 본적지로 거두어들이도록 예부에 지시함으로써 보살펴 주시는 뜻을 드러내고 황상의 은덕을 넓혀 주시기를 간청합니다. 길림변지의

(『자료선역』 1 — 033 — pp. 180-181) 이 자문은 光緖 8년 10월 17일 작성되고 11월 8일 發送되어 12월 25일 도착하였는데, 작성과 발송은 『조·청국경회담』, pp. 49-50에 있는 원문 날짜, 도착일은 『淸光緖朝中日交涉史料』 卷4, pp. 46-47에 따랐다.

133 「議政府啓」(「길림에 들어간 조선 빈민을 거두어들이라는 혼춘의 공문에 대해 도신이 답하게 할 것을 청하는 의정부의 계」), 『備邊司謄錄』 高宗 19년 11월 9일 기사(『국역비변사등록』의 번역문에는 길림을 조선 경내의 吉州로 표시하고 있는데, 이것은 吉州가 아니라 吉林을 가리킨다).(『자료선역』 1 — 032 — pp. 178-179)

134 『高宗實錄』 19卷, 高宗 19년 11월 25일(丁未) 두 번째 기사, 「길림성 유민에 대하여 북경에서 중국 황제의 공문을 보내다」(원본 23책 19권 90장 A면. 영인본 2책 79면).(『자료선역』 1 — 031(1) — pp. 175-176)

> 토문강 북안 일대 황무지는 이미 조선백성들이 개간한 지 오래되었지만, 앞으로는 경계를 분명히 구분하고, 당연히 돈화현과 혼춘의 초간위원(招墾委員)으로 하여금 따로 백성을 불러 모아 개간케 함으로써 변경을 충실하게 하되, 길림의 기존 장정에 따라 처리하도록 하겠습니다.[135]

즉 이들은 조선유민을 한꺼번에 돌려보낼(쇄환) 경우 이들을 안치할 방법이 없을 터이므로 1년 기한을 주어 그들을 모두 본적지로 거두어들이도록 하고, 기존에 조선유민이 개간한 황무지는 따로 중국백성을 불러 모아 개간하겠다는 방안으로 선택을 바꾼 것이다. 그리고 광서 8년(1882) 11월 2일 이러한 주청을 승인하는 상유도 내려졌다.[136] 조선월간민의 1년 이내 전원 쇄환이라는 방안이 결정된 것이다.

이 광서제의 상유에 대한 조선 측의 반응은 "방금 도경(都京)의 예부(禮部)에서 보내 온 자문(咨文)을 보니, '길림성(吉林省)에 들어온 유민(流民)들에 대하여 이제 관리를 파견하여 조사하고 모아서 돌려보내야겠는데, 다만 염려되는 것은 그 유민의 수효가 많기 때문에 즉시 몰아내 보내면 살 곳을 잃고 떠돌아다닐 것 같아서 기한을 넉넉히 줌으로써 돌봐 주는 뜻을 보이라는 황제의 칙유를 받들어 통지합니다'라고 하였습니다. 황제의 하교를 따르겠다는 내용으로 회답 자문을 지어서 파발로 만부(灣府. 평안북도 義州府 — 인용자)에 내려 보내어 북경(北京)에 전하게 하는 것이 어떻겠습니까?"라는 내용이었다.[137] 북경 예부의

135 「銘安·吳大澂奏, 遵旨會商復陳, 仰祈聖鑒摺」(光緒 8년 11월 2일), 『中朝交涉史料』, p. 1074.(『자료선역』 1 — 030 — pp. 170-172)

136 「上諭[命禮部傳知該國王, 准其一年內悉數收回, 以示體恤]」(光緒 8년 11월 2일), 『光緒實錄』 卷154, p. 171; 『中朝交涉史料』, p. 1075.(『자료선역』 1 — 031 — pp. 173-174)

137 「承文院啓」, 『高宗實錄』 19卷, 高宗 19년 11월 25일 기사(원본 23책 19권

1년 이내 유민 쇄환을 지시하는 자문을 받고 거기에 따르겠다는 뜻으로 자문을 써서 답변하겠다는 요청을 국왕이 승인하고 있는 것이다.[138]

조선국왕은 뒤이어 11월 6일 중국의 예부에 자문을 보내 감사의 뜻을 전달하기 위한 표문(表文)을 작성하고 이것을 전달하는 일을 처리하기 위해 판중추부사(判中樞府事) 심순택(沈舜澤)과 예조판서(禮曹判書) 민종묵(閔種默)을 북경에 파견하였다고 통보하였다.[139] 이렇게 조선 측이 요청한 대로 조선유민의 귀화·입적을 포기하는 대신 그들을 1년 이내 전원 쇄환시킬 수 있도록 허용한다는 자세로 나왔으므로, 중국 측의 대응은 상당히 우호적이고도 유연한 반응이라 평가하지 않을 수 없다. 그야말로 전형적인 사대-자소 관계의 틀 속에서 이 문제를 처리하는 데 양쪽은 충실하였던 것이다.

그리고 이러한 중국 측 조치에 따라 조선월간민의 쇄환이 순조롭게 이루어졌다면 문제는 더 이상 확산되지 않았을 것이다. 하지만 이 시점에서의 예상대로 전개될 수 있을 정도로 사태는 쉽사리 해결될 수 있는 단순한 문제가 아니었다. 현재 확보할 수 있는 자료로서는 월경 조선인의 쇄환이 어느 정도 이루어졌는지를 파악할 수 있는 단서는 그다지 많지 않다. 유일하게 참고할 수 있는 자료는 양측 지방관이 이와 관련

90장 A면, 영인본 2책 79면); 『承政院日記』 및 『日省錄』 高宗 19년 11월 25일의 기사.(『자료선역』 1 — 031(1) — pp. 175-176)

138 『高宗時代史』 2輯(국사편찬위원회, 1968) 1882년 11월 25일의 기사에도 "吉林邊地의 本國流民 數가 많으므로 刷還期限을 延期해 달라는 內容의 咨文을 淸禮部에 撰出케 하다"는 내용이 있지만(한국사데이터베이스), 사실은 연기신청을 하는 것이 아니라 청조로부터 주어진 기한의 연기를 받아들인다는 뜻이므로 번역이 잘못된 것이다.(『자료선역』 1 — 031(1) — p. 175)

139 「준허길림류민쇄환사사예부자(准許吉林流民刷還謝恩禮部咨)」(한국학중앙연구원 장서각 디지털아카이브 http://yoksa.aks.ac.kr). 여기에는 이때 전달된 표문 「준허길림류민쇄환사사표(准許吉林流民刷還謝恩表)」도 함께 실려 있다.

된 공문을 주고받은 상황을 기록한 『통서일기(統署日記)』1 고종 20년(1883)의 기사인데, 이에 따르면 쇄환 기간 만료가 가까운 이해 9월에 가서야 양측 지방당국의 쇄환 관련 문건교환이 나타나고 있기 때문이다. 즉 8월 22일 북백(北伯. 함경도관찰사)이 "도문강 이북 유민의 쇄환 문제에 대해 길림 혼춘[지현. 불필요한 誤記이다 — 인용자] 변무승판처(邊務承辦處)와 회령·온성·경원 등지의 부사가 주고받은 조회공문(照會公文)을 등보(謄報)하였고", 9월 18일에는 다시 이러한 기록이 나온다.

> 북백(北伯)이 등보(謄報)하기를 '경원에서 혼춘당국이 보내온 조회를 급히 알려 왔는데, 그 내용을 보면 즉 우리 백성이 사사로이 경계를 넘어 장작을 캐고 물고기를 잡는 일에 대해 깨우쳐 알려 금지시켜야 한다고 하였으므로 따로 이를 규찰하겠다는 뜻을 북병사(北兵使. 함경도 鏡城에 있던 北兵營의 兵馬節度使 — 인용자) 및 두만강 연안의 각 지방관에게 알렸으며, 저쪽 아문의 공문 및 본영(本營)의 답장조회 내용을 베껴서 위로 올려 보냅니다'라고 하였다. 또한 등보하기를 '혼춘초간총국(琿春招墾總局) 진(秦. 秦煐을 가리키는데 원문은 '奏'로 誤記되어 있다 — 인용자)의 공문(公文)이 경원부(慶源府)에 전달되었고, 길림(吉林) 돈화현(敦化縣)의 공문이 회령·종성·온성 세 읍에 전달되었는데, 양쪽 각 공문의 내용은 즉 변계를 조사[査審]하고 유민을 쇄환하는데, 올가을 추수 후 9월 한도까지 그들 모두를 본국으로 돌아가 옮길 수 있게 하라는 뜻이었습니다. 그에 따라 처리하겠다는 뜻을 북병사 및 각 지방관에게 알렸으며, 경원부에 전달된 혼춘초간국에서 보낸 조회 2건, 경원부사의 답장조회 1건, 회령부에 전달된 돈화현의 조회 1건, 회령부사의 답장조회 1건, 돈화현에 전달된 종성부사의 조회 2건과 돈화현의 답장조회 1건, 온성부에 전달된 돈화현의 답장조회 1건 등 모두 9건을 베낀 것과 더불어 종성부에서 돈화현에 보낸 토문강과 두만강을 다른 물줄기로 그

린 지도 모방본 1장을 올려 보냅니다.'라고 하였다.[140]

이렇게 쇄환기간의 만료를 전후해서 길림당국이 일제히 조회를 보낸 것은 당연히 조선 측의 확실한 쇄환조치를 촉구하기 위해서였다는 점이 분명해 보이는데, 아울러 쇄환의 경과나 성과에 대해서는 전혀 언급이 없는 점은 나아가 쇄환조치가 거의 제대로 수행되지 않았음을 입증해 주는 것이라 하지 않을 수 없다. 사실 이 당시 길림 측에서는 그들을 구축하기 위해 이러한 공문 재촉 이외에 강제력을 동원하려는 의사나 움직임을 보이지도 않았다. 이러한 기록 외에는 조선정부가 쇄환을 위한 준비나 효과 있는 정책을 추진하였거나 시도하였다는 기록은 현재로서는 찾아보기 힘들다. 아마도 그러한 의사나 능력이 전혀 없는 상태에서 1년 기한의 연장을 통해 일단 대응책을 마련할 시간을 벌려는 의도로 쇄환을 제안하였거나, 아니면 그렇지 않더라도 정부 자체에 그러한 일을 추진할 만한 역량이나 겨를이 거의 없었을 가능성이 크기 때문이다. 실제로 1882년에서 1884년 사이의 조선의 정치적 상황은 주지하듯이 임오군란과 갑신정변이라는 심각한 정치적 격변을 거쳤다. 다른 한편으로는 생존을 위한 자원을 찾아 월경한 조선인 스스로도 정부가 쇄환을 호소·추진하더라도 강제로 내쫓기지 않는 한 월간지역에서 일군 모든 것을 버리고 본적지로 귀환해야 할 필요성이나 동기를 찾기는 어려웠을 것이다. 이런 점 때문에 정부나 월간민 모두 일단 사태의 추이를 보면서 관망하는 자세를 취하였던 것이 아마

140 『舊韓國外交文書附屬文書』第三卷『統署日記』1(自高宗 20年癸未8月至高宗 25年戊子8月)(高麗大學校亞細亞問題硏究所, 1972), p. 5, pp. 11-12. 이 자료는 權錫奉, 2007에서 조선 중앙·지방정부의 아무런 조치가 없었음을 입증하는 자료로 사용하고 있다(pp. 75-76).

당시의 실정에 가까울 것이다.[141]

더구나 1년 기한이 다 차기도 전인 1883년 전반기에 조선 측에서는 이미 조선백성이 월간을 한 두만강(토문강) 북쪽의 땅이 중국 땅이 아니고 조선 땅이라는 경계(국경)문제를 제기하고 있었다(이에 대해서는 다음 절에서 서술하겠다). 앞서 인용한 자료에서 '토문강과 두만강을 다른 물줄기로 그린 지도'가 나오는 것은 바로 그러한 점을 보여 준다. 따라서 조선정부나 지방당국은 유민의 쇄환이 불필요하다는 입장으로 선회하였고, 이에 따라 유민 쇄환을 위한 정부의 조치도 실제 이루어지지 않았을 가능성이 크다고 하겠다. 하지만 이러한 조선 측의 국경(변계)문제의 제기는 이후의 공동감계 및 회담의 개최에 단초를 열게 되는 것이므로, 이 문제에 대해 다루어 보는 순서로 넘어가도록 하겠다.

3. 조선의 국경문제 제기와 청의 대응

1) 조선 지방당국의 문제 제기와 어윤중(魚允中)

그런데 조선과 청은 바로 이 시기에 조공(朝貢)·호시(互市)로 구성되었던 전통적인 '중화질서(中華秩序)'의 관계를 근대적 조약 관계로 새롭게 바꾸어 나가는 과정에 들어가고 있었다. 특히 1882년 6월 임오군란이 이러한 양국 관계 변모의 중대한 전환점이 되었고, 이후 청의 조선

141 앞서 주 81에서도 서술하였지만 조선월간민의 귀환을 전하는 정보는 1890년대 이후에나 확인이 가능하다. 치발 강행 등을 포함한 길림당국의 동화정책이 본격 시행되고 이에 반발하여 일부 월간민은 정착 대신 귀환의 길을 선택하였던 것이다.

에 대한 적극적인 정치적 '개입'이 현실화한다는 것 역시 기존의 연구에서 널리 지적되고 있는 바이다.[142]

동시에 이 시기는 경제적인 측면에서 조선과 청의 전통적 '호시(互市)' 제도가 폐지되고 이를 대신하는 불평등 조약의 성격이 강한 근대적 장정(章程)에 기초한 통상으로 변화가 이루어지는 시기이기도 하였다. 북양대신(北洋大臣) 이홍장(李鴻章)의 주선 아래 미국을 비롯한 서양 각국과 조약을 맺고 통상(通商)을 하게 되었지만,[143] 조선에서는 "다만 중국과 조선 상인들만 아직도 기존의 금지령에 묶여 함께 이익을 나눌 수 없었으므로 이것은 결코 중외(中外)를 한 가정으로 보는 뜻과는 일치하는 것이 아니다."라는 이유로 1882년 봄부터 "이미 개항된

142 이에 대해서는 수많은 연구 성과가 있으므로 여기에서는 열거하지 않겠다(참고문헌목록 참조). 淸代·近代 韓中關係史(朝·淸關係史)에 대한 기존의 연구 상황을 정리한 것에 대해서는 이미 머리말 부분에서 언급한 바 있다.

143 이 시기의 朝鮮과의 外交事務를 떠맡게 된 李鴻章에 대해서는 특히 權錫奉, 『淸末 對朝鮮政策史硏究』(一潮閣, 1986); 荒木敏夫, 「李鴻章の屬國支配觀」, 『中國社會と文化』 2, 1987; 林明德, 「李鴻章對朝鮮的宗藩政策, 1882-1894」, 劉廣京 編, 『李鴻章評傳 — 中國近代化的起始』(上海古籍出版社, 1995); 權赫秀, 『19世紀末韓中關係史硏究 — 李鴻章의 朝鮮認識과 政策을 中心으로』(백산자료원, 2000); 김용구, 『세계관 충돌과 한말 외교사 1866-1882』(문학과지성사, 2001); 岡本隆司, 『屬國と自主のあいだ — 近代淸韓關係と東アジアの命運 —』(名古屋大學出版會, 2004); 권혁수, 『근대한중관계사의 재조명』(혜안, 2007); 김기혁, 『근대한·중·일관계사』(연세대학교 출판부, 2007); Kirk W. Larsen, *Tradition, Treaties, and Trade: Qing Imperialism and Chosŏn Korea, 1850-1910*, Harvard University Press, 2008; 오카모도 다카시, 『미완의 기획, 조선의 독립』(소와당, 2008); 岡本隆司, 『李鴻章 — 東アジアの近代』(岩波書店, 2011); 岡本隆司, 『中國の誕生 — 東アジアの近代外交と國家形成』(名古屋大學出版會, 2017); 權赫秀, 『東亞世界的裂變與近代化』(中國社會科學出版社, 2013); 리시주(李細珠), 「이홍장의 대일 인식과 외교책략 — 1870년대를 중심으로 —」, 『동북아역사논총』 32, 2011 → 「李鴻章對日本的認識及其外交策略 — 以1870年代爲中心」, 『社會科學輯刊』 2013-1) 등에서 집중적으로 다루고 있다.

항구에서는 서로 교역을 하자는 내용을 자문으로 요청"하였고, 이것이 결국 이해 10월 「[중국·조선]상민수륙무역장정([中國·朝鮮]商民水陸貿易章程. 이하 「무역장정」으로 약칭)」의 반포로 이어졌던 것이다.[144] 조선에서는 이에 대해 10월 17일 "마침내 정해진 장정 8조는 매우 공정하고, 기대했던 것 이상입니다. 또한 장정의 첫머리에 중국은 속방(屬邦)을 우대하며, [속방은] 각국과 같은 대열에 있지 않다는 것을 밝혀 주셨습니다. 이는 조선이 감격하고 자강(自强)에 분발하여, 우리 대조(大朝)의 회유하는 지극한 뜻에 보답하게 하고자 함이니, 진실로 수백 년 이래의 처음 있는 특전입니다."라고 공식적인 감사의 뜻을 표하는 자문을 발송하였다.[145]

또한 같은 날 조선정부는 역시 북양대신에게 "군사변란[壬午軍亂 — 인용자]이 있은 다음 무기가 흩어져 사라지고, 병사의 선발과 훈련이 급하다는 것을 염려하여 천진군계소(天津軍械所)에서 12파운드 개화포 10문, 라이플총 1천 정, 탄피와 도화선, 총탄과 화약 등을 지급하고", "신식 부대 병사들은 모두 오장경(吳長慶) 제독의 지휘에 따라서 훈련을 받게" 해 줌으로써 "병사가 없는 나라가 병사가 있는 나

144 국제법상의 조약과는 달리 이홍장의 상주 이후 청조 황제의 일방적인 승인·반포에 의해 효력이 발생한 이 「中國·朝鮮商民水陸貿易章程」은 원래 漢文[中文]本만 존재하였고 한글본·영어본은 이후 중국해관에 의해 임의로 번역된 것이다. 이에 대해서는 權赫秀, 「조공관계체제 속의 근대적 통상관계 — 『中國朝鮮商民水陸貿易章程』 연구」, 『동북아역사논총』 28, 2010을 참조.

145 「朝鮮國王覆咨(北洋大臣照抄)」(光緖 8년 10월 17일), 『淸代中朝』, p. 29; 『中朝交涉史料』, pp. 1146-1149.(『자료선역』 2 — 001 — pp. 184-186) 이 자문은 高宗 19년 10월 17일 발송되고 12월 6일 전달되었다. 장정 자체의 교섭과정과 魚允中의 역할에 대해서는 김종원, 『근세 동아시아관계사연구 — 조청교섭과 동아삼국교역을 중심으로 —』의 제5장 및 또한 앞서 든 秋月望의 일련의 연구에서 자세히 다루고 있다.

라가 되었고, 무기가 없는 나라가 무기가 있는 나라로 되게" 해 준 것에 대해서도 자문을 보냈다. 그리고 같은 날 역시 북양대신에게 발송된 자문에서 조선정부는 "시의에 맞게 변통함으로써 양국 변계의 책문(柵門)과 혼춘(琿春) 및 의주(義州)·회령(會寧)·경원(慶源) 등지에서 백성들이 수시로 왕래하면서 교역할 수 있게 되었지만", 보다 상세한 장정의 확정을 위해 관원을 해당 지역에 파견하여 함께 상의하고 헤아려 시행해야 할 것이므로 부호군(副護軍) 어윤중(魚允中)을[146] 다음 해 2월 초순에는 의주로, 4월 하순에는 다시 회령과 경원 등지로 보내 함께 답사[沓勘]하고 상의하여 결정을 내리고자 하며, 그에 따라 청조 측에서도 관원을 파견하여 때맞춰 함께 답사하여 처리하자고 요청하는 자문을 보냈다.[147] 흥미 있는 점은 이때 조선에서 보낸 자문의 제목에 "변계를 공동감계[會勘邊界]"하자는 구절이 들어가 있는 것이다. 이후에 문제가 되는 두만강과 정계비를 둘러싼 공동조사 이전에 이미 「무

146 魚允中(1848-1896)은 1881년 조정에서 조사시찰단 60명을 일본으로 파견할 때 朴定陽·洪英植 등과 함께 반장인 朝士로 선발되었는데, 그가 맡은 부문은 재정·경제 부문이었다. 도쿄에 도착한 그는 약 3개월에 걸쳐 메이지유신의 시설·문물·제도 등을 상세히 시찰하고 많은 참고자료를 수집했으며, 뒤이어 중국에 가 있던 領選使 金允植과 합류하여 淸의 北洋大臣 李鴻章, 天津海關道 周馥 등과 회담한 뒤 이해 12월에 귀국했다. 그는 1년간에 걸친 일본·중국 시찰 復命書를 제출하여 초기 개화정책을 추진하는 데 큰 작용을 했다. 이후 1882년 「朝·美修好條約」, 「中國·朝鮮商民水陸貿易章程」에 관여하였으며 1883년 西北經略使에 임명되어 청과 「中江貿易章程」·「會寧通商章程」을 협정하고, 또한 두만강 국경지대를 조사하였다.

147 「朝鮮國王咨文(北洋大臣照抄)」(光緒 8년 10월 17일 發送), 『淸代中朝』, p. 30; 『中日韓』 卷3, pp. 1092-1093; 『국역중일한』 2, pp. 21-47에도 이 감계와 관련된 일련의 자료들이 수록되어 있다; 『淸光緖朝中日交涉史料』 卷4, p. 166의 附件1 「朝鮮國王咨請派員會勘邊界來文」, 附件 2 「李鴻章進呈朝鮮國王謝恩咨文片」, 42a-43a(文件番號166); 『中朝交涉史料』, pp. 1147-1148.(『자료선역』 2 — 002 — pp. 187-189)

역장정」 때문에 호시(互市)를 위한 장소 및 장정의 보다 구체적인 내용을 확정하기 위한 차원에서 이 문제가 제기되었던 것이다.

때문에 조선국왕이 관원을 파견하여 변계에 대한 공동감계를 하자고 자문을 보내어 청한 것에 대해 모친상(母親喪)으로 인한 정우(丁憂)를[148] 끝내고 업무에 복귀한 이홍장은 동의하지 않을 이유가 없었다. 이미 「무역장정」 제5조에서 "압록강 대안의 책문(柵門)과 의주(義州) 두 곳, 그리고 도문강(圖們江) 대안의 혼춘(琿春)과 회령(會寧) 두 곳에서는 변민들이 수시로 왕래하며 교역하는 것을 허락하며, 개시(開市)한 곳에서는 세관(關卡)를 설립하여 비류(匪類)들을 단속하고 관세를 징수한다. … 모든 상세한 장정(章程)의 내용은 북양대신과 조선의 파견 관원이 해당 지역을 조사하여 함께 논의한 다음 상유(上諭)를 주청(奏請)해서 결정한다."라고 규정하고 있었기 때문이다. 이홍장은 당연한 조치로서 이 요청을 총리아문과 예부에 넘겨 상주하게 한 결과 "의논한 대로 하라"는 황제의 재가를 받아 냈다. 또한 마침 그를 방문한 어윤중으로부터 "내년 봄 압록·도문강 일대에 가서 상황을 살펴보고, 해당 지방관과 함께 공동감계를 하여 상의하고 처리한 다음 다시 천진으로 와서 보고를 올려 결론을 내리겠다."라는 답변을 듣고, 이를 성경장군(盛京將軍)[149]과 길림장군·봉천부윤(奉天府尹)[150]과 태복시경(太僕

148 丁憂는 직계존속의 상을 당해 관직에서 약 3년 동안 벗어나는 것을 가리킨다. 부모의 사후 자녀는 3년상을 치르면서 관직에 나가지 않고 결혼하거나 연회에 참석하거나 과거에 응시하지 않는 예법에서 나왔다. 정우는 또한 丁艱이라고도 하며, 丁內艱은 모친상, 丁外艱은 부친상을 가리킨다.

149 盛京將軍은 청대의 官名으로 청조가 關內로 진입한 이후 盛京(오늘날의 瀋陽)을 留都로 삼아 大臣한 사람이 남아 지키게 하였는데, 乾隆 17년(1747) 이후 성경장군이란 명칭으로 굳어졌다. 奉天(遼寧)의 주둔군대를 관할하면서 지방을 관할하였는데, 1907년 폐지되면서 東三省總督으로 대체되었다.

150 淸初 盛京에 설치된 奉天府의 장관으로 성경장군의 지휘 아래 성경의 지방

寺卿)[151] 오대징에게도 통보하였다.[152]

이홍장이 여기서 "조선과 장정을 정하여 기존 상황을 변통하여 무역[互市]을 시작하는 것은 실로 속번(屬藩)을 보살피고 누적된 폐해를 제거하기 위한 것이며, 아울러 변계를 침월(侵越)하는 것을 엄격히 막아 훗날의 근심을 예방하겠다는 점도 깊이 고려하여 마련한 것"이

사무를 관할하였다.

151 太僕寺는 전통시대 조정의 중앙기구 가운데 하나로 牧馬政令·皇帝出巡·扈從車馬雜物 등을 총관하였으며 卿·少卿·員外 등의 관직이 있었다.

152 「[北洋大臣奏]朝鮮國王咨請派員會勘邊界事宜, 恭摺具陳, 請旨飭遵摺」(光緒 8년 12월 10일), 『中日韓』 3, pp. 1091-1092; 『清代中朝』, pp. 29-30; 李鴻章, 「朝鮮會勘邊界摺」(光緒 8년 12월 8일), 國家清史委員會 編, 『李鴻章全集』(安徽教育出版社, 2007), 卷10 「奏議」 10, p. 127; 『中朝交涉史料』, pp. 1146-1149.(『자료선역』 2 — 005 — pp. 195-200) 한편 『中日韓』 卷3, pp. 1063-1081에 의하면 조선과의 通商章程이 만들어지고, 거기에서 중국 관리가 결국 '陪臣'인 조선관리와 "平行相對"하게 된다는 것이 알려지자 성경장군·길림장군 등이 그에 대해 강력한 반발 의사를 표시하였던 일이 있었다(이를테면 11월 14일 군기처에서 내려 보낸 성경장군 崇綺의 奏摺). 여기 인용한 李鴻章의 「朝鮮會勘邊界摺」에 대해서는 광서 8년 11월 14일의 기유(寄諭. 즉 군기처를 통해 전달되는 상유인 寄信上諭)가 붙어 있는데(『李鴻章全集』, 卷10 「奏議」 10, pp. 127-128), 이러한 崇綺 등의 상주가 지방 상황을 살피고 아울러 기존 제도를 유지하기 위한 입장에서 나온 것이므로 총리아문과 이홍장이 다시 적절하게 장정에 대해 논의하고 예부와 협의한 후 상주하라는 지시가 내려졌다. 그런데 이홍장은 이 상주에서 아울러 그들의 의사를 참작하여 결론을 내겠다고 대답하였지만, 이에 대해 예부에서는 '平行'이란 구절을 삭제하라는 요구를 거부하고, 朝貢과 貿易의 차이를 들어 장정에서 정해진 그대로 사용하자는 상주를 올렸다. 『中日韓』 卷3, pp. 1085-1088의 12월 10일자 「禮部文」을 참조. 또한 「무역장정」의 議定 및 그와 관련된 여러 문제에 대해서는 특히 김종원, 『근세 동아시아관계사연구 — 조청교섭과 동아삼국교역을 중심으로 —』(혜안, 1999), pp. 291-350(→ 김종원·이양자, 『조선후기 대외관계연구』, 한울, 2009, pp. 124-168); 權赫秀, 『19世紀末韓中關係史研究 — 李鴻章의 朝鮮認識과 政策을 中心으로』(백산자료원, 2000), pp. 113-141에서 자세하게 다루고 있다.

라고 설명하고 있는 것을 보면, 「무역장정」의 의정(議定)에는 전통적인 변계호시(邊界互市)를 통상무역으로 전환하는 일뿐만 아니라 변계 침월 문제를 정리하기 위한 의도도 담겨 있음을 알 수 있다. 따라서 그는 조선 측의 공동감계[會勘] 요청을 당연한 과정으로 받아들였다. 물론 이러한 공동조사를 위해 파견된 어윤중(魚允中)의 주도로 나중에 함경북도 지방당국이 새로운 의미의 변계 조사 요구를 제기하게 된 것은(이에 대해서는 후술) 이 당시 예상하지 못했던 상황의 전개라고 할 것이다. 따라서 이때 어윤중이 제기한 변계 조사는 나중에 그가 함경도 지방당국을 통해 제기한 변계 조사와는 그 목적이 분명히 다른 것이었음을 기억할 필요가 있다. 이것은 또한 두만강과 정계비를 둘러싼 공동조사가 조선정부가 아닌 함경도 지방당국에 의해 먼저 제기되었음을 의미하기도 한다(앞서 지적하였듯이 두만강에 대한 공동감계는 길림당국이 두 차례나 정부에 요청한 적이 있었는데, 청정부에서는 받아들이지 않았을 뿐만 아니라 여기서는 정계비 문제가 전혀 논의 대상이 되지 않았다).

한편 조선정부가 이날 보낸 또 다른 네 번째의 자문은 앞서도 인용한 바 있듯이 조선국왕이 월경한 기민(饑民)을 귀국할 수 있도록 재가해 준 것에 대해 중국의 예부에 감사의 뜻을 표명하는 것이었다.[153]

153 盛京禮部에서도 「通商章程」을 받아 보았다는 것을 확인하는 자문과 土門江 밖의 유민을 본국으로 거두어들일 수 있게 해 주신 것에 감사의 뜻을 표명하는 자문을 받았다고 상주하고 있으므로 조선 측에서는 북양대신뿐만 아니라 종래 자문을 전달하던 곳 가운데 하나인 성경의 예부에도 두 건의 자문을 보냈음을 알 수 있다. 「禮部代奏」(光緒 9년 1월 18일), 『中朝交涉史料』, pp. 1149-1150을 참조. 또한 오대징 역시 다시 예부로부터 이러한 사실을 통보받아 혼춘부도통에게 전달하고 있는데, 이 경우의 예부는 아마 盛京禮部로 보인다. 「[欽差督辦古塔等處事宜吳大澂]咨文(添附 朝鮮國王咨文 및 禮部代奏)」(光緒 9년 1월 18일), 『中朝交涉史料』, pp. 1149-1150.(『자료선역』 2 — 008 — pp. 204-205)

이상에서 언급한 네 건의 자문은 고종 19년(1882) 10월 17일 작성되어 12월 25일 중국 측에 전달된 것인데, 한 차례에 네 건의 자문을 동시에 발송하는 것은 사실상 종전에 흔히 보기 어려웠던 파격적인 사례가 된다. 이것은 이해를 기점으로 해서 수백 년 동안 유지되어 왔던 전통적인 청-조선 관계가 이후 급속한 변동의 움직임 속에 휘말려들어 가게 되었음을 상징적으로 보여 주는 것이라 하겠다.

한편 오대징은 이러한 조선국왕의 자문을 전달받아, 혼춘부도통 의극당아에게 전달하였고,[154] 뒤이어 길림장군 명안과 오대징은 중국·조선의 무역·감계 문제 등을 처리할 현지관원을 파견하라는 지시에 대해 "만인(滿人) 관원은 한문에 능통한 경우가 거의 없고, 파견되어 장정을 함께 논의하게 된다고 해도 필담(筆談)을 나눌 수 없으니 결코 그 요령을 이해하지 못할 것"이므로 전(前) 형부후보낭중(刑部候補郎中)[155] 팽광예(彭光譽)를 조선의 회령·경원 등지로 파견하여 배신(陪臣) 어윤중과 함께 「무역장정」을 논의하도록 하겠다고 보고하여 광서 9년 2월 초3일 황제의 재가를 받았다. 팽광예는 변무처리를 위해 상주를 올려 파견을 받은 중앙관원[京員]이었는데, 정우(丁憂)를 만났지만 이미 명안이 주를 올려 특별히 막우(幕友)로 남아 업무를 처리할 수 있도록 허락을 받은 바 있었다.[156]

154 「欽差督辦寧古塔等處事宜吳大澂咨文[朝鮮國王派員會勘邊界]」(光緒 8년 12월 15일), 『中朝交涉史料』, pp. 1146-1149.(『자료선역』 2 — 006 — pp. 201-202)

155 郎中은 중앙 各部의 主官으로 정5품의 품급이다. 候補는 실제 관직[實缺]을 갖지 못한 관원이 임용을 대기하고 있으면 吏部에서 종합적으로 명단을 올려 직위나 자격, 待期班에 따라 월별로 추첨하여 중앙 각 부서의 아문이나 지방으로 보내는 것을 가리킨다. 돈을 내어 어떤 성이나 직분으로 가기를 원하는 경우에는 성이나 직분의 명칭이 붙기도 한다.

156 「軍機處交出銘安·吳大澂摺」(光緒 9년 2월 3일), 『中日韓』 卷3, pp. 1122-

이러한 양국의 협의를 통해 서북경략사(西北經略使)로 임명된[157] 어윤중은 고종 20년(1883) 1월 말 한양을 떠났고, 4월 21일에는 함경북도의 회령부(會寧府)에 도착하고 5월 14일에는 두만강을 건너서 혼춘(琿春)에 가서 팽광예와 혼춘부도통 의극당아를 만나고 돌아왔으며, 6월 1일에는 종성부사(鍾城府使) 및 팽광예, 돈화현(敦化縣) 지현(知縣)과 함께 강을 건너 직접 조사하고 돌아오고, 6월 4일에는 팽광예와 만나서 「무역장정」에 관한 일을 논의하는 등 개시(開市)·통상(通商)과 환곡(還穀) 등 관북(關北) 지역의 폐단에 대한 관련된 업무를 수행하였다.[158] 주목할 만한 것은 한양을 떠나기 전에 그는 국왕으로부터 "육진(六鎭)의 민호(民戶) 가운데 두만강 너머[江東]로 이주한 사람들 역시 불러들여 안무(安撫)해야 할 것"이라는 지시를 받았다는 점이다. 그는 이에 대해 "백성들의 교화는 마치 물이 아래로 흐르는 것과 같으니, 삼가 응당 성덕(聖德)을 널리 폄으로써 생업에 안주할 수 있는 방법을 보여 주면 자연스레 돌아올 것"이라고 답변하였다.[159] 여기서 우리는 그가 서

1123.(『자료선역』 2 — 009 — pp. 206-210) 앞서 든 오대징이나 이금용 외에도 이 팽광예의 사례를 보면 19세기 후반 滿洲의 滿洲族에게는 복잡한 고급 행정·외교 사무를 제대로 감당할 수 있는 인재가 현저하게 부족하였다는 점을 알 수 있는데, 이것은 이후 두만강·정계비를 둘러싼 공동감계나 회담에서도 마찬가지로 나타나는 현상이기도 하다. 청조의 '근본'지역이었던 滿洲에서 滿人의 지배적 위상이 현저히 흔들리고 있었음을 여기서 알 수 있다.

157 魚允中의 西北經略使 任命에 대해서는 『高宗實錄』 19卷, 高宗 19년 10월 12일 첫 번째 기사(원본 23책 19권 76장 A면. 영인본 2책 72면)를 참조.

158 魚允中, 『從政年表』, pp. 151-162; 『魚允中全集』, pp. 151-162를 참조.(『자료선역』 2 — 010 — pp. 211-214) 환곡 혁파 등 어윤중의 함경북도에서의 활동에 대해서는 김태웅, 2012, pp. 135-152에서 다루고 있다.

159 위와 같음. 權錫奉, 2007은 이러한 문답을 조선정부가 유민 쇄환 문제에 대해 실질적인 대책을 강구하지 않았다는 증거의 하나로 보고 있는데(pp. 74-75), 타당한 지적으로 보인다.

북경략사로의 임무를 받고 출발할 무렵에는 사실상 조선월간민의 쇄환문제만을 염두에 두고 있었을 뿐이라는 점을 알 수 있다.

그런데 10월 4일 입경(入京) 후 입시(入侍)하였을 때에는 어윤중이나 국왕의 태도에 미묘한 변화가 발견된다. 국왕은 그에게 "분계강(分界江) 안쪽의 경계문제"에 대해 질문을 던졌는데, 이것은 어윤중이 출발할 때 언급된 적이 없는 주제였다. 이에 대해 어윤중은 "두만강(豆滿江)의 북쪽에 토문강(土們江)의 발원지가 있어서 신이 다시 백두산 분수령에 사람을 파견하여 경계를 조사하게 했습니다. 새롭게 정한 「무역장정」에서 무역할 지방을 분명하게 지정하지 않은 것 역시 이 때문에 그런 것입니다."라고 답변을 하였다.[160] 국왕이 다시 "이 땅은 조선에서 일찍이 강역으로 다스린 적이 없는데, 중국 또한 알지 못하는 바인가?"라는 질문을 던지자 어윤중은 "그곳이 중국의 땅이 아닌 것은 분명하며, 또한 증거가 있습니다. 이곳은 고려(高麗)의 시중(侍中) 윤관(尹瓘)이 설치한 공험진(公險鎭)의 옛 땅입니다."라고 답변을 하였다. 서북경략사로 출발할 무렵에는 전혀 없었던 두만강 북쪽 '토문강'까지의 영역이 조선 땅이라는 확신이 어윤중에게서 나타나 있고, 국왕도 그 문제를 새롭게 인지하고 질문을 던졌다. "이 땅은 조선에서 일찍이 강역으로 다스린 적이 없다."라는 고종의 발언은 이 점을 뒷받침하

160 나중에 다시 서술하겠지만 어윤중이 압록강 유역에서 사무를 처리한 다음 함경도에 가서 협의한 「길림·조선 상민수시무역장정」은 제1조에서 "두 나라의 변경은 土門江을 경계로 한다. 토문강 北岸과 東岸은 吉林에 속한 땅으로서 태반이 황폐해서 지난날 마을이 없었고 敦化縣城은 江岸과 매우 멀리 떨어져 있다."라고 규정하고 있어, 魚允中의 발언과는 상당한 차이가 있다. 물론 '토문강'이 어떤 강이냐는 해석에 따라 달라질 수도 있지만, 중국 측에서 그렇게 보았을 여지는 없다. 여기서 敦化縣은 두만강과 延吉 사이에 있는 두만강 바로 북쪽 지역을 가리키기 때문에 '토문강'은 바로 '두만강'을 가리키지 않을 수 없다.

지만, 그것은 어윤중이 서북경략사로 파견된 이후 새로 확보된 정보에 따른 상황인식의 변화를 보여 주고 있다.

이 점에 대해 가장 먼저 확실한 정보를 제공해 주는 것은 고종 20년(1883) 4월 무렵 함경북도 종성부의 '빈민' 등이 중국의 팽광에 및 돈화현 지현 조돈성(趙敦誠)에게 올린 상서(上書)이다. 1) 「조선국 종성부의 빈민 등이 삼가 올리는 글」과 2) 「중국에서 파견되어 온 관원에게 올리는 탄원서」(癸未年 四月)라는 제목의 이 탄원서에서[161] 그들은 비록 종래 금지(禁地)였지만 토문강(두만강)의 지류인 '분계강' 동쪽[즉 남쪽]은 원래 중국 땅이 아니라 조선에 속하므로 들어가 개간하거나 경작하는 것이 문제가 되지 않는다[따라서 월간 조선인의 쇄환이 필요 없다]는 주장을 제기하고 있다. 이 글은 당시 두만강 북쪽 지역으로 월간한 조선인의 상황이나 그들의 인식, 그리고 이후 조선 측의 국경 및 정계비에 관한 주장의 근간을 이루는 것이기 때문에 조금 길지만 인용해 보도록 하겠다.

1) 대체로 분계강(分界江) 서쪽은 중국의 금지이고, 분계강 동쪽은 조선

161 「朝鮮國鐘城貧民等上書[謹拜上書于上國派員大人閣下]」(光緒 9년 4월), 「鐘城府公文書」, 『조·청국경회담』, pp. 75-81.(『자료선역』 2 — 011 — pp. 215-220) 「鐘城府公文書」에는 여기 인용한 것 외에 비슷한 주장을 담은 여러 문서가 수록되어 있다. 나중에 이중하는 이에 대해 어윤중이 "스스로 백성의 탄원서[民狀]를 만든 다음 그것을 종성부 백성을 시켜 종성부사에게 올리도록 하였고, 종성부사는 이런 백성의 탄원서에 의거하여 중국의 돈화현에 조회를 보내게 되어 마침내 피차간의 논쟁이 시작되었습니다."라고까지 지적하였다. 李重夏, 「別單草」(번역문), 『間島領有權關係拔萃文書』, pp. 68-71의 「李重夏의 保管文書」; 「[李重夏]別單草(2)」(光緒 13년 5월 28일 또는 그 이후), 『조·청국경회담』, p. 196; 『역주 감계사등록』 상, p. 343(이 「別單草」는 원본 『勘界使謄錄』에는 수록되어 있지 않다); 「土門勘界(事實)」, 『白山學報』 2, 1967, p. 174를 참조.(『자료선역』 3 — 049 — p. 834)

의 금지로, 결코 거기에는 사는 사람이 없어 짙푸른 숲이 하늘까지 이어지는 곳입니다. 그런데 십수 년 이래 중국백성이 금지인 영고탑(寧古塔)이나 돈화(敦化) 등지에서 몰래 개간하기 시작하여, 관병들이 수색·체포에 나서면 산속으로 숨어들고 관병들이 초소를 태우고 돌아가면, 다시 종전처럼 모여드는 일이 되풀이되어, 지금은 개간 지역이 분계강 동쪽으로까지 미치게 되었습니다. 그래서 조선백성은 모두 "중국의 금지도 개간이 가능한데, 조선의 금지는 어찌 빈 채로 내버려 둘 수 있는가"라고 말하게 되었습니다. 강 주변 백성들은 처음에서는 지류 사이에서 시작하다가 마침내는 산이 멈추는 경계까지 개간하여 파종하는 일이 자주 있게 되었습니다. 왕년에 조선유민을 거두어들이는 문제는 공문이 누차 왕복되다 보니 소문이 나서 중국변민들은 저희들을 유민이라고 마구잡이로 부르게 되었는데, 저희들이 어찌 이렇게 변계를 조사하는 때를 빌려 감히 분명하게 밝히지 않을 수 있겠습니까? 종래 이른바 유민이라고 하였던 것은 조선유민 가운데 일부가 아주 깊숙이 흩어져 중국 내지에 들어가 아무데나 거주하였던 것을 가리키며, 그래서 관부에서 이들을 거두어들인 일이 있었습니다. 그렇지만 저희들이 [지금] 개간하고 있는 땅은 분계강 동쪽의 땅입니다. 처음부터 흘러들어 흩어진 백성이 아닌데, 어찌 거두어들인다는 것을 따질 수 있겠습니까? 따라서 공문 가운데 변경을 조사해서 상주한 내용을 보면, "신등이 삼가 토문강을 조사해 보니, 알아하(戞牙河) 하구는 여러 산이 빙 둘러싸고 있고, 넓고 좁은 것은 불규칙합니다."라는 구절이 있는데, 여기서 말하는 알아하는 바로 분계강이 합류하는 곳 아래, 다른 물줄기가 온성(穩城)의 경계 부분에서 합류하는 것을 가리킵니다. 이로 말미암아 보건대, 분계강 위쪽의 지역이 처음부터 거론되지 않은 것은 정확하고 의심할 나위가 없습니다.

또한 정계비에 관련된 사항을 살펴보면, 강희 51년 5월 16일 오라총관(烏喇摠管) 목극등(穆克登), 필첩식(筆帖式)[162] 소이창(蘇爾昌), 통관(通官) 이가(二哥), 조선 군관(軍官) 이의복(李義復)·조대상(趙臺相), 차사(差使) 허량(許樑)·박도상(朴道常) 등이 백두산 [정상]에서 동남쪽으로 5리쯤 내려온 분수령 위에 비석을 세웠습니다. 분수령의 좌우에는 냇물[乾川]이 있는데, 동쪽은 토문이고 서쪽은 압록이었으므로, 비문에서는 "오라총관 목극등이 상유를 받들어 여기에 이르렀는데, 둘러보니 동쪽은 토문이 되고 서쪽은 압록이 된다"고 기록하게 된 것입니다. 비문으로 말하자면, 토문은 분계강의 다른 이름이고, 분계라는 이름을 얻은 것은 정말 이 때문인 것입니다. 때문에 이전에 개시(開市)를 하였을 때에는 [중국상인이] 종성에 왔다가 돌아갈 때 짐이나 물건 등은 조선백성이 모아산(冒兒山)까지[163] 백여 리쯤 수송해 주었습니다. 모아산은 바로 분계강 강변에 있는 산이니, 이것이 어찌 조선과의 경계를 긋는 곳이 아니겠습니까? 그렇기 때문에 이 산이 있는 곳까지 수송해 주지 않을 수 없었던 것입니다. 하지만 분계강 동쪽은 원래 조선의 금지에 속하니, 저희들이 개간하거나 경작하는 것이 무슨 문제가 되겠습니까? 하물며 조선은 중국의

162 筆帖式은 청대 각급 아문에 설치된 하급 文官으로, 만주어로 문서·문건을 처리하는 사람이란 뜻이다. 주로 滿漢 章奏文書의 번역이나 漢文書籍을 관리하였다.

163 冒兒山은 오늘날 延吉市에 속하며, 延吉市 남쪽에 자리 잡고 있다. 청과 조선의 邊市는 함경북도 會寧(1년 1회)과 慶源(2년 1회)에서 열었는데, 조선 측은 청 측 관원의 행장과 화물의 하루치 귀환 여정을 호송할 의무가 있었으므로, 會寧 아래쪽의 鍾城에서 두만강을 건너 하루거리의 지점인 布爾哈通河(위에서는 分界江으로 묘사되고 있는데, 延吉市를 관통한다)의 나루터(土門子)까지 호송해 주었는데(김택중 등 옮김, 『근대한중무역사』, 교문사, 2001, pp. 227-238을 참조), 아마 이런 사실을 가리키는 것 같다.

속방이고 저희 또한 성천자(聖天子)께서 교화하고 배양하는 대상이 아님이 없으므로, 설사 중국 영역 내에서 땅을 차지해서 개간하더라도 안 될 것이 없는데, 저희들이 개간한 분계강 동쪽의 땅은 더 말할 필요가 있겠습니까?

2) 지난 달 길림의 돈화현에서 조선국 회령부로 공문을 보내 왔는데 그 문서의 내용은 정중하게 개간과 경작을 엄히 금지시켜 달라고 요청하는 것이었습니다. … 저희들은 일찍이 오늘날의 분계강은 토문강의 한 줄기라고 들어왔습니다. 분계강 남쪽 150리 지역은 모두 텅 비어 풀만 무성한 땅이고, 중국인이 거주하지 않으며, 조선사람 역시 여기에 머물지 않았습니다. 종래 중국의 사냥꾼이나 농민이 움막[農幕]을 세우는 경우는 자주 있었지만, 30년 전에 중국에서 그것들을 따로 지시하여 모두 불태우고, 사람들을 분계강 서쪽으로 모두 거두어들인 다음에야 저희들은 이곳이 중국인이 거주해서는 안 되는 땅이며, 그 위쪽은 오라총관 목극등이 경계를 정한 땅임을 비로소 알게 되었습니다. 그런데 요즘에 들어와서는 사냥꾼이나 농민이 세운 움막은 옛날보다 배나 늘어났고, 두만강 서쪽 수십 리의 땅에 이르러 머무르게 되었으므로, 저희들 역시 여기에 들어가서 살아도 된다고 생각하였지만, 중국의 법을 두려워하고 또한 조선에서도 금지하고 있기 때문에 감히 그런 마음을 먹지는 못하였습니다. … 굶주린 백성들이 들어가 그 사이의 땅을 개간하게 되었고, 처음에는 조그만 넓이였다가 점차 몇 무(畝)나 되는 땅으로 늘어나면서 차츰차츰 개간 면적이 늘었지만, 기껏해야 그 넓이는 2-3리에 지나지 않았습니다. 그런데 돈화현에서 강력하게 금지를 하니 어찌 감히 한 치의 땅이라도 개간을 할 수 있겠습니까? <u>엎드려 생각건대, 청조에서는 조선을 대할 때 마치 내지(內地)와 마찬가지로 대해 왔으니, 조선백성이 중국의 사이 땅을 개간해서 먹고산다고 해도 무슨 큰 잘</u>

못이 되겠습니까? 또한 예전에는 이미 들어가 경작을 하게 해 주었으니, 당연히 거기서 농사짓고 사는 것을 허용해 준 셈인데, 저때처럼 군대를 파견해서 살피면서 반드시 금지령을 어긴 것으로 처벌하려고 하니, 억울함을 밝힐 방법이 없습니다.[밑줄 — 인용자]

1)의 머리말 부분이 "엎드려 생각건대 『서경(書經)』의 주(注)에는 '기주(冀州)에 대해서는 그 영역의 경계를 말하지 않았다'고 하여[164] 천자가 내외(內外)를 가리지 않는 뜻을 보여 주었으며, 『시경(詩經)』에서는 '땅이 끝나는 곳까지 왕의 신하가 아님이 없다'고 하였습니다."[165] 라는 구절로 시작된 것을 보면 이것은 '빈민'이 아니라 상당한 유교적 교양을 지닌 문사나 관리가 작성한 것이라 판단하지 않을 수 없는데, 두 글에서 일관되는 주장은 대체로 다음과 같이 요약할 수 있다.

첫째, 토문강(土門江)은 바로 분계강(分界江)이고,[166] 오라총관(烏喇

164 冀州는 전설의 우임금[大禹]이 치수를 한 다음 천하를 나누어 구획한 九州 가운데 하나로 북방에 있는 땅, 또는 가운데 땅, 두 강[兩河] 사이의 땅이란 뜻으로도 해석된다. 오늘날에는 河北省을 가리킨다. 『尙書』「夏書 禹貢」편 첫머리에 "禹敷土, 隨山刊木, 奠高山大川. 冀州旣載. 壺口治梁及岐"란 구절에서 기주가 언급되는데, 이 구절에 대해 鄭康成은 "두 강 사이의 지역을 기주라고 부른다. [이후에 나오는 다른 팔주와는 달리] 그 경계에 대해 쓰지 않은 것은 당시 임금이 그곳을 수도로 삼고 있었기에 아주 큰 것처럼 보이게 하기 위해서였다(兩河間曰: 冀州. 不書其界者, 時帝都之, 使若廣大然)"이라고 주를 붙였는데, 아마 이 부분을 가리키는 것 같다. 淸 孫星衍 撰, 『尙書今古文注疏』(中華書局, 1986), p. 138을 참조.

165 『詩經』「小雅 谷風之什 北山」에 나오는 유명한 구절로 "넓은 하늘 아래 왕의 땅이 아닌 곳이 없고, 땅이 끝나는 곳까지 왕의 신하가 아님이 없다(溥天之下, 莫非王土. 率土之濱, 莫非王臣)"는 구절을 줄인 것이다.

166 土門江(土們江)이 分界江이라는 이 주장은 나중의 논쟁·조사·회담에 의해서 분명히 밝혀지지만 확실한 오류이다. 1)에서 "戞[嘎]牙河는 바로 분계강이 합류하는 곳 아래, 다른 물줄기가 온성의 경계 부분에서 합류하는 것을

가리킨다"고 하였고, "모아산은 바로 분계강 강변에 있는 산"이라고 하였으므로, 여기서 말하는 분계강은 바로 布爾哈通河를 가리킨다(한편 보다 남쪽의 海蘭江은 조선월간민의 초기 개척중심지가 되는 龍井市를 관통하면서 내려와 그 북쪽의 延吉市 남쪽을 흐르는 布爾哈通河와 합류하고 다시 戞牙河 등과 합류하여 남쪽으로 豆滿江에 합류한다. 조선 측의 문제제기에서는 사실상 布爾哈通河와 海蘭河가 다른 강이라는 것도 구별하지 않는 것으로 보인다. 앞으로의 서술에서도 나타나지만 중국 측에서도 대부분 조선 측이 분계강이라고 본 것은 海蘭江이라고 반박하고 있다는 점이 이를 반증한다). 따라서 布爾哈通河(또는 海蘭江)가 분계강이고, 그 남쪽은 조선 땅이라는 논리가 여기에서 핵심을 이루는 것인데, 穆克登이 세운 정계비에서 시작되는 토문강은 중간에 산맥[長山嶺]이 있어 결코 布爾哈通河(나 海蘭江) 쪽으로 연결될 수 없는 地勢에 속하였다. 따라서 '토문강=분계강론'은 중간의 地勢를 제대로 파악되지 않은 부정확한 지리정보에 의거하여 제기된, 혹은 자기에게 유리한 방향으로만 일방적으로 해석한 논리가 된다. 더구나 조선 정부에서도 布爾哈通河나 海蘭江 남쪽이 조선의 영토에 포함된다는 문제제기를 이전에 내세운 적도 없고, 실질적으로 이 지역을 정식 행정구역으로 편입시키려 하거나 편입시킨 일도 없다(물론 조선의 영토가 어디까지인가라는 영토관념의 측면에서는 다양한 해석이 존재하였던 것도 사실이다). 뒤에서 다시 확인되겠지만 이후 함경도당국에서 계속 내세우는 '토문강=분계강론'은 이러한 치명적 약점을 지닌 것이어서 중국 측의 반격을 피할 수 없었고, 조선 측은 1885년의 제1차 공동감계·국경회담을 거치면서 이를 확실하게 인지하여 '토문강=분계강론'을 철회할 수밖에 없었다. 하지만 이 논리는 오늘날에도 다양한 형태로 모습을 바꾸어 가면서 여전히 제기되고 있고, 심지어는 '토문강=분계강=송화강론'으로 출현하여 송화강 남쪽의 전체 영역이 조선영토라는 주장으로 확산되기도 한다. 그렇지만 1883년 제기되었을 당시의 '토문강=분계강론'은 기껏해야 布爾哈通河나 海蘭江 남쪽 지역이 조선 땅에 속한다는 훨씬 제한된 주장이었다는 점을 기억할 필요가 있다. 더구나 강희제 연간에 중국 측이 토문강-송화강 동쪽을 조선 측에 '넘겨준' 일도 없거니와, 조선 측에서 이것을 '받은' 적도 없다는 점을 아울러 고려한다면, '토문강=송화강=분계강론'은 그야말로 역사적 사실과는 전혀 거리가 멀다. 심지어는 중국 측에서도 백두산정계 당시의 康熙帝를 영토를 상실하거나 내어 준 역사의 죄인으로 만드는 논리로 나가는 경우가 있는데(마찬가지로 이를 우리 쪽에 적용하면 당시의 肅宗은 상대방이 내준 그 거대한 영토를 제대로 받아 오지도 못한 군주로 평가할 수밖에 없다), 이것은 19세기적 영토확장주의에서 벗어나지 못한 내셔널리즘의 '과잉'에서 파생된 오해라고 할 수밖에 없다.

總管) 목극등(穆克登)이 세운 정계비의 비문(碑文)에 따르면 토문강이 청과 조선의 경계를 가르는 것이므로 분계강 남쪽은 조선 땅에 속한다.

둘째, 이전에 개시(開市)를 하였을 때에는 [중국 관원·상인이] 종성에 왔다가 돌아갈 때 짐이나 물건 등은 조선백성이 모아산(冒兒山)까지 백여 리쯤 수송해 주었는데, 모아산은 바로 분계강 강변에 있는 산이니, 이것이 바로 경계를 긋는 곳이라는 증거가 된다.

셋째, 조선백성이 월간한 지역은 주로 분계강 남쪽인데 이 지역은 종래 양국에서 이용을 금지하였기 때문에 월간하지 않았지만, 중국 측에서도 개간을 시작하였으므로 조선백성이 들어가도 문제가 없으며,[167] 분계강 너머 북쪽으로 넘어간 일부 유민의 쇄환은 당연한 일이지만 분계강 남쪽의 경우는 그럴 필요가 없다. 따라서 중국 측에서 군대를 파견하여 쫓아내거나 처벌하는 것은 부당한 일이므로 중지되어야 한다.

이상의 주장에서 동시에 "조선은 중국의 속방이고 저희 또한 성천자(聖天子)께서 교화하고 배양하는 대상이 아님이 없으므로, 설사 중국 영역 내에서 땅을 차지해서 개간하더라도 안 될 것이 없다"거나, "청조에서는 조선을 대할 때 마치 내지(內地)와 마찬가지로 대해 왔으니, 조선백성이 중국의 사이 땅을 개간해서 먹고 산다고 해도 무슨 큰 잘못이 되겠습니까? 또한 예전에는 이미 들어가 경작을 하게 해 주었으니, 당연히 거기서 농사짓고 사는 것을 허용해 준 셈입니다."라는 논

167 이 주장도 논리 자체에 문제가 있다. 이들은 이러한 월경을 당연한 권리로 간주하고 있지만, 사실은 변금이나 월경자 처벌이 느슨해지기는 하였지만, 조선정부에서 월경을 공인하거나 승인한 적은 없기 때문이다. 아마 경진개척에 의해서 이미 월경에 대한 지방당국의 묵인이 이루어졌기 때문에 이런 주장이 나오는 것도 가능하였을 것이다.

리에 의거하고 있다는 점 역시 주목할 필요가 있다. 국경·영토의 문제를 제기하면서도 조선 측에서는 여전히 전통적인 '사대-자소'라는 중화질서(또는 사대질서)에 기대어 '자소지의(字小之義)'를 기대하고 있기 때문이다. 그리고 양측의 이런 자세가 이후의 공동감계·국경회담에서도 꾸준히 거듭하여 나타난다는 점 또한 마찬가지다.

하지만 이러한 조선'빈민'의 문제 제기는 명백하게 언급하지는 않았지만 월간민 쇄환 요청을 받고 자세히 따져 보았더니 토문강(土門江)과 두만강(豆滿江)은 사실은 다른 강인데,[168] 중국 측이 혼동을 하여

168 토문강과 두만강은 사실상 하나의 강이지만, 시대나 장소에 따라 혼동이 되는 경우도 잦았기 때문에 이러한 '오해'가 생겼다는 점도 기억해 둘 필요가 있다. 이를테면 『承政院日記』에서 '土門' 항목을 검색해 보면 모두 23건이 나오는데, 肅宗 때의 7건과 英祖 때의 4건은 '土門'이 두만강을 가리키는 것임이 분명하다. 하지만 영조 22년에서 24년 사이의 3건은 두만강과는 다른 토문강(이른바 분계강)을 확실히 상정하면서 白頭山定界碑(이하 정계비로 약칭) 때문에 토문강과 두만강 사이의 비어 있는 땅을 모두 잃었다는 인식으로 바뀌고 있다. 시대가 지나면서 이전과는 다른 사실의 이해나 오해가 발생하는 것이다. 하지만 高宗 때의 9건 가운데 8건은 모두 '越墾民' 관련 분쟁을 다룬 서술이고, 실제 분쟁이 치열하였던 시기의 기록임에도 불구하고 모두 두만강을 토문강으로 기재하고 있다(유일한 예외인 1건은 副護軍 池見龍의 上疏로 이것은 '土門-豆滿兩江論'을 주장하기 위한 것이므로 당연히 이런 표기를 할 수밖에 없었다). 두만강과 토문강이 다른 강이라는 주장은 고종시기 조선의 입장에서는 결코 일반적으로 받아들여지는 상식이 아니었음을 알 수 있다. 토문강·두만강 및 이와 관련된 北方嶺土에 대한 조선의 인식 문제에 대해서는 趙珖, 1974; 趙珖, 1983; 조광, 2010의 선구적 업적 외에도 이미 많은 연구자들이 상세하게 다룬 바 있다. 박인호, 1996; 姜錫和, 2000; 박인호, 2003; 배우성, 1998; 배우성, 2007; 배우성, 2014; 姜錫和, 2000; 姜錫和, 2005; 李康源, 2007a; 李康源, 2007b; 李康源, 2010a; 李康源, 2010b; 李花子, 2008의 부록 부분; 이화자, 2009a; 이화자, 2011a의 제2장「조선의 토문강·분계강 인식과 영토 득실론」 및 제4장「청대 백두산 답사 활동 및 양국 지리지에 기술된 백두산과 수계」; 문상명, 2013; 문상명·양보경, 2013; 양보경·이현군·문상명, 2016 등등.

'분계'를 이루는 토문강을 두만강으로 착각하고 두만강 북쪽의 조선월간민을 그 남쪽으로 쇄환시키라고 요구하는 것은 잘못이며, 그러한 강압에 의한 구축은 중지되어야 한다는 주장이 핵심을 이루고 있다. 그리고 이러한 '조선국 종성부의 빈민 등'에 의한 문제제기는 양국 간의 월간민 쇄환을 둘러싼 교섭이 이제는 변계·국경을 둘러싼 분쟁으로 비화되는 것을 의미하였다. 그런 점에서 이 문제제기는 이후 전개되는 양국 간의 두만강·백두산 공동감계와 국경회담의 실질적인 출발점을 이루게 되었다.

이것은 또한 조선-청 양국 사이의 외교적 접촉·교섭의 역사에서도 새로운 획기를 긋는 일이었다. 조선백성이 중국 관리에게 직접 탄원서를 제출하는 것은 사실상 전례가 없었고, 당연히 있을 수 없는 '불법적'인 일로 간주되었는데[169] 이러한 일이 민간 차원에서 이루어졌다는 점은 여하튼 간에 양국 관계에서의 새로운 변화를 반영하는 것이라고 할 수 있기 때문이다. 또한 이러한 문제 제기가 정부 차원이 아니라 지방(의 민간) 차원에서 이루어졌다는 점도 주목할 만한 현상이다. 이러한 '빈민'의 청원은 중국 측(팽광예와 돈화현 지현 조돈성)으로부터 아무런 반응을 받아 내지는 못하였지만, 조선정부와는 상당히 다른, 함경도 지방의 이러한 뒤늦은 반응은 길림당국을 몹시 당혹스럽게 하였

169 「[乙酉九月]二十六日到付按甘」, 李重夏, 『勘界使謄錄』 上(乙酉冬), p. 30; 이왕무 등, 『역주 감계사등록』 상, pp. 104-105에 따르면 공동감계를 기다리지 않고 사사로이 상국 관원에게 탄원서를 올린 四邑狀頭에 대한 체포령이 내려지고 있는 것은 바로 그 점을 잘 보여 준다. 李重夏의 『勘界使謄錄』은 이왕무 등, 『역주 감계사등록(譯註 勘界使謄錄)』 상·하(동북아역사재단, 2008, 2010)로 번역본이 나와 있으며, 이중하 및 『勘界使謄錄』에 대해서는 이 책의 解題(pp. 80-54)를 참조할 수 있다. 다만 『역주 감계사등록』은 원문의 표점·번역에 부적절하거나 오류인 곳이 많아 이용에 주의를 필요로 한다.

을 것이 틀림없다. 그들이 아무런 반응을 보이지 않은 것은 따라서 어쩌면 당연한 일이었지만, 뒤이어 6월에는 종성부사(鍾城府使) 이정동(李正東)이 두만강 맞은편 길림의 돈화현 지현 조돈성에게 월간유민을 모두 남김없이 거두어들이라는 요구에 대해 정계비 및 토문강과 두만강이 하나의 강이 아니라는 '토문-두만양강론(土門豆滿兩江論)'을 내세워 반박하는 조회(照會)를 보냈다.[170] 마찬가지로 조선의 지방당국이 중국의 지방당국에게 조회를 보내는 일도 전례가 드물었던 만큼,[171] 사전에 중앙정부의 지시나 허가 없이 지방당국이 중국의 지방당국에 조회를 보낸 이 사례는[172] 지방당국 사이의 [근대적] '외교문서'의 형식인

170 「朝鮮鍾城府使照會[爲請派人會勘邊界]」(光緒 9년 6월), 「鐘城府使抵敦化縣知縣照會」, 『白頭山定界碑資料』(光武 7년[1903]. 奎25219); 承文院 編, 「啓下咨文冊」 13, 『조·청국경회담』, pp. 58-59; 『中朝交涉史料』, pp. 1151-1152; 『中日韓』 卷4, pp. 1910-1913.(『자료선역』 2 — 012 — pp. 221-227)

171 奎章閣韓國學研究院의 원문검색 결과에 따르면 『日省錄』 등에서는 이것이 검색되지만, 조선 및 중국과 서양·일본 각국 사이의 '조회' 왕래라는 항목을 제외하고 중국-조선의 지방당국 사이에서 사용된 것만을 따지면 고종 8년 琿春地域의 유민 송환 문제에서 '照會'라는 용어가 사용된 것으로 보이며, 그다음은 고종 19년의 길림 변계 월간민의 송환 때문에 혼춘 측에서 보내온 조회를 언급한 사례뿐이다. 국사편찬위원회의 『朝鮮王朝實錄』 검색 사이트에서도 외국과 관련된 조회를 제외하면 위에 나온 고종 18년의 혼춘 조회가 가장 처음 검색된다. 이전에 중국 측에서 조회를 보낸 일은 있어도 조선 측의 조회는 아주 드물었던 것이다. 물론 이후의 공동감계·국경회담 때문에 양국 지방관 사이의 '조회' 왕래는 급증하게 되었다. 한편 중국(청)에서의 照會 사용은 郭衛東, 「照會與中國外交文書近代範式的初構」, 『歷史研究』 2000-3; 廖敏淑, 『淸代中國: 對外關係新論』(臺北: 政大出版社, 2013), pp. 353-363에 따르면 청대에도 청의 지방관과 주변국 국왕 사이의 왕래문서 등 다양한 용도로 사용되었지만, 아편전쟁 이후 南京條約(제2조 및 11조)에서 중국과 영국 사이에 외교문서로서 照會를 사용하는 것이 규정되었고, 이후 天津條約·北京條約 등을 통해 점차 그 사용제도가 정비되기에 이르렀다고 한다.

172 이렇게 정부의 사전 허가 없이 지방당국에서 중국의 지방당국에 조회를 보

'조회'를 통한 교섭의 출발점이라는 점에서도 주목할 만한 현상이다. 앞서 지적하였듯이 급변하는 양국 관계 사이의 새로운 변화를 보여 주는 또 다른 사례가 된다고 할 수 있지 않을까?[173]

한편 종성부사 이정동이 보낸 조회는 함경북도의 종성(鍾城)·온성(穩城)·회령(會寧)·무산(茂山)의 백성이 올린 탄원서를 기초로 제기된 것이었다. 이 탄원서는 "토문(土門)이 경계인데도 오히려 두만강으로 물러나서 토문강(土門江)과 두만강(豆滿江) 사이를 황무지로 삼아 백성들이 들어와 살지 못하게 한 것은 변경에 문제가 있을까 근심해서였다"고 하면서, "올 4월 돈화현에서 종성·회령에 고시를 해서 월간

내는 것은 당연히 불법이었다. 「朝鮮咸鏡北道按撫使照覆」(光緒 11년 3월 3일), 承文院 編, 「啓下咨文冊」 13, 『조·청국경회담』, pp. 67-69 또는 『中朝交涉史料』, pp. 1191-1192(『자료선역』 2 — 031 — pp. 318-322)에 의하면 안무사는 "온성부에서 귀 아문에 조회한 문제에 대해 본 안무사는 처음 들어 알게 되었는데, 깜짝 놀라지 않을 수 없었습니다. 해당 지방관이 귀 아문의 관병들이 농막을 불태워 부수고 백성을 쫓아낸 일을 직접 목격하고도 백성을 안정시키고 군대의 행패를 늦추자는 욕심에 상사에게 알리지도 않고 공문을 보낸 것은 정말로 해괴한 일이 아닐 수 없습니다. 해당 부의 속원들은 현재 모두 체포되어 엄한 심문을 받고 있으며, 지방관 역시 엄한 처벌을 피할 수 없을 것입니다. 회령의 월간민들이 연명으로 탄원서를 올린 것도 또한 법도에 어긋나니, 국가 영토에 관한 큰일을 어찌 한두 명의 백성이 알리 있겠습니까?"라고 하여 지방관이나 백성의 중국과의 접촉 자체는 해괴한 일이자 엄벌을 피할 수 없는 일이라 지적하고 있다. 또한 「鐘城府公文書」, 『조·청국경회담』에 실린 「四邑本狀」(pp. 87-88) 말미에 첨부된 「勘界使道處分」 역시 "본국의 백성은 오로지 본국 조정의 명령을 기다릴 뿐이지 하필이면 외람되이 상국의 관원에게 탄원서를 올린다는 말인가(題本國之民惟待本國之朝令而已. 何必猥呈於上國之官乎?)"라고 하면서 이들의 행위를 질책하고 있다.

173 鍾城府의 조회 내용 자체에는 중앙정부의 지시나 허가를 받았다는 흔적이 전혀 나타나지 않고 있지만(앞서 서술하였듯이 사후에 중앙정부에 보고되었다), 이 무렵 여기에 있었던 魚允中이 이러한 사태의 배후에 있는 것은 분명하다.

유민을 모두 남김없이 거두어들이라고 하였을" 때 비로소 돈화현에서 두만강을 토문강으로 착각하고 있음을 알게 되어 팽광예와 돈화현 지현에게 호소하였으나 아무런 반응이 없었다고 먼저 서술하고 있다. 뒤이어 이에 따라 먼저 토문강과 두만강의 차이를 조사하기 위해 백두산에 비석을 세운 곳을 조사한 결과 "토문강의 양쪽 언덕이 문처럼 서로 마주 서 있는데, 돌이 아니라 흙"이라는 점을 밝혀냈으며[즉 이것이 '土門'으로 여기서 토문강이라는 이름이 유래한다는 주장의 유력한 근거가 된다 ―인용자], 또한 종성의 변경 너머 90리쯤 감토산(甘土山) 아래에 분계강(分界江)이 있는데, 이름이 '분계'라는 점에서 이것이 경계를 가르고 있음이 분명하고 또한 경비초소[卡鋪]도 분계강 북쪽 기슭에 있으니 중국의 변계가 여기서 멈춘다는 것도 분명"하다는 주장을 내세웠다. 그 외에도 중국 측 공문에서는 항상 '토문'을 이야기하였지 '두만'을 언급한 적이 없으며, 두만강·토문강의 음이 서로 비슷하여 의심을 낳지만 토문은 경계를 가르는 곳의 토문이고 도문은 경원 위쪽의 바다로 들어가는 곳으로 조선에서는 국내에서 발원하여 바다로 들어가는 강을 두만강이라고 통칭한다고 하여 '토문-두만양강론'을 주장하는 근거를 제시하였다.

이러한 주장은 이후 제1차 공동감계·국경회담에 나서게 되는 조선 측의 가장 중요한 논리로서 자리 잡게 되지만 종성부사 이정동은 이러한 탄원서에 기초하여 중국 측에 다음과 같은 조회를 보냈다.

> 백성의 개인적인 증언을 곧바로 믿을 수는 없어서 하급 무관(武官)을 보내 백두산 분수령을 조사하고, 강희연간 목극등 총관(穆克登總管)이 세운 비석의 탁본을 뜨고, 토문강의 원류를 돌아다니며 조사하게 해보니, 과연 백성들이 알린 것과 합치하며 따로 한 줄기 강이 있었습니다. 강 양쪽은 모두 깎아지른 듯 험한 절벽이라[앞서 나온 '토문'을 가리키

> 는 것 같다 — 인용자] 황구령(黃口嶺)까지 간 다음 돌아왔습니다. 지도도 새로 그렸는데, 옛 지도와 비교해 보니, 토문강과 분계강이 [중국과 조선의] 경계가 되는데 중간에 서로 이어지지 않은 부분이 있어서 종래 의심스럽다고 생각했지만, 이번에 사람을 보내 조사해 보니 또한 이와 마찬가지였습니다. 토문강은 과연 분계강에 흘러드는 것일까요? 저희는 강역(疆域)에 대한 지도나 기록에 대해서는 잘 알지 못하며, 또한 귀 현도 황무지를 개척하여 관청을 설치한 지 오래되지 않았으니, 마땅히 함께 조사하여 확정함으로써 강희연간 정해진 경계를 준수해야 할 것입니다. 번거롭더라도 귀 현에서 사람을 보내 함께 먼저 정계비를 조사하여 토문의 발원지를 확인하고, 그다음에 경계를 분명히 해서 영토를 구별하는 것이 적절할 것 같습니다.[174] [밑줄 — 인용자]

이정동은 백두산정계비 조사와 새로 그린 지도에 기초해서 서로 잘 알지 못하는 지역·경계 부분에 대한 공동조사를 통한 영토 확정을 제안한 것이지만, 그가 "토문강은 과연 분계강에 흘러드는 것일까요?"라고 질문을 던진 점에 주목할 필요가 있다. 이정동의 주장이 확실하고 철저한 지리적 조사를 거쳐 토문강과 분계강이 기존의 추측대로 직접 연결된 것임을 확인하였다면 이런 식으로 표현할 리 없기 때문이다(더구나 앞서도 지적한 바 있지만 물론 백두산 관련 지도에는 정계비 아래쪽에서 시작된 토문강(분계강)이 두만강 위쪽을 흐르다 나중에 연변지역을 지난 다음 아래쪽으로 내려와 두만강으로 합류하는 모습을 보여 주는 지도도 있다는 점도 고

174 「朝鮮鍾城府使照會[爲請派人會勘邊界]」(光緖 9년 6월), 「鐘城府使抵敦化縣知縣照會」, 『白頭山定界碑資料』(光武 7년[1903]. 奎章閣25219); 承文院 編, 「啓下咨文冊」 13, 『조·청국경회담』, pp. 58-59; 『中朝交涉史料』, pp. 1151-1152; 『中日韓』 卷4, pp. 1910-1913.(『자료선역』 2 — 012 — pp. 221-227)

려할 필요가 있다). 앞서 지적하였듯이 이것이 '토문-두만양강론'의 가장 중요한 약점이 되기도 하지만, 당시 함경도 지방당국은 자체 조사를 통해 토문강과 분계강이 직접 연결되지는 않지만, 정계비에서 시작된 토문강의 물줄기 방향을 따라 국경을 설정한다면 토문강 물줄기가 끊기는 곳에서 산맥을 넘어 분계강 쪽으로 연결될 수 있다고 보았던 것으로 생각된다.[175] 그렇지만 이러한 판단이 어떻든 간에 "경계를 분명히 해서 영토를 구별하는[查明界限, 辨別疆土]" 문제를 제기하는 것은 비록 중국의 지방당국을 상대편으로 설정하기는 하였지만, 사실상 종성부사라는 지방관의 권한을 훨씬 벗어나는 것으로, 그가 단독으로 제기할 수 있는 차원의 문제는 아니었다.

따라서 혼춘당국의 반응이 어떠하였든 간에 이렇게 함경도 지방당국이 주도적으로 나서서 문제를 제기한 배후에는 중앙에서 파견된 서북경략사 어윤중이 있었을 것이라는 점을 우리는 여러 자료에서 추측할 수 있다. 이를테면 어윤중의 지시에 따라 백두산·두만강 지역

175 秋月望, 2002, pp. 83-84는 사실 이때 土門江과 分界江을 조사하기 위해 파견된 金禹軾은 分界江의 江源으로부터 "토문강계는 산을 사이에 두고 있어 통하지 않는다(古傳分界江似是也. 自此江之源, 距土們江界, 隔嶺不通)"는 점을 조사·확인하였기 때문에 이 점에 대해 전혀 정보가 없었던 것도 아니지만, 물줄기의 연결이 아니라 흐르는 방향을 중시했기 때문에 그것을 무시했을 것이라 이해하고 있다. 魚允中이 金禹軾의 정확한 보고를 받았다고 가정한다면 이렇게 이해하는 것이 가장 타당할 것이다. 金禹軾의 기록은 「探界公文攷」, 「北輿要選下」, 『조·청국경회담』, pp. 394-395에 수록되어 있는데, 여기에는 "토문강과 분계강 사이에는 서로 연결되지 않는 곳이 있다고 일찍이 의심스러워하였는데, 이번에 이 사람을 보내 답사해 보니 또한 이러하였다(土門江與分界江間有不相屬處, 曾以爲疑, 今此遣人踏勘, 又如此)"는 구절도 존재한다(p. 396). 즉 토문강과 분계강[坪下通水. 즉 布爾哈通河 — 인용자]이 중간에 산맥이 있어 서로 연결될 수 없다는 점은 분명히 확인되었던 것이다.

을 두 차례나 조사한 김우식(金禹軾)이 조사를 마친 다음 보고를 올리자 어윤중은 종성부사에게 돈화현에 조회를 보내도록 하였다고 분명히 기록하고 있다.[176] 또한 앞서 인용한 조선국왕과 어윤중의 문답에서도 이 점은 확인되지만, 나아가 당시 어윤중이 남긴 기록에서도 그러한 개연성은 더욱 확실한 것이 된다. 어윤중이 남긴 1883년의 「간독요초(簡牘要抄)」에는 다음과 같은 내용이 들어 있다.

> 토문과 두만에 대해서는 종래 따로 구별이 없었는데, 저번에 중국과의 왕복공문을 보고 처음으로 우리 백성들이 떠돌면서 깃들은 곳이 실은 도문강 북안으로, 아직 우리 경계의 안에 있는 것임을 알게 되었습니다. 목극등이 세운 경계비가 확실하게 그것을 입증해 줍니다. 따라서 그렇게 나눈 지역에 따라 관리를 두어 나누어서 다스리면 될 뿐입니다. 어찌 그들을 거두어들이는 일을 논할 필요가 있겠습니까? 하지만 단지 북방 지방관이 걱정하는 것을 보고, 이런 취지의 공문을 저쪽 변경지방관에 보냈지만, 아직 저쪽 변경지방관이 보낸 회답, 그들 변경지방관이 말한 바가 무엇인지는 받아 보지 못했다는 것입니다.[177]

"토문과 두만에 대해서는 종래 따로 구별이 없었다"는 기술은 당연히 흥미를 끌지만, 어윤중은 6월 13일 종성부사를 만나는 것으로 함

176 「探界公文攷」, 「北輿要選下」, 『조·청국경회담』, p. 395.

177 魚允中, 「簡牘要抄」 卷2, 韓國學文獻硏究所 編, 『魚允中全集』(亞細亞文化史, 1979), p. 564.(『자료선역』 2 — 014(1) — p. 233) 이 글의 끝부분에 "오대징은 북양대신을 돕기 위해 바야흐로 천진에 주재하게 되었다고 합니다"는 구절이 있는데, 실제 오대징이 천진으로 가서 주재하라는 상유를 받은 것은 광서 9년(1883) 9월 8일(顧廷龍 編, 『吳愙齋先生年譜』, 燕京大學, 1935, p. 107을 참조)이므로 이 글은 9월 중순이나 그 이후에 쓰인 것으로 보인다. 어윤중은 10월 4일 다시 한양에 돌아왔다.

경북도에서의 임무를 마치고 7월 초순까지 현지에 머물렀으므로 당연히 6월 중에 종성부사 이정동이 돈화현에 보낸 조회를 보낸 것을 알고 있었다. 사실 그가 이러한 조치의 배후에 있었다는 것은 앞서의 지적 외에도 여러 사람들이 언급하는 바이다. 또한 "분계강은 지도와 비문을 한 번 보면 아주 분명한 증거가 있으니, 우리가 이치로써 다툴 수 있습니다. 한 자를 얻든 한 치를 얻든 모두 왕토가 아님이 없다는 것은 바로 이런 일을 가리키는 것입니다."라는 그의 또 다른 언급은[178] 어윤중이 이 문제에 대해 확신을 품고 공로를 세우려는 뜻을 가지고 있었다는 또 다른 증거가 된다. 그리고 이러한 서북경략사 시절(또는 그 직후) 어윤중이 쓴 것으로 보이는 또 다른 자료도 존재하고 있다. 그 내용은 다음과 같다.

> [토문강이 아니라] 두만강에 방어초소를 둔 것은 토문강 남쪽은 산악이 중첩되어 불편하고 널리 내다보는 시야가 차단되기 때문입니다. 중국에서 토문과 두만이 실제로 하나의 강으로 두만의 발음이 바뀐 것이라고 하였지만, 토문은 경계를 나누는 흙벽이 마치 문처럼 생긴 것을 말합니다. 토문강 하류가 두만강에 합류하는지의 여부는 잠시 제쳐두더라도, 두만강은 본래 어륜강(魚潤江)으로 무산부의 경내에서 발원하며, 두만이라는 이름은 조선의 방언으로 뒷문이라는 것에서 바뀐 것이니, 바로 뒷강이라고 하는 것과 같은 뜻입니다. … 계비(界碑)를 옮겼다고 운운하는 것은 어렵지 않게 설명할 수 있습니다. 강희연간 오라총

178 魚允中, 「簡牘要抄」 卷2, 『魚允中全集』, p. 616.(『자료선역』 2 — 014(2) — pp. 233-234) 이 자료는 날짜가 기록되어 있지 않다. 바로 앞에 실린 자료가 「癸未 10月 初5일」로 되어 있을 뿐인데, 이때는 어윤중이 서북경략사 임무를 마치고 한양으로 돌아온 다다음 날이다.

관이 와서 살펴보고 경계를 정할 때에 조선사람에게 상세하게 물어보고 단지 기존의 경계에 따라서 획정할 수밖에 없었습니다. 계비와 흙·돌무더기 역시 오라총관이 튼튼하게 설치한 것입니다. 산 위의 경계가 명확하지 못한 곳에는 따로 흙·돌무더기를 수십 리에 걸쳐 만듦으로써 토문강의 경계가 아주 분명하게 이어지도록 하였던 것입니다. 한번 가서 땅위를 살펴보면 계비를 옮겼는지의 여부, 경계가 어떻게 되는지의 여부는 저절로 판별이 될 것입니다.

경계는 따로 백두산의 비석이 세워진 곳에서 흙·돌무더기를 따라 토문까지 뻗어 있으며, 또한 토문을 버리고 하반령(下盤嶺, 백두산과 연변 지역을 관통하는 산맥 — 인용자)의 산등성이를 내려가 분계강의 발원지를 찾아서 나누어야 할 것입니다. 그 사람들과 강계문제를 논할 때에는 처음부터 말다툼을 벌일 필요는 없고, 단지 먼저 계비가 있는 곳을 가서 보자는 이야기만 하면 될 것입니다. 그들과 함께 가서 토문이 있는 곳을 둘러보고, 하반령으로 가 그 남쪽으로 끌고 내려와 분계강으로 정한다면 그쪽에서는 더 이상 따지지 않을 것입니다. 강역에 관련된 이 중대한 문제는 그들이 제기한 지 유래가 오래되었습니다. 그들 또한 옛적에는 분계강 서쪽을 자신들의 땅이라고 주장하였는데, 우리 백성을 거두어들인다는 주장을 가지고 떠보는 것입니다. 우리는 응당 강희황제께서 획정한 것을 따라서 시행하면서 옛 법도를 지켜야 하므로 감히 한 걸음이라도 옮기거나 바꿀 수 없다고 이야기해야만 하며, 그런 주장을 할 때는 반드시 성조 강희제께서 하신 일이라는 것을 거듭 강조해야만 할 것입니다.[179] [밑줄 — 인용자]

179 「北界事」, 承文院 編, 「啓下咨文冊」 13, 『조·청국경회담』, pp. 62-63.(『자료선역』 2 — 014(3) — pp. 234-236) 이 자료는 누가 언제 쓴 것이지 기재되

인용문 가운데 밑줄 친 내용을 보면 “경계는 따로 백두산의 비석이 세워진 곳에서 흙·돌무더기를 따라 토문까지 뻗어 있으며, 또한 토문을 버리고 하반령(下盤嶺. 敦化縣 동쪽의 哈爾巴嶺 — 인용자)의 산등성이를 내려가 분계강의 발원지를 찾아서 나누어야 할 것입니다.”라고 하였으므로, 실제 당시 일부에서는 이런 식으로 정계비에서 토문으로 흐르는 물줄기에서 하반령 너머의 분계강으로 연결되는 선이 양국 간의 국경이 된다는 것을 확신하고 있었던 것으로 보인다.[180] 이러한 확신에서 나온 자신감이 물론 ‘변계’ 문제를 제기하게 된 배경이 되겠지만, 이 자료는 함경도 지방당국이 제시한 논리를 그대로 따르고 있어 함경북도를 방문하여 당국·주민과 접촉한 어윤중이 이러한 정보를 확보하였을 가능성이 크고, 또한 중국 측과의 공동감계·국경회담에 나갔을 때의 대응방안까지 확실하게 제시하고 있으므로 바로 어윤중의 입장이 확실하게 반영되어 있는 것이라 하지 않을 수 없다.

그리고 이와 같은 제목의 또 다른 자료 역시 지금까지 우리가 다

어 있지 않다.

180 다만 위 인용문의 논리에는 여러 문제가 있다. 첫째, 어륜강은 나중에 나오지만 두만강의 지류 가운데 하나인 가장 남쪽의 서두수를 가리키며, 두만강 본류를 가리키는 이름은 아니다. 서두수가 두만강이라는 논리는 나중에 도리어 중국 측에 채용되어 제1차 공동감계·국경회담에서 조선을 압박하는 무기로 이용되기도 한다. 둘째, 목극등이 흙·돌무더기까지 설치하게 하였다는 것도 착각이었다. 목극등과 협의한 다음 조선 측이 흙·돌무더기를 설치한 것이라는 점은 너무도 분명한 일이다. 셋째, 토문강과 분계강이 연결되어 국경을 이룬다는 확신 역시 상대방의 납득을 얻어 내기 어려운 일방적인 가정일 뿐이다. 下盤嶺은 송화강(토문강) 유역과 海蘭江·布爾哈通河 유역을 중간에서 가로지르는 경계가 되는 산맥이므로 그 양쪽에 각기 위치한 토문강과 ‘분계강’은 서로 연결될 수 없는 地勢 속에 있었다. 따라서 이런 식의 경계 설정에 상대방이 동의하기를 바라는 것은 일방적이며 무리한 희망일 수밖에 없다.

루어 온 경과에 대해 아주 정확하게 파악하고 그것을 개괄해 주고 있을 뿐만 아니라, 나아가 이 문제를 북양대신에게 제기하겠다는 입장을 보이면서 중국 측과의 교섭·대응에 관한 세밀한 부분까지 지침을 내려 주고 있다. 때문에 이 자료 역시 어윤중이 쓴 것이라고 추정할 수 있는데, 그 내용은 다음과 같다.

> 광서 8년 봄 예부에서 보낸 자문에서는 길림장군의 상주에 조선빈민이 [길림변지를] 차지해서 개간하고 있으니, 기한을 설정하여 중국식 머리모양과 옷차림으로 바꾸게 하고 중국의 호적에 편입시키겠다고 하는 내용이 있었습니다. 그리고 그에 대해 답장하는 자문에서는 그에 따라 시행하겠다고 대강 답장을 하였습니다. 그 때문에 올해 9월 정부에서 습속이 다른 데서 오는 문제 때문에 우리 백성을 그냥 놔둘 수 없어 응당 [조선 땅으로] 거두어들이겠다고 중국에 요청하자는 쪽으로 논의를 바꾸게 되었으며, 이런 뜻을 예부에 자문으로 전달하였을 때에는 실제로 그 안에 강계를 구분하는 문제가 포함된다는 점을 알지 못하였습니다. 북방지역의 문제에 대해 조정에서는 일찍이 그다지 염두에 두고 있지 않았고, 또 이를 자세하게 아는 사람도 없었던 것입니다. … 어윤중은 서북경략사로 북방지역에 파견되었는데, 역시 우리 백성을 거두어들이는 일을 중요임무로 하고 있었습니다. 그런데 육진에 도착해서 조사하고 둘러보니, 우리 백성이 저쪽 내지에 들어가 살고 있는 사람이 결코 적다고 할 수 없었습니다. 이때 우리가 이들을 거두어들이는 것을 바라지 않아 문제를 제기한 것은 바로 토문 이남에 들어가 개간을 한 유민들이었습니다. 어윤중이 그러한 상황을 듣고 우선 지도를 찾아보니 종성부의 관문과 요새의 높고 험한 지방에 대한 지도는 분명히 토문을 경계로 삼고 있었고, 두만강 북쪽에 따로 토문이 있으며 두만강과는 서로 연결되지 않았습니다. 그래서 사람을 백두산

에 파견하여 계비와 경계를 살피게 하였더니 과연 토문이 있어 믿을 만하였습니다. 그래서 육진 백성은 이런 탄원서를 팽광예 중랑과 돈화현 지현에게 올리게 된 것입니다. 또한 종성부사와 만났을 때에도 다시 이 주장을 제기하였으므로 결국 [종성부에서] 백성들의 탄원서를 덧붙여 돈화현에 조회를 보내게 하였습니다. 그에 대한 회답을 받기 전에 어윤중은 우리 백성이 저쪽 내지에 흘러들어 간 상황을 사람을 파견하여 살펴보게 하였는데, 그 결과 중국의 초간국(招墾局)에서는 소와 식량을 제공하면서 우리 백성을 끌어들이고 있으므로, 사실 우리가 그들을 거두어들이는 것을 바라지 않음을 알게 되었습니다. … 다만 토문강 이남지역에 들어가서 거주하는 우리 백성은 본래 세금을 피하려고 도망친 사람들인데 그들이 경계에 대해 자세히 알지 못하는 것을 보고, 그들에게 세금을 거두려고 하는 사람이 돈화현에 고발하여 이 사안이 발생하게 된 것입니다. 나중에 우리 백성이 양보하고 돌아가려 하지 않는 것을 보고 온갖 수단을 써서 돈화현과 길림성에 종용을 하여, 억지로 이들을 길림에 편입시켜 그들을 그곳에 안주시킴으로써 다른 곳으로 이사하거나 옮기는 후환을 피하려는 속셈인 것입니다. 그들과 만나 담판을 할 때는 수작(酬酌)을 꺼리지 말고, 사소한 것도 모두 하나하나 기록하여 보냄으로써 북양대신에게 보내는 바탕으로 삼는 것이 필요할 것입니다. 또한 이 사안은 단지 계비를 공동으로 살펴보고, 지도와 설명서를 작성하여 북양대신에게 보냄으로써 그쪽에서 공정하게 결정을 내리도록 미리 범위를 정해 두는 편이 좋을 것입니다. 이야기를 주고받는 도중에는 힘써 논리로 이기고 말솜씨가 유창해야만 할 것이며, 저들이 내뱉거나 토하는 말은 한 마디라도 놓쳐서는 안 될 것입니다. 변계에 관한 논쟁은 반드시 종성부에서 돈화현 지현에게 보낸 조회를 확실한 근거로 삼아야 할 것입니다.[181]

비교적 긴 인용이 되었지만, 여기서 우리는 두만강을 넘어간 조선 월간민의 문제가 노동력과 그들이 내는 세금 확보를 위한 경쟁에서 양국 사이의 국경문제로 확산되고, 그것을 조선 측이 주도적으로 제기하게 된 경과와 그러한 조치를 취하게 된 입장이 무엇인지를 파악할 수 있다. 여기서 주목할 것은 이 문제를 혼춘당국과의 교섭으로 해결하려고 하였던 이전의 자세에서 벗어나 북양대신에게 넘겨 처리하겠다는 입장이 처음 출현한다는 점이다. 이 점은 바로 지방 차원에서 먼저 제기하였던 문제를 이제는 정부 차원의 교섭으로 전환시키고자 하는 의지가 반영되고 있음을 보여 준다. 청정부와의 교섭대상으로 예부나 총리아문이 아닌 북양대신을 지목한 것은 아마도 1880년대 초반 조선의 개방정책을 주도하며 미국 등 서양국가와의 조약 체결을 감독하는 등 사실상 대조선외교를 전담하여 관계가 밀접해진 이홍장(李鴻章)의 '선처'를 기대하는 심리가 작용하였을 것이다.

그리고 이상에서의 서술과 인용을 통해 그러한 과정을 주도한 것은 사실상 어윤중이었다는 점도 분명해진다. 어윤중이 이렇게 자신이 떠난 다음의 상황에 대해 자세히 파악할 수 있었던 것은 앞서 서술한 대로 이러한 함경도 지방당국(회령·종성·온성)과 혼춘당국(돈화현과 혼춘)의 교섭상황 및 관련 공문이 모두 정부에 보고되었던 덕분일 가능

181 「北界事」, 承文院 編, 「啓下咨文冊」 13, 『조·청국경회담』, pp. 63-64.(『자료선역』 2 — 014(4) — pp. 236-238) 이 자료 역시 누가 언제 쓴 것이지 기재되어 있지 않다. 하지만 내용 자체에 어윤중이 직접 언급되고 있고, 이 문제에 관련된 그가 아니라면 파악할 수 없는 중국 측과의 교섭과정까지 상세하게 정리하고 있을 뿐만 아니라, 北洋大臣에게 이 문제를 전달하여 처리하겠다는 의사까지 보이고 있으므로 어윤중의 글이라는 점은 거의 확실한 것 같다. 설사 어윤중의 글이 아니더라도 그의 활동과 입장이 확실하게 반영되어 있다는 점은 의심의 여지가 없다.

성이 크다.[182] 양쪽 지방당국이 1883년 9월 중순까지 서로 주고받은 조회문서가 모두 중앙정부에 보고되었다는 것은 월간민 처리 문제를 둘러싼 지방 차원의 갈등이 이제는 본격적으로 국가 차원의 변계·국경을 둘러싼 갈등·분쟁으로 깊어진다는 것을 뜻한다. 물론 1883년 후반에 당장 그러한 상황이 출현하지는 않았다. 이것은 혼춘 및 길림당국 측의 대응과도 직접 관련이 있는데, 실제 조선정부가 사신을 통해 정식으로 공동감계를 요청할 수 있게 된 것은 1년이 지난 다음 1885년 2월의 일이었기 때문이다.

2) 길림당국의 대응과 갈등의 확산

그러면 길림당국의 조선 측 문제 제기에 대한 반응은 어떠한 것이었을까? 앞서 서북경략사 어윤중이 함경북도를 방문하던 기간에 종성부의 '빈민', 뒤이어 종성부사의 조회를 통해 변계와 공동조사의 문제를 제기하였다는 점을 서술하였다. 그리고 그다음 7월 26일에는 회령부에서 돈화현 지현에게 "토문강 이북의 조선 월간유민을 거두어들이는 문제에 대해서 저희 현에서 조사한 월간한 땅의 이름을 알려드리니 그에 따라 처리하였으면 합니다"는 내용의 조회를 보냈다는 점도 확인된다.[183] 하지만 돈화현에서는 돈화현 서쪽은 그곳의 모든 땅을 따로 중국백성을 불러들여 개간하고 경작하게 함으로써 변경의 경계를 분명하게 하고자 한다면서 온성과 종성 및 회령부에 조회를 보

182 『舊韓國外交文書附屬文書』 第三卷 『統署日記』 1, 高宗 20년(1883) 9월 18일 기사, pp. 11-12.

183 「[會寧府使]照會敦化縣」, 『中日韓』 卷4, p. 1913.(『자료선역』 2 — 013 — pp. 229-231)

내 월간유민을 올 가을 추수가 끝난 다음 즉시 기한대로 귀국케 하여 따로 생업을 도모하게 해야 하지 남아서 체류하는 일이 없게 해야 할 것이라고 요청했다.[184]

이 조회에서는 종성부·회령부에서 제기한 토문강이나 경계문제에 대해서는 전혀 언급이 없었다. 돈화현 지현이나 혼춘당국의 차원에서 그에 관해 답장이나 처리를 할 수 있는 문제가 아니었기 때문일 것이다. 하지만 동시에 이것은 길림 측에서 조선 측의 문제 제기를 그대로 받아들이거나 그렇게 함으로써 문제를 양국 간의 국경분쟁으로 비화시킬 생각이 없었거나, 아예 무시하고 피하려는 의사가 분명하였다는 점을 보여 주기도 한다. 아무리 '속방'인 조선과 관련된 문제이고, 변경지역이라고 하더라도 일단 '영토'라는 큰 문제가 관련된 경우 정부의 분명한 지시나 허가 없이 그에 대한 대응 조치에 나선다는 것은 사실상 지방관의 권한 범위 밖이었기 때문이다. 그리고 실제 현재 찾아볼 수 있는 1883년 시기의 자료에는 그러한 점이 전혀 나타나고 있지 않다. 필자가 확인할 수 있는 자료에 의하면 — 물론 월간유민의 쇄환에 관련된 것은 제외하면 — 돈화현 지현이 길림장군에게 조선 측의 '감계(勘界)' 요청을 보고하는 것은 1884년 11월의 자료에서 최초로 확인된다.[185] 이때까지 길림 측의 주요한 대책은 아직 조선월간민의 쇄환을 기다리면서 그들을 조선으로 돌려보내고, 나아가 새롭게 월경하려는 조선백성의 흐름을 차단하는 데 중점이 있었기 때문일 것이다.

184 「署吉林敦化縣知縣趙照會」(光緒 9년 8월), 承文院 編, 「啓下咨文冊」 13, 『조·청국경회담』, pp. 61-62.(『자료선역』 2 — 013 — pp. 228-229)

185 「敦化縣知縣趙敦誠申文[爲朝鮮咸鏡北道巡按使要求查勘白頭山定界舊處的]」(光緒 10년 11월 14일), 『淸代中朝』, p. 49; 『中朝交涉史料』, pp. 1160-1161.(『자료선역』 2 — 019 — pp. 256-260)

현재 확보할 수 있는 자료 가운데 중국 측의 반응을 알 수 있는 것은 앞서 인용한 돈화현 지현의 답장조회를 제외하면,[186] 그래도 가장 빠른 시기의 것은 다음 해인 광서 10년(1884) 2월 초에 길림장군이 총리아문에 보낸 문서이다.[187] 이 문서는 1월 21일 혼춘부도통 의극당아가 "조선변민들이 통상을 허용하고 변금(邊禁)을 해제할 것임을 알고 마침내 두만강 일대를 마음대로 왕래하고 있는데, 조사하여 막는 것이 쉽지 않을 뿐만 아니라, 나아가 무슨 말썽이 일어날까 우려되어 특히 불편하게 생각"된다면서, 경원부에 조회를 보내 "강 주변 각 성에 통지하여 멋대로 왕래하지 못하도록 변민을 단속하고, 조용히 통상관원이 도착하는 날을 기다려 다시 함께 개시(開市)를 해야 할 것"이라고 통보했다는 보고를 올리자, 이것을 길림장군이 총리아문에 알리고 있는 내용이다. 함경도 측이 제기한 변계문제는 전혀 언급되지 않고 있으며, 「무역장정」의 실행이 동시에 변금의 해제라고 간주한 조선백성의 월경이 여전히 끊이지 않는다는 우려를 보이고 있을 뿐인 것이다.

그리고 뒤이어 돈화현에서 "토문강(土門江) 북쪽 기슭을 차지한 채 개간하고 있는 조선유민들을 모두 데려가라"는 조회를 다시 보낸 것은 고종 21년(1884) 5월 무렵의 일이었다.[188] 이것은 양측의 갈등이

186 이것은 앞서 지적한 대로 중국 측이 함경도 지방당국의 문제 제기를 제대로 진지하게 받아들이지 않았던 것 때문일 가능성이 크다(종성부 빈민의 상서나 종성부사의 조회가 곧바로 상부에 보고되지 않았을 가능성도 배제할 수 없다).

187 「吉林將軍希元文(附. 琿春副都統衙門依克唐阿致朝鮮慶源府照會)」(光緒 10년 2월 7일), 『中日韓』 卷3, pp. 1336-1337; 『국역중일한』 2, pp. 48-50. (『자료선역』 2 — 015 — pp. 241-243)

188 「議政府啓」(高宗 21년 5월 14일), 『高宗實錄』 21卷, 21년 5월 14일 세 번째 기사(원본 25책 21권 20장 B면. 영인본 2책 144면), 「혜산진을 옮겨 설치하

아직 소강상태에 머무르면서 본격적인 논쟁으로 나아가고 있지 않았음을 보여 준다. 하지만 이때 의정부는 "변경을 조사하는 문제는 종성부사가 작년에 이미 돈화현에 공문을 보내어 알린 것이 있으니, 도신(道臣)이 다시 이 내용으로 자세히 공문을 보내라고 분부하는 것이 어떻겠습니까?"는 의견을 올려 국왕의 윤허를 받았다. 종성부사가 변경 조사의 문제를 제기한 것이 정부에 보고되었다는 점은 앞서 확인하였지만, 이러한 조치를 정부 측에서 승인·지지하였고, 중국의 반응이 없자 이번에는 도신(道臣), 즉 함경도관찰사의 명의로 같은 내용의 공문을 보내자는 입장을 결정하여 종전보다 적극적인 자세로 나서게 되었던 것이다.

그런데 여기서 흥미를 끄는 것은 바로 이 무렵인 고종 21년(1884) 5월 26일 앞서 논의가 진행되었던 중국과의 무역장정 가운데 「길림·조선상민수시무역장정(吉林·朝鮮商民隨時貿易章程)」이 의정(議定)되었다는 점이다. 1882년 봄 조선에서 먼저 제기하였고, 서북경략사 어윤중이 파견되어 보다 구체적인 방안이 논의되었던 「무역장정」이 조선과 길림 사이에 이제 의정되었던 것이지만, 그 제1조에서는 다음과 같이 규정하고 있다.

> 두 나라의 변경은 토문강(土門江)을 경계로 한다. 토문강 북안(北岸)과 동안(東岸)은 길림(吉林)에 속한 땅으로서 태반이 황폐해서 지난날 마을이 없었고 돈화현성(敦化縣城)은 강안(江岸)과 매우 멀리 떨어져 있다. 이로부터 회령(會寧)과 강을 사이에 둔 화룡욕(和龍峪, 화룡골)의 연강(沿江) 일대에 세무국(稅務局)을 설치하고 길림 상인들이 집을 짓고 화물을 보관하게 하고, 회령(會寧)과 강을 사이에 두고 상인들이 아침

다」.(『자료선역』 2 — 016 — pp. 244-245)

에 갔다가 저녁에 돌아올 수 있도록 왕래에 편리하게 해 준다. 길림에서 상업 업무를 감독하고 처리할 관리를 파견하여 세금을 징수하고 불량행위를 하는 자들을 조사해 내게 한다. 혼춘(琿春)과 경원부(慶源府)는 거리가 비교적 가까우므로 혼춘에서 관할하는 서보강(西步江) 나루터에 분국(分局)을 설치하고 따로 위원(委員)을 보내 세금을 징수하면서 조사하는 일까지 맡아 보게 한다.[189]

중요한 것은 이보다 앞서 이루어진 「봉천·조선 변민교역장정(奉天與朝鮮邊民交易章程)」에서는 양국의 경계에 대해 아무런 언급이 없는 것에 비해,[190] 여기서는 "두 나라의 변경은 토문강(土門江)을 경계로 한다"는 구절이 들어가 있다는 점이다.[191] 이 「무역장정」의 세부사항을 논의한 것이 앞서 언급한 어윤중과 팽광예인데, 이들의 논의는 길림장군 희원(希元)과 독판(督辦) 오대징(吳大澂), 그리고 북양대신의 연명상주[聯銜具奏]와 이에 대한 총리아문·예부·호부(戶部)의 의주(議奏)를 거쳐 광서 10년(1884) 2월 5일 이를 승인하는 상유가 내려지자 이를 총리아문에서 받아 조선에 다시 통보한 것이었다.[192] 따라서 이것에 의하면 '토문강'이 두 나라의 변경을 가르는 것이라는 점을 양국 정부가 인정한 것이라 볼 수밖에 없다. 또한 제5조에도 "길림(吉林)에는 토문

189 『高宗實錄』 21卷, 高宗 21년 5월 26일(庚子) 다섯 번째 기사 「중국 길림과 조선 간의 무역규정을 체결하다」.

190 『高宗實錄』 20卷 高宗 20년 12월 3일(己酉) 두 번째 기사. 「봉천과 조선 변민 교역 장정을 체결하다」(원본 24책 20권 92장 B면. 영인본 2책 132면)를 참조.

191 이 점은 權錫奉, 2007, p. 16에서도 언급하고 있지만, 더 이상의 분석은 없다.

192 權錫奉, 2007, pp. 14-15. 또한 『高宗實錄』 21卷, 高宗 21년 4월 3일(丁未) 네 번째 기사. 「중국에서 온 자문에 대한 회답자문을 규례대로 지어 들여보내도록 하다」(원본 25책 21권 15장 B면. 영인본 2책 142면)를 참조.

강(土門江) 가의 화룡욕(和龍峪)과 서보강(西步江) 나루터 두 곳에 세무국(稅務局)과 분국(分局)을 설치한다. 조선 종성(鍾城)의 맞은편 강안(江岸)에도 이전부터 무역으로 상인들이 통행하는 길이므로 분초소를 설치하고 총국(總局)에서 관리를 파견하여 불량행위를 하는 자들과 화물을 몰래 내가는 등의 폐단을 조사하게 한다."라고[193] 규정하고 있어 종성 맞은편이자 두만강 북안인 화룡욕이 중국의 땅임을 명시한 것이나 다름이 없다. 양국의 경계는 두만강(토문강)으로 서로 분명하게 인정한 셈이 되는 것이다.

하지만 이렇게 「무역장정」을 통해 국경의 설정·획정이 이루어졌지만 이후의 논쟁 과정에서도 조선 측이나 길림 측에서 이 장정의 조항을 구실로 토문강(두만강)이 경계가 된다는 주장을 내세우는 일이 없는 점은 — 필자가 확인한 자료에서는 나타나지 않았다 — 상당히 의아스러운 일이라고 하지 않을 수 없다. 사실 이러한 사정이 발생한 원인 가운데 하나는 앞서 조선이 요청한 월간민의 쇄환이 아직 제대로 이루어지지 않았던 것 때문이었던 것으로 보인다. 이홍장·희원·오대징의 연명상주에서 유민의 쇄환과 방군(防軍)의 배치[酌撥]가 통상국의 설치와 개시무역(開市貿易)의 전제라고 밝힌 점이[194] 이러한 해석을 뒷받침한다. 원래 예정되어 있던 대로 조선 측에서 월간민을 쇄환시키면 변계문제는 더 이상 논란거리가 될 수 없었기 때문이다. 그렇다면 어윤중은 1883년 중반 우선 「무역장정」을 논의하는 과정에서는 '토문강'을 국경으로 삼는 데에는 동의하였지만, 나중에 이곳에 머무는 과정에서 점차 함경도 주민의 주장에 '공감'하게 되면서 생각을 바꾸게 되었을

193 『高宗實錄』 21卷, 高宗 21년 5월 26일 다섯 번째 기사 「중국 길림과 조선 간의 무역규정을 체결하다」.

194 權錫奉, 2007, pp. 17-18을 참조.

가능성도 적지 않다고 할 것이다.

여하튼 조선 측의 문제제기에 대한 중국 측의 반응이 어떤 것인지를 보여 주는 것은 광서 10년(1884) 10월 초 길림장군이 혼춘부도통에게 보낸 자문(咨文)인데, 여기서는 돈화현 서리지현 조돈성이 그간의 경과를 보고한 내용을 인용하고 있다.[195] 이에 따르면, 조돈성은 광서 8년(1882) 11월 1년 기한을 주어 조선유민을 쇄환시키라는 상유를 받은 바 있고, 다음 해(1883) 8월에는 팽광예가 "어윤중 사신이 조선지방관에게 문서를 보내어 중추까지 월간한 유민들을 모두 본국으로 거두어들이도록 하였다"고 알려 온 서신을 받아 전달하였으므로 이에 따라 처리하도록 함경도에 조회를 보낸 바 있었다.

그런데 "올(1884) 가을까지 결코 조선유민을 거두어들이지 않았고, 그들은 오히려 마음대로 토문강 북안을 침범하여 집을 짓고 분묘를 만드는 등 아예 오랫동안 거주하겠다는 뜻을 내보이고 있어" 길림장군의 지시를 받고 함경도 및 소속지방관에게 다시 조회를 보낸 바 있었다. 그런데 조선에서는 도리어 종성·회령·무산 각 성(城)에서 조회를 보내 "돈화현의 경내에 속하는 해랑하(駭浪河)가 바로 토문강이고, 조선에서는 이를 알아하(嘎雅河)라고도 하는데",[196] "이곳이 바로 양국 남북의 경계이며", "[두만강과 토문강 사이의] 수백 리 지역은 바로 조선의 황무지"라는 주장을 내세우면서 중국 측의 요구를 도외시할 뿐만 아니라, "개간한 땅을 모두 자기 땅으로 삼고자" 하며 "남강

195 「吉林將軍咨文」(光緖 10년 10월 7일), 『淸代中朝』, pp. 47-48; 『中朝交涉史料』, pp. 1155-1157.(『자료선역』 2 — 017 — pp. 246-253)

196 앞서의 서술을 보면 종성부에서는 分界江은 布爾哈通河가 된다고 주장하였는데, 다른 지역에서는 다시 駭浪河(海蘭江)를 분계강으로 설정하고 있다. 중국 측의 입장에서 보면 두 강이 서로 다른 강임을 제대로 확인하지 못한 조선 측의 주장에 일관성이 결여되어 있음이 분명해 보인다.

(南崗) 일대가 조선 땅에 속한다고 하면서, 머지않아 비석을 세우고 성(城)을 쌓을 것이며, 중국 백성이 [변발을 버리고] 머리를 길러 귀순해야 할 것이라고 떠드는 상황"이었다. 이에 대해 조돈성은 결국 "그들이 주장하는 대로 정계비가 실제로 분수령에 있는지 없는지는 돈화현이 신설된 지 얼마 되지 않아 확인할 수 없고, 또한 오래된 일이라 모두 잊힌 것이어서 옛날 문서를 뒤져 보아야만" 할 뿐 아니라, "군사적 위협[兵威]에 의존하여 복종하게 만들지 않는다면 월간은 장차 끝이 없을 것이고, 또한 문제가 커지면 나중에 해결하기 더 어려워질까 두려우므로" '변경방어를 맡는 고급관리[邊防大員]'에게 이 일의 처리를 맡겨 달라고 요청하게 되었던 것이다.

이러한 보고는 변계문제의 제기 이후 조선월간민의 움직임이 '쇄환' 쪽이 아닌 사태추이의 관망 또는 보다 적극적인 '자기 땅 점거'라는 방향으로 흐르고 있음을 보여 주지만,[197] 동시에 돈화현 측에서 정

197 1884년 6월 副護軍 池見龍이 時務 가운데 하나로 "국경을 넓히는 일"에 대해 상주하여 "그런데 까닭 없이 그것을 상국에 돌려준 것은 본디 禮가 아니며, 까닭 없이 포기하고 받지 않는 것 역시 義가 아닙니다. 그 땅을 순시하고 사실을 채집한 자는 바로 작년 西北經略使 臣 魚允中입니다. 이제 만약 우리 백성들을 몰아넣어 장애 없이 그 땅을 차지한 채 씨앗을 뿌려 중국에 신의를 보이면, 반드시 다시는 말을 하지 못할 것입니다."라고 하면서 국토 개혁의 필요성을 주장하였다. 즉 "땅은 저들이 떼어 준 땅이요 비석은 옛날에 새긴 篆字이며, 또 천백 년 동안 버려둔 땅이어서 중국으로 보면 허락해 주어도 손해 볼 것이 없고 1천여 리의 땅을 차지하는 것은 우리나라로서는 이익을 얻게 됩니다. 그래서 피차 주인이 있는 물건이 되고 비용을 쓰지 않고도 은혜를 베풀게 되니, 중국에서는 무슨 말로 시행하기를 아낄 것이며 우리나라로서는 무엇이 풍부하다고 그 이익을 포기하겠습니까. 우리나라와 중국은 국경을 접하고 있는 형세이니, 요즘 중국 군사가 가까이 琿春에 주둔하고 있을 즈음에 우리가 이 땅을 개간하여 군사를 양성함으로써 저들에게 일이 있을 때 도와준다는 뜻으로 武臣을 위임해 보내 꾀를 내어 협상하게 한다면 우리나라가 차지하는 것을 금하지 않을 듯합니다."라는 의견이었다. 『承政

계비나 '토문-두만양강론'에 대해 사전에 전혀 정보를 갖지 못한 상태에서 조선 측의 문제 제기를 받고 당혹스러워하였을 뿐만 아니라, 지현으로서는 그 문제를 처리할 역량이나 권한도 없었기 때문에 적극적인 반박·논쟁을 피하다가 결국은 상급당국의 조처에 기대게 되었다는 점을 알려 주고 있다. 이것은 동시에 조선유민의 자발적인 귀국을 기다렸던 종래의 유화적인 태도에서 혼춘당국의 반응이 군사력을 동원한 무력시위와 강제구축이라는 보다 강경한 자세로 선회하게 될 것임을 예고해 준다.

실제 길림장군은 조돈성의 요청에 대해 결국 10월 7일 "혼춘부도통 의극당아에게 자문을 보내 적절한 인원을 선발해 현지로 파견하여 처리하기를 기다려야 할 것"이라는 반응을 보이면서, "신중하게 행동해서 분규를 일으키지 않음으로써 조선이 그것을 빌미로 핑계를 대지 못하게 하는 것이 매우 중요"하다는 지시를 내렸다.[198] 하지만 길림장군이 이 문제를 중앙에 보고하지 않고[199] 일단 혼춘부도통에 의한 처리를 지시한 것을 보면 비록 보다 강경한 대처방식으로 바뀌기는 하지만, 여전히 변계문제를 둘러싼 갈등을 국가 차원의 분쟁이 아닌 지방

院日記』(2925책. 탈초본 134책) 고종 21년 6월 17일 己丑, 「국경을 개척하고 둔전을 일구는 일에 힘쓸 것 등의 시무책을 진달하는 부호군 지견룡의 상소」를 참조. 국경문제를 제기한 당시 조선 측의 일부 의견을 잘 반영하고 있는 셈이라고 하겠다.

198 「吉林將軍咨文」(光緒 10년 10월 7일), 『淸代中朝』, pp. 47-48; 『中朝交涉史料』, pp. 1155-1157.(『자료선역』 2 — 017 — pp. 246-253)

199 이처럼 군사력을 동원한 보다 강제적인 刷還·邊禁으로의 전환은 吉林當局이 사전에 조정의 허가를 받은 것을 보여 주는 자료가 확인되지 않으므로, 독자적인 지방 차원에서의 판단이었던 것으로 보인다. 이 문제는 나중에 조선 측에서 정부 차원의 협의가 없었던 부당한 조치라고 항의하게 하는 상황을 낳는다.

차원의 문제로 한정시키려는 자세를 보였다고 할 수 있을 것이다. 따라서 실제 이해 10월 18일 혼춘부도통이 휘하에 내린 지시를 보면 "지금은 엄동으로 강물이 꽁꽁 얼어붙어 있는 때인데, 조사해 보니 조선인 남녀노소가 분분이 몰래 국경을 넘어오고 있어 정말로 있어서는 안 되는 상황이 나타나고 있다"면서 이들을 "반드시 조사하여 금지시키고, 쫓아내 몰래 경계를 넘어오게 해서는 안 된다"는 내용이었다.[200]

그리고 앞서 언급한 대로 이해 5월 초에 조선 측에서 보낸 함경도 당국의 조회에 대한 중국 측의 반응은 이해 11월에 가서야 확인이 될 수 있다. 돈화현 지현이 함경북도안무사 조병직(趙秉稷)의 조회를 받았는데, 조선 측에서는 종성부사 이정동이 보낸 조회를 다시 근거로 삼으면서 "길림장군께 보고하여 옛날 정계비가 세워진 곳을 조사하여 신속하게 완결시킴으로써, 양국의 경계를 확정하고 기존 제도를 따를 수 있게 해 주시기를" 요청하는 내용이며, "여전히 억지를 피우면서 교활하게 발뺌을 하는 것뿐"이라고 보고를 하였기 때문이다.[201] 이에 대해 길림장군은 다시 혼춘부도통에게 종전에 지시한 것처럼 처리하라는 지시를 내렸다.[202]

이러한 길림장군의 두 차례 지시가 혼춘당국이 이 문제에 대해 보다 적극적인 자세를 취하는 계기가 된 것은 얼마 후 혼춘부도통아문

200 「琿春副都統衙門左司札飭(呈堂稿)[爲飭將私越境界之朝鮮人等一體驅逐事]」(光緒 10년 10월 28일), 『琿春副都統衙門檔』 卷117, pp. 109-110.(『자료선역』 2 — 018 — pp. 254-255)

201 「敦化縣知縣趙敦誠申文[爲朝鮮咸鏡北道巡按使要求查勘白頭山定界舊處的]」(光緒 10년 11월 14일), 『淸代中朝』, p. 49; 『中朝交涉史料』, pp. 1160-1161.(『자료선역』 2 — 019 — pp. 256-260)

202 「吉林將軍咨文[爲敦化縣報朝鮮流民越墾, 請派人妥辦的]」(光緒 10년 11월 14일), 『中朝交涉史料』, pp. 1161-1162.(『자료선역』 2 — 020 — pp. 261-263)

변무승판처(邊務承辦處)에서 함경도관찰사에게 조회를 보내 적극적인 논쟁의 자세를 보이면서 아울러 공동감계에 동의하는 뜻을 전달하는 데서 잘 나타난다. 여기에 나타나는 혼춘 측의 반박 논리는 이후 중국 측이 조선과의 논쟁에서 핵심적인 근거로 삼는 것이 되기 때문에 간단히 정리해 보도록 하겠다. 그 논지는 다음과 같다.

1) 지금 이미 완강하게 경계비를 구실로 삼고 있는데 비석은 옮길 수 있으나 강은 옮기기 어렵다. 그러므로 강을 가지고 조선과 길림의 변계를 삼으면 믿을 만한 근거가 있지만, 비석을 가지고 증거로 삼고자 하면 그 진위를 판별하기 어렵다.
2) 해랑하(駭浪河. 즉 海蘭江)를 가리켜 토문강이라고 하는 것도 유민들의 말이 와전된 것으로, 해랑하의 발원지는 남강(南岡) 지방 이도구(二道溝) 상류의 출갈타령(秫秸垛嶺. 즉 長山嶺 — 인용자)으로 토문강의 발원지로부터는 천수백 리나 떨어져 있다. 그 물줄기는 서쪽에서 동쪽으로 겨우 백수십 리를 흘러 박이합통하(博爾哈通河. 布爾哈通河)로 들어가며, 동쪽으로 수십 리를 가서 알아하(嘎雅河)로 합류하였다가 다시 남쪽으로 꺾여 십여 리를 가서 두만강(토문강)으로 들어간다.
3) 해랑하를 조선에서 알아하라고 하는 것도 잘못으로, 알아하는 혼춘성의 정북에서 동쪽으로 치우친 200리 떨어진 분수령에서 발원하며, 동쪽에서 서쪽으로 200여 리 흐르다가 다시 남쪽으로 200여 리를 흘러 해랑하가 합류하는 박이합통하에 합류하여 두만강(토문강)으로 들어간다.
4) 중국말로는 토문강이라 부르고, 조선말로는 두만강이라 부르기 때문에 사실 같은 강인데 발음만 약간 다를 뿐이니, "두 강 사이에 있는 수백 리가 조선의 황무지"라는 말은 정말로 황당한 주장이다. 두

만강(토문강) 북쪽은 산맥을 넘어 북쪽에 해랑하가 있고, 그보다 더 북쪽은 박이합통하가 있을 뿐이다.

5) 조선 변경 지역의 부(府)·현(縣)은 각기 서로 백 리, 수십 리 정도밖에 떨어져 있지 않으니 그야말로 아주 빽빽한데, 강북의 수백 리 땅에 황무지가 있었다면 어찌 200년 동안 성 하나 쌓지 않았고, 관리 한 명을 두지 않았는가? 조선의 강변 일대는 백성은 많고 땅은 좁아 빈 땅이 거의 없는데 어찌 수백 리 땅은 홀로 이렇게 황폐해지도록 놔두었겠는가?[203]

다시 간단히 요약하자면 1) 두만강과 토문강은 발음만 다를 뿐 같은 강이며, 2) 해랑하(해란강)나 알아하가 분계강이라는 주장은 잘못된 지리적 정보에 기초한 것이며, 3) 따라서 그 남쪽은 조선 땅이라는 주장은 빈 땅이 거의 없는 조선 측이 수백 년 동안 황폐해지도록 놔둔 것만 보아도 근거가 부족하며, 4) 비석(정계비)은 옮길 수 있으나 강은 옮기기 어렵기 때문에 강을 가지고 조선과 길림의 변계를 삼으면 믿을 수 있지만, 비석을 가지고 증거로 삼을 수는 없다는 것이었다.

실제 이러한 주장은 이후에도 공동감계·국경회담 과정에서 지속적으로 언급되는 중국 측의 유력한 논거가 된다. 이 가운데 1)·2)·3)은 사실 지리적인 측면에서 보다 정확한 주장이었기 때문에 나중에 가면 조선 측으로서도 잘못을 인정하고 종전의 주장을 철회할 수밖에 없었다. 하지만 "비석은 옮길 수 있으나 강은 옮기기 어렵다"는 4)의 주장은 정계비가 조선 측에 의해 자신들이 유리하도록 옮긴 것이라는 논

203 「邊務承辦處照會」(光緒 10년 11월 21일), 『中朝交涉史料』, pp. 1162-1164, pp. 1165-1167.(『자료선역』 2 — 021 — pp. 264-270) 이 두 자료에 실려 있는 내용은 똑같은데, 날짜만 11월 21일과 25일로 다르다.

리의 근거가 되면서, 이후 전개된 공동감계와 국경회담에서도 이를 반박하는 조선 측과 끊임없는 논쟁을 낳지 않을 수 없었다.[204]

그리고 혼춘당국은 이러한 논리에 기초하여 "요컨대 조선유민이 길림변지로 월간한 것은 실로 경작할 땅이 없고 추위와 굶주림에 연달아 내몰린 까닭"이지만, 함경도당국에서 유민을 "거두어들이지 않았고, 실제 감히 거두어들일 수도 없는데, 사실 그들을 안치시킬 땅이 없으니 어찌할 방법이 없어 마침내 백성의 말을 잘못 듣고 이런 방법을 강구하여 교활하게 발뺌하는 최악의 방법을 선택하게 된 것"이라는 해석을 내놓았다. 그리고 "변계를 엄격하게 밝히는 것은 조선백성을 배고픔과 추위로 내몰기 위해서가 아니고 진실로 국법이 존재하고 있기 때문이니, 비록 대신 방법을 찾아 주고 싶어도 어찌할 수 없다"면서 조선 측에 대해 신속히 적당한 관원을 파견하고 기한을 정하여 공동감계를 하자고 통보하였다.

이 조회는 광서 10년(고종 21) 11월 21일(양력 1885. 1. 6.)자의 것이므로 1883년 전반 조선 측에서 제기한 '변계'문제가 결국은 약 2년 가까운 소강상태를 거치다가 갑신정변(甲申政變)을 거친 다음인 1884년 말(양력 1885년 초)이 되서야 양측이 공동감계에 합의하는 단계에 들어섰음을 알 수 있다. 조선 측의 정정불안(政情不安)이 아마도 이런 지연에도 일정한 역할을 하였겠지만, 또한 주목할 것은 이 공동감계에 대

204 정계비가 사후에 조선 측에 유리한 장소로 옮겨진 것이라는 '移設論'은 이후 총리아문의 주장이나 吳祿貞의 『延吉邊務報告』에 의해 확실한 문제제기로 굳어지면서, 심지어는 오늘날까지도 꾸준히 반복되는 중국 측의 주장 가운데 핵심적인 부분을 이루고 있다. 하지만 조선 측의 '두만-토문양강론'이 잘못된 지리정보에 기초한 오류였다고 한다면, 정계비 '이설론' 역시 정계 당시 목극등의 '실수'를 확인하지 않은 채 아무런 근거도 없는 추측에 근거하여 자신들에게 유리한 주장만을 고집하는 것이라고 해야 한다.

한 합의가 여전히 혼춘당국과 함경도당국 사이에 이루어졌다는 점이다. 이 조회를 보낸 직후 혼춘부도통은 이 임무를 호리초간혼춘변황사무(護理招墾琿春邊荒事務) 가원계(賈元桂), 좌사(左司)의 필첩식(筆帖式) 살병아(薩炳阿), 좌익협령(左翼協領) 덕옥(德玉) 등에게 맡겨 23일에 출발하도록 하였다.[205] 그리고 이에 대해 조선 측에서는 1884년 12월 1일 함경북도안무사 조병직의 명의로 답장 조회를 보냈다.[206]

이 조회에서 조선 측은 1) 토문강 발원지에 세워진 정계비의 비문 내용("동쪽은 토문강이고, 서쪽은 압록강")대로 서쪽 압록강이 경계가 된다면, 동쪽 토문강이 경계가 된다는 것은 당연한 일로 조선백성이 사사로운 뜻으로 쉽사리 옮길 수 있는 것이 아니다, 2) 조선이 토문강 이남에 관리를 두지 않은 것은 중국이 봉황성(鳳凰城)[207]을 책문(柵門) 안에 두고 있는 것처럼 다만 변금(邊禁)을 엄격히 하여 돌래 어기는 일이 싹트는 것을 막고자 했기 때문일 뿐이며, 만약 이곳이 길림에 속한 곳이

205 「琿春招墾局總辦委員爲奉憲諭會勘中朝邊界等的呈文」(光緒 10년 11월 23일 直前), 『中朝交涉史料』, p. 1164.(『자료선역』 2 — 022 — pp. 271-272) 이 자료는 아마도 공문의 형식에 문제가 있는 것 같은데(아마도 두 편의 공문이 실수로 합쳐진 것 같다. 『中朝交涉史料』에는 종종 이런 오류나 誤·脫字가 자주 보여 이용에 주의할 필요가 있다), 뒷부분에 실린 護理招墾琿春邊荒事務五品頂戴府經歷銜賈元桂의 「呈報」가 실제 인용의 대상이다. 이것은 光緒 10년 11월 23일 그가 출발하기 직전에 올린 것이다.

206 「朝鮮咸鏡北道節度使照覆[爲會勘兩國邊界的]」(光緒 10년 12월 1일), 『中朝交涉史料』, pp. 1167-1169.(『자료선역』 2 — 023 — pp. 273-279)

207 鳳凰城은 明代에 설치된 鳳凰堡에서 비롯된 이름으로 현재는 遼寧省 丹東에 속하는 鳳凰市이다. 明은 遼東 지방 동북쪽 변경에 흙·돌·나무로 울타리를 쳤는데 이를 邊墻이라고 했으며, 淸은 이 변장 근처에 버드나무를 잇대어 심고 그 바깥에 참호를 판 柳條邊을 구축한 뒤 사이사이 사람과 마차가 드나들 수 있는 柵門[국경검문소]을 20여 개 만들었다. 봉황성은 조선에서 압록강을 건너 淸의 영역으로 들어갈 때 거쳐야 하는 가장 남쪽에 있는 책문 바로 안쪽에 자리 잡고 있었다.

라면 중국에서는 왜 성을 쌓지 않고 관리를 두지 않은 채로 토지를 버려두었는가? 3) 강의 이름이 다르다는 것은 비문(碑文)에 증거가 있는데, 이미 정해진 경계를 버리지 못한다고 해서 도리어 몰래 차지하였다는 말을 듣게 되었다는 세 가지 논리로 중국 측 주장을 반박하였다.

또한 이 조회에서 조선 측은 회령부사 홍남주(洪南周)를 무산(茂山)으로 파견하여 "백두산비가 세워진 곳에 가서 살펴보고 정해진 경계를 판명하여, 기왕의 법도를 준수하는 것이 가장 공정할 것"이지만, "산이 높고 험준하며 얼음과 눈이 몹시 심하여 이렇게 추운 날씨에는 감히 사람이 감히 들어가지 못하므로 눈과 얼음이 풀리고 날씨가 화창해지기를 기다려" 함께 답사를 하면서 양쪽 경계를 정하는 일을 마무리하자고 통보하였다. 여기서도 우리는 여전히 공동감계가 함경도당국(여기는 조선정부의 지시가 있었다)과 혼춘당국(청정부의 지시는 확인되지 않는다)이라는 지방 차원에서 추진되었음을 다시 확인할 수 있다.

여하튼 이러한 양측의 협의 결과 1884년 12월 6일 혼춘 측에서는 덕옥과 가원계 등을 파견하고, 조선 측에서는 내년 봄으로 공동감계를 늦추자는 함경북도의 답장조회를 지닌 홍남주를 파견하여 양측의 회담이 이루어졌다.[208] 변계문제를 둘러싸고 양국 사이에 처음 열린 이 '국경회담'에서 중국 측은 두만강(토문강)의 하류에서 상류로 거슬러 올라가는 방안을 제안하였지만, 홍남주는 반드시 백두산 계비를 조사해야 하고 눈이 깊어 가기 어려우니 '내년'(1885) 봄으로 공동감계를

208 이 會談에 혼춘 측 인원이 참가한 것은 양국 변민 사이의 충돌로 인한 소송 사건을 해결하는 것이 또 다른 주요 업무였기 때문인 것으로 보인다. 결국 변계·월간 문제의 발생이 이후에도 계속되는 양국 변민 사이의 지속적인 충돌을 낳게 된다는 점도 주목할 만한 내용이지만, 여기서는 자세히 다루지지 않았다.

늦추자고 고집하여 서로 합의를 얻지 못하였다.[209] 이렇게 두만강의 강 흐름을 조사하자는 주장과 정계비를 조사하자는 주장을 내세워 대립하게 되는 것은 이후의 제1·2차 공동감계에서도 꾸준히 반복되는 행태가 된다. 서로 평행선을 그리는 대립구도가 이미 이때부터 기본적으로 고정되어 가는 것이다.

그리고 또 한 가지 주목할 점은 홍남주와의 회담 바로 직전에 중국 측이 기존 논리를 보다 체계화하고 확장된 내용으로 정리하여 함경북도안무사에게 조회를 보냈다는 점이다. 거기서 새로 추가된 중국 측의 주장은 대략 다음과 같다.

1) 백두산 정상의 호수에서 발원하는 송화강(松花江, 또는 混同江)의 동쪽에 장백령(長白嶺, 秫秸垛嶺)이라는 분수령이 존재하는데, 이 서쪽의 강은 모두 송화강으로 들어가며, 두만강으로 들어갈 수 없다. 이 장백령 동남쪽에 있는 강으로 종성부에서 '토문강'이라 잘못 지적한 해랑하는 박이합통하(博爾哈通河: 布爾哈通河)와 합류하고 다시 알아하와 합류한 다음 두만강에 흘러들어 간다.

2) 정계비에서 발원하는 '토문강' 발원지(조선말로 이깔이개[伊利嘎蓋, 伊戛力蓋라고도 표기한다], 중국말로 黃花松溝子)는 동쪽으로 수십 리를 흐르다 점차 북쪽으로 나가는데, 물줄기 남쪽 비탈에 석비가 있고 그 동쪽으로는 돌무더기[石堆]·나무울타리[木樁]·흙무더기[土堆]가 있다. 여기서부터는 점차 꺾어져 북으로 가다가 강물은 장백령(長白嶺) 남쪽의 서면을 따른 후 서북쪽으로 다시 굉굉고(轟轟庫)로 흘러들어 결국 송화강에 합류한다. 따라서 두만강으로 흘

209 「德玉等文」(光緖 10년 12월 10일), 『中朝交涉史料』, pp. 1182-1183.(『자료선역』 2 — 026 — pp. 298-300)

러들 수는 없다.

3) 종성부에서 "경계비는 중국의 오라총관(烏喇總管)이 세운 것이니 중국에서 세운 것이며, 돌·흙무더기는 반드시 중국에서 설치하였을 것"이라고 했는데, 그렇다면 돌·흙무더기의 설치는 응당 북쪽 언덕에 해야지 남쪽에 있어서는 안 된다. 돌·흙무더기가 남쪽 언덕에 있는 것은 분명하게 그 무더기 남쪽만이 조선의 경계라는 뜻이니, 그 북쪽에 있는 '토문강' 발원지는 조선의 변계와 상관이 없다.[210]

4) 흙벽이 문처럼 생겼다[土門]든지 아니면 바다로 흘러드는 곳이 도문(圖們)이라는 억지를 고집하는데, 토문이라는 두 글자는 만주어(淸語)이며, 한어(漢語. 華語)로 번역하면 '만(萬)'자이며, 토문이든 도문이든 그 발음이 비슷한 대로 썼을 뿐이다. 『황조일통여지전도(皇朝一統地輿全圖)』[211]를 보아도 이곳에는 단지 토문강 하나만 있을 뿐 다른 강 이름은 전혀 없다.

5) 종성부에서는 두만강과 '토문강(분계강)' 사이에 서로 연결되지 않

210 여기서 종성부의 주장은 실제 사실을 제대로 파악하지 못한 것임이 분명한데, 주지하듯이 돌·흙무더기는 앞서도 서술하였지만 중국 측의 양해 아래 조선 측이 쌓은 것이기 때문이다. 따라서 중국 측의 이러한 주장은 상대방의 잘못된 논거 위에 설립된 잘못된 결론이 될 수밖에 없다.

211 원문은 『皇朝一統地輿全圖』로 되어 있는데 아마 『皇朝一統輿地全圖』를 가리키는 것 같다. 『황조일통여지전도』는 청대에 李兆洛과 董方立이 그린 中國全圖로 道光 12년(1832) 처음 간행되었는데, 강희·건륭 이후 가장 좋은 목각판본 지도로 일컬어진다. 주로 『皇輿全覽圖』와 『乾隆內府輿圖』를 기초로 행정구역이나 물길의 변화를 참작하고 수정하여 만들었다고 하며, 경도와 위도 역시 모두 첨가되어 있다. 李兆洛은 字가 申耆이고 號는 養一老人으로 嘉慶 10년 進士인데 翰林院庶吉士, 安徽省 鳳臺縣 知縣을 지내고 귀향한 다음 書院에서 講學活動에 전념하였다. 經學과 音韻, 訓詁, 輿圖, 天文 등에 밝았으며, 저서에도 『歷代地理志韻編今釋』, 『歷代地理沿革圖』, 『皇朝一統輿圖』 등이 있다.

는 부분을 조사하였지만 험난한 절벽 때문에 끝까지 가서 파헤치지 못하였다고 하는데, 그럼에도 두 강이 연결되고 그 사이의 땅이 조선에 속한다는 주장을 고집하는 것은 경작할 토지가 없는 백성을 위해 다투려 한 것이지 정말로 근거가 된다고 생각해서는 아닐 것이다.

6) 장백산 동쪽으로 질편한 산비탈[漫岡]이 있고 이것이 끝나는 곳의 동쪽 언덕배기에 흙도랑이 있는데, 이곳이 두만강 발원지이다. 실제로는 물이 보이지 않고, 여기서부터 아래는 돌무더기뿐인 마른 하천[石頭乾河]이고, 돌 아래로 물이 흘러 조선의 갑산·무산의 경계가 돼서야 다시 물길이 보이기 시작한다. 이것이 양국의 경계를 나누는 두만강이다.[212]

1)·2)에서 중국 측은 정계비 동쪽에서 발원하는 강('토문강')은 송화강으로 연결되지 두만강이나 분계강으로 연결되지 않는다고 지적하면서, 조선 측의 잘못된 이해를 반박하고 있다. 즉 '토문강'은 장백령[秫秸垜嶺] 서쪽에 있어, 이 산맥을 넘어 그 동쪽의 '분계강'이나 남쪽의 두만강으로 연결될 수 없는 지세(地勢)라는 것이다. 오늘날의 입장에서 보아 이 지적은 기본적으로 보다 정확한 것이지만, 5)에서 지적한 대로 조선 측은 이러한 정보를 제대로 확인하거나 정확하게 해석하

212 「邊務承辦處照會」(光緒 10년 12월 5일), 『中朝交涉史料』, pp. 1176-1179; 「德玉等文」(光緒 10년 12월 10일), 『中朝交涉史料』, pp. 1182-1183에는 양측의 회담 경과에 대한 자세한 설명이 제시되고 있다.(『자료선역』 2 — 025·026 — pp. 291-300) 그 내용을 보면 혼춘 측에서 파견된 인원이 길림장군의 지시에 따라 자세히 관련자료를 검토하여 얻어 낸 결과인 것으로 보인다. "本 承辦處는 이곳에 대대로 살아왔기 때문에 조금은 보고 들은 것이 있다"는 구절은 그것을 뒷받침해 준다.

지 못한 상태에서 '토문강=분계강론'을 제기하였던 것이기 때문에, 중국 측은 조선 측의 주장이 "토지가 없는 백성을 위해 다투려 한 것이지 정말로 근거가 된다고 생각해서는 아닐 것"이라고 받아들일 수밖에 없었던 것이다.[213]

양측이 만나서 실제 회담에서 주고받은 논쟁을 보면,[214] 조선 측의 대표인 홍남주는 "지도를 보면 토문강 하류는 상세하게 나와 있지 않다. 그래서 작년 가을에 종성부사가 보낸 조회에서 분계강(分界江)의 원류가 서로 이어지지 않는 점이 의심스럽다고 한 것이다", "해랑하와 토문강이 서로 통하지 않는 점에 대해서 이야기하자면 종래 의문이 있었으므로 가서 살펴보자는 것이다."라고 주장하였다. 하지만 이에 대해 중국 측으로부터 "'북쪽으로 흐르는 강은 어디로 흐르는지 모른다'고 하였는데, 강이 어디로 흐르는지도 모르면서 어떻게 감히 도문강의 원류로 잘못 지목할 수 있으며, 또한 지도에 분명하게 그려 공문으로 발송할 수 있는가?"라는 반박을 받을 수밖에 없었다. 공동감계와 회담에 즈음한 조선 측의 경우 거기에 필요한 준비가 아직 제대로 이루어지지 않았던 상태로 보이는 것이다. 위의 4)·5)·6) 역시 비교적 정확

213 나중에 조선 측은 '토문강=분계강론'을 철회하고 대신 정계비의 '토문'이란 비문을 근거로 한 '分界論'를 주장하지만, 이 역시 정계비가 세워질 때의 '실수'를 제대로 파악하지 못한 상태에서 이루어진 것이었으므로 마찬가지로 중국 측을 제대로 설득할 수는 없었다.

214 「敦化縣知縣照會」(光緖 10년 12월 5일), 『中朝交涉史料』, pp. 1171-1176. (『자료선역』 2 — 024 — pp. 280-290) 이 자료의 내용은 公文形式에도 전혀 맞지 않고, 실제로는 敦化縣의 照會라는 제목과도 내용이 일치하지 않는 데다가 오·탈자도 적지 않다. 하지만 내용을 검토해 보면 보면 회령부사 홍남주와 돈화현 지현 및 혼춘 파견 관원 사이의 논쟁으로 구성되어 있다. 실제로 光緖 10년 12월 6일 이후 이루어진 양국 사이의 最初의 會談記錄인 것이다.

한 정보에 기초한 것이므로, 지방당국끼리의 공동감계와 회담에 나서게 되었을 당시[215] 혼춘당국에서는 비교적 정확한 지리정보에 기초하여 반박할 수 있는 근거를 확보하고 있었다고 할 것이다.[216]

그래서인지 홍남주는 "바야흐로 긴급한 읍의 일이 있어, 오늘 회의 후 귀환하겠다"는 의사를 보여 회담에 참석한 중국 측의 반발을 샀으며, 또한 두만강 하류의 북부지역을 러시아가 차지한 점을 지적하였다가, "중국과 러시아의 변계문제를 가지고 우리 중국을 비웃고자 하는 것"이라고 받아들인 중국 측으로부터 "귀국은 중국의 신번(臣藩)입니다. … 이것은 분명히 신하[臣子]가 군부(君父)에게 대들고자 하는 것인데, 묻건대 조선에서는 감히 그럴 수 있습니까?", "논의한 끝에 결론을 낼 생각은 하지 않고 끄떡하면 빠져나갈 궁리만 합니다"는 힐난을

215 琿春에서 파견된 인원이 함경도에서 파견한 조선의 彭翰周와 만나 "승판처에서 전에 보낸 조회는 함경도관찰사에게 보내는 것이라서 왕복에 20여 일이 소요되니, 함경북도안무사는 잠시 그 내용을 알 수 없을 것"이라는 이야기를 듣고, 결국 "함경도를 관할하는 지방관청이 두 군데 있어, 하나는 觀察使로서 道 전체를 통할하며 咸興府에 자리하고 있어서 慶源府와는 800여 리가 떨어져 있고, 또 하나는 按撫使로서 도의 절반을 관할하며 鏡城府에 자리하고 있어 慶源府와는 300여 리 떨어져 있다"는 점을 알게 되었다. 그래서 다시 밤새워 咸鏡北道按撫使에게 보낼 조회를 준비하고 慶源府의 역참을 통해 밤낮으로 달려 신속히 전달케 하였다. 이 점을 보면 조선의 지방당국·행정계통에 대해서는 상세하게 알지 못하고 있었던 것을 알 수 있다. 「琿春副都統咨文[爲報協領德玉等赴朝鮮茂山府, 査辦邊務事]」(光緖 10년 12월 12일), 『中朝交涉史料』, pp. 1183-1185.(『자료선역』 2 — 027 — pp. 301-302)

216 다만 혼춘 쪽에서는 정계비의 설립 경위에 대해 전혀 정보를 확보하지 못하였고, 그에 관한 기록도 존재하지 않았기 때문에, 이후에도 비문의 내용을 부정함으로써 정계비가 논쟁을 해결할 핵심적 근거가 되는 것을 피하고자 하였다. 정계비의 설립이나 비문을 부인할 수 없게 될 경우 그것이 다른 장소에 세워졌다가 조선 측에 의해 옮겨졌다는 논리를 고집하는 것은 바로 그 대표적인 사례이다.

받게 되었다.[217] 양국 사이의 갈등·논쟁이 자칫하면 점차 감정적인 충돌로 번지기 쉬운 것이었다는 점은 무산부로 파견된 덕옥·살병아·가원계 등이 24일에는 경원부에 도착하고, 바로 조회를 보내 "이후로 지나갈 지방에 알려서 (필요한 물품을) 공정하게 사고 팔 수 있게 함으로써 양측 모두 편하게 하자고 요청하였던" 태도에서,[218] 회담과정에서는 앞서 서술한 대로 중국의 신번(臣藩)·신하[臣子]가 "감히 군부(君父)에게 대들고자 하는 것이냐?"는 힐난을 하는 태도로 바뀐 것에서 확인할 수 있다.

또한 양측의 회담이 결론을 얻지 못한데다가, 이후 함경북도안무사 조병직이 "마땅히 정부에 보고를 올려 [지시를] 기다린 다음 인원을 파견하여 공동감계를 할 것"이라고 통보한 것은 "귀 도께서는 정부에 보고를 올려 요청해야 한다는 것을 왜 일찍 말하지 않으셨습니까? 양국의 변강에 대한 큰일이라서 귀 도께서 주지할 수 없다면 하필 종성부의 일방적인 말만 듣고 본 승판처와 변론을 주고받았습니까? 하필 본 승판처에서 토문강의 상하 원류에 대해서 귀 도에게 두 번, 세 번 자세하게 이야기하게 하셨습니까?"라는 혼춘당국의 불평을 자아내었다. 그들은 결국 "이 일을 오랫동안 질질 끄는 것을 바라지 않는다면, 번거롭더라도 신속하게 정부에 보고하고 적절한 인원을 파견하여 공동감계를 실행함으로써 변민을 안정시켜야 한다."라고 다시 독촉하였다.[219] 조선은 사실상 공동감계에 대해 중앙정부의 승인 아래 체계적인

217 「敦化縣知縣照會」(光緒 10년 12월 5일), 『中朝交涉史料』, pp. 1171-1176. (『자료선역』 2 — 024 — pp. 280-290)

218 「琿春副都統咨文[爲報協領德玉等赴朝鮮茂山府, 查辦邊務事]」(光緒 10년 12월 12일), 『中朝交涉史料』, pp. 1183-1185.(『자료선역』 2 — 027(2) — p. 303)

219 「邊務承辦處照會」(光緒 10년 12월 15일), 『中朝交涉史料』, p. 1186.(『자료

준비를 거의 하지 않았다는 점은 여기에서 확인된다.

한편 이러한 결과를 보고받은 길림장군은 "함경북도의 답장조회나 홍남주의 답변은 모두 말을 꾸며 내어 거짓핑계를 대는 것이니, 이러한 요설(饒舌)에 대해서는 말로써 다툴 수 있는 바가 아니다"고 하면서도, "그래도 공동감계를 거부한다는 말은 하지 않았으니, 비록 그것을 구실로 삼아 시간을 끄는 것이라고 할지라도, 우리가 참말로 믿어주어서는 안 될 것도 없다. 조선은 한참 일이 많아 복잡한 시절인 데다가, 하물며 이미 봄이 거의 다 되었으니, 눈 깜빡할 사이에 얼음과 눈이 녹아 버릴 터이므로 조금 시간을 늦추어 줄 수도 있을 터이다"는 반응을 보였다.[220]

이렇게 조선 측에서 먼저 변계·공동감계의 문제를 제기해 놓고서도 실질적인 공동감계·회담의 단계에 들어서서는 도리어 중국 측으로부터 시간을 끈다는 지적을 받게 된 것은 1884년 10월 17일(양력 12월 4일) 갑신정변(甲申政變)이 발생하여 정국이 어수선하였고 — 결국 1884년 11월 24일(양력 1885년 1월 9일) 조선은 여기에 개입하였지만 공사관이 불타고 직원과 거류민이 희생된 데 대해 책임을 요구하는 일본과의 사이에 한성조약(漢城條約)을 체결하게 되었다 — 지방당국과 정부의 조사·결정·답장이 중국 측의 기대에 어긋나게 지연되었던 것 때문으로 보인다. 하지만 보다 이 문제를 지연시킨 것은 사실 1884년 11월 2일 조선정부가 중국에 동지사(冬至使)를 파견하면서 공동감계를 요청하는 자문을 보냈지만, 1885년 2월 이 동지사가 올린 자문을 예부에서

선역』 2 — 028 – pp. 309-311)

220 「吉林將軍衙門咨文[爲俟氷雪消融後, 與朝鮮府使訂期會勘疆界的]」(光緒 11년 1월 7일), 李澍田 主編, 『琿春副都統衙門檔案史料選編)』 中冊(吉林文史出版社, 1991. 이하 『琿春檔案選編』으로 약칭), pp. 319-320.(『자료선역』 2 — 030 — pp. 314-317)

접수를 거부하였으므로, 다시 5월에 부사직(副司直) 이응준(李應俊)을 보내 예부의 대주(代奏)를 요청하는 일이 벌어졌던 사정 때문이었다. 이 때문에 공동감계 문제에 대해 중국 측 반응을 기다리는 조선정부의 대응이 크게 지연될 수밖에 없던 것이다(이에 대해서는 다음 절에서 서술하겠다). 하지만 당시 이런 사정을 알지 못한 길림장군은 "올 봄에 눈이 녹기를 기다려서 다시 조사를 해서 처리하자고 청한 일은 그런 대로 이치에 맞는 것처럼 보였고, 또 당시 조선에 큰 사건이 많이 터졌던 때임을 감안하여 약간의 시일을 주었는데, 날씨가 풀려서 이미 눈이 녹았는데, 여전히 정부의 회답을 기다린다는 핑계를 대니 이것은 무슨 뜻입니까? 조선의 도·부에서는 이전에 봄에 눈이 녹을 때로 시기를 정하자고 했으면서, 왜 미리 정부에 보고하지 않고 봄눈이 녹는 시기가 다 지나갈 때가 되어서야 비로소 보고를 한다는 말입니까?"라고 강경한 어조로 불평을 할 수밖에 없었다.[221]

아울러 함경북도안무사 조병직이 "변계에 관한 일은 불가불 따로 조사·결정을 한 다음에야 비로소 중국에 자문을 보낼 수 있으므로 이 때문에 해당 도에게 분부하였는데, 어찌 감히 그대로 받들어 시행하겠다고 답장을 보낼 수 있는가?"라는 질책을 받은 것에서 알 수 있듯이[222] 조선정부에서는 중국 측에 '자문'을 보내고 그에 대한 중국 측 반응을 보기 위한 시간을 필요로 하였던 것도 원인 가운데 하나였던 것으로 보인다. 이것은 동시에 조선 측에서 이 문제를 이제는 지방당

221 「吉林將軍衙門咨文[爲琿春副都統密諭駐守之員, 勸諭朝鮮墾民遷回本國的]」(光緒 11년 4월 13일), 『琿春檔案選編』 中冊, pp. 320-321; 『中朝交涉史料』 pp. 1193-1194.(『자료선역』 2 — 034 — pp. 331-336)

222 「朝鮮咸鏡北道按撫使照覆」(光緒 11년 3월 3일), 承文院 編, 「啓下咨文冊」 13, 『조·청국경회담』, pp. 67-69; 『中朝交涉史料』, pp. 1191-1192.(『자료선역』 2 — 031 — pp. 318-322)

국이 아닌 정부 차원의 문제로 처리하겠다는 입장을 굳히고, 이에 따라 중국의 예부에 자문으로 보내 정식으로 공동감계를 요청하게 되었다는 것을 의미한다. 실제 조병직은 고종 22년(1885) 3월 3일 중국 측에게 "이 일은 이미 예부로 자문을 보내어 황상께 상주되었으므로 조선정부로서는 스스로 결정을 할 수 없습니다. … 응당 예부에서 조선정부에 답변을 하기를 기다려 인원을 파견하고 함께 공동감계를 하면 분명하게 판가름이 날 것입니다."라는 답장을 보내게 되었다. 중국 측의 압박으로 곤경에 처한 함경도당국은 외부(外部)에 올린 서신에서도 다음과 같이 이 문제의 처리를 중앙정부에 떠넘기면서 그 조치를 기다릴 수밖에 없었다.

> 정계 문제는 지금 당장 급한 일이지만, 종성·회령·무산·온성 네 읍은 결국 [거기에 참여하여 조사하러] 가기를 원하지 않을뿐더러, 또한 실제로 보낼 만한 인원도 없습니다. 더구나 연초에 정계에 관련 일을 중앙정부에 보고할 때, 당시 인원 파견에 관한 사항을 조정에서 처리해 줄 것을 요청했지만 지금까지 아무런 지시를 받지 못하였습니다. 그렇지만 이미 조정에 보고하여 지시를 요청하였으므로, 지금으로서는 바꾸기도 어렵습니다. 지금 다시 한 번 문서를 갖추어 신속하게 보고를 올렸지만, 오로지 조정의 지시를 기다려서 그것을 실행해야만 합니다. 그렇지만 혼춘 쪽 사람들과 함께 처리하면 비록 곧은 것이라 할지라도 반드시 굽은 것이 되어 버릴 터이므로, 오로지 예부에 자문으로 요청하여 북경에서 따로 위원을 파견한 다음 이치에 따라 처리하게 해야만 [일이 제대로] 풀릴 수 있을 것입니다.[223]

223 「咸鏡道致外部函稿(錄呈憲鑒)」, 「北洋大臣李鴻章文(附: 朝鮮咸鏡道趙秉稷致其外部函. 咸鏡道致吉林招墾局照會)」(光緒 11년 6월 8일), 『中日

아울러 함경도당국은 오대징이 돈화현 지현 조돈성에게 이전의 순사(巡使)에 대해 "학대하고 내쫓는 것을 허락하지 않는다[不許凌虐驅逐]"고 지시를 한 적이 있으므로, 혹은 지금 이 여섯 글자를 지렛대로 삼거나, "혼춘부도통은 단지 군사업무만을 관장할 따름이며, 둔간업무는 초간국에서 주관하는데, 가원계는 위원이고, 승판 덕옥은 그가 파견해서 부리는 것 같습니다. 만약 북경 쪽으로 손을 쓴다면 지금 가원계·덕옥 두 사람이 부리는 계책은 쉽사리 저지할 수 있을 것 같습니다."라고 제안할 수밖에 없었다.[224] 이것은 더 이상 지방당국 차원에서의 대처로는 문제를 감당할 수 없게 된 상황이 되었음을 보여 준다.

하지만 "한참 일이 많아 복잡한 시절"인 조선 측의 대응이 계속 늦어지자, 중국 측에서는 조선 측이 정부에 보고하여 요청함으로써 이번 봄을 기다려 인원을 파견하여 공동감계를 하자고 하였다는데, "안무사가 주재하고 있는 경성과 정부가 소재한 왕경(王京) 사이의 거리는 1,700리를 넘지 않는다. 이를 위한 사절이 보행으로 왕복하여도 1개월 남짓을 넘지 않는데 어찌 지금까지 5개월이 넘었는데, 여전히 아무런 소식이 없느냐?"면서 일부러 늑장을 부리는 것이 아니냐고 다시 노골적으로 의심하는 독촉을 하게 되었다.[225] 이 단계에 와서 양측이

韓』 卷4, pp. 1879-1882; 『국역중일한』 2, pp. 252-260.(『자료선역』 2 — 041(1) — pp. 376-379)

224 위와 같음. 咸鏡北道按撫使 趙秉稷도 이렇게 吳大澂의 지시를 근거로 혼춘당국에 월간민의 '陵虐驅逐'을 중지하라고 요청하는 조회를 보냈다. 「咸鏡道趙秉稷致招墾局照會稿(錄呈憲鑒)」[「北洋大臣李鴻章文(附: 朝鮮咸鏡道趙秉稷致其外部函. 咸鏡道致吉林招墾局照會)」](光緒 11년 6월 8일), 『中日韓』 卷4, pp. 1879-1882.(『자료선역』 2 — 041(2) — pp. 379-380)

225 「朝鮮咸鏡北道按撫使照覆」(光緒 11년 3월 3일), 承文院 編, 「啓下咨文冊」 13, 『조·청국경회담』, pp. 67-69; 『中朝交涉史料』, pp. 1191-1192.(『자료선역』 2 — 031 — p. 319)

주고받는 공문에 점차 '감정적인' 성격이 짙은 표현이 두드러지는 것은 조병직이 앞서 보낸 답장에서 "귀 조회의 말미에 '스스로의 잘못을 감수하면서 교묘하게 발뺌을 한다'고 하신 말씀은 특히 지나친 것으로 상대방에 대한 존중이 결여되어 있습니다. 본 안무사도 역시 차분하게 따지되, 똑같은 말로 되돌려주고 싶지는 않습니다."라고 반발한 데서도 알 수 있다. 이러한 감정적인 대립은 실제로 혼춘당국이 조선월간민에 대해 보다 강경한 조치를 취하는 등 양측 사이의 갈등양상이 깊어지는 상황으로 이어질 수밖에 없었다.

이렇게 갈등이 심화되는 가운데 1885년 3월 함경북도안무사는 다시 조회를 보내 "변계의 공동감계 문제는 이미 정부에 보고를 올렸으며 지시를 오면 곧바로 알리고 인원을 파견하여 공동감계를 시행하겠다"는 뜻을 알리면서, 동시에 "[조선월간민이] 경작하는 땅은 올 봄에 새로 개간한 것이 아니며, 지금 이미 지금 병사를 파견하여 지키게 하고 있으니, 몇 년 동안 생업에 종사하던 백성들이 농사철을 맞아 일을 잃게 됩니다."라고 하면서 혼춘당국의 선처를 요청하였다.[226] 하지만 이에 대해 길림장군은 "생업을 잃는다는 것은 스스로 허물을 자초한 데 지나지 않으며, 이미 백성을 위해 호소하는 것임을 알고 있다면 즉시 변계를 조속하게 조사하여 더 이상 미뤄서는 안 될 것"이라고 하면서, "함경도에서 다시 회답을 올 때를 기다리지만 만약 그때에도 여전히 버티면서 질질 끈다면 응당 예부에 자문을 보내 처리하는 것이 필요할 것"이라고 하여, 문제를 중앙정부에 알려 그 지시를 받겠다는 입장을

226 「定界事按撫營答照會」(乙酉三月), 『勘界使謄錄』 上(乙酉冬), pp. 1-2; 이왕무 등, 『역주 감계사등록(譯註 勘界使謄錄)』 상, pp. 60-63.; 「吉林將軍衙門咨文[爲琿琽副都統密諭駐守之員, 勸諭朝鮮墾民遷回本國的]」(光緒11년 4월 13일), 『琿春檔案選編』 中冊, pp. 320-321; 『中朝交涉史料』, pp. 1193-1194.(『자료선역』 2 — 034 — pp. 331-336)

표명하였다.[227] 이제는 길림 측에서도 이것을 지방당국 사이의 분쟁이 아니라 정부·국가 차원의 문제로 간주하여 처리하겠다는 보다 '강경한' 방침으로 나가기 시작한 것이다.

그리하여 광서 11년(1885) 3월 이전에 길림장군은 "남강(南崗)의 두만강 주변 일대에서 조선백성들이 몰래 황무지를 개간해서 경작을 하고 있으므로 응당 병력을 파견해서 진압하여, 다시 농사짓는 것을 막아야 할 것"이라고 혼춘부도통에게 지시를 함으로써[228] 강경한 대처 방침을 선택하였다. 이러한 지시는 실제 혼춘(琿春)·남강(南岡) 등지에서 군병(軍兵)·둔병(屯兵) 약 1백여 명 이상(지역에 따라 120명, 또는 145명, 200여 명으로도 보고되고 있다)의 기병(騎兵)을 '도전 조사[島田 摘奸]'의 명목으로 파견하여 회령·무산·종성 등지에서 4월 9일부터 며칠 동안 '간도(間島)의 농막(農幕)'을 방화하고, 거기에 거주하는 주민·가축들을 몰아내면서 농사를 막는 행동으로 이어졌다.[229]

227 위와 같음.(『자료선역』 2 — 034 — pp. 334-335)

228 「吉林將軍衙門咨文[爲派兵沿江巡察, 以免朝民越界偸墾的]」(光緒 11년 3월 9일), 『琿春檔案選編』 中冊, p. 320.(『자료선역』 2 — 032 — pp. 323-324)

229 『勘界使謄錄』, pp. 1-2; 『역주 감계사등록』 상, pp. 63-81에 실린 회령·무산 각지에서 서로 주고받거나 鏡城의 按撫營으로 올린 여러 「馳報」를 참조. 權錫奉, 2007, pp. 83-94도 『中日韓』에 실린 자료를 중심으로 이를 분석하고 있다. 長順 修·李桂林 纂, 『吉林通志』(吉林師範學院古籍硏究所 整理. 吉林文史出版社, 1986) 卷53 「武備志 四 兵制 四 靖邊軍」, 7a-9a(pp. 859-860)에 의하면 이 무렵 琿春城에는 보병 5營 총 2,000명, 南岡에는 보병 1營 400명과 기마부대 1營 200명 등 총 2,600명이 주둔하고 있었다. 따라서 200명 정도의 騎兵이라면 南岡의 기마부대 대부분이 동원되었던 것으로 보인다. 또한 이 점은 길림 남부와 혼춘 지역이라는 광활한 지역(두만강 유역만 해도 수백 리가 넘는다)에 대해 청조 당국이 군사적으로나 행정적으로 효율적인 통제를 하는 일이 결코 쉽지 않았을 것이라는 점을 시사해 준다.

결국 이러한 중국 측의 강경한 태도는 혼춘에서 파견한 관병(官兵)들이 "농막을 불태워 부수고 백성을 쫓아낸 일을 직접 목격하고도 백성을 안정시키고 군대의 행패를 늦추자는 욕심에서" 온성부사가 상사에게 알리지도 않고 혼춘에 공문을 보내는 해괴한 짓을 벌여 해당 부의 속원들이 모두 체포되어 엄한 심문을 받고, 그 역시 엄한 처벌을 피할 수 없게 되는 일을 낳았으며, "또한 법도에 어긋나게" 회령의 월간민들이 연명으로 [아마도 혼춘 쪽에] 탄원서를 올리는 일이 나타나게 하였다.[230] 심지어는 종성(鍾城) 쪽에서는 천여 명의 조선 빈민이 두만강을 건너가 강변에 머물면서 떠나려 하지 않고, 또한 그 가운데 백여 명의 빈민이 중국에의 귀부(歸附) 의사를 밝히는 일도 나타났다. "진퇴양난에 빠져 추위와 배고픔이 뼛속까지 찌르고 있으니 장차 죽음의 위협도 피하지 못하게 될 것"을 우려한 그들이 혼춘당국에 올린 탄원서의 내용은 다음과 같다.

> 저희들은 본래 조선빈민으로 평소 중국에서 백성들을 사랑하여 은택을 베풀어 주신다는 소문을 실컷 들어 왔습니다. 그래서 많은 사람들을 이끌고 마을 사이에서 걸식을 하면서 천 리 길을 멀다 하지 않고 찾아와서 토문강 서쪽에 머무르게 되었습니다. 즉 동쪽은 조선의 종성 땅이고 서쪽은 즉 중국 땅입니다. 농사를 지을 작정으로 초가집을 지으려 했는데, 유감스럽게도 종성사람들이 자신들이 농사짓는 곳이라고 땅을 다투는 바람에 저희들은 그 토지를 받지 못하게 되었습니다. 그래서 탄원서를 올려 농사를 지을 수 있다면 머리를 깎아 체발(剃髮)을 하고 중

230 「朝鮮咸鏡北道按撫使照覆」(光緒 11년 3월 3일), 承文院 編, 「啓下咨文冊」 13, 『조·청국경회담』, pp. 67-69 또는 『中朝交涉史料』, pp. 1191-1192.(『자료선역』 2 — 031 — pp. 318-322)

국백성이 될 수도 있습니다. 엎드려 비오니 어진 하늘과 같은 대인께서 때마침 궁핍한 백성을 무휼하는 정치를 베풀어 주시기 바랍니다. 즉 농사지을 땅을 허락해 주시어, 이것으로 농사를 지어 생명을 보전할 수 있게 해 주시기를 바랍니다.[231]

미리 진출한 두만강유역 월간민과 나중에 보다 먼 곳에서 흘러들어온 유민 사이의 갈등 때문에 "농사를 지을 수 있다면 머리를 깎아 체발(剃髮)을 하고 중국백성이 될 수도 있다"고까지 하는 '조선빈민'이 출현한 것이다. 이에 대해 혼춘부도통은 "만약 안착시키지 못한다면 그들은 장차 죽음으로 내몰리게 될 것이니, 정말 가련한 처지라고 하겠습니다. 그렇게 되면 비단 그들을 회유하는 방법을 놓치게 될 뿐만 아니라 곤경에 빠져 돌아갈 수 없을 경우 혹시라도 러시아에게 수용이 된다면 더욱 우려할 만한 상황이 됩니다. 응당 신속하게 방법을 마련하여 정착시켜 그들의 마음을 가라앉힘으로써 적에게 도움이 되는 것을 피해야 합니다."라는 방안을 제시하였다. 군대를 동원한 월간민의 구축이 장기적인 해결책이 될 수 없다는 점을 현장의 실무자는 분명하게 느끼고 있었던 셈이다. 또한 이것은 두만강 변계를 둘러싼 갈등이 단순한 영토분쟁이 아니라 거기에 거주하는 '주민'의 확보를 둘러싼 각국의 경쟁으로 치달을 수 있다고 한 앞서의 지적을 되새기게 해 주지만, 공동감계를 통한 문제의 해결이 지연되면 지연될수록 두만강 연변 조선월간민의 존재는 더욱 처리하기 어려운 문제가 되고 있었음을

231 「吉林將軍希元文(附.原呈)」(光緒 11년 3월 29일), 『中日韓』 卷4, pp. 1765-1768; 『국역중일한』 2, pp. 246-251.(『자료선역』 2 — 033 — pp. 325-330) 이들이 올린 「原呈」에는 柳雲根 등 조선빈민 146명의 성명이 나열되어 있다.

알려 주기도 한다.[232]

그리고 함경북도안무사가 중국 측에서 이렇게 군대를 파견하여 월간민 구축에 나선 것을 보고하자 조선정부에서는 4월 20일 "변경에 관한 문제는 따로 토의해서 결정하지 않을 수 없으므로 방금 중국에 자문을 보낼 것이라는 내용으로 해도(該道)에 분부"하겠다는 결정을 내렸고, 뒤이어 21일에는 "관북(關北)의 토문강(土門江) 경계를 조사하는" 문제에 대해서 "승문원(承文院)으로 하여금 사실을 자세히 밝혀서 자문(咨文)을 만들도록 하고, 자문을 가지고 갈 관리를 따로 정해서 들여보낼 것"을 결정하였다.[233] 변계의 문제는 청정부에 자문을 보내 국가 차원의 외교 문제로서 다루어 처리하겠다는 방침을 조선정부에서도 다시 한 번 확인하였던 것이다.

때문에 함경북도안무사 조병직은 다시 5월 4일에 조회를 보내 "정부에 보고하여 요청하였는데, 아직까지 답변이 없다"고 통보하지 않을 수 없었다. 이에 대해 다시 혼춘 쪽은 다음과 같이 아주 날선 어조로 강력한 불만을 토로하였다.

> 어찌 지금까지 5개월이 넘었는데, 여전히 아무런 소식이 없습니까?

232 이 밖에도 조선·청 백성 사이에 일어난 갈등·충돌과 분쟁·소송 등의 문제는 앞서 서술하였듯이 여기서는 이에 대해서는 다루지 않았다. 權錫奉은 2007, pp. 83-94에서 이에 관한 간단한 개괄을 하면서 이것 역시 勘界 결정의 배경이라고 지적하고 있다.

233 「議政府等啓」(光緖 11년 4월 20일), 『高宗實錄』 22卷, 高宗 22년 4월 20일 첫 번째 기사(원본 26책 22권 19장 A면. 영인본 2책 196면), 高宗 22년 4월 21일 첫 번째 기사(원본 26책 22권 19장 B면. 영인본 2책 196). 이러한 문제에 대해 함경북도안무사가 '待罪'를 청하자, 정부는 대죄하지 말라는 결정을 내렸다. 『高宗實錄』 22卷, 高宗 22년 5월 7일 두 번째 기사(원본 26책 22권 23장 A면. 영인본 2책 198면).(『자료선역』 2 — 034 — pp. 337-340)

어찌 [조선]정부는 변강의 큰일을 아이들 놀이처럼 여겨 안무사의 보고를 못들은 척 무시한다는 말입니까? 아니면 안무사가 변강의 땅에서 숨겨야 할 문제가 많기 때문에 감히 인원을 파견하여 함께 조사하지 못하고, 부득이하게 정부에 보고를 올렸다고 거짓말을 함으로써 그럭저럭 시간을 보내려 하는 계책으로 삼는 것이 아닙니까? 만약 정말로 정부에 요청을 했다면, 이미 반년이 지났는데 어찌 아직까지 답장이 없습니까? 핑계를 대어서 발뺌하는 것이 너무도 분명합니다.[234]

그리고 이러한 불만은 조선 측의 저의에 대한 중국 측의 깊은 '회의'로 이어지게 되었다.

깊이 생각해 보니, 예전에는 중국의 길림변계를 조선백성이 금령을 어기고 몰래 침범한 것이라 하였는데, 지금에 와서야 조선관청에서 백성들에게 몰래 팔아넘긴 것임을 비로소 알게 되었습니다. [만약 이런 사실을] 안무사께서 알지 못했다면 제대로 살펴보지 못한 탓이고, 알고도 조사하지 않았다면 그들을 비호한 것입니다. 비호할 마음이 있으니 아무리 독촉을 해도 인원을 파견하여 감히 공동감계를 할 수 없었고, 또 정부에도 감히 보고·요청할 수 없었던 것입니다. 설사 보고·요청을 했더라도 강 주변 백성들이 강 사이[江間]의 황무지를 개간하여 농사를 짓는다고 거짓보고를 했으니, 중국지방관이 와서 힘써 다투더라도 백성들이 강을 넘어 개간한 것이 이미 4-5리, 혹은 10여 리, 혹은 수십 리에 이른다고 결코 사실대로 알릴 수 없었던 것입니다. … 중국의 길림

234 「德玉等照會」(光緒 11년 5월 29일), 承文院 編, 「啓下咨文冊」 13, 『조·청 국경회담』, pp. 64-67; 『中朝交涉史料』, pp. 1194-1196.(『자료선역』 2 — 036 — p. 342)

장군과 혼춘부도통 역시 더욱 그렇습니다. 분명하게 그 가운데에 상당한 문제가 있는 것을 알면서도 바로 예부에 자문으로 그것을 알리지 않고, 단지 우리들을 파견하여 독촉하게 하신 뜻은 정말 깊다고 하지 않을 수 없습니다. 따라서 번잡한 말을 꺼리지 않고 충고를 하니, 이 쓴 말을 좋은 약으로 생각하신다면, 신속히 인원을 파견하고 방법을 강구하여 완결을 지으십시오. 만약 그래도 귀에 담기 싫다고 생각해서 좋은 말로 권하는데도 뱉어 내기에 바쁘다면, 나중에 진실한 상황이 드러났을 때 도저히 만회할 방법이 없을 것이니, 그때 가서 무정하다고 탓하지는 마십시오.[235] [밑줄 — 인용자]

여기서 강조된 부분을 통해 우리는 앞서 간단히 언급한 중국 측의 조선관리에 대한 월간 비호의 의심이 거의 '확신'으로까지 바뀌고 있음을 알 수 있다. 아울러 "분명하게 그 가운데에 상당한 문제가 있는 것을 알면서도 바로 예부에 자문으로 그것을 알리지 않고, 단지 우리들을 파견하여 독촉하게 하신 뜻은 정말 깊다고 하지 않을 수 없다."라는 내용은 길림당국이 변계문제를 중앙에 알리지 않고 지방 차원에서 해결하려 시도해 왔음을 역시 확인해 준다. 하지만 함경도 측이 공동감계에 소극적인 반응을 보이는 것은 "땅은 비록 소민들이 월간을 했지만, 조선관청에서 증명서[執照]를 발급하여, 이미 황무지개간 보증금으로 조선의 동전 4-5천 전(錢)에서 2만 전을 납부하였다"는 사실로 볼 때 조선관원이 처음부터 백성들의 월간을 비호하기 위해서 이러한 행동에 나선 것이었다고 단정한 중국 측은 지방당국 사이의 교섭 문서에서 보기 어려울 정도의 날선 어조로 상대방을 비난

235 위와 같음.(『자료선역』 2 — 036 — pp. 344-345)

하게 되었다. 당시의 상당히 격앙된 분위기가 이 문서에 그대로 나타나고 있는 것이다.

하지만 앞서 지적하였듯이 “수천 가구의 조선월간민을 사흘 기한 안에 모두 돌아가도록” 강요한 길림 측의 대응은 장기적이거나 영구적인 효력을 발휘하기 어려웠던 것도 사실이다. 두만강 상·중류의 기나긴 북쪽 연안에 흩어진 그들을 모두 구축하고 그 복귀를 막는다는 것은 앞서 서술한 대로 혼춘·남강 지역의 병력만으로는 도저히 감당하기 어려운 과제였기 때문이다. 이 때문에 혼춘부도통은 결국 2만 명이나 되는 숫자가 너무 많고, 차지한 땅은 좁고 긴데다가 조선관리에게 세금을 납부하면서 경작을 해서 이미 오랫동안 자기재산으로 간주해 왔기 때문에, 이런 강경한 방식은 도리어 조선 측에 구실을 만들어 주게 되고 실제 효과적으로 조선백성의 귀환을 막을 수도 없으므로, 일단 병력을 철수시키고 조선정부에 외교적 압박을 가해 공동감계를 실행하는 방안이 보다 근본적인 대책이라고 다시 보고하게 되었다.[236] 혼춘 쪽도 이제는 중앙정부 차원의 교섭을 통한 문제 해결이라는 방안으로 기울게 된 것이다.

이때 혼춘부도통이 길림장군에게 자문으로 보낸 내용은 당시에 두만강 지역 월간 상황과 군사적 구축 조치에 나선 중국 측의 의도와 행적에 대해 자세하게 설명해 주고 있다.

<u>조선백성의 월간은 두만강 주변 지역을 따라 수백 리에 걸쳐 있고, 조선의 경성·무산·회령 3부의 영역과도 이어지고 있으며, 대략 그 사</u>

236 「琿春副都統咨文[爲將駐扎南岡沿江一帶, 驅逐越墾朝民之右路營官, 撤回歸伍事]」(光緒 11년 6월 1일), 『琿春檔案選編』 中冊, pp. 322-324; 『淸代中朝』, pp. 52-54.(『자료선역』 2 — 037 — pp. 348-356)

람 수가 2만여 명에 이르는데, 모두 해당 지역 토착민이고, 아울러 관직에 있는 사람도 포함되어 있습니다. 이 지역은 몰래 개간한 땅과 겨우 강 한 줄기를 사이에 두고 있으니, 평소에 이 땅의 비옥함을 눈여겨보고 있다가 강을 건너와 개간을 한 다음, 농사일을 마치면 옛집으로 돌아가 쉬고, 가을에 곡식이 익으면 집단으로 몰려와 수확을 해서 작은 배로 싣고 돌아가 저쪽에 등장합니다. 이렇게 왕래하는 것은 겨우 강을 하나 건너는 수고를 할 뿐이니, 멀리서 찾아온 유민이 온 가족을 이끌고 도착하여 움막을 짓고 사는 것과는 전혀 사정이 다릅니다. 현재 이미 상당한 시간이 흘러 각지의 지방관은 황무지개간 보증금[荒價]과 매년의 세금[歲課]을 징수하고 있으며, 집을 짓고 가족을 옮겨 온 사람도 확실히 적지 않습니다. 그렇지만 모두 본국인 조선에 여전히 원래의 집이 있어, 이곳을 따로 나와 옮겨 사는 분가(分家)로 보는 식입니다. 여기 세운 집이라는 것도 단지 땅을 조금 깊게 파고 가냘픈 나뭇가지 몇 가닥을 올린 다음 짚으로 만든 지붕을 씌우는 정도에 지나지 않아 초가집[草搶子]이라 불리는데, 결코 오래 거주할 수 있는 튼튼한 게 아닙니다. 그 집에는 소나 쟁기, 농구 외에는 아무런 물품도 없어 이곳을 떠나 옮겨 가는 것 역시 아주 편합니다. 따라서 1년 중 농한기 때에는 백성들이 모두 조선의 원거주지에 머물러 있으므로 강 주변에서 보이는 사람이 별로 많지 않습니다. 그렇지만 김을 매거나 수확을 할 때가 되면 성년 남녀가 논밭에 가득하니, 이른바 2만여 명이라고 하는 것은 특히 가구마다 개간한 토지, 강 주변 일대의 거리와 넓이를 따져서 대략 셈해 본 것이므로, 아마 이 정도에만 그치지는 않을 것입니다. 이 가운데의 자세한 상황에 대해서는 이전에는 실제로 조사해 본 적이 없어 깊이 알 도리가 없었습니다. 또한 가을이 지나고 초봄에 이르기까지의 시기는 바로 농한기라 농민들이 자취를 감추고 있기 때문에 순찰을 하더라도 역시 월간민을 이렇게 많이 볼 수는 없었습니다.

본 방판은 전에 봄에 얼음이 녹으면 공동감계를 한다는 약속이 있었으므로, 감계 이전에 그 백성들이 관부의 일에 대해 알지 못하고 이전처럼 개간과 경작을 계속할 것을 염려하여, 병력을 파견하여 주둔시키고 힘으로 위압함으로써 그들이 중국 병력의 위세를 보고 감히 월간하지 못하게 하고, 아울러 조선관리에게 반드시 이 지역을 쟁탈하겠다는 우리의 의사를 인식시켜 시기가 되었을 때 더 이상 감히 늦추지 못하게 하고자 하였습니다. 원래는 파종 시기 이전에 무력시위를 통해 그들 스스로 움츠려 들게 만들려는 의도였던 것입니다.

뒤이어 조선 측과 문서를 주고받게 되면서, 해당 영관이 오도구(五道溝) 지방에 이르렀는데, 바야흐로 한참 파종 중이라서 농민들이 들판에 가득 깔린 무렵이었습니다. 그들은 병사들을 보고도 결코 두려워하지 않았으며, 위협하며 저지해도 마친 못들은 것처럼 해서 앞으로 끌고 와서 이치로 깨우쳤지만, 그 가운데 교활한 사람은 "무엇이 경계를 넘었다는 것인지 모르겠다"고 버티면서 분명하게 저항하려는 태도였습니다. 다행히 해당 영관이 그래도 조금은 견식이 있어서, "일을 일으켜서도 안 되지만 일을 두려워해서도 안 된다"는 지시를 조심스레 지키면서 위세로 몰아내자 저들은 그래도 배회하다가 마지못해 떠나갔습니다. 이렇게 하면서 조금씩 조금씩 전진하는데, 사도구포자(四道溝泡子)·연석동구(沿石洞溝)·고력왜자(高力崴子)·이육도구(裏六道溝)·강명애(江明隘)·사금구(砂金溝)·팽산상수위(彭山桑樹衛)·마도구(馬道溝)·삼송배(杉松背)·복화뢰자구(福和磊子溝)·명천(明川) 등지에서는 모두 병력이 도착한 다음 바로 저들이 떠나가면서 순조롭게 진행되는 것처럼 보였습니다. 하지만 강북에 원래 다른 물품이 없고, 강남에 각기 살던 집이 있으므로 가고 오는 일이 본래 아주 쉬운 일이었습니다. 앞서 알린 것처럼 병사들이 떠나면 다시 돌아오는 것은 아마도 관병들이 앞으로 대오를 이동시키면 그 뒤쪽에서는 이미 떠나서 돌아갔던 사람들이 다시 강을 건너 돌아오는 형편이라 앞뒤를 모두 두루 살펴볼 수는 없었기 때문으로, 반드시 병력이 철수한 다음에야 그들이 다시 복귀하는 것은 아닙니다. 또한 해당 영관(領官)이 명천 지방에서 사흘의 기한을 주었던 것도 역시 떠나가는 일이 아주 쉬웠기 때문입니다.

… 거듭하여 심사숙고해 보니 조선백성의 숫자가 너무 많고 차지한 땅은 좁고 긴데다가 세금을 납부하면서 경작을 해서 이미 오랫동안 자기 재산으로 간주해 왔기 때문에, 지금은 비록 병력의 위압 때문에 잠시 옮겨서 피하고 있을 뿐입니다. 파종한 다음이라면 좋은 싹이 논밭에 자라고 있을 터이니 버리라고 해도 결코 따르지 않을 것입니다. 만약 이들의 희망을 완전히 없애려면 그 가옥들을 모두 불태우고 논밭에 있는 싹을 모두 훼손시키지 않으면 안 될 것입니다. 그렇게 되면 의외의 위급한 변고가 생기지 않는다고 말하기 어렵습니다. 만약 지금 지난번처럼 도처에서 그들을 쫓아내기만 한다면 강 주변 도로가 험하고 좁은데다가 끊어지고 무너진 낭떠러지 투성이라는 점을 따지지 않는다고 해도, 병사들이 너무 힘들 뿐만 아니라 항상 시행할 수 있는 방안도 되지 못합니다. 또한 그 백성이 점차 익숙해지고 날로 완강해진다면, 이전처럼 그래도 잠시 피하는 것조차 강제하지 못할 것이고, 곳곳에 병력을 나누어 주둔시키려 해도 그 지역이 너무 길게 뻗어 있기 때문에 그 부대로서는 도저히 나누어 배치할 수 없습니다. 만약 다른 부대의 병력을 추가로 동원한다면, 아마 병력이 너무 늘어날 것입니다. 또 해당 영관의 눈·귀가 미치지 못하는 곳에서 쉽사리 말썽이 발생할 터이고, 마치 도적을 몰아대는 것처럼 너무 강경하게 무력을 사용한다면, 조선의 관민(官民)에게 구실을 주게 될 것입니다.[237] [밑줄 — 인용자]

237 위와 같음.(『자료선역』 2 — 037 — pp. 350-353)

이 자료의 내용을 간단하게 요약하면 1) 조선월간민의 숫자는 대략 2만 여 명에 이르지만 그보다 많을 가능성이 크며, 2) 조선의 각 지방관은 그들에 대해 소작보증금과 매년의 세금을 징수하였으며, 3) 이들 대부분은 원거주지에 머물면서 경작 때만 넘어가는 사람이 적지 않고, 4) 공동감계를 구실로 혼춘당국의 구축에 완강하게 저항하는 태도를 보였으며, 5) 군대를 동원하여 그들을 구축하는 것은 대체로 순조로웠지만, 그들의 복귀를 막는 것은 거의 불가능하며, 보다 강경한 조치를 취할 경우 의외의 사태가 발생할 가능성도 크다는 것이었다. 조선월간민과 월간토지의 상황이 마치 조선 지방당국에 의한 일종의 '식민지 경영'에 가까운 행태를 보이고 있음은 여기서 잘 나타난다. 이미 다수의 월간을 통한 개간과 그들에 대한 조선지방당국의 통제가 확실하게 다져져 있어, 그러한 경제적 이해관계의 존재를 고려한다면 200명 정도의 기마부대를 보내 두만강 상·중류 북안의 넓은 지역에 퍼져 있고, 이동이 비교적 자유로운 그들을 구축한다는 것은 거의 불가능한 상황이었음을 이 보고는 생생하게 알려 주고 있다.

결국 이러한 곤경에 몰린 혼춘부도통은 5월 4일 함경도에서 "공동감계 문제는 이미 정부에 보고하였는데, 아직 회답이 없다"는 조회가 왔으므로, 조선백성에게 신용을 보이고자 9일에 부대를 원래의 주둔지로 복귀시키기로 결정하게 되었다. 그는 "만약 함경도에서 여전히 정부의 회답이 없다는 것을 구실로 삼는다면, 응당 이러한 사실에 기초하여 상주를 올려 조선국왕에게 자문을 통해 직접 지시함으로써 지난번 상유를 지켜 조선백성을 스스로 거두어들이게 하는 것이 비교적 타당한 방법일 것"이라는 방안을 보고하지 않을 수 없었던 것이다.[238]

238 위와 같음.(『자료선역』 2 — 037 — p. 354)

결국 길림·혼춘당국에서도 이 문제는 더 이상 지방의 역량만으로는 도저히 해결할 수 없는 문제로 파악하게 되었고, 그에 따라 청정부의 조치에 의지하는 방안으로 갈 수밖에 없다고 최종적으로 판단하게 되었다. 이리하여 지방 차원에서 시작되었던 공동감계의 문제는 결국 양국 정부가 직접 개입·처리하는 단계로 진입하였다.

3) 양국 정부 차원 교섭으로의 전개

그러면 조선정부에서는 이 문제에 대해 구체적으로 어떤 태도를 보이고 있었을까? 이 점에 대해 자세한 내용을 알려 주는 자료는 바로 1884년의 갑신정변 이후 병조판서(兵曹判書)가 되어 권력의 중심부에 든 김윤식(金允植)이[239] 1882년(고종 20)의 「무역장정」에 의거하여 1883년 10월 한양에 부임한 '황제의 명을 받아 조선 각 항구의 상무를 총괄해서 처리하는 위원[欽命總辦朝鮮各口商務委員]'으로 부임하였던 진수당(陳樹棠)[240]에게 1885년 6월 이후 보낸 공문이다. 김윤식은 여기

239 金允植(1835-1922)은 조선 후기의 이름 높은 문신이자 학자·문장가로 문집에 『雲養集』, 저서에 『天津談草』·『陰晴史』 등이 있다. 본관은 淸風이고 자는 洵卿, 호를 雲養이라고 한다. 1874년(高宗 11) 문과에 급제하여 1881년 領選使로 중국의 天津에 파견되었다가 이듬해 壬午軍亂이 일어나자 淸軍과 함께 복귀하였다. 임오군란이 평정된 다음 신설된 軍國事務衙門과 通商交涉事務衙門의 協辦이 되고 江華府留守를 겸하여 강화에 鎭撫營을 설치, 신식 군대 800여 명을 양성했다. 1884년 甲申政變 때에는 袁世凱의 도움으로 金玉均 일파를 제거하고 병조판서가 되었으며, 1885년 巨文島事件을 처리하였다. 1887년 沔川에 유배되었고, 1895년 甲午改革이 시작되었을 때 金弘集 내각이 들어서자 外務大臣이 되었다.

240 陳樹棠의 字는 芠南으로 「무역장정」에 의거하여 1883년 9월 2일 '欽命總辦朝鮮各口商務委員'으로 처음 임명되면서 10월 20일부터 漢陽에서 사무소를 열고 업무를 개시한 다음 1885년 10월 28일까지 주재하였다. 權赫秀, 「陳

서 북양대신 이홍장이 진수당에게 내린 지시를 보고 답장을 하고 있는데,[241] 눈에 띄는 점은 전에 변계문제를 제기하였던 어윤중과는 상당히 다른 태도를 보이고 있다는 것이다. 그는 다음과 같이 말하고 있다.

> 그런데 공문을 읽다 보니 부끄럽기도 하고 화가 나지 않을 수 없었습니다. 조선은 종래 스스로의 분수를 지켜 온 나라입니다. 분수 밖의 일은 꿈에도 생각해 본적이 없습니다. 또한 3백 년 동안 청조의 보호를 받아 서로 평안하게 아무 일 없이 지냈으므로, 변경 사무는 아예 잊힌 영역으로 제쳐둔 지 오래 되었습니다. 그렇지만 지난 10여 년 동안 함경북도의 백성들이 기아에 몰려 중국이나 러시아의 경내로 유입하였으며, 이들을 다시 불러들일 역량이 없는데다가 또한 그들이 어느 땅을 차지하고 있는지 상세히 알지도 못했습니다. … 그런데 광서 9년(1883) 가을에 이르러 경략사 어윤중이 … 그곳 백성들이 무리를 지어 와서 호소하는 것을 들었는데, … 확실하게 끌어댈 수 있는 증거가 있으므로 마침내 백성들의 탄원서를 베껴서 기록하여 길림의 지방관에게 조회하였습니다. 이 이후로 누차 왕복하면서 변론하고, 각자의 의견을 늘어놓았지만, 도리어 더욱 의심만 늘었습니다. 올해에 이르러 국왕께서 자문을 보내셨을 때에는 단지 나중의 실제 상황에만 의거하였을 뿐,[242] 앞의 주장을 밝히는 데는 미치지 않았기 때문에, 결국 앞뒤로 모순된 이

樹棠在朝鮮的商務領事活動與近代中朝關係」,『社會科學研究』2006-1을 참조.

241 이 공문은 현재 확인이 되지 않는다. 비슷한 시기 이홍장이 진수당에게 내린 지시는 「致總辦朝鮮通商事務分省卽補道陳茇南觀察」(光緒 11년 5월 28日),『李鴻章全集』卷33「信函」5, p. 505뿐인데, 여기에는 당시 양국의 현안이었던 巨文島事件이나 조선-러시아密約에 관한 내용밖에 없다.

242 이 자문도 현재 확인되지 않고 있다. 좀 더 조사가 필요한 부분이다.

야기가 나오게 된 것입니다. 조선은 문자기록에 어두워 앞뒤로 두루 살펴보지 못하였던 것이지, 속이거나 숨기려는 사정이 있었던 것은 아닙니다.

그리고 여름에 안무사 조병직이 보내온 서신을 받았는데, 길림의 하급 장교와 병사들이 조선백성을 몰아낸다는 이야기가 있었습니다. 병사를 데리고 백성을 몰아내는 것은 중외일가(中外一家)라는 기상과 어울리지 않으니, 응당 잠시 중단시키고 감계를 기다리는 것이 좋을 것 같다고 본인[김윤식]은 이야기하였고, 진수당 총판 역시 여기에 동의하였습니다. 대체로 토문강 일대는 원래 백성들이 개간하거나 경작하는 것이 허용된 땅이 아니며, 수많은 백성들이 거주하고 있지 않다면 본래 국경문제를 가지고 힘써 다툴 일도 없습니다. 현재 감히 들어가서 사는 백성이 수천 가구에 이르므로 하루아침에 거두어들인다면 그들을 모두 안치할 수 있는 땅이 없을 것이며, 생업을 잃고 흩어져 떠돌다가 도처에서 말썽을 일으키기 십상입니다. 따라서 입이 아프도록 변명을 하면서 그들을 안정시킬 방안을 찾을 수 있기를 기대하는 것입니다.[243] [밑줄 — 인용자]

김윤식은 우선 조선정부에서는 중국 경내로 들어간 함경도백성의 월간상황에 대해 제대로 알지 못하고 있었는데, 어윤중이 믿을 만한 증거가 있다는 그곳 백성들의 의견만 듣고 앞뒤로 제대로 살피지 못한 채 문제를 제기하였다는 점을 인정하고 있다. 나아가 그는 "토문강 일대는 원래 백성들이 개간하거나 경작하는 것이 허용된 땅이 아니며,

243 「金允植致陳樹棠文」(光緒 11년 6월 이후), 『조·청국경회담』, pp. 69-71. 이하의 인용은 모두 여기에서 나온 것이다.(『자료선역』 2 — 040 — pp. 366-373)

수많은 백성들이 거주하고 있지 않다면 본래 국경 문제를 가지고 힘써 다툴 일도 없다"는 입장으로 후퇴하면서 "부끄럽기도 하고 화가 나지 않을 수 없다"는 태도를 표명하고 있다. "황무지에 대한 가격을 백성들이 지불했다거나, 이전의 변경 지방관이 잠시 실행한 잘못된 전례를 따르고자 금지령을 무릎 쓰고 사사로이 세금을 부과하였다는 것은 특별히 꺼려서 밝히지 못할 일은 아니다"고 하는 설명 역시 그러한 입장을 뒷받침한다.[244] 그 스스로 인정하였듯이 조선 측의 주장에 "결국 앞뒤로 모순된 이야기가 나오게 된 것"이라고 하면서도 "속이거나 숨기려는 사정이 있었던 것은 아니다"고 중국 측의 양해를 구하는 것이다.

이렇게 그는 두만강 북쪽, 토문강 남쪽이 조선에 속한다고 주장하였던 어윤중의 문제제기가 아주 적절한 것은 아니었다는 입장을 표명하였지만, 길림당국의 변계문제에 대한 대응에 대해서는 추가로 이렇게 반박하였다.

1) 혼춘당국이 보낸 조회 문서는 "아주 쓰디쓴 말 뿐으로 차분하고 관용적인 태도가 보이지 않는다"는 점을 들면서 "[조선]정부는 변강의 큰일을 아이들 놀이처럼 여긴다"는 비난에 대해 "변강의 큰일은 반드시 중국에 분명하게 보고한 다음에야 비로소 조사하여 확정할 수 있다"면서, "갑신년 겨울 조공사절 김만식(金晩植) 등이 이 문제

244 이 점에 대해서는 더 이상의 언급이 없어 자세한 내용을 알 수 없지만, 중앙정부에서 지방당국의 월간민에 대한 소작보증금·세금 징수에 대해 어느 정도 파악하고 있었다는 점을 입증해 주는 자료가 될 것이다. 다만 그 진상을 어느 정도 정확하게 파악하였는가가 문제인데, 앞서도 지적한 것처럼 함경도 지방당국의 묵인이나 침묵 때문에 구체적인 실상 파악에는 분명히 한계가 있었을 것이다. 그렇지 않았다면 조선정부가 이렇게 지방당국이 일종의 '식민지 경영'을 한 것을 묵인하였다는 결론으로 이어지기 때문이다.

로 예부에 자문을 올렸고,[245] 부사 남정철(南廷哲)은 천진에 가서 북양대신 이홍장에게 아뢰고 논의한 바 있으므로[246] 감계를 하라는 분

245 『高宗實錄』 21卷, 高宗 21년 11월 2일 첫 번째 기사, 「동지사 세 사신을 소견하다」(원본 25책 21권 84장 B면. 영인본 2책 176면)를 보면 冬至使인 正使 金晩植, 副使 南廷哲, 書狀官 尹命植을 소견하고 있지만, 邊界問題는 거론되고 있지 않다. 사실 이 동지사가 2월에 자문을 올렸지만 禮部가 받아들이지 않았기 때문에 다시 5월에 副司直 李應浚을 보내 禮部의 代奏를 요청했다는 점은 「朝鮮國王咨文[請代奏圖們江劃界]」(光緖 11년 6월 22일), 承文院 編, 「啓下咨文冊」 12, 『조·청국경회담』, pp. 53-54; 『中朝交涉史料』, pp. 1075-1076; 『中日韓』 卷4, pp. 1889-1890(같은 내용으로 총리아문에 보낸 것이다)에 나와 있다.(『자료선역』 2 — 044 — pp. 397-399) 또한 이들이 돌아와 復命할 때의 자세한 소견 기록도 남아 있지만, 역시 邊界問題는 언급하고 있지 않다. 이에 대해서는 『承政院日記』(高宗 22년 4월 4일. 원본 2935책. 탈초본 135책)이나 『日省錄』, 『高宗實錄』 同日의 「동지 삼사(冬至三使)를 인견(引見)하였다)」 조항을 참조. 그리고 權錫奉, 2007, pp. 79-83에서도 이 문제를 다루고 있다.

246 「朝鮮吏曹參判南廷哲面呈密議」(光緖 11년 6월 4일), 『李鴻章全集』 卷33 「信函」 5, pp. 507-508. 南廷哲은 "分水嶺 경계문제는 역시 변민의 큰 고통이기도 한데, 최근 함경도관찰사 및 무산부에서 계속 보고를 올려 말하기를 변민 수천 명이 아무 이유도 없이 구축당하고 破家失農하여 구덩이에 떨어져 죽는 사람이 속출하고 있으니, 상황을 보면 안타깝고 측은할 뿐만 아니라 응당 구휼해야 할 바이기도 합니다. 그들이 流離한 나머지 도적이 될까 두렵습니다. 경계가 일단 정해지면 자연히 이런 일을 없을 것입니다. 역시 이미 자문을 갖추고 그 자문 양 건도 첨부하여 이에 앞서 가지고 왔으니, 모두 대인의 처리(鈞旨)를 바랄 뿐입니다."라고 이홍장에게 요청하였다. 또한 이 당시 이홍장이 조선과 주고받은 서한이나 남정철과의 면담에 대해 보고한 내용은 『清光緖朝中日交涉史料』 卷8, 27-35에도 실려 있다. 한편 앞서 남정철은 天津駐在 參贊官으로 임명된 바 있고(『高宗實錄』 20卷, 高宗 20년 10월 23일 두 번째 기사, 「천진주재 참의관과 협의관, 종사관을 모두 임명하여 함께 부임하도록 하다」. 원본 24책 20권 62장 B면. 영인본 2책 114면), 다음해 7월 6일 復命하기 위해 소견되었지만(『高宗實錄』 21卷, 高宗 21년 7월 6일 첫 번째 기사, 「주진 대원 남정철을 소견하다」, 원본 25책 21권 61장 A면. 영인본 2책 165면), 이때도 大院君의 안부 여부만 다루고 있지 이 문제에 대해서는 언급이 없다.

명한 공문을 기다려, [그것을 받으면] 곧바로 사람을 파견할 것이므로 안무사가 중앙정부에 보고한 것은 결코 거짓말이 아니고, 조선정부도 기다리는 바가 있어 무작정 감계를 허용할 수 없었던 것"이다.

2) "정계비의 설치가 원래 백두산 동남쪽의 분수령 위에 이루어졌는데, 근래에 누군지 모르지만, 이 비를 백두산의 동쪽 기슭 아래로 옮겨 놓았다"는 것은 더욱 '심한 말'로, "정계비 아래로는 흙·돌무더기 및 나무울타리의 흔적과 연결되며, 토문강 일대까지 약 70여 리가 연속된다. 따라서 경계를 표시한 것이 마치 손바닥을 보는 것처럼 분명하며, 비석은 옮길 수 있다고 치더라도 흙·돌무더기 역시 뒷사람이 만든 것이라고 할 수 있는가?"라고 반박하고 있다(앞서도 지적하였지만 이것은 중국 측이 내세운 정계비 '移設論'에 대한 확실한 반박의 증거가 된다. 이 두 가지는 확실히 조선정부가 응당 제기할 수 있는 반론으로 적절한 것이었다).

3) "토문강과 두만강은 실로 하나의 강인데, 발음이 바뀌어 두 가지 이름이 있는 것"이라지만, "토문강은 분수령 아래에서 발원하고, 두만강은 진장봉(眞長峰) 아래에서 발원하므로, 비록 같은 강물이 복류(伏流)한 것이라고 하더라도 서로 거리가 70여 리는 떨어져 있으니, 어찌 하나의 강인데 발음이 다를 뿐이라고 할 수 있는가? 하물며 토문강은 본래 흙벽처럼 생긴 문의 형태에서 이름을 얻은 것이니 두만강이 감히 그 이름을 가져다 쓸 수 없음은 분명하다."

3)의 경우를 보면 김윤식의 반박은 여전히 기존의 '토문-두만양강론'을 고집하고 있음을 알 수 있다. 또한 변민의 전문(傳聞)을 근거로 "변경초소를 설치하고, [짐을 나르거나 수레를 끄는] 말이나 소를 바꾸는 것은 모두 분계강을 경계로 해서 이루어졌으므로, 길림의 변민 역시 두만강 양안을 중국 경내가 아닌 것으로 인정하였음은 분명한 것"

이라는 그의 주장도 마찬가지다. 이러한 주장은 토문강-두만강의 명칭에 대한 오해에 기초한 것이거나 또는 호시(互市) 때의 관행에 대한 변민의 오해에 따른 것이므로 사실상 중국 측을 납득시킬 수 없었다. 김윤식이 대표하는 조선정부의 이 문제에 대한 인식은 어윤중의 그것과는 상당히 다르지만, 부분적으로는 여전히 정확한 지식과 오해나 전문에 기초한 정보 사이를 오가고 있었다고 해야 할 것이다.

여하튼 갑신정변 이후 뒤바뀐 정치적 상황 속에서 새로 이 문제를 떠맡게 된 김윤식은 종전에 어윤중이 추진하였던 기존 방안을 부분적으로 부정하는 것으로 보인다. 결국 그는 여전히 "병사를 데리고 백성을 몰아내는 것은 중외일가라는 기상과 어울리지 않으니, 응당 잠시 중단시키고 감계를 기다리는 것이 좋을 것 같다"고 하여 공동감계를 통한 문제의 근본적인 해결을 요청하여 진수당의 동의를 받아 내었다. 이 발언은 그 역시 전통적인 사대-자소의 중화질서라는 틀에 의지하여 이 문제를 해결하고자 시도하였다는 점을 잘 보여 준다.

그가 조선정부에서는 이미 안변부사 이중하[247]를 토문감계사(土門勘界使)로 임명하였다는 점을 알리면서, '백성들이 죽음으로 내몰리는

247 李重夏(1846-1917)는 조선 후기의 문신으로 본관은 全州, 字는 厚卿, 號는 圭堂·坦齋라고 한다. 1882년(고종 19) 병과로 급제, 홍문관교리가 되었고, 1885년 공조참의·안변부사가 되었다가 土門勘界使로서 淸의 대표 秦煐·德玉·賈元桂 등과 백두산에서 정계비와 토문강 경계를 조사하였다. 이 책에서 살펴보듯이 그는 국경문제를 놓고 이들과 담판을 벌였으나 견해차가 심해 회담은 합의를 얻지 못하였으며, 1886년 德源港監理가 되었다가 1887년 다시 토문감계사가 되어 회담을 맡았다. 이때 길림 측이 조선 측의 주장을 거절하면서 위협하자 "내 머리는 자를 수 있을지언정 국경은 줄일 수 없다"며 끝내 양보하지 않았다는 이야기가 전해진다. 저서로 『圭堂文集』 등이 있다. 이중하에 대해서는 이왕무 등, 『역주 감계사등록』 상의 해제(pp. 8-55)에서 상세히 다루고 있다.

참상'을 응당 중국에서 방법을 강구하여 금지시켜 달라고 요청한 것에 대해 진수당은 "번속국(藩屬國)의 백성은 반드시 보살피고 위로해야 하지 그들이 돌아갈 곳을 잃고 떠돌면서 원망하고 탄식하게 해서는 안 될 것입니다. 게다가 그 지역 땅은 러시아 땅과도 가까워 음모를 꾸며 영토를 빼앗고자 노리는 무리들이 그 사이를 엿보고 있으니, 도요새와 조개가 서로 싸우다가 어부에게 이익을 거두게 하는 일은 미리 막지 않을 수 없습니다"면서 이홍장에게 조사·금지를 요청하였다. 이에 따라 이홍장은 6월 8일 길림장군에게 "금지하되 적절하게 처리하게 함으로써 후환을 방지하도록" 요청하는 자문을 보냈다.[248]

앞서 서술한 남정철의 '면정(面呈)'도 여기 언급되고 있는데, 조선정부의 요청에 따라 이홍장은 길림당국의 조치에 대해 "공동으로 조사하고 적절하게 논의하여 철수시켜야 하며, 멋대로 학대하거나 해치게 해서는 안 될 것"이라고 개입하게 된 것이다. 그리고 이홍장을 통해 진수당의 요청을 통보받은 총리아문에서도 6월 14일 조선백성을 내쫓고 농막을 불태운다는 사정이 도대체 어떤 일인지 신속하게 조사·확인해서 알려 달라고 하면서, 그들의 월간 때문이라고 하더라도 조선에 알려 공동으로 처리해야 하지 이런 식으로 강경한 조치를 취해 번속국의 항의가 있게 해서는 안 된다고 길림장군에게 자문을 보냈다.[249] 여기에는 조선 측의 대응에 대해 감정적으로 격앙된 길림당국과는 다른 반응이 나타나고 있으므로, 북양대신 이홍장에게 중재를 맡기

248 「北洋大臣李鴻章文(附: 朝鮮咸鏡道趙秉稷致其外部函. 咸鏡道致吉林招墾局照會)」(光緒 11년 6월 8일), 『中日韓』 卷4, pp. 1879-1882.(『자료선역』 2 — 041 — pp. 374-383)

249 「[總理衙門]行吉林將軍銘安文」(光緒 11년 6월 14일), 『中日韓』 卷4, pp. 1884-1885; 『국역중일한』 2, pp. 261-262.(『자료선역』 2 — 042 — pp. 384-386)

고자 한 조선 측의 대응은 '상국(上國)'의 '번속국'에 대한 '자소(字小)'의 전통을 이용하여 나름대로 일정한 성과를 거둔 것이라고 할 수 있을 것이다.

그리고 이러한 정부의 지시에 대해 길림장군은 조선유민의 진출로 변계문제가 불거져서 이러한 사태까지 벌어지게 된 경과를 회고하면서, 조선 측의 대응에 대해 다음과 같이 강력한 불만을 털어 놓았다.

> 조선관리는 유민이 말썽을 일으킨 것은 아예 제쳐두고 마침내 우리 병사들이 강을 따라 농막을 불태우고 백성을 쫓아냈다는 것을 구실로 선동하니, 작은 나라가 큰 나라를 섬기는 방법이 응당 이래야 합니까? '번속의 백성은 응당 보살피고 아껴 줌으로써 돌아갈 곳을 잃고 떠돌게 해서는 안 된다'는 진수당 도대(道臺)[250]의 말은 물론 정론(正論)입니다. 그렇지만 이쪽에서는 회유하려고 하는데 저쪽에서는 오히려 반항하니, 만약 엄격하게 금지하지 않는다면 도대체 침범하여 차지하는 일이 언제 끝이 나겠습니까? 하물며 이 유민들은 수가 많고, 조선에서는 이들을 중국으로 귀화시켜 중국의 정교(政敎)를 받들게 하지도 않으니, 어찌 월간유민을 그대로 놔두어 앉아서 영토가 날마다 침식되는 꼴을 보고만 있어야 한다는 말입니까? 요컨대 이런 도리는 없습니다.[251]

250 진수당이 부임할 때의 정식 직함은 "欽命總辦朝鮮商務二品銜分省遇缺即補道"였으므로 여기서 진수당 道臺라고 부른 것이다. 道臺는 명·청대 지방관의 명칭으로 보통 지방의 성에서 몇 개의 부를 관할하거나, 漕糧·鹽法·河工 등 다양한 특수 업무를 관장하였다.

251 「吉林將軍衙門咨文[爲咨請北洋大臣, 轉行朝鮮國王派員定期會勘疆界的]」(光緖 11년 6월 25일), 承文院 編, 「咨下咨文冊」 12, 『조·청국경회담』, pp. 54-58; 『中朝交涉史料』, pp. 1198-1199; 『琿春檔案選編』 中冊, pp. 324-326.(『자료선역』 2 — 043 — pp. 387-396)

하지만 길림장군도 결국은 더 이상 문제를 끌기 곤란하므로 "조선국왕에게 알려 신속하게 인원을 파견하여 시기를 정하고 공동감계를 하면, 그 땅이 길림에 속하는지 조선에 속하는지 가리지 않아도 저절로 밝혀질 것입니다. 그 다음에 유민을 거두어들이든지 아니면 중국으로 귀속시키든지 조치를 취함으로써 변민들이 각기 생업에 안주하고 영원히 다툴 거리가 없게 하여 번속을 보살펴 주는 뜻을 보여야 할 것입니다."라고 동의하지 않을 수 없었다.[252]

조선국왕도 이에 맞추어 고종 22년(1885) 6월 22일 예부와 총리아문에 자문을 보내 토문강 남쪽 지역은 비워 둔 채 백성들이 들어가 살지 못하도록 해 왔고 최근 종종 그 땅으로 이사하여 집을 짓고 경작을 하는 사람이 나타난 것은 지방관의 책임이지만 실은 조선 땅이므로 거기 거주해서는 안 되는 것은 아니라고 종전의 주장을 되풀이하면서, 이 때문에 두만강을 경계로 생각하여 돈화현에서 이들을 거두어들이라고 요구했는데, 경계가 명확하지 않으면 나중에도 다툼이 그치지 않을 것이므로 중국에 정식으로 감계를 요청한다는 내용의 자문을 보냈다.[253] 앞서 광서 10년(1884) 조선에서 파견한 동지사(冬至使)가 이에 관한 공문을 예부에 올렸지만 받아들여지지 않자 이번에 다시 부사직 이응준을 파견하여 예부(禮部)의 대주를 요청하였던 것을 보면, 청 정부도 이 문제를 양국 간의 의제(議題)로 삼는 데에는 일단 거부의 반응을 보인 적이 있음을 알 수 있다.[254] 1880년대에 들어와 한참 그에

252 위와 같음.

253 「朝鮮國王咨文[請代奏圖們江劃界]」(光緖 11년 6월 22일), 承文院 編, 「啓下咨文冊」 12, 『조·청국경회담』, pp. 53-54; 『中朝交涉史料』, pp. 1075-1076; 『中日韓』 卷4, pp. 1889-1890(같은 내용으로 총리아문에 보낸 것이다); 『국역중일한』 2, pp. 52-53을 참조.(『자료선역』 2 — 044 — pp. 397-399)

254 『通文館志』 下 卷12 「紀年續編 今上二十二年乙酉」에서도 "토문강 경계는

대한 직접적인 정치·군사적 통제를 강화시키고자 하고 있던 '속방(屬邦)' 조선과의 사이에 국가 차원의 '영토분쟁'이 발생한다는 것은 '천조상국(天朝上國)'의 체면에 결코 부합되지 않는 일이었기 때문일 것이다. 이상에서 서술해 온 것처럼 지방 차원의 분쟁으로 시작된 변계문제가 조선-청 정부의 정식 '분쟁'으로 승격되기에는 다양한 고비가 존재하고 있었던 것이다.

결국 광서 11년(1885) 7월 6일 예부에서는 그 전해 조선사신이 "토문강 강계가 명확하지 않아 지도 등을 그려 보고하는 바이니, 청컨대 대주(代奏)하여 달라"고 감계를 요청해 왔지만 단지 사신의 탄원서 한 장뿐이라 대주를 거절하였는데, 이제 다시 조선국왕이 파견한 정식사신이 토문강 옛 강계를 조사하는 문제로 자문을 보내 요청하므로 대주를 하게 되었다면서, 아울러 길림장군에게 지시를 내려 줄 것을 요청하는 상주를 하였다. 그리고 이에 대해서는 "해당 아문에서 의논하여 상주하도록 하라"는 상유(上諭)가 내려졌다.[255] 이때 조선정부가 자문

응당 한번은 조사·확인해야 하므로 번거롭더라도 대신 상주해 달라고 요청을 할 필요가 있었다. 이 일을 위해 부사직 이응직을 전담 사신으로 파견하여 예부·총리아문·북양대신아문에 자문을 전달케 하였다. … 예부 및 북양대신의 자문에서는 신속히 적절한 인원을 파견하고 길림지방에 통보하여 시기를 정해 공동감계를 시행하고 적절하게 논의하여 처리하라고 통보해 왔으므로, 안변부사 이중하 등으로 하여금 길림에서 파견한 진영 등과 분수령 위의 경계비가 세워진 곳을 조사하게 하였다. 그 결과 토문감계도 및 초록, 근거가 되는 문건 등을 갖추어 조회를 보내게 된 상황을 답장자문으로 다시 알렸다."라고 기록하고 있다(p. 426).

255 「禮部奏, 朝鮮國王咨請查勘圖們江界務摺」(光緒 11년 7월 6일), 王彦成 纂輯·王亮 編, 『淸季外交史料』(北京: 書目文獻出版社, 1987影印) 卷60, p. 1078; 『中朝交涉史料』, pp. 1075-1076(조선국왕의 咨文 부분); 『光緖實錄』 卷211 光緖 11년 7월 壬寅條, p. 979(공동감계 요청 사실만 간단히 기록); 『국역중일한』 2, pp. 54-56.(『자료선역』 2 — 045 — pp. 400-402)

에 첨부한 것은 앞서 인용한 바 있는 「조선 종성부사가 돈화현 지현에게 보낸 조회」, 「[회령부사 홍남주가]돈화현에 보낸 조회」, 「북병사(北兵使)가 정부에 올린 서신」 및 「정계비 비문[圖們江碑文]」이었으므로,[256] 조선 측이 내세운 증거·논거도 보다 구체적으로 청정부에 분명히 알려지게 되었다고 할 것이다.

그리고 이 문제에 대한 검토를 지시받은 청정부의 군기처(軍機處)에서는[257] 조선 측과 혼춘당국 양쪽의 잘못을 지적하면서도 『흠정황조통전(欽定皇朝通典)』[258]의 「변방문(邊防門)」,[259] 「흠정황조사예고(欽定皇朝四裔考)」[260], 『[흠정대청(欽定大淸)]회전도(會典圖)』,[261] 『일통여도[황조일

256 「禮部文」(光緒 11년 7월 9일), 『中日韓』 卷4, p. 1902, pp. 1910-1915; 『국역중일한』 2, pp. 59-82.(『자료선역』 2 — 046 — pp. 403-408)

257 淸代 雍正연간 이후에 설치된 軍國大事를 논의하는 기관인 軍機處는 황제를 도와 일상정무를 처리하면서 諭旨를 작성하고, 奏摺을 처리하며, 軍情大事의 결정이나 重大事務의 심의에 참여하였다. 咸豐연간 이후 總理各國事務衙門이 설립된 다음에는 군기대신이 그 大臣을 兼充하였다.

258 乾隆연간 황제의 지시에 의해 편찬된 책(100권)으로 杜佑의 『通典』을 이어서 편찬한 것인데, 그 가운데 하나인 『續通典』은 唐代 이후 明代까지의 일을 다루고 있으며, 『皇朝通典』(오늘날에는 『淸朝通典』이라고도 한다)은 건륭 이전의 청대를 다루고 있다. 『통전』의 기준인 여덟 가지 분류[八門]에 따라 항목을 나눠서 역대 典章制度를 설명하고 있다.

259 『皇朝通典』 卷97의 「邊防 一 朝鮮」(王雲吾 主編, 『淸朝通典』, 萬有文庫 第2輯 商務印書館, 1935, p. 2731)에서는 건륭연간까지의 청-조선 관계를 개괄하고 있으며, 국경문제에 관해서 언급하고 있는 유일한 부분은 다음과 같은 康熙 45년 강희제의 발언뿐이다. "四十五年十月諭大學士等曰: 觀朝鮮國王, 凡事極其敬, 其國人亦皆感戴. 聞其國有八道, 北道與瓦爾喀地方土門江接界, 東道接倭子國, 西道接我鳳凰城, 南接海猶有數小島. 太宗文皇帝定朝鮮之役, 我兵無處不到, 以已破之國, 我朝之重加營建, 安堵如故, 其國人於太宗文皇帝駐軍之地, 樹立石碑, 備書更生之德, 累世感戴, 以至於今. 且彼更有可取者, 明之末年彼始終未嘗叛之, 猶重禮義之邦也."

260 앞서 나온 『皇朝[淸朝]通典』과 마찬가지로 건륭연간 황제의 명에 의해 편찬된 『皇朝[淸朝]文獻通考』 300卷(乾隆 52년. 1787년)에 있는 卷293-

통여지전도(皇朝一統輿地全圖)]』 및 조선 사람이 지은 『지리소지(地理小識)』[262] 등을 기초로 삼아 "토문과 두만이 서로 다른 강이라고 하는 것은 실로 아무런 증거가 없으며, 그들이 그려서 보내온 지도 역시 그다지 분명하지 않다."라고 조선 측의 주장을 반박하는 입장을 세웠다. 그리고 오라총관 목극등이 세웠다고 하는 정계비에 대해서는 중앙정부에서 관련 기록을 확보하지 못하였기 때문에, 이에 대해서는 길림장군이 기존 당안·공문기록을 검토하라는 지시를 내리면서도, 길림과 조선 측에 의한 공동감계의 방안을 주청하여 재가를 받았다.[263]

300(8권)의 「四裔考」를 가리키는 것 같다(따로 책으로 출판되었을 가능성도 배제할 수는 없지만 아직 확인된 바 없다). 馬端臨의 『文獻通考』는 杜佑가 통전에 쓴 '八門'이란 분류기준을 24로 확대하면서 그 명칭을 '考'로 바꾸었는데, 「사예고」도 그 24고 가운데 하나이다. 마찬가지로 건륭연간에 편찬된 『續文獻通考』는 송·요·금·원·명의 일을 다루고 있고, 『皇朝文獻通考』는 건륭 이전까지의 청대를 다루고 있다. 이 『皇朝文獻通考』의 卷294 「四裔 東 朝鮮 二」에도 앞서와 같은 康熙 45년條의 기사가 실려 있다.

261 淸代에는 총 6차에 걸쳐 歷代典章制度의 沿革을 집성한 『欽定大淸會典』이 간행되었는데(『崇德會典』, 『康熙會典』, 『雍正會典』, 『乾隆會典』, 『嘉慶會典』, 『光緖會典』) 6차본인 『欽定光緖會典』에는 『欽定光緖會典事例』 1,220卷과 『欽定光緖會典圖』 270卷이 부가되어 있다. 보통 『大淸會典』이라 하면 이 판본을 가리킨다. 하지만 이 판본은 1899년에 완성되었으므로 이 당시에 쓰인 것은 嘉慶版本이다. 『會典圖』는 5차본인 이 『嘉慶會典』부터 새롭게 추가되었는데 그림을 통해 淸代의 文物·制度·典例 등을 살펴볼 수 있다.

262 아마 이것은 李重煥의 『擇里志』(1751)를 가리키는 것 같다. 이 책은 일본(1881. 일본 외무성 소속의 외교관 近藤眞鋤가 『朝鮮八域志』란 이름으로 번역)에서 간행되었고 1885년에는 중국(1885. 吉安의 江景桂가 일역본을 漢文으로 重譯)에서 『朝鮮地理小識』(吳使刊印)란 제목으로 간행되었다. 사이버역사박물관(http://erhm.co.kr)과 한국학자료센터(http://www.kostma.net)의 검색결과를 참조.

263 「軍機大臣奏[爲遵旨議奏事]」(光緖 11년 7월 20일), 承文院 編, 「啓下咨文冊」 12, 『조·청국경회담』, pp. 51-52; 『中日韓』 卷4, p. 1902, pp. 1915-

여기에서 우리는 청정부에서도 관련 자료를 검토하여 '토문-두만양강론'을 부정하는 입장을 정하고, 이러한 논리를 보완하는 작업에 나섰다는 점을 알 수 있다. 또한 청정부가 길림장군에게 과거의 기록을 찾아보라고 지시한 것은 중앙정부의 차원에서는 앞서 든 몇 건의 책이나 지도(이것들은 이후에도 중국 측 주장에 핵심적인 논거가 된다) 이외에는 정계비나 두만강·토문강에 대한 구체적인 정보가 담긴 당안·공문서를 거의 찾을 수 없었다는 점을 알려 준다.[264] 이후 8월 22일에 길림장군은 [정계비] 비문에 대한 자료는 길림장군아문의 당안을 살펴보았지만, 연도가 오래되고 이미 곰팡이가 피고 문드러져 아무런 관련기록도 없다고 답장을 하였으며,[265] 뒤이어 혼춘·영고탑의 부도통아문도 조사하게 하였는데, 혼춘은 강희 53년에 처음 관청이 설치되었으므로 그 이전 강희 51년(1711)의 당안은 전혀 없고, 영고탑부도통아문 당안은 동치 13년 불에 타 거의 남아 있지 않고, 강희 51년분 문서에도 관

1918, pp. 1930-1932; 『국역중일한』 2, pp. 103-108; 『中朝交涉史料』, pp. 1076-1077.(『자료선역』 2 — 047 — pp. 409-416)

264 실제로 1712년(康熙 52, 肅宗 38) 穆克登이 定界碑를 세우게 된 과정에 대해서는 『大淸歷朝實錄』의 경우 1711년에 목극등을 파견할 때 내린 康熙帝의 上諭만 있을 뿐(『大淸歷朝實錄 康熙朝』, 中華書局, 1985, 卷246 康熙 51년 5월 癸巳條. 이것은 머리말에서 인용한 바 있다) 穆克登의 구체적인 관련 활동이나 定界碑의 設立 사실을 알려 주는 기록이 전혀 남아 있지 않았다. 이 때문에 '정계비'는 중국정부로부터 기본적으로 불신과 회의의 대상이 되지 않을 수 없었고, 앞서도 언급한 것처럼 결국은 어쩔 수 없이 정계비의 존재를 인정하게 되더라도 그것이 '移設'되었다는 근거없는 '推論'에만 집착하게 된 것도 이런 이유에서였다.

265 「[吉林將軍]希元咨文[爲遴派妥員, 與朝鮮官員定期勘界並查康熙年間檔案的]」(光緖 11년 8월 22일), 『中日韓』 卷4, p. 1947; 『국역중일한』 2, pp. 124-128; 『琿春檔案選編』 中冊, pp. 328-329.(『자료선역』 2 — 056 — pp. 442-445)

련 경계문서가 없다고 통보하였다.[266] 여하튼 중앙이든 지방아문이든 강희연간의 정계비 설립에 관련된 자료를 중국에서는 전혀 찾을 수 없다는 점이 이 조사를 통해 분명히 확인되었다.

그렇지만 이렇게 양국 정부가 구체적인 논점에서는 의견 차이가 있음에도 불구하고 공동감계에 합의하는 단계에 이르자 이홍장은 조선·길림 양측에 기간을 정해 성실하게 공동으로 조사를 하고 강계를 분명히 밝힌 다음 잘 상의하여 처리하라고 통보하였다.[267] 그런데 이 무렵 길림장군이 "조선국왕에게 전하여 신속하게 적절한 사람을 파견하고 날짜를 정해 공동감계를 함으로써 유민을 거두어들이거나, 아니면 중국의 호적에 편입시킴으로써 변민이 각자 생업에 안주할 수 있게 해야 한다."라고 북양대신에게 자문을 보냈다는 사실을 알게 되자,[268] 예부에서는 이런 일이 "조선과의 무역에는 관련이 없으므로 원래 북양대신이 처리해야 할 문제가 아닌데, 그에게 직접 조선국왕에게 자문을 전달하여 공동감계를 하게 해 달라고 요청한 것은 분명히 예제(禮制)에 들어맞지 않는다"면서, "앞으로 이러한 일이 있을 때에는 길림장군이 직접 주를 올려 처리하거나, 아니면 예부에 자문을 보내 상주할 수 있도록 해야 할 것이며, 직접 북양대신에게 연락하여 처리하지 않게 함으로써 정해진 제도에 따르고 일 처리의 권한을 통일시킬 수 있도록 해 달라고" 주청하는 일이 벌어졌다.[269]

266 「吉林將軍希元文」(光緒 11년 10월 11일), 『中日韓』 卷4, pp. 1961-1962; 『국역중일한』 2, pp. 129-132.(『자료선역』 2 — 060 — pp. 456-460)

267 「北洋大臣李鴻章文」(光緒 11년 7월 15일), 『中日韓』 卷4, pp. 1921-1926; 『국역중일한』 2, pp. 91-102(『자료선역』 2 — 048 — pp. 417-419)

268 「吉林將軍希元等文」(光緒 11년 7월 10일), 『中日韓』 卷4, pp. 1915-1918; 『국역중일한』 2, pp. 54-56.

269 「禮部奏, 事後朝鮮奏咨事宜, 請飭仍照向例由部辦理摺」(光緒 11년 7월 20일), 「禮部奏, 接准吉林將軍咨稱, 朝鮮流民佔地滋事, 請飭該國將流民趕緊

사실 조선과 관련된 사무가 예부(북경과 성경), 총리아문, 북양대신 등 여러 다양한 아문에서 다루어지는 상황에 대해 전통적으로 조공국 사무를 담당해 왔던 예부가 이 문제가 자신의 소임임을 주장하면서 사권(事權) 확보에 나섰던 것이다. 조선의 자문전달관[賫咨官]이 경사(京師)에 오면 예부에서 자문에 의거하여 대주하여 유지를 받은 다음 원주(原奏)와 받은 유지를 옮겨 적어 조선국왕과 각처에 알리는 것이 관행이었는데, 이번의 경우 총리아문에서 예부를 대신해서 북양대신·길림장군·조선국왕에게 알렸는지의 여부를 알려 달라고 요청하는 공문[片文]을 총리아문에 보낸 것[270] 역시 그러한 의사표시의 일환이었다. 하지만 총리아문에서는 "도문강 옛 경계를 조사하는 문제에 대해서는 본 아문에서 이미 상유를 받아 북양대신과 길림장군에게 자문을 보냈고, 귀 예부에 자문을 보내 답변하니 이 내용을 조선국왕에게 전하

收回片」(光緒 11년 7월 20일), 『清光緒朝中日交涉史料』 卷8, 36b-38a(文件番號 395. 396).(『자료선역』 2 — 049 — pp. 420-423) 이에 따르면 外國(朝鮮)과 관련된 사무는 일단 모두 禮部를 거쳐야 하는데, 조선과의 通商條約이 맺어진 다음 일단 通商事務는 總理衙門에서 처리하고 나머지는 여전히 禮部에서 처리하도록 光緒 8년 4월 상유가 내려진 바 있는데(이에 대해서는 「軍機處寄禮部等上諭」 光緒 8년 4월 29일, 『清光緒朝中日交涉史料』 卷3, 18b를 참조), 통상관계로 海路가 열린 다음부터는 조선에서는 海路를 통할 경우 모두 天津의 北洋大臣에게 자문을 전달하고, 陸路로 올 경우에도 여하튼 北洋衙門에 가서 자문을 전달하는 상황이 출현하였다는 것이다. 그 결과 토문강의 옛 경계를 조사하자는 자문과 같은 경우도 通商事務에 관련된 것이 아닌데, 總理衙門과 北洋大臣에게 먼저 전달되는 상황이 출현하였으므로, 예부에서는 先例대로 예부에서 이런 사무를 처리하겠다고 주청한 것이다. 하지만 『光緒實錄』 卷212, 光緒 11년 7월 丙辰條 기사, p. 989에 의하면 각국과의 통상은 북양대신·총리아문과 관련된 것이 십중팔구라는 정세 변화를 이유로 예부의 주장이 거절당하고 있음을 알 수 있다.

270 「禮部文」(光緒 11년 7월 23일), 『中日韓』 卷4, p. 1934.(『자료선역』 2 — 050 — pp. 424-425)

여 알려 주시기 바란다."라는 답장을 보내 이 일 처리의 권한이 총리아문에 넘겨졌음을 분명히 하였다. 그리고 실제 북양대신·길림장군에게 상유를 전달한 것도 총리아문이었다.[271]

이 일을 통해 조선과의 외교·통상 등에 관련된 대부분 사무가 예부를 배제하고, 총리아문-북양대신 계통에서 처리하게 되었다는 것을 알 수 있다. 사실 이러한 대조선 외교통로의 전환은 이미 그 이전에 시작되고 있었다. 1881년 초 총리아문이 전통적으로 예부가 조선 관련 업무를 담당해 왔지만 예부에 공문 왕래를 맡기면 시간이 걸릴 뿐만 아니라 일처리 과정에서 기밀도 누설되기 쉬우므로 앞으로는 양무(洋務)에 관한 긴요한 건은 북양대신과 주일본공사가 조선과 직접 문서를 주고받으면서 서로 권도하되 수시로 그 처리상황을 총리아문에 알리게 하여 번거로움을 피하겠다고 주청하여 이를 비준을 받았던 것은 그 점을 잘 보여 준다. 이것은 사실상 조선에게 서구 각국과의 조약 체결을 유인하기 위해 북양대신 이홍장에게 조선정책을 전담시키기 위한 것이었지만,[272] 동시에 1882년 「[중국·조선]상민수륙무역장정」의 의정(議定)과 더불어 시작된 사실상 조선에 대한 청조의 적극적인 개입 방침으로의 전환을 알리는 것이기도 하였다.[273]

271 「[總理衙門]行禮部文」(光緖 11년 7월 26일), 「[總理衙門]行北洋大臣李鴻章文」(光緖 11년 7월 24일), 『中日韓』 卷4, p. 1936, p. 1935.(『자료선역』 2 — 052 — pp. 428-429)

272 「總理各國事務衙門奏朝鮮宜聯絡外交變通舊制摺」(光緖 7년 1월 25일), 『淸光緖朝中日交涉史料』 卷2, 31a-32a; 宋炳基, 『근대한중관계사연구 — 19세기말의 聯美論과 朝淸交涉』(단국대학교출판부, 1985), pp. 103-118; 權赫秀, 2000, pp. 59-61.

273 權赫秀, 「조공관계체제 속의 근대적 통상관계 — 『中國朝鮮商民水陸貿易章程』 연구」, 『동북아역사논총』 28, 2010에 의하면 따라서 국제법상의 조약과는 달리 이홍장의 상주 이후 청조 황제의 일방적인 승인·반포에 의해 효

그럼에도 불구하고 일단 통상사무는 총리아문에서 처리하고 나머지는 여전히 예부에서 처리하도록 광서 8년 4월 상유가 내려진 바도 있었으므로, 예부가 그것을 이용하여 이 문제에 대해 다시 스스로의 권한을 주장하였던 것으로 보인다. 그렇지만 결국은 예부가 이 문제의 처리를 총리아문·북양대신에게 넘겨주고 배제당할 수밖에 없었던 것은 전통적인 조선-청 관계의 실질적인 변화를 그대로 반영하는 것이기도 하였다(뒤에서도 다시 언급되지만 예부는 조공과 관련된 권한을 유지하고 있었으므로 여전히 조선 관련 사무에 대한 발언권을 확보하려는 움직임을 그치지 않았던 것도 사실이다). 여하튼 조선 측으로서는 전통적인 사대-자소 관계의 중화질서라는 틀 속에서 조선 문제를 다루어 왔던 예부에 대한 속박이 풀린 것을 환영하지 않을 이유가 없었다.

한편 이러한 상유가 전달되자, 7월 28일 길림장군은 이에 따라 혼춘부도통에게 공동감계의 준비를 지시하면서도 조선에서 토문강을 두만강이라고 부르고 해란하(海蘭河. 海浪河)를 토문강이라고 부르지만, 해란하는 토문강 발원지와 멀리 수백 리나 떨어져 있고 박이합통하(博爾哈通河)·알아하(嘎雅河·噶哈里河)를 거쳐 두만강으로 들어간다는 것과 강희연간에 변경을 조사하고 비석을 새겼다지만 비석은 옮겨질 수도 있다는 반론을 거듭 제기하면서, "조선관리와 백성은 모두 그것을 모르는 것이 아닌데도, 두 번 세 번 교활한 억지를 부리는 것은 사실 월간한 백성을 거두어들일 수 있는 방법이 없기 때문"이라고 총리아문에 보고하였다.[274] 8월 12일 총리아문에 보낸 자문에서도 길림장군

력이 발생한 이 장정은 원래 「中國·朝鮮商民水陸貿易章程」이란 漢文本만 존재하였고, 한글본·영어본은 이후 중국해관에 의해 임의로 번역된 것이다.

274 「吉林將軍希元咨文[爲琿琽副都統遴派妥員, 認眞會勘, 分明界址的]」(光緖 11년 7월 28일), 『琿春檔案選編』 中冊, pp. 327-328.(『자료선역』 2 — 053 — pp. 430-436)

은 같은 입장을 되풀이하였다.[275] '토문-두만양강론' 비판과 '정계비이설론'을 보면 조선 측의 경우와 마찬가지로 중국·길림 측의 주장 역시 정확한 지식과 잘못된 정보·추측 사이를 오가고 있었음을 알 수 있다.

275 「吉林將軍希元文」(光緖 11년 8월 12일), 『中日韓』 卷4, pp. 1938-1939; 『국역중일한』 2, pp. 117-121.

제3장

제1차 공동감계와 국경회담

1. 제1차 공동감계의 실행 경과

이렇게 양국 중앙정부의 개입하에 공동감계가 확정되자, 앞서도 언급하였지만 조선에서도 7월 30일 "안변부사 이중하(李重夏)를 토문감계사(土們勘界使)로 임무를 주고, 교섭아문(交涉衙門) 주사(主事) 조창식(趙昌植)을 토문감계종사관(土們勘界從事官)으로 임무를 주어 속히 내려 보내 양쪽의 관원들이 모여서 상의하여 합당하게 처리하도록" 결정을 내렸다.[1] 만 40의 나이였지만 1882년 증광시에 급제하여 홍문관 교리로서 관직생활을 시작한 지 이제 3년밖에 되지 않은 이중하에게 막중한 임무가 떨어진 것이다. 이홍장도 이를 통보받은 다음 8월 20일에 공동감계를 준비하도록 길림장군과 총리아문에 다시 전달하였다.[2] 길림장군은 8월 22일 이에 "상무를 감독하는 위원이자 오품함을 지닌 분발보용지현 진영(秦煐)이 전에 이곳에서 초간(招墾) 업무를 맡았으며

1 「內務部啓」(高宗 22년 7월 30일), 『高宗實錄』 22卷, 高宗 22년 7월 30일 첫 번째 기사(원본 26책 22권 38장 A면. 영인본 2책 205면).(『자료선역』 2 — 054 — pp. 437-438)

2 「北洋大臣李鴻章文」(光緖 11년 8월 20일), 『中日韓』 卷4, p. 1946; 『清代中朝』, pp. 58-59.(『자료선역』 2 — 055 — pp. 439-441)

지형과 정세에 매우 익숙하니 일을 맡겨 파견하기에 적당할 듯하다." 라는 이유로 그를 길림 측 인원으로 선정하고,[3] 뒤이어 9월 3일 혼춘부도통에게도 인원선발을 지시하였다.[4] 그 결과 진영 외에도 혼춘부도통이 파견한 이품정대(二品頂戴)를 한 혼춘좌익협령(琿琫左翼協領) 덕옥(德玉), 종구품(從九品)의 초간국총판위원(招墾局總辦委員) 가원계(賈元桂)가 공동감계의 임무를 맡아 9월 16일 교계(交界) 지방인 화룡욕(和龍峪, 화룡골)의 상무국(商務局)에 모였고, 25일에 안변부사 이중하가 회령부에 도착하였다는 통보를 하였다.[5] 진영이 28일에 회령부에서 도착하였으므로 9월 30일과 10월 1일 이중하와 필담·회담을 나눈 다음, 10월 3일에는 회령에서 강을 따라 거슬러 올라가서, 백두산(장백산)의 두만강(도문강) 발원에 이르기까지의 산수를 측량하고 함께 상세하게 조사하기로 합의하였다.[6] 1885년 10월 초에 가서야 비로소 양국 공동

3 「吉林將軍希元咨文[爲琿琫副都統遴派妥員, 認眞會勘, 分明界址的]」(光緖 11년 7월 28일), 『琿春檔案選編』 中冊, pp. 327-328; 『中日韓』 卷4, pp. 1938-1939.(『자료선역』 2 — 053 — pp. 430-436)

4 「吉林將軍衙門咨文[爲由琿琫副都統揀派妥員, 速赴交界地方, 詳愼會勘, 劃定界限的]」(光緖 11년 9월 3일), 『琿春檔案選編』 中冊, pp. 331-332.(『자료선역』 2 — 058 — pp. 449-452)

5 李重夏는 당시 정3품 通政大夫의 官品이 주어졌다. 이에 비해 琿春·吉林 측은 德玉이 協領으로 정3품의 官品을 지녀 가장 높은 지위였으나, 실제 감계와 회담에서 秦煐과 賈元桂가 주역을 맡았고 德玉은 사실 유명무실한 존재였다. 5품함을 지닌 秦煐이나 賈元桂가 실질적으로는 기껏해야 정7품·종9품급의 하급 지방관에 지나지 않았기 때문에, 陪臣과의 교섭이라고는 하지만 이들의 품급이 그리 높지 않았다. 무엇보다도 그들은 중앙에서 파견한 것이 아니라 길림·혼춘에서 파견한 지방관에 지나지 않았다는 점은 上國-屬邦 관계임을 감안하더라도 처음부터 공동감계가 일종의 不均衡·不平等한 非對稱的 構圖 속에서 치러졌음을 잘 보여 준다. 중국 측에서는 줄곧 공동감계·국경회담을 중국-조선의 문제가 아니라 길림-조선의 관계로 제한·간주하였던 점 역시 이런 구도를 반영한다.

6 「德玉等文」(光緖 11년 10월 3일), 『中朝交涉史料』, p. 1159.(『자료선역』

감계가 실제 진행되지만, 때가 사실 이미 겨울에 접어들어 백두산 답사에는 결코 적절한 시기가 아니었다. 하지만 공동감계의 실행이 계속 지연되었기 때문에 부득이하게 이런 조치가 취해진 것이었다.

그러면 공동감계와 회담의 경과는 구체적으로 어떠한 것이었을까? 이 점에 대해서는 중국 측 자료에는 대략적인 개괄은 있지만 그 경과에 대해 상세하게 기록해 놓은 자료는 찾아보기 어렵다. 반면, 다행스럽게도 조선 측에서는 이중하가 지은 『감계사등록(勘界使謄錄)』 상권에 제1차 공동감계 이전의 상황과, 감계 준비를 위한 각 지역 인원과 물품의 정발, 상대방 인원의 접대 등에 대해서까지 상세한 기록이 남아 있고, 양측이 나눈 조회와 회담 기록도 물론 잘 정리되어 있다. 따라서 주로 이것에 의거하여 그 간단한 경과를 더듬어 보도록 하겠다.

9월 28일 회령부에서 만난 양측은 30일부터 회담[問答]을 갖게 되는데, 중국 측에서는 먼저 총리아문 원주(原奏)[7]의 휴대·열람 여부를

2 — 059 — pp. 453-455) 이들이 9월 18일에 이중하에게 회령부나 화룡골에서 만나자고 보낸 조회는 『勘界使謄錄』 上, pp. 83-85; 『역주 감계사등록』 상, pp. 192-195에 실려 있다. 이중하는 이에 대해 9월 20일 함경도에 도착하고 21일에 이들이 보낸 조회를 받아 본 다음 같은 날 25일쯤 회령부에 도착할 수 있을 것이라고 답장조회를 보냈다. 『勘界使謄錄』 上, pp. 85-87; 『역주 감계사등록』 상, pp. 196-197. 진영 일행은 28일에 도착하였다. 진영이 28일 도착하고 9월 30일과 10월 1일에 회담을 나누었다는 점은 공동감계 이후 이중하가 올린 보고에서 확인된다. 李重夏, 「勘界使李重夏乙酉狀啓(啓草)」(光緖 11년 12월 6일), 「牒呈」(光緖 11년 12월 6일). 『조·청국경회담』, pp. 190-192; 李重夏, 「啓草」, 『勘界使謄錄』 上; 李重夏, 「勘界使李重夏乙酉狀啓」 및 「土門勘界事實」, 『역주 감계사등록』 상, pp. 275-278, pp. 333-336; 「土門勘界(事實)」, 『白山學報』 2, 1967, pp. 169-170.(『자료선역』 2 — 066 — pp. 488-495)

7 사실은 上諭에 따라 논의하여 다시 上奏한 것이므로 '議奏'가 정확한 표현이다. 이 총리아문의 의주는 아마도 앞서 인용한 「軍機大臣奏[爲遵旨議奏

문의한 다음, 이 원주에 의거하여 감계를 진행한다는 원칙을 내세웠고, 길림장군·혼춘부도통아문에 정계비 관련 기록이 없다는 이유로 "이번 감계는 도문강변계(圖們江邊界)를 조사해서 결정하려는 것이지, 오로지 와서 비석만을 조사하러 온 것은 아니다. 비석은 확실히 조사해야 하지만, 도문강 감계의 한 증거에 지나지 않을 뿐이니 그것이 증거가 되고 안 되고는 여전히 각기 절반씩을 차지할 뿐"이라는 입장을 내세웠다.[8] 조선 측이 가장 강력한 증거로 내세우는 정계비를 처음부터 불신하는 자세로 나왔던 것이다.

이러한 다소 위압적인 중국의 태도에 대해[9] 이중하는 "비석(碑石)

事]」(光緖 11년 7월 20일)(또는 그것을 전달한 총리아문의 公文)를 가리키는 것으로 보인다.

8 「三十日本府會辦時問答記」, 『勘界使謄錄』 上, pp. 37-38; 『역주 감계사등록』 상, pp. 115-119. 이 자료는 서울대학교 규장각한국학연구원에 소장된 『勘界使問答』(奎21038)이나 『問答記』(奎20041)가 본래의 底本으로 보인다. 이에 대해서는 『역주 감계사등록』 상, pp. 110-111의 주125를 참조. 이 두 자료는 『역주 감계사등록』 상에 부록으로 수록되어 있다. 여기에서의 인용문은 필자가 모두 원문에 기초해서 다시 작성한 것이다. 중국 측은 彼 또는 賈로 표기된 것을 보아 秦煐이나 賈元桂가 주된 논변의 담당자였던 것으로 보인다.

9 이후의 제2차 공동감계에서 조선 측 수행원이었던 前茂山郡守 池昌翰은 "이때 청국 측의 위세를 부리는 품은 실로 대단하여 정계비는 취할 것이 못되고, 이를 답사할 뜻도 없었다. 이에 반해 한국 측은 도저히 책상 위의 담판으로는 그 주장을 관철하기 곤란함을 관찰하고 어떻게 하든 청국 위원을 정계비의 장소로 유두하는 것이 당시 가장 필요하였다."라고 회고하고 있다(「光緖 13년 勘界時의 情況을 當時의 隨員이었던 池昌翰에게 質疑한 內容報告」, 國會圖書館 編, 『間島領有權關係拔萃文書』, 『日本外務省陸海軍省文書』 第1輯, 國會圖書館, 1975, p. 89). 지창한은 제1차 공동감계수행원 명단에 없는데다가 사후 20년 가까이 지난 다음의 회고이지만, 제2차 공동감계에서도 중국 측의 태도가 여전하였던 것으로 보이기 때문이다(池昌翰은 같은 곳에서 "淸國側의 脅迫이 심해, 예컨대 紅端水 踏査中 韓國側 四名에 淸國側은 四十名으로 이 線으로 境界線을 정하지 않으면 射殺하려는 威

과 돌·흙무더기[石·土堆]를 한 차례 확인·증명해서" 조선은 처음부터 중국 측이 주장하는 것처럼 "말을 꾸며 내거나[飾詞]" "교묘하게 발뺌하려는[狡賴]" 것이 아님을 입증하고, "애초에 땅을 넓히는 것을 힘써 추구한 것이 아니라는 점"을 항변(抗辨)하고자 하는 것이라는 입장으로 반박하였다. 그는 "분수령(分水嶺)에 있는 비석은 조선이 천조(天朝)의 원칙[關和]으로 받들어 돌 하나 무더기 하나 감히 훼손하지 않았는데, 그것은 성조(聖祖. 즉 康熙帝 — 인용자)께서 정한 바로 관계가 지극히 중하기 때문이다"면서, "매번 귀 국처(貴局處)의 주장을 들으면 '설령 그해 이 비석을 세운 사람이 있다'거나 또는 '비석의 진위(眞僞)를 판별하기 어렵다'고 하는데, 저희는 서로 돌아보고 놀라면서 당혹스러움을 금지 못하겠습니다. 비문에 '성지(聖旨)를 받들어 변경을 답사한다[奉旨査邊]'이라고 되어 있으니, 얼마나 중대한 일에 관계되는 것입니까?"라고 강희제가 세운 비석이 가장 중요한 증거가 된다는 논리로 맞선 것이다.[10] 처음 회담이 시작되자마자 중국 측이 정계비의 증거로서의 가치를 불신하면서 두만강 감계를 우선시하는 자세로 나오고, 조선 측은 반대로 정계비 검증을 앞세워 이에 맞섰다는 점이 분명하게 드러나는데, 누차 지적하지만 이것은 제1·2차 공동감계 중 줄곧 양측의 기본적인 자세를 특징짓게 되었다. 이 점은 중국 측의 다음과 같은 반박에서도 잘 드러난다.

> 부사가 명을 받은 연유는 오직 비석과 돌·흙무더기를 증명[指證]

勢를 보였고, 혹은 池昌翰이 製圖中에 淸國側의 뜻에 따르지 않았던 까닭에 그 손에 負傷을 당했다고 하면서 이대로 경과하면 마침내는 관내의 땅으로까지 경계선을 축소당하게 될 형세에 있었으므로 이중하의 [紅土水로의] 양보는 당시의 형세에 비추어 오히려 정상이었다"고 회고하고 있다).

10 『勘界使謄錄』 上, pp. 36-41; 『역주 감계사등록』 상, pp. 119-128.

하는 것이라고 하였으니, 부사가 스스로 그 직함을 쓰기를 어찌 '토문감비사(土們勘碑使)'라 하지 않고 '토문감계사(土們勘界使)'라 하였습니까? 조선국왕은 우리 예부에 자문을 보냈을 때 어찌 '관원을 파견하여 비석을 세운 옛 경계를 조사'하자고 요청하지 않고 '관원을 파견하여 도문강 옛 경계를 조사하자'고 요청했습니까? 또한 토문강과 두만강은 실제는 한 물[一水]입니다. 총리아문의 원주에도 이미 명확히 지적하고 있습니다. 묻건대 부사는 조선과 길림 변계를 도문강(圖們江)으로 경계를 삼으시려 합니까? 부사가 이번에 온 것은 다만 비석을 조사하기 위해 온 것이고 도문강 옛 경계를 조사하러 온 것이 아니라면 조선국왕으로부터 받은 명을 이 자리서 함께 열어 보고, 본 국처는 바로 돌아가 상사께 이것을 아뢰겠습니다.[11]

물론 이렇다고 해서 중국 측이 정계비 조사를 아예 거부한 것은 아니었지만, 이에 대해 이중하는 다음과 같이 반박하였다.

두만강 상류 발원지가 만약 분수령의 비·퇴와 연결되어 흐른다면 조선에서 앞서 주장한 것은 진실로 엉터리가 될 것입니다. 하지만 만일 처음부터 두만강 물길이 [분수령의 비퇴에] 접하지 않고, 가운데 산이 겹쳐 있는 100여 리 땅을 사이에 두고 있으며, 비·퇴에서 내려온 물줄기가 [두만강이 아닌] 다른 물줄기를 구성하고, 또한 과연 문 모양으로 생긴 흙벽[土壁如門. 즉 土門]이 있다면, 조선 측의 주장 또한 근거가 없는 것은 아닐 것입니다. 저희가 말을 꾸며 냈는지 아닌지는 이번 조사로 저절로 공정하게 판가름될 것입니다.[12]

11 『勘界使謄錄』 上, pp. 41-42; 『역주 감계사등록』 상, pp. 128-130.
12 『勘界使謄錄』 上, p. 43; 『역주 감계사등록』 상, pp. 130-131.

이중하는 정계비에서 흘러나오는 물줄기가 두만강으로 직접 연결되는지 아닌지가 조사의 핵심이라는 점을 밝히면서,[13] 기존에 내세웠던 조선 측 주장을 입증하는 데 최선을 다하지 않을 수 없었던 것이다.

중국 측은 또한 이때 따로 제시한 공문을 통해 임오군란·갑신정변 등을 통해 최근 청이 조선에 베풀었던 은혜를 언급하면서, 조선 측이 지금과 같은 요구를 해 온 사정을 양해해 주고 조선백성을 안치(安置)시킬 수 있도록 할 것이니 스스로 내세우는 논리가 궁색함을 알고

13 실제 조사 결과 두만강 상류발원지가 분수령의 비석 및 흙·돌무더기와 연결되어 있지 않다는 점이 밝혀짐으로써 정계비 비문에 기초한 조선 측의 주장이 근거 없는 것임이 나중에 확인되기는 하지만, 이것으로 문제가 모두 해결되는 것은 아니었다. 정계비에서 발원한 물줄기는 이때 이후 수많은 조사에서 모두 松花江 쪽으로 연결되는 것이 확인되었다(실제로는 계절에 따라 중간에 伏流하는 곳이 있기도 하지만, 정계비 쪽에서 흘러내려 온 방향으로 따지면 전혀 잘못된 추측은 아니다). 그 결과 정계비에서 발원하는 '土門江'은 바로 '松花江'의 원류가 되고, 碑文의 내용대로라면 松花江의 남쪽이 모두 조선의 영역에 속하게 되는데, 이것은 중국 측으로서는 결코 받아들일 수 없었으므로 계속 이후에도 여전히 정계비의 신뢰성을 트집을 잡거나 '移設'되었다고 대응할 수밖에 없었던 것이다. 조선 측도 마찬가지로 이런 주장을 '천조상국'에 내세울 수는 없었고, 변계문제를 제기한 처음 의도는 '토문강'이 바로 '분계강'으로 연결될 것이라고 생각하여 '분계강' 남쪽의 땅이 조선 땅임을 내세워 분계강 남쪽에 월간한 조선백성의 지위를 보장받으려는 것이 어찌 보면 주목적이었다. 이러한 토문-두만강에 대한 '오해'는 사실상 1711년 정계비를 세웠을 당시 이를 주도한 穆克登의 뜻하지 않은 실수(정계비에서 시작된 물줄기가 두만강으로 직접 연결되는 것을 제대로 확인하지 못한 상태에서 정계비를 세웠고, 또한 두만강 상류로 연결되는 경계를 제대로 설정하지도 못하였다)에서 비롯되었다. 그렇지만 앞서 서술하였듯이 이 문제에 관한 가장 정확한 정보를 전달해 주는 『朝鮮王朝實錄』(肅宗 38년의 기록)이나 당시 정계비 설치에 참가한 조선 譯官 등의 일기(김지남 외 지음, 이상태 외 옮김, 『조선시대 선비들의 백두산답사기』, 혜안, 1998) 등이 모두 공개되어 이용할 수 있게 된 것은 20세기에 들어와서도 한참 시간이 지난 다음이었다.

"장백산(長白山)에서 발원하는 도문강을 경계로 삼는 것을 받아들이라"고 요구하였다.[14] 이중하는 이에 대한 답변에서 "비석은 분수령 위에 있어 좌우로 멀리 보면 도랑[溝瀆]이 완연하고, 동쪽 도랑[東溝]으로부터 아래에 돌더미[石堆]·흙무더기[土堆]가 있는데 두만강 발원지와는 서로 아주 멀리 떨어져 있고, 중간에 가로막힌 산등성이와 산줄기[岡嶺]가 백여 리 땅이 되므로 조선백성이 두만강을 계한(界限)으로 인정하지 않는 것이 어찌 근거가 없다고 할 수 있느냐"면서 여러 논거를 곁들어 '토문-두만양강론'을 내세웠다. 아울러 그는 중국 측이 '일시요행'을 통해 영토의 확장을 꾀한다고 한 것은 지나친 주장으로, 조선 측은 "황무지를 개간한 백성이 편안히 잘 살 수 있는 방법을 얻기를 바라는 것"뿐이라고 답변하였다.[15]

이렇게 양측 주장이 계속 평행선을 달렸으므로, 10월 1일에는 결국 두만강과 정계비에 대한 공동조사와 지도 작성 작업에 나서기로 합의하였지만, 이때 중국 측이 "해란강이 정계비 옆에서 발원한 물줄기와 이어지지 않는다는 점은 이미 논파되어 더 이상 조사해 볼 필요가 없다"고 지적한 것은 주목할 필요가 있다.[16] 이 문제에 대해서는 이때까지의 양측 논쟁에 대한 자세한 기술이 없어 그 상세한 경과를 알 수 없지만, "며칠 동안 옥신각신하다가 10월 3일에 이르러서야 비로소 출발"할 수 있었고,[17] 10월 6일 무산(茂山)에서의 필담(筆談)에서 이중하

14 「華員所示別幅」, 『勘界使謄錄』 上, pp. 43-50; 『역주 감계사등록』 상, pp. 132-141.

15 「別紙答辯」, 『勘界使謄錄』 上, pp. 50-56; 『역주 감계사등록』 상, pp. 142-151.

16 『勘界使謄錄』 上, p. 57; 『역주 감계사등록』 상, pp. 151-153.

17 앞서 든 「勘界使李重夏乙酉狀啓(啓草)」(光緒 11년 12월 6일)를 참조.(『자료선역』 2 — 066 — pp. 488-495)

가 "해랑하(駭浪河) 하류는 두만강에 합쳐지고 상원(上源)은 하반령(下盤嶺, 哈爾巴嶺)으로부터 나옵니다. 처음부터 비석 동쪽 수원(水源)과 서로 맞닿지 않음에 대해서는 앞서 이미 말씀드렸습니다."라고 하고 있는 것을 보면, 아직 실제 답사를 하기 전이지만 이중하도 이미 함경도 지방당국이 내세웠던 '토문강=분계강=해란강론'은 잘못된 것이라고 인정하였음을 알 수 있다(이미 이 점에 대해서는 1883년 어윤중이 조사를 통해 확인한 바 있기도 하였다).[18]

조선 측에서는 정계비에서 발원하는 물줄기가 두만강으로 직접 연결되지 않는다는 정보를 확보하여 '토문-두만양강론'의 중요한 증거로 삼았지만, 그러한 주장을 뒷받침하였던 논거 가운데 하나로 종래 함경도당국이 주장한 '토문강=분계강=해란강론'이 시작부터 붕괴된 것이다. 공동감계 시작부터 주요한 논거 하나가 무너진 조선 측은 이후의 논쟁에서 크게 불리한 위치로 밀리지 않을 수 없었다. 이 점에 대해 조선 측이 '실수'를 인정하면, 결국 중국 측의 주장대로 "말을 꾸며내고", "교묘하게 발뺌을 한다"는 비난을 피할 수 없었기 때문이다. 앞서도 지적하였지만 이러한 상황은 어윤중 등이 이 지역에 대한 정확한 정보를 확보하지 않은 상태에서 성급하게 판단하여 변계문제를 제기한 데서 비롯되었다.

그리고 10월 6일 무산(茂山)으로 옮겨 이루어진 회담에서도 이중하는 "하류의 지도 작성에 날을 보내 백산(白山, 즉 백두산 — 인용자)에 눈이 쌓이게 되면 감계를 할 수 없다"면서 먼저 비계(碑界)를 조사한 다음 강의 원류(江源)를 그려서 국사(國事)를 완수하자고 요청하였다. 하지만 중국 측은 총리아문의 의주(議奏)에 이의를 제기해서는 안

18 「十月初六日在茂山筆談」, 『勘界使謄錄』 上, p. 63; 『역주 감계사등록』 상, pp. 160-161.

된다면서, "먼저 비석을 조사하려 할 뿐 강을 조사하려 하지 않는" 요청은 공문의 근거가 없기에 허용할 수 없다고 반박하여 두만강 조사와 지도 작성을 우선 실행해야 한다는 입장을 바꾸지 않았다.[19] 10월 11일 삼하강구(三下江口)[20]에서의 담판에서 중국 측은 10월 6일 이후 무산에서 백두산 쪽으로 가던 여정에 대해 갑자기 이의를 제기하면서 두만강의 가장 남쪽 지류인 서두수(西頭水)로 가자고 고집하였다.[21] 이때 내세운 논리는 다음과 같다.

1) "이 비석은 무게가 불과 백여 근(斤)인데 어찌 그것을 옮길 사람이 없다고 하겠는가?"
2) 정계비에서 연결되는 나무울타리[木柵]는 양국 경계와 관련된 것이니, 응당 양국의 지방관이 공문을 통해 함께 설치해야 할 것인데, 어찌 길림·혼춘에 모두 이러한 기록이 없는가?
3) "정계비 옆에서 발원하는 황화송구자(黃花松溝子. 조선 측에서 土們江이라 부르던 물줄기)의 하류가 토문강(즉 조선 측이 분계강이라 부르던 물줄기 海蘭江 또는 布爾哈通河을 말한다 — 인용자)과 통한다면 또한 토문강원이라 할 수 있고 그렇다면 이밖에 산수(山水)는 자세히 조사할 필요가 없다. 그런데 황화송구자의 하류는 송화강으로 들어간다. 송화강으로 들어가므로 토문강원이 아님이 분명하다." "이 물줄기는 명

19 『勘界使謄錄』 上, pp. 59-66; 『역주 감계사등록』 상, pp. 157-165.

20 아마도 무산에서 상류 쪽으로 70리에 있는 강어귀[江口]를 가리키는 것 같은데 여기서 북쪽에서 흘러온 紅旗河, 남쪽에서 온 紅端水(洪丹水, 洪端水, 三泡水로도 불린다), 그 남쪽의 西豆水(西頭水, 魚潤河, 魚潤江으로도 불린다)가 합류한다.

21 李重夏, 「白頭山日記」, 『勘界使謄錄』 上, p. 105; 『역주 감계사등록』 상, p. 227. 앞서 든 「勘界使李重夏乙酉狀啓(啓草)」(光緒 11년 12월 6일)에 의하면 중국 측은 이미 서두수를 두만강의 正流로 상정하고 있었다.

백히 송화강원의 여러 물줄기 가운데 하나이다."

4) "백두(白頭)라는 것은 장백(長白)의 다른 이름이요, 두만(豆滿)은 도문(圖們)의 다른 이름이며, 토문과 두만은 같은 만주어(滿洲語)에서 나온 것이다. 따라서 도문·두만·토문강은 실은 하나의 물줄기이다."

5) 조선 측에서 '토문'을 이야기하면서 토문'강'의 '강' 한 글자를 말하는 것을 피하는데, 비문에 따르면 "서쪽은 압록이 되고, 동쪽은 토문이 된다"고 하였으므로 이것은 토문강을 가리키는 것이지, 흙벽처럼 생긴 문[土門]을 가리키는 것은 아니다.[22]

이러한 논거에 따라 중국 측은 여전히 "비석은 강에 대해 기록한 것이므로 강의 근원을 감명(勘明)해야 비석이 증명될 수 있으니 , 강과 비석이 하나로 합치되면 감계(勘界)가 곧 완결될 수 있고 , 강이 혹시 비석과 합치되지 않는다면 거듭 상의하여 이치를 판별해야 한다"면서 두만강 조사를 우선해야 한다는 입장을 굽히지 않았다. 이때 이들이 굳이 서두수를 답사하자고 우긴 것과 제1차 공동감계 직후 그들이 서두수가 두만강의 본류라고 단정하였다는 사실을 같이 놓고 본다면, 이미 공동감계에 나설 때부터 중국 측은 서두수를 두만강의 본류로 지적하려는 의도를 가지고 시작하였다고 보아야 할 것이다. 이렇게

22 『勘界使謄錄』上, pp. 67-83; 『역주 감계사등록』 상, pp. 169-192. 정계비에 나오는 '토문'이 '흙벽처럼 생긴 문(토문)'이라는 것이 조선 측의 주된 논거 가운데 하나이지만, 서쪽이 압록강이라면 동쪽은 당연히 토문강이라는 중국 측의 해석이 보다 적절한 것이다. 또한 '흙벽처럼 생긴 문(토문)'이 '토문'강이란 명칭의 유래이고 따라서 토문강과 두만강은 다르다고 주장할 수 있겠지만, 토문과 두만·도문이 만주어라는 중국 측의 주장도 전혀 근거가 없는 것은 아니다. 이에 대해서는 李康源, 2007a; 이강원, 2007b; 이강원, 2010a; 이강원, 2010b 등을 참조.

해서 두만강 북쪽으로 영토를 늘리겠다는 조선 측의 행동을 정면으로 맞받아칠 수 있고, 나아가 도리어 두만강 '옛' 경계보다 훨씬 남쪽으로 내려가 조선의 내지에 경계를 설정하겠다는 '보복'에 나설 수도 있었기 때문이다. 이렇다면 처음부터 공동감계의 결과가 어떻게 나오든 조선 측의 논리는 어떤 것이든 받아들여질 여지가 거의 없었다.

이에 대한 이중하의 반박 논리 가운데 중요한 것은 다음과 같다.

1) "우리가 비석을 천 리 가까이 옮기는 헛된 수고를 하였다"면서, "비석을 옮겼다는 사안으로 꿈도 꾸지 못할, 사리에서 벗어나는 주장을 만들어 낸다면, 이는 조선백성을 헤아릴 수 없는 구렁텅이로 몰아넣는 것"이다. 비석은 설사 옮겨질 수 있다고 하더라도 흙·돌무더기를 옮기려면 "반드시 천백의 일꾼을 다루어야 하고, 상국(上國) 사람이 채집과 수렵을 위해 백두산을 왕래하는 것이 거의 비는 날이 없는데, 이처럼 거대한 공사를 어찌 듣지도 알지도 못할 수 있겠는가?" 나무말뚝[木棒]이 완전히 썩고 조금만 남아 혹시 후대에 첨가하여 설치했다면 이것이 얼마나 중대한 사안인데 길림 지방에 공문 한 통 없이 그것을 시행할 수 있겠는가?"
2) "서두수는 비석과 흙·돌무더기의 남쪽에 있지만 여러 물줄기와 비교해 보면 아주 멀리 떨어져 있다." "국경의 수원과 상관이 없는 이곳을 찾아 600여 리를 왕래하고 십여 일을 허비한다면 이것은 총리아문의 의주에 담긴 본뜻이 아닐까 염려된다."
3) "이제 소설(小雪)의 절기를 맞이하여 백두산에 눈이 쌓이는 것이 아침·저녁으로 빈번한 일이라" 평지에서 강을 조사하는 것은 한겨울에도 가능하지만 백두산 비석을 조사하는 일은 눈에 막혀 불가능하니, 처음부터 비석을 먼저하고 강을 나중에 하기를 누누이 간청한 것인데, "강을 따라 지도를 그리면서 길을 가니 십여 일에 겨우 2백

> 리 지점에 도착했다. 장차 다시 서두수(西頭水)의 여러 물줄기·발원지를 조사하려면 올해가 다 가기 전에는 산에 오를 수 없다. 본 감계사가 수천 리 밖에서 왕명을 받들고 와서 비면(碑面)을 한 번 볼 기회를 얻지 못하고 강줄기를 조사하면서 헛되이 시일을 보낸다면 이것이 직무를 받드는 도리이겠는가?[23]

이에 따라 이중하는 중국 측이 '두만강의 정류'로 지명한 서두수 지역을 조사하는 데 수행하는 것을 거부하면서, "애초에 비석을 조사하지 않고 먼저 강의 근원을 조사하는 것"은 잘못이라는 입장을 견지하였다. 이러한 대립의 결과 결국 양측은 정계비와 두만강의 두 지류를 세 갈래로 나눠서 조사하기로 결정하게 되었다. 10월 13일 중국 측에서는 서두수를 조사할 인원은 중국 측 지도작성관 염영(廉榮)과 조선의 수행원 오원정(吳元貞), 통역 이대본(李大本), 길 안내 유복성(劉福成)으로, 홍단수(紅端水)를 조사할 인원은 중국 감계관(勘界官) 덕옥(德玉), 조선의 종사관 조창식(趙昌植), 수행원 이후섭(李垕燮)·김우식(金禹軾), 통역 박윤신(朴允信), 길 안내 중국인 강광희(姜廣喜)로, 비석(정계비)을 조사할 인원은 중국 감계관 진영(秦煐)과 가원계(賈元桂), 조선감계사 이중하(李重夏), 수행원 최두형(崔斗衡)·최오길(崔五吉), 통역 유흥조(柳興祚), 길 안내 중국인 곽금승(郭金升)으로 정하고, 이러한 공동조사 이후 따로 경계문제를 논의하자고 조회를 보냈으며, 이중하도 이날 이에 동의하는 답장조회를 보냈다.[24]

여기서 주의할 점은 이중하와 진영·가원계 등 공동감계의 주역들

23 『勘界使謄錄』 上, pp. 67-83; 『역주 감계사등록』 상, pp. 169-192.

24 『勘界使謄錄』 上, pp. 87-89; 『역주 감계사등록』 상, pp. 198-200의 「照會」 두 건을 참조.

이 정계비를 조사하는 데 가담하였다는 사실이다. 앞서 중국 측이 정계비보다 서두수의 조사를 우선시하였다는 점을 보면 이것은 사실상 의외의 담판결과라 하지 않을 수 없다. 이중하의 주장이 중국 측의 논리를 설복시켰든지, 아니면 애초부터 중국 측이 스스로의 논리에 무리가 있다는 것을 알고 있었든지 둘 가운데 하나인데, 아마 후자일 가능성이 더 크다. 중국 측이 정말로 서두수나 홍단수가 대도문강이고 두만강의 본류라고 확신하였다면, 서두수에 지도작성관을, 그리고 홍단수에 덕옥을 파견하는 이러한 인원 분배에 동의하였을 리 없기 때문이다. 더구나 뒤에 서술하겠지만, 서두수의 조사는 실제로도 길이 멀고 눈이 깊다는 이유로 제대로 이루어지지도 않을 정도였다. 따라서 이러한 분배 방식 자체가 공동감계의 주안점이 어디에 있어야 하는가에 대한 일종의 암묵적인 '합의'를 보여 주는 것이라 보아도 큰 무리는 없을 것이다.

한편 10월 15일에 시작된 이러한 공동감계의 세부일정은 이중하가 「백두산일기(白頭山日記)」로 따로 정리해 놓고 있어 정계비를 조사한 공동감계의 경과를 그나마 간단히 살펴볼 수 있다.[25] 이에 따르면 그는 10월 15일 홍단사(紅丹祠)를 거쳐 백두산 밑 초입인 장파(長坡)에 도착하고 16일에 백두산으로 출발하여 장산령(長山嶺)을 넘고 가척봉(加隲峯, 加乙隲峯이라고도 쓴다)을 거쳐 거기서 10여 리를 간 다음 17일에는 두만강의 발원처인 연못(圓池를 가리킨다 — 인용자) 근처 사냥꾼 오두막에 도착하여 하룻밤을 지냈다. 온종일 눈과 싸우고 밤에는 노천에서 지새우는 여정은 계속 이어져 18일에는 정계비에서 발원하는 토문강(황화송구자) 연변에 쌓인 흙무더기가 끝나는 곳인 삼포(杉浦. 중국 명

25 「白頭山日記」, 『勘界使謄錄』 上, pp. 103-116; 『역주 감계사등록』 상, pp. 223-245.

칭으로는 黃花松甸子로 부르게 되는데, 정계비 동쪽에서 시작된 계곡의 물줄기가 끝나는 곳이기도 하다)에 이르렀다. 여기서 위로 가면서 점차 넓어지는 계곡인 토문강(황화송구자) 남쪽의 흙무더기를 따라 거슬러 올라갔는데, 이날 밤에는 중국 측(賈元桂)의 강요로 60리나 떨어진 백두산 정상을 향해 한밤중에 밥을 지어 먹고 다시 출발하였다(억지로 무리한 요구를 하여 정계비 행을 포기하게 하려는 행보로 이중하는 파악하고 있다).[26]

그리고 대각봉(大角峯) 북쪽의 험준한 낭떠러지를 따라 전진한 일행은 결국 해가 뜨는 무렵에야 백두산 정상에 도착한 다음, 다시 남쪽으로 30리쯤[원문대로 — 인용자] 떨어진 정계비 쪽으로 이동하여 분수령에 도착하였다(19일). 비석의 표면은 얼음이 얼어붙어서 깎아도 떨어지지 않아 불을 때어 녹여서 비문의 탁본 세 장을 뜬 다음 한 장을 진영(秦煐)에 넘겨주었다. 이날 하루에 100리 길을 거치는 강행군으로 돌아오는 길에 나서 다음 20일에는 중국인 동유(董維)의 오두막(이후 董棚으로 불린다 — 인용자)에 머물고, 길을 재촉하여 장파로 다시 돌아온 것은 출발 7일 후인 10월 22일이었다. 여기서 사흘간 휴식을 취한 다음 25일에 출발하여 27일 이중하는 무산부로 돌아왔다. 이때 다른 곳을 조사한 인원도 모두 무산부에 도착하였다.[27]

그리고 11월 8일에 이루어진 중국 측의 감계 결과에 대한 조회에 따르면 이때 확인된 구체적인 사실은 다음과 같다. 이 지리조사의 결과는 이후의 논쟁에서도 중요한 정보와 실마리를 제공하는 것이므로 가능한 한 상세하게 다루도록 하겠다(압록강에 관한 기술은 생략하였다. 또

26 앞서 든 「勘界使李重夏乙酉狀啓(啓草)」(光緖 11년 12월 6일)에 보다 상세한 이중하의 설명이 나온다.

27 위와 같음.

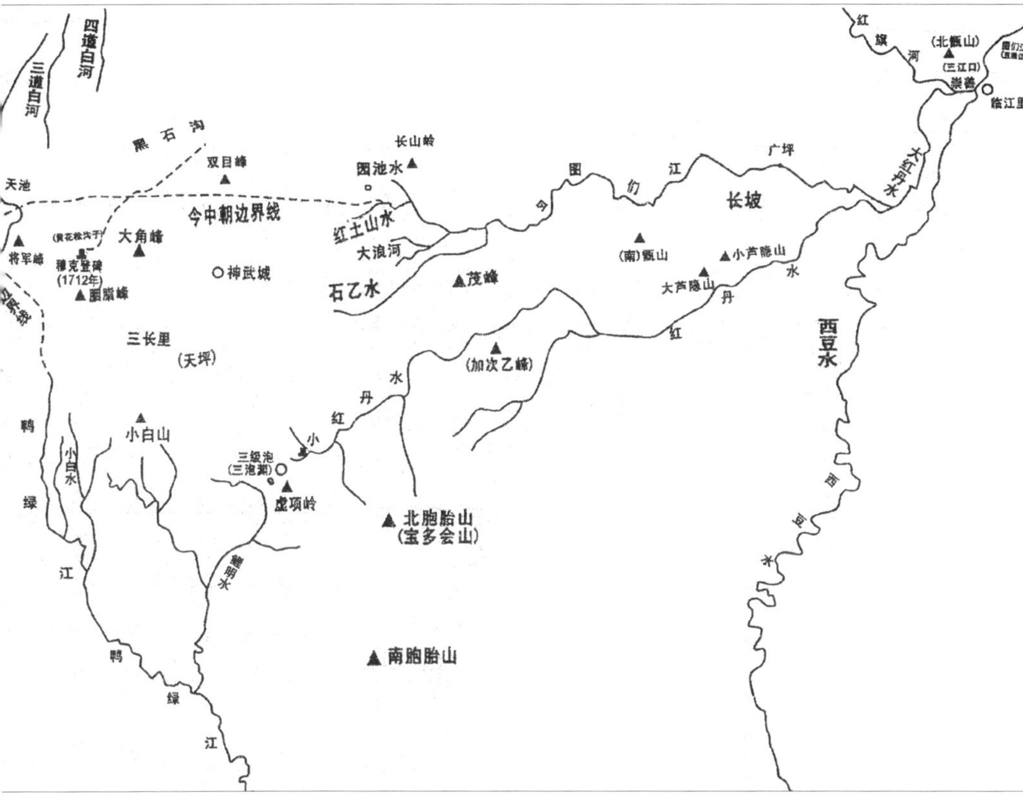

그림 4. 백두산 두만강 유역 수계도
출전: 陳慧,「淸代穆克登碑初立位置及圖們江正源考論」,『淸史研究』2009-4, p. 113의「中朝圖們江邊界示意圖」를 바탕으로 수정한 것이다. 이 지도는 앞으로 다룰 백두산정계비 부근 각종 물줄기[水系]에 대해 가장 간결하게 정리하고 있다. 원 지도는 1712년 소백산에 세워진 정계비가 1885년 백두산 분수령으로 옮겨졌다는 잘못된 논리에서 기초하고 있어, 그 부분을 수정하였다.

한 그림 4의 지도를 참조).[28]

28 「[秦煐·德玉·賈元桂]照會」(光緖 11년 11월 8일),『勘界使謄錄』上, pp. 89-94;『역주 감계사등록』상, pp. 200-209;「照會謄抄」,『白山學報』4, 1968. pp. 276-278.(『자료선역』2 — 061 — pp. 461-466)

1) 진영·가원계 등이 이중하 등과 함께 같은 길을 따라 산천과 비석, 흙·돌무더기의 실제 상황을 조사한 내용을 보면 정계비를 거쳐 동남쪽으로 가면 학항령(鶴項嶺)에 이른다(중국에서는 黃沙嶺이라고 부르고 조선에서는 백두산에 가까운 산마루 북쪽을 分水嶺, 중간을 虛項嶺, 남쪽을 鶴項嶺이라고 부른다). 이 산마루에 있는 비석 동쪽으로 몇 걸음 안 가 물길이 있는데 바로 이알력개(伊戞力蓋. 이깔이개. 중국에서는 黃花松溝子로 부른다)의 상류로 이 물길이 아래로 장백산 동쪽 기슭을 감돌아 북쪽으로 뻗는데, 그 동남쪽 언덕 윗머리에 돌무더기, 아랫머리에 흙무더기가 있으며, 모두 180여 리 정도이다. 그러다가 대각봉(大角峰)을 지나면 물길이 갑자기 좁아지면서 양쪽 언덕의 흙·돌무더기는 높이와 깊이가 수 장(丈)이 된다. 조선에서는 이곳을 토문(土門)이라고 부르는데, 흙무더기가 끝나는 곳은 비석과 이미 90리 떨어져 있다. 여기서부터 아래로 수십 리를 내려가야(이 중간의 땅이 杉浦 또는 黃花松甸子이다 — 인용자) 비로소 다시 땅 위에 물길이 보이며, 여기서 다시 내려가면 이 물줄기는 동쪽의 사을수(斜乙水), 그 동쪽의 동유와붕수(董維窩棚水. 앞서 나온 董棚 앞을 흐르는 물길)와 합류하여 낭낭고(娘娘庫)로 들어가고, 낭낭고는 서북쪽으로 흘러 두 강어귀에 이른 다음 송화강(松花江)으로 접어든다. 또한 석비에서 조금 남쪽에 흙산 두 개가 있는데, 조선에서는 가차을봉(可次乙峰. 加乙隲峯)이라 부르며, 그 남쪽에는 연지봉(聯脂峰. 臙脂峰 — 인용자)이 있고, 더 남쪽으로는 소백산(小白山)이 있는데, 석비가 있는 곳에서 40리 떨어져 있다.

한편 대각봉 동쪽의 팔봉에 동붕이 있는데 여기에서 동북쪽으로 10여 리를 가면 물줄기가 평평한 언덕에 돌이 널린 못으로 들어가면서 보이지 않다가 수십 리를 더 가서야 다시 나타난다. 이 물줄기 서쪽의 사을수(斜乙水)와 사을수 서쪽의 이알력개수가 합류하여 낭낭고로 들어가고 아래에서 송화강으로 들어간다.

또한 소백산에서 동쪽으로 100여 리를 가면 홍토산(紅土山)에 이르는데, 이 산은 백두산과 동서로 서로 마주보고 있으며, 서로 120리 떨어져 있다. 홍토산 동쪽은 바로 장산령(長山嶺)[29] 봉우리가 일어나는 곳으로, 홍토산을 거쳐 서북쪽으로 5리를 가면 평평한 언덕 위에 둥근 못[圓池]이 있다.[30] 이 못 양쪽으로 각기 2-3리쯤에 두 갈래 물줄기가 있어 언덕에서 흘러내리는데, 홍토산을 감돌고 합류하여 장산령 남면을 거쳐 구불구불 동남쪽으로 흘러 증산(甑山)의 북쪽을 거치고, 장파(長坡)를 지나 소홍단(小紅丹) 지방에 이르고, 약 100리를 가서 홍단수와 합류하여 아래로 두만강으로 들어간다.

2) 덕옥과 조선종사관 조창식 등은 소백산 동남쪽 황사령(黃沙嶺)을 조사하였는데, 동쪽으로 치우쳐 삼급포(三汲泡)가 있으며, 삼급포에서 산마루를 따라 서북쪽으로 가서 소백산을 지나 석비까지의 거리는 약 130리이다. 삼급포 동쪽은 비탈을 따라 아래 동쪽으로 약 30리를 가면 온천이 솟아 나오는데, 바로 홍단수의 발원지이다. 여기서부터 아래로 남쪽에서 세 물줄기가 합류하여 꺾어져 동쪽으로 흘러 증산(甑山) 남쪽을 거쳐 약 200여 리를 가면 소홍단(小紅丹)에 이르고, 홍토산(紅土山)에서 발원하는 물줄기와 합류하여 다시 동남쪽으

29 長山嶺은 장백산 동쪽에 가장 가까운 지맥으로 紅土山에서 동쪽으로 꾸불꾸불 뻗어 있다. 그 산맥은 경사가 완만하고 형체가 마치 산등성이 같아서 이런 이름이 붙었다. 紅丹河와 紅旗河(조선 측에서는 冗口江으로 부른다) 두 강이 합류하는 곳이 바로 長山嶺이 끝나는 곳이다.

30 나중에 길림장군은 "이 산 서북 5리쯤의 평평한 비탈에 圓池가 있고, 여기에서 서북으로 가면 근처에 물줄기가 없고 조금 먼 곳에 있는 물줄기는 모두 송화강으로 흘러듭니다."라고 보고하고 있다. 「吉林將軍希元致總署咨[爲分勘吉·朝劃界情形, 咨請具奏事]」(光緖 12년 1월 7일), 『淸季外交史料』 卷65, pp. 1185-1187; 『中朝交涉史料』, pp. 1080-1081을 참조.

로 흐른다. 여기서 북쪽에서 온 홍기하(紅旗河)가 합류하며, 강어귀 지방에 이르러서는 다시 서두수(西頭水)와 합류하여 두만강 본류가 된다.

3) 중국의 지도작성관 염영과 조선수행원 오원정 등은 황사령 위 삼급포(三汲泡) 동남쪽의 포담산(蒲潭山. 조선에서는 寶髢山이라고 부른다)을 조사했는데, 석비가 있는 곳과는 약 180리 떨어져 있다. 이 산의 두 봉우리 중간에 있는 언덕 동쪽 비탈에 있는 물줄기는 동쪽으로 흐르는데, 바로 서두수 지류의 발원지이다. 포담산(보체산)에서 발원한 세 갈래 물줄기는 수십 리를 지나 합쳐져 동북쪽을 향하고, 다시 서두수의 본류와 합쳐져 다시 동북쪽으로 꺾여 흐르다 강어귀 지방에 이르면, 홍단수, 그리고 소홍단 지방에서 홍단수에 합류한 홍토산수가 합류하여 두만강이 된다. 포담산에서 강어귀까지는 대략 280여 리이다. 서두수의 본류는 길이 멀고 눈이 깊어 전진할 수 없었으므로 토착민의 구두진술에 의존하였는데, 길주(吉州) 북방 경계의 학항령에 있고, 북쪽 비탈에서 흘러 강어귀 지방에 이르기까지 계산하면 약 400여 리이다. 학항령은 백두산 석비에서부터 갈래가 뻗어 그 길이가 약 400-500리이다. 요컨대 황사령 동북쪽의 물줄기는 소백산 이남에서는 모두 두만강으로 흘러든다.

이상의 공동감계 결과를 통해 우리는 1) 정계비 옆에서 시작된 물줄기 남쪽으로는 돌무더기·흙무더기가 설치되어 있는 것이 분명하고, 이 물줄기는 (중간에 복류가 있지만) 송화강 쪽으로 연결되는 것으로 파악되며, 2) 백두산 동쪽으로 120리 떨어진 홍토산과 원지 부근에서 두만강이 발원하며, 3) 소백산(황사령) 동북쪽의 물줄기는 모두 송화강에 흘러들고 소백산 동남쪽의 물줄기는 두만강으로 흘러드는데, 홍단수(정계비에서 약 130리 떨어진 삼포의 동쪽 30리에서 발원한다)와 서두수(정계비에서 약 180리 떨어진 포담산에서 발원한다)는 양국의 경계를 이루는 두만강의 본류[正流 또는 經流]가 되기 어렵다는 결론을 내릴 수 있다.

공동감계를 통해 양측은 이 지역 조사를 통한 지도를 확보·공유할 수 있었지만, 조선 측에서는 정계비 비문의 탁본을 통해 그 내용을 중국 측에게 확인시킬 수 있었고, 흙·돌무더기나 '토문'의 존재도 마찬가지였다. 따라서 '토문-두만양강론'이 전혀 근거가 없는 주장이 아니라는 점을 확인시킬 수 있었다. 양쪽의 발원지가 서로 100리 이상 멀리 떨어져 있었기 때문이다. 중국 측이 확인하고자 한 홍단수나 서두수의 발원지도 마찬가지로 정계비에서 120리 이상 떨어져 있다는 점이 확인되었으므로, 이중하가 주장한 대로 중국 측이 집요하게 추구한 홍단수·서두수의 조사는 공동감계의 핵심 목표가 될 수 없다는 점도 확인되었다(앞서 인원분배에서도 마찬가지였다). 또한 정계비 옆에서 시작된 물줄기(伊戛力蓋 또는 黃花松溝子. 土們江)의 흐름이 (중간에 복류가 있지만) 송화강 쪽으로 연결되는 것이 확인되었으므로 조선 측이 내세운 '토문강=분계강=해란강론'은 더 이상 근거가 없다는 점도 더욱 분명해졌다.

그렇다면 남은 과제는 왜 두만강 발원지가 아닌 송화강 발원지가 있는 곳에 정계비가 세워졌는가 하는 의문을 해소하는 것이었다. 이러한 의문이 해소되지 않는다면 정계비의 비문을 인정하고, 따라서 토문강이 송화강이라는 것을 인정하는 것은 송화강 남쪽이 모두 조선 땅이라는 결론으로 연결될 수밖에 없었다. 그 때문에 중국 측은 '정계비이설론'을 계속 견지하는 방안(앞서 서술하였지만 결국 소백산 지역에도 동서쪽으로 두만강과 압록강의 지류가 발원하므로 여기에 원래 세워진 정계비를 조선 측에서 북쪽으로 멀리 옮겼다고 주장하는 것이다)을 고집하면서 정계비의 '증거능력'을 깎아내리는 방향으로 갈 수밖에 없었다.

하지만 정계비의 비문을 통해 '토문(강)'을 확인하였지만, 이것이 분계강(布爾哈通河나 海蘭江)이 아닌 송화강에 연결된다는 점을 확인한 조선 측도 입장이 곤란하기는 마찬가지였다. 토문강이 송화강이라고 주장한다면 이것은 '두만강' 경계를 확인하는 것보다 훨씬 거대한 영토분쟁을 '천조상국'에 제기하는 꼴이 되므로 '속방(屬邦)'의 입장에서 도저히 이런 주장을 고집할 수는 없었다. 다른 한편 토문강이 분계강이라는 주장도 무너졌으므로 분계강 남쪽의 조선월간민이 거주하는 곳이 조선 땅이라는 주장도 더 이상 유지할 수 없었다. 이 때문에 이중하는 월간민에 대한 선처를 위해 중국 측의 시혜를 요청하는 방향으로 나갈 수밖에 없었는데, 그것은 공동감계의 기본과제가 해결될 수 있는 실마리를 전혀 확보하지 못하였기 때문이다. 이렇게 본다면 양쪽 모두 공동감계에 미리 예기한 성과를 거두지 못하는 '양패구상(兩敗俱傷)'의 결과를 얻게 된 셈이었다. 그러므로 공동감계를 마치고 이루어진 회담에서 양측이 합의를 이루는 것은 사실상 어려운 일이었다.

그런데 10월 29일 진영이 그리고 11월 13일에는 덕옥 등이 긴급한 공무가 있다는 이유로 화룡욕으로 돌아가서 모두 11월 15일에 다시 돌아왔기 때문에 공동감계의 결과를 논의하기 위한 회담이 시작된 것은 11월 27일이었다.[31] 여기서 이중하는 "비석과 흙·돌무더기가 의문을 낳은 사안을 분명하게 논의하는 것이 적절하며, 변계문제를 처리하는 데에는 오로지 공정(公正)이라는 두 글자가 있을 뿐이다."라고 제안하였다. 중국 측은 두만강·소두만강[小圖們江·小土們]의 정원(正源)을 확인하여 총리아문의 원주에 부합되게 해야 결론을 내릴 수 있고, 그다음에야 유민을 대한 황제의 시혜를 간청할 수 있다고 답변하였

31 『勘界使謄錄』 上, pp. 116-122; 『역주 감계사등록』 상, pp. 245-253의 여러 「馳報」를 참조.

다.[32] 이에 대해 이중하는 정계비에 대해 예부의 옛 기록에 반드시 근거가 있어 진상이 밝혀질 날이 있을 것이라면서, 조선이 공동감계에 나선 것은 유민문제에 연유한 것이므로 중국 측에서 이들에 대해 자세히 보고하여 황은(皇恩)을 입을 수 있게 해야 한다고 요청하였다. 그러자 중국 측은 다시 아무런 기록을 찾을 수 없기 때문에 이번 감계를 하러 왔는데 비석과 흙·돌무더기와 강원(江源)이 부합되지 않으므로 두만강·소두만강의 정원을 공동으로 논의하여 정하자고 답변하였다.

이중하는 거듭하여 정계비의 신뢰성을 상대편에 납득시키기 위해 고심하고 있는 반면, 중국 측은 두만강 본류 북쪽에 있는 소두만강을 거듭 내세우면서 두만강·소두만강의 정원을 논의하여 정하자고 주장하는 것이다. 이것은 어쩌면 이 당시 중국 측이 처한 '곤경'을 잘 보여주는 것이 아닐까? 조선 측이 내세우는 정계비의 증거능력을 그대로 인정하게 되면 곤혹스러운 심각한 결과로 이어질 수밖에 없으므로 가능하면 이 문제에 대한 언급·논의를 피하는 대신, 가장 남쪽의 지류인 서두수를 두만강 본류로 설정하고 그 북쪽의 홍단수를 소두만강이라고 주장함으로써 그 북쪽의 두만강 발원(나중에 나오지만 紅土山水라고 부른다)을 아예 부정하고자 하는 복선(伏線)을 깔고 있는 것이다. 이 점은 제1차 공동감계 이후 길림 측에서 내세우는 가장 중요한 논리의 하나가 되었다.

이에 대해 이중하는 종전에 산의 오두막에 머무를 때 "'비석과 흙·돌무더기'만 본다면 월간민을 받아들이는 것도 문제가 없겠지만, 어느 물줄기 하나도 동쪽으로 두만강에 접하지 않으므로 어찌 곤혹스러운 점[難處]이 아닌가?"라고 하였던 중국 측의 생각에 동의하면서,

32 『勘界使謄錄』 上, pp. 122-123; 『역주 감계사등록』 상, pp. 253-256.(『자료선역』 2 — 063 — pp. 475-479)

결국 어느 강으로 경계를 삼는지 정할 수 없다면 각기 지도·비문·탁본을 가지고 돌아가 서로 조회를 보내고 복명(復命)하여, 국왕의 전주(轉奏)를 통해 황상의 처분을 기다릴 뿐이라고 통보하였다. 그렇지만 이중하는 소도문강은 두만강 본류의 북쪽이라 했으니 반드시 무산 아래쪽의 큰 강(두만강 북쪽의 중국 땅에서 내려와 두만강에 합류하는 紅旗河가 실제 존재하고 있다)에 해당될 것이지, 산속의 물줄기는 아닐 것이라고 못을 박았다. 중국 측 역시 이러한 '곤혹'에 동의하면서 월간민에 대한 시혜문제를 논의하자고 답변함으로써 제1차 공동감계에 따른 회담은 마무리되었다. 진영과 덕옥·가원계 등 중국 측 감계원은 12월 3일 각기 화룡욕과 혼춘으로 출발하였다.[33]

2. 제1차 공동감계 직후의 국경회담

이렇게 제1차 공동감계가 마무리되자 이중하는 우선 그 내용을 정리하여 중국 측에 조회를 보냈다.[34] 이 내용은 제1차 국경회담에 대한 이중하의 입장을 간결하게 정리해 주면서 지금까지 언급되지 않았던 논쟁의 내용도 전해 주고 있다. 그것은 크게 두 가지로 나눌 수 있다.

첫째, 정계비 비문과 위치에 대한 중국 측 의심을 반박하는 것이다. 이 점은 중국 측이 가장 반박하려 애쓴 부분이었지만, 그들은 다음

33 『勘界使謄錄』 上, pp. 125-126, pp. 131-132; 『역주 감계사등록』 상, pp. 258-260, pp. 267-268.

34 「朝鮮國正三品通政大夫前禮曹參議行安邊都護府使兼兵馬節制使土們勘界使李照會」(高宗 22년 11월 29일), 『勘界使謄錄』 上, pp. 126-130; 『역주 감계사등록』 상, pp. 260-267.(『자료선역』 2 — 063 — pp. 475-479) 이하의 인용은 모두 여기에서 나온다.

과 같은 주장을 내세웠다.

1) "예부에는 정계(定界)에 관한 기존 서류가 없으므로 믿기 어렵다."
2) 정계비는 "나중 사람들이 거짓으로 만든 것이든지, 아니면 바로 그 당시의 착오로 세워진 것이다."
3) "이 비석에 만주글자가 한 자도 없는 것이 의심스럽다."
4) "비문 글자의 자획이 하나도 문드러지지 않았는데, 이것 때문에 더욱 의심스럽다."
5) "'동쪽이 토문이 된다'는 말이 의심스럽다."
6) "이 비석은 응당 소백산 남쪽 분수령의 위에 있어야 한다."

1)에 대해 이중하는 "어제 이미 임진년(강희 51) 정계를 할 때 오라총관이 올린 상주문을 옮겨 적은 것 한 통을 보내드려 열람하실 수 있도록 하였다"면서 나중에라도 혹시 과거 서류를 찾을 수 있다면 대조할 수 있을 것이라고 답장을 하였다. 2)에 대해서 그는 "그 당시의 착오인지는 아직 단정할 수 없지만, 후대 사람들이 거짓으로 만들었다는 것은 정말로 이치에 맞지 않다"고 맞받아쳤다. 3)에 대해서는 "아득히 청조가 개국하였을 무렵부터 조선과 왕래한 공문서에는 일찍이 만주글자가 단 한 자도 없었고, 광주 삼전도 지방에 청조의 태종황제께서 병자년에 세운 동정비(東征碑. 즉 丙子戰爭때 세워진 三田渡碑를 가리킨다)가 있는데, 그 비석의 앞·뒷면에도 역시 만주글자는 한 자도 없다"고 답장하였다(실제 오늘날 남아 있는 삼전도비는 대부분 비문의 내용이 지워져 버렸지만 윗부분에는 분명히 만주글자의 흔적이 남아 있어 이것은 이중하의 '착각'으로 보이기 때문에 온전한 반박이 되기는 어려운 것으로 보인다).[35]

4)에 대해서는 지금 이 비석은 겨우 170년이 지난 유물이지만, "전서(篆書)·예서(隸書)로 쓰인 금석문(金石文)은 여전히 진한(秦漢) 시

대의 옛 유물이 남아 있다"고 반박하면서, "물줄기 주변에 흙·돌무더기를 설치하여 그 위에 수목이 무성하게 자랐는데, 왕왕 크게 자라 한 아름이 되는 것도 있는 것"은 또한 사람의 힘으로 할 수 있는 일이 아니라고 덧붙였다. 5)에 대해서도 그는 "동쪽이 토문이 된다는 것은 본래 들어맞지 않는 것은 아니지만, 다만 하류가 북쪽(송화강 쪽)으로 들어가기 때문에 오늘 같은 논란이 생기게 되었다."라고 답장을 하였는데, 백두산 정계 당시의 구체적 상황을 정확하게 파악할 수 없었던 이중하로서는 이 문제에 대해서는 마찬가지로 '곤혹'을 느낄 수밖에 없었던 것이다.

그리고 6)에 대해서 그는 소백산 남쪽의 분수령, 허항령을 가리키는 것 같은데, 허항령은 동서 물길의 발원지가 서로 75리 떨어져 있으니 분수령이라 하기 곤란하고, 정계비와 130리 정도 떨어져 있어 이렇게 된다면 백두산은 당연히 조선의 강역 밖으로 나가야 하므로 이런 도리는 없다고 반박하였다. 오늘날 중국학계에서는 여전히 정계비가 소백산에 세워졌다는 주장에 집착하는 경우가 많지만, 실제 정계 당시 조선의 기록은 정계비가 모두 백두산 정상에서 10리 남짓 떨어진 곳에 세워졌다고 하고 있으므로, 이 반박은 충분한 근거가 있다고 할 것이다.

두 번째, 홍토산수(紅土山水)에 관한 중국 측의 주장이다. 홍토산수라는 명칭은 앞서 보았듯이 두만강 발원지가 홍토산(紅土山. 이 명칭도 이때 만들어졌다) 부근에 있기 때문에 중국 측에서 그렇게 이름을 붙인 것이다. 이중하는 중국 측이 이에 관해 언급하자 "지금 귀 국처에서

35 삼전도비에 대해서는 宋廉鎬, 「三田渡 大淸皇帝功德碑의 硏究 — 滿漢文 對譯을 中心으로」, 『만주연구』 11, 2011; 배우성, 『조선과 중화: 조선이 꿈꾸고 상상한 세계와 문명』(돌베개, 2014), pp. 33-65를 참조.

조사하여 아뢰겠다고 하신 말씀은 바로 1만에 가까운 백성의 목숨에 관계된 바가 크고, 또한 공무에 관계되는 바 역시 아주 무겁다"면서 다음과 같이 반박하였다.

> 귀 국처에서 홍토산수를 논의한 부분 또한 도대체 그 뜻을 알 수 없습니다. 저희들은 본래 중간의 두 물길을 지워 버리려는 뜻이 없었고, 또한 송화강의 머리와 꼬리를 잘라 버리려는 뜻도 없었습니다. 단지 이 물과 흙·돌무더기의 거리가 40-50리 떨어져 있다고 말하는 것뿐입니다. 어디에 늘이고 줄이고 한 부분이 있습니까? 종래 귀측의 조회에서는 "돌·흙무더기 이남은 조선의 경계이고, 돌·흙무더기 이북은 중국의 경계이다"고 하였는데, 이것은 또한 정말로 시원스러운 주장입니다. 그런데 지금 아울러 돌·흙무더기 이남을 아예 감히 언급하지도 못하게 하시는 것은 도대체 무슨 뜻입니까?

이상에서 살펴본 이중하의 반박은 여하튼 중국 측의 납득을 얻어내기는 곤란하였던 것으로 보이지만, '만주문자'에 대한 '착각'의 문제를 제외하면 — 이것은 사실 논쟁의 큰 흐름과는 별 관계가 없다 — 상당한 설득력을 지닌 것으로 보인다. 하지만 이중하 스스로 언급하였듯이 조선이 공동감계에 나선 것은 '1만에 가까운' '유민' 문제 때문에 그는 이에 대한 보완 조치에 나서지 않을 수 없었다. 그가 11월 6일 무산에서 함경북도 각지에 다음과 같은 공문을 보낸 것은 그 점을 잘 보여 준다.

> 각 읍민으로 간도(間島)에서 기간(起墾)하는 사람은 한 사람도 빠뜨리지 말고 이름을 적어 신속히 보고해야 한다. 매 사람의 이름, 남정(男丁)이 몇 명이고, 여정(女丁)이 몇 명이고, 개간한 경지는 몇 일경(日耕)

이고, 강과 거리가 몇 리인지 소상하게 기록하고 성책(成冊) 2권을 만들어 밤을 도와 행도소(行到所)에 올려 보내어 증거로 삼을 수 있게 하라. 다만 두만강 연안 상하 수십 리 지역의 집총(執總)은 이번 15일까지 보고를 마쳐야 한다. … 두만강 주변 수십 리 범위 이내만 수록하고, 그 밖으로 깊숙이 들어간 사람을 따지지 말라.[36]

이 공문을 통해 이중하는 두만강 북안 조선월간민의 상황에 대한 구체적인 파악을 시도하고 있다. 앞서 서술한 대로 이러한 주민의 상황에 대해서는 이미 함경도 지방당국에서 호적을 편성하고 세금과 잡역을 부과하고 있었기 때문에 기존 자료가 분명히 존재하였겠지만, 이중하가 그런 자료를 보았다면 이러한 요구를 하였을 리 없으므로 아마 본 적이 없다고 가정하는 편이 옳을 것이다. 하지만 '경진개척' 이후의 대규모 월간이나 그 주민에 대한 통제는 조정의 공개적인 지시나 승인 아래 이루어진 것이 아니었던 만큼 함경도 지방당국이 굳이 일부러 그러한 자료를 미리 알려 줄 이유도 없었을 것이다. 다만 10일 내에 이러한 새로 자료를 만들어 제출한다는 것은 쉬운 일이 아니었을 터이므로, 아마도 기존 자료를 기초로 작성하였을 가능성은 크다고 하겠다. 여하튼 두만강 북쪽지역으로 이주한 개간민[起墾民, 越墾民]이나, 거기에 임시로 거주하면서 남북을 왕래하는 빈민[寓接貧民] 및 개간경지 면적에 대해서는 세 건의 책이 만들어져 25일 한 책은 안무영(按撫營)에 보내지고 두 책은 이중하에게 전달되었다.[37] 그 내용은 표 1과 같다(아울러 표 2도 참조).

36 『勘界使謄錄』上, pp. 100-101; 『역주 감계사등록』 상, pp. 216-218.

37 『勘界使謄錄』上, p. 120; 『역주 감계사등록』 상, pp. 251-252의 「牒報」를 참조.

표 1. 두만강 연안(沿岸) 4읍의 월간민과 개간토지 상황

	기간민(起墾民)		기간민의 밭 (起墾田)	우접빈민 (寓接貧民)	우접빈민의 밭 (寓接貧民田)
회령부(會寧府)	남자	619명	120일경(日耕: 날갈이)	남자 2,738명	1,229일경 1식(息)
	여자	509명			
무산부(茂山府)	153명			845명	
종성부(鐘城府)	남자	778명	1,835일경 1식	2,025명	
	여자	584명			
온성부(穩城府)	403호		703일경 2식	47호	

*각 부의 기간민 · 우접빈민에 대한 원문의 기술은 혼란스럽기 짝이 없어 정확한 파악이 곤란하지만, 일단 이렇게 파악하였다(『역주 감계사등록』의 해석과는 다르다).
기간민(起墾民)은 월간민(越墾民), 즉 두만강 북쪽으로 아예 이주한 사람을 가리키는 것 같다. 밑의 우접빈민(寓接貧民)에는 여자가 포함되어 있지 않다는 점이 그것을 뒷받침한다. 우접빈민(寓接貧民)은 아마도 두만강 남쪽에 거주하지만 때때로 북쪽으로 건너가 잠시(아침에서 저녁까지, 또는 며칠간이나 봄에서 가을까지) 머물면서 농사를 짓는 사람을 가리키는 것 같다.
출전: 李重夏,『勘界使謄錄』上(刊寫地未詳. 국립중앙도서관본. 高宗 24년[1887]), p. 121;『역주 감계사등록』상, pp. 252-253.

이에 따르면 회령부(會寧府)는 전체 주민 3,962명 가운데 28%가 넘는 1,124명이 월간을 하였고, 나머지 2,738명이 우접빈민이며, 무산부(茂山府)는 백성 전체 990명 가운데 기간민이 15%가 넘는 153명이고, 우접빈민이 845명이었다. 종성부(鐘城府)는 기간빈민(起墾貧民)이 전체 주민 3,587명 가운데 42%가 넘는 1,562명(남자 778, 여자 584)이고, 우접빈민은 2,025명이며, 온성부(穩城府)는 백성이 모두 450호인데 그 가운데 기간민은 10% 남짓인 47호이고, 우접빈민은 403호이다.

부사 홍남주의 주창으로 가장 먼저 대규모 월간을 시작한 회령부에서 28%의 월간민이 나왔고, 가장 먼저 '변계'문제를 제기한 종성부에서 42%의 주민이 월간민이 나왔다는 것은 의미심장한 일이지만, 일단 이두 지역에서 '월간'이 가장 집중적으로 이루어졌다는 점도 확인될 수있다.[38] 그리고 지역에 따라 차이가 있지만 10%에서 42%가 넘는 주민이 월간을 하고 있는 상태이고, 나머지도 대부분 우접빈민이기 때

문에, 앞서도 언급하였지만 이 지역의 농업과 경제는 분명하게 두만강 북부의 '간도'에 심각하게 의존을 하지 않을 수 없었다. 뿐만 아니라 이만한 비중의 주민이 '월간'을 한 이상 지방당국에서는 그들에 대해 마냥 손을 놓고 있을 수 없는 상황이었을 것이다.[39] 중국 측이 이들 월간민을 동화시키거나 아니면 구축하려는 태도로 나왔을 때 함경도 지방당국이 '변계'문제를 제기하면서 여하튼 이들을 계속해서 장악하려 시도하였던 것은 이러한 당지의 실제적 상황과 필요에서 비롯된 것이었다.[40]

또한 공동감계·회담이 진행 중이던 1885년 11월 하순에 다시 중국·조선 양 국민의 월간지를 둘러싼 상당한 규모의 충돌이 발생하였던 상황이 아마도 이러한 이중하의 행동을 더욱 촉발하였을 가능성도 적지는 않다. 이중하가 백두산에서 돌아와 무산에서 휴식을 취하고 있던 시기에 벌어진 사건이기 때문이다. 또한 날짜로 보아 앞서 회담 도중 진영이 일시 귀국하였던 것은 아마도 이런 문제 때문일 가능성도 큰데, 두만강 주변지역 월간 조선인 김대륭(金大隆) 등 116명이 앞뒤로 연명으로 회

38 여기서 상세히 분석할 수 있는 자료는 없지만, 이후 제3차 공동감계가 무산되고 무산부 아래의 두만강 북쪽 지역에 대해 중국 측의 동화정책이 감행되었을 때 월간민과 우접빈민의 대응양상에는 상당한 차이가 있었다. 이미 가족을 데리고 월강한 경우 현지에 정착하려는 경향이 강하였지만, 남쪽에 근거지를 둔 우접빈민의 경우는 그러한 경향이 훨씬 적었기 때문이다.

39 표 2에도 출전은 명기되어 있지 않지만 이중하의 조사보고라는 내용의 자료가 확인된다. 구체적인 숫자의 파악은 어렵지만 기본적인 경향은 지금까지의 서술과 대체로 일치하여 참고가 된다.

40 임학성, 「20세기 초 西間島 거주 조선인의 거주 양태 ―'邊界戶籍' 자료의 분석 사례」, 『한국학연구』 21, 2009, p. 40의 표 1 「조선시대 압록강과 두만강 沿邊 지역의 주민수 변화」에도 1789년의 『戶籍總數』와 1907년의 「韓國戶口表」 사이에 나타나는 주민 수 변화를 보면 후자의 시기는 전자에 비해 무산 65.2%, 회령 64.9%, 穩城 99.9%, 鍾城 88.8%, 전체 75.6%의 비율밖에 차지하지 않고 있다. 19세기 이 지역 주민의 '유출' 상황은 여기서도 분명히 나타난다.

표 2. 육진 연강(沿江) 대안지역의 주민·촌락상황에 대한 이중하의 조사보고

지역	지명	위치	농호수(農戶數)	현재 지명
무산 대안	揮豊洞	下面社 對岸十五里	華數三, 鮮三十余	
	上下困洞	下面社 對岸二十里	鮮四十余	
		梁永社 錚曲里 對岸十里	鮮四十余	
	小洞	梁永社 冷曲里 對岸十里	華十余, 農幕六·七	新興洞?
	上·下芦捕	北面社松口味里對岸二十里	華數三, 鮮五十余	四道溝(大·小柳洞?)
	咸朴洞	茂溪社 對岸十五里	華五·六, 鮮十余	同上
회령	大·小牛桐	甫乙下社 上水護里 對岸	鮮三十余	同上(大·小蘇洞?)
	漢城峴	島啼岩 對岸數里	農幕數三	汗城峠
	矢岩·鋤犂洞沿江南北數十里	望洋灘 對岸	鮮及農幕五·六十	所巨里 開拓一帶?
	害難	會寧邑 對岸百五十里	鮮·華數百	龍井村에서 頭道溝까지의 平地
	五浪洞	高嶺鎮 對岸	鮮·農幕共四·五十	承殊洞?
종성	豊坪	南蹊社 禾門洞 對岸	鮮·農幕共數十	
	香水古只	南蹊社 間坪里 對岸 香山社 江坪 對岸十里	農幕六·七 鮮數十	
	子洞	香山社 江坪 對岸二十里	鮮百五十余	
	門溪洞	香山社 江坪 對岸二十里	鮮百五十余	
	門岩洞	香山社 江坪 對岸二十里	鮮數十	
	弟洞	香山社 江坪 對岸二十里	鮮七十余	
	鋤全坪	鐘城邑西 對岸五十五里	華·鮮數百	東盛湧東西一平地
	蒙基洞	武只介灘 對岸五里	鮮七·八十, 農幕七·八十	
	獐洞	西門外灘 對岸十里	鮮四·五十	
	右洞	潼關社 地境洞 對岸十里	鮮數十, 農幕七·八十	富瑞洞 附近
	北坪	潼關社 對岸五里	鮮數十, 農幕數十	岳沙坪
	谷口味	潼關社 甫淸浦里 對岸	鮮十, 農幕十余	高口尾
	盜賊桐	潼關社 甫淸浦里 對岸 十里	鮮十余	杰滿洞?
온성	馬沛洞口坪	永達社 水浦里 對岸	鮮百余	馬派
경원	古珥島		鮮七·八農幕五·六	

*농호수(農戶數)의 화(華)는 중국인, 선(鮮)은 조선인, 농막(農幕)은 말 그대로 월간농민이 지은 움막을 가리키는 것으로 보인다. 이 자료는 출전이 명기되어 있지 않고, 1886년의 자료라고만 나와 있다. 앞의 표 1과 아마도 같은 비슷한 시기의 것이지만, 내용은 다르게 파악되어 있다.
출전: 高永一 編, 『中國朝鮮族歷史研究參考資料彙編 第一輯 明代至辛亥革命』(延邊大學出版社, 1989), pp. 195-196의 「李重夏關于六鎮沿江對岸情形的調査報告等(1886年)」.

령부사에게뿐만 아니라 중국의 초간분국(招墾分局)에도 탄원서를 제출하여 중국인 악국발(岳國發) 등을 고발하여, 이들이 "이곳은 우리가 초간국으로부터 새로 받은 땅이니, 너희들은 신속히 조선으로 돌아가라. 올해는 더 이상 경작을 허용하지 않는다"면서 "백십 명이 집과 토지를 억지로 차지하여 부녀자들이 노숙하게 된 비참한 상황"을 호소하였던 것이다.

이에 대해 진영은 조사 결과 "개간이 이미 완료된 지역 내에서 중국인들이 이름을 쓴 팻말이 널리 걸려 있으며, 위로는 산골 물줄기에서 아래로는 강변에 이르는 지역을 초간국이 분배하였다고 표시한 표기"와 간표(墾標)가 있어 확인해 보니 초간국에서는 "아직 경계가 확정되지는 않았으므로 분란을 일으켜서는 안 된다고 깨우쳐 주자 조금 정리에 밝은 중국인들은 모두 곧바로 해산"했는데, 무뢰배 악국발 등이 모두 다 간표(墾標)를 믿고 설쳐 조선인이 개간한 땅을 자기들이 수령한 땅이라고 우기면서 억지로 차지하여 그들을 몰아내고 그 집을 강제로 차지하고 있는 상황임을 확인하였다.

따라서 그는 "초간국의 직원들도 분명한 공문을 받지 않았으므로 멋대로 조선백성을 쫓아내기 곤란하자 일부러 뭇사람의 힘을 빌려 토지를 확장하려는 계책을 쓰는 것이 아닌가" 생각하여, 이들을 너무 급하게 내쫓는다면 목숨이 달린 것이니 서로 다투는 것은 필연적인 대세이고 피차간에 거친 싸움이 큰 사건을 낳을 것이므로, "혼춘초간국에 지시를 내려 지급한 두만강 주변지역의 황무지 개간 소표(小標)를 거두어들이고 잠시 경계문제가 분명하게 정리되기를 기다려 토지구역이 확정된 다음에 다시 소표를 지급하는 것이 제대로 된 처리방법"이라고 길림장군에게 보고하였다.[41] 공동감계로 '변계'문제가 해결될 것이라는 기대가 생기면서 조선인이 개간한 경지를 초간국의 경지 분배라는 구실을 통해 강탈하려는 중국 '무뢰배'의 활동이 두드러져, 월간민의 생활이 크게 위험스러워지는 상황이 출현하였던 것이다.

여하튼 이 무렵 이중하가 위에서 서술한 자료를 진영에게 보내면서 공문이 아닌 다음과 같은 개인적 서신을 함께 보냈기 때문에, 이 점은 중국 측으로는 의외의 일로 받아들였던 것으로 보인다.

> 저는 이제 비로소 경성(鏡城)에 도착하여 곧 서울로 갈 행장을 꾸려 보내고자 합니다. 그런데 깊은 관심을 보여 주시고 멀리서 감싸 주신 덕택인지 무산·회령·종성·온성 네 읍의 월간백성과 토지에 대한 서류가 지금이 되어서야 마련되어, 각 지방관들이 보내왔습니다. 따라서 회령지부에게 전달을 위탁하여 화룡욕으로 보내고자 합니다. 자세히 검토하시고 받아 주시면 다행이겠습니다.[42]

이 서신에 대해 중국 측 감계위원들은 길림장군(나아가 총리아문)에게 이를 보고하면서 다음과 같은 반응을 보였다.

> 해당 부사는 공식서한의 형식을 취하여 전달한 것이 아니고, 서신 속에서 단지 이별 후 그리워한다는 말을 했을 뿐, 감계에 대해서는 전혀 언급하지 않았습니다. 게다가 책표지에는 두만강(豆滿江) 맞은편의 빈민이 개간한 곳[起墾]이라는 글자만 새겨져 있어, 조선 측의 잘못을 공식적으로 인정하지 않고 있는데, 이것은 특히 도리에 맞지 않습니다.

41 「督理吉林·朝鮮商務委員詳吉林將軍[爲報華民與韓民爭執地畝事]」(光緖 11년 11월 24일), 『淸代中朝』, pp. 62-64.(『자료선역』 2 — 064 — pp. 467-474)

42 「朝鮮安邊府使李重夏來函(照錄)」(光緖 11년 12월 2일), 『中朝交涉史料』, p. 1187; 『琿春檔案選編』 中冊, p. 337.(『자료선역』 2 — 064 — pp. 480-481)

혹은 잘못을 인정한 다음 월경의 잘못을 구실로 우리가 법을 집행하여 백성들을 내쫓을까 의심하는 것은 아닌지 모르겠습니다. 그러나 책에는 두만강 맞은편이라고 기록되어 있으니, 두만강이 바로 도문강이라는 것을 분명히 알 수 있습니다. 총리아문에서 증거를 명확하게 밝혀내자, 그제 가서야 비로소 책자를 만들어 보내온 것입니다. 비록 이것을 빌려 분계(分界)의 증거로 삼을 수는 없겠지만, 그러나 그 충정을 헤아려 보면 그 백성들을 안착시키려는 의도일 것입니다. 저희들이 전에 해당 부사와 함께 책의 문제를 논의했지만, 그때는 책자를 만들어 보내지 않았습니다. 이제 결국 보내왔는데, 혹은 하늘이 그 충정을 인도하여, 스스로의 논리가 맞지 않음을 알게 되어 책자를 작성해서 보냄으로써 백성들의 목숨을 살려 달라고 하는 것인지도 모르겠습니다. 그 책자에 기록된 백성과 토지의 액수를 보면 경작하고 있는 토지는 간신히 입에 풀칠할 정도에 지나지 않습니다. 저희들은 이번 감계 때에 그 농민들의 곤궁함을 두 눈으로 봤는데, 차마 붓으로 묘사하기 어려울 정도였습니다.[43]

이상의 내용을 보면 중국 측으로서는 이중하가 "스스로의 논리가 맞지 않음을 알게 되어" 두만강이 바로 도문강(토문강)이라는 사실을 '비공식적으로' 인정하는 것으로 받아들일 수밖에 없었던 것으로 보인다. "그 책자에 기록된 백성과 토지의 액수를 보면 경작하고 있는 토지는 간신히 입에 풀칠할 정도에 지나지 않는다"는 그들의 반응은 "백성들을 안착시키려는" 이중하의 충정에 대해 공감하면서 변계문제는 일

43 「吉林將軍來文」(光緖 12년 3월 6일 도착), 『中朝交涉史料』, pp. 1088-1089; 『琿春檔案選編』 中冊, pp. 336-337; 『국역중일한』 2, p. 265.(『자료선역』 2 — 065 — pp. 485-487)

단 비교적 용이하게 마무리될 수 있지 않을까 하는 기대를 낳았을 가능성도 크다고 하겠다. 하지만 국경회담이 합의를 얻지 못하고 마무리된 이상, 문제가 해결되기에는 여전히 난관이 적지 않았다.

3. 제1차 공동감계·국경회담 이후 양국 당국의 대응

1) 길림당국의 반응

그렇다면 중국 측은 제1차 공동감계와 회담 이후 그 결과에 대해 어떤 평가를 하였을까? 이 점을 가장 상세하게 알려 주는 자료는 진영·덕옥·가원계 등이 돌아가 12월 16일 올린 보고(이 자료는 현재 확인되지 않는다)에 대해 길림장군이 지시를 내린 공문이다. 이 보고에 대해 길림장군은 "정계비의 비문은 당시 경계를 정했다는 실제 근거가 되지만 송화강의 발원지에 있어 도문강의 발원지와는 멀리 있으니 비문과 들어맞지 않는다. 따라서 해당 위원들은 비석을 세운 곳은 응당 삼급포(三汲泡)[44] 지역[즉 小白山]의 분수령이어야 한다고 하는데, 이는 매우 공평한 말인 것 같다"는 반응을 보였다.[45] 뒤이어 20일에도 그는 지도와 설명서를 받고 검토해 보니 "이른바 홍단수(紅丹水)라는 것은 즉

44 백두산 정상에서 동남쪽으로 130리쯤 되는 곳, 소백산 동쪽에 있는 연못(오늘날의 三池淵)을 가리킨다.

45 「琿春招墾局總辦委員呈文[爲奉憲諭會勘中朝邊界等的]」(光緒 11년 12월 16일), 『中朝交涉史料』, p. 1164.(『자료선역』 2 — 068 — pp. 504-505) 이 자료는 『中朝交涉史料』에 광서 10년 11월 23일의 것으로 실려 있으나 실제로는 1년 뒤의 11년 12월 16일의 것이다. 『中朝交涉史料』의 바로 앞에 실려 있는 사료와 거의 같은 내용이라 착오로 엉뚱한 자리에 삽입되어 있었던 것으로 보인다.

『여지전도』에 나오는 소도문강"이고, "서두수가 실은 『여지전도』의 대도문강임을 알 수 있고, 포담산은 바로 『여지전도』에 나오는 비덕리산(費德里山)이다"는 판단을 내렸다. 앞서 중국 측이 회담 말미에서 소도문강을 내세운 의도를 지적하였지만, 길림장군의 이 판단은 거기에 딱 들어맞는 셈이다. 이리하여 그는 다음과 같은 결론을 내린다.

> 조선에서는 작년에 해랑하, 즉 『여지전도』에 나오는 해란강이 바로 토문강이라고 했는데, 지금 공동감계를 할 때에는 황화송구자 양쪽 언덕에 문처럼 생긴 흙벽[土門]이 있다고 하면서 느닷없이 이곳을 다시 토문강이라고 주장하였다. 땅은 너무도 분명하게 움직이지 않고 그 자리에 있는데, 그것을 가리키는 입은 이리저리 왔다 갔다 한다. 또한 여전히 돌무더기가 증거라고 이야기하지만, 인위적으로 옮길 수 있는 비석은 정해진 위치가 없지만, 문서에는 확실한 증거가 남아 있어 실제로는 강을 경계로 삼음을 어찌 알겠는가? 도문의 발음이 변하여 두만이 되었고, 도문강이 깊은 산에서 발원한다는 것은 천고불변의 사실이다. 경계비가 지금 위치하는 곳이 어찌 조선백성이 오래도록 이 지역을 차지하여 살면서 몰래 여기로 옮겨 놓은 곳이 아님을 알 수 있겠는가?
>
> 계비 동쪽의 황화송구자는 본디 송화강의 발원지이지 두만강의 발원지가 아니다. 해당 위원 등은 말하기를 당시 경계를 정하여 비석을 세운 곳은 응당 삼급포(三汲泡) 일단의 분수령 위이어야 한다고 한다. 비록 포담산의 위치가 지도와 확실하게 들어맞는 것만은 못하지만, 단지 그 거민들이 아주 많고 과격한 일에 나서지도 않았기 때문에, 서로 공평한 부분을 찾아내고 게다가 중국이 작은 나라를 사랑하는 뜻을 잃지 않아야 할 것으로 보인다.[46] [밑줄 — 인용자]

46 위와 같음.

조선 측이 내세운 '토문강=해란강론'이 무너졌음은 앞서도 지적하였지만, 길림장군은 나머지 조선 측이 증거로 내세우는 정계비나 흙·돌무더기까지 부정하고, 심지어는 정계비가 원래 소백산의 삼급포에 세워졌는데 조선 사람들이 몰래 옮겨 놓았다는 '이설론'까지 고집하고 있다. 이렇게 길림 측은 서두수는 두만강, 홍단수는 소두만강이라는 논리로 두만강 경계를 본류가 아닌 훨씬 남쪽 지류에 낮추어 잡음으로써 조선 측의 문제제기에 대한 '보복'·대항논리를 만들어 냈다.[47] 앞서도 언급한 바 있지만 아마도 '속방'의 변계문제 제기로 인한 '천조상국'으로서의 자존심 손상, 실제 공동감계에 이르기까지의 오랜 논쟁과 갈등, 조선 측의 '늦장' 반응 때문에 빚어진 '감정적 격앙' 등이 여기에는 작용하고 있었을 것이다. 더군다나 조선 측의 가장 중요한 논거 가운데 하나였던 '토문강=분계강=해란강론'이나 '토문-두만 양강론'이 붕괴되자, 조선 측에게 남은 또 다른 주요 논거인 정계비의

47 앞서 인용한 前茂山郡守 池昌翰의 회고록은 또한 "淸國委員 德玉이 鴉片을 喫煙하고 昏睡中 그들이 軍機大臣으로부터 受領한 訓令을 남몰래 가지고 와서 이를 謄寫하여 비로소 淸國側이 土門江과 西豆水와의 중간에서 折衷하려는 뜻이 있음을 깨달았다. 따라서 이 訓令은 韓國에도 到來해 있는 뜻을 提言했더니, 그들은 비로소 西豆水를 버리고 紅端水로 讓步한 것이다. 또 李重夏는 土門江說은 도저히 그들로 하여금 승인케 할 수 없음을 자각하고 이에 이르러 비로소 獨斷으로 紅土水로 讓步한 것이다."라고 하고 있다.「光緖 13년 勘界時의 情況을 當時의 隨員이었던 池昌翰에게 質疑한 內容 報告」, 國會圖書館 編,『間島領有權關係拔萃文書』(『日本外務省陸海軍省文書』第1輯. 國會圖書館, 1975), p. 90. 제2차 공동감계에서 중국 측이 西豆水를 내세웠다가 紅端水로, 그리고 나중에는 새로 찾아낸 石乙水로 양보해 가는 것은 이후 다시 서술하겠지만, 이러한 협상 내지는 회담의 전략이 이미 제1차 공동감계 직후에 만들어지고 있었음을 여기서 확인할 수 있다. 여기서 軍機大臣의 訓令은 아마 總理衙門의 지시(議奏)일 것이다. 李重夏가 紅土山水를 확인한 것도 제1차 공동감계 때이므로 이중하의 이런 '독단'도 이미 이때 그 단초가 만들어졌을 것이다.

증거능력을 깎아내리기 위해 이런 식의 무리한 논리를 내세웠던 것은 아닐까? 지금까지 살펴보았지만, "서두수=두만강, 홍단수=소두만강" 론은 국경회담 마지막 날에 제기되었을 뿐 공동감계 이전이나 도중에 전혀 언급된 적이 없는 주장이었기 때문이다. 이것은 제1차 공동감계를 마친 다음을 기다려 그때 가서야 길림 측이 미리 준비해 왔던 논리를 내놓은 것이라고 볼 수밖에 없다. 길림 측의 협상전략은 아마 이렇게 미리 정해져 있었던 것 같다. 공동감계·국경회담의 결과 보고를 받은 길림장군의 반응도 이 점을 잘 보여 준다.

그리고 길림장군은 광서 12년(1886) 1월 7일 총리아문에 대해서도 이러한 새로운 주장과 논리에 기초한 보고를 올리면서 황제에 대한 대주(代奏)를 요청하였다. 감계 결과 알아낸 두만강유역에 대해 상세한 서술이 있을 뿐만 아니라 길림 측의 주장이 교묘하게 바뀌는 부분이 있기 때문에, 이 점을 주의 깊게 살펴볼 필요가 있다. 먼저 길림장군은 감계위원의 보고를 다음과 같이 인용하고 있다.

> 도문강의 발원인 서두수 동쪽 줄기의 경우 비록 크고 길지만 학항령에서 발원하고 장백산과 4-5백 리나 떨어져 있으며, 또한 조선 내지에서 과거 경계를 구분할 때 단연코 이것을 도문강의 정류로 지정하지도 않았습니다. 그 서쪽 줄기는 포담산에서 발원하는데 장백산과 약간 가깝지만 동쪽 줄기에 비교해 보면 작고 짧습니다. 동쪽 줄기가 정류가 아니라면 서쪽 줄기는 당연히 말할 것도 없습니다. 하물며 두 줄기 양안에는 [조선] 거주민이 많고 그 집이나 분묘를 보면 이미 연대가 오래되었습니다.
>
> 이번의 공동감계는 당연히 공정하게 논단을 내려야 하는데, [이상에서 지적한 것처럼 도문강 정류의 후보에서 제외되는] <u>서두수 외에 압록강 맞은편에 있고 장백산과 가장 가까운 것을 찾는다면 소백산 동남에서 발원</u>

하는 삼급포 동쪽의 홍단수뿐입니다. 당시 경계를 정하고 비석을 세운 곳은 응당 삼급포 일단의 분수령 위쪽에 있어야만, '서쪽이 압록이 되고 동쪽이 토문이 된다'는 비석 기록과도 들어맞습니다. 경계지[界址]도 그래야만 동서로 새끼줄을 잇는 것처럼 자른 듯 가지런해질 것입니다. 또한 홍단수를 토문강의 본 줄기로 삼게 되면, 홍단수 북쪽의 홍토산에서 발원하는 홍토산수(紅土山水)가 소토문강(小土門江)이 되는데, 이것은 총리아문의 주의(奏議)와도 들어맞습니다. 그리고 안변부사는 공동감계를 하면서 이러한 문제를 분명히 알게 되었습니다.

하지만 토문강의 각 발원지와 조선 측에서 고집하는 비석·무더기가 서로 들어맞지 않고, 또 아울러 홍단수 이북 그리고 홍토산수 이남 지역에 백여 가구의 조선 거주민이 있는데다가, 또한 이 아래 홍기하(紅旗河)에서 알아하(嘎牙河)[두 강은 모두 북쪽에서 흘러내려와 두만강에 합류한다. — 인용자] 입구까지 수백 리에 이르는 토문강 북안의 월간 백성을 안치시킬 수 없는 것을 두려워하여, 매번 일을 끝내지 않고 떠나려는 뜻을 보였습니다. 저희는 재삼 숙고하여 만약 산수의 조사에 대해 공동으로 검토하고 지도를 그려 직인을 찍지 않는다면 결국 확실한 근거를 얻을 수 없으므로, 먼저 피차간에 조회하여 지도를 그린 다음 다시 경계를 정하는 문제를 논의하고자 하였습니다. 그런데 뜻밖에도 공동으로 지도를 그리고 직인을 찍은 다음 한자리에서 협상을 하였는데도 조선부사는 감히 자기 맘대로 논의하여 결정할 수 없다면서 반드시 먼저 국왕에게 보고해야 한다는 구실을 내세웠습니다.

저희는 일이 거의 이루어진 셈이라고 생각해서 조선의 가난한 백성도 역시 중국의 적자(赤子)나 마찬가지이며, 이번 산수 답사로 경계를 확실히 하여 변경의 근심을 제거하게 되면 이 유민들에 대해서도 우리 상사께서 반드시 방법을 마련하여 안치시킬 것을 주청(奏請)함으로써 단연코 살 곳을 잃고 떠돌게 하지 않을 것이라고 솔직하게 마음을

> 털어놓고 이야기하였습니다. <u>조선부사도 시비가 분명하여 마음이 약간 움직였지만 주저하면서도 결정하지 못하는 것을 보니 뭔가 깊이 두려워하는 것이 있어 감히 동의하지 못하는 것 같았습니다.</u> … 이러니 저희들도 어쩔 수 없었고, 또한 일은 응당 논의해서 타협해야 하지 억지로 강요할 수도 없었으므로, 마침내 양쪽에서 각기 지도를 그려서 돌아가 보고하고, 예부에 자문을 보내 황상께서 결정을 내려 주시도록 상주해 주시기를 요청하고자 합니다.[48] [밑줄 — 인용자]

여기서 우리는 다음과 같은 점을 확인할 수 있다.

첫째, 중국 측 감계원은 처음에는 서두수를 두만강 본류로 잡고, 홍단수를 소두만강으로 잡았다가 이 두 강이 흐르는 지역이 조선의 땅이라는 사실이 너무 분명하므로, 정계비 비문의 '곤혹'스러움을 해소하기 위한 '소백산 분수령론'을 여전히 고집하면서도 이번에는 서두수를 제외하고 그 북쪽의 홍단수를 두만강 본류로 지적하고, 공동감계에서 확인된 홍토산수를 소도문강으로 바꾸는 방향으로 나섰다.

둘째, 이것을 통해 경계문제는 "거의 이루어진 셈"이라고 중국 측은 생각했지만, "조선부사는 감히 자기 맘대로 논의하여 결정할 수 없다면서 반드시 먼저 국왕에게 보고해야 한다는 구실을 내세워" 중국 측과 합의하는 것을 거부하였고, 이에 대해 중국 측은 "홍기하에서 알아하 입구까지 수백 리에 이르는 토문강 북안의 월간 백성을 안치"한

48 「吉林將軍希元致總署咨[爲分勘吉·朝劃界情形, 咨請具奏事]」(光緖 12년 1월 7일), 『淸季外交史料』 卷65, pp. 1185-1187. 이 글은 원래 「謹奏, 爲吉林圖們江邊界履勘未定, 謹陳大概情形, 請旨飭下吉林將軍派員覆勘, 以安邊氓而庇藩屬事」(光緖 12년 3월 25일)의 부록으로 실린 것이다; 『中朝交涉史料』, pp. 1080-1081(여기에는 「吉林將軍等來文」이란 제목으로 실려 있다).(『자료선역』 2 — 072 — pp. 529-539)

다는 것으로 승인과 합의를 얻어 내려 하였다.

셋째, 조선부사는 "시비가 분명하여 마음이 약간 움직였지만 주저하면서도 결정하지 못하는 것을 보니 뭔가 깊이 두려워하는 것이 있어 감히 동의를 하지 못하는 것 같았지만", "계속 비석과 무더기를 근거로 삼아 도문강이 경계라는 말을 아예 논외로 치면서 동쪽이 토문이라는 비문의 네 글자를 고집하고 황화송구자 양쪽에 문처럼 생긴 흙벽이 있으니 결코 토문강이 두만강이라는 아니다."라고 기존의 주장을 견지하였다.

이러한 감계원의 보고에도 불구하고, 길림장군은 보고된 지도·설명서 및 『여지전도』를 참고해 보니, 홍단수는 『여지전도』의 '소도문강'이고, 서두수가 실은 『여지전도』의 '대도문강'이어야 비문과 들어맞는다는 종전의 주장을 고집하는 척하면서도, 결국은 "해당 위원 등은 말하기를 당시 경계를 정하여 비석을 세운 곳은 응당 삼급포(三汲泡) 일단의 분수령 위이어야 한다고 합니다. 비록 포담산의 위치가 『여지전도』와 확실하게 부합하는 것만은 못하지만, 단지 그 거민들이 아주 많고 과격한 일에 나서지도 않았기 때문에, 서로 공평한 부분을 찾아내고 게다가 중국이 작은 나라를 사랑하는 뜻을 잃지 않아야 할 것으로 보입니다."라고 하면서, 마침내 감계위원의 바뀐 주장을 따를 수도 있다고 시사하는 내용을 총리아문에 올려 중앙정부의 판단을 요청하였다.[49] 결국 이렇게 보면 혼춘·길림당국의 주장은 상대방(이 경우는 조선, 또는 청정부)에게 일단 양보를 받을 수 없을 정도로 강경한 요구·자세를 내보였다가 협상을 거쳐 조금씩 후퇴를 하면서 원래 목표로 잡았던 선에서 상대방의 양보를 얻어 내고 문제를 마무리하는 전략에 기초를

49 위와 같음.

하고 있다는 특징이 뚜렷하게 드러난다. 이것은 물론 조선 측의 변계 문제 제기에 대한 일종의 '감정적 보복' 내지는 '맞받아치기'라는 대항 논리에서 나온 것이기도 하였다.

2) 이중하의 보고와 조선정부의 대응

그러면 이중하는 제1차 공동감계의 결과를 어떻게 보고하였던 것일까? 이것은 공동감계를 마친 이중하가 가장 먼저 올린 것으로 생각되는 보고서를 통해 살펴볼 수 있다. 고종 22년(광서 11) 12월 6일(양력으로는 1886년 1월이다) 이중하와 종사관 조창식은 돌아오는 길에 오른 연유를 장계(狀啟)로 올렸는데, 이에 따르면 먼저 감계경과에 대해 다음과 같이 상세하게 정리하여 보고하였다.

> 토문강 상·하류의 상황을 말씀드리자면, 비석의 동쪽 건천(乾川)으로부터 동쪽으로 백여 리를 뻗어 가서야 비로소 물이 땅 위로 나오면서 동북쪽으로 흐름을 바꾸어 북쪽 송화강으로 들어갑니다. 송화강은 바로 흑룡강(黑龍江)의 상류 가운데 하나입니다. 길림과 영고탑 등의 땅이 모두 그 경내[즉 송화강 동쪽 또는 남쪽 — 인용자]에 있습니다. 중국관원은 중국과 조선강역의 경계는 도문강으로 삼아야 한다고 주장하면서, 총리아문·예부의 주접에서도 도문강 옛 경계를 조사하라고 하였는데, 지금 이 비석의 동쪽 물길이 송화강의 상류여서, "동쪽이 토문이다"는 [비석의 내용] 뜻과 들어맞지 않아, 도리어 더욱 의심이 커진다고 주장하였습니다. [이에 대해] 신은 하류가 비록 송화강으로 들어가지만, 경계를 표시한 비석과 흙·돌무더기의 상황이 위에서 이야기한 바와 같다는 것, 그리고 토문의 형편은 위에서 이야기한 것처럼 두만강 상류와는 아주 멀리 떨어져 서로 연결되지 않지만, 조선 측에서는 단지 토문

으로 정계를 한 것만을 인정한다고 주장할 수밖에 없었습니다. 처음부터 속이거나 숨기는 것이 없었고 입이 닳도록 힘을 다해 주장을 폈습니다만, 중국 측 주장은 오로지 도문강의 정원(正源)을 경계로 삼자는 것이었고, 신의 주장은 오로지 비석과 흙·돌무더기를 증거로 삼아야 한다는 것이었으므로, 양쪽의 주장이 서로 뒤엉켜 피차 모순이 될 수밖에 없었습니다.

그래서 따로 지도를 작성하여 각기 조정에 보고하는 것으로 결론을 내렸습니다. 십여 일 동안 상의한 다음에야 비로소 초본이 완성되어, 조회하여 함께 검토해 본 다음, 다시 정본을 그리게 하였습니다. … 곳곳을 손가락으로 가리키며 확인하고 하나하나 따져 충분히 그 의심을 깨뜨렸다고 생각했지만, 중국관원은 정계비의 발원지와 중국의 지도가 서로 들어맞지 않는다고 하여 끝내 의심을 풀지 않았습니다. 여러 달 동안 서로 자기주장을 고집하여 결국 합의할 수 있는 방법을 찾지 못했던 것입니다.[50] [밑줄 — 인용자]

이와 더불어 이중하는 아울러 정계비 비문의 탁본 1장(그림 5 참조), 지도 1장과 『조회등초(照會謄草)』[51] 1권, 『문답(問答)』[52] 1권을 올렸

50 李重夏, 「啓草」, 『勘界使謄錄』 上, pp. 133-140; 李重夏, 「勘界使李重夏乙酉狀啓」, 『역주 감계사등록』 상, pp. 275-278, pp. 333-336; 李重夏, 「勘界使李重夏乙酉狀啓(啓草)」(光緖 11년 12월 6일), 『조·청국경회담』, pp. 190-192; 李重夏, 「牒呈」(奎26677. 光緖 11년 12월 6일); 「土門勘界(事實)」, 『白山學報』 2. 1967, pp. 169-170.(『자료선역』 2 — 066 — pp. 488-495)

51 『白山學報』 4, 1968. pp. 275-280 소수. 이것은 이번 감계 때 양측이 주고받은 조회를 모아 놓은 것인데, 『勘界使謄錄』의 내용과 대부분 중복된다.

52 이것은 아마 「勘界使問答」이나 「問答記」(『白山學報』 4, 1968이나 『勘界使謄錄』 上, 『조·청국경회담』, 『역주 감계사등록』 상 등에 수록되어 있다)를 가리키는 것 같다.

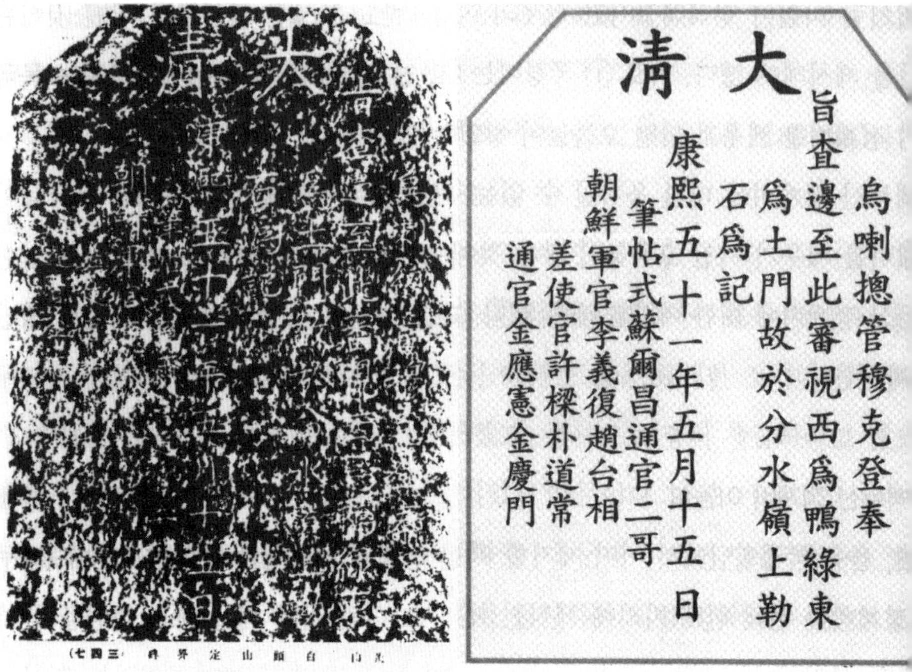

그림 5. 백두산정계비 탁본과 내용
출전: 이서행 · 정치영 편,『고지도와 사진으로 본 백두산』(한국학중앙연구원 출판부, 2011), p. 192 .

다. 그 핵심적인 내용은 정계비 비문과 실제 송화강으로 흘러드는 동쪽 물길이 일치하지 않는다는 점을 확인하였지만, 돌·흙무더기와 '토문'의 존재를 근거로 "단지 토문으로 정계를 한 것만을 인정한다"고 주장할 수밖에 없었다는 것임을 알 수 있다. 그리고 아마도 이 장계를 올리고 임지로 귀환한 다음이겠지만, 이중하는 공동감계의 결과에 대해 따로 보고서를 올렸다. 이것이 바로 「별단초(別單草)(1)」인데(또 제2차 공동감계 이후 올린 「별단초(2)」 때문에 이렇게 구분하였다), 여기서 이중하는 조목별로 나누어 다시 결과를 보고하고 있다.

1) 두만강의 이름은 예로부터 하나가 아니어서, 중국과 왕래하는 공문

서에도 혹은 토문강으로 혹은 도문강이라고 불렀고, 이전에는 변계를 가지고 따진 적이 없어 그냥 부르는 대로 따랐을 뿐 그리 심각하게 구별하려 하지 않았습니다. … 그런데 중국관원은 단지 '도문강'의 경계 조사를 위주로 할 뿐이고, '도문강'은 곧 두만강이라고 주장하였습니다. 또한 '두만강'의 발원지를 조사할 뿐이라, 신이 지시를 받은 것[토문강 감계]에 대해서는 전혀 상대해 주지 않았습니다.

2) [정계비 동쪽]에는 물줄기의 모양은 있지만 물이 흐르는 흔적은 없어, 물줄기 기슭을 따라 흙과 돌을 쌓아 올려 처음부터 끝까지 90리가 되며, 돌·흙무더기는 모두 180여 개가 됩니다. 이 물줄기 중간에 양 기슭의 흙벽이 문처럼 마주보고 있는 것이 토문(土門)이란 명칭의 유래입니다. 토문에서 흙무더기가 끝나는 곳까지의 거리는 10리입니다. 흙무더기가 끝나는 곳에서 도랑을 따라 수십 리를 가면 비로소 물이 [다시 땅으로 솟아] 나오는데 … 이 물줄기가 동쪽으로 흐르다 북쪽으로 꺾어져 송화강으로 들어가서 나중에 흑룡강이 됩니다. 지금 상류의 발원지로 말한다면 동쪽은 토문의 형태가 되니 실로 [비문의 내용과] 차이가 없지만, 하류의 강을 이루는 곳으로 말한다면 송화강으로 들어가 버리고, 중간에 아무런 표시나 경계가 없으니 무엇을 근거로 삼을 수 있겠습니까? 비석이 세워진 곳에서부터…가장 가까운 것은 홍토산수의 발원지로 서로 100여 리 정도 떨어져 있습니다. 흙무더기 아래의 물줄기로 말한다면 넓게 퍼진 비탈이 또한 중간에 40-50리를 가로막고 있습니다.

그런데 이곳에 비석을 세우고 무더기를 쌓았지만, 그것이 두만강의 발원지와 이어지지 않으니, 반드시 산과 물줄기 사이에 따로 경계를 세워야 합니다. <u>물줄기를 따라 아래로 내려가다 보면 마침내 송화강에 이르게 되니, 두만강 하류와는 서로 천여 리나 떨어지게 되기 때문입니다. 더구나 영고탑·길림 등의 지역도 모두 그 사</u>

이에 있어 [이곳들이 모두 조선 땅이 되어야 하므로], 이곳을 교계(交界)로 고집하여 지정하기는 어려울 것입니다. 만약 이 강을 버리고 산줄기를 따라서 말한다면 곧 동남쪽에는 장산령이 있고 쭉 뻗어 북증산이 되는데, 중국인들은 이것을 출갈타(秫秸垜)라고 부릅니다. 동쪽으로 내려가면 하반령(下盤嶺. 哈爾巴嶺)이 되는데 하반령 아래에서 나오는 물줄기를 토문자(土門子)라고 하며, 중국인들은 박이합통하[朴爾哈通之水]라고 부르고, 조선은 분계강(分界江)이라고 하는데, 이상 4-5백 리 지역은 지금까지 산으로 경계를 정한 기존 선례가 없어서 사실을 분명하게 알지 못합니다. 비석 아래에 있는 토문강은 실제 비문의 내용과 같아 서로 부합합니다. 그러므로 이번 감계에서 중국 관원 역시 비석과 무더기만을 본다면 조선백성의 월간을 인정해도 이상할 것이 없다고 말하기도 하였습니다.

3) 간도(間島)는 종성과 온성 사이에 두만강의 지류가 있는 곳에서 몇 궁(弓)[53]을 넘지 않는 [좁은] 땅을 말합니다. 본래 농지가 아주 귀한데다 정축(丁丑, 高宗 14, 1877)년부터 분거하던 사람들이 누차 호소하는 글을 올려 비로소 농사를 지어 먹고 살 수 있게 되었고, 이를 간도라 부르게 되었습니다. 이것이 그 시발점으로 그 후 종성·회령·무산·온성 네 읍의 사람들이 점차 간도 이외의 땅을 경작하기 시작하여 마침내 강 주변 일대 온 들판이 개간되지 않은 곳이 없게 되었습니다. 통칭 간도라고 부르는 것은 즉 애초에 개간을 시작한 곳의 지명을 말하는 것이지, 실제로 물 가운데 섬이 되는 땅을 가리키는 것은 아닙니다.

53 弓은 토지 측량기구나 계량 단위를 가리키는데(1弓=5尺), 여기서는 아마 활 쏘는 거리(또는 그 두 배)와 관련된 것으로 해석하는 편이 보다 적당할 것같다.

4) 두만강은 예로부터 국가의 금지령이 아주 엄격하여, 강을 건너는 사람이 있으면 반드시 주살(誅殺)하였습니다. 그러나 기사년(1869)과 경오년(1870)의 대흉년 이래 몰래 강을 건너는 사람들이 점차 늘어났고, 신미년(1871)과 정축년(1877) 사이에는 경계를 넘어간 사람을 거두어들이고, 국가의 곡식으로 구휼하여 안치시키려 한 적도 있습니다. 그런데 강을 건너온 이들 백성은 마치 망한 집 자식처럼 위태로워 며칠이 지나지 않아 바로 모두 다시 도망가 버렸습니다. [중국] 내지로 들어간 사람들에게는 모두 [훈춘의] 초간국(招墾局)에서 소와 곡식을 주어 농사를 짓게 하니, 그 의도는 바로 애당초 조선백성이 돌아가는 것을 원하지 않았던 것이고, 조선백성들 역시 돌아오고자 하지 않았습니다. 그 상황을 보면 대체로 황무지를 개간하기 위함이었고, 또한 [월간민들이] 러시아 경계로 들어가는 것을 우려하여, 공비(公費)를 아끼지 않고 오로지 그들을 끌어모으려는 것으로 보입니다.

그런데 최근 [중국에서] 백성들을 거두어들이라고 독촉하는 것은 오로지 조선백성이 그곳의 호적에 편입되는 것을 거부하고 다만 육진 건너편 변경에서 개간하는 것만을 원하기 때문입니다. 요컨대 관북(關北)의 대세는 땅이 본래 거칠고 메마르며 흉년도 아주 빈번한 데 비해, 일단 두만강을 건너가면 바로 멀리까지 확 트인 경작되지 않는 땅이 한눈에 보이고, 더구나 토양은 우리 땅보다 배나 비옥하니 금지령을 무릅쓰고 몰래 들어갈 수밖에 없는 것입니다. 그래서 동쪽으로는 블라디보스토크[海蔘尉]까지 들어가고 북쪽으로는 길림(吉林. 여기서는 省都인 吉林을 말한다 — 인용자)까지 들어가지만, [이전에는 그래도] 감히 드러내 놓고 강을 건너지는 못하였습니다. 하지만 계미(高宗 20년, 1883)년에 이르러 변계문제를 다투게 되자, 어리석은 백성들이 그 결말을 기다리지도 않고 더 이상 거리낌도 없이 잇따라 처자식을 거느리고 넘어가는 모습이 길에서 끊이지 않게 되었습니다. 이번 감계차 그쪽을 다녀오면서 실제로 목격한 일입니다. [이런 식으로 나가면] 몇 년 이내에 북변의 여러 마을은 장차 텅 비게 될 것이니, 이미 변계에 대해 식견 있는 사람들은 이 점을 모두 깊이 우려하고 있습니다. [자칫하면] 비록 땅을 얻더라도 실제로 백성을 잃는 결과가 되니, 우리 땅은 텅 비고 저들의 땅은 채워지면, 결코 나라의 이익이 되지 않습니다.[54]

이상의 보고에서 1)은 지금까지 누차 지적해 온 것이지만, 2)에서는 첫째, 정계비에서 발원하는 물줄기가 [중간에 수십 리의 물이 없는 지역이 있지만 결국] 송화강으로 연결되므로 "이곳을 교계(交界)로 고집하여 지정하기는 어려울 것"이라 "산과 물줄기 사이에 따로 경계를 세워야 합니다."라고 제안하고 있다는 점, 그리고 '분계강'(여기서는 '土門子'라는 새로운 명칭이 나오고 있다) 부근 400-500리 지역은 지금까지 산으로 경계를 정한 기존 선례가 없어서 사실을 분명하게 알지 못하였다는 점(이 점은 앞서 필자가 서술한 바 있다)을 인정하고 있다. 기존의 '토문강경계론'이나 '토문강=분계강론'이 더 이상 성립될 수 없고, 따라서 앞으로는 두만강을 경계로 내세울 밖에 없다는 점을 밝히고 있는 것이다. 그렇다면 새로 확인한 홍토산수의 발원지가 결국 두만강(의 발원지)으로 인정되고 그것이 경계가 되어야 하였다. 하지만 홍토산수 발원지는 정계비로부터 100여 리 정도 떨어져 있고, 또한 정계비 동쪽의 물줄기

54 李重夏, 「別單草」, 『勘界使謄錄』 上, pp. 140-145; 「別單草」, 『역주 감계사등록』 상, pp. 278-286, pp. 336-339; 「[李重夏]別單草」(光緖 11년 12월 6일 이후), 『조·청국경회담』, pp. 190-192; 「土門勘界(事實)」, 『白山學報』 2. 1967, pp. 170-172.(『자료선역』 2 — 067 — pp. 496-503)

가 내려오다가 '복류(伏流)'하는 곳(杉浦, 黃花松甸子라는 중간에 넓게 퍼진 비탈)도 홍토산수 발원지와 40-50리 떨어져 있다는 난점이 있었으므로 결국 "스스로 논의를 마무리할 수 없는" 상황이 되었던 것이다.

한편 3)에서는 '간도'라는 명칭의 유래에 대해 새로운 설명을 하고 있는데, 이중하는 아마 현지에서 확보한 정보를 토대로 이런 지적을 하였겠지만, 앞서 우리가 살펴본 '경진개척'의 문제에 대해서는 언급이 없고 다만 "정축(丁丑, 高宗 14, 1877)년부터 분거하던 사람들이 누차 호소하는 글을 올려 비로소 농사를 지어 먹고 살 수 있게 되었고, 이를 간도라 부르게 되었습니다. 이것이 그 시발점으로 그 후 종성·회령·무산·온성 네 읍의 사람들이 점차 간도 이외의 땅을 경작하기 시작하여 마침내 강 주변 일대 온 들판이 개간되지 않은 곳이 없게 되었습니다." 라고 서술하여 대규모 월간의 시점(始點)에 대해서는 보다 앞 시기를 잡고 있지만 두만강 상·중류 지역 전체로 월간이 확산되는 흐름에 대해서는 비슷한 서술을 하고 있다. 이러한 대규모 월간이나 '경진개척'은 조정의 승인 없이 이루어진 지방 차원의 독단이었던 만큼 현지에서 정확한 정보를 제공하지 않았거나, 혹은 이중하가 이것을 알게 되었으면서도 모호하게 서술하거나 공식 보고를 피하였을 가능성도 배제할 수는 없을 것이다.

하지만 공동감계를 마친 다음 이중하가 가장 중점을 둔 결론은 아마 4)가 아니었을까? 앞서 그가 중국 측에 현지의 월간민 상황을 조사한 자료를 넘겨주어 '선처'를 요청한 일이 있음을 살펴보았지만, 공동감계가 이루어지는 상황에서도 현지민들이 "그 결말을 기다리지도 않고 더 이상 거리낌도 없이 잇따라 처자식을 거느리고 넘어가는 모습"을 스스로 목격한 이상 그로서는 이 문제에 대한 근본대책에 무엇보다도 주의하지 않을 수 없었을 것이다. 특히 "관북(關北)의 대세는 땅이 본래 거칠고 메마르며 흉년도 아주 빈번한 데 비해, 일단 두만강을 건너가면 바로 멀리까지 확 트인 경작되지 않는 땅이 한눈에 보이고, 더구나 토양은 우리 땅보다 배나 비옥하니 금지령을 무릅쓰고 몰래 들어갈 수밖에 없는 것"이라는 상황은 사실상 변계문제가 어떻게 마무리되더라도 쉽사리 함경도 주민의 이탈(離脫)을 막을 수 없는 추세였다는 점을 감안할 필요가 있을 것이다. 나아가 공동감계가 도리어 그러한 추세를 더욱 증폭시키는 역할을 하였다는 점과 이러한 조선유민의 장악을 둘러싸고 청과 러시아, 조선이 서로 경쟁할 수밖에 없는 형세를 만들어지고 있었다는 점 역시 주목할 필요가 있다. 제1·2차 공동감계 이후에도 여전히 오랫동안 지속된(또는 더욱 증폭되는) 이른바 '간도 이주'의 역사는 그러한 점을 잘 보여 주기도 한다.

4)에서 확인한 문제점에 대해 이중하는 "새로 양쪽 지역 사이의 무역이 개방되어 양쪽 민중의 왕래가 빈번해지고 있으므로 사실 모든 것을 막고 금지할 수 있는 상황은 더 이상 아니고", "변경백성의 현재 사정이 강 북쪽의 토지를 생명줄로 삼고 있으니, 하루아침에 엄격히 막는다면 필경 그들은 모두 러시아 경내로 들어가 버릴 것이다."라는 현실 인식에 기초하여 당국의 허가(商務局의 증명서) 없이 넘나드는 것을 처벌하고, "이미 월경한 백성은 그 호구를 조사하고, 오가작통제(五家作統制)를 실시한 다음 통수(統首)를 뽑아 그가 통제하게 만들겠다는 방침을 분명히 밝혀" 더 이상의 월경을 저지하는 한편, 나아가 월간민을 "기한을 정하고 방도를 세워 다시 거두어들여만" 한다는 대책을 제안하였다. 공동감계를 통한 변계의 확정이 당장 이루어질 수 없는 이상, "변계가 정해지기 전이지만 백성들이 멋대로 이동하면서 변방의 고을을 텅 비도록 그냥 놔두어서는 안 된다"는 것이 그의 결론이었던 것이다. '영토'문제를 가지고 다투다가 도리어 그 영토 내에 거주하는 '주민'을 모두 다른 나라에 빼앗기는 상황은 장기적으로 보면 결코 바람직하지 않은 치명적인 결과를 낳을 수도 있었기 때문이다.

이렇게 이중하는 당장 해결할 수 없는 변계의 확정보다는 월간민의 안치(安置)에 보다 강조점을 두었다. 또한 그는 이 보고서와 더불어 또 하나의 다른 보고서를 제출하였다. 그것이 바로 이제부터 살펴볼 「추후별단(追後別單)」이다.[55] 이 보고서를 언제 제출하였는지 확인할 수는 없지만, 「별단초(別單草)」가 제출된 다음 다시 자신이 알게 된 내용에 기초하여 보고가 이루어졌다고 보는 것이 타당할 것이다. 본문에서 그는 북영(北營), 즉 경성(鏡城)의 안무영(按撫營)에 소장되어 있던 『강희임진정계등록(康熙壬辰定界謄錄)』을 인용하고 있으므로(현재 이 자료는 확인되지 않는다), 아마도 전에는 이 기록을 보지 못한 채 감계에 임하였다가 제1차 공동감계 이후 관련 기록을 조사하면서 찾아냈을 가능성도 적지 않다. 공동감계 과정에서 그는 정계비의 설립과정에 대한 곤혹스러운 수수께끼에 마주쳐 의문을 품지 않을 수 없었고, 따라서 이에 관련된 과거 기록을 조사해 보는 것은 감계사 임무를 보다 충실하게 수행할 수 있는 방안이었기 때문이다. 그리고 이것을 통해 그가 공동감계에서 양측을 '곤혹'스럽게 만들었던 정계비의 '수수께끼'를 풀 수 있는 실마리에 보다 한 걸음 더 접근한 것이라고 하면 지나친 해석일까? 그는 다음과 같이 보고하였다.

목극등(穆克登)이 경계를 정하러 왔을 당시의 사적은 모두 북영(北營)의 『강희임진정계등록(康熙壬辰定界謄錄)』에 실려 있고, 당시 왕래한 길에서 논란이 된 말들까지 오로지 두만강을 경계로 삼는다고만 하였

55 「[李重夏]追後別單」(光緖 11년 12월 이후), 『조·청국경회담』, pp. 192-193; 『역주 감계사등록』 상, pp. 339-340(『勘界使謄錄』 上에는 수록되어 있지 않다); 「토문감계(土門勘界(土門勘界事實))」, 『白山學報』 2, 1967, p. 172.(『자료선역』 2 — 073 — pp. 540-545)

는데, 비변사(備邊司)의 공문에서는 토문강(土門江)은 중국발음으로, 바로 두만강을 뜻한다고 하였으므로,[56] 이 한 구절을 가지고 미루어 생각하면 두만강이 경계가 된다는 점을 분명히 알 수 있습니다.

정계비의 형편은 지금 겉으로 보면 동쪽으로 흙·돌무더기가 있고 이것이 송화강 발원지까지 연결되므로, 당시 경계를 정했다는 사실이 마치 의심스러운 것처럼 보입니다. 하지만 옛 일을 자세히 살펴보면 실로 의심할 만한 것이 아닙니다. 조선에서 이것을 토문강의 원류라 하는 것은 본래 그 연고가 있는 것입니다. 목극등은 단지 비석 동쪽의 물길을 두만강의 발원지라 생각하고, 비석을 세워 동쪽은 토문이라고 새겨 넣었습니다. 따라서 조선에서는 목극등이 돌아간 다음 수년 동안의 공사를 거쳐 비석 동쪽에서부터 흙·돌무더기를 쌓아 동쪽으로 두만강 원류에 연결시키고자 하였으나, 두만강의 원류는 이 물길에 연결되지 않았습니다. 그래서 평평한 언덕에 나무울타리를 설치하여 비석 동쪽의 물길[두만강 발원지인 홍토산수의 물줄기 — 인용자]로까지 이어지게 하고, 마침내 그것을 토문강 발원지라 부르게 된 것입니다.[밑줄 — 인용자]

56 『備邊司謄錄』 肅宗 38년(1712) 2월 30일의 「右議政 趙相愚 등이 입시하여 長白山 일대를 살피겠다는 淸의 咨文에 回咨할지 여부와 접대절차에 대해 논의함」이란 기사를 보면 "저들의 자문에 이른바 토문강(土門江)이라 한 것은 곧 중국 음(音)의 두만강(豆滿江)입니다(彼咨中所謂土門江, 卽華音豆滿江也)"는 구절이 나온다(국사편찬위원회 한국사데이터베이스 http://db.history.go.kr의 『국역비변사등록』 21책을 참조). 하지만 이것은 "저들의 자문에 이른바 토문강(土門江)이라 한 것은 중국 발음으로, [우리 발음으로 하면] 바로 두만강(豆滿江)입니다(彼咨中所謂土門江卽華音, 豆滿江也)"라고 해석하는 것도 가능하다. 앞서도 지적하였듯이 토문강과 두만강이란 용어의 혼용은 오랜 역사를 지니고 있다.

여기서 이중하는 1) 토문강과 두만강은 같은 강이기 때문에 사실상 두만강이 양국의 경계가 된다는 것과, 2) 숙종 때 목극등이 정계비를 세웠을 때 "단지 비석 동쪽의 물길을 두만강의 발원지라 생각하고, 비석을 세워 동쪽은 토문이라고 새겨 넣었고", "조선에서는 목극등이 돌아간 다음 수년 동안의 공사를 거쳐 비석 동쪽에서부터 흙·돌무더기를 쌓아 동쪽으로 두만강 원류에 연결시키고자 하였으나, 두만강의 원류는 이 물길에 연결되지 않았다"는 사실을 이때 발견한 것이다. 왜 정계비 동쪽의 물길('토문강')이 두만강의 원류로 연결되지 않았는가는 하는 곤혹스러운 의문을 풀 수 있는 실마리는 바로 목극등의 착각에 의한 '실수' 때문이라는 점을 이제 와서야 비로소 확인하게 된 것이다.

그리고 나아가 그는 3) "그래서 평평한 언덕[삼포 또는 황화송전자를 말한다 — 인용자]에 나무울타리를 설치하여 비석 동쪽의 물길로까지 이어지게 하고, 마침내 그것을 토문강 발원지라 부르게 된 것"이므로, 여기에서 '토문강=분계강론'이 파생·와전되어 나타난 것 또한 확인하게 되었다. 이렇게 백두산정계비의 수수께끼를 풀고 사실을 확인함으로써 그는 '토문강=분계강=해란강(또는 박이합통하)'이라던 조선 측의 다소 혼란스러운 주장(이 때문에 중국 측으로부터 '말을 꾸며 낸다'거나 '교활하게 발뺌한다'는 비난을 초래하였다)을 더 이상 내세워서는 안 된다는 점을 인정하지 않을 수 없었다. 그렇기 때문에 그는 이어서 다음과 같이 서술하고 있다.

> 지금은 수백 년이 흘러 나무울타리가 모두 썩어 문드러지고 잡목이 울창하여, 예전에 경계를 표시한 것을 저쪽이나 이쪽 사람 모두 자세히 알 수 없게 되었고, 그리하여 오늘날의 논쟁에 이르게 된 것입니다. <u>그렇지만 이번에 백두산에 들어간 다음 은근히 그 형세를 살펴보니, 과연 예전의 표시가 여전히 우거진 수풀 사이에서 은근히 모습을</u>

드러내고 있었습니다. 다행히 그들의 눈에는 드러나지 않았습니다만, 이 일은 매우 위태롭고 두려운 일이라 그 실상에 대해서 감히 상세히 보고하지 않을 수 없습니다.[밑줄 — 인용자]

이중하는 이렇게 해서 토문강·두만강의 경계문제를 둘러싼 모든 혼란과 오해가 사실은 우선 목극등의 '실수'에서 비롯된 것임을 확인할 수 있었다. 목극등이 단지 비석 동쪽의 물길을 두만강의 발원지라 생각하고 정계비를 세우게 하였지만, 이후 이것을 표시하기 위한 돌·흙무더기를 설치하기 위한 공사를 담당한 조선 측에서는 목극등이 지목한 물줄기가 북쪽으로 흘러가면서 두만강과 연결되지 않는 사실을 발견하였고, 결국 돌·흙무더기가 끝나고 물길이 땅속으로 숨는 평평한 언덕(삼포 또는 황화송전자)에서부터 두만강 발원지로 연결되는 표시가 되도록 나무울타리와 흙무더기를 설치하는 결과로 이어졌다.[57] 이후 이 표시가 잊히거나 사라지면서 이것이 있음을 알지 못하는 후세 사람들에 의해 토문강·두만강을 둘러싼 '변계'문제의 논쟁이 시작되었던 것이다.

57 이에 관한 핵심적인 사료는『朝鮮王朝實錄』肅宗 52권, 肅宗 38년 12월 7일(丙辰) 세 번째 기사,「백두산 정계가 잘못된 것에 대한 겸문학 홍치중의 상소. 이에 대한 논의와 거산 찰방 허양의 공술 내용」;『承政院日記』肅宗 38년 12월 7일(丙辰) 기사,「三覆에 朴權 등이 입시하여 白頭山 設標에 대해 穆克登이 말한 것과 지금 立標한 것이 다름에 따라 대처할 방안, 확실하지 않은데 임의로 立標한 差使員 등의 拿問 등에 대해 논의함」(원본 474책. 탈초본 25책)에서 찾아볼 수 있다. 이에 대해서는 간도문제나 백두산정계비를 다룬 기존의 많은 연구가 있지만, 특히 張存武,「穆克登所定的中韓國界」,『淸代中韓關係論文集』(臺北: 商務印書館, 1987)이나 앞서 누차 인용한 李花子와 李康源의 연구를 참조할 수 있다. 이 연구들이 사실상 가장 오해가 적고 정확하고 역사적 사실을 이해한 기초 위에서 확인한 정보를 제공하고 있으며, 특히 李花子와 李康源의 논문은 실지답사를 기초로 한 것이어

하지만 중국 측의 "눈에는 드러나지 않았지만" 그 표시가 "여전히 우거진 수풀 사이에서 은근히 모습을 드러내고 있는" 것에 대해 이중하는 "매우 위태롭고 두려운 일"이라고 밝히고 있다.[58] 왜 그가 정계비의 수수께끼를 드러내 주는 '흔적'을 보고 위태롭고 두렵게 여겼는가는 또 다른 설명이 필요한 문제이다. 하나의 가능성은 이것에 의해 그때까지 조선 측이 주장해 오던 '토문강경계론'이 무너지고 그 결과 두만강으로 국경이 확정되어 버린다면, 두만강 북쪽으로 월간한 조선백성의 안치문제는 중국 측에 완전히 주도권이 넘어가 버릴 가능성이 크고, 그렇게 된다면 월간한 조선백성은 중국에 편입될 수밖에 없는 흐름으로 갈 수 있기 때문이었다.[59]

또 다른 가능성은 — 앞서의 서술에 의하면 당시 이중하가 정확히 파악하고 있었다고 보기는 어렵고, 따라서 그 가능성은 크지 않다 — 삼포(황화송구자)에서 홍토산수를 잇는 나무울타리(돌·흙무더기) 설치공사는 사실상 중국 측과의 합의가 없는 상태에서 이루어졌으므로,[60] 실

서(두 사람의 의견에 약간의 사소한 이견이 있지만) 가장 정확한 정보를 제공해 준다.

58 이 표식은 아마 이미 썩어 없어진 나무울타리가 아니라 오늘날에도 남아 있어 이화자에 의해 발견된 흙무더기[土墩]였을 것이다. 이 점에 대해서는 이화자가 분명하게 지적하고 있다(이화자, 2012, p. 156).

59 이화자, 2009(b), pp. 246-247; 이화자, 2013, p. 18.

60 바로 앞서 든 『朝鮮王朝實錄』의 기사에서는 "'許樑 등이 彌縫하는 데만 급급하여 조정의 명령을 기다리지 않고 바로 목책을 [두만강 또는 홍토산수] 두 번째 갈래의 수원에다 대놓았다고 하였습니다. 대저 목책이 끝나는 곳은 바로 국경의 한계가 나누어지는 곳입니다. 두 나라의 경계를 정하는 일이 얼마나 중대한 일입니까? 그런데 한두 차원의 뜻만으로 조정에서 알지도 못하는 물에다 疆域을 제멋대로 정했으니, 이는 마땅히 懲治하여 강토에 관한 일을 중히 여김을 보여야 합니다.' … 영의정 李濡가 筵席에서 아뢰기를, '穆差[즉 穆克登差使 — 인용자]가 정한 水源은 이미 잘못된 것인데, 차원들이 監司에게 말하지도 않고 評事의 지휘도 듣지 아니한 채 멋대로 푯말을 세웠

제 나중에 그것을 근거로 경계를 주장하더라도 중국 측을 납득시키지 못하고 오히려 의심만 더 키울 가능성이 컸기 때문이다(이후 실제로도 그러하였다는 점은 제2차 공동감계 과정에서 쉽사리 확인될 수 있다). 중국 측의 허가 없이 원래 목극등이 정한 것과는 다른 방향으로 국경을 표시하는 나무울타리 등을 세웠다면, 이에 대한 중국 측의 거센 비판이나 공격을 감당하기 쉽지 않았을 터였기 때문이다.[61]

따라서 여기서 이중하가 주장하는 [토문강 동남연안에 설치된 돌무더기·흙무더기가 끝나는 곳에서 두만강 상류 홍토산수의 발원지까지 이어지는] 나무울타리 등 경계표지의 상황을 정확하게 확인하는 것은 가장 먼저 해결되어야 할 과제의 하나였다. 기존의 수많은 연구에서 정계비 쪽에서 토문강 쪽으로 이어지는 돌·흙무더기와 나무울타리가 함께 언급되는 경우는 많아도, 돌·흙무더기가 끝나는 곳(杉浦. 黃花松甸子)에서 두만강 발원지(홍토산수)로 연결된다는 경계표지에 대해서는 언급한 적이 없었기 때문이다. 현재 남아 있는 백두산 관련 여러 지도에서는 그것을

으니, 일이 지극히 놀랍습니다. 청컨대 잡아다 推問하고, 감사도 또한 推考하소서' 하니, 임금이 그대로 따랐다. 형조판서 朴權이 아뢰기를, '홍치중의 상소에 보건대, 水源 중에 최초의 한 갈래는 곧 穆差가 정한 것인데, 이번에 세우는 푯말은 안쪽으로 거의 20리가량 옮겨 세웠다고 했습니다. 만일 뒷날 그들이 와서 보고 멋대로 옮긴 까닭을 묻는다면 무슨 말로 답하겠습니까?'" 라고 기록하고 있다.[밑줄 ― 인용자] 나무울타리 등의 설치는 일단 중국 측의 승인은커녕 조선정부의 허가도 없이 이루어졌던 것이다. 그리고 이러한 穆克登의 잘못을 통보하는 일도 논의 끝에 좀 더 알아보고 하자는 쪽으로 결론이 나면서 결국 유야무야되었다.

61 원래 穆克登이 정한 것과는 다른 방향으로 국경을 표시하는 경계물이 세워진 것을 실지조사로 분명하게 확인한 것은 李康源, 2015; 李康源, 2016의 연구를 참조. 또한 제2차 공동감계에서 이중하는 삼포(황화송구자)에서 홍토산수로 이어지는 중간 지역의 '복류'를 주장하면서 정계비-삼포-홍토산수를 양국의 국경으로 설정하고자 하였지만 이런 주장은 당연히 중국 측을 설복시키지 못하였다. 이 점에 대해서는 다음 장에서 살펴보도록 하겠다.

분명 확인할 수 있지만(나무울타리가 그려진 백두산 관련 지도는 그 수가 상당하다),[62] 이에 관련된 기록 자체는 그와는 달리 쉽사리 찾아볼 수 있는 것이 아니기 때문이다.

하지만 최근 이화자(李花子)는 이 지역에 대한 직접 답사를 통해 다음과 같은 점을 확인하였다.

1) 삼포에서 두만강 상류로 이르는 지역에서 나무울타리를 확인할 수 없지만 그것과 같은 때에 만들어진 것으로 보이는 흙무더기[土墩]가 존재한다.
2) 삼포에서 물줄기가 끊기기 때문에 토문강(중국 측에서 이후에는 이 黃花松溝子를 黑石溝라고 부른다)은 마른 골짜기, 즉 건천(乾川)으로 존재하였으며, 이 골짜기의 끝으로부터 송화강(상류의 지류)까지는 20리 정도 떨어져 있어 직접 송화강의 상류의 물줄기로 연결되지 않는다(동남쪽으로 두만강 발원지까지는 40리 남짓이다).[63]
3) 토문강[黑石溝]의 흙·돌무더기는 50리 정도에 걸쳐 있고, 여기에서 다시 두만강[紅土山水] 쪽으로 나무울타리·흙무더기가 40리 정도에

62 이를테면 이화자, 2008, p. 278의 「해동지도 함경도」나 이화자, 2009a의 p. 87에 실린 김정호의 「동여도」 1 등을 참조. 이 외에도 앞서 든 배우성, 1998 등을 비롯한 여러 역사·지리학적 연구서들에서도 이 점은 쉽사리 확인된다.

63 앞서 든 이강원의 연구는 '입지암류(入地暗流)'의 위치나 구체적인 거리 문제에 대해서는 이화자와 의견을 달리하고, 또한 杉浦(黃花松甸子)의 존재로 물줄기가 끊겨 송화강 상류의 물줄기로 연결되지 않는다는 의견에 대해서도 실제 물길이 연결된다(토문강은 분명히 송화강 수계에 속한다)고 주장하는 점에 차이가 있지만(이것은 시기에 따라 물줄기의 존재나 그 길이가 달라지기 때문에 오히려 큰 문제는 아닐 수도 있다), 이화자의 연구를 이어받아 좀 더 면밀한 기존 역사자료의 분석과 지리학적 고찰을 통해 훨씬 진전된 이해를 보여 주고 있다. 따라서 경계표지물이나 두만강 수계의 물줄기 등의 자세한 상황에 대해서는 여기서 상세하게 다루지 않았다.

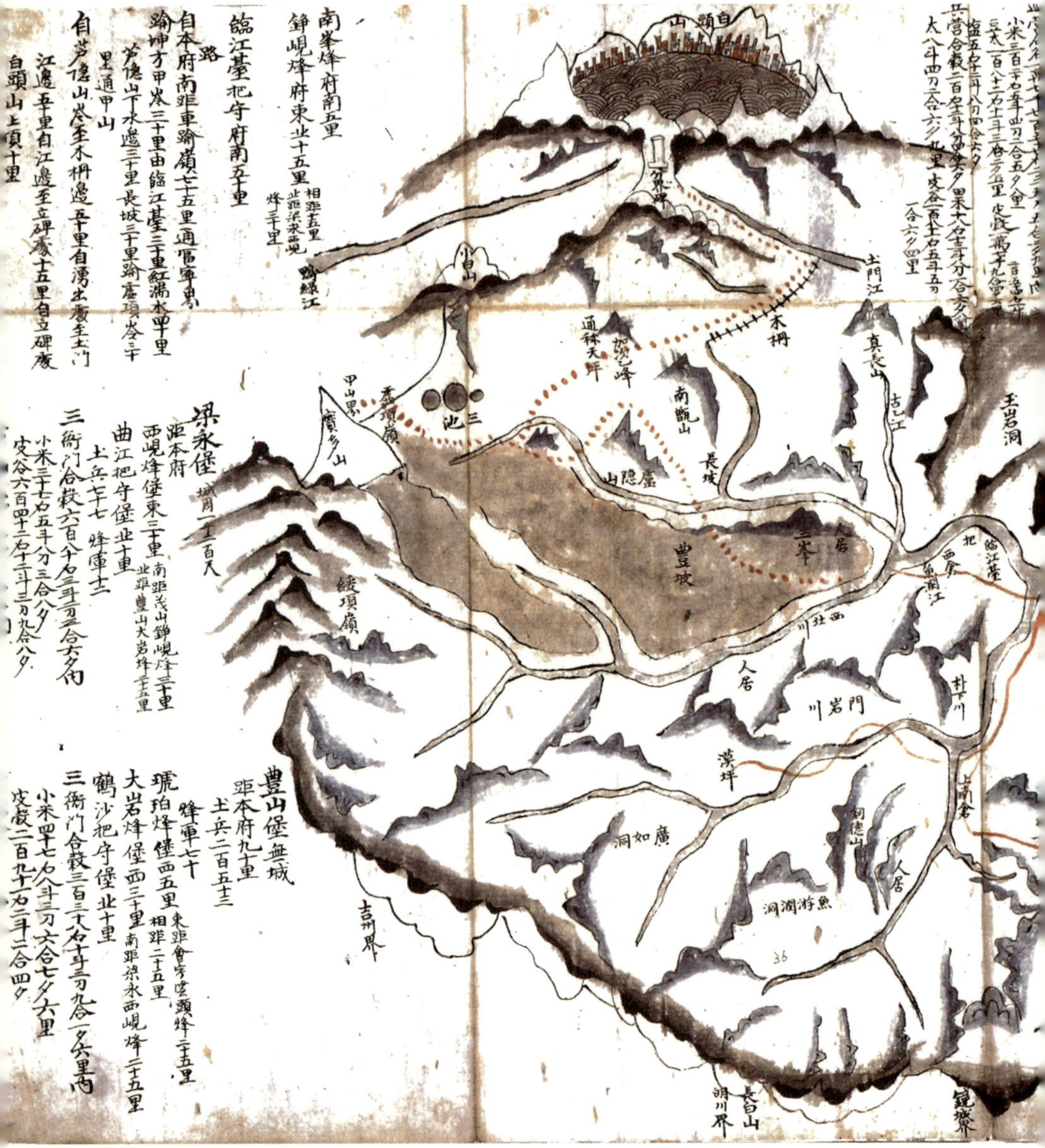

그림 6. 삼포에서 홍토산수로 이어지는 나무울타리(목책)에 대해 가장 구체적인 정보를 제공해 주는 지도 가운데 하나인 『북관지도』「무산」
출전: 이서행 · 정치영 편, 『고지도와 사진으로 본 백두산』(한국학중앙연구원 출판부, 2011), p. 192.

걸쳐 있으므로 총 길이가 90리(내지 100리) 정도가 된다.[64]

여기서 확인된 2)의 경우 정계비의 물길이 송화강으로 연결된다고 지적한 수많은 연구도 '중간에 물이 흐르지 않는 곳'의 존재를 배제한 것은 아니기 때문에, 보다 정확한 사실의 확인이라는 평가에 그칠 수도 있다(물론 연결된다는 기록이나 주장도 적지 않다). 또한 3)의 90리(에 걸친 흙·돌무더기)는 기존에 언급된 경우도 많았다. 하지만 이화자가 발견한 1)의 흙무더기라는 존재는 기존 연구에서 다루어진 적이 없었다는 점에서 아주 중대한 발견의 하나로 간주될 수도 있고, 따라서 반드시 주목을 할 필요가 있다(그림 7 참조).

이 흙무더기는 삼포(황화송전자)에서 두만강 발원지(홍토산수)로 연결되었다는 나무울타리의 중간 지역에 있는 것으로, 만약 이것이 사실로서 확정될 수 있다면 이중하가 발견한 "예전의 표시"를 입증하는 증거가 될 수 있을 것이다. 이중하가 언급한 중간 표지로서 구체적으로 언급한 것은 나무울타리뿐이지만,[65] 이화자가 근거로서 제시한 과거의

64 2012년 6월 7일 동북아역사재단 주최 백두산정계비 건립 300주년 기념 국제학술회의 「동아시아 근대국경과 백두산정계비」에서의 발표. 그리고 이화자, 2012; 이화자, 2013; 李花子, 2014 등.

65 이중하는 앞서 보았듯이 "여전히 우거진 수풀 사이에서 은근히 모습을 드러내고 있다"고 하였지만, 그 앞부분에서는 나무울타리(목책)만을 언급하였으므로 그것이 나무울타리의 흔적일 가능성도 있다. 하지만 제2차 감계 이후의 보고서에서 그는 두 차례나 나무울타리가 썩어 문드러져 홍토수의 발원지까지 가로로 약 40리 정도 되는 중간에 아무런 표시가 남아 있지 않다고 서술하였다. 李重夏, 「別單草」, 『勘界使謄錄』 上, pp. 140-145; 「[李重夏]別單草」(光緖 11년 12월 6일 이후), 『조·청국경회담』, pp. 190-192; 「別單草」, 『역주 감계사등록』 상, pp. 278-286, pp. 336-339; 「土門勘界(事實)」, 『白山學報』 2. 1967, pp. 170-172를 참조.(『자료선역』 2 — 067 — pp. 496-503) 따라서 그가 제1차 공동감계 때 본 표시가 흙무더기일 가능성도 배제

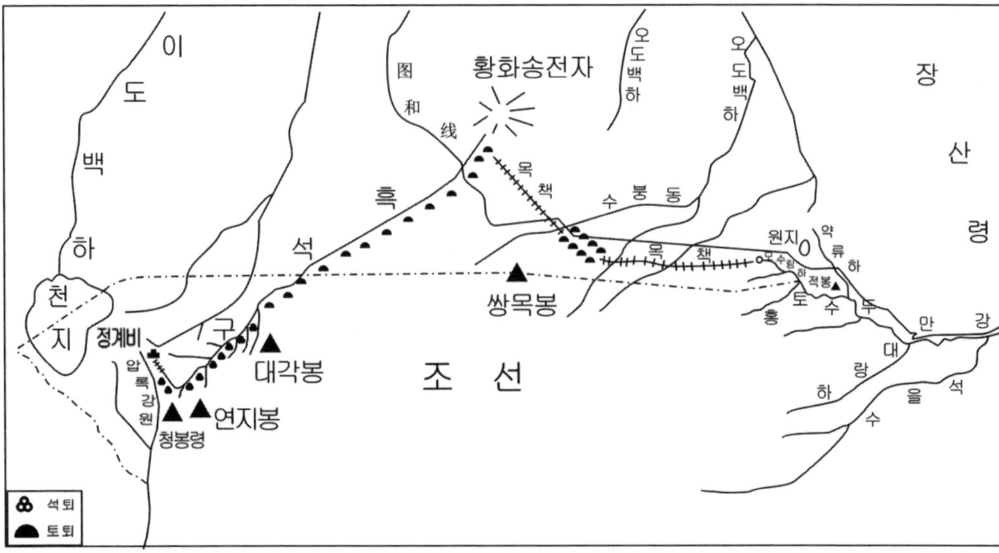

그림 7. 목극등 정계시 설치한 목책 · 석퇴 · 토퇴 표시도
출전: 李花子, 「중국 · 북한 국경답사기: 백두산 토퇴군(土堆群)의 새로운 발견」, 『문화역사지리』 24-3, 2012, p. 153.

할 수는 없다. 또는 제2차 공동감계 때에는 경로 문제 때문에 단순히 '나무울타리를 발견'하지 못했을 가능성도 배제할 수는 없다. 한편 제2차 공동감계 조선 측 수행원이었던 前茂山郡守 池昌翰도 "당시 如斯한 物件을 實地 본 일이 없고 李重夏로부터도 이에 관해 들은 일이 없고, 無論 淸國委員도 이 說을 奏狀한 일이 없다. 또 李重夏가 光緖 11년 10월 勘界時는 이미 積雪이 깊은 중에서 二百年에 가까운 木柵의 痕迹을 발견할 까닭이 없으므로, 「追後別單」 중에 있는 奏陳中에서 云云한 말은 매우 疑心스럽다. 무릇 11年 復命書의 「追後別單」이란 것은 李重夏가 政府와 國民에 대한 辯疏의 素地를 만든 것이 아닐까? 단 13년 談判에서 李가 木柵 云云의 말을 한 것은 紅土水說을 유지하는 一方便에 不過한 것"이라고 증언하고 있다(「光緖 13년 勘界時의 情況을 當時의 隨員이었던 池昌翰에게 質疑한 內容 報告」, 國會圖書館編, 『間島領有權關係拔萃文書』, 『日本外務省陸海軍省文書』 第1輯. 國會圖書館, 1975, p. 88). 「追後別單」은 1차 공동감계가 끝난 다음 李重夏가 새롭게 확인한 사실을 알리는 것이었고, 또한 그 내용으로 보아 협상과정의 비밀 유지를 염두에 두었을 것이기에 '辯疏' 운운하는 것

기록은 이 흙무더기가 확실히 중요한 실마리가 될 수 있다는 점을 보여 준다. 이 나무울타리와 그 울타리 중간에 만들어진 흙무더기[土墩]에 대해서는 이미 정계비의 설치 후 표시를 설치한 것에 대해 『조선왕조실록』에서 분명하게 기재하고 있기 때문이다.

> 그래서 여러 차원(差員) 등과 상의한 다음, 비석을 세운 곳에서 아래로 25리는 나무 울타리를 세우거나 돌을 쌓았으며, 그 아래 물이 솟아나는 곳 5리 및 물이 없는 건천(乾川) 20여 리는 산이 높고 골짜기가 깊어 물줄기의 흔적이 아주 분명한 고로 아무런 표식도 설치하지 않았습니다. 또한 그 아래 물이 솟아나는 곳[두만강 발원지]까지 사십여 리에 대해서는 모두 나무울타리를 설치하였고, 또한 그 사이 5·6리 지역에는 나무나 돌이 없고 토질 또한 강하였기 때문에 단지 흙무더기만을 설치하였습니다.[밑줄 — 인용자][66]

"그 사이 5·6리 지역에는 나무나 돌이 없고 토질 또한 강하였기 때문에 단지 흙무더기만을 설치"하였다는 이 기록은 삼포(황화송전자)

은 적절한 해석 같지는 않지만, 이중하도 '나무울타리'를 본 적이 없으니 지도 작성에 참여한 池昌翰이 보지 못하였다고 공언한 것도 상당한 신빙성이 있는 것 같다. 그렇다면 이중하가 처음 본 표시가 흙무더기일 가능성은 훨씬 커지지만, 그는 이에 대해서는 언급한 적이 없다.

66 『朝鮮王朝實錄』 52卷 肅宗 38년 12월 7일(丙辰) 세 번째 기사, 「백두산 정계가 잘못된 것에 대한 겸문학 홍치중의 상소. 이에 대한 논의와 거산 찰방 허양의 공술 내용」(태백산사고본 60책 52권 37장 A면. 영인본 40책 472면). 원문은 다음과 같다. "故與諸差員等相議後, 自立碑下二十五里, 則或木柵或累石, 其下水出處五里及乾川二十餘里, 則山高谷深, 川痕分明之故, 不爲設標. 又於其下至湧出處四十餘里, 皆爲設柵, 而其間五六里, 則旣無木石, 土品且强, 故只設土墩, 前後實狀, 不過如斯."[밑줄 – 인용자].

에서 두만강 발원지까지에 이르는 분계표시인 흙무더기의 설치상황에 대해 어쩌면 가장 구체적인 기록일 것이다. 또 다른 한 가지는 다음 해인 숙종 39년 9월 19일자에 "비국(備局)의 계사(啓辭)로 인하여 백두산에 목책(木柵)을 설치하는 역사를 흉년 때문에 우선 정지하였다."라고 아주 간략하게 기록되어 있다는 점이다.[67]

이것은 나무울타리 등의 설치 공사가 완료되지 않은 채 공사가 중단되었다는 것을 의미하는데, 일단 이후에 공사를 계속해서 완성하였다는 기록이 발견되지 않는다면, 나무울타리 등의 설치 작업이 진행되기는 하였지만 전체 공사가 완료된 것은 아니었다는 해석을 가능하게 한다. 약간 과감하게 추측을 한다면 바로 이 점이 오늘날 나무울타리의 흔적을 발견하기 어려운 이유일 수도 있다. 이러한 이화자의 발견은 최근 이강원(李康源)의 현지답사와 조사에 의해 재확인되고(목책이 연결되는 두만강 수원, 즉 홍토(산)수의 구체적 지점에 대해서는 의견이 다르다), 정계비에서 두만강 수원에 이르는 경계 설치물(목책·흙무더기와 돌더미)의 상황에 대해 보다 정밀한 추적과 보완이 이루어졌으므로(그림 8 참조), 정계비와 토문강·두만강의 물줄기의 관계에 대해서는 기왕의 수수께끼가 거의 풀려 논란의 여지가 훨씬 줄어든 셈이라고 할 수 있다.

그렇지만 앞서 인용한 자료를 제외하면 후대의 기록은 그다지 확실한 것이 없다. 이를테면 이후 김윤식(金允植)이 "『황청일통여도(皇淸一統輿圖)』를 다시 살펴보니 백두산의 동서는 압록강의 발원지에서 두만강의 발원지까지 점선으로 표시된 것이 있어서, 경계를 정한 옛날 흔적과 그대로 들어맞습니다. 이것이 뜻하는 것은 예전에 분수령부터

67 『朝鮮王朝實錄』 54卷 肅宗 39년 9월 19일(癸亥) 네 번째 기사, 「흉년으로 백두산에 목책을 설치하는 일을 정지하다」(태백산사고본 62책 54권 25장 A면. 영인본 40책 516면).

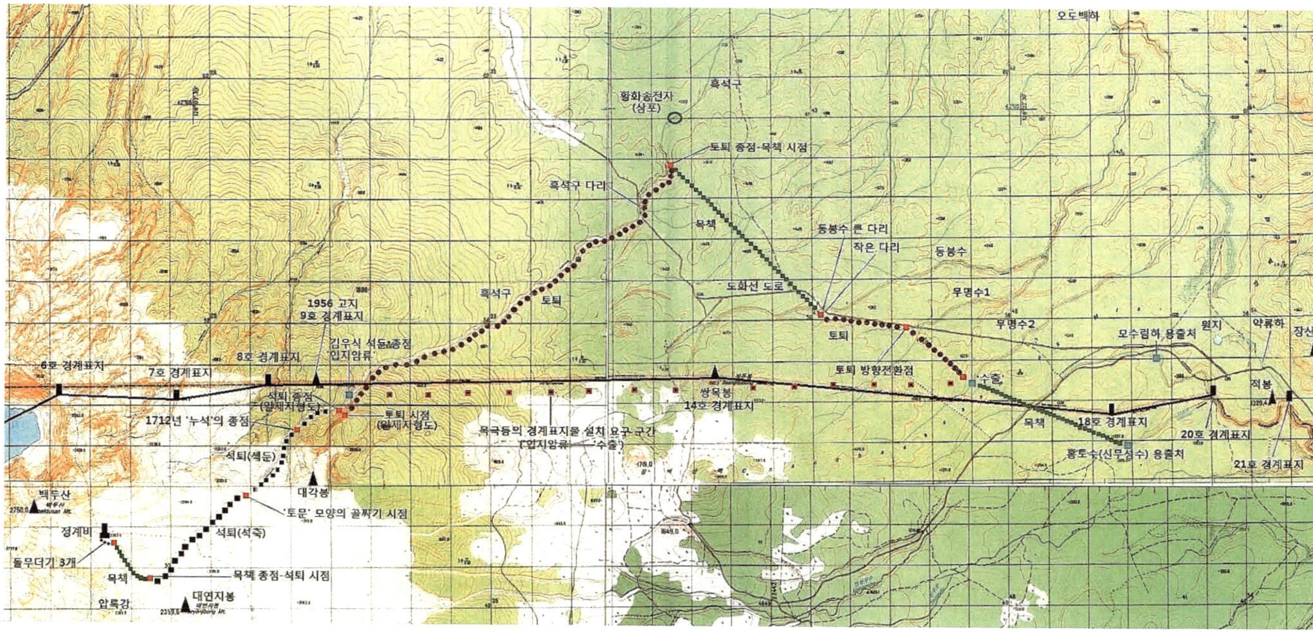

그림 8. 정계비에서 두만강원에 이르는 경계표지물(1712-1713 설치)의 최종 상황
출전: 李康源, 「역대 실지조사기록 검토를 통한 임진정계 경계표지물 분포 복원」, 『대한지리학회지』 51- 5, 2016, p. 608.

삼포까지 산을 따라서 흙무더기를 만들고, 삼포(杉浦)에서 홍토산(紅土山)까지는 지세가 평탄하므로 나무울타리로 표시를 했다는 것인데, 지금 나무는 썩어서 형체가 없지만 흙무더기는 아직 남아 있으므로 복류하는 발원지를 여전히 증명할 수 있습니다."[밑줄 — 인용자]라고 한 것이나,[68] "조선의 옛 기록을 널리 조사해 보면 이 지역에 흙·돌무더기, 나무울타리란 글자가 있지만, 지금은 흙·돌무더기는 있지만 나무울타리는 없는데, 세월이 오래되자 썩어문드러져 변계가 불분명해지는 문제가 발생하게 된 것이다."라는 이중하의 기록이다.[69] 나무울타리·흙무더기에 대한 기록은 대체로 이 정도에 그친다(수많은 백두산 관련 지도의 경우에도 흙무더기[土墩]를 표시한 경우는 찾아보기 어렵다).[70] 이러한 기록·정보의 '부족'이 토문강·두만강이나 정계비 문제를 후대 사람들이 보다 정확하게 이해하는 데 커다란 장애가 되어 왔던 것이다.

여하튼 조선국왕은 이러한 이중하의 보고를 근거로 하여 다음과 같은 내용의 자문을 보내 북양대신 이홍장에게 전달하였다. 그에게 전

68 「[金允植]照覆」(高宗 23년 9월 25일?), 金允植, 「公函 袁總理世凱」, 『雲養集』 卷8(이하 『雲養集』으로 약칭, 30b-31b(pp. 372-373); 『金允植全集 壹』(이하 『金允植全集』으로 약칭), pp. 60-62.(『자료선역』 3 — 015 — pp. 619-623)

69 李重夏, 「別單草」, 『勘界使謄錄』 上, pp. 140-145; 「[李重夏]別單草」(光緒 11년 12월 6일 以後), 『조·청국경회담』, pp. 190-192; 「別單草」, 『역주 감계사등록』 상, pp. 278-286, pp. 336-339; 「土門勘界(事實)」, 『白山學報』 2. 1967, pp. 170-172.(『자료선역』 2 — 067 — pp. 496-503)

70 이외에도 『日省錄』 高宗 14년 1월 30일의 「만경전에서 복명한 안무사 김유연을 소견하다」라는 기사에서 김유연이 국왕의 질문에 대해 나무울타리가 있다는 답변을 하고 있지만, 본인 스스로 백두산에 오르지 않았다고 했으므로 단순한 傳聞일 가능성이 크다. 같은 기사는 『高宗時代史』 1집 1877년 1월 30일條의 「咸鏡北道安撫使 金有淵, 復命하다」라는 기사에 나오며, 『承政院日記』, 『高宗實錄』 14卷, 高宗 14년 1월 30일 등에도 나온다.

달된 날짜가 광서 12년(고종 23) 1월 11일(1886. 2. 14.)이므로 아마도 이중하·조창식의 「장계(狀啟)」와 「별단초(別單草)」를 기초로 하였을 것으로 보이는데,[71] 제1차 공동감계 이후 조선 측의 공식입장을 대표하는 그 내용은 다음과 같다.[72]

> 분계도에 의거하여 방위와 산맥·물길을 판별해 보면, 모두 믿을 만한 증거가 있고, 비석과 흙무더기의 표식은 뚜렷합니다. 삼가 강희 임진년에 정계를 할 때의 일은 조선의 승문원(承文院)에 역사적 사실로 종합하여 기록해 놓고 있으며, 이번에 그린 지도를 참고해도 비석과 흙무더기는 아주 분명하게 서로 들어맞아 전혀 의심이 가거나 애매한 부분이 없습니다. 성조(聖祖) 인황제(仁皇帝. 즉 康熙帝 — 인용자)께서는 변방의 잡목이 우거진 황무지에 강역을 구분하기 어려우면 후세 사람들이 쉽사리 미혹될 것을 염려하시어 특별히 중신(重臣)을 파견하여 조사한 다음 강계를 정하셨고, 비석에 이를 기록하고 흙무더기로 이것을 표시하게 하셨는데, 그 길이가 90여 리에 걸쳐 있으니 당시 의혹을 없애고 분쟁을 멈추기 위해 아주 깊고 길게 생각을 했던 것을 알 수 있습니다. 조선에서는 단지 감격하여 준수하는 것만을 알 뿐이었고, 정계 이내 지역이라고 할지라도 감히 백성들이 들어가 거주하지 못하게 했는데, 이는 서로 너무 가까이 있으면 충돌이 생길까 두려웠기 때문입

71 작성날짜가 분명하지 않은 「추후별단」의 참고 여부는 확신하기 어렵지만, 내용으로 보면 여기에 전혀 반영되고 있지 않아 참고하지 못하였을 가능성이 크며, 의도적으로 참고하지 않았을 가능성도 전혀 배제할 수는 없다.

72 「朝鮮國王咨文」(光緒 12년 1월 11일 收信), 『中朝交涉史料』, pp. 1083-1084; 『국역중일한』 2, pp. 135-146; 『中朝交涉史料』, pp. 1187-1188(뒤의 것과 같은 내용을 조선국왕이 예부에 보낸 것이다). 李鴻章이 이것을 總理衙門에 전달한 것은 한참 후인 光緒 12년 5월 14일이었다.(『자료선역』 2 — 070 — pp. 510-515)

니다.

비문에서 말한 동쪽은 토문이라는 말은 지도로 검토해 보면, 두만강은 본래 분수령에서 발원하지 않고 그 발원지가 정계비의 서남에 있으며, 정계비에서 매우 멀어 증거로 삼을 수 없는데 어찌 토문이라고 부를 수 있겠습니까? 그런데 땅 밑으로 흐르는 물줄기 하나가 정계비의 동쪽에서 분수령에 직접 연결되어 있으며, 하늘이 내려 준 모양에 따라 이름을 지어 토문이라고 불립니다. 비문에 기록된 토문은 바로 이곳에 있습니다. 또한 복류(伏流) 지역에는 돌을 쌓고 흙을 모아 그 경계를 표시했고, 나무와 풀이 흙무더기 위에 자라는데 모두 오래되고 키도 커서 [이 흙무더기는] 후세 사람이 만든 것이 아님을 알 수 있습니다. 그 아래에는 또한 토문자(土門子)라고 하는 물줄기가 있는데, 분계강(分界江)에 합류합니다. 따라서 그 위는 토문으로 경계를 정하고, 그 아래는 즉 토문자로 경계를 나눕니다. 이것이 바로 토문에 대한 진실하고도 공명정대한 논증입니다.

여기서 조선 측은 1) 공동감계 때 그린 지도와 정계비, 그리고 정계비와 토문강을 이어 주는 흙·돌무더기는 아주 분명하게 들어맞으므로 이렇게 그 신뢰성이 확보된 정계비는 여전히 강력한 근거가 될 수 있다. 2) 두만강의 발원지는 정계비와 너무 멀어 경계가 될 수 없고, 토문강의 복류가 끝나는 점에 있는 토문자(土門子)가 분계강(分界江)에 합류하므로 정계비에서 발원하는 토문강과 이 토문자를 잇는 선이 경계가 되어야 한다고 주장하고 있다. 종래 내세웠던 '토문강=분계강론'과 '토문-두만양강론'이 토문자(土門子)라는 새로운 근거가 추가되어 다시 제시되고 있는 것이다(제1차 공동감계·국경회담 과정에서 土門子는 朴爾哈通河를 가리키는 것으로 딱 한 번 거론된 적이 있다). 아울러 조선 측은 정계비와 관련한 자료가 중국 측에 전혀 없다는 점을 공동감계를 통해 확인하고 —아마도 이중하의 「추후별단(追後別單)」이 또한 그 점을 상기시켜 주었을 가능성도 있다 — 그에 관한 자료를 확보하여 자문의 부록으로 중국 측에 전달하였다(이 자료는 이후 제2차 공동감계에서 『승문원고실(承文院故實)』로 자주 언급되므로 아마 승문원에서 보관하던 자료에서 찾아낸 것으로 보인다).[73] 조선 측으로서는 여전히 정계비가 가장 강력한 '국경'의 증거로 생각되었던 만큼 그 부분을 더욱 강화시키기 위해 이런 시도를 하였던 것으로 보인다. 아마 이러한 옛 기록의 확보를 통해 정계비가 의심스럽다거나 옮겨졌다는 중국 측의 의문을 해소하는 효과를 기대하였을 것이다. 하지만 그렇다고 해서 앞서 언급한 대로 왜 정계비가 '송화강 발원지' 쪽에 세워졌는가 하는 '곤혹'스러움이 해소될 수는 없었으므로 — 이중하도 이 수수께끼에 한 발 더 접근한 것은 앞서 서술한 대로 공동감계가 끝나고 장계로 보고서를 올린 다음이었다 — 이후에도 중국 측은 여전히 정계비의 신뢰성을 부정하거나 이설론을 포기하지는 않았다. 공동감계·국경회담에서 이 점은 여전히 중국 측의 '아킬레스건'이 될 수밖에 없었기 때문이다.

그런데 또한 우리가 주목할 것은 이중하가 "이곳에 비석을 세우고

73 앞의 자문에 첨부된 자료의 목록은 다음과 같다. 「예부에서 백두산 지역에서는 조선 측이 [목극등을] 돌봐 주도록 알립니다(禮部知會白山[査]境令本國照管咨)」(康熙 51년 2월 7일), 「[조선의] 접반사가 [목극등에게] 백두산에 함께 오를 것을 요청하는 공문(接伴使請偕行白山帖)」(康熙 51년 5월 7일), 「칙사(목극등)가 답장으로 보낸 문서(勅使回粘)」(康熙 51년 5월 8일), 「칙사가 울타리를 세우는 일에 대해 묻고 의논하는 자문(勅使問議立柵便否咨)」(康熙 51년 5월 28일), 「나무울타리를 세우는 문제에 대한 보고(設柵便宜呈文)」(康熙 51년 6월 2일), 「경계를 정한 일에 대해 [조선국왕이] 감사를 드리는 표문(謝定界表)」(康熙 51년 11월 3일).(『자료선역』 2 — 071 — pp. 516-528) 이 '두만강 감계자료'는 배우성·구범진 옮김, 『國譯《同文彙考》疆界史料』(동북아역사재단, 2008), pp. 47-52(원문), pp. 105-113(번역문)에도 수록되어 있다.

무더기를 쌓았지만, 그것이 두만강의 발원지와 이어지지 않으니, 반드시 산과 물줄기 사이에 따로 경계를 세워야 한다", "이곳을 교계(交界)로 고집하여 지정하기는 어려울 것이다."라고 설명하면서 사실상 토문강경계론을 포기한 제안(「別單草」)을 하였고, 나아가 "토문강과 두만강은 같은 강이기 때문에 사실상 두만강이 양국의 경계가 된다."라고 보고하였던 내용(「追後別單」)이 중국에 보내진 조선정부의 공식 입장에는 전혀 반영되어 있지 않다는 점이다. 이것 역시 조선 측에서 취한 일종의 외교적인 '협상전략'의 일환(또는 정부 내 이견의 존재)으로 해석할 수도 있겠지만, 아마도 이런 식으로 이전에 '잘못'이나 '실수'를 공개적으로 인정하지 않은 상태에서 종전의 주장을 계속 고집하게 된 것은 감계·회담의 출발점이 된 조선월간민 안치 문제가 여전히 해결될 기미가 없었던 것이 아마 가장 중요한 배경이었을 것으로 생각된다. 이중하의 주장대로 '양보'를 하여 두만강을 양국 간의 국경으로 인정하게 된다면 그들을 조선정부의 뜻대로 안치하거나 쇄환시킬 가능성은 더욱 줄어들기 때문이다.

따라서 조선 측은 중국 측에서 "원근과 방향을 알지 못해 두만을 토문으로 잘못 섞어 부르는 것이며, 그 [중국어] 발음이 우연히 비슷해서 같은 강으로 생각한 것"이라는 종전의 주장을 되풀이하지 않을 수 없었다. "다만 해당 지역(두만강 북쪽의 월간지역 — 인용자)은 예전부터 백성들에게 허락된 땅이 아니었는데, 근래 유민들이 몰래 들어와 농사를 지어도 조선관리들이 수시로 순찰하여 쫓아내서 금지시키지 못한 것은 조선의 책임"이라고 인정하면서도[74] "의지할 곳 없는 백성들이 생

74 '지방관의 책임'이 '조선의 책임'으로 바뀌었을 뿐인 이것은 조선국왕이 처음 공식적으로 공동감계를 위한 자문을 보내면서 사용한 표현이기도 하다. 「朝鮮國王咨文[請代奏圖們江劃界]」(光緒 11년 6월 22일), 承文院 編, 「啓

업을 되찾게 하는 것이 실로 필요"하므로, "책봉 받은 것 외에는 감히 털끝이라도 침범할 수 없지만, 아울러 책봉을 받은 경계 안의 작은 땅 역시 조심스럽게 지킴으로써 작은 나라를 돌봐 주시고 백성을 긍휼히 여기신 성조 강희황제의 지극한 인덕(仁德)을 저버릴 수는 없다."라고 버티는 입장을 취하였다. 정계비를 세운 강희제의 '인덕'을 근거로 기존의 토문강 경계론을 여전히 포기하지 않는 입장을 선택한 것이다.[75]

이것이 제1차 공동감계에 대한 조선 측의 최종 입장이었던 만큼, 정계비의 존재나 그 가치를 부정하지 않으면 안 되었던 중국 측과 사실상 합의에 의한 경계 확정을 이루는 것은 불가능하였다. 이 때문에 광서 13년(고종 24, 1887) 다시 제2차 공동감계·국경회담이 추진되지 않을 수 없게 되지만, 이 과정은 비교적 복잡한 경과를 거치므로 다음 장으로 넘겨 따로 살펴보도록 하겠다.

下咨文冊」 12, 『조·청국경회담』, pp. 53-54; 『中朝交涉史料』, pp. 1075-1076; 『中日韓』 卷4, pp. 1889-1890.(『자료선역』 2 — 044 — pp. 397-399) 조선 측의 공식입장이 제1차 공동감계 이전과 거의 달라지지 않았음을 상징적으로 보여 주는 것이 아닐까?

75 「朝鮮國王咨文」(光緒 12년 1월 11일 受領), 『中朝交涉史料』, pp. 1083-1084; 『中朝交涉史料』, pp. 1187-1188.(『자료선역』 2 — 070 — pp. 510-515)

제4장

제2차 공동감계와 국경회담

1. 제2차 공동감계의 배경

1) 중국 측의 반응과 공동재감계 제의

한편 앞서 조선 측에서 보낸 자문을 받은 북양대신 이홍장은 다음 날인 1886년 1월 12일 길림장군에게 자문을 한 통 보냈다. 이것은 장차 황제의 명을 받아 조선에 주재하면서 교섭과 통상사무를 총괄하게 된 삼품함 승용도(欽命駐箚朝鮮總理交涉通商事宜三品銜升用道)로 부임하게 될 원세개(袁世凱)[1]가 그 이전인 1885년 9월 10일 올린 다음과 같은 보

1 1885년 10월 초 大院君의 귀국을 호송하는 임무로 조선에 온 袁世凱는 이후 '황제의 명을 받아 조선에 주재하면서 교섭[외교]·통상사무를 총괄하는 삼품함승용도(欽命駐箚朝鮮總理交涉通商事宜三品銜升用道)' 직함으로 정식 부임하게 되어 1894년 7월까지 조선에 주재하면서 모든 교섭과 통상의 사무를 '總理'하는 전권을 휘두르게 되었다. 袁世凱가 임명을 받은 것은 9월 23일이지만, 조선의 外務衙門에 이 직함으로 처음 조회를 보낸 것은 1885년 10월 9일이었다(「致朝鮮外務衙門照會」 光緖 11년 10월 9일[1885. 11. 15.], 駱寶善 等 編, 『袁世凱全集』 1, 河南大學出版社, 2013, p. 63). 袁世凱(1859-1913)는 河南 項城縣 출신으로 字는 慰亭이다. 1882년 吳長慶을 따라 朝鮮에 들어와 軍務에 종사한 이래 위에서 언급한 역할을 쭉 맡았으며,

고를 받아 이루어진 것이었다.[2]

> 제[원세개 — 인용자]가 생각건대, 길림과 조선이 도문강을 경계로 삼는다는 것은 너무도 분명합니다. 길림성 동남쪽 강 주변은 땅이 넓고 비옥한 토양이지만, 강 건너편 회령·종성·온성 지역들은 사람은 많은데 땅이 부족합니다. 그래서 그 백성들이 경계를 넘어와 몰래 개간을 하는 것입니다. … 해당 개간민들은 실은 고국에 되돌아가도 경작할 땅이 없으니 어찌 기꺼이 땅을 버림으로써 스스로 살아갈 방도를 끊어 버리려 하겠습니까? [중국에서] 세금(錢糧)을 납부하게 하고 변발(辮髮. 또는 薙髮)을 강요해도 무슨 명령이든 따를 것입니다.
>
> 그러나 조선관리들은 백성들이 이미 월간을 하였으니 도리어 영토를 넓힐 수 있고, 세금도 거둘 수 있다고 생각했던 모양입니다. 그런데 지금 이런 상황을 정리해야 하게 되자 백성들이 침범하여 땅을 차지하게 만든 허물을 자신이 뒤집어쓸까 염려하여, 마침내 아예 두만강과 계비(界碑)의 비문이란 논쟁거리를 만들어 중국의 변강을 혼란스럽게 하고 있는 것입니다. 하지만 강물은 도도하게 흐르고 있으니, 어찌 억지로 끌어다 혼란스럽게 만들 수 있겠습니까? 따라서 월간한 조선백성을

淸日戰爭 후 天律의 小站에서 新建陸軍의 훈련을 담당하게 되면서부터 山東巡撫·直隸總督을 거쳐 北洋新軍의 우두머리가 되었다. 원세개의 조선에서의 활동에 대해서는 林明德, 『袁世凱與朝鮮』(中央硏究院近代史硏究所, 1970); 具仙姬, 『韓國近代對淸政策史硏究』(혜안, 1999); 李陽子, 『朝鮮에서의 袁世凱』(신지서원, 2002); 岡本隆司, 『袁世凱』(岩波書店, 2015) 등에서 상세하게 다루고 있다.

2 제1차 공동감계·국경회담 때에 원세개는 거의 개입하지 않았고, 제2차 공동감계·국경회담에는 이홍장·길림장군과 조선정부 사이의 일종의 중개자 역할을 맡고, '借地安置'論을 제안하면서 나름대로의 해결책을 모색하기도 하였지만, 이것이 거부당한 다음에는 더 이상 적극적인 큰 역할을 하지는 않았다.

쫓아내는 것이 본디 정상적인 처리방법입니다. 그렇지만 너무 서두른다면 또한 오히려 궁지에 몰린 그들이 위험을 무릅쓰고 반항하게 될 염려도 있습니다. 요컨대 백성들은 가련하지만, 조선관리는 큰 이치를 잘 알지 못하고 기꺼이 잘못을 인정하려 하지 않는 것입니다. 조선국왕 또한 관리들에게 속아 넘어가 사실을 깨닫지 못하고 있습니다. 함경도안무절도사[원문 그대로임 — 인용자] 조병직은 전에 각 부사들에게 속아 백성들이 월간을 하도록 방치하였는데, 비록 [지금은 이미] 잘못된 것임을 알게 되었으나 이전의 잘못을 덮어 버리고자 하니 부하들을 비호하지 않을 수 없습니다.[밑줄 — 인용자][3]

요컨대 원세개는 두만강(도문강)이 경계인 것은 분명하고, 조선월간민은 고국에 되돌아가도 경작할 땅이 없으니 중국 측에서 세금을 납부하게 하고 변발(辮髮, 薙髮)을 강요해도 따를 것이지만, 백성들이 이미 월간을 하였으니 도리어 영토를 넓힐 수 있고 세금도 거둘 수 있다고 생각하였던 조선관리들은 백성이 침범하여 땅을 차지하게 만든 허물을 뒤집어쓸까 염려하여, 함경도당국이나 중앙정부를 속이고 두만

3 「吉林將軍衙門咨文[爲朝鮮墾民越界及復勘界碑情形, 靜候總署指示的]」(光緒 12년 1월 28일), 『琿春檔案選編』 中冊, pp. 332-335; 『中朝交涉史料』, pp. 1210-1213.(『자료선역』 3 — 001 — pp. 548-561) 이홍장의 咨文이나 원세개의 보고 등의 日字는 모두 이 내용에 나온다. 『袁世凱全集』에는 이 보고가 따로 실려 있지 않고, 최근 출간된 國家淸史委員會 編, 『李鴻章全集』(安徽敎育出版社, 2007)에도 이홍장의 咨文은 실려 있지 않다. 사실 이 변계문제는 이홍장이나 원세개에게는 조선에 관한 수많은 往來公文이나 電文에서 언급되는 일이 아주 적다. 그만큼 당시로서는 현안 가운데 비중이 아주 작은 문제로 취급되었던 것으로 보인다. 이홍장이나 원세개가 이 무렵 朝鮮國王에게 보낸 수차의 공문이나 건의[上書], 원세개와 조선국왕의 筆談 등에서도 이 점은 마찬가지다.

강과 정계비 비문이란 논쟁거리를 만들어 지금의 상황을 자아냈다고 평가하는 것이다.[4]

앞서 다룬 '경진개척'의 상황이 실제 역사적 사실을 반영한 것이라면, 그의 이러한 판단은 경진개척에 대한 구체적인 언급이 없기는 하지만 상당히 사실에 가까운 추론이라고 보아야 할 것이다. 어쩌면 원세개는 당시 중국 관원으로서는 가장 정확하게 사태의 본질적인 내용을 파악하고 있었다고 해야 할지도 모른다(물론 이런 정보는 길림·혼춘 당국으로부터 전해진 것이다). 그리고 이후에도 중국 측이 이러한 판단에 기초하여 조선과의 공동감계·국경회담에 나서게 되므로 일단 이러한 평가는 주의해 볼 필요가 있다. 하지만 그는 "이전에 조선관리들이 월간의 잘못을 비호한 것에 대해서는 그들 역시 백성의 생계를 도모하기 위한 뜻이었으므로 정상을 참작할 수 있다"면서, 일단 과거 문제는 덮어 두고 "공정한 경사의 관원[京員]을 선발하여 공개적·비공개적으로 상황을 알아본 다음 여기에 와서 공동감계를 통해 일을 마무리" 짓고, 조선 측에서 "만약 유민들을 안치시킬 곳이 없다면 조선국왕이 응당 사정을 호소하는 자문을 보내 대주(代奏)를 요청함으로써 황상께서 인덕을 베풀어 그들을 [중국의] 행정구역에 예속"시키면 될 것이라

4 이런 내용은 바로 앞 주의 咨文에서는 나타나지 않지만 「[欽命駐紮朝鮮總理交涉通商事宜三品銜升用道]袁世凱照會(附件. 金允植照覆)」(光緒 12년 2월 15일), 「照會談草」, 『조·청국경회담』, pp. 283-284, pp. 284-285(附件); 「土門江分界에 對한 吉林將軍查明의 件」, 고려대학교 아세아문제연구소 편, 『舊韓國外交文書』 第8卷 「淸案」 1, 高麗大學校出版部, 1970, p. 299에서는 사실 감계위원이었던 秦煐의 보고에 나오는 것으로 되어 있다. 이홍장이 원세개나 진영의 보고를 인용하는 부분에서 생략이 있었기 때문인 것 같다. 앞 주의 자문을 보면 원세개가 자신의 의견으로 서술하고 있는데, 아마도 진영의 보고 일부를 그대로 인용한 것으로 생각된다.(『자료선역』 3 — 006 — pp. 576-580)

는 방안을 제시하였다.

이 원세개의 제안에서 눈에 띄는 점은 1) 조선 경사의 관원을 선발하여 일을 마무리 짓게 한다, 2) 안치시킬 곳이 없는 조선월간민을 중국에 안치시키는 방안을 고려해야 한다고 한 점이다. 특히 2)는 이후 그가 보다 구체적인 방안을 조선 측에 제안하여 그 호응을 받아 내는 '차지안치론'(借地安置論. 즉 중국의 땅을 빌려 조선의 월간민을 안치시키자는 방안)을 가장 먼저 언급했다는 점에서 주목할 필요가 있다(이에 대해서는 뒤에서 다시 서술하겠다). 물론 이후 조선의 내정·외교에 대해 10년간 '감국(監國)'이나 마찬가지의 역할을 자임(自任)하면서 강력하게 개입을 시도하게 되는 그의 행적에서 본다면, 이 문제는 그리 큰 비중을 차지하는 것은 아니었던 것으로 보인다. 그렇지만 일단 원세개는 이후 이홍장의 지시를 받으면서 공동감계·국경회담에서 조선과 청정부, 그리고 길림당국 사이의 교섭을 중재하는 일을 도맡게 되었다. 따라서 그가 이러한 방안을 이미 강구하고 있었다면 이후 양국 간의 교섭에서 이 문제는 중요한 대안의 하나로 여겨질 수 있는 가능성이 컸다.

이것은 원세개의 보고에 대한 이홍장의 반응에서도 잘 나타난다. 그는 조선월간민은 "응당 합당한 방법을 마련하여 안치하고 적절하게 중국의 판도에 예속시켜 일률적으로 모두 되돌아 옮겨 가는 것을 피하게 함으로써 조정에서 작은 나라를 사랑하고 백성을 구휼하는 큰 뜻을 받들 수도 있을 것"이며, "해당 조선관리들이 잘못을 인정한다면 좋은 방안을 마련하여 기왕의 일에 대해서는 관대하게 처분할 것"이라고 하여 그의 제안에 동의한다는 의사를 내비추었던 것이다. 아울러 그는 강계(疆界)문제에 대해서는 원세개가 가까이서 조사하고 조선정부와 적절하게 의논하여 공정한 경성 관원을 골라 파견하여 공동감계를 준비하도록 요청하라고 지시하였다.[5] 월간민을 안치하여 구휼하고 조선관리들의 잘못을 관대하게 처분할 것이라는 원세개의 요청이나 이홍장의 태도에서 우리는 "작은 나라를 사랑하고 백성을 구휼하는 큰 뜻"을 체현하는 전통적인 사대-자소 관계의 음영(陰影)을 느낄 수 있다. 이러한 구도에 따라 두만강경계론에 기초한 국경문제의 마무리와 월간민의 안치(중국 호적에의 편입)라는 방향이 설정되어 있는 것이다.

그리고 이러한 방안이 원세개의 조회를 통해 12월 4일 조선정부에 통보되자, 조선의정부 영의정(領議政) 심순택(沈舜澤)은[6] 12월 15일에 답장 조회를 보냈다. 그 내용은 앞 장의 마지막에서 조선국왕이 보낸 공식 자문의 내용과 동일한 것으로 1) 공동감계 때 그린 지도와 정계비, 그리고 정계비와 토문강을 이어 주는 흙·돌무더기는 아주 분명하게 들어맞으므로 이것이 토문강에 대한 공명정대한 증거이다, 2) 두만강의 발원지는 정계비와 너무 멀어 경계가 될 수 없고, 토문강의 복류가 끝나는 점에 있는 토문자(土門子)가 분계강에 합류하므로 정계비에서 발원하는 토문강과 이 토문자를 잇는 선이 경계가 되어야 한다는 것이었다. 아울러 이러한 논리를 입증해 주는 『승문원고실(承文院故實)』의 초본(抄本) 등도 역시 여기에 첨부되었다.[7] 1886년 1월 12일 조

5 「吉林將軍衙門咨文[爲朝鮮墾民越界及復勘界碑情形, 靜候總署指示的]」(光緒 12년 1월 28일), 『琿春檔案選編』 中冊, pp. 332-335; 『中朝交涉史料』, pp. 1210-1213.(『자료선역』 3 — 001 — pp. 548-561)

6 沈舜澤(1824-1906)은 조선 후기의 문신으로 본관은 靑松이고 字는 穉華, 諡號는 文忠이다. 1850년 문과에 급제하여 1853년 홍문관 교리가 된 다음 여러 관직을 거치고 예조·형조·이조 판서를 역임했다. 1881년 統理機務衙門事 機械軍物艦船堂上이 되어 신무기 제조 및 군사훈련을 淸에 의뢰하는 한편 일본 군사 시설의 시찰을 장려하였다. 이듬해 임오군란이 일어나자 그 책임을 지고 파면되었다가 1883년 홍문관·예문관 양관의 제학에 임명되었다. 1884년 우의정, 그 후 좌의정을 역임하였다. 갑신정변이 실패한 뒤 '事大黨' 내각의 영의정이 되었으며, 1896년 俄館播遷 직후 새 정부에서 주도적인 역할을 맡았고 1897년 大韓帝國이 수립되면서 의정으로 임명되었다.

7 「吉林將軍衙門咨文[爲朝鮮墾民越界及復勘界碑情形, 靜候總署指示的]」

선국왕의 자문이 발송되었으므로 이미 그 한 달 전에 조선은 제1차 공동감계에 대한 공식적 입장·반응을 정리하고 있었던 것이라고 하겠다.

이렇게 조선 측이 종래의 주장을 고집하면서 아울러 그것을 입증하는 『승문원고실』을 보내오자, 이전에도 관련기록을 찾아내지 못하였던 중국 측에서는 당혹스럽지 않을 수 없었고, 당연히 반론의 근거를 중국 자체의 기록에서 찾고자 시도하였다. 중국 측에서는 중앙정부건 지방당국이건 간에 오라총관 목극등이 백두산정계비를 세웠을 당시의 상황에 대한 기록을 전혀 가지고 있지 않았기 때문이다. 총리아문에서는 1월 14일 다시 북양대신이 조선국왕이 자문을 통해 보내온 『승문원고실』을 전달하자, 이러한 자문과 책자의 내용을 확인하기 위해 『대청회전사례(大淸會典事例)』나 『황조삼통(皇朝三通)』을[8] 모두 조사해 보았으나 아무런 증거를 찾지 못하였고, 또한 내각(內閣)에 보관된 서류철에 대해서도 "도광(道光) 2년(1822) 이전의 문서창고[稿庫]는 실수로 재해를 만나 서류가 전혀 남아 있지 않다."라는 답장을 받게 되자, 종래 조선 사무를 담당하였던 예부에 2월 1일 조사를 요청하였다.[9]

(光緖 12년 1월 28일), 『琿春檔案選編』 中冊, pp. 332-335; 『中朝交涉史料』, pp. 1210-1213; 金允植, 「公函 袁總理世凱 乙酉」, 『雲養集』 卷8, 28b-30a(pp. 371-372); 『金允植全集 壹』, pp. 56-59.(『자료선역』 3 — 001 — pp. 548-561) 김윤식의 자료는 이 자료의 중반 이후 12월 15일 議政府 領議政 沈舜澤의 답변 조회라고 인용되고 있는데, 영의정의 명의로 보내졌지만, 사실은 金允植이 작성한 것으로 파악할 수 있을 것이다.

8 『皇朝三通』은 바로 『淸朝三通』으로 『淸朝通典』·『淸朝通志』·『淸朝文獻通考』를 가리킨다. 이것은 杜佑(唐)의 『通典』, 鄭樵(宋)의 『通志』, 馬端臨(宋·元)의 『文獻通考』가 출간된 이후의 시기를 그 체제에 따라 계속 편찬한 『續通典』·『續通志』·『續文獻通考』의 뒤를 잇는 것으로 모두 청대 乾隆年間에 편찬되었다. 이것들이 합쳐져 '九通'으로 불리는 政書를 구성하게 되며, 여기에 20세기 초에 편찬된 『淸朝續文獻通考』를 합치면 '十通'이 된다.

9 「[總理衙門]行禮部文片」(光緖 12年 2월 1일), 『中日韓』 卷4, p. 2041; 『국

하지만 예부는 "강희 51년 서류철은 실로 너무 오래되어 종이가 모두 썩어문드러져 남아 있지 않기 때문에, 찾아서 답장을 할 도리가 없다." 라고 2월 6일 답장을 보냈다.[10]

하지만 이 직전인 1월 28일에 예부 역시 조선국왕의 자문과 『승문원고실』을 북양대신으로부터 전달받았으므로, 이에 대해 조선국왕의 주장이 정확한지의 여부는 "아직 길림장군의 답장을 받아보지 못하였기 때문에 그대로 믿기는 어려운 것 같다", "분명히 조선의 책임이라고 이야기하지만 월간한 곳에 대해서는 시종일관 비호를 하고 있다", "월간민이 조선의 경계 안에 있다고 주장하면서 중국의 판도(版圖)에 예속시키는 문제에 대해서는 또한 언급하지 않고 있다"고 하여 조선 측의 주장에 대한 불신을 표명하였다. 그러면서도, "조선국왕이 이번에 보낸 자문을 예부에서는 상황에 근거하여 대신 상주하기 불편"하다면서 길림장군과 원세개에게 처리를 맡긴 북양대신에게 공을 넘겼다. 종전과는 달리 이제 더 이상 조선문제에 대해 적극적으로 개입할 수 있는 여지가 사라진 예부의 입장이지만, 조선 측의 주장이 일단 청 정부의 부정적 반응을 자아낸 것은 여기서 분명하게 나타난다. 그리고 2월 15일 원세개로부터 이러한 내용을 통보받은 조선의 독판교섭통상사무(督辦交涉通商事務) 김윤식(金允植)은 2월 20일 중국 측의 이러한 반응을 통보받았다는 답장조회를 원세개에게 보냈다.[11]

역중일한』 2, pp. 147-148.(『자료선역』 3 — 002 — pp. 562-564)

10 「[禮部]片復」(光緒 12년 2월 6일), 『中朝交涉史料』, p. 1088; 『中日韓』 卷4, p. 2042; 『국역중일한』 2, p. 149. 후자에는 "강희연간의 자료는 남아 있지 않으니, 조선국왕이 작년에 보낸 목극등의 비문을 베껴서 보내드려야 할 것입니다"는 내용만 나온다.(『자료선역』 3 — 003 — pp. 565-567)

11 袁世凱, 「致朝鮮督辦交涉通商事務金允植照會」(光緒 12년 2월 15일), 駱寶善·劉路生 主編, 『袁世凱全集』 第1卷(이하 『袁世凱全集』 1로 약칭), pp. 128-129; 「[欽命駐紮朝鮮總理交涉通商事宜三品銜升用道]袁世凱照會(附

한편 길림장군 측에서도 1886년 2월 6일 예부로부터 "이른바 진영 등 세 사람을 귀 장군이 파견한 것인지, 이번 조선국왕이 알려 온 각 내용은 해당 위원 등이 공동감계를 한 상황과 서로 들어맞는지 예부에서는 제대로 확인할 수 없으니, 조선국왕의 일방적인 주장만을 근거로 삼아 대신 상주하기에는 불편합니다. 또한 이 안건은 이미 총리아문이 상주하여 길림장군에게 인원을 파견하여 공동감계를 실행하라는 상유를 받은 바 있는 만큼, 귀 장군이 응당 명확하게 감계를 실행한 다음 스스로 상주하여 처리를 해야 할 것"이라는 자문을 받았다. 그래서 길림장군은 "지금 받아 본 조선국왕의 자문은 해당 위원 등이 보고한 공동감계의 결과보고와 서로 일치하지 않기 때문에 거기에 동의하기는 어렵습니다."라는 답장을 보냈다.[12] 이것을 통해 우리는 청정부든 길림당국이든 조선 측 주장에 대해 부정적인 반응을 보였다는 것을 알 수 있다.

이 점은 뒤이어 3월 25일 총리아문에서 올린 상주(上奏)에서 분명하게 확인된다. 총리아문은 이 상주에서 길림 도문강변의 공동감계 결과가 확정되지 않았기 때문에 길림장군에게 지시하여 제2차 공동감계를 하게 해 달라고 요청을 하였는데, 먼저 양쪽의 주장을 전달받은 다음 중앙정부 차원에서 이 문제를 검토한 결과를 다음과 같이 제시하였다.[13]

件. 金允植照覆)」(光緒 12년 2월 15일), 「照會談草」, 『조·청국경회담』, pp. 283-284, pp. 284-285(附件); 「土門江分界에 對한 吉林將軍査明의 件」, 고려대학교 아세아문제연구소 편, 『舊韓國外交文書』 第8卷 「淸案」 1, 고려대학교출판부, 1970), p. 299.(『자료선역』 3 — 006 — pp. 576-582)

12 「吉林將軍衙門咨文[爲朝鮮國王來咨與勘界委員會勘情形不符, 礙難照辦的]」(光緒 12년 2월 13일), 『琿春檔案選編』 中冊, pp. 335-336.(『자료선역』 3 — 005 — pp. 570-575)

13 「總理衙門奏[爲吉林圖們江邊界履勘未定, 謹陳大概情形, 請旨飭下吉林

신등이 『흠정황조통전』·『[흠정황조]문헌통고』를 삼가 살펴보니 모두 길림과 조선은 도문강을 경계로 한다고 실려 있고, 또한 『흠정[가경]회전도(欽定[嘉慶]會典圖)』에도 대도문강이 장백산의 동쪽 기슭에서 나와 두 물줄기가 합류하여 동쪽으로 흐르며, 소도문강은 그 북쪽 산에서 나오는데, 두 물줄기가 동남으로 흘러 합류하며, 또한 동쪽으로 영고탑성의 남쪽 경내를 지나 갈합리하(噶哈里河. 嘎牙河를 가리키는 것 같다 — 인용자)와 만난 다음 동남으로 흐르면 북쪽에서 두 작은 물줄기가 합류하며, 혼춘성의 서남을 지난다고 되어 있습니다. 그리고 강희 50년 5월 5일 다음과 같은 상유를 받은 바 있습니다.

> [짐이] 전에 특별히 계산을 잘하고 그림을 잘 그리는 사람을 파견하여 동북 일대의 산천형세를 모두 천상(天上)의 경도·위도에 따라 추산하고 상세하게 지도를 그리게 하였다. [혼동강(混同江)은 장백산 뒤에서 흘러나와 선창타승오라(船廠打牲烏喇)를 거쳐 동북으로 흐르다 흑룡강(黑龍江)을 만나 바다로 들어간다. 이곳은 중국 땅이다. 압록강은 장백산에서 동남쪽에서 흘러나와 서남으로 흘러가며, 봉황성과 조선의 의주 사이에서 바다로 흘러든다.] 압록강 서북은 중국의 땅이고, 강의 동쪽은 조선지방으로 강을 경계로 삼고 있다. 토문강은 장백산 동쪽으로 흘러나와 동남으로 흐르다 바다로 접어든다. 토문강의 서남은 조선 땅이고, 강의 동북은 중국 땅인데, 역시 강을

將軍派員覆勘, 以安邊氓而庇藩屬事」(光緒 12년 3월 25일), 李重夏, 「卞晰攷證八條」(奎11514-1), pp. 12-20; 『勘界使謄錄』 下, pp. 127-139; 李重夏, 「勘界使謄錄 下」, 『조·청국경회담』, pp. 256-260; 『역주 감계사등록』 하, pp. 233-248; 『淸季外交史料』 卷65, pp. 1182-1187; 『中日韓』 卷4, pp. 2091-2095; 『국역중일한』 2, pp. 150-161; 『中朝交涉史料』, pp. 1089-1090 등.(『자료선역』 3 — 009 — pp. 589-604)

경계로 삼고 있다. 이곳은 모두 분명하지만, 압록강과 토문강 사이의 땅은 분명하게 알지 못한다. [전에 부의 관원 2명을 봉황성에 보내 조선인 이완지(李玩枝. 원래는 李萬枝가 맞다 — 인용자) 사건을 공동으로 재판을 할 때, 또한] 타생오라총관 목극등[을 같이 가게 하였다. 그들이 훈시를 요청하였을 때 짐은 일찍이 몰래 다음과 같은 유지를 내린 바 있다. '너희들은 이번에 가서 아울러 그 지방도 함께 살펴볼 수 있다. 조선관원과 함께 강을 거슬러 올라가되, 만약 중국에 속한 땅으로 갈 수 있으면 조선관원과 함께 중국에 속한 땅으로 가고, 혹 중국에 속한 땅에 장애가 있어 통하지 않는 곳이 있으면 너희들은 모두 조선에 속하는 땅으로 가도록 하라. 이 기회를 틈타 갈 수 있는 데까지 두루 가서, 상세하게 살펴봄으로써, 변계를 확실하게 조사하여 돌아와 상주하라. 생각건대 너희들은 이미 그곳에 출발했을 것이니, 이번에는 그 지방의 상황에 대해서는 대체로 파악하였을 것이다]을 파견하여, 거기에 가서 변계를 살펴보게 하라.[밑줄 — 인용자]'[14]

또한 이해 8월 4일에는 다음과 같은 상유가 내려졌습니다.

전에 오라총관 목극등을 파견하여 [봉황성에서 장백산에 이르는] 변계를 살펴보게 하였는데, [그들이] 이미 조사한 지역의 지도를 그려 바쳤으나, 길이 멀고 물길이 커서 [그 때문에] 지정한 곳까지 이르지 못하였다. 내년 봄[얼음이 녹을 때]에 다시 의주에서

14 [ ]의 내용은 이 인용문에는 생략되어 있는 부분인데, 원문에서 찾아 넣은 것이다. 여기서는 단지 '가서 변계를 살펴보게 하라(往看邊界)'고 축약되어 있지만 실제 원문은 훨씬 상세한 것이며, '往看邊界'란 구절 자체는 원문에 없다. 『大清歷朝實錄 康熙朝』 卷246, 康熙 50년 5월 癸巳條, 9a-10b(pp. 440-441)를 참조.

[작은] 배를 타고 거슬러 올라가고 [더 이상 갈 수 없는 곳에 이르면] 육로로 길을 바꿔 토문강을 찾아가 조사하도록 하라[단 길이 요원하고 만일이라도 중도에 막힌 곳이 있다면 조선인으로 하여금 공응하게 하라. 이런 사정을 예부에서는 조공사절로 온 조선국관원에게 알리고, 문서로 쓴 유지를 주어 가지고 돌아가 조선국왕에게 전달하게 하라].[밑줄 — 인용자][15]

신등이 거듭하여 궁리해 보니, 강희연간에 관원을 파견하여 감계를 하였지만, 『흠정회전』이나 『흠정삼통』은 모두 건륭연간에 들어온 이후에 만들어졌으므로 [근거가 되기 어렵지만], 이른바 『일통여도』에[16] 나타나는 산천의 맥락은 자연히 아주 분명하게 고증되어 있어 확실한 의거가 될 것으로 보입니다. 다만 산 이름이나 강 이름은 방음에 차이

15 [ ]의 내용은 이 인용문에는 생략되어 있는 부분인데, 원문을 찾아 넣은 것이다. 이 원문은 머리말에서 인용한 바 있다. 『大淸康熙實錄』 卷247, 康熙 50년 8월 辛酉條, 6a-6b(p. 448). 머리말에서 지적한 대로 이 두 기사가 목극등의 백두산 '査界'에 대해 중국 측에 남아 있는 기록의 전부이다.

16 『일통여도』는 앞서도 나왔지만 『皇朝一統輿地全圖』를 가리키는 것 같다. 청대에 李兆洛과 董方立이 그린 中國全圖로 道光 12년(1832) 처음 간행되었는데, 강희·건륭 이후 가장 좋은 목각판본 지도로 일컬어진다. 제2차 공동감계 이후 조선 측이 보낸 자문을 보면 『皇朝一統輿地全圖』라고 언급하고 있어 『일통여도』는 이것을 가리킬 가능성이 크다고 하겠다. 다만 비슷한 명칭의 지도로 『大一統輿圖』도 있는데, 이 지도는 『皇輿全覽圖』, 『乾隆內府輿圖』를 개편하여 만들어진 지도로 同治 2년(1863) 간행된 지도이다. 이것은 1832년 간행된 李兆洛의 『皇朝一統輿地全圖』의 화법을 참조하여 그려졌고, 보다 상세하고 범위나 내용도 역시 증보된 것으로 평가된다. 따라서 『皇朝中外一統輿圖』라고도 불린다. 조선 측에 유입된 이러한 지도를 참조하면 紅土山水가 대도문강임을 쉽게 확인할 수 있다는 점(물론 石乙水를 대도문강이라 주장하는 것도 불가능한 것은 아니다)에 대해서는 이화자, 2009b, pp. 250-253을 참조.

가 없을 수 없으며, 또한 옛날과 지금의 각 지도를 비교해 보면 방위나 곧고 비스듬한 점에 여러 차이가 있습니다.

여기서 우리는 다음 두 가지를 확인할 수 있다. 첫째, 청정부에서는 기존의 관련 기록을 찾다가 『흠정황조통전』·『[흠정황조]문헌통고』뿐만 아니라 가경(嘉慶)연간에 발행된 『흠정[대청]회전도(欽定[大淸]會典圖)』, 그리고 『일통여도(一統輿圖)』를 찾아내어 두만강(도문강)이 길림과 조선의 경계를 이룬다는 주장을 강화시켰다. 둘째, 조선 측의 『승문원고실』을 통해 목극등 정계의 '기록'을 제시하자, 이를 검증하기 위해 『대청역조실록(大淸歷朝實錄)』에서 관련기록을 찾아내었다. 이것을 통해 강희제가 '변경(변계) 조사(査邊)'를 위해 1710년 목극등을 백두산 지역으로 파견하였으나 목표로 한 '압록강과 토문강 사이의 땅'을 조사하고 지도를 그리는 업무가 완수되지 못하였음을 알아낼 수 있었지만,[17] 그다음 해 1711년 다시 파견되어 '정계(定界)'를 한 과정에 대해서는 역시 마찬가지로 아무런 증거도 확보하지 못하였

17 한편으로 우리는 앞서 인용한 康熙帝의 上諭에서 穆克登을 파견하여 백두산 지역, 특히 '압록강과 토문강 사이의 땅'을 조사하게 한 것은 이 지역의 지리적 정보를 보완하는 지도를 작성하려는 의도였다는 점을 추측해 낼 수 있다. 적어도 '정계'가 목극등 파견의 주목적은 아니었던 것이다. 이를테면 이화자, 2008의 제4장이나 장상훈, 2008; 馬孟龍, 2009를 참조하면 『성경통지』·『일통지』·『황여전람도』 등을 편찬하기 위한 청조의 꾸준한 조사활동을 파악할 수 있다. 또한 이런 점 때문에 실제로도 '정계'를 위한 공동조사나 회담 같은 양국 차원의 교섭은 전혀 이루어지지 않았다. 청 황제가 파견한 특사가 변계를 조사하고 그것을 확인하는 비석을 세웠다면 당시의 불균형한 천조상국과 속방의 역학관계상 조선 측으로서는 당연히 이것을 '정계'라고 받아들이지 않을 수 없었지만, 이후 중국 측은 대부분 일관해서 이것이 '정계'임을 부정하고 있다.

다.[18] 유감스럽게도 『대청역조실록』은 이에 관해서는 아무런 정보도 제공해 주지 않았기 때문이다.

때문에 총리아문에서는 "양쪽에서 다투니 반드시 절충되는 점이 있어야 비로소 감계 결과를 확정할 수 있는데, 현재 이 사안에서는 응당 구분해서 가려야 할 것이 세 가지, 응당 고증해야 할 것이 다섯 가지가 있다"는 방안을 상주할 수밖에 없었다. 먼저 '응당 구분해서 가려야 할 것' 세 가지는 다음과 같은 것이다.

1) 조선에서는 도문강과 두만강이 서로 다른 강이라고 주장하지만, 다만 방음의 차이일 뿐이 아닐까요? "목극등의 비문에서는 아주 분명하게 동·서의 두 물길을 대조하였고, 또한 도문강이 토문강이라는 것은 강희제의 유지에서 이미 분명히 나타나 있고 다른 지리지에서도 누차 보이는 바이지만 다만 방음의 가볍고 무거움의 차이가 있어 따로 곡해되는 경우가 있는 것도 놀랄 일은 아닙니다."
2) "조선이 평소 번봉(藩封)의 도리를 지켜 유민이 거기로 들어가지 못하게 막았던 일은 분명한데, 최근에는 땅이 적고 인구가 늘어나자 점차 [중국의 변경지역을] 차지해서 개간하게 되었고, 조선관리가 왜 봉금령을 분명하게 위반하면서 은근히 땅을 넓힐 계획을 꾸미게 되었는지" 의심스럽습니다.
3) 길림장군이 홍단수는 바로 소도문강이고, 서두수가 대도문강, 포담산이 비덕리산이라고 했지만 이것은 아직 확정적인 것은 아니고 좀

18 앞서 지적하였지만 이 점에 대해서는 『朝鮮王朝實錄』 肅宗 38년의 기록에 비교적 상세한 내용이 담겨져 있다. 하지만 『朝鮮王朝實錄』에 담겨져 있었으므로 그 전체가 1920년대에 인쇄되어 공개되기까지(이성무, 『조선왕조실록 어떤 책인가』, 동방미디어, 1999, p. 31) 이런 내용은 당시 중국 측은 물론 조선 측에서도 제대로 활용할 수는 없었다.

더 따져 보아야 할 부분입니다. 『일통여도』에 보이는 홍단수(紅丹水. 紅丹河·紅端水·紅端河)는 무산의 남쪽에 있어 무산에서 북쪽으로 뻗은 소도문강과 관계가 없고, 서두수는 홍단수의 남쪽에 있고 길주(吉州) 내지에 있는 학항령에서 발원하므로 대도문강이 아니며, 비덕리산은 흑산의 남쪽, 도문강의 북쪽에 있어 서두수의 발원지인 포담산이 아님을 알 수 있지만 "이런 것들은 반드시 보조증거가 확실해야만 비로소 단정할 수 있습니다."

여기서 총리아문은 1)·2)에서는 기존의 중국 측 입장을 재확인하고 있지만, 3)에서는 조심스럽게 제1차 공동감계를 통해 길림장군이 내세우게 된 '홍단수=소도문강, 서두수=대도문강'이라는 주장을 부정하고 있음을 알 수 있다. 그리고 후자의 '응당 고증해야 할 것' 다섯 가지는 다음과 같다.

1) "피차간에 확정이 되지 못한 곳은 무산 서쪽에서 목극등이 석비를 세운 곳까지의 땅입니다. 이 280여 리 사이는 바로 강희제의 유지에서 말하는 이른바 '두 강 사이의 부분으로 잘 알지 못하는 땅'이며, 이곳을 반드시 세밀하게 고찰해 보는 것이 바로 감계의 요령일 것입니다. 감계 위원들이 말하는 거리는 단지 토착인의 이야기에만 근거한 것이라 충분히 믿을 만한 증거는 되지 못하므로 또한 위도를 측량해서 증거로 삼아야만 제대로 처리가 될 수 있을 것입니다."
2) "계비(界碑)는 겨우 몇 자 정도의 크기에 지나지 않으니 월간한 백성들이 몰래 북쪽으로 옮겨 놓았을지도 모른다고 길림장군이 지적한 문제도 응당 신속하고도 철저하게 검토해 보아야 합니다."
3) "대도문강은 장백산 동쪽 기슭에서 흘러나오는 두 물줄기라는데", 홍단수 상류의 두 물줄기인지 아닌지, 아니면 다른 이름이 있는지

분명하지 않습니다.

4) "목극등의 비문을 상세히 살펴보면 단지 '유지를 받들어 변경을 조사하는데, 여기에 이르러 둘러보니 서쪽은 압록이 되고 동쪽은 토문이 된다'고 돌에 새겼을 뿐이지, 비문에는 결코 경계를 나눈다('分界')는 말이 없습니다. 단지 두 물줄기의 모습을 말했을 뿐이니, 당시 비석을 세운 곳이 반드시 당시 경계를 나눈 곳이라고 할 수는 없습니다. 그런데 조선에서는 왜 이것을 고집하면서 경계를 나눈 확실한 증거라고 하는지, 이것이 응당 고증해야 할 네 번째 사항입니다."

5) "비문에 실려 있는 '둘러본다[審視]'는 말은 당연히 강희제의 성유를 받들어 강을 경계로 삼는다는 뜻을 뭉뚱그려 이야기한 것이므로, 만약 반드시 자세하게 나누어서 이야기해야 한다면, 압록강의 발원은 압록이라 하지 않고 건천구(建川溝)라고 하므로 도문강의 발원도 반드시 도문이라고 할 필요가 없는 것과 마찬가지 경우입니다. 중국의 제(濟)수는 그 발원을 침(沈)이라 하고 한(漢)수는 그 발원을 양(漾)이라고 하지만, 침과 양은 여전히 제수나 한수와 같은 큰 강의 이름을 쓰고 있는데, 이것은 큰 강으로 작은 강을 통괄할 수 있기 때문입니다. 그러므로 홍단수만 가지고 도문강의 발원이라고 총괄해서 지목할 수 없는 것일까요?"

이러한 여덟 가지 사항을 통해 총리아문은 1) 서두수가 대도문강이라는 길림 측의 주장을 부정하고 대신 홍단수를 대도문강, 즉 두만강의 본류로 설정하자는 방안을 도출해 냈으며, 2) 정계비가 '정계' 또는 '분계'의 근거가 된다는 것을 조선 측의 주장 역시 부정하면서 그것이 옮겨졌을 것이라는 '이설론'을 옹호하는 입장을 취하였다. 더불어 총리아문은 "반드시 도문강을 분명하게 확정해야만 경계가 분명해질 수 있는 것"이라면서 '두 강 사이의 부분으로 잘 알지 못하는 땅'에 대한 자세한 측량과 지도 작성이 문제 해결의 방안이라는 결론을 내렸다.

총리아문의 이 상주는 이후 중국 측 공동감계의 기본적인 원칙·방침이 되었다는 점에서 중요한 의미를 지닌다. 이에 따른다면 조선 측이 내세운 '토문강경계론'이나 그것을 뒷받침하는 목극등에 의한 '정계'와 정계비 설치라는 논거가 모두 부정될 수밖에 없기 때문이다. 뒤에서 다시 살피겠지만, 제2차 공동감계에서는 결국 광서 12년(1886) 3월 25일 총리아문의 의주(議奏)에서 표명된 이런 원칙들이 줄곧 관철되면서, '토문강경계론'을 철회하고 대신 목극등에 의한 '정계'와 정계비 설치라는 사실에 입각하여 홍토산수를 두만강 본류로 잡고자 하였던 조선 측의 입장은 마침내 중국 측의 동의를 얻어 낼 수 없었다. 총리아문이 홍단수를 두만강 본류라고 사전에 선을 그은 이상, 거기서 크게 벗어나서 중국 측 감계위원이 재량권을 발휘하여 '양보'한다는 것은 결코 쉬운 일이 아니었기 때문이다(물론 양측의 합의가 이루어지지는 않았으나 실제 감계과정에서 중국 측은 홍토수에 합류하는 석을수(石乙水)를 찾아내어 그것으로 경계를 삼자는 타협안도 제시하였다). 그리고 이날 총리아문의 상주는 바로 "주청한 대로 하라"는 광서제의 재가를 받아,[19] 청정부의 공식방침으로 확정되었으며, 총리아문은 3월 27일 이를 이홍장에게 통보하였다.[20] 당연히 이것은 길림장군에게도 통보되었다.

그렇지만 1886년 3월 이러한 청정부의 방침이 결정되었음에도 불구하고 실제 제2차 공동감계가 시행되는 데에는 상당한 시간이 필요

19 「總理衙門奏[請飭吉林將軍派員履勘, 如所請行]」(光緒 12년 3월 25일), 『光緒實錄』 卷225, 光緒 12년 3월 25일 戊午條. p. 46.(『자료선역』 3 — 010 — p. 605)

20 「[總理衙門]給北洋大臣文」(光緒 12년 3월 27일), 『中日韓』 卷4, p. 2096.; 『국역중일한』 2, pp. 163-164.(『자료선역』 3 — 011 — pp. 606-607)

하였다. 반년 뒤인 1886년 8월 27일 길림장군이 총리아문에 보낸 공문에 의하면 이것은 조선 측의 뒤늦은 반응 때문이었다. 길림장군 쪽에서 조선의 전 안변부사이고, 현임 덕원부사(德源府使)이자 원산상무감독[監理元山商務]을 맡고 있는 이중하(李重夏)에게 조회를 하여, 즉시 와서 공동감계를 하자고 하였는데 오래 지나도 답변이 없어 다시 한 번 조회를 보내 재촉을 하자, 그가 "현재 해관(海關)의 막중한 사무를 맡고 있어 이곳을 떠나 그곳으로 갈 수가 없습니다. 반드시 저희 조정에서 결정하여 파견을 지시한 다음에야 갈 수 있는지 여부를 정할 수 있습니다. 회동 시기 역시 확실하게 지정하지 못하니, 잠시 저희 조정에서 지시공문이 오기를 기다려 다시 통보를 하겠습니다."라는 답장을 보냈던 것이다.[21] 길림 측에서 함경도당국이 아니라 타지로 옮겨 새로운 직무를 맡고 있는 이중하에게 조회를 보내 공동감계를 재촉하였다는 것은 그야말로 엉뚱한 행정 처리였다. 따라서 답장조회를 보낼 지위에 있지도 않고 그럴 의무도 없는 이중하가 답장을 보냈다는 것도 정상적인 사무 처리의 방식은 아니다. 청조 측의 거듭된 조회를 그렇다고 마냥 무시할 수는 없어 "조정에서 결정하여 파견을 지시한 다음에야 갈 수 있는지 여부를 정할 수 있다."라고 한 것은 그가 아직 다시 '감계사'의 임무를 부여받지도 않았음을 의미하기 때문이다. 여하튼 이러한 답장을 받은 길림 측은 결국 총리아문에 대해 조선국왕에게 독촉해 줄 것을 요청하였다.

총리아문의 요청을 받은 북양대신 이홍장은 당연히 3월 27일 이

21 「吉林將軍衙門咨文[爲咨催朝鮮國王, 速飭勘界官訂期覆勘的]」(光緒 12년 9월 22일), 「圖們江勘界의 迅速再審要請」, 『淸案』 1, pp. 325-326; 「欽命駐紮朝鮮總理交涉通商事宜三品銜升用道袁, 爲照會事」, 「照會談草」, 『조·청국경회담』, pp. 285-286; 『琿春檔案選編』 中冊, pp. 343-344; 『中朝交涉史料』, pp. 1213-1214.(『자료선역』 3 — 014 — pp. 612-618)

후에 조선정부에 새로 확정된 청정부의 방침을 통보한 적이 있는 것으로 보이지만,[22] 총리아문에서는 9월 5일 조선국왕에게 종래 직접 자문을 보낸 적이 없어 북양대신에게 대신 자문을 보내 즉각적인 공동감계의 실시를 요청해 달라고 하였다. 북양대신은 종전에 공동감계를 요청하는 자문을 보낸 적이 있기는 하지만 반년이 지나도 조선에서는 파견되어야 할 위원이 구실을 대어 기한을 연기시키고 있으므로 이런 요청에 따르겠다고 9월 19일 총리아문에 답장을 보냈다.[23] 그리고

22 위와 같음. 다만 이홍장이 조선국왕에게 자문을 보내 요청하였다는 구절이 있지만, 현재 이런 내용의 자문은 유감스럽게도 확인되고 있지 않다. 『李鴻章全集』(安徽教育出版社, 2007)에서도 마찬가지다. 李重夏는 그 내용을 제2차 공동감계 중에 확인할 수 있었다고 하고 있어(「勘界使李重夏丁亥狀啟」, 光緒 13년 5월, 『勘界使謄錄』 下, pp. 117-123[국사편찬위원회 한국사데이터베이스 『고종시대사』 2집 高宗 24년 5월 28일, 「지난 4月 5日에 土們勘界使 李重夏」기사에도 이중하가 감계결과와 더불어 「변석고증팔조」를 보고하였다고 기록하고 있다. 따라서 보고가 이루어진 날로 보면 5월 28일이다]; 『역주 감계사등록』 하, pp. 219-227를 참조) 약간 혼란스러운데, 제2차 공동감계에서 처음 이루어진 1887년 4월 7일의 회담에서 이중하 자신이 총리아문의 奏議 내용 일부를 인용하고 있다(「[李重夏] 覆勘圖們界址談錄公文節略」(光緒 13년 5월 28일), 「勘界使登錄 下」, 『조·청국경회담』, pp. 198-261. 이 節略은 다양한 판본이 존재하고 있는데 이에 대해서는 뒤에서 다시 詳述하겠다). 아마도 總理衙門의 議奏 내용 전체가 아니라 조선에 통보된 일부의 내용만을 알고 있었다고 볼 수도 있을 것이다. 후술하지만 제2차 공동감계에 즈음하여 제1차 때와는 달리 중국 측이 총리아문 議奏의 숙지 여부를 따지지 않았던 것도 이런 추측을 가능케 한다. 또한 『勘界使謄錄』 下에 이 총리아문의 議奏 전체가 수록되어 있는 것도 아마 이 때문이 아닐까 추측할 수 있지만, 어디까지나 추론에 그친다. 아니면 조선정부에 전달된 내용이 이중하에게 제대로 전달되지 않았을 가능성도 배제할 수 없다.

23 「吉林將軍衙門咨文[爲咨催朝鮮國王, 速飭勘界官訂期覆勘的]」(光緒 12년 9월 22일), 「圖們江勘界의 迅速再審要請」, 『淸案』 1, pp. 325-326; 「欽命駐紮朝鮮總理交涉通商事宜三品銜升用道袁, 爲照會事」, 「照會談草」, 『조·청국경회담』, pp. 285-286; 『琿春檔案選編』 中冊, pp. 343-344; 『中朝交涉史料』, pp. 1213-1214.(『자료선역』 3 — 014 — pp. 612-618)

원세개는 "지금 반년이나 지났고 길림은 일찌감치 관원을 파견하여 감계를 기다리고 있는데, 조선에서 원래 파견했던 관원이 구실을 빌려 늦추고 있는 것은 특히 일을 그르치고 지연시키는 것이다. 응당 조선국왕에게 자문으로 재촉하여 감계관인 해당 부사로 하여금 신속하게 날짜를 정해 만나서 공동재감계[覆勘]를 하도록 조속히 지시함으로써 빠른 시일 안에 계한(界限)을 정리하여 변경 백성들을 안정시켜야 할 것이다. 절대로 다시 늦추도록 놔두어서는 안 된다."라는 이홍장의 지시를 받고 이와 같은 내용을 1886년 9월 22일 김윤식에게 통보하였다.[24]

2) 조선 측의 '후퇴'와 '차지안치론'의 제기

이렇게 보면 조선 측에서 적어도 공동감계에 대해 그다지 적극적인 모습을 보이지는 않았다는 것은 충분히 짐작할 수 있을 것이다. 더구나 1885년 말 서울과 북경(北京) 사이에 전신(電信)이 개통되기 시작하였다는 점을 고려한다면 더욱 그럴 수밖에 없다.[25] 조금 뒤에서 서술하겠지만 양국 상호 간의 의견교환은 전보를 통해 하루 이틀 사이에 의사를 전달할 수 있게 되어 종래 왕복에 몇 달씩 걸리던 자문(咨文)을 통한 것보다 훨씬 신속해질 수 있었기 때문이다. 그렇다면 왜 이러한 상황이 나타났을까? 물론 이 1886년이라는 시기의 조선에서는 1885년에 시작된 영국의 거문도(巨文島) 점령(1885년 3월)과 한·러밀약설(韓·

24 「致朝鮮督辦交涉通商事務金允植照會」(光緒 12년 9월 22일), 『袁世凱全集』 1, pp. 245-246.

25 金源模 編著, 『近代韓國外交史年表』(檀大出版部, 1984), p. 121. 개통은 양력 11월 20일이다.

露密約說. 1885년 초와 1886년 중반)에 따른 영국·러시아·일본·중국 등을 긴장시킨 국제적 파문이나 임오군란 때 납치된 대원군(大院君)의 귀국(1885년 10월)과 원세개의 부임 등의 사건이 있었고, 이홍장의 적극적 개입정책 추진 등과 이에 반발한 조선 측의 이탈 움직임 등 복잡한 정치적·외교적 격변상황이 전개되고 있었다.[26] 이러한 외교적 현안이 중첩되는 가운데 제2차 공동감계는 조선 측의 관심사에서 우선순위에서 밀려났을 가능성도 크지만, 때마침 이를 둘러싼 공문의 왕래와 교섭이 한참 진행 중이던 1886년 3월 하순에 원세개가 이 문제에 관한 새로운 제안을 제시한 것도 사실 상당한 작용을 하였을 것으로 보인다. 누차 이 문제에 대해 협의하였던 김윤식에게 3월 22일로 보낸 서한에서 원세개는 다음과 같이 이야기하고 있다.

> 백두산 감계 문제는 전에 누차 만나 협의를 하였지만 지금까지 아직 결론을 내지 못해, 특히 안타깝게 생각합니다. 조선에서는 수백 년에 걸쳐 번봉으로서의 지위를 삼가 지켜 왔으니, 중국이 어찌 강계를 침범하여 넘어갈 리가 있겠습니까? <u>단지 기존 지도와 기록을 검토하고 비석의 비문을 확인하다 보면 실제로 무언가 잘못이나 착오가 있어, 만</u>

26 具仙姬, 1999; 權赫秀, 2000; 김기혁, 『근대 한·중·일관계사』(연세대학교출판부, 2007); 김용구, 『거문도와 블라디보스토크 19세기 한반도의 파행적 세계화 과정』(서강대학교출판부, 2009); 岡本隆司, 2004; 岡本隆司, 2009; 岡本隆司, 2017 등을 참조. 심지어는 갑신정변 뒤 병조판서를 거쳐 督辦交涉通商事務가 되어 대외관계를 담당하면서 閔氏戚族과 '急進開化派' 세력에 대항하기 위해 대원군을 귀국시키는 등 袁世凱와 밀접하게 협조하였던 金允植까지도 甲申政變의 주모자 朴泳孝의 부친을 수습해 준 것이 빌미가 되어 정치적 곤경에 처해 있었다. 그는 결국 1887년 5월 부산첨사 金完洙가 일본상인의 私債에 統署의 약정서를 발급한 데 연루되어 沔川에 유배되었다.

> 약 비문에 따라 강을 확정한다면 [토문강, 즉 송화강 동쪽이 모두 조선 땅이 되어 버리므로] 중국 길림의 지방주현들과는 또한 아주 시끄러운 알력이 생기게 될 것입니다. 그래서 이것은 부득불 분명하게 확인하지 않을 수 없습니다. 지금을 위해 생각한다면 경계문제가 반드시 분명하게 처리되어야만 비로소 처리에 융통할 수 있는 방안이 생길 것입니다. 만약 그곳 유민이 [다시 조선으로] 옮겨 가는 것이 어렵다면, [조선 측에서 대신] 중국 땅을 빌려 조선유민을 안치하겠다고 황상의 은혜를 간청한 다음, 조용히 조정의 재가를 기다리는 것이 훌륭한 방책일 것이며, 더 이상 다툼을 지속해서 일 처리가 지연되게 해서는 곤란할 것입니다.[밑줄 — 인용자][27]

원세개는 조선 측이 근거로 내세우는 토문강과 정계비의 비문에 따라 경계를 획정한다면 송화강 동쪽의 길림지역이 모두 조선영토로 편입되는 결과로 이어지므로 도저히 결말이 날 수 없다면서, 조선 측이 가장 고민하는 월간민의 쇄환문제를 해결하자면 "중국 땅을 빌려 조선유민을 안치하겠다고 황상의 은혜를 간청하라는" '차지안치론(借地安置論)'을 정식으로 제시하였던 것이다.[28] 앞서 조선에 부임하기 이전에도 그는 조선 측에서 '만약 유민들을 안치시킬 곳이 없다면 조선국왕이 응당 사정을 호소하는 자문을 보내 대주(代奏)를 요청함으로써

27 「[袁世凱]來函」(光緒 12년 3월 22일), 『조·청국경회담』, p. 282; 舊韓國外交關係附屬文書 제3권 『統署日記』 1, p. 362의 高宗 23년 3월 23일 記事. 이 자료는 『袁世凱全集』 1에 실려 있지 않다.(『자료선역』 3 — 008 — pp. 587-588)

28 이 점에 대해서는 權錫奉, 2007, pp. 94-95에서도 언급한 바 있는데, 여기서는 원세개가 이홍장에게 이것을 보고한 것은 이해 9월 27일로 파악하고 있다. 원세개의 '차지안치론'에 대해서는 秋月望, 2002에서 다룬 바 있다.

황상께서 인덕을 베풀어 그들을 [중국의] 행정구역에 예속'시키면 될 것이라는 방안을 1885년 9월 이홍장에게 제시한 바 있지만, 이번에는 이것을 조선 측에도 정식으로 제안한 것이다. 부임 이후 김윤식과의 누차에 걸친 협의를 통해 조선 측이 가장 속수무책이었던 월간민 안치문제를 해결함으로써 경계문제의 처리에 융통성을 부여하려는 것이 아마 원세개의 의도였을 것이다.

이러한 원세개의 제안이 조선정부로 하여금 공동재감계에 대해 소극적인 자세로 나가게 하였던 것인데, 앞서 언급한 9월 22일자 원세개의 공동재감계를 독촉하는 조회는 조선정부가 더 이상 답장을 늦출 수 없게 하였던 것으로 보인다. 때문에 김윤식은 며칠 후 조선정부의 새로운 입장을 확인하는 답장조회를 보냈다.[29]

> 조선에서는 도문강 문제에 대해 종래 분명하게 잘 알지 못하고 있었습니다. 만약 분수령의 비석과 돌·흙무더기가 위치한 장소를 근거로 경계를 정한다면 그 물줄기가 북쪽으로 흘러서 송화강으로 들어가므로 중국의 길림 지방이 모두 그 안[즉 경계의 남쪽인 조선의 영역 내]에 포함되어 버리기 때문에, 이러한 이치는 결코 있을 리 없습니다. 만약 비석과 흙무더기가 믿을 만한 것이 되지 못한다고 생각한다면 옛사람들이 비석과 흙무더기 등으로 양쪽 경계를 표시하려고 한 뜻이 어디에 있는지 알아보려고 해도 도무지 알 수 없게 됩니다. 또한 분수령 아래에 따로 토문(土門)이라는 이름의 강이 하나 있다는 것이 가장 현혹스러운 것이었으므로, 조선국왕께서 전에 보낸 자문에서도 비석과 흙무더기를 근

29 「[金允植]照覆」(高宗 23년 9월 25일?), 金允植, 「公函 袁總理世凱」, 『雲養集』 卷6, 30b-31b(pp. 372-373); 『金允植全集 壹』, pp. 60-62.(『자료선역』 3 — 015 — pp. 619-623)

거로 삼지 않을 수 없었던 것입니다. … 분수령의 비석을 세운 곳에서 연안의 흙무더기 70-80리를 따라가면 삼포(杉浦)에서 그것이 멈추는데, 여기에서부터 남쪽으로 꺾여서 40여 리를 복류하여 홍토산수가 되며, 이것이 분수령에서 발원하는 물줄기입니다. … 『황청일통여도(皇淸一統輿圖)』를 다시 살펴보니 백두산의 동서는 압록강의 발원지에서 두만강의 발원지까지 점선으로 표시된 것이 있어서, 경계를 정한 옛날 흔적과 그대로 들어맞습니다. 이것이 뜻하는 것은 예전에 분수령부터 삼포까지 산을 따라서 흙무더기를 만들고, 삼포에서 홍토산(紅土山)까지는 지세가 평탄하므로 나무울타리로 표시를 했다는 것인데, 지금 나무는 썩어서 형체가 없지만 흙무더기는 아직 남아 있으므로 복류하는 발원지를 여전히 증명할 수 있습니다. 홍토산의 서쪽은 원래 조선의 무산 내지에 속하는 곳으로서, 다만 예전처럼 지키면 되는 것으로서 더 이상 따질 필요가 없습니다.

만약 홍토산수를 경계로 한다면 그 동쪽의 강 연안에 조선백성이 살고 있는 땅은 월간(越墾)한 것에 속하게 되니 마땅히 그 백성들을 거두어들여야 할 것입니다. 다만 그들이 떠돌아다니다 정착한 지 오래되었고, 수천 가구가 넘게 정착하여 농사를 짓고 있으니, 만약 하루아침에 이주시킨다면 흩어져 떠돌다가 죽기도 할 것이고 실로 청조에서도 안타깝게 여길 일이 될 것입니다. <u>바라옵건대 관대한 은혜를 베풀어 주셔서 임시로 예전처럼 살게 해 주시고, 조선관원이 통행하면서 관할하고 해마다 소작료를 거두어 길림 지방관에게 넘기되, 봉천(奉天) 변문(邊門)의 선례에 따라서 울타리를 설치한 곳을 경계로 한정하여 다시는 한 걸음도 더 나아가지 못하게 하는 것입니다.</u> 이와 같은 방법이라면 중국에서는 토지에 대한 부세수입에서 손실을 입지 않을 수 있고, 조선에서는 백성의 호구를 잃지 않게 되며, 작은 나라를 아끼는 은혜나 큰 나라를 섬기는 의리 모두를 살릴 수 있게 되어 실로 편하고 적절한 바가 될 것입니다. 또한 다시 인원을 파견하여 높고 험한 곳을 답사하여 헛되이 번거로움과 폐단을 늘리고 일 처리에 아무런 도움도 되지 않는 감계를 다시 할 필요도 없습니다. 응당 귀 총리에게 이러한 방안을 총리아문과 북양대신께 전달해 주도록 요청해야 할 것입니다. 만약 이러한 의견이 중국 측의 뜻에 들어맞지 않는다면, 다시 공동감계를 실행하여 결정하면 될 것입니다.[밑줄 — 인용자]

이 조회는 사실 제2차 공동감계에 즈음한 조선 측의 공식입장을 제대로 전해 주는 중요한 자료가 아닐 수 없다. 여기서 김윤식의 주장은 다음 네 가지로 요약될 수 있다.

1) 조선에서는 전에 도문강 문제에 대해 종래 분명하게 잘 알지 못하였고, 만약 분수령의 비석과 돌더미·흙무더기가 위치한 장소를 근거로 경계를 정한다면 그 물줄기가 북쪽 송화강으로 들어가므로 이러한 이치는 결코 있을 리 없다. 따라서 도문(토문)과 두만은 사실 — 조선 측의 종래 주장과는 달리 — 같은 강의 다른 이름이다.
2) 따라서 응당 두만강이 경계로 정해져야 한다. 이 경우 당연히 분수령에서 흘러나오는 물줄기[즉 분수령의 비석을 세운 곳에서 연안의 흙무더기 70-80리를 따라가면 삼포(杉浦)에서 물이 끊기는데, 여기에서부터 남쪽으로 꺾어 40여 리를 복류하다가 다시 지표로 나타나는]인 홍토산수가 바로 경계가 되어야 한다.[30]

30 김윤식이 지금 나무는 썩어서 형체가 없지만 흙무더기는 아직 남아 있다고 한 것은 삼포(황화송전자)와 두만강 발원지 사이에 존재하는 경계 표시에 대한 보기 드문 언급이지만, 더 이상 구체적 내용은 찾아볼 수 없다. 이 정보는 아마 이중하로부터 얻었을 것으로 추측되는데, 이중하 역시 이에 대해서는 자세한 언급이 없어 더 이상의 추론은 곤란한 형편이다.

3) 이렇게 되면 그 동쪽 연안의 조선백성은 월간한 것에 속하므로 응당 조선으로 거두어들여야 하지만, 정착한 지 오래되었고 수천 가구가 넘는 수이므로 임시로 예전처럼 살게 해 주고 조선관원이 통행하면서 관할하고 해마다 소작료를 거두어 길림 지방관에게 넘기자는 방안이 적절한 것 같다. 중국은 토지와 부세를, 조선은 백성의 호구를 잃지 않게 되고, 번거로움과 폐단을 늘리고 일 처리에 도움도 되지 않는 감계도 다시 할 필요도 없다.

4) 만약 이러한 의견이 중국 측의 뜻에 들어맞지 않는다면, 다시 공동감계를 실행하여 결정하면 된다.

김윤식이 조선정부의 종래 입장을 포기하고 후퇴한 것은 사실상 앞서 우리가 살펴본 이중하가 제1차 공동감계를 마친 후 올린 보고·결론에 대해 동의하는 것이었다. 제1차 공동감계·국경회담 이후에는 여전히 종래의 주장을 고집하였던 것이, 제2차 공동감계가 다가오자 이러한 쪽으로 분명히 조선정부의 대응방향이 바뀐 것이다. 나아가 김윤식은 이중하의 결론에 기초하여 두만강(홍토수)을 양국 경계로 정하고, 대신 원세개가 제안한 방안에 호응하면서 그것을 구체화하여 "조선관원이 통행하면서 관할하고 해마다 소작료를 거두어 길림 지방관에게 넘기자"는 '차지안치론'을 제안하였다.[31] 이렇게 조선정부의 입

31 光緒 7년 10월 4일 銘安·吳大澂이 올린 上奏에서 "백성들이 매년 겨울철 소작료를 가까운 혼춘에 가서 납부하면 放荒委員이 기존법규에 따라 수납하든지, 아니면 朝鮮에서 人員을 파견하여 대신 징수한 다음 한꺼번에 모아 납부하는 간편한 방법을 따를 수도 있습니다. 혹은 조선에서 주조된 동전(鑄錢)을 국외로 반출하는 것이 금지되어 있다면, 절반은 실물로 내게 하여 길림성의 황무지 개간용으로 비축할 수도 있을 것입니다."라는 방안을 제시한 적도 있기 때문에(「銘安·吳大澂奏[爲查明朝鮮貧民占吉林邊地, 擬懇天恩, 准其一體領照納租, 以廣皇仁而綏藩服, 恭摺仰祈聖鑒事]」(光緒 7년 10

장이 종래의 '토문강론'에서 '두만강론'으로 방향을 선회한 것(아마도 이중하나 그에 동조한 김윤식의 의견이 결정적이었을 것이다)에 대해서는 종래의 연구에서는 그다지 주의를 기울이지 않고 있지만, 일단 공동재감계의 문제는 그가 제안한 '두만강(홍토산수)경계론'과 '차지안치론'을 중국 측에서 어떻게 받아들이느냐에 따라서 좌우되게 되었다.

원세개는 이 조회를 9월 26일에 북양대신 이홍장에게 전보(電報)로 보고하였다.

> 김윤식과 함께 분계도(分界圖)에 의거하여 상세하게 검토해 본 결과, 전에 토문에서 발원하여 송화강으로 유입하는 것을 경계로 삼는다고 한 것은 실로 큰 오류가 있음을 확인하였습니다. 최근 또한 분계도에 따라 상세히 점검해 보니, 토문에서 암류(暗流)하는 물길이 40리 정도가 되면 홍토산수(紅土山水)에 이르러서 토문강(즉 두만강)에 합류합니다. 백두산의 큰 연못(천지)과 홍하(紅河[즉 紅端水])로 경계를 나눈다는 설과 거리가 아주 가깝습니다. 그리고 [조선] 유민에 대해서는 혹시 [중국의] 땅을 빌려 안치시킬 수 없느냐고 요청을 하였으며, 조선조정에서도 이미 이전 일의 오류를 잘 알고 있어, 김윤식은 "반드시 관원을 파견하여 공동감계를 할 필요는 없을 것 같다"고 하였습니다.[32] [밑줄 — 인용자]

월 4일), 『淸代中朝』, pp. 18-20; 『中朝交涉史料』, pp. 1069-1070; 『光緖朝東華錄』 光緖 7년 10월 辛巳條, p. 1216. 『자료선역』 1 — 016 — pp. 119-123), 이런 방안이 당시로서는 전혀 터무니없는 제안만은 아니었다는 점은 기억할 필요가 있다.

32 「[袁世凱]致北洋大臣李鴻章電」(光緖 12년 9월 26일), 『袁世凱全集』 1, p. 249.(『자료선역』 3 — 016 — pp. 624-625)

원세개는 이렇게 조선정부가 종래의 오류를 인정하면서 대신 제기한 '홍토산수경계론'이 중국 측의 '홍단수경계론'과 아주 가깝다면서, 차지안치론에 대한 검토를 요청하고 있는 것이다. 여기서 또한 주목할 것은 원세개와 김윤식이 "함께 분계도(分界圖)에 의거하여 상세하게 검토를 해 본 결과"라는 구절이다. 이것은 김윤식이 원세개와 함께 '토문강경계론'이 오류였음을 확인하고, 그가 제안한 '차지안치론'에 동의하였음을 확인해 주는 것이다. 당시 잘 알려져 있듯이 양국의 외교관계를 둘러싼 교섭에서 밀접한 협력관계를 구축하였던[33] 두 사람이 이러한 합의를 이루었다는 점은 또 다른 자료에서도 역시 확인이 된다. 그것은 바로 2004년 이후 대만(臺灣)의 중앙연구원근대사연구소

33 金允植은 임오군란을 맞이하여 천진에서 돌아오던 배에서 袁世凱와 처음 만나 起居를 같이하게 되면서 이후 "귀국한 다음 4-5년 동안은 만나지 않은 날이 없을 정도여서 입으로 논의하고 붓으로 이야기한 것이 이루 헤아릴 수 없을 정도였다"고 회고하였으며(金允植, 「天津談草節錄」, 1882年 8月 15일, 『袁世凱全集』 1, p. 15), 이러한 兩者의 親交를 따지지 않더라도 1885년 원세개가 조선에 부임한 다음 1887년까지 김윤식에게 보낸 照會는 『袁世凱全集』 1·2권의 내용을 쭉 살펴보면 100여 차례가 넘을 정도이기 때문에 양자의 밀접한 외교적 관계는 아주 분명해진다. 한편 1886년 袁世凱는 金允植에 대해서 "朝鮮外署督辦 金允植은 중국에 왕래한 지 가장 오래되었고 조선은 중국이 아니면 자존할 수 없음을 깊이 알고 있고 아울러 각국 사정에도 밝아 洋人들은 모두 믿을 수 없다고 보고 있으니 따라서 중국에 敬服하는 것은 至誠에서 나온 것입니다. 조선조정에서 이런 大義를 제대로 밝힐 수 있는 사람은 김윤식을 제외하고는 다른 사람이 없습니다. 조선이 통상에 대한 금령을 풀고 나서 … 순리를 벗어나 역리를 좇고 망령되이 自主之論을 가지는 사람도 있는데 김윤식만이 마음속으로 이걸 부인하면서 외교를 總攝하는 데 뭇사람의 논의에 현혹되지 않습니다. … 조선조정에서는 이런 점을 잘 살피지 않고 매번 그가 중국에 親依하고 일은 반드시 중국과 더불어 꾀하고자 하는 것이 그 自主의 체면에 방해가 된다고 생각합니다."라고 평가하는 글을 이홍장에게 올렸다. 「稟北津大臣李鴻章文」(光緖 12年 5월 6일), 『袁世凱全集』 1, p. 180.

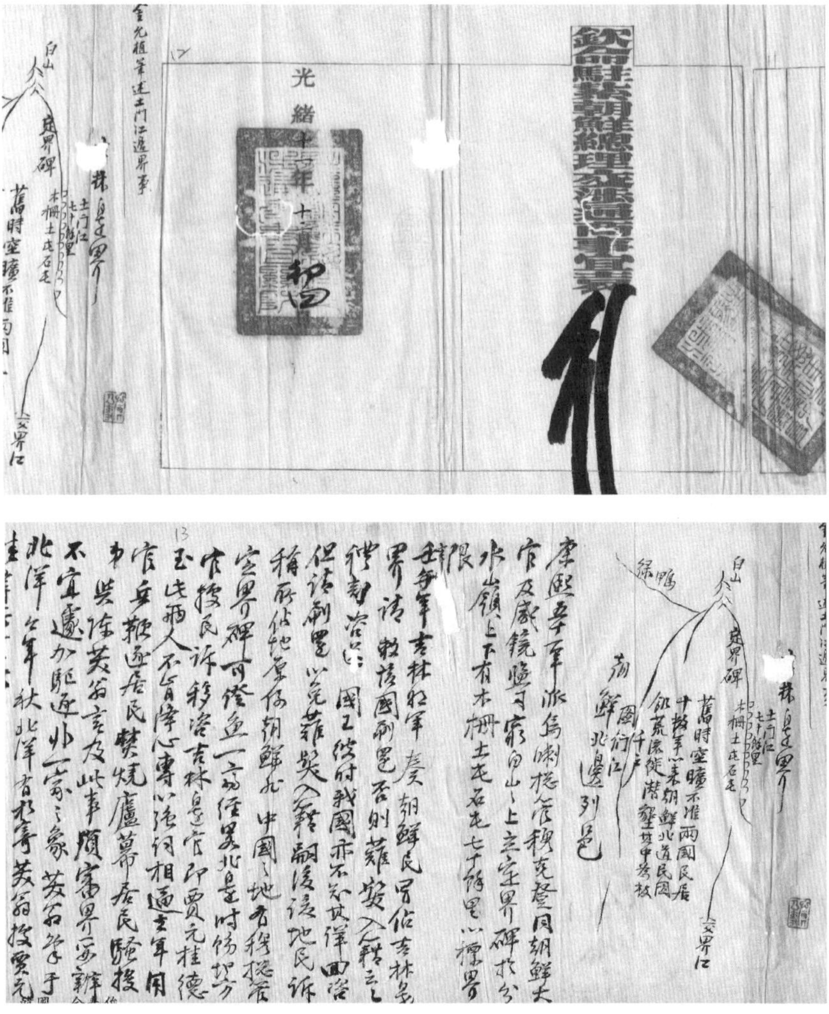

그림 9. 「김윤식필술토문강변계사(金允植筆述土門江邊界事)」와 앞부분의 지도
출전: 『駐朝鮮使館檔』「袁世凱-邊界-吉 · 朝會勘土門江界址案」(檔案番號 全宗 01-系列 41-宗號 018-冊號 01), pp. 12-22.(『자료선역』 3 — 014 — pp. 626-638)

(中央研究院近代史研究所) 당안관(檔案館)에서 공개하고 있는 『주조선사관당(駐朝鮮使館檔)』에 수록된 「김윤식이 토문강 변계문제에 대해 직접 붓으로 쓴 글[金允植筆述土門江邊界事]」이라는 자료이다(그림 9 참조).

이 자료는 바로 앞서 인용한 김윤식의 조회와 같은 내용을 담고 있는 문서인데, 이 조회를 보내기 전의 초안으로서 미리 중국 측에 제시되었을 가능성도 크다. 다만 그 선후(先後) 여부나 정확한 날짜를 파악하기는 곤란하고 아마 비슷한 시기에 쓰였을 것으로 추측된다(가장 잘 정리된 형태로 김윤식의 제안을 정리한 것은 바로 앞의 조회라고 보아야 할 것이다).[34] 여기서 그는 종래의 변계문제에 대해 간단하게 정리한 후, 다음과 같이 서술하고 있다.

> 지금 북쪽 지방은 일찍부터 추워져 눈이 목까지 잠길 정도이니 직접 강의 발원지를 찾아 나서기는 곤란할 것입니다. [중국 감계위원] 가원계(賈元桂)는 전부터 이 일을 자신의 일로 여기고 털끝만큼도 양보하려 하지 않았으므로, 아마 이번에도 결론을 내릴 수는 없을 것입니다. 제 생각으로는 이 일은 번다하게 따질 필요가 없고, 단지 근거가 될 수 있는 정계비와 흙무더기·돌무더기만 근거로 삼으면 되며, 토문·도문이 같은 강인지 아닌지는 따질 필요가 없습니다. 만일 부득이하게 가원계의 논의를 따라 [홍단수를] 중국의 경계를 정한다면, 지금 주민 수천 호가 편안하게 정착하여 농사를 지으면서 살고 있는데, 하루아침에 몰아내 옮기려 해도 그들을 안치시킬 땅이 없어 반드시 말썽이 벌어질 것입니다. 아울러 러시아인들이 바로 옆에서 틈을 노려 움직이고자 하고 있

34 여기 실린 지도에서는 오른쪽에 定界碑와 거기서 나온 土門江을 표시하고, 木柵·土屯·石屯 70里라는 설명을 하고 있는데, 土門江이 아래쪽에 그려진 分界江과 이어지지 않고 있다는 점은 주목할 필요가 있다. 왼쪽에는 圖們江이 그려지고 그 옆에 '朝鮮北邊列邑'이라 표시되어 있다. 이 두 강 사이에는 "옛적에는 비워 둔 땅으로 양국 백성의 거주가 허용되지 않았는데, 십수 년 이래로 조선 북도의 백성이 饑荒 때문에 옮겨가 그 중간을 몰래 개간하여, 수천 호를 이루었다(舊時空曠, 不准兩國民居, 十數年以來朝鮮北道民, 因飢荒流(?)徙潛墾其中, 爲數千戶)."라고 기록하고 있다.

으니, 중국은 마땅히 잠시 조선백성에게 땅을 빌려 주어 거주하도록 해 주어야 합니다.

이전에 토문강 경계에 대해 조선에서는 목극등비를 근거로 삼았지만, 우리에게는 실은 약간 난처한 점이 있습니다. 만약 비석을 증거로 삼으면 중국 길림의 오래된 땅이 모두 조선 경계 속으로 들어가야 하는데 결코 이런 일은 있을 수 없습니다. 그래서 조선에서는 [이런 주장을 더 이상] 함부로 말할 수 없게 되었습니다. 오로지 중국과 조선의 공동감계를 기다려야 하는데, 지금 이미 공동감계를 통해 계비의 문제를 살펴보았으므로, 중국과 조선은 이제 계비를 가지고 근거로 삼을 수 없게 되었고, 단지 강 상류의 발원지만으로 경계를 정할 수밖에 없습니다. 토문·도문·두만은 확실히 같은 강의 다른 이름이므로, 단지 두만강 일대를 가지고 남북을 구별해야 할 것입니다. … 홍토수 물줄기는 계비 아래 돌더미·흙무더기가 끝나는 곳, 즉 삼포(杉浦)라는 곳과 약 40리 정도 떨어져 있습니다. 장백산 물이 복류하다가 여기에 이르러 다시 위로 나타나 두만강으로 유입하는데, 이것이 바로 무산 변계의 홍토수[원문은 紅端水로 썼다가 紅丹水로 바꿨으나 전체 맥락과 바로 뒤의 사료를 함께 보면 紅土水의 誤記로 보인다 — 인용자]입니다. [만일 이것을 경계로 삼는다면] 그 남쪽은 예전처럼 무산에 속할 것이고, 그 북쪽은 예전처럼 중국에 속하게 되어, 양국 모두 [잃는 것이 없어] 공평해질 것입니다. 조선백성이 월간하여 강변 토지를 차지한 문제의 경우, 응당 땅을 빌려 안치시킴으로써 방법을 강구해야 할 것인데, 만약 이런 방안이 가능하다면 다시 위원을 파견하여 조사할 필요 없이 회담 가운데 저절로 정해질 수 있을 것입니다.[35] [밑줄 — 인용자]

35 『駐朝鮮使館檔』「袁世凱-邊界-吉·朝會勘土門江界址案」(檔案番號 全宗 01-系列 41-宗號 018-冊號 01), pp. 12-22. 이 檔案은 1999년 臺灣外交部

김윤식은 역시 종전의 조선 측 공식입장을 철회하면서 '두만강(홍토산수)경계론'을 내세워 공동재감계가 불필요하며, 그보다 월간민의 안치방법을 강구해야 한다고 제안하고 있는 것이다. 또한 이 자료에 바로 같이 연결되어 있는 또 다른 문서(「金允植筆述土門江邊界事抄呈」)는 역시 마찬가지로 김윤식의 주장으로 보인다(그림 10 참조).

이 자료는 제1차 공동감계·국경회담에 이르는 경과를 상세하게 더듬은 다음, 180여 개가 넘는 돌더미·흙무더기를 근거로 '정계비이설론'을 비판하고, "홍토산수와 홍단수 사이에는 장파촌(長坡村) 농사동(農四洞)이 있는데, 여기에 조선인이 살기 시작한 지는 수백 년이 되었고, 또한 가경연간(嘉慶年間. 1796-1820)에 세워진 백두산신묘(白頭山神廟)가 있다"는 것을 근거로 '홍단수경계론'을 비판하면서 다음과 같이 제안하고 있다.[36]

에서 中央研究院近代史研究所로 移管되었고, 近代史研究所檔案館에 의해 정리되고 디지털자료로 만들어져 2004년 이후 공개되었으며, 인터넷상으로도 접근이 가능하다. 이 문서는 金允植이 직접 붓으로 써서 袁世凱에게 넘긴 것으로 보이는 문서인데, 중국 측에서는 이를 받아 일부를 正書하거나((1)부분. 正書를 하였지만 절반 정도에 그친다), 移記한 (2)부분으로 구성되어 있다. 문서의 첫 부분에 보면 따로 '金允植筆述土門江邊界事'라는 쪽지로 제목을 붙인 흔적이 보인다. "지난겨울 공동감계"라는 구절로 보아 1차 감계가 끝난 이후인 1886년에 김윤식이 쓴 것으로 보이는 이 글의 뒷부분에는 本文을 다시 正書한 문서가 있고, 거기에는 "김윤식이 토문강 변계사에 대해 직접 붓을 들어 쓴 것을 베껴서 상사께서 보실 수 있도록 바칩니다(謹將金允植筆述土門江邊界事抄呈憲鑒)."라는 구절이 앞에 첨가되어 있다. 따라서 이 앞부분은 김윤식이 직접 써서 원세개에게 넘겨준 글일 가능성이 크며, 간략한 경계 지도가 앞부분에 그려져 있는데 이것 또한 김윤식이 직접 그린 것으로 보인다.

36 앞서 언급한 원세개에 의해 이루어진 正書 뒷부분에는 또 다른 필적에 의해 쓰인 문서가 첨부되어 있는데, 앞의 문서와 직접 연관되는 내용을 갖추고 있고, 아마 김윤식 등에 의해 제시된 문서 초안(다른 사람이 쓰거나 옮긴)일 것으로 보인다.

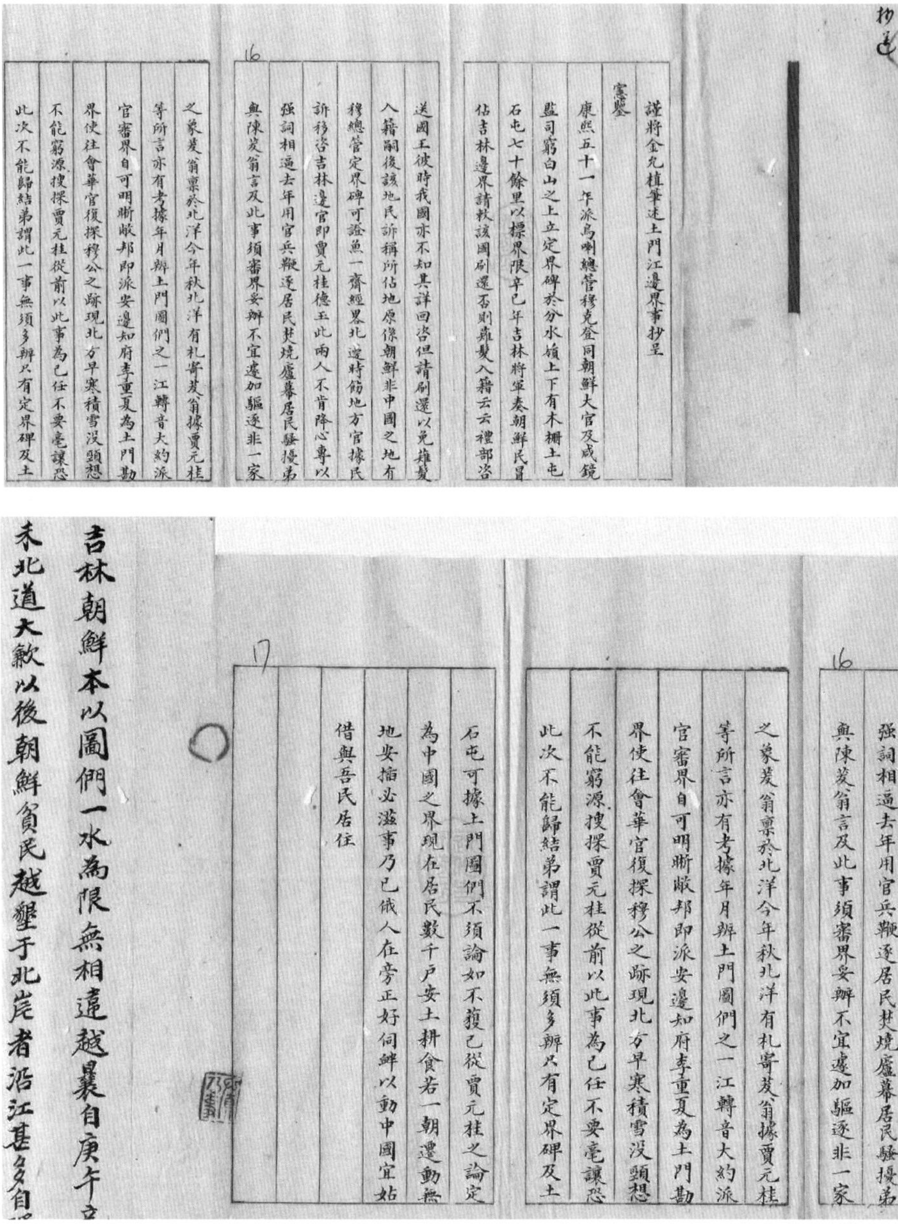

抄呈

謹將金允植筆述土門江邊界事抄呈
憲鑒
康熙五十一年派烏喇總管穆克登同朝鮮大官及咸鏡
監司窮白山之上立定界碑於分水嶺上下有木柵土屯
石屯七十餘里以標界限辛巳年吉林將軍奏朝鮮民冒
佔吉林邊界請敕該國刷還否則薙髮入籍云云禮部咨

16

送國王彼時我國亦不知其詳回咨但請刷還以免薙髮
入籍嗣後該地民訴稱所佔地原係朝鮮非中國之地有
穆總管定界碑可證並一齊經畧北道時飭地方官據民
訴移咨吉林邊官即賈元桂德玉此兩人不肯降心專以
强詞相逼去年用官兵鞭逐居民焚燒廬幕居民騷擾弟
與陳茇翁言及此事須審界妥辦不宜遽加驅逐非一家
之象茇翁稟於北洋今年秋北洋有札寄茇翁據賈元桂
等所言亦有考據年月辨土門圖們之一江轉音大約派
官審界自可明晰敝邦即派安邊知府李重夏為土門勘
界使往會華官復採穆公之跡現北方早寒積雪沒頸想
不能窮源搜採賈元桂從前以此事為己任不要毫讓恐
此次不能歸結弟謂此一事無須多辨只有定界碑及土

16

强詞相逼去年用官兵鞭逐居民焚燒廬幕居民騷擾弟
與陳茇翁言及此事須審界妥辦不宜遽加驅逐非一家
之象茇翁稟於北洋今年秋北洋有札寄茇翁據賈元桂
等所言亦有考據年月辨土門圖們之一江轉音大約派
官審界自可明晰敝邦即派安邊知府李重夏為土門勘
界使往會華官復採穆公之跡現北方早寒積雪沒頸想
不能窮源搜採賈元桂從前以此事為己任不要毫讓恐
此次不能歸結弟謂此一事無須多辨只有定界碑及土

17

石屯可據土門圖們不須論如不獲已從賈元桂之論定
為中國之界現在居民數千戶安土耕食若一朝遷動無
地安插必滋事乃已俄人在旁正好伺衅以動中國宜姑
借與吾民居住

吉林朝鮮本以圖們一水為限無相違越曩自庚午
咸北道大歉以後朝鮮貧民越墾于北岸者沿江甚多自

그림 10.「김윤식필술토문강변계사초정(金允植筆述土門江邊界事抄呈)」
출전: 위와 같음.

문제에 대해 결론을 내린다면, 조선이 어찌 중국과 영토를 가지고 다투려 하겠습니까?【지금 상황은 월간을 한 유민이 너무 많아 일일이 쇄환시키고자 하는데, 그들을 안치시킬 한 치의 땅도 [조선에는] 없다는 것입니다. 그렇다고 그들을 [그대로 놔두어] 중국 호적에 편입시켜 버린다면, 아마 강력한 이웃나라(즉 러시아)가 이를 끌어다 전례로 삼게 될 것입니다. 만약 길림 측에서 계속 조선백성을 쫓아내도록 방치한다면, 대세로 보아 월간유민들은 반드시 모두 러시아 땅으로 들어가 버릴 것입니다. 그렇게 되면 오랫동안 노력을 들여 끌어안아 온 유민들을 안치시킬 방도가 없어집니다. 그래서 백두산에 황제의 성지를 받아 세워진 비석이 있으니, 이를 구실로 삼아 한 치의 땅이라도 빌려 백성들을 안치시키고자 합니다. <u>중국에서 둘러보면 어찌 이 텅 비고 버려진 자그마한 땅을 아쉬워하여 조선유민을 받아들이지 않을 이유가 있겠습니까? 조선 또한 많이 얻고자 하는 것이 아니고, 단지 강 주변을 따라 십 리나 오 리, 멀어야 이십 리에 지나지 않는 곳까지 빈민이 거주하는 곳을 따라 그 땅을 빌리고자 하는 것입니다. 그리고 봉천의 사례에 따라 나무울타리를 설치하여 구분하고, 그 안에 그들이 안착할 수 있게 하려는 것이니, 실로 이것은 중국의 성천자(聖天子)께서 내외의 백성을 하나같이 여기시고, 갓난아기처럼 돌보아 주시는 은혜를 내려 주시는 것입니다.</u>】… 만약 중국에서 그들을 모두 몰아내 쫓아버린다면, 이 땅은 다시 예전처럼 버려진 빈 땅이 되어 버리고, 중국 백성들이 와서 개간할 이유가 전혀 없습니다. 길림과 혼춘 사이 지역은 땅은 넓은데 사람은 드물어, 비록 기름진 들과 평평한 밭이 모두 버려진 황무지가 되어 있다고 할지라도 누가 멀리 수백 리를 건너와 모래와 자갈뿐인 땅을 경작하려 하겠습니까? 그렇지만 조선백성들에게는 이 땅이 목숨 줄로 여겨지는데, 만약 (이 땅에 정착하는 것을) 금지하여 몰아내 버린다면 너무 불쌍하지 않습니까?[37] [밑줄 — 인용자]

이 제안은 "이 땅을 목숨 줄로 여기는" 조선백성을 계속 중국에 편입시키거나 조선 땅으로 쫓아내도록 방치한다면 그들 "모두 러시아 땅으로 들어가 버릴 것이고", "중국백성들이 와서 이 땅을 개간할 이유도 전혀 없는데다가", "백두산에 황제의 성지를 받아 세워진 비석이 있으니, 이를 구실로 삼아 한 치의 땅이라도 빌려" 안치시키고자 '성천자(聖天子)'의 '은혜'를 간청한다고 주장하고 있어 그야말로 '사대-자소'의 전통에 기대는 논리가 짙게 담겨 있다.(물론 러시아·청·조선의 '노동력' 확보 경쟁이란 상황을 이용하고 있는 점도 주목할 만한 부분이다.) 공동감계와 국경회담에 즈음한 조선 측의 '고민'과 중국에 대한 '시혜'에 대한 기대가 간절하게 나타나고 있는 것이다. 이를 통해서 보면 조선정부의 공식입장은 두만강(홍토산수)을 양국의 경계로 삼되, 이미 월간한 조선백성은 '쇄환'이나 '편입'이 아닌 '차지안치'를 허용해 달라는 방향으로 전환하였음이 분명해진다.

여하튼 조선 측의 이런 의향이 원세개를 통해 9월 26일자 전보로 이홍장에게 전달되자, 그에 의해 총리아문을 거쳐 다시 길림장군에게 통보되었다. 이에 대해 길림장군은 "반드시 경계를 조사하여 확인해야만 피차 서로 관할하는 지역을 분명하게 할 수 있으며, 그다음에야 유

37 【 】안의 부분은 吳祿貞이 『延吉邊務報告』(吉林文史出版社, 1986년)의 제4장 3절, p. 62에서 '鍾城府使의 照會'로 인용하고 있는 부분이다. 실제 오늘날 남아 있는 「鍾城府公文書」, 『조·청국경회담』에는 이런 구절이 없으므로, 바로 이 김윤식의 친필로 쓴 글(이나 그 사본)을 오록정이 보고 옮긴 것이 틀림없다고 하겠다. 다만 무언가의 착오로 그는 이것을 「鍾城府使의 照會」로 오해하면서 인용을 한 것이다. 은정태, 「대한제국기 '간도문제'의 추이와 '식민화'」, 『역사문제연구』 17, 2007도 pp. 97-98과 각주 11)에서 오록정의 이 부분을 종성부사 李正來가 敦化縣에 보낸 글로 인용하면서 전통적인 조·청관계에 근거하여 이 문제 접근한 증거로 제시하고 있는데, 그 입장은 李正來가 아니라 '借地安置'를 호소하기 위한 金允植의 입장인 것이다.

민을 구별하여 [조선으로] 거두어들이게 하거나 아니면 [중국에] 안치시켜 호적에 편입시킬 수 있다"면서, 홍단수를 두만강의 본류로 설정하고 국경의 구간마다 석비를 건립하겠다는 입장으로 공동재감계의 시행을 완강하게 고집하였다. 또한 '두만강(홍토산수)경계론'과 '차지안치론'에 대해서도 "두만강으로 경계를 삼는다거나 [중국 땅을 빌려 조선유민을 안치시킨다는] 차지안치(借地安置)의 주장 역시 아직 모호한 부분이 많으므로 이것으로 이 사안을 완결시키는 것을 곤란하다."라는 부정적 입장을 취하였는데, 그는 다만 지금 날씨가 추워지기 시작하였으므로 답사가 곤란하다면, 내년 봄이 되기를 기다려 시기를 정해 공동감계를 하겠다는 의사를 표명하였다.[38]

이렇게 길림장군 측이 조선 측의 제안을 일축함으로써 조선 측의 기대나 요청은 수포로 돌아갈 수밖에 없었다. 이를 통해 우리는 길림장군 측의 강력한 공동감계 요구가 결국은 제2차 공동감계 실시에 가장 중요한 계기가 되었음을 확인할 수 있다. 북양대신 이홍장과 원세개, 총리아문이나 또는 공동재감계의 필요성을 부정하는 조선정부의 '융통성'을 기대하는 자세와는 달리, 반드시 홍단수를 경계로 삼아야만 하겠다는 길림장군의 강경한 입장이 관철된 것은 더구나 이후 제2차 공동감계의 성과에도 실제적으로 부정적 영향을 미치지 않을 수 없었다. 미묘하게 강조점이 달랐지만, 현지의 당사자이자 만주족의 근본 중지인 길림 측의 의견을 단순히 지방당국의 의견이라고 청정부가 무시할 수는 없었던 것 때문일 것이다.

38 「吉林將軍衙門咨文[爲朝鮮外署金允植, 于明春派員會勘邊界的]」(光緖 12년 10월 19일), 『琿春檔案選編』 中冊, pp. 344-345; 『中朝交涉史料』, pp. 1215-1216; 「直隷總督李鴻章致總署, 據袁世凱電, 圖們江界韓廷自知有誤電)」, 『淸季外交史料』 卷69, p. 1256; 「寄譯署」(光緖 12년 9월 27일)」, 『李鴻章全集』 卷22 「電報」, p. 123.(『자료선역』 3 — 019 — pp. 641-646)

결국 이홍장은 광서 12년 10월 4일 길림장군의 의견에 동의하는 총리아문의 자문을 받고 미리 원세개에게 조선의 외서(外署)에 통보하도록 전보를 보냈다.[39] 원세개로부터 다음날인 10월 5일 조선에서도 공동감계에 동의한다는 보고를 받자 그는 바로 그날 총리아문에 이를 통보하였다.[40] 이 무렵에는 전보를 통해 양국의 신속한 의사소통이 이루어지고 있음을 여기서 엿볼 수 있다. 또한 같은 날 이홍장이 다시 올 겨울에 할 것인지 내년 봄에 하고 비석을 세울 것인지 문의하자 원세개는 이를 김윤식에게 전달하였다.[41] 다음날 원세개로부터 김윤식이 내년 봄에 시기를 정해 공동감계를 통해 정계를 하자는 답변을 하였다는 소식을 듣자, 이홍장은 바로 이 소식을 총리아문과 길림장군에게 전보로 통지하였다.[42] 뒤이어 그는 10월 20일 내년 봄 3월에 덕원부사(이중하)를[43] 파견하여 공동감계를 하게 되었다는 사실을 추가로 통보

39 「[北洋大臣李鴻章]寄漢城袁道電」(光緖 12년 10월 4일), 『李鴻章全集』 卷22 「電報」 2, p. 125.(『자료선역』 3 — 018 — pp. 639-640)

40 「[北洋大臣李鴻章]寄譯署電」(光緖 12년 10월 5일), 『李鴻章全集』 卷22 「電報」 2, p. 125; 「致北洋大臣李鴻章電」(光緖 12년 10월 5일), 『袁世凱全集』 1, p. 252.(『자료선역』 3 — 021 — pp. 649-650)

41 「[袁世凱]朝鮮督辦交涉通商事務函]」(光緖 12년 10월 5일), 『袁世凱全集』 1, p. 251.(『자료선역』 3 — 022 — p. 651)

42 「北洋大臣來電」(光緖 12년 10월 6일), 『淸光緖朝中日交涉使料』 卷10, 18b(文件番號 499); 『李鴻章全集』 卷22 「電報」 2, p. 125; 「致北洋大臣李鴻章電」(光緖 12년 10월 6일), 『袁世凱全集』 1, p. 252; 「吉林將軍咨文[爲朝鮮于明春三月派李重夏, 會勘邊界的]」(光緖 12년 10월 22일), 『中日韓』 卷4, p. 2176; 『국역중일한』 2, pp. 167-168; 『琿春檔案選編』 中冊, pp. 345-346.(『자료선역』 3 — 023 — pp. 652-653)

43 원문에는 李野惺이라 되어 있는데 아마 李重夏를 가리키는 것 같다. 이중하의 字는 厚卿이고 號는 二雅堂 또는 坦齋이다(李興鍾 編, 『二雅堂集』, 서울, 1975에 수록된 「先考妣行狀」, p. 3). 또 圭堂이란 號도 있다. 따라서 이 칭호는 이중하의 다른 別稱이나 字號일 수도 있지만, 아마 착오일 가능성이 크다.

하였다.[44]

실제 김윤식이 원세개에게 정식조회로 통보한 것은 10월 22일이었다. 조선에서 그해 사질(痧疾)이 크게 번졌고 북부지역이 특히 심해 여름에서 가을까지 여행객이 거의 끊길 정도였던 데다가 병세가 조금 잠잠해질 무렵이 되자 또한 겨울이 닥쳤으므로 다음 해 3월에 공동감계를 시행하자는 것이 그 내용이었다.[45] 전보 왕래와 조회를 통해 의사소통이 대단히 신속해짐으로써 그 본래의 기능을 크게 상실하게 된 전통적인 형식의 자문(咨文)을 조선정부에서 이홍장에게 답장으로 보낸 것도 아마 이 무렵인 것 같다.[46] 이 자문은 총리아문의 자문을 전달한 북양대신에 대한 답장이었는데 조선정부는 "만약 도문강과 두만강이 같은 강의 다른 이름이라면, 강계는 대략 이미 정해진 것이나 마찬가지이므로 번거롭게 다시 감계를 할 필요는 없다", 홍토산수를 제외하고는 "수원(水源)으로 가정할 수 있는 다른 곳이 없다"는 의견을 고집하면서도 "강계문제는 반드시 신중하게 다루어야 할 문제이므로, 이미 정부의 여러 고위관료들에게 알린 다음 답장이 내려오면 보내 주신 자문에 따라 처리하겠다."라고 답변하는 내용이었다.

원세개는 10월 22일자(원세개가 받은 것은 10월 23일로 나온다) 조회

44 「[北洋大臣李鴻章]寄譯署·吉林將軍希電」(光緒 12년 10월 20일), 『李鴻章全集』 卷22 「電報」 2, p. 129; 「致北洋大臣李鴻章電」(光緒 12년 10월 20일), 『袁世凱全集』 1, p. 254. 후자는 전자 속에 그대로 인용되어 있다.(『자료선역』 3 — 024 — pp. 654-655)

45 「[朝鮮督辦交涉通商事務] 金允植照覆」(光緒 12년 10월 22일), 「圖們勘界의 明春實施要請」, 『淸案』 1, p. 32; 「照會談草」, 『조·청국경회담』, pp. 286-287; 「致朝鮮督辦交涉通商事務金允植照覆(光緒 12년 10월 22일), 『袁世凱全集』 1, p. 255.(『자료선역』 3 — 025 — pp. 656-658)

46 『通文館志』 卷12 「紀年續編 今上二十三年丙戌」(光緒 12년 10월 하순?), pp. 430-431.(『자료선역』 3 — 020 — pp. 647-648)

를 받고 보고하면서 따로 보고서 한 장을 더 추가하였다. 그것은 그해 여름 조선에서 원세개에 의해 원산좌탐위원(元山坐探委員)으로 임명된 요문조(姚文藻)가 원산상무감독으로 근무하던 이중하와의 대화내용을 보고한 내용이었다. 이에 따르면 "면담을 할 때 이중하가 '송화강·해란하를 경계로 지목한 잘못을 이야기하면서, 정부에서 내린 지시가 있었기 때문에 감히 그것을 받들어 지키지 않을 수 없었다'고 털어놓았다."라는 내용이었다. 원세개는 이런 요문조의 보고를 받고 손가락으로 초안지도(아마 제1차 공동감계 때 작성된 지도를 말하는 것 같다)를 가리키면서 논의한 결과 조선관료 역시 이전의 잘못을 알고 있으며, 또한 김윤식과도 논의하였는데, 그도 이를 인정하였다는 것이 그다음의 내용이었다. 그리고 원세개가 이홍장의 지시에 따라 재촉하였더니 김윤식은 "여러 차례 상의하였지만 조선 경성의 관리는 변경지역에 관한 일 등에 대해서는 평소 잘 알지 못한다."라고 하였으므로 "이중하는 사리에 밝고 일 처리가 뛰어나다."라고 한 요문조의 평가에 따라 이중하를 내년 봄 3월에 파견하여 공동감계를 실행하기로 상의하여 결정하였으며, 또한 김윤식에게도 공식으로 문서를 갖추어 조회하도록 부탁을 하였다는 것이 마지막 내용이었다.[47]

김윤식 이외의 '조선관료' "역시 이전의 잘못을 알고 있다"는 지적은 조선정부의 입장이 확실하게 바뀌었다는 점을 확인해 주지만, 원산좌탐위원 요문조의 보고는 최근 공개된 『주조선사관당(駐朝鮮使館

47 「吉林將軍衙門咨文[爲北洋大臣囑令朝鮮外署具文照會, 以便催促勘界委員屆時早往的]」(光緖 12년 11월 27일), 『琿春檔案選編』 中冊, pp. 346-347; 『中朝交涉史料』, pp. 1217-1218.(『자료선역』 3 — 028 — pp. 663-670) 袁世凱의 照會는 金允植, 「公函 袁總理世凱 丙戌」, 『雲養集』 卷8, 30a-30b(p. 372); 『金允植全集 壹』, pp. 59-60에 실려 있다.

檔)』에서 그 원문을 확인할 수 있다.[48] 그 내용은 이중하의 입장을 파악하는 데 상당히 중요한 의미를 지니고 있으므로 잠깐 살펴보도록 하자.

> 이중하는 감계 이후 좌우로 진퇴양난에 빠져, 정부에 다른 관원을 파견할 것을 요청하였으며, 상사[원세개를 가리키는 듯]께 대신 요청해 줄 것을 저에게 재삼 간청한다고 하였습니다. 또한 저와 더불어 비밀리에 필담을 나누면서 다음과 같이 이야기하였습니다.
>
> > 이 일은 실은 어윤중 한 사람 때문에 그르친 것입니다. 목극등 정계비에 쓰여 있기를 '동쪽이 토문이 되고 서쪽이 압록이 된다'고 하였으니, 오늘날 조선백성은 실제로 월간을 한 것입니다. 그런데 어윤중이 억지를 부려 '토문강은 따로 강이 있고 도문강과 같은 강이 아니다'는 주장을 만들어 내고, 새로운 사람으로 조정에 들어가 아뢰었기에 조선조정도 상하가 함께 시끄러워지면서, [조선백성의 진출은] 결코 월간이 아니라고 덩달아 주장하게 되었고, 결국 잇달아 논란을 제기하면서 제대로 마무리가 되지 않는 지경이 되었습니다. 그리하여 [이를 통해] 헛되이 땅을 늘리는 것을 생각하게 되었는데, 사실은 토문강의 발원지가 원래 송화강과 연결되는 것을 알지 못하였던 것입니다. 어윤중은 송화강의 도도한 긴 물줄기가 수천 리나 되는 것을 알지 못하고 우연히 토문강설을 내놓아, 지금으로서는 결국 [아무도 진정한 사정을] 이해할 수 없게 해 버린 것입니다.
> >
> > 저[이중하]에게는 지도 초안이 한 장 있는데, 지도에는 "송화

48 吳祿貞, 『延吉邊務報告』의 제5장에서는 元山坐探委員 姚文藻의 密文 일부분을 인용하고 있었지만, 원문 전체 자체는 여기서 처음 공개되는 것이다.

강의 발원지에는 문처럼 생긴 흙벽이 있다고 일컬어진다."라고 기입되어 있고, 또한 "박합통수(博哈通水)는 바로 조선에서 말하는 분계강이다."라고 기입되어 있습니다. [사실 이 기록은] 모두 어윤중의 잘못을 감싸서 뒤덮어 버리려는 것으로, [이중하는] 붓을 들어 일부러 이렇게 상황에 따라 말을 바꾸는 것을 부끄럽게 여기고 있습니다. [지난 공동감계에서] 진영(秦煐) 독리가 삼포수(三泡水[즉 홍단수])를 경계로 삼고자 하였는데, 그렇게 되면 조선 측에서는 땅을 늘릴 수 없게 될 뿐만 아니라 도리어 땅이 줄어들게 됩니다. 하지만 조선에는 또한 단지 그 땅을 빌리는 것을 인정해 주기만을 바랄 뿐으로, 여전히 두만강을 경계로 삼고 땅을 빌려 개간민을 안치시키는 것을 최종 방안으로 생각합니다.

그런데 이중하는 마음에 꺼리는 바가 있어 조선이 중국의 땅을 빌린다는 '차지(借地)'라는 두 글자를 절대로 감히 입 밖에 꺼내지 못하고 오로지 억지로 반박을 할 뿐이었고, 지난번 공동감계는 그래서 아무런 합의도 이루지 못하고 돌아오게 되었습니다. 그는 "이번에 상사[원세개나 또는 그 위의 이홍장을 가리키는 것 같다]께서 지시를 내려 [그것을 조선]정부에 전달하여 방법을 강구하지 않는다면, 아마 이번에 할 공동감계는 다시 허사가 될 것이고, 아무런 애쓴 보람이 없을 것이다."라고 하였습니다. 그는 어윤중 일당의 비판[清議]을 몹시 꺼려하여 이러한 담론에 대해서는 [밖에서는] 한마디도 꺼낼 수 없었던 것입니다. 저와 이야기를 나눈 필담도 쓰는 즉시 찢어 버려 아무런 자취도 남기지 않았습니다. 어제는 또한 공동감계 당시의 일 처리 상황을 요약한 절략(節略)을 베껴서 보내오면서 위로 전달하여 상사께서 검토해 주시도록 간청하였습니다. 그 내용은 전반부는 여전히 억지주장이지만, 중간부분은 명백한 증언이고, 후반부에는 모든 상황을 은근히 올려 드러내게 해 달라고 완

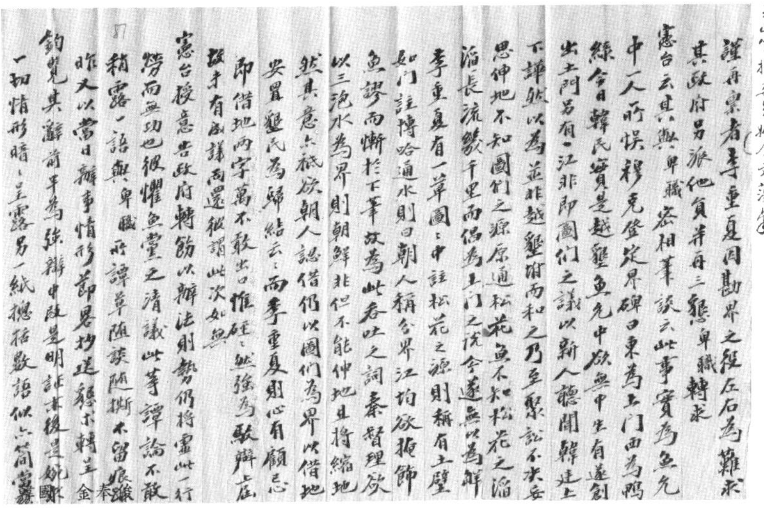

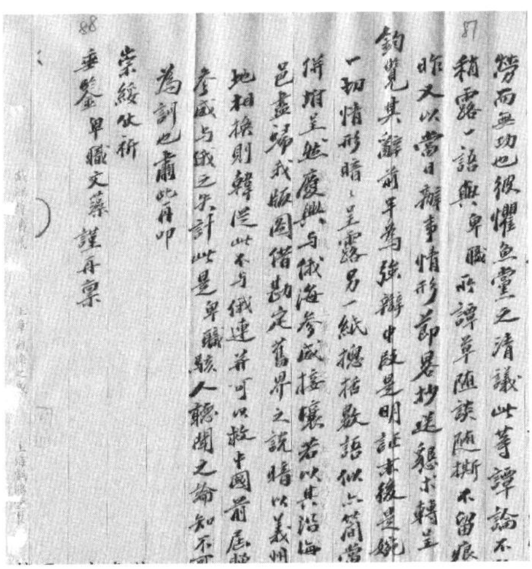

그림 11. 「원산좌탐위원(元山坐探委員) 요문조(姚文藻)의 보고[稟]」
출전: 「元山坐探委員 姚文藻稟」(光緒 12年 10月?), 『駐朝鮮使館檔』「袁世凱-邊界-吉朝會勘土門江界址案」(檔案番號 全宗 01-系列 41-宗號 018-冊號 01), pp. 87-88.

곡하게 요청하는 것이었습니다. 따로 한 장의 종이에는 총괄하는 몇 마디를 실었는데, 또한 간략하면서 요령 있는 것으로 보여, 여기에 첨부하여 같이 올립니다.[49] [밑줄 — 인용자](그림 11 참조)

49 「元山坐探委員姚文藻稟」(光緒 12년 10월?), 『駐朝鮮使館檔』「袁世凱-邊

여기서 우리는 1) 이중하가 변계문제는 어윤중의 욕심과 착각에서 비롯된 것임을 알지만 감히 그것에 대해서는 언급할 수 없는 위치에 있었다는 것, 2) 길림 측의 주장대로 홍단수를 경계로 설정하면 조선은 땅이 줄어들게 되며, 3) 가장 주안점이 되는 월간민문제의 해결을 위해서는 중국 측의 도움이 필요하다는 고충을 알리고 있다는 점을 확인할 수 있다. 앞서도 지적하였듯이 조선정부의 입장도 이미 이러한 방향으로 전환하기는 하였지만, '어윤중 일당의 비판'을 초래할 이러한 주장의 공론화(公論化)는 당시 제대로 이루어지지 않고 있었던 것이다. 앞서 언급하였지만 이제 관료 생활을 시작한 지 3년밖에 되지 않았던 '신진'관료 이중하로서는 그러한 발언권을 확보하는 것도 어려웠을 것이다. 그리고 조선정부는 이러한 변계문제를 정부 차원의 공개적인 논의를 통해서가 아니라 외교담당자나 정권 실세의 교체에 따른 개인 차원의 정책선택에 맡겨 두고 있었던 셈이다. 따라서 정부의 공식적인 정책결정이 이루어지고 외교·실무 담당자가 이후 그것을 준수하

界-吉朝會勘土門江界址案」(檔案番號 全宗 01-系列 41-宗號 018-冊號 01), pp. 87-88.(『자료선역』 3 — 029(1) — pp. 671-672) 이 말미에 姚文藻는 다음과 같은 흥미 있는 제안을 올리고 있다. "경흥과 러시아의 블라디보스토크 지방은 서로 인접하여 있기 때문에, 만약 그쪽의 바닷가 六邑을 모두 우리의 판도 안에 속하게 할 수 있고, 옛 경계를 조사하여 정한다는 주장을 빌려 암중에 義州 지역의 邊地와 서로 맞바꾼다면, 조선은 이후로는 러시아와 직접 인접하게 되지 않을뿐더러, 아울러 중국이 저번에 블라디보스토크 지방을 러시아에게 주어 버린 실책을 만회할 수도 있을지 모르겠습니다. 이것은 단지 듣는 사람이 깜짝 놀라게 만드는 발상으로 아마 그것을 방침으로 삼을 수 없을 것이라는 점은 저도 알고 있습니다." 咸鏡北道 6邑을 중국이 차지하고 대신 조선이 義州의 邊地를 차지하게 한다는 이 제안은 이후 이에 관해 논의된 흔적은 없다. 하지만, 당시 러시아와 조선의 연계를 차단하는 것이 중국의 이익이라는 시각에서 나온 이 제안은 영토의 맞교환이라는 착안을 보여 준다는 점에서 흥미롭다 하겠다.

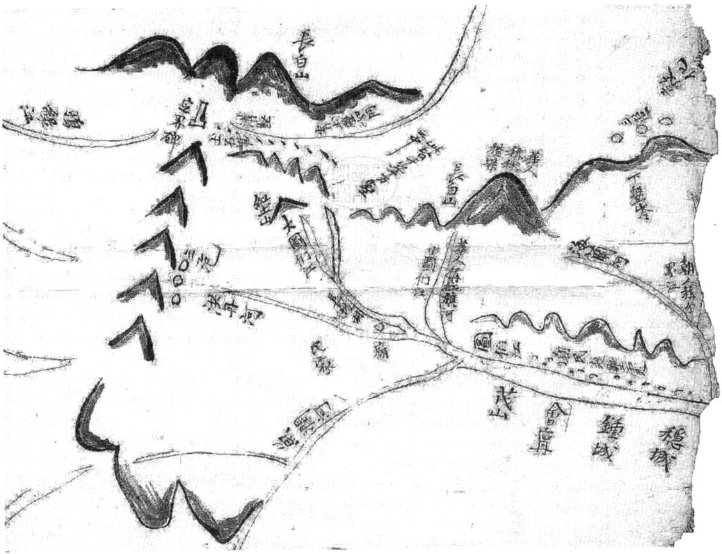

그림 12. 이중하가 직접 그린 것으로 보이는 백두산·두만강 경계도
출전: 『駐朝鮮使館檔』「袁世凱-邊界-吉朝會勘土門江界址案」(檔案番號 全宗 01-系列 41-宗號 018-冊號 01), pp. 89-90.(『자료선역』 3 — 029(2) — pp. 673-676)

면서 외교·정책을 추진하는 것이 아니라, 정책실무자의 변경과 그에 따른 개인적 판단의 변동에 따라 수시로 정책이 뒤바뀔 가능성도 배제될 수 없었는데, 이것은 중국과의 변계문제 교섭에서 결코 유리한 결과를 낳을 수 없었다.[50]

그런데 요문조의 보고 말미에는 이중하의 '총괄하는 몇 마디'가 언급되어 있지만, 실제 요문조의 보고서에는 그것과 더불어 아마도 이중하가 직접 그린 것으로 보이는 경계 지도가 첨부되어 있다.[51](그림 12 참조)

50 특히 대한제국시기는 이러한 성격이 뚜렷하게 드러난다. 이 점에 대해서는 은정태, 「대한제국기 '간도문제'의 추이와 '식민화'」, 『역사문제연구』 17, 2007; 은정태, 「대한제국기 간도 정책 추진의 조건과 내·외부의 갈등」, 『근대 변경의 형성과 변경민의 삶』(동북아역사재단, 2009); 이명종, 「대한제국기 간도영토론의 등장과 종식」, 『동아시아문화연구』 54, 2013에서 잘 밝혀 주고 있다.

이 지도는 필자의 추측이 맞는다면 제1차 공동감계를 맡았던 이중하가 직접 그린 것인 만큼, 사료적 가치가 상당히 큰 것이라 하지 않을 수 없다. 정계비 동쪽의 강줄기에 대해 당시 그가 파악하고 있던 비교적 정확한 지리적 정보를 제공해 주고 있기 때문이다. 지도에 의하면 정계비(비문도 기록되어 있다) 동쪽에서 시작된 토문강(황화송구자)은 송화강으로 흘러들어 가는 것으로 그려져 있고, 그 주변에 설치된 흙·돌무더기도 역시 표시되어 있다. 반면 홍토산(紅土山) 아래에서는 대도문강 두 갈래가 시작되며, 그 아래쪽에 홍단하(洪丹河)가 그려져 있고, 홍토산수(紅土山水)와 홍단하가 만난 다음 중국 측에서 홍기하(紅旗河)라 부르는 소도문강(小圖們江)이 합류하고, 그 아래에서 어륜하(魚潤河. 즉 西豆水)가 합류하여 도문강(圖們江) 본류를 구성하는 것으로 그려져 있다. 이 본류 아래쪽에 무산·회령·종성·온성이 자리를 잡고 있다. 그리고 중국에서 출갈타령(秫秸垜嶺. 長山嶺)이라는 부르는 산맥 동쪽에서 시작되는 해란하[海蘭江]도 그려져 있는데, 조선에서는 이를 분계강(分界江)이라고 칭한다는 설명이 붙어 있지만, 앞서 그가 주장한 삼포(杉浦. 黃花松甸子)에서 홍토수[大圖們江]으로 연결되는 나무울타리는 표시하고 있지 않다(이 점도 그가 실제 나무울타리를 목격하지 못하였다는 증거가 될 수 있다). 다만 "이곳은 모두 수많은 산봉우리와 계곡 가운데[千山萬壑之中]" 있다는 설명만 추가되어 있다. 이 표현은 그만큼 이 지역의 산·물줄기의 흐름이라는 지리적 정보의 파악이 어려웠고, 그에 따라 상당한 오해와 혼란이 초래될 수밖에 없었음을 시사하기 위한 것이 아닐까?

51 『駐朝鮮使館檔』「袁世凱-邊界-吉朝會勘土門江界址案」(檔案番號 全宗 01-系列 41-宗號 018-冊號 01), pp. 89-90.(『자료선역』 3 — 029(2) — pp. 673-676)

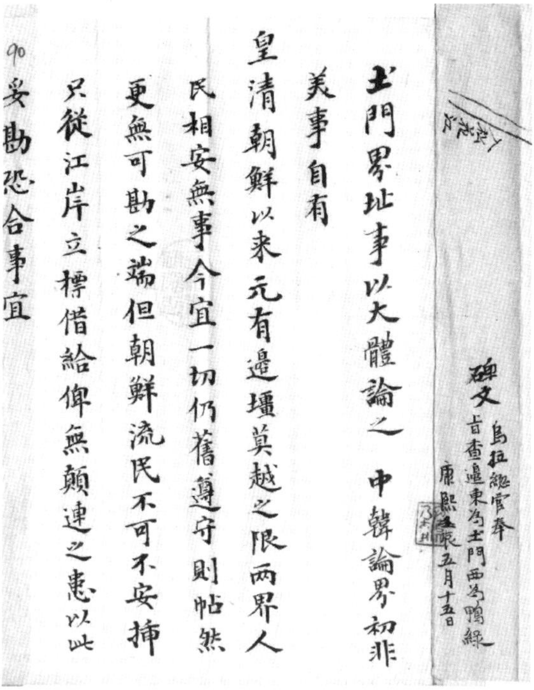

그림 13. 이중하의 토문강 경계에 대한 간략한「총괄」 출전:『駐朝鮮使館檔』「袁世凱-邊界-吉朝會勘土門江界址案」(檔案番號 全宗 01-系列 41-宗號 018-册號 01), p. 90.(『자료선역』 3 — 029(2) — pp. 673-676)

또한 이 지도에 붙어 있는 토문강 경계에 대한 간략한「총괄」에서 이중하는 다음과 같이 자신의 입장을 정리하고 있다(그림 13 참조).

> 토문강 경계의 문제는 전체적인 면에서 보자면 중국과 조선이 경계를 다투는 것은 처음부터 좋은 일은 아니었습니다. 청과 조선이 함께하게 된 이래 원래 변강에는 넘을 수 없는 한계가 있었고 양쪽 경계의 백성은 서로 아무 일 없이 안정을 누릴 수 있었습니다. 이제 응당 모든 것을 종전 그대로 준수하게 하면, 평안하여 다시 감계를 해 볼 여지도 없을 것입니다. 다만 조선유민은 안치하지 않을 수 없는데, 오로지 강변에 표지를 세우고 땅을 빌려 주어 그들이 더 이상 고통을 받는 근심이 없게 해야 할 것입니다. 이렇게 적절하게 헤아리는 것이 아마 사리

에 맞을 터입니다.[52] [밑줄 — 인용자]

이중하는 여기서 "중국과 조선이 경계를 다투는 것은 처음부터 좋은 일이 아니었던" 만큼 모든 것을 종전대로, 즉 두만강 경계를 준수하게 되면 더 이상 문제가 없을 것이라는 입장을 분명히 보여 주고 있다. 이 점은 그가 이후 제2차 공동감계·국경회담에서 끝까지 관철시키고자 노력하였던 바이기도 하다. 그리고 여기서 그는 누차 지적한 대로 자신이 가장 관심을 기울였던 월간민 안치에 대해서 "강변에 표지를 세우고 땅을 빌려 주어 그들이 더 이상 고통을 받는 근심이 없게" 해 달라고 호소하고 있다. '차지안치'라는 표현은 들어가 있지 않지만 실제로는 그와 동일한 방안이 "아마 사리에 맞을 터"라고 이중하는 표명하고 있는 것이다.

그렇지만 이러한 이중하·김윤식 등의 제안에도 불구하고 앞서 서술한 대로 길림 측의 강경한 대응에 의해 공동재감계가 결정되었던 만큼, 이홍장은 11월 26일에도 다시 원세개로부터 보고를 받고 이를 총리아문과 길림장군에게 통보하면서, "때가 되면 다시 길림위원과 함께 확실하게 공동감계를 하여 더 이상 늦추지 못하도록 하겠다"는 의사를 다시 확인하였다.[53] 조선정부도 "감계사(勘界使) 이중하(李重夏)에게 3월 10일경 길을 떠나 다시 기일을 정하여 공동감계를 하도록" 다

52 『駐朝鮮使館檔』「袁世凱-邊界-吉朝會勘土門江界址案」(檔案番號 全宗 01-系列 41-宗號 018-冊號 01), p. 90.(『자료선역』 3 — 029(2) — pp. 673-676)

53 「[北洋大臣李鴻章]批駐扎朝鮮總理交涉通商事宜升用道袁」(光緒 12년 11월 26일), 『駐朝鮮使館檔』「袁世凱-邊界-吉朝會勘土門江界址案」(檔案番號 全宗 01-系列 41-宗號 018-冊號 01), p. 121.(『자료선역』 3 — 027 — pp. 661-662)

음 해인 고종 24년(1887) 1월 16일에 지시하였다.[54] 뒤이어 1월 22일에는 김윤식이 원세개와 만나 이러한 공동감계 일정을 확인하고, 뒤이어 25일에는 "덕원부사 이중하를 3월 상순 덕원부에서 출발하게 하여 4월 초에는 무산에 도착하게 하고자 한다"는 뜻을 원세개에게 다시 조회하였다.[55] 북양대신을 통해 이를 통보받은 길림장군 역시 분감위원(分勘委員) 협령 덕옥(德玉), 독판상무위원(督辦商務委員) 진영(秦煐)에게 그에 따라 처리하도록 지시하였고, 이것을 다시 총리아문에도 알렸다.[56]

그리고 이 무렵인 1887년 2월 13일 원세개는 다시 '차지안치'에 대한 김윤식의 제안을 받고 이를 이홍장에게 보고하였다. 여기서 김윤식은 "백두산 감계가 곧 시작될 것이니, [중국의] 토지를 빌려 [조선의] 백성을 안치하는 방법에 대해서 미리 마련해야 합니다. <u>조선정부[韓廷]는 월간거민의 소작료를 조선관리[韓官]가 대신 징수하여 중국관리[華官]에게 넘겨주되, 소송사건과 일체의 행정사무[政令]에 대해서는 조선관리가 통제할 수 있으며, 단지 그 지역은 중국에서 나누어 주어</u>

54 「內務部啓」(高宗 24년 1월 16일), 『高宗實錄』 24卷, 高宗 24년 1월 16일 세 번째 기사(원본 28책 24권 3장 B면. 영인본 2책 260면).(『자료선역』 3 — 030 — p. 677)

55 「金允植照會(附.袁世凱照覆)」(光緒 13년 1월 25일), 「照會談草」, 『조·청국경회담』, pp. 288-289; 「圖們勘界官李重夏의 三月起程에 관한 照會」, 『淸案』 1, p. 338; 「致北洋大臣李鴻章電(光緒 13년 1월 23일) 및 「致朝鮮督辦交涉通商事務金允植照覆」(光緒 13년 1월 27일), 『袁世凱全集』 1, p. 277, p. 279.(『자료선역』 3 — 032 — pp. 686-688) 여기 실린 내용은 1월 22일 원세개가 김윤식과 만나 결정을 하였다는 내용인데, 그것을 김윤식이 1월 25일 공식 조회로 통보하였던 것이다.

56 「吉林將軍衙門來文」(光緒 13년 1월 17일), 『中朝交涉史料』, pp. 1220-1221. 「吉林將軍希元文」(光緒 13년 2월 6일), 『中日韓』 卷4, p. 2186; 『국역중일한』 2, pp. 169-170.(『자료선역』 3 — 031 — pp. 678-685)

관할하기를 바랍니다."[밑줄 — 인용자]라는 보다 구체적인 제안을 내놓았던 것이다.[57] 원세개는 이에 대해 "조선국왕이 자문을 보내서 상주함으로써 토지를 빌려 백성을 안치하기만을 간절히 요청한다면, 그들을 거두어들이지도 않고 중국호적에 편입시키지도 않는 방안은 아마 재가를 얻을 수도 있을 것입니다. 그렇지만 만약 조선관리가 소작료를 대신 징수하고 [소송사건과 일체의 정령에 대해] 통제하려 한다면, 그것은 아마도 이루어질 수 없을 것입니다."이라는 의견을 표시하면서 이에 대한 이홍장의 검토를 요청하였다.[58] 바로 그날 돌아온 이홍장의 이에 대한 답장은 다음과 같이 아주 간단하면서 단호하였다.

> 만약 조선국왕이 자문을 보내 상주함으로써 토지를 빌려 백성을 안치하기를 간절히 요청한다면, 그들을 거두어들이지도 않고 중국호적에 편입하지 않는 방안은 혹시 받아들여질 수도 있다. 만약에 조선에서 소작료를 대신 징수하고 소송사건과 행정사무를 관할하려 한다면, 이런 방법은 있을 수 없다[無此辦法].[59][밑줄 — 인용자]

앞서 필자는 조선월간민의 안치문제는 영토문제일 뿐만 아니라 사실은 동시에 그 영토에 거주하는 주민(의 노동력)을 둘러싼 청·조선·러시아 삼국의 국제적 쟁탈전이라는 성격을 강하게 띠었다는 점을 지적한 바 있다. 중국 땅을 빌려 조선백성을 안치시키되 조선관리가 세

57 「朝鮮袁道來電」(光緖 13년 2월 13일), 『李鴻章全集』 卷22 「電報」 2, p. 183; 「致北洋大臣李鴻章電」(光緖 13년 2월 13일), 『袁世凱全集』 1, p. 283. (『자료선역』 3 — 034 — pp. 691-692)

58 위와 같음.

59 「[北洋大臣李鴻章]復袁道電」(光緖 13년 2월 13일), 『李鴻章全集』 卷22, 「電報」 2, p. 183.(『자료선역』 3 — 035 — p. 693)

금이나 소작료 등을 거두고 소송사건과 행정사무도 아울러 관할하겠다는 조선 측의 제안은 사실상 변계분쟁 발생 이루어진 기존의 상황으로 거의 그대로 되돌아가 종래처럼 실질적인 점유와 지배라는 일종의 '식민지 경영'을 계속하겠다는 의사의 표현이나 마찬가지였다. 그리고 이러한 제안은 또한 조선정부가 두만강 이북지역에서 "조선관리가 세금이나 소작료 등을 거두고 소송사건과 행정사무도 아울러 관할"하고 있었던 현지 상황을 인식하고 있었다는 점도 시사해 준다. 물론 직접적으로 이런 점을 입증해 주는 자료는 아직 확보하지 못하였지만, 이러한 현지 상황에 대한 일정한 파악 없이는 위와 같은 제안이 나올 수 없기 때문이다. 아마 이 제안의 배후에는 현지 지방당국의 강력한 요청이 자리 잡고 있었을 가능성도 크다.

한편 동시에 이러한 제안은 영토문제는 양보·포기하더라도 '주민'만은 그대로 넘겨줄 수 없다는 조선정부의 국가적 의지의 표현이었지만, 거기에서 한 걸음 더 나아가 영토 밖에 거주하는 그들에 대한 경제적·사법적 통제권한을 확보하겠다는 것은 '속방(屬邦)' 조선이 '상국(上國)'인 중국을 상대로 한 것이라면 도저히 받아들여질 수 없는 제안이었다.[60]

물론 조선이 전통적인 '사대-자소'질서에 기대어 청의 '시혜'를 요청하고 있었던 점은 아주 분명하므로, 여기에는 근대적 국제질서와 영토·주민에 대한 배타적인 권한을 강조하는 국민국가의 논리와 전통적

60 앞서 든 秋月望·은정태 등의 연구에서는 1895년 청일전쟁 패배로 인한 청의 위상 추락, 이후 청과 조선의 '대등'한 수호조약의 체결, 의화단 사건 등을 전후한 만주 지역 청조 권력 공백화를 배경으로 만국공법적 시각이 크게 보급되면서 조선월간민의 존재를 이제는 '범월'이 아닌 '이주'로 간주하는 관점이 출현하였음을 지적하고 있다. 청-조선 역학관계에서의 새로운 변화는 새로운 시각을 낳을 수 있게 하였던 것이다.

'사대-자소'의 중화질서가 교차·충돌하면서 혼재(混在)하고 있었다는 점이 두드러진다. 하지만 근대적이든 아니면 전통적이든 어떠한 국제적 질서이든지를 막론하고 이런 식의 요구가 받아들여진다는 것은 사실상 거의 불가능한 일이었다. 조선의 요구는 주민에 대한 배타적 권한을 침해하고 있었을 뿐만 아니라 나아가 동시에 근대적 국민국가의 또 다른 구성요소인 국가의 주권(主權)에 심각하게 도전하는 것이나 마찬가지였다.

그런 점에서 조선 측의 이러한 제안은 기존의 전통적인 질서·관계에 대해 너무 지나치게 큰 기대를 한 것이라는 지적을 받을 수밖에 없다. 다른 한편으로는 거기에 의존하면서 변화하는 국제환경에 대해 너무 '안이하게' — 당시 조선으로서는 이런 방안을 선택할 수밖에 없었다고 볼 수도 있지만 — 인식하고 대처하는 한계를 지닌 것이라는 평가를 받을 수도 있을 것이다. 결국 조선정부의 '차지안치론'은 위와 같은 이홍장의 단호한 반응에 의해 갑작스러운 종말을 맞이하지 않을 수 없었다.

물론 그렇다고 해서 조선백성의 월경·월간과 그에 따른 양국 및 지방주민 사이의 갈등이 해소된 것은 아니었다. 이 점은 이후에도 여전히 마찬가지였다. 사실상 양국에 의해 이 문제는 이후로도 상당 기간 동안 '방치'된 상태나 마찬가지였는데, 공동재감계가 시작되기 직전 나타난 상황도 이 점을 잘 보여 준다. 그것은 광서 13년(1887) 3월에 발생한 남강(南岡) 소속 이사도구(裏四道溝) 주변 고려외자(高麗崴子)에서 일어난 양국 백성의 충돌 사건이었다. 이 사건은 3월 17일 이곳에서 조선백성 60여 명이 산림을 벌목하면서 기존의 중국 개간민 등을 모두 쫓아내겠다고 '횡포'를 부린 사건을 남강초간분국(南岡招墾分局)이 혼춘초간총국(琿春招墾總局)에 보고하면서 "조선의 회령부에 강을 건너와 벌목을 하거나 개간민을 쫓아내는 일이 있어서는 안 된다"

는 조회를 보내 달라고 요청한 데서 발단이 되었다.[61]

이어서 3월 16일에는 중국개간민 두 사람이 "개간민으로 신고하여 풍도령(風都嶺) 홍초구(紅草溝)의 황지를 지급받은 다음 개간을 하러 갔다가, 조선월간민에 의해 통상국에 고발을 당했으며, 통상국에서는 간표(墾票)를 검사한다고 거둬 간 다음 검사가 끝났는데도 남겨 두고 돌려주려 하지 않는다."라고 잇따라 호소하였다. 그리고 18일에는 추유구(樞楡溝)의 신·구 개간민들이 연명으로 탄원서를 올리면서 "조선백성에게 고발을 당해 통상국에 갔더니, 통상국과 조선백성 백여 명이 집집마다 쫓아내면서 간표를 내놓으라 요구하였으며, 떠나지 않으면 묶어서 데려간다고 하였다"는 사정을 혼춘초간총국의 총판 가원계(賈元桂) — 그는 제1차 공동감계에 중국 측 위원으로 참여한 사실상 핵심인물이었고, 곧 이어 진행될 공동재감계에도 역시 참가하게 된다 — 에게 호소하였다. 연명탄원서를 올린 개간민은 광서 7·8년(1881·1882)에 개간 신청을 한 2명을 제외하면 나머지 13명은 광서 12·13년(1886·1887)에 개간 신청을 한 사람이었으므로 방금 새로 개간신청을 한 사람이 대부분이었다.

이 사건은 초간국의 황무지 지급을 기회로 조선백성의 토지·가옥을 가로채려 한 중국개간민이 통상국(과 거기에 고발한 조선백성)의 조치로 간표(墾票)를 압류당하는 등 양국민 사이의 갈등이 증폭되는 상황을 보여 준다. 이 점은 뒤이어 혼춘초간총국의 진영이 길림장군에게 올린 보고서에서 확인된다. 그는 비록 "통상국에 완곡하게 은덕을 베풀어 주라고 지시를 내려서 구류한 중국백성 방화·제충태·유명 등 3인을 풀어서 돌아가게 해 주고, 조선백성들이 중국백성을 내쫓는 일을

61 「光緖十三年三月十七·光緖十三年三月二十一日到牒(二件 및 附件)」, 『淸代中朝』, pp. 66-68.(『자료선역』 3 — 038 — pp. 699-705)

조금 막게 해 주었으면 한다."라고 요청하기는 하지만, 원래 토지를 측량하여 지급하라는 지시를 받은 바 있지만 감계가 완료되지 않아 실행하지 않았고, 토지측량이나 도로도 확정되지 않은 상태에서 간표를 지급받은 중국백성이 이익을 노린 나머지 조선월간민과 땅을 다투면서 말썽을 피운 탓이라고 사건의 배경을 설명하고 있기 때문이다.[62] 그는 동시에 조선백성의 월간경지를 차지하여 감계에 장애를 주어서는 안 된다고 고시하는 조치와 더불어 적절한 조사와 절충을 요청하였다. 진영의 조치는 조선월간민에 대해 상당히 유화적(宥和的)인 태도를 보여주지만, 변계문제의 적절한 해결이 이루어지지 않는 한 두만강 북안의 개간지를 둘러싼 주민 사이의 분쟁은 여전히 피할 수 없는 일이었다. 당연히 이러한 문제 역시 공동재감계의 조속한 실행을 필요로 하는 배경이 되었다.

2. 제2차 공동감계·국경회담의 실행과 경과

1) 제2차 공동감계의 실행

앞서 조선 측이 제안한 '차지안치론'이 이홍장에게 단호하게 거부당하였다는 점을 서술하였지만, 이 결과 조선 측이 그리 적극적이지 않았던 제2차 공동감계는 바로 실행에 옮겨지게 되었다. 1월 25일 김윤식의 조회에 근거하여 원세개가 다시 2월 19일 길림장군에게 자문을 보

62 「琿春招墾局稟文[爲報通商局押逐墾民, 並留地票的](附.原案卷)」(光緖 13년 3월 29일), 『淸代中朝』, pp. 65-66.(『자료선역』 3 — 040 — pp. 709-713)

내 달라고 요청하였다고 이홍장이 총리아문에 전달한 것은 그러한 점을 잘 보여 준다.[63] 하지만 제2차 공동감계의 임무를 부여받은 이중하는 여전히 소극적인 자세를 보였다. 그는 출발이 다가온 3월 4일 다음과 같은 상소(上疏)를 올렸다.

> 지금 신으로 말하면 배운 것이 없고 식견이 얕으며 품계가 낮고 사람이 보잘 것 없습니다. 그런데 갑자기 중임을 맡았으니 어찌 소홀하여 실수하지 않을 수 있겠습니까? 만일 착오가 있게 되면 죽임을 당한들 무슨 소용이 있겠습니까? 오늘날 경계를 확인하는 일은 지난 시절과 비할 것이 못 됩니다. 옛날의 경계를 다시 밝히고 유민들을 찾아다 안착시키는 데 지나지 않기 때문입니다. 그러나 옛날의 경계로 말한다면 발원지가 일치하지 않고 나무울타리도 다 썩어문드러져서 실제의 장소가 옛 문헌과 맞지 않기 때문에 옳게 확인하기가 정말 곤란합니다. 유민들로 말한다면 강을 건너는 일에 대한 단속이 오랫동안 해이해져 넘어간 사람들이 아주 많아 거두어들일 길이 없으며 그렇다고 내버려 둘 수도 없습니다. 지난번 중국에서 온 자문(咨文)은 저들의 국적에 편입시키겠다는 뜻을 보였지만, 이 역시 쉬운 일이 아닙니다. 이것은 강토와 백성들에게 관계되는 매우 중요한 문제이니, 의정부에서 충분히 의논하도록 해야 합니다. 옛날의 경계에 대해서는 지도와 기록을 살펴 고증하고 유민에 대해서는 사리를 잘 헤아려, 경계를 표시한 곳이 어디서부터 어디까지이고 유민을 안치할 곳은 이쪽 땅인가 저쪽 땅인가 하는

63 「北洋大臣李鴻章文」(光緒 13년 2월 19일), 『中日韓』 卷4, p. 2190; 『국역 중일한』 2, pp. 171-172.(『자료선역』 3 — 036 — pp. 694-695) 이홍장이 이 자문에서 인용하는 원세개로부터 받은 보고는 『袁世凱全集』 1, pp. 283-284의 「稟北洋大臣李鴻章文」(光緒 13년 2월 19일)에 실려 있다.

> 것을 충분히 토의한 다음 결정해야 할 것입니다. 이 일을 감당할 만한 사람을 새로 임명하여 다시 제대로 밝힌다면 나라의 체면도 정중하게 되고 사리에도 합당할 것입니다.[64][밑줄 — 인용자]

여기서 이중하는 "오늘날 경계를 확인하는 일은 지난 시절과 비할 것이 못 되며, 옛날의 경계를 다시 밝히고 유민들을 찾아다 안착시키는 데 지나지 않는다", "옛날의 경계로 말한다면 발원지가 일치하지 않고 나무울타리도 다 썩어문드러져서 실제의 장소가 옛 문헌과 맞지 않기 때문에 옳게 확인하기가 정말 곤란하다."면서 공동감계의 어려움과 그 성과에 대한 회의를 토로하고 있다. 따라서 의정부에서 충분히 의논하고 결정한 다음 이러한 중임(重任)을 감당할 만한 새로운 사람을 임명해 달라고 그는 요청하였다. 그가 보기에 공동재감계는 옛날의 경계를 밝히는 것, 즉 '두만강경계론'을 인정하는 데 지나지 않기 때문에 제1차 공동감계에서 주장하였던 '토문강경계론'으로 얼마간의 영토를 확보하겠다던 '기대'도 이미 무너졌고, 더구나 조선 측에서 제안한 '차지안치론'도 이미 거부를 당하였으므로 공동감계에 나서더라도 새롭게 얻을 수 있는 것이 거의 없었다. 더구나 "강을 건너는 일에 대한 단속이 오랫동안 해이해져 넘어간 사람들이 아주 많아 거두어들일 길이 없는" 상황은 그가 도저히 해결할 수 없는 골치 아픈 난제였다.

이 때문에 그가 공동재감계에 부정적인 입장을 취하였던 것은 당연한 일이었다. 그러나 조정에서는 "신중하게 다루어야 할 일이라 다시 감계를 하게 된 것이니, 사양하지 말고 곧바로 가서 일을 처리하라"

64 「德源府使李重夏疏」(高宗 24년 3월 4일), 『高宗實錄』 24卷, 高宗 24년 3월 4일 첫 번째 기사(원본 28책 24권 10장 A면. 영인본 2책 263면).(『자료선역』 3 — 037 — pp. 696-698)

는 지시를 내렸다.[65] 결국 이중하는 공동재감계에 나서는 것을 더 이상 피할 수 없었다. 그렇지만 이후의 결과는 이미 이러한 이중하의 예측에서 거의 벗어나지 않았다. 당시 정부에서 어떠한 구체적인 지시를 내렸는지를 확인할 수는 없지만(이중하의 '독단'일 수도 있다), 그로서는 중국 측 공세로부터 '두만강(홍토산수)경계론'을 지켜 내는 것을 더 이상 물러설 수 없는 저지선으로 삼지 않을 수 없었다. 그리고 실제 제2차 공동감계의 경과는 이러한 흐름을 잘 보여 준다.

한편 2월 26일 이중하가 3월 중순에야 비로소 임지에서 출발할 수 있어 대략 4월 중에야 도착한다고 알리는 함경도[관찰사] 남정순(南廷順)의 서신을 받고, 길림의 감계위원 진영(秦煐)은 "총리아문의 답변 상주를 살펴보면 아직도 반드시 서로 참고하여 입증하고, 최선을 다해 분석하고, 거리를 측량해야 하므로 업무가 정말 쉽지 않다"면서 추가로 관원 한 명을 파견해 달라고 요청하였다. 이에 길림장군 희원(希元)은 화령동지함을 지닌 분발보용지현[花翎同知銜分發補用知縣] 방랑(方郎)을 추가로 파견하였다.[66] 더불어 길림장군은 4월 18일 혼춘에 통보하여 감계위원들에게 총리아문의 원주(原奏)를 살펴보면 응당 구분해

65 위와 같음.

66 「吉林將軍希元文」(光緒 13년 3월 20일), 『中日韓』 卷4, pp. 2245-2246; 『국역중일한』 2, pp. 173-174.(『자료선역』 3 — 039 — pp. 706-708) 方郎은 『中朝交涉史料』에 수록된 제2차 공동감계에 대해 가장 상세하게 그 경과를 기록한 중국 측의 자료인 「吉朝分界案」의 편자이기도 하다. 이 자료는 최근 經莉 編, 『國家圖書館藏 淸代孤本外交檔案續編』 全20册(國家圖書館, 2005) 第5册, 또는 陳湛綺 編, 『淸末邊境界務檔案』 全3冊(全國圖書館文獻縮微複製中心. 2008) 제1책에 全文이 공개되었다(물론 그전에 이미 『中朝交涉史料』에 대부분의 내용이 소개되었다). 이 자료는 광서 16년(1890) 길림장군아문에서 화재로 변계문제 관련안건이 모두 소실되자 총리아문에 기존 왕래문건의 복사를 요청해서 복원된 것으로 보이는데, 그 때문인지 문서의 순서배열이 뒤죽박죽으로 섞여 있다.

서 가려야 할 것이 세 가지, 응당 고증해야 할 것이 다섯 가지이므로, 여기서 다룬 각 부분에 따라 자세하게 공동감계를 해야 할 것이라면서, "총리아문의 이번 주의(奏議)를 상세히 풀어 거기에서 내세운 응당 구분해서 가려야 할 것과 응당 고증해야 할 것에 대해 최선을 다해 연구하여 그 요령을 얻은 다음, 조선의 안변부사에게 조회를 통해 알려줌으로써 이치로써 변론"을 하라는 지시를 내렸다.[67] 앞서 살펴본 대로 총리아문의 입장은 1) 홍단수를 대도문강, 즉 두만강의 본류로 설정한다, 2) 정계비는 '정계' 또는 '분계'의 근거가 되지 못하며 그것이 옮겨졌을 것이라는 입장이었으므로 이러한 방침에 따라 길림 측이 공동감계에 임한다면 이중하의 임무는 그야말로 험난한 것이 되지 않을 수 없었다. 제2차 공동감계는 사실상 시작되기도 전에 이미 공동합의를 얻기 어려운 한계가 설정되어 있었던 것이다.

한편 이후 실행되는 제2차 공동감계의 구체적인 실행경과를 알려주는 사료는 제1차의 경우와 마찬가지로 이중하의 『감계사등록』에 가장 상세하게 실려 있다. 따라서 이것을 바탕으로 제2차 공동감계의 경과를 살펴보도록 하겠다. 이에 따르면 함경북도 안무영에서 내무부(內務府)의 관문(關文)을 받아 3월 10일에 덕원부를 출발할 이중하의 일정을 알려 주면서 각 읍에 이중하의 접대와 백두산 답사 준비를 미리 지시한 것은 고종 24년(1887) 2월 15일의 일이었다.[68]

흥미 있는 것은 뒤이어 3월 7일 길림의 화룡욕에서 무산부(茂山府)에 보낸 조회에 따라 감계한 다음 경계지역에 세울 석비(石碑) 열다섯

67 「琿春副都統衙門邊務交涉處移付」(光緒 13년 4월 18日), 『勘界使謄錄』 下, pp. 139-141; 「勘界使謄錄」, 『조·청국경회담』, p. 261; 『역주 감계사등록』 하, pp. 248-250.(『자료선역』 3 — 041 — pp. 714-716)

68 「二月十五日到付按關」, 『勘界使謄錄』 下, pp. 1-2; 『역주 감계사등록』 하, pp. 45-57.

덩이를 준비하여 무산부의 소홍단묘(小紅丹廟)로 보내라는 안무영(按撫營)의 지시[甘結]가 내려졌다는 사실이다. 하지만 무산부에서 석공(石工)이 1명도 없다고 보고하자 안무영에서는 부령부(富寧府)에 석공 10명을 무산부로 급히 보내라는 지시를 내렸고, 뒤이어 3월 15일에도 이를 다시 독촉하였다. 무산부의 경우는 석공 1명만을 보낼 수 있다고 보고를 올렸다가, 4월 2일에는 다시 그가 신병(身病)이 생겨 일을 할 수 없다는 보고를 올렸다.[69] 다음날 또 무산부는 비석을 마련하는 일은 엄청나게 커서 손 쓸 틈이 없다는 사정을 호소하였다.[70] 이후 이 석비에 대해서는 『감계사등록』에 거의 언급이 없다.

이런 사정을 보면 함경도 지방에서 중국 측이 요구한 석비를 준비할 능력이 없었고, 실제 석비도 마련할 수 없었다는 것을 알 수 있다. 하지만, 이후 나중에 이중하가 보고한 것을 보면 "길림에서 파견한 위원인 독리상무(督理商務) 진영(秦煐)은 3월 26일에 이미 회령부에 도착하여 미리 15개의 비석을 홍단하구(洪丹河口)에 운반해 놓고 홍단수(洪丹水)·삼지(三池) 위에 경계를 세우고자 기세등등하게 기다리고 있었다."라고 하므로,[71] 중국 측은 사전에 이미 홍단수를 경계로 정하고자 입장을 정리한 다음 아예 석비까지 설치할 준비를 하고 있었음을

69 『勘界使謄錄』 下, pp. 3-4, p. 13; 『역주 감계사등록』 하, pp. 60-67, pp. 79-80을 참조.

70 「初三日到付茂移」, 『勘界使謄錄』 下, pp. 14-15; 『역주 감계사등록』 하, pp. 80-81.

71 「勘界使李重夏丁亥狀啓」(光緖 13년 5월), 『勘界使謄錄』 下, pp. 117-123; 『역주 감계사등록』 하, pp. 219-227; 「勘界使李重夏丁亥狀啓」, 『역주 감계사등록』 상, pp. 344-346(이것은 원래 하책에 들어가야 하는데, 여기 실려 있다. 다만 번역문·원문은 하책에 실려 있고 여기에는 원문만 실려 있다); 李重夏, 「啓草」, 『조·청국경회담』, pp. 251-253; 「土門勘界(事實)」, 『白山學報』 2. 1967, pp. 174-176.(『자료선역』 3 — 047 — pp. 802-809)

알 수 있다(이중하는 3월 19일 덕원부에서 출발하여 4월 5일 회령부에 도착하였다).[72] 여하튼 중국 측 감계위원 진영(秦煐)은 3월 26일 회령부에 도착

72 하지만 제2차 공동감계에서 양측의 합의가 이루어지지 않았으므로 이 석비는 결국 설치되지 않았다. 吳祿貞의『延吉邊務報告』第5章, p. 90에서는 光緒 13년 6월 9일 勘界員 德玉·秦煐·方郎 등이 공동감계에 대해 올린 보고를 인용하여 그들이 경계비를 세우고자 한 장소를 열거하고 있다. 그 목록은 다음과 같다. (1) 華字碑: 소백산 정상. (2) 夏字碑: 소백산 동쪽 기슭 도강 입구, 화자비와 15리 떨어진 곳. (3) 金字碑: 황화송전자[나중에 나오지만 이것은 소백산 부근의 황화송전으로 지금까지 언급된 곳과는 다른 곳이다]가 처음 물줄기와 접하며 하자비와 22리 떨어진 곳. (4) 湯字碑: 황화송전자가 끝나는 곳의 물줄기 입구로 금자비와 5리 떨어진 곳. (5) 固字碑: 석을수가 발원하는 곳으로 탕자비와 12리 떨어진 곳. (6) 河字碑: 석을수와 홍토수가 만나고 고자비와 41리 떨어진 곳. (7) 山字碑: 長坡 浮橋 남안으로 하자비와 80리 떨어진 곳. (8) 帶字碑: 석을수, 홍단수가 만나는 곳으로 산자비와 23리 떨어진 곳. (9) 礪字碑: 삼강구의 도문강과 서두수가 합류하는 곳으로 대자비와 36리 떨어진 곳. (10) 長字碑: 도문강과 朴河가 합류하며 여자비와 31리 떨어진 곳. 10개 비석의 글자를 모으면 "華夏金湯固, 河山帶礪長"이라는 문장이 되는데, 중국의 영토는 쇠로 된 성벽[金城]이나 뜨거운 물이 솟는 연못[湯池]처럼 견고하고, 그 강산은 黃河가 허리띠만큼 줄고 泰山이 숫돌만큼 줄어들 때까지 영원히 존속할 것이라는 뜻이다. 이것을 따르면 제2차 공동감계 이후(이전이 아니다) 중국 측은 소백산–[소백산의] 황화송전자–석을수로 이어지는 국경선을 예정하고 있었음을 알 수 있다. 중국 측 기록이나 연구에서는 이것이 국경을 나타내는 경계비로서 세워졌다는 주장을 따르는 경우도 많지만(이를테면 呂一燃 主編,『中國近代邊界史』上冊, 四川人民出版社, 2007, pp. 28-30에서는 1889년 세워졌지만 조선인에 의해서 몰래 파괴되었다고 주장한다), 당시 조선 측 감계사 이중하가 반대하였기 때문에 실제로 세워지지는 않았다. 또한「總署奏, 遵議琿春境內朝鮮越墾流民, 斷難刷還摺」(光緒 16년 2월 18일),『淸季外交史料』卷82, pp. 1467-1468에 의하면 길림 측이 무산 서쪽의 석을수를 경계로 하는 문제에 대해 조선국왕에게 관원을 파견해서 길림에서 파견한 관원과 함께 界牌를 세우게 해 달라고 총리아문에게 요청하였지만, 총리아문에서는 "응당 조선에서 감계할 관원을 파견해 오길 기다려[중국 측에서 제안하였지만 무산된 제3차 공동감계를 말한다 – 인용자] 다시 길림 파견 관원과 함께 界牌의 설립에 대해서 논의하게 해야 할 것"이라고 거부하였다는 사실도 그 점을 분명히 확인해 준

하였고, 혼춘승판처의 덕옥(德玉)은 4월 8일 회령부에 도착하였으며 4월 18일에는 흑정자(黑頂子) 등 지방의 둔간사무를 총괄하며 아울러 변방영무처의 업무를 보조 처리한다[總理琿春黑頂子等處屯墾會辦邊防營務處]는 직함을 지닌 방랑(方郎)이 그 일행에 합류하였다.[73]

이후 진행된 공동감계·국경회담의 경과는 이중하의 정리에 의하면 대략 다음과 같다.[74] 이중하는 4월 5일에 도착하였으므로 4월 7일부터 중국 측 감계위원과 수차례 회담을 나누게 되었는데(그 내용에 대해서는 다음에 상술하겠다), 중국 측이 먼저 서두수를 답사하고 나서 다른 물줄기를 조사하자고 주장하고, 이중하는 '조선의 내지'인 서두수의 답사를 거부하면서 반박을 거듭하여 결국은 4월 22일이 되어서야 양측 모두 100여 명이 넘는 인원이 백두산 산행을 시작할 수 있었다.

하지만 무산의 장파(長坡)에 도착하자 중국 측은 다시 홍단수 답사를 요구하였고, 이중하는 다시 이곳 조선의 내지이므로 가서 답사하는 것이 옳지 않다고 여러 날 논쟁하며 버티다가 "마침 중국 측이 휴

다. 그리고 혹시라도 그 이후에 세워졌다면, 조선 측의 동의가 없는 일방적인 설치이니 효력도 없을 터이다. 1907년 日本이 설치한 間島派出所 역시 현지를 답사하여 이 界牌들이 여전히 원 위치에 방치되어 있음을 확인하였다(盧啓鉉, 『間島領有權紛爭史』, 한국연구원, 2006, pp. 144-145; 동북아역사재단, 『譯註『統監府間島派出所紀要』』, 동북아역사재단, 2013, pp. 165-166). 또한 1920년대까지도 이것들은 원래 계획된 자리에 세워지지 못하고 방치되어 있었다는 목격담(박영철, 『백두산유람록』, 출판지불명, 1921, p. 3. 한국학중앙연구원 장서각 디지털아카이브 http://yoksa.aks.ac.kr)이 남아 있다. 『역주 감계사등록』 하, p. 61의 각주 53)을 참조). 李花子, 「圖們江邊是否設立"十字碑"考辨」, 『延邊大學學報』 46-4, 2013도 이와 같은 결론을 내리면서 이 경계석이 세워졌다는 전승은 일본의 간도침략에 대응하는 과정에서 중국 측이 제출한 것이라고 지적하고 있다.

73 『勘界使謄錄』 下, pp. 11-21; 『역주 감계사등록』 하, pp. 75-90을 참조.

74 앞서 든 「勘界使李重夏丁亥狀啓」(光緒 13년 5월)를 참조.(『자료선역』 3 — 047 — pp. 802-809)

대한 총리아문의 주의 복사본에서 홍단수 역시 도문강 발원지의 후보 가운데 하나로 삼은 구절을 보게 되자" 그들의 주장을 깨뜨리기 위해 고집을 접고 윤4월 2일 출발하여 홍단수의 발원까지 찾아 들어간 다음 삼지(三池. 즉 三汲泡·三池淵)·허항령(虛項嶺)까지 답사를 하고 윤4월 6일에 다시 장파로 복귀하였다. 여기서 중국 측이 다시 "서두수·홍단수가 토문강의 강원이며, 장파는 길림지역"이라고 고집하면서 홍토산수·정계비 답사를 회피하려 하였지만, 결국 이중하의 반발로 윤4월 13일에 백두산행을 다시 시작하였다.

이후 백두산에 들어가 홍토수의 발원지를 조사하고 백두산정계비와 천지(天池)를 답사한 다음 일행은 장파로 돌아왔고, 이후 장파를 출발하여 5월 3일 무산에 도착하고 5월 5일 회령부로 복귀하였다.[75] "1개월 동안의 산행 가운데 궂은비가 장마로 변해 계곡에 물이 넘치고 구덩이들은 물로 가득 찼던바, 추위와 굶주림에 시달리며 발걸음을 옮기고, 온갖 어렵고 험한 길을 두루 맛보았던" 여정이었다.

이상의 경과는 사실 제1차 공동감계와 비교하면 회담이나 답사 경로를 놓고 서로 대치한 점에서 거의 비슷하였다. 중국 측이 처음부

75 앞서 든 「勘界使李重夏丁亥狀啓」(光緒 13년 5월)에서는 윤4월 24일 장파를 출발하여 5월 3일 무산에 도착하고 5월 5일에는 회령부로 복귀하였다고 하지만 이 날짜에 잘못이 있는 것 같다. 「覆勘圖們界址談錄公文節略」에는 5월 1일 장파에서 주고받은 문서가 실려 있고, 회령부에서 시작된 회담은 5월 15일 이후로 되어 있기 때문이다. 따라서 현재로서는 윤4월 하순에서 5월 초순 사이의 일정·위치는 정확한 내용을 파악할 수 없지만, 윤4월 19일에는 申武忠에 머물렀고, 5월 1일이나 그전에 장파에 도착하였으며, 회령에는 5월 15일 이전에 도착한 것으로 보인다. 『勘界使謄錄』 下(또는 「감계사등록 하」, 『조·청국경회담』, pp. 198-261 소수)나 이중하, 「勘界使交涉報告書」(奎11514) 및 「照會談草」, 『白山學報』 2, 1967, pp. 192-210. 『역주 감계사등록』 하, pp. 90-215.(『자료선역』 3 — 047 — pp. 802-809)

터 홍단수와 서두수를 [『일통여도』에 나오는 장백산 동쪽의 두 갈래 물길로 간주하여] 도문강으로 비정(比定)하려고 한 점도 마찬가지다. 다만 이중하의 거센 반발 때문에 서두수의 답사가 이루어지지 않고 대신 홍단수의 답사에 주안점 가운데 하나가 두어진 것이 제2차 공동감계의 특색이었다. 또한 제1차 공동감계에서는 중국 측이 총리아문의 주의를 휴대·열람하는 것을 확인하는 데서 시작하였지만, 제2차 공동감계에서는 그러한 흔적이 보이지 않는다. 앞서 서술하였듯이 총리아문에서는 '응당 구분해서 가려할 것 세 가지'와 '응당 고증해야 할 것 다섯 가지'라는 지침을 내린 바 있고, 길림장군 희원(希元)도 방랑(方郎)을 추가로 파견하면서 "총리아문의 이번 주의(奏議)를 상세히 풀어 거기에서 내세운 응당 구분해서 가려야 할 것과 응당 고증해야 할 것에 대해 최선을 다해 연구하여 그 요령을 얻은 다음, 조선의 안변부사에게 조회를 통해 알려 줌으로써 이치로써 변론"을 하라는 지시를 내린 바 있었다.

하지만 길림 측은 회담에서의 협상전략 때문인지 조선 측이 이러한 구체적인 내용을 알지 못한다는 전제 아래 자신들의 주장에 '불리한' 점은 가능한 한 언급을 배제하면서 제2차 공동감계에 임하였던 것으로 보인다. 앞서 서술하였듯이 총리아문의 주의에서는 『일통여도』에 보이는 홍단수는 무산의 남쪽에 있어 무산에서 북쪽으로 뻗은 소도문강과 관계가 없고, 서두수는 홍단수의 남쪽에 있고 길주(吉州) 내지에 있는 학항령에서 발원하므로 대도문강이 아니라고 단정하면서 다만 보조증거를 확보할 필요가 있다는 입장을 제시하여 길림 측의 주장을 부정한 바 있다. 때문에 고증해야 할 첫 번째 과제로 피차간에 확정이 되지 못한 곳은 무산 서쪽에서 목극등이 석비를 세운 곳까지의 땅이므로 이 280여 리 사이를 세밀하게 고찰해 보는 것이 바로 감계의 요령이라고 지시한 바 있다. 하지만 길림 측 감계 위원들이 처음부터 주안점을 두면서 고집한 것은 제1차 공동감계에서처럼 서두수나 홍단수의 답사였다. 이것은 감계·회담에 나선 그들이 초기 협상에서는 총리아문의 방침보다는 오히려 제1차 공동감계 이후 길림 측이 내렸던 결론·방침을 우선 조선 측에 제시하여 관철하고자 시도하는 비교적 강경한 입장을 취하였다는 점을 알려 준다. 심지어 그들은 "조선의 안변부사에게 조회를 통해 알려 줌으로써 이치로써 변론"하라는 길림장군의 지시도 무시하였다. 이것은 이후의 회담·협상과정에서 양보, 즉 총리아문 방침으로의 복귀를 감안한 단계적인 협상전략의 일환일 수도 있지만, 처음부터 '공정'한 협상을 꾀한 것으로 보기는 어렵다고 할 것이다.

하지만 조선 측에서는 이미 총리아문의 주의에 대해 최소한 부분적으로나마 통보를 받고 그것을 검토한 다음 공동재감계에 임하고 있었던 것 같다.[76] 다만 길림 측에서 그러한 지시에 따라 정한 구체적인

76 앞서 지적한 대로 이 총리아문의 지침을 조선 측에 통보한 중국 측 자문은 현재로서는 확인되지 않는다. 이중하는 4월 7일의 첫 회담에서 그것을 받아 보았다고 다음과 같이 진술하고 있다. "지난 해 봄 경계를 조사하고 지도를 그려 [주접과 자문을 보낸] 다음, 총리아문이 보내온 자문에서는 또한 이렇게 말하고 있습니다. '길림·조선의 경계 지역에서 조선 경내 무산부 동쪽 회령·종성·경원·경흥 5부와 동쪽으로는 녹둔(鹿屯)의 해구에 이르는 곳은 당연히 도문강이 천연의 경계로 이것을 구분하고 있어 아무런 의심의 여지가 없습니다. 무산의 서쪽에서 위로 분수령의 목극등 총관이 비석을 세운 곳까지는 응당 명확하게 확인하고 고증해야 할 것이 있으니, 길림에 곧바로 [관원을 파견하여] 공동감계를 하도록 지시[해 주실 것을 주청]해야 할 것입니다." 이 내용은 총리아문의 주의에 나오는 '응당 고증해야 할 첫 번째 사항'이다. 따라서 그 내용을 전체라고는 장담할 수 없어도 일부는 사전에 알고 있었다는 점은 분명한 것 같다. 『勘界使謄錄』 下, pp. 23-24; 『역주 감계사등록』 하, pp. 93-95를 참조. 다만 바로 뒤에 인용할 池昌翰의 회고나 이중하 자신의 설명은 제2차 공동감계·국경회담 도중 중국 측이 가지고 있던 것을 보고 그 내용에 대해 알게 되었다거나, 아니면 조선 측에서도 이미 그 주의를 휴대하고 있었다는 식의 모순된 이야기가 나오고 있어 혼동을 주고 있다. 따라서 이 문제를 푸는 실마리는 조선 측에 통보한 중국 측의 원 자문 내

협상의 방침이 무엇인지, 즉 길림 측이 처음부터 무슨 요구를 내세울지에 대해서는 사전에 파악하지 못하였던 것으로 보인다. 이를테면 이중하는 제2차 공동감계의 결과보고인 「정해장계(丁亥狀啟)」에서 앞서 서술한 대로 "마침 중국 측이 휴대한 총리아문의 주의 복사본에서 홍단수 역시 도문강 발원지의 후보 가운데 하나로 삼은 구절을 보게 되자, 그들의 주장을 깨뜨리기 위해 고집을 접고 윤4월 2일 모두 출발하여 홍단수의 발원까지 찾아"가게 되었다고 밝혔다.[77] 그가 4월 7일의 첫 회담에서 "홍단수를 경계로 삼고자 하는 결론이 내려진 것에 대해서는 정말로 꿈에도 생각하지 못하던 일"이라고 반박을 한 것도 이 점을 입증해 준다.[78]

또한 제2차 공동감계에서 조선 측 수행원이었던 지창한(池昌翰)은 "청국위원(淸國委員) 덕옥(德玉)이 아편(鴉片)을 끽연(喫煙)하고 혼수중(昏睡中) 그들이 군기대신(軍機大臣)으로부터 수령(受領)한 훈령(訓令)[총리아문 議奏를 말하는 것 같다 — 인용자]을 남몰래 가지고 와서 이를 등사(謄寫)하여 비로소 청국 측(淸國側)이 토문강(土門江)과 서두수(西豆水)와의 중간에서 절충(折衷)하려는 뜻이 있음을 깨달았다. 따라서 이 훈령(訓令)은 한국(韓國)에도 도래(到來)해 있다는 뜻을 제언(提言)했더니, 그들은 비로소 서두수(西豆水)를 버리고 홍단수(紅端水)로 양보(讓步)한 것이다. 또 이중하(李重夏)는 토문강설(土門江說)은 도저히 그들

용을 확인하는 것이 될 것이다.

77 「勘界使李重夏丁亥狀啓」(光緒 13년 5월), 『勘界使謄錄』 下, pp. 118-119; 『역주 감계사등록』 하, p. 221; 李重夏, 「啓草」, 『조·청국경회담』, pp. 251-252; 「土門勘界(事實)」, 『白山學報』 2. 1967, p. 175.(『자료선역』 3 — 047 — pp. 802-809)

78 「[李重夏]覆勘圖們界址談錄公文節略」(光緒 13년 5월 28일)을 참조. 이 내용에 대해서는 뒤에서 상술하겠다.(『자료선역』 3 — 045 — pp. 722-799)

로 하여금 승인케 할 수 없음을 자각하고 이에 이르러 비로소 독단(獨斷)으로 홍토수(紅土水)로 양보(讓步)한 것"이라고 회고하고 있다.[79] 길림 측이 총리아문의 지침을 사전에 제시하고 그것을 바탕으로 감계·회담을 진행하는 방식을 채택하지 않음으로써 자신들의 종래 주장을 관철하고자 하는 전략으로 나왔지만, 조선 측에서는 "이 훈령(訓令)은 한국(韓國)에도 도래(到來)해 있는 뜻을 제언(提言)"하였으므로, 허를 찔린 길림 측이 서두수의 답사를 포기할 수밖에 없었다는 것이다. 실제 제2차 공동감계에서 서두수의 답사가 이루어지지 않은 것은 아마 이러한 사정 때문일 가능성도 있다.

2) 제2차 공동감계와 국경회담의 내용

그렇다면 제2차 공동감계의 과정에서 진행된 회담의 내용은 어떠한 것이었을까? 한 달여에 걸쳐서 이루어진 그 회담의 구체적인 내용은 대단히 복잡하고, 논쟁점도 한두 가지에만 걸치는 것이 아니다. 『감계사등록』 하권에 실린 이중하의 기록은 또한 따로 「도문강 경계지역 공동감계 때의 회담 기록과 공문 요약[覆勘圖們界址談錄公文節略]」(光緖 13년 5월 28일)이란 기록으로 잘 정리되어 있으므로, 이것을 바탕으로 회담의 경과와 내용을 서술해 보도록 하겠다. 제2차 공동감계의 회담 내용은 사실 여기에 거의 모두 포함되어 있다.[80]

79 「光緖 13년 勘界時의 情況을 當時의 隨員이었던 池昌翰에게 質疑한 內容報告」, 국회도서관 편, 『間島領有權關係拔萃文書』, p. 90.

80 李重夏, 『勘界使謄錄』 下(또는 「勘界使謄錄 下」, 『조·청국경회담』 소수); 李重夏, 「勘界使交涉報告書」(奎11514); 「照會談草」, 『白山學報』 2, 1967; 「覆勘圖們談錄」, 『白山學報』 2. 1967; 「覆勘圖們界址談錄公文節略」, 『白頭山定界碑資料』(奎25219); 『역주 감계사등록』 하, pp. 90-215; 「[總理衙

우선 4월 7일 이중하가 처음 보낸 공문의 내용을 보도록 하자. 여기서 이중하는 "조선의 본의가 영토를 확장하려는 데 있었다"는 중국측의 주장에 대해, 『흠정황조통전(欽定皇朝通典)』「변방문(邊防門)」과 『흠정[황조]사예고(欽定[皇朝]四裔考)』, 『일통여도』와 『[대청]회전도([大淸]會典圖)』 및 총리아문의 주의(奏議)를 근거로 제시하면서 중국 측의 입장에 반론을 가하고 있다. 홍단수·서두수를 내세우면서 홍단수를 경계로 삼자고 하는 진영(秦煐)의 주장에 대해 "정말로 꿈에도 생각하지 못하던 일"이라고 강하게 반발하면서 "정확하게 장백산에서 발원하는 도문강 경계"를 전에 진영이 이야기한 적이 있는데 "지금 갑자기 소백산(小白山) 이하의 발원지를 가리키는 것은 전혀 조금도 예상하지

門]行北洋大臣李鴻章文」(光緖 13년 10월 21일), 『中日韓』 卷5, pp. 2392-2409, 「附件. 29件」; 『국역중일한』 2, pp. 179-230; 國家圖書館分館 編, 『淸代邊疆史料抄稿本彙編』(北京: 線裝書局, 2003) 第8冊 「覆勘圖們界址談彔公文節略」; 吳祿貞, 『延吉邊務報告』 제5장, 또는 이 『延吉邊務報告』가 轉載된 徐世昌 編, 『東三省政略』, 1911年原刊. 臺北: 文海出版社, 1965影印, 卷1의 「邊務(延吉附件)」 등. 『勘界使交涉報告書』와 「照會談草」는 같은 내용으로 제2차 감계 때 양측의 주고받은 문서가 날짜별로 정리되어 있다. 이 점은 『역주 감계사등록』 하(특히 pp. 210-249)도 마찬가지이지만, 『역주 감계사등록』 하에는 다른 문서나 내용이 실려 있다는 차이가 있다. 따라서 이상의 자료에 실린 '談草' 기록이 나중에 「覆勘圖們界址談錄公文節略」으로 다시 약간 줄여서 편집된 것으로 보인다. 『勘界使謄錄』 下卷 또는 『勘界使交涉報告書』에 실린 자료는 원래대로의 모습을 충실히 반영하고 있지만, 『백두산정계비자료』에 실린 자료나 『中日韓』의 附件과 같은 경우는 삭제·생략 부분이 상당히 나타나고 있다. 대체로 두 종류의 판본이 있고, 축약된 판본에서는 각 자료의 내용 가운데 상당 부분을 삭제하거나 생략한 것도 적지 않다. 따라서 여기서의 인용은 삭제·편집되지 않은 『勘界使謄錄』 下·『勘界使交涉報告書』에 의거하였다. 이 『勘界使交涉報告書』의 마지막 쪽에 "光緖 13년 5월 28일 行府使 兼 勘界使 李"로 표기되어 있어 보고서가 최종적으로 작성된 시점을 알 수 있다. 이하의 인용·내용은 따로 표기가 없는 경우 모두 여기에서 나온 것이지만, 문서번호만은 축약된 판본의 것을 따랐다.(『자료선역』 3 — 045 — pp. 722-799)

못한 바"라는 반론이었던 것이다.[81]

이에 대해 진영은 4월 11일의 답장 조회를 통해 "당시 비석을 세운 곳이 반드시 당시 경계를 나눈 곳이라고는 할 수는 없다는 판단은 아주 명백하다. 비석과 분계는 아무런 관계가 없다는 점이 확실히 아주 뚜렷하게 드러난다"면서 정계비의 신빙성을 부정하고, "지도의 그림이나 기록의 내용 역시 설명도 제대로 상세한 것이 못 된다"면서 이중하가 근거로 삼은 중국 측 자료와 북경으로부터 구입해 온 지도를 저잣거리의 지도로 근거가 되지 못한다고 강변하였다. 이에 앞서 그가 조선 측의 태도를 비판한 다음과 같은 부분은 공동재감계에 임하는 길림 측의 불만 정서와 강압적인 자세를 잘 보여 주고 있다.

> 귀 정부에서는 도대체 무엇을 보고 이런 주장을 하는 것입니까? 생각건대 조선은 청조에 신복(臣服)하여 번봉(藩封)이 된 지 오래되었고, 최근 매번 화란(禍亂)을 당할 때마다 황상께서 탕금(帑金)을 내리고 병사를 모집하여 보호하고 돌봐 준 은혜가 또한 크고 두터운데, 귀 국왕과 정부의 여러 신하들은 어떻게든 삼가 직무를 다함으로써 황상의 은혜에 보답하려 하고 있지 않습니까? <u>그런데 부사께서는 지시를 받아 도문강 발원지를 다시 조사한 것이 두 번째이고 시간은 3년이 넘었지만, 그때마다 잘못 지목한 것은 이루 다 책에 쓸 수 없을 정도여서 마치 감계라는 일을 아이들 장난처럼 보시는 것 같습니다. 나라와 백성을</u>

81 「1) 吉林派員秦煐, 朝鮮勘界使李重夏, 在會寧府說帖照會」[문서 번호 01]. 이하 여기서는 편의상 『中日韓』의 附件으로 수록된 29건의 순서를 따라 [문서 번호 01]이라는 식으로 표기하겠다. 그 내용은 또한 1)에서 5)로 크게 나뉜다. 原件에는 없는 번호이지만, 문서의 분량이 많아 이렇게 분류한 번호를 따르는 것이 편리하기 때문이다. [문서 번호]가 없는 것은 『勘界使謄錄』·『勘界使交涉報告書』 등 생략·편집되지 않은 原件에서 인용한 것이다.

위한 길이 과연 응당 이래야 하는 것입니까? 또는 어찌 작은 나라가 큰 나라를 섬기는 도리가 이런 것이겠습니까? 조선에서는 어찌 처음에는 해란강을 도문강이라 지목하였다가, 뒤이어서는 도문강을 두만강이라고 우기고, 나아가 송화강의 발원인 황화송구자(黃花松溝子)를 도문강의 발원이라 하였습니다. 한 번 두 번 계속 잘못 지목하면서도, 그 잘못이 한결같지 않으니, 어찌 입에서 나오는 대로 멋대로 헛소리를 하면서 일부러 속이려 하는 것이 아니라 할 수 있겠습니까? 진실로 보내온 글에서 말하는 '꿈에도 생각하지 못한 말'이라는 것이 정말 거짓이 아닌 듯합니다. 우리 총리아문에서 조정에 올린 상주문에서는 "조선에서 뚜렷하게 봉금령을 어기면서, 은근하게 땅을 넓히려고 꾀한다"고 하였는데, 그 말은 엄숙하고 뜻을 올바르니 얼마나 정확한 지적입니까? 귀 정부에서 보낸 공문에서는 그래도 잘못을 알고 뉘우치고 있었던 것으로 보이는데, 지금 귀 부사의 글을 보면 전혀 공경하고 두려하거나 깨우친 마음을 가지고 있지 않으니, 어찌 신하로서 군주를 섬기는 도리라고 하겠습니까? … 만일 헛되이 자기 능력에 대한 자만심을 품고 사사로운 마음을 멋대로 남용하여 눈앞의 작은 이익만을 돌볼 뿐 뒤처리를 제대로 하는 것을 꾀하지 않는다면, 나라에 무궁한 근심을 남길 것이고 백성들은 예측하지 못한 우환을 품게 될 터이니, 나라를 사랑한다고 내세우지만 실제로는 나라를 그르치고, 백성을 사랑한다는 핑계를 대지만 바로 백성을 해치는 바가 될 것입니다. 저는 이것은 "군자가 취할 바가 아니다."라고 말하겠습니다.[82] [밑줄 — 인용자]

여기서 진영은 변계문제의 발생 이래 여러 차례 조선의 주장이 바

82 「1) 吉林派員秦煐, 朝鮮勘界使李重夏, 在會寧府說帖照會」[문서 번호 02].

뀐 것에서 생겨난 불신을 노골적으로 털어놓으면서, 청조에 신복(臣服)한 번봉(藩封)인 "작은 나라가 큰 나라를 섬기는 도리"를 지키지 않고 은근하게 땅을 넓히려고 꾀한다는 의심을 제기하고, 나아가 이중하에게까지 '신하로서 군주를 섬기는 도리'를 다하지 못한다고 비난하였다. 그는 아울러 두만강의 흐름 세 갈래에 대해 측량위원을 먼저 파견하여 연도에서 측량을 맡게 하고, 곳곳마다 모두 고증하고 조사해야 하므로, 아마도 상당히 많은 시간을 들여야 할 것이라고 통보하였다.

기선을 제압하려는 것 같은 진영의 이와 같은 맹렬한 비난에 대해 4월 13일 이중하는 제1차 공동감계 이후로 조선에서는 "어리석은 기존의 편견을 고집하지 않고 총리아문 상주문의 뜻을 지켜 오로지 도문의 옛 경계만을 준수하려고 할 뿐"인데, 진영이 조선을 그야말로 예측할 수 없는 죄목으로 몰아, "땅을 넓히려고 은근히 꾀한다"거나 또는 "일부러 속이려 한다"고 비난하여 "신하로서 차마 들을 수 없는 이야기를 듣게 하였으니 다만 큰 소리로 길게 한탄하면서 칼로 목을 베어 자결함으로써 이 절실한 심정을 드러내고 싶을 뿐"이라고 비통하고 억울한 심정을 호소하였다. 하지만 그는 분명히 논변하지 않을 수 없는 네 가지에 대해서는 다음과 같이 반박을 하였다.

1) "종래 가서 비석과 무더기를 조사하였는데 처음에는 '물의 흐름이 서로 이어진다'고 우선 주장하다가 지도를 그린 먹물의 흔적이 마르기도 전에 또 다시 새로운 주장을 늘어놓았다"고 하는데, 홍토수가[83] 비석의 경계에 연결되지 않는다는 점은 산에 오르기 전에 여러 차례 설명을 하였다.
2) [홍토수가] 복류한다는 이야기는 원래 목극등 총관이 자문에서 한

83 原文에는 '홍단수'로 되어 있으나, '홍토수'의 잘못임이 분명하다.

말의 일부분이지, 조선정부가 처음 만들어 내놓은 것이 아니다. 지금까지 경계를 논의할 때 한 번도 강북 땅이나 해란하·송화강이 조선 땅이라고 한 적도 없으며, 그때 따진 것은 단지 비석과 무더기를 조사하여 조선의 숨기지 않는 마음을 밝히려는 것이었으므로 진영 위원의 비난은 근거가 없다.

3) "변경을 조사한 비문을 경계를 나눈 비문으로 삼으려 하는 것"이라 하지만, 백두산의 이 석비는 오래전부터 중국과 조선의 300년 경계가 되어 왔으며, 국가의 역사기록이나 야사 모두 이를 싣지 않는 것이 없다. 이것을 나중 사람들의 위작으로 돌리고 간사한 백성이 비석을 옮겼다고 의심하는 것은 이치에 맞지 않다. 이전에 함께 감계를 할 때 매번 기존 기록과 지도를 근거로 하면서도 보여 주지 않았으므로 북경으로부터 지도 한 장을 구입해 왔는데, 저잣거리에서 얻은 것이라 근거가 될 수 없다고 하니 놀랍고 당황스럽다.

4) 위원을 파견하여 먼저 측량하자는 요청은 따르지 않을 수 없지만, 홍단수와 서두수는 경계 지역이 아니므로 실로 다시 논의할 만한 재조사의 필요가 없다.[84]

그러자 진영은 바로 다음 날의 조회에서 다음과 같이 주장하였다.

1) 비석과 무더기는 송화강 상류 위쪽에 있을 수는 없는 일임을 인정하였으니, 세밀하게 강의 발원지를 비교하고, 이 비석이 응당 어디에 세워져 있어야 하는지를 확인해야 한다.

2) 총리아문에서 말한 "무산 서쪽으로 목극등 총관이 세운 비석까지의 지역"이라는 것은 그 비석이 응당 도문강 발원지에 있어야 한다고

84 「1) 吉林派員秦煐, 朝鮮勘界使李重夏, 在會寧府說帖照會」[문서 번호 03].

한 것이고, 송화강 상류 위의 비석을 가리키는 것이 아니다. 전에 조사한 비석을 세운 곳은 분명히 송화강의 발원지이니 더 이상 고증하고 확인할 필요가 없다.

3) 따라서 우선 인원을 파견하여 측량위원과 함께 먼저 출발하게 하든지, 아니면 두 사람이 함께 출발하여 도문강의 흐름을 따라 강의 발원지를 찾아 경계를 정해야 한다.[85]

이에 대해 이중하는 4월 15일 "조선의 땅 한 조각, 돌덩어리 하나라도 청조의 소유가 아닌 바가 없지만" 지금은 이미 변별하고 확인할 것이 남아 있지 않으니, 총리아문의 지시처럼 오로지 종전대로 조사하여 결정하는 일만 남아 있다면서 다음과 같이 긴 답장을 보냈다(이때 이중하는 『승문원정계고실(承文院定界故實)』 가운데 목극등 총관의 상주문과 조선에 보낸 공문 두 통을 베껴서 동봉하였다).

1) "조선과 관련이 없다"는 구절과 "비문에 경계를 나눈다는 구절이 없다"는 것으로 정계비가 경계를 나눈 비석이 아니라고 하는데, 목극등 총관의 상주문과 조선에 보낸 공문 두 통을 보면 분명하다.

2) 조선에서는 정계비를 수백 년 동안 청조가 정한 원칙으로 받들어 왔는데, 이에 대해 고증할 뜻이 없는 것은 총리아문의 지시와 다르다. 조선의 『승문원고실』은 이 비석이 경계를 가른 비석이라는 첫 번째 증거이다.

3) 『흠정[황조]통전』이나 『일통여도』가 두 번째 증거가 된다.

4) 『성경통지(盛京通志)』에서도 장백산 남쪽은 조선의 경계라 기록하고 있어, 세 번째 증거가 된다.

85 「1) 吉林派員秦煐, 朝鮮勘界使李重夏, 在會寧府說帖照會」[문서 번호 04].

5) 비석을 세운 옛 흔적을 살펴보면, 목극등은 압록강 물줄기의 첫 번째 발원지에 비석을 세웠는데, 동쪽으로는 도문강과 여전히 백 리 정도 떨어져 있었기 때문에 흙·돌무더기와 나무울타리를 세워 경계를 한정하였다. 홍단수의 발원지는 압록강의 지류와 70리 정도 떨어져 있어 분수령이라 할 수 없고, 송화강(황화송구자)의 80-90리 정도를 물줄기를 따라 설치한 무더기는 모두 합해 약 180개 정도이고, 그 무더기 위에 자란 나무가 오래되어 두 팔로 껴안을 만한 것도 많아 확실한 증거가 된다.

6) 홍토산수가 대도문강이다. 『[황조]일통여도』에 의하면 장백산 동쪽에 물줄기가 있고 대도문강이라고 설명이 붙어 있는데, 이것이 바로 홍토산수이다.

7) 홍단수와 홍토수 사이 존재하는 무산의 장파 등 촌락은 확실히 조선 땅이고, 홍단수와 서두수 발원지는 애초에 교계 문제와 관련이 없다.

8) 정계비에서 홍토산수에 이르기까지 흙무더기가 모두 다 연결되어 있지 않아 의혹을 낳는데, 거기에 비석을 세워 경계를 밝히면 된다.

9) 강(江)을 감정(勘定)하는 문제는 실제 아무런 의미도 없으나, 총리아문의 지시와 길림 측의 거듭된 요청에 따르겠다.[86] [밑줄 — 인용자]

여기서 우리는 이중하의 반론이 정계비와 거기로 연결되는 홍토산수가 경계가 된다는 점을 역설하는 데 있음을 알 수 있다. 이중하의 입장은 제1차 공동감계 때와 분명히 달라졌지만, 길림 측의 경우는 당시 입장에서 거의 바뀐 것이 없다는 점이 이 회담·논쟁의 특징처럼 보

86 「1) 吉林派員秦煐, 朝鮮勘界使李重夏, 在會寧府說帖照會」[문서 번호 05].

인다. 정계비의 신뢰성을 어떻게 해서든 깎아내리고, 대신 두만강 지류에 대한 감계에만 주안점을 두는 방식은 여전하였기 때문이다.

여하튼 이러한 이중하의 조회에 대해 같은 날 진영은 아무런 반론도 가하지 않고 다만 "측량위원 유우경(劉虞卿)을 파견하면서 궁병(弓兵), 승수(繩手), 측량 기구, 낙타와 말[駝馬]을 이끌고 17일에 출발하여 측량을 시작하였으면" 하니 빠른 시간 내에 결정을 내려 달라고 요청하는 답장만을 보냈다.[87] 길림 측의 요구를 거부하지 못한 이중하는 바로 같은 날 답장을 보내 "기한을 정하여 측량을 하고자 이렇게 일시를 정하니, 역시 당연히 인원을 파견해야 할 것으로 전임(前任) 오위장(五衛將) 오원정(吳元貞) 등 2인이 17일에 출발하여 합류할 것"이라고 통보하지 않을 수 없었다.[88] 하지만 4월 20일 진영은 다시 조회를 보내 앞서의 반론은 "대부분 이치를 벗어난 억지 주장"이라면서 "조선과 관계없다"고 한 강희제의 상유 내용과 "비문에는 경계를 나눈다는 글귀가 없다"고 한 총리아문의 지적을 들어 다시 정계비의 '정계' 사실을 부정하였다. 그는 더불어 "여전히 마음속으로 옳다고 보면서도 입으로는 아니라고 한다면, 아마도 천신(天神)께서도 또한 분노하실 것"이라는 강경하고도 무례한 태도를 보이면서 20일에 함께 출발할 것을 요구

87 「1) 吉林派員秦煐, 朝鮮勘界使李重夏, 在會寧府説帖照會」[문서 번호 06].

88 「1) 吉林派員秦煐, 朝鮮勘界使李重夏, 在會寧府説帖照會」[문서 번호 07]. 이중하는 이에 대해 "길림의 진영 위원은 소백산의 홍단수를 경계로 삼고자 하고, 이중하는 백두산의 두만강을 경계로 삼자고 하여 서로 버티면서 해결이 되지 않아, 이미 4월 17일에 각기 인원을 파견하여 강의 발원지를 확실하게 조사하기로 하였다"고 정부에 보고하였고, 김윤식으로부터 이를 통보받은 원세개는 이것을 이홍장에게 보고하였으며(「[袁世凱]致北洋大臣李鴻章電」, 光緒 13년 윤4월 4일, 『袁世凱全集』 1, p. 330), 이홍장은 이를 길림장군과 총리아문에 통보하였다(「[北洋大臣李鴻章]寄吉林將軍希幷譯署電」(光緒 13년 윤4월 5일), 『李鴻章全集』 卷22, 「電報」 2, p. 200).

하였다.[89]

이중하는 4월 20일 이에 대해 "토문강과 두만강은 하나의 강이라는 점과 비석의 동쪽 물줄기가 송화강 쪽으로 들어간다는 점에 대해서는 이미 판별하여 확인"하여 논의에서 제외시켰으므로, 경계는 자연히 종전대로 하면 될 터라는 입장을 재확인하였다. 즉 "변경을 조사하여 비석을 세우는 것과 경계를 조사하여 비석을 세우는 일"이 다를 수 없다, 비문에 경계를 나눈다는 구절이 없는 것은 당시 처음으로 경계를 나눈 것이 아니라, 이전의 관행대로 표시했을 뿐이라고 반박하였다. 그러면서도 공당(公堂)에서 함께 모여 터놓고 논의하고 상세하게 고증한 다음 입산(入山) 일자를 결정하자고 제안하였다.[90] 이에 대해 진영은 4월 20일 바로 답장을 보내 여전히 강의 "흐름을 거슬러 올라가 발원지를 찾음으로써 경계를 정하자는 논의가 가장 공정"하다는 입장을 굽히지 않으면서 22일 출발을 결정하였다고 통보하였다. 이중하는 더 이상 버티지 못하고 이에 동의하였다.[91]

이리하여 회령부에서의 회담은 이상과 같은 평행선의 대치상태를 벗어나지 못하고 종결되었으며, 양측은 일단 무산부의 장파 쪽으로 이동하였다. 앞서 서술하였듯이 장파에 도착하자 중국 측은 다시 홍단수 답사를 요구하였다. 4월 29일 이중하의 조회에 따르면 이중하는 "우선 홍토산을 측량하고자" 하였으나, 길림 측은 "우선 서두수를 측량하고 뒤이어 무산지방에 이르면 함께 먼저 홍단수로 가서 발원지를 살펴본 다음 장파로 돌아와 공개적인 논의를 하자"고 하였음을 확인할 수

89 「1) 吉林派員秦煐, 朝鮮勘界使李重夏, 在會寧府說帖照會」[문서 번호 08].

90 「1) 吉林派員秦煐, 朝鮮勘界使李重夏, 在會寧府說帖照會」[문서 번호 09].

91 「1) 吉林派員秦煐, 朝鮮勘界使李重夏, 在會寧府說帖照會」[문서 번호 10]과 [문서 번호 11].

있는데,[92] 조회를 받은 길림 측은 같은 날 내일 먼저 홍단수로 가서 발원지를 조사하자고 요구하였다.[93] 결국 윤4월 2일부터의 일정은 앞서 본대로 홍단수의 발원까지 찾아 들어간 다음 삼지·허항령까지 답사를 하는 것이 되었고, 윤4월 6일에 일행은 다시 장파로 복귀하였다.

그다음 윤4월 8일 이중하가 단연코 조사할 필요가 없는 서두수(西豆水)를 멀리 가서 조사하는 데에는 응하지 않겠다는 입장을 밝힌 것은 더 이상 중국 측의 논리에 휘둘림으로써 공동감계를 지체시키지 않겠다는 의지의 표현이었을 것이다.[94] 제1차 공동감계에서도 이중하는 서두수의 답사 요구를 무의미한 것이라고 완강하게 거부한 적이 있었음에도 불구하고, 또한 이미 총리아문으로부터 서두수가 대도문강이 아니라는 지시를 받은 바 있었던 중국 측이 이런 식으로 다시 요구를 한 것은 그야말로 억지와 강박이었고, 당연히 사전에 설정된 협상전략에 기초한 고의적인 '도발'이나 마찬가지였다. 진영은 같은 날 다시 서두수가 도문강이 아니라는 점을 총리아문에서도 역시 단정하지는 않았다면서 서두수의 답사를 요구하였는데,[95] 이중하는 이미 사흘 동안 누차 직접 얼굴을 맞대고 이야기하고자 하였으나, 그때마다 거절을 당하여 좀체 함께 이야기를 나눌 수 없었다면서 "결국 도문강을 정확하게 검증"하는 것이 이번 재감계의 핵심이라는 이유로 서두수 답사를 거부하였다.[96] 그러자 윤4월 9일 진영은 11일에 서두수로 출발하겠다고 압박을 가하였고,[97] 같은 날 이중하는 『일통여도』를 근거로 종래의

92 「2) 在茂山府之長坡照會」[문서 번호 12].
93 「2) 在茂山府之長坡照會」[문서 번호 13].
94 「2) 在茂山府之長坡照會」[문서 번호 14].
95 「2) 在茂山府之長坡照會」[문서 번호 15].
96 「2) 在茂山府之長坡照會」[문서 번호 16].
97 「2) 在茂山府之長坡照會」[문서 번호 17].

주장을 다시 내세우면서 "서두수로 가는 문제는 마치 북쪽의 연(燕)나라로 간다고 하면서 실제로는 남쪽에 있는 월(越)나라로 가는 길을 선택하는 것이나 거의 마찬가지"라고 비판하였다.[98]

이중하는 "이 조회를 보낸 다음 중국관원은 더 이상 아무런 답장을 하지 않았다."라고 기록하고 있는데, 앞서 언급한 그 다음 경로를 보면 결국 이중하의 주장이 관철되어 윤4월 13일에는 홍토산수로의 답사가 시작된 것으로 보인다. 하지만 바로 그전인 윤4월 10일 중국 측의 방랑(方郎)이 이중하를 방문하여 "지금 결정하지 못하면 장차 정부로부터 흠차대신(欽差大臣)이 다시 파견"되어 어떤 결과가 될지 모른다면서 다음과 같은 제안을 하였다.

> 조선의 땅을 전혀 축소시키지도 않고 또한 장파의 백성들을 완전하게 보전할 수 있으려면, 반드시 홍토수 서남쪽의 물줄기 가운데 가장 긴 것을 찾아야 할 것이다. 우리들은 비록 삼지(三池. 즉 홍단수를 가리킨다)를 경계로 삼고자 하지만, 혹시 저 위쪽에 계시는 분께 잘 말씀을 드리면 장파 거민 백여 호의 집과 분묘 등은 이미 연도가 오래되었음을 알 수 있어 황상께서 관대한 은혜를 베풀어 특별하게 구휼해 주도록 주청(奏請)할 수도 있으며, 우리 대황제께서는 차별하지 않고 하나로 보고 은덕을 베풀어 주시므로 반드시 이를 허용해 주시지 않을 리 없다.[99]

98 「2) 在茂山府之長坡照會」[문서 번호 18].

99 「3) 勘紅土山水後晤談照會」 부분의 「閏四月初十日」 기록. 이하 홍토산수 답사 전후의 기록은 [문서 번호 19]를 제외하고는 대부분 요약된 판본의 「覆勘圖們界址談錄公文節略」(이를테면 『中日韓』 등)에는 실려 있지 않다. 따라서 문서 번호도 존재하지 않는다.

하지만 이중하는 이것이 "조선의 내지로 그 경계를 축소시켜" 정하는 것이라고 완강하게 거부하였으므로, 방랑은 "자못 불쾌해 하면서 더 이상의 논의를 중단하였다." 이러한 최후의 설득이 실패하자, 중국 측은 '서두수=두만강본류론'을 더 이상 조선에 제기하지 않고 취소한 것으로 보인다. 그리하여 결국 윤4월 13일 홍토산수를 답사하기 위한 일정을 개시하지만, 바로 다음날 중국 측은 통역을 불러 다시 "우리들의 이번 행차는 비록 삼지를 경계로 정하라는 총리아문의 지시를 받고 온 것이지만, 무산 장파에 있는 조선백성을 염려하여 소백산의 물줄기 하나를 가지고 경계를 정하고자 한다. 이것은 우리가 조선의 땅을 위해 양보를 한 것"이라는 말을 전달하게 하였다. 서두수 대신 홍단수 쪽으로 판가름을 내는 방식으로 중국 측의 대응방안이 바뀌었다는 점은 여기서 확인이 가능하다. 하지만 이에 대해서도 이중하는 "하나의 산속에서 이 물줄기, 저 물줄기를 따져 보았자 그것으로 얻고 잃은 것은 그리 많지 않지만, 그 중요성을 이야기하자면 조상 대대로 지켜 온 강토"로서 비록 "흙 한 덩이, 돌덩이 하나라도 신하 된 자가 어찌 그 원래 경계를 축소하여 자기 뜻대로 정할 수" 있겠는가 반문하면서, "오로지 대도문강이 경계가 될 수가 없다면, 오늘 정하든지 정하지 못하든지 간에 나중에 이 일이 더욱 확대되는 것은 마찬가지"라고 여전히 이러한 제안을 거부하였다.[100] 따라서 이후에도 홍단수와 홍토산수를 둘러싼 양측의 대립은 해소될 수 없었다.

결국 홍토산수에 대한 답사가 끝난 다음 윤4월 16일 다시 이중하와 중국 측 감계위원 세 사람이 함께 모여 본격적으로 변계문제를 논의하게 되었다. 여기서 중국 측 대표로 나선 진영 등은 홍토수와 정계

100 「3) 勘紅土山水後晤談照會」 부분의 「閏四月初十四日」 기록.

비가 연결되지 않는다는 점을 지적하면서 "비석은 근거가 될 수 있는 것이 아니며 , 그 비석이 원래 어느 땅이 있었는지도 알고 있지만, 누군가가 지금의 자리로 옮겼다는 것은 차마 분명히 말하지 못하겠다"고 노골적으로 정계비에 대한 불신을 제기하였다. 이중하는 이에 대해 그 점을 공문으로 보내 달라, "이것은 아주 큰일이니 마땅히 급히 우리 조정에 상주하여 조사·처리해야 할 것"이라고 답변하였다. 하지만 진영은 "차마 말하지 못하겠다"고 그 요청을 거부하였고, 이중하의 거듭된 공식적인 언급 요구에도 불구하고 답장을 하지 않았다.

그러자 이중하는 비석은 몰라도 그 위에 자란 나무의 나이가 아주 오래된 흙무더기를 옮길 수는 없다고 하였는데, 진영 등은 '다급하게' "흙무더기는 청 조정에서 장백산에 기도하러 다닐 때 왕래하는 지름길에 표시한 것"이라는 해석을 내놓았다. 결국 진영은 "지금 이미 물줄기를 모두 조사하였으니, 공평하게 얘기해 보자."라고 하였는데, 이중하가 홍토수를 고집하자 "크게 분노하여 '그렇다면, 이 일은 더 이상 논의할 필요가 없다. 나는 당연히 홍단수로 판정을 하겠다.'"라고 대응하였다. 이중하가 『황조일통여도』를 근거로 제시하자, "지도는 증거가 되기에 불충분하다."라는 것이 그들의 답변이었다. 나아가 그들은 "다시 크게 분노하여" "총리아문의 공문을 보면 그 뜻은 홍단수를 경계로 하는 데 있다"고 강조하였다.

또한 이중하가 제1차 공동감계 이후 홍토산수에 대해 "처음부터 한 글자도 언급하지 않았으므로, 총리아문에서는 이 물줄기의 존재를 알지 못해서 그랬던 것"이라고 반박을 하자, 그들은 "총리아눈의 뜻은 이를 허락하지 않으려는 것이기 때문에, 홍단하로 정하려는 것"이라고 대꾸하였다. 이중하가 "중국과 조선이 삼백 년 이래 저절로 지켜 온 옛 경계가 있는데, 왜 지금 따로 새로운 경계를 나누려 하느냐?"고 던진 질문에 대해서도 홍토산수가 경계가 된다는 점을 부인하면서 "중국 관원 세 명이 함께 머리를 모으고 기세를 올려 계속해서 말하면서 강박하였다." 이에 대해 이중하는 "큰 소리로 '제 머리는 자를 수 있어도, 나라의 영토를 축소시킬 수는 없습니다. 이것은 나라의 옛 기록에도 있는 바인데, 어찌 이렇게 서로 강요하십니까?'(吾頭可斷, 國疆不可縮, 此有國家舊誌, 何如是相迫耶?)"[밑줄 — 인용자]라고 완강한 거부의 태도를 견지하였다. 결국 홍토수가 옛 경계라는 것이 조선정부의 입장임을 확인한 그들은 "모두 분노와 한탄을 멈추지 않으면서", "그렇다면 이상과 같은 내용으로 서로 조회를 보내면 되겠다."라는 결론을 내렸고, 이중하도 단호하게 이에 동의하였다.[101]

이중하는 이때의 상황에 대해 이후 「[정해]장계([丁亥]狀啟)」에서 "중국관원은 조금도 들으려 하지 않고, 단지 홍단수만을 계속 고집하면서 산속에 머무를 때는 마치 협박하여 억지로 경계를 정하려는 것 같았습니다. 그렇지만 신 역시 줄곧 홍토수를 고집하여 서로 대치한 지 한 달이 넘어도 결론이 나지 않았습니다. 중국관원 역시 홍단수가 지도나 기록에 들어맞지 않는다는 사실을 스스로 알고 있었으므로 끝내 억지로 결론을 정할 수 없었는데, 이번에는 다시 석을수(石乙水)라고 하는 물줄기를 찾아 이것으로 경계를 정하려고 하였습니다."라고 보고하였다(이 문제는 뒤에서 다시 다루겠다).[102] 위에서 다룬 회담내용을 들여다보면 그것이 사실에 가까운 것이라 하지 않을 수 없을 것이다. 이중하는 또 다른 보고서에서도 "깊은 산속 비 오는 가운데 앉혀 놓고 상국(上國)을 기만한다거나 영토를 넓히려는 음모를 꾸민다고 위협하

101 이상의 내용은 「3) 勘紅土山水後晤談照會」[문서 번호 19]를 참조.

102 「勘界使李重夏丁亥狀啓」(光緒 13년 5월 28일), 『勘界使謄錄』 下, pp. 121; 『역주 감계사등록』 상, p. 345; 『역주 감계사등록』 하, p. 223; 李重夏, 「啓草」, 『조·청국경회담』, p. 252; 「土門勘界(事實)」, 『白山學報』 2. 1967, p. 175.(『자료선역』 3 — 047 — p. 805)

고 꾸짖으면서 억지로 홍단수로 경계를 삼으려는 태세였다. 그다음에야 하산하였는데, 한 달 가까이 산속에서 버티면서 정말 곤란하고 급박한 상황이었다."라고 중국 측의 강압적인 요구에 대응해야만 하였던 어려움을 토로하였다.[103]

여하튼 이후에도 홍토산수와 홍단수를 둘러싼 양측의 논쟁은 여전하였다. 윤4월 19일 신무충(申武忠)에서 이중하에게 보낸 조회에서 중국 측은 홍토산수는 비석·흙무더기와 이어지지 않는다는 것과 부근의 동유와붕수(董維窩棚水. 董棚水라고도 한다)의 물줄기를 조사해 보니 홍토수가 '복류(伏流)'한다는 것도 믿을 수 없다고 부정하면서, "홍토산수는 비석·흙무더기 및 동붕수와 본래 서로 이어지지 않으며 복류라는 것도 확실한 증거가 없지만, 조선정부의 의견이 홍토산으로 경계를 정하는 데 있으므로 홍토산수를 제외하면 감히 책임지고 결정할 수 없다."라고 권(權) 통역의 면전에서 이중하가 하였다는 이야기가 사실이냐는 점을 확인하자고 요구하였다.[104] 이에 대해 이중하가 "비석·흙더미가 홍토수와 매우 멀다는 점과 전에 함께 목격한 동붕수가 이어지지 않는다는 점"을 재차 확인해 주자(19일), 중국 측은 "동붕수의 하류가 이미 땅속으로 숨어서 복류하므로, 그 물길을 알 수 있는 분명한 방법이 없다."라고 답장 조회를 보냈다(25일). 이에 이중하가 다시 같은

103 「別單草」(번역문), 『間島領有權關係拔萃文書』, pp. 68-71의 「李重夏의 保管文書」 부분(이에 따르면 이 자료는 원래 「狀啟」의 부속의견서로 『勘界使謄錄』 원본에 실려 있지 않고 이중하가 수중에 보관하던 문서였다. 원문 역시 「影印」부분에 실려 있다); 「[李重夏]別單草」(光緖 13년 5월 28일 이후), 『조·청국경회담』, pp. 193-197; 『역주 감계사등록』 상 「부록」, pp. 340-343. 『역주 감계사등록』 하 「부록」, pp. 253-261; 「土門勘界(事實)」, 『白山學報』 2. 1967, pp. 172-174 등.(『자료선역』 3 — 049 — pp. 827-837)

104 「3) 勘紅土山水後晤談照會」의 「閏四月十九日 華員照會在申武忠」을 참조.

날 "[동붕수] 물줄기가 향하는 방향 역시 드러난 형태가 없는데, 대체로 북쪽으로 송화강의 발원지와는 30리 남짓이고 동남쪽으로 홍토산수와는 거리가 40리쯤에 미치지 못한다."라고 확인해 주었다.[105] 양측은 결론과는 크게 관계없는 지엽적인 논쟁으로 시간을 보내고 있었던 것이다.

이렇게 회담이 양측의 합의를 얻지 못하고 결렬되자, 공동감계에 참여하였던 일행은 결국 장파를 출발하여 무산을 거쳐 회령부로 복귀하였다. 그런데 5월에 이르면 점차 중국 측에서 태도의 변화가 나타나기 시작한다. 앞서 이중하가 홍단수에서 [이번 답사과정에서 새로 발견한] 석을수로 중국 측이 목표를 바꾸었다는 점을 지적한 바 있는데, 이러한 방향전환이 이때 본격적으로 드러나는 것이다. 그것은 5월 1일 장파로 다시 돌아온 다음 길림 측에서 보내온 조회에서 분명히 드러난다.

> 홍토수에는 두 갈래의 상류가 있음을 조사하였습니다. 그 하나는 원지(圓池)에서 발원하는 것으로, 이것은 합류처에서 구부러지면서 서북으로 올라가는데 원지까지의 거리는 27리 230보였고, 다른 하나는 홍토수의 상류 수원이 합류하는 곳에서 서남으로 올라가는데, 평평한 비탈에서 물길이 다하는 곳까지 11리 340보였습니다. 모두 동붕수(董棚水) 물줄기와는 이어지지 않습니다. 또한 홍토수의 이 두 수원은 모두 경계비나 흙무더기와 상당히 거리가 떨어져 있고 서로 이어지지도 않

105 「3) 勘紅土山水後晤談照會」의 「閏四月十九日 華員照會在申武忠」, 「閏四月十九日 答照覆」, 「閏四月二十五日照會」 등을 참조. 여기에서는 [문서 번호 19]를 제외하고 대부분은 축약판본(이를테면 『중일한』)에는 실려 있지 않다. 그 내용은 『勘界使謄錄』 下·『勘界使交涉報告書』에 실린 것을 옮긴 것이다.

습니다.

또한 석을수를 보면 조선에서는 도랑물[島浪水]이라고 부릅니다. 이 강은 소백산에서 발원하는데, 본 국처와 귀 부사가 측량위원 등과 함께 물길을 거슬러 올라가, 삼급(三汲) 제일포(第一泡)에서 18리쯤 떨어져 있는 석을수 상류의 물줄기 입구와, 양쪽에서 석을수로 흘러드는 작은 물길을 조사하였습니다. 짧은 물줄기를 제외하면, 홍토수·석을수의 합류처에서 서남으로 올라가다 다시 서쪽으로 향해 석을수의 물 흐름이 마르는 곳에 이르는데, 계산하면 41리 215보였습니다. 또한 물이 마르는 곳에서 다른 물줄기 하나가 이어지는데, 서남쪽으로 올라가며 길이가 12리, 넓이가 2-3장, 깊이가 5-6척 등이었습니다. 이 물줄기는 또한 황화송전(黃花松甸)으로 이어집니다.[106]

여기서 중국 측은 "홍토수의 두 수원은 모두 경계비나 흙무더기와 상당히 거리가 떨어져 있고 서로 이어지지도 않는다"는 점을 다시 확인하면서 소백산에서 발원한 석을수의 물줄기에 대해서도 조선 측의 확인을 요구하고 있는 것이다. 이에 대해 이중하는 같은 날 "석을수 상류의 물이 마르는 곳은 황화송전(黃花松甸)"이라는데, 조선에는 그런 지명이 없다고 질문을 던졌고, 진영은 이에 대해 "언덕도 아니고 산도 아니며 마치 평탄한 비탈 같은 곳으로, 물이 있는 것 같기도 하고 없는 것 같기도 한데, 진흙이 항상 물에 젖어 있어 지나가다 보면 불시에 진흙에 발이 빠지기도 해서 이곳을 '황화송전(黃花松甸)'이라고 통칭합니다."라고 답장을 하여, 이중하는 그에 대해 수긍하였다.[107] 하지만 뒤이

106 「3) 勘紅土山水後晤談照會」[문서 번호 20].

107 「3) 勘紅土山水後晤談照會」[문서 번호 21]과 [문서 번호 22], [문서 번호 23], [문서 번호 24]. 이렇게 보면 토문강 상류의 물이 마르는 곳, 즉 杉浦도

어 5월 11일 진영이 답사에 의해 확인한 '산과 물줄기의 원근과 거리'를 가지고 조회를 보내자, 이중하는 상황이나 거리가 들어맞지 않는다고 이를 거부하면서, 석을수의 거리는 "조사한 곳에서 물길이 시작되는 곳까지 55리 15보로, 장백산 정상에서 13리에 해당하[는 곳에 비석이 있]고, 비석에서 앞 봉우리[前峰]를 지나 연지봉[脂峰]까지는 15리, 연지봉에서 소백산까지는 20리"라고 답장을 하였다.[108] 아울러 "압록강의 발원이 토문강 각 지류와 얼마나 떨어져 있는가를 만약 기재한다면 각 물줄기에 대해서 마땅히 같은 방법을 사용해야 하는데, 오로지 홍토산수에 대해서만은 빼놓고 이야기하지 않았다"고 지적하였다.[109]

그러자 회령부로 돌아온 다음인 5월 13일 진영은 답장 조회에서 비석·흙무더기·복류 문제에 대해 종전의 주장을 되풀이하고, 이중하가 관인을 찍었던 공문의 내용을 뒤집는다고 비판하면서, 홍단수와 석을수가 작은 강이고 홍토산수가 큰 강이라고 주장한 것에 대해 "억지 주장만을 되풀이하고 있을 뿐이라 이렇게 되면 반드시 따로 흠차대신(欽差大臣)이 파견되어 와서 조사·처리하는 결과를 기다려야만 할 것"이라고 회담의 결렬을 선언하였다.[110] 이에 대해 결국 이중하는 "강물의 크고 작음을 가지고 논한다면, 소홍단수가 합류하는 곳 좌우에서 두 물줄기를 비교해 볼 때 홍토수가 홍단수보다 크다고 말하지 않을 수 없다. 또 석을수가 합류하는 곳에서 본다면 큰 수원과 작은 물줄기는 뭇사람이 함께 목격한 바이니, 어찌 다시 따질 필요가 있느냐?"라고 홍토산수설을 고집하였고, 나아가 중국 측이 결코 도문강의 옛 경계를 인정하

황화송전자라고 불렸으므로, 이러한 명칭의 장소가 두 군데 있는 셈이다.

108 [ ] 안의 부분은 원문에 착오가 있는 듯하다. 필자가 약간 수정하여 보충하였다.

109 「3) 勘紅土山水後晤談照會」[문서 번호 24].

110 「3) 勘紅土山水後晤談照會」[문서 번호 25].

지 않겠다고 하므로 "결국 이런 내용으로 돌아가 조정에 보고할 뿐"이라고 대응하였다. 그 역시 마찬가지로 회담의 결렬에 대해 동의를 한 것이다.[111]

이상의 서술에서 보듯이 중국 측이 명백하게 내세우고 있지는 않지만, 홍토산수를 부정하면서 계속 석을수를 언급하는 것은 결국 석을수를 두만강의 본류·정류로 지정하는 방향으로 입장이 바뀌었음을 보여 준다. 이중하도 앞서 지적하였지만, 중국 측이 홍단수를 버리는 대신 마찬가지로 소백산 기슭 가까운 곳에서 발원하는 석을수를 대안으로 제시한 것은 총리아문의 지침과도 그다지 차이가 없고, 조선 측이 주장하는 정계비 및 돌·흙무더기와 홍토수(紅土水)에 대한 유력한 반론이 된다고 생각하였기 때문일 것이다. "대도문강은 장백산 동쪽 기슭에서 흘러나오는 두 물줄기라는데, 홍단수 상류의 두 물줄기인지 아닌지, 아니면 다른 이름이 있는지 분명하지 않다"면서 총리아문이 '응당 고증해야 할 것' 가운데 세 번째 사항으로 지적하였던 조항은 아마 이러한 선택을 가능하게 해 주었을 것이다. 이 점에 대해 이중하는 이렇게 나중에 보고하였다.

> 중국관원 역시 홍단수가 지도나 기록에 들어맞지 않는다는 사실을 스스로 알고 있었으므로 끝내 억지로 결론을 정할 수 없었는데, 이번에는 다시 석을수(石乙水)라고 하는 물줄기를 찾아 이것으로 경계를 정하려고 하였습니다. 무릇 석을수(또는 乭央水, 즉 우리말로 도랑물)는 장파에서 홍토수를 따라 위로 80리를 가면 다다르는데, 홍토산에는 10여 리 정도 미치지 못한 곳에 있으며, 서남쪽으로부터 내려오다가 홍토수와 합류합니다. 그 발원지는 소백산 동남쪽 기슭에서 30리 정도 되는 곳에

111 「3) 勘紅土山水後晤談照會」[문서 번호 26].

> 있고 작은 물줄기이지만 그 흐름은 홍토수보다 조금 긴 것입니다. 이 역시 『일통여도』에 실려 있습니다. 중국관원의 의도는 오로지 비석과 돌더미로 이루어진 경계를 반박하는 데 있는데, 결국은 아울러 홍토수 원류설을 반박할 수도 있으므로 아예 따로 홍토수 옆의 물줄기를 찾아 그것으로 경계를 정하고자 하는 계산에서, 나아가 이 물줄기(석을수)가 옛 경계와 들어맞으니 이곳을 경계로 정하자고 강력하게 주장하였습니다. 이 이후부터 중국관원은 석을수를 주장하면서 비석과 돌더미를 버리고 경계를 정하려고 하였고, 신은 홍토수를 주장하면서 비석과 돌더미를 버리지 않은 채 경계를 정하려고 하였던 결과, 경계를 정하는 일은 헛되이 시간만 낭비할 뿐 결국 합의를 보지 못하였습니다. … 그리하여 홍단수·장파에 관한 중국 측 논리는 스스로 자취를 감추게 되었고, 중국에서 운반해 와서 세우려 하였던 비석은 여전히 세워지지 않게 되었습니다.[112] [밑줄 — 인용자]

이러한 결과 이후의 회담은 양측의 입장 차이를 재확인하는 데 불과하였지만(앞서도 지적하였지만 이중하는 중국에서 운반해 와서 세우려 하였던 비석은 여전히 세워지지 않게 되었다고 밝히고 있다), 5월 15일 이중하는 진영을 찾아가 마지막 회담을 시작하였다. 이중하가 대도문강이 어느 강이라고 생각하느냐는 질문을 던지자 진영은 지도의 완성을 기다려 상의하자고 나왔고 이중하가 근거로 삼은 『[황조일통]여도』도 믿을 수 없다고 버티었다. "전에 귀국과 해란하를 가지고 논쟁을 할 때 우리가 지도를 가지고 입증을 하였으나, 지금은 앞의 일과는 다르니 증거로 삼을 수 없다"는 것이었다. 이런 식으로 진영이 제1차 공동감계 때

112 앞서 나온 「勘界使李重夏丁亥狀啓」(光緖 13년 5월 28일)를 참조.

스스로 근거로 내세웠던 지도까지 부정하면서 버티자, 여기서 이중하는 더 이상의 설득을 포기하고 지도의 완성을 기다려 서로 맞춰 보고 조회를 한 다음 복귀하자는 데 합의하였다.[113] 또한 다음날 이중하는 방랑을 찾아가 만났는데, 방랑은 "만약 석을수로 경계를 정한다면 장파도 잃지 않을 터인데, 한결같이 굳게 고집하는 까닭이 무엇이냐?"는 질문을 던졌다. 이에 이중하는 "석을수와 홍토수 사이의 거리는 몇 리에 지나지 않습니다. 그 사이는 사람들이 살 수 있는 곳도 아니고, 경작할 수 있는 들판도 아닙니다. 단지 삼나무와 골짜기뿐이라 천 년 가도 쓸모없는 땅입니다. 어찌 이 땅을 얻고 잃는 것을 가지고 따질 만한 것이 되겠습니까? 하지만 국가의 강토는 한 치, 한 자의 땅이라도 몹시 중요한 것이고, 홍토수는 명명백백하게 옛 경계입니다. 어찌 멋대로 다른 물줄기에 경계를 정할 수 있겠습니까?"라고 대답하였다. 옛 경계와 국가의 강토는 한 치, 한 자의 땅이라도 몹시 중요한 것이므로 반드시 지키지 않을 수 없다는 이중하의 확고한 태도에 방랑 역시 "강토의 중요함은 서로 마찬가지"라고 대답할 수밖에 없었다.[114]

결국 이 회담을 마지막으로 제2차 공동감계와 국경회담은 두만강의 어느 물줄기를 정원·본류로 삼느냐 하는 점에 대해 아무런 합의를 얻지도 못한 채 마무리되었다. 이중하는 5월 18일 중국 측에 다음과 같은 조회를 보냈다.

> 우리는 장백산에서 홍토산수에 이르는 지역으로 경계를 나누자고 하고, 귀 국처는 소백산에서 석을수에 이르는 지역에 경계를 세우고자 하여 누차 협의하였지만 합의를 얻지 못하였습니다. 요컨대 경계는 이

113 「4) 回至會寧府會談」[문서 번호 27].

114 「4) 回至會寧府會談 五月十六日 往見方員. 在會寧」.

그림 14. 제2차 공동감계 때 그린 지도와 백두산 지역 수계. 제2차 공동감계 후 조선 · 중국 양측의 합의 아래 그려진 지도로 조선 측은 홍토산수를, 중국 측은 석을수를 두만강의 발원으로 주장하고 있다는 점이 표시되어 있다.
출전: 「백두산정계비지도」의 일부(奎26675).

미 모두 측량을 끝냈고, 단지 이 두 갈래의 작은 물줄기를 판별하는 일만 남았습니다. 비록 깊은 산속 몇 리의 거리에 관계되는 데 지나지 않지만, 중국과 조선 사이의 국경문제이니 모두 신중하게 처리해야 할 것입니다. 공동으로 측량한 거리에 따라 지도를 그린 다음 총리아문에 올려, 황상께서 최종적으로 결정을 내려 주시도록 삼가 주청함으로써 경계를 정할 수 있었으면 합니다.[115][그림 14 참조]

다음날 진영은 여전히 "소백산 동쪽 기슭의 석을수라는 물줄기를 찾아냈는데, 그 물줄기의 각 부분은 옛 경계와 서로 잘 들어맞는다"고 주장하면서 이중하의 요청에 동의하였다.[116] 결국 양측의 주장은 "깊은 산속 몇 리의 거리"인 "천 년 가도 쓸모없는 땅"을 두고 끝까지 평행선을 벗어나지 못한 셈이다. 비록 그 속도나 과정이 빠르거나 순조로운 것은 아니었지만 근대국민국가의 형성을 향한 길로 나아가고 있던 양국의 '영토'에 대한 주장이라는 점에서 보면 이것은 어쩌면 당연한 것일 수밖에 없고, 국경회담에 임한 지방관원이 독단으로 양보하여 협상을 타결시킬 수 있는 사항도 아니었을 것이다. 다만 길림 측에서는 그런 점에서 총리아문의 주의가 어느 정도의 융통성을 부여해 주었으므로, '깊은 산속 몇 리의 거리'를 양보하는 것도 전혀 불가능한 일은 아니었다. 하지만 그들은 그렇게까지 '양보'할 의사를 전혀 보여 주지는 않았다. 가장 큰 이유는 아마 홍토산수로 경계를 설정하는 것은 중국 측에서 그렇게 인정하기를 꺼리는 '정계비'와 양국 국경과의 관련성을 사실상 승인하는 것으로 비쳐질 위험성이 있었기 때문일 것이다. 더구나 이미 '두만강경계론'이라는 큰 논쟁점에 대해서는 양측이

115 「5) 商定界限後照會」[문서 번호 28].

116 「5) 商定界限後照會」[문서 번호 29].

합의한 단계였고, 다만 어느 것을 두만강의 본류·정원으로 하느냐 하는 지엽적인 문제로 회담이 결렬되었다. 따라서 길림 측으로는 두만강 북쪽의 영토에 대해서는 더 이상 부담을 느낄 필요도 없었고, 회담이 반드시 성사되어야 할 절실함도 줄어들었다.

뿐만 아니라 여기에는 지난 몇 년간 속방인 조선이 변계문제로 상국인 중국의 골치를 썩게 해 왔던 것에 대한 반감과 일종의 '보복심리'가 이들의 회담에 임하는 태도에 크게 작용하였던 것으로 보인다. 공동감계와 회담에 임하는 그들의 자세는 그것을 잘 보여 준다. 사실상 두만강 본류·정원과 상관없는 서두수·홍단수를 내세워 조선의 '내지'에 경계를 설정하고자 시도하였던 것은 이것이 그들의 최종적인 목표여서가 아니라, 아마 이런 배경에서 나온 전략적 방침 때문이었을 가능성이 크다. 여하튼 변계문제의 해결이 여전히 다급한 쪽은 수많은 월간민을 안치시켜야 할 과제를 맡고 있던 조선 쪽이었다. 그렇지만 '토문강경계론'을 포기하고 임한 제2차 공동감계에서 두만강의 '옛 경계'를 지키지 못한다면, 기존 영토의 축소만을 의미하는 그러한 결과 역시 조선 쪽으로서는 받아들이기 어려울 수밖에 없었다. "제가 어찌 멋대로 다른 물줄기에 경계를 정할 수 있겠는가?"라는 이중하의 단호한 답변은 그 점을 잘 보여 준다.

3. 공동감계·국경회담 이후 양국 정부의 반응

1) 이중하의 결과 보고와 정부의 대응

앞서 살펴본 것처럼 1887년의 제2차 공동감계는 5월 중순 결렬되었으므로, 양측은 이후 원래의 임지로 귀환하여 각기 그 결과를 보고하게 되었다. 이중하는 앞서 인용한 것처럼 그 결과를 정리하여 「[감계사 이중하]정해장계([勘界使李重夏]丁亥狀啟)」로 보고하였다(광서 13년 5월 28일).[117] 그 내용은 공동감계의 경과에 대해서 간략하게 서술하면서 양측의 주장이 대립되는 부분에 초점을 맞추어 요약한 것인데, 이 부분은 앞에서 회담 내용을 분석하면서 이미 다루었다. 다만 이중하가 제1차 공동감계와는 달리 제2차 공동감계에서는 단지 옛날의 경계, 즉 홍토산수를 두만강 정류로 삼아 양국 간의 경계로 설정하는 것을 목표로 삼았다는 점이 가장 핵심적인 사항이므로 이 점은 다시 한 번 강조할 필요가 있다. 제2차 공동감계에 임하면서 이중하는 그 궁극적인 목표에 대해 이렇게 설명하고 있었다.

> 감히 옛날 일이라 밝히기 어려운 문제를 가지고 누차 상국(上國)을 번거롭게 할 뜻이 없으며 <u>단지 옛 경계, 즉 홍토수를 준수하려는 것뿐이고, 이것은 『황조여도』에 실려 있는 대토문강의 원류</u>라고 지적하였습니다. 그리고 다만 [이 발원지가] 비석으로부터 멀리 떨어져 있어 오랫동안 분란의 대상이 되었으므로 응당 그 위에 비석 하나를 세워 목극등 총관이 비석을 세운 뜻을 확인하면, 경계는 자연히 분명해질 것이라고 주장하였습니다.[115][밑줄 — 인용자]

117 「勘界使李重夏丁亥狀啓」(光緖 13년 5월), 『勘界使謄錄』 下, pp. 117-118; 『역주 감계사등록』 상, p. 344; 『역주 감계사등록』 하, p. 220; 李重夏, 「啓草」, 『조·청국경회담』, p. 251; 「土門勘界(事實)」, 『白山學報』 2, 1967, p. 175. 국사편찬위원회 한국사데이터베이스 『고종시대사』 2집 高宗 24년 5월 28일, 「지난 4月 5日에 土們勘界使 李重夏」기사에도 이중하가 감계결과와 더불어 「변석고증팔조」를 보고하였다고 기록하고 있다.(『자료선역』 3 — 047 — pp. 802-809)

즉 한마디로 말해 홍토수를 양국 간의 국경으로 삼고 그것을 확인하기 위한 비석을 세우는 것이 이중하의 최종 목표였던 것이다. 그러나 중국 측은 여전히 '비석과 돌무더기라는 증거'의 신뢰성을 부인하기 위해 모든 방법을 강구하였고, 나아가 그것과는 상관이 없는 두만강의 물줄기를 경계로 삼는 방안을 모색하였다. 결국 중국 측은 서두수에서 홍단수로, 홍단수에서 다시 홍토산수를 조사하는 과정에서 새로 찾아낸 석을수로 그 대상을 바꾸었고, 마침내 최종 타협안으로는 석을수를 양국 간의 경계로 삼는 방안으로 이중하를 설득하려 하였다. 이에 대한 이중하의 완강한 거부로 제2차 국경회담은 아무런 합의를 보지 못해 지난번과 마찬가지로 지도를 그려 보고함으로써 황제의 결정을 기다리자는 똑같은 결말로 이어졌다. 그 때문에 중국에서 운반해 와서 세우려던 경계 비석 역시 세워지지 못하였다는 점은 앞서 지적한 바 있다.

그러나 이렇게 양자 회담이 결렬되었다고 해서 이중하가 공동감계·국경회담의 문제에 대해 손을 놓은 것은 아니었다. 그는 아울러 「[도문계]변석고증팔조([圖們界]卞晰攷證八條)」를 통해[118] 중국 측이 제2차 공동감계의 기본원칙으로 삼았던 총리아문의 주의와 거기서 제시한 '응당 구분해서 가려야 할 것 세 가지'와 '응당 고증해야 할 것 다섯 가지'라는 지침에 대해 상세한 반박과 변론을 시도함으로써 조선 측의 입장에 확고한 근거를 부여하고자 하였기 때문이다. 이중하가 반박 대상으로 삼은 중국 측의 주장이 여덟 가지이므로 그에 따라 다음과 간

118 「[李重夏](圖們界)卞晰攷證八條」(光緖 13년 5월 28일), 『卞晰攷證八條』(奎11514-1. 여기에 실제 날짜도 기록되어 있다). 이 내용은 『조·청국경회담』, pp. 265-271; 『역주 감계사등록』 상, pp. 351-356(마지막 세 단락 부분이 누락되어 있다); 「토문감계(土門勘界)」, 『白山學報』 2. 1967, pp. 179-182에도 실려 있다.(『자료선역』 3 — 048 — pp. 810-826)

단히 정리해 보도록 하겠다.

1) 조선은 지도나 기록에 정통한 것은 아니지만, 단지 토문의 형태만 보고, 게다가 역음(譯音)의 와전에 대해서도 잘 알지 못해 종전에는 분명히 강 이름을 오인한 적도 있다. 그렇지만 을유년(乙酉年, 1885) 총리아문이 과거의 지도와 기록을 끌어다 고증하여 밝혔고, 뒤이어 그 지역을 답사하면서 조사하였으므로 예전의 의혹을 깨뜨릴 수 있었다. 이때부터 토문과 두만이 본래 하나의 강이라는 것을 비로소 알게 되었기에 오로지 옛 경계만을 삼가 지키고자 하였다. 다만 길림위원이 다시 도문을 도문의 남쪽에 있다고 지목하여 착오나 오해가 생겨 결국 재감계를 하게 되었다.
2) 조선관리가 왜 봉금령을 분명하게 위반하면서 은근히 땅을 넓힐 계획을 꾸미게 되었는지 의심하지만, "조선 북방변경의 땅은 본래 황폐하고 매우 비좁은데, 인구가 날로 늘어나 먹고 살 길이 없었고, 그래서 최근 어리석은 백성들이 중국에서 황무지를 개간하는 것을 보고, 중국에서 보호하고 아껴 주는 은혜를 믿고 조금씩 토문강 대안을 차지해서 개간하게 되었으며", 다른 본심이 있는 것은 아니었다.
3) 지난번 감계 때에 길림위원이 바로 포담산이라고 이름을 지은 것은 실은 보체산(寶髢山)이며, 이 산은 본래 장백산의 남쪽 백여 리에 있어 무산·길주의 경계에 걸쳐 있고, 서두수와 홍단하는 보체산 북쪽 기슭에서 나오기 때문에 처음부터 장백산의 물줄기가 아니다. 따라서 대도문강과는 아주 거리가 멀다.[119]

119 여기서는 석을수와 홍토산·홍토산수에 대한 자세한 설명도 들어 있다(이 명칭 모두 공동감계 때 새로 만들어진 것이므로 기존의 기록이 이에 대한 '근거'가 될 수 없다는 점에 주목할 필요가 있다). "장파(長坡)에서 위로 강

4) 장백산 동쪽 기슭의 물줄기 가운데 도문강으로 흘러드는 것은 홍토수·원지수(元池水. 圓池水)가 처음 합쳐진 다음 그 아래 여러 물길이 대도문강의 발원이 되며, 『흠정회전(欽定會典)』에 실려 있는 "대도문강은 장백산의 동쪽 기슭에서 나와 두 물줄기가 합류하여 동쪽으로 흐른다"는 구절과도 아주 딱 들어맞는다. 또한 『일통여도』로 물줄기를 따라 고증해도 더욱 의심의 여지가 없으며, 원래의 지도 가운데 압록·토문 두 강 사이의 물이 없는 땅은 점선으로 표지가 되어 있으니, 바로 흙무더기·나무울타리가 나타내는 경계이다. 홍토산수·원지수가 장백산의 동쪽, 소백산·홍단수의 북쪽, 소도문강의 서남쪽에 있으므로 여러 보조증거를 두루 살펴보면 그것이 대도문강이라

을 따라가다 장백산 안으로 80리를 가다 보면 작은 물줄기 하나가 서남쪽에서 흘러와 모인다. 소백산 동남 천평(天坪. 黃花松甸子라고도 한다 — 인용자)이란 땅에서 나오는데, 토착인들은 돌앙수(乭央水: 도랑물)라고 부른다. 돌(乭)은 조선에서 만든 한자이고, 도랑은 작은 물길의 속칭으로 길림위원은 이를 석을수(石乙水)라고 부른다. 또한 강을 따라 서북쪽으로 5리를 가면 물줄기 하나가 서쪽에서 흘러와 모인다. 가즐봉 뒤를 나온 다음 불과 10여 리를 가다 보면 솟아 나오는 물줄기가 아주 많다. 이곳에서부터 강물은 점차 폭이 작아지고, 강을 따라 10여 리를 가면 물길이 둘로 나뉘는데, 하나는 서북 10리쯤 되는 곳에 있는 원지(元池)에서 나와 홍토산 앞에서 합류하고[元池水. 圓池水로도 쓴다 — 인용자], 다른 하나는 홍토산 서쪽 대각봉(大角峰) 동쪽에서 나와 동쪽으로 10여 리를 흐르다가 홍토산을 감돌아 원지수와 합류한다. 이것이 도문강의 가장 첫 번째 발원지이다. 여기서부터 북쪽 지역의 물줄기는 모두 송화강의 발원지이며, 그래서 홍토수·원지수 두 물줄기가 예부터 경계가 되었으며, 그곳의 거주민들은 이 물을 두만강이라고 부르는데, 수많은[頭滿은 만주어로 "많다"는 뜻이다] 물줄기의 발원지이기 때문이다. 홍토산은 바로 작은 언덕인데, 본래 중외의 지도나 기록에 실려 있지 않다. 그 암벽이 모두 붉기 때문에 토착인들이 홍암(紅岩)이라고 부르는데, 작년 감계 때부터 길림위원이 두만이란 이름을 버리고 갑자기 홍토산수라고 불렀다." 홍토산수(홍토수)·원지수 등 홍토수의 상류 물길의 자세한 상황에 대해서는 앞서 인용한 이화자·이강원의 여러 논문에서 상세하게 다루고 있다.

는 것 또한 아주 확실하다.

5) 정계비를 몰래 옮겼다는 주장은 처음부터 근거가 없고, 실제 정리에도 벗어난다. 비석을 옮길 수는 있지만 흙·돌무더기도 역시 옮길 수 있는 것은 아니기 때문이다. 흙·돌무더기 위의 나무는 혹은 늙었거나 아니면 썩었다는 것, 현재 이 비석이 장백산 남쪽 기슭에 있고 이곳만이 압록강과 토문강의 가장 첫 번째 발원지가 서로 마주 보는 곳이며, 이곳 남쪽으로 가면 장백산이 아니라 소백산 지역이며 물줄기도 발원이 아니라 다른 갈래에 지나지 않는다는 것이 증거이다.

6) 지도에 나오는 장백산 동쪽의 두 물줄기는 바로 원지수와 홍토수로, 도문강의 가장 첫 번째 발원지이기도 하다. 이곳에서부터 아래로 여러 물줄기가 모두 흘러들어, 그 물길의 기세가 홍단수에 비해 두세 배 이상을 훨씬 능가하는데, 을유년 길림 위원의 보고에서는 단지 홍단수 상류의 두 발원만을 이야기하고 두만강 본류인 홍토산수는 일부러 빼놓았다. 그 의도를 알기 어렵다.

7) 목극등의 비문을 보면 단지 "변경을 조사[査邊]"하였을 뿐이지 '분계(分界)'라는 말이 없어 반드시 경계를 나눈 곳이라고 할 수는 없다고 하는데, 중국과 조선의 경계는 목극등 이전부터 본래 정해진 경계가 있었고, 그때에 본래 정해져 있던 경계에 돌을 쌓아 표시했을 뿐이라 분계라는 글자가 없었다. 목극등이 두 강 사이의 물이 흐르지 않는 땅에 경계를 설정한 일은 모두 자문을 보내 통보했으며, 그 문장 또한 매우 분명하여 확실한 증거가 된다.

8) 도문의 발원지는 홍단수뿐이라고 한다면, 비록 작은 물줄기이지만 강의 발원으로 지목할 수 있다는 셈인데, 그렇다면 홍단수보다 훨씬 폭이 큰 홍토수가 장백산 동쪽에서 큰 폭으로 기운차게 흐르고 있으니, 정말로 『여도』에 부합되는 것이다. 작년 길림의 감계 보고

에서 홍토수에 대해 처음부터 언급하지 않았기 때문에 총리아문에서 상주하여 논의할 때 사실에 의거하여 검토할 수 있는 방법이 없었다. 또한 소백산 동남쪽 30여 리에서 발원하는 아주 조그만 물줄기인 석을수는 홍토산수와 불과 수십 리 떨어져 있지만 대도문강의 발원지로 지정할 수 없는 이유는 (1) 물의 흐름을 거슬러 올라가면서 큰 물줄기를 버리고 작은 물줄기를 찾는 것, (2) 『황조여도』에서 기록한 대도문강의 경계와 들어맞지 않는다는 것, (3) 장백산 동쪽 기슭이 아닌 소백산 동남의 물줄기를 찾았다는 것 때문이다.

이상의 여덟 가지는 종전의 '토문강경계론'이 잘못임을 인정하고 두만강(대도문강)의 정류는 홍단수가 아니라 홍토산수라는 입장을 견지하면서, 나아가 "홍토산수와 원지수가 비석이나 돌더미·흙무더기와 연결되지 못하게 하려는 계책" 때문에 정계비가 사후에 이설(移設)되었다거나, 정계가 아닌 단순한 '사변(査邊)'에 지나지 않는다고 강변하는 길림 측의 논리를 반박하는 데 주안점을 두고 있다. 따라서 조선 측 입장을 다시 한 번 간결하게 정리하면서 재확인한 것이라 하겠다.

다만 주목할 만한 것은 길림의 제1차 공동감계 보고에서 홍토수에 대해 처음부터 언급하지 않았기 때문에 총리아문에서 논의할 때 사실에 의거하여 검토할 수 있는 방법이 없었다고 하는 지적이다. 이것은 앞서도 지적했지만 길림 측이 조선 측의 '영토' 요구에 대해 강력한 반감을 품고 있었기 때문일 것이다. 이중하는 이에 대해 그들이 "홍토수를 홍단수의 지류로 돌리면서, 또한 비석은 응당 소백산의 분수령 [위]에 있어야 하는데 조선주민들이 몰래 이곳으로 옮긴 것이며, 돌무더기 등은 믿기 어렵다고 하는 등 구구절절 거짓으로 보고하면서 아예 작정하고 조선 내지로 좁혀서 경계를 정하려 하였던 것은 아마 변계문제에 대해 몇 년 동안 감정이 쌓인 까닭"일 것이라고 해석하였다.

결국 이렇게 도리어 훨씬 조선 내지 쪽으로 들어가 경계를 세우겠다는 방침으로 나왔으므로, 그들이 석을수로 양보하는 것처럼 보였지만 이중하가 보기에는 "전적으로 새로운 경계를 만들어 내고자" 하여 조선이 '옛 경계'조차 지킬 수 없게 하는 제안이었다. 그 자신이 공동감계에 나서기 이전에 이미 우려하였던 사태를 피할 수 없었던 것이다

하지만 이중하가 인정한 것처럼 "사람들이 살 수 있는 곳도 아니고, 경작할 수 있는 들판도 아니며, 단지 삼나무와 골짜기뿐이라, 천년가도 쓸모없는 땅"을 조선에서 확보하는 것이 어쩌면 당시 가장 시급한 현안은 아니었다. 국경문제에 대한 양자의 합의가 없는 이상 — 어쩌면 합의가 이루어지더라도 마찬가지이지만 — 두만강 북쪽의 조선 월간민을 둘러싼 양국(또는 삼국) 사이의 주민확보 '경쟁'은 여전히 치열하게 지속되고 있었기 때문이다. 따라서 이중하는 종전부터 자신이 가장 강조한 월간민의 안치에 대해 후속조치를 염두에 두지 않을 수 없었다. 때문에 그는 "경계에 대한 답사는 이미 끝났고 다만 아직 끝나지 않은 부분은 발원지 부근 몇 리에 불과한데, 유민을 안치시키는 것이 급선무이므로 장정을 논의해서 정해 달라"고 중국 측에 요청하였다. 그러나 그들의 답변은 "장정은 조정에서 반포하기를 기다려 실행해야지 자신들이 멋대로 결정할 수는 없다면서, 장정이 반포되기 전에는 단지 월간 조선인들을 학대하지 못하도록 중국백성들에게 엄격히 지시하는 수밖에 없다"는 것뿐이었다.[120]

그래서 이중하는 감계사 임무를 마친 다음인 5월 26일 함경도 각

120 「[李重夏](圖們界)卞晰攷證八條」(光緒 13년 5월 28일), 『卞晰攷證八條』(奎11514-1. 여기에 실제 날짜도 기록되어 있다). 이 내용은 『조·청국경회담』, pp. 265-271; 『역주 감계사등록』 상, pp. 351-35(마지막 세 단락 부분이 누락되어 있다); 「토문감계(土門勘界)」, 『白山學報』 2. 1967, pp. 179-182에도 실려 있다.(『자료선역』 3 — 048 — pp. 810-826)

지방당국에 대해 "지금 이번 감계에서 도문강 발원지는 아직 정하지 못하였으나, 간도 백성[島民]을 안접(安接)하기 위한 장정(章程)은 대국과 소국이 협의하여 정해 반포하기를 기다려야 할 것"이라면서, "지금 이후로부터 관리는 백성을 타이르고 백성은 각자 법규를 지켜서, 강을 건너가 농사를 짓더라도 농사일을 마치면 바로 돌아와야 한다. 만일 혹시라도 가족을 거느리고 새로 들어가서 집을 짓고 그대로 주저앉아 사는 자가 있으면 강금(江禁)이 비록 해이해졌다고 하지만 국가는 본래 법전이 있으니 응당 일률적으로 따끔하게 시행될 날이 있을 것이다."라고 경고를 하였다.[121] 아울러 그는 이러한 변계유민(邊界流民)의 사정에 대해서는 조정에 따로 「별단초(別單草)(2)」라는 비밀보고서를 갖추어 올려 추가적으로 자세한 사정을 설명하면서,[122] 자신의 입장을 보다 명확히 밝히지 않을 수 없었다. 여기서 그는 제1차 공동감계 후 자신이 올렸던 「별단초(1)」의 의견을 보완하여 덧붙여 설명하였다. 당시의 유민문제의 실상과 변계의 문제가 어떠한 것이었는지 여기에서는 보다 구체적으로 드러난다.

> 신이 이번 답사에서 보았을 때, 유입하는 호구가 갈수록 더 늘어나고 있는 바, 이처럼 유입이 그치지 않는다면 북쪽 변경의 여러 마을은

121 「[勘界使李重夏]二十六日甘結」(高宗 24년 5월 26일), 『勘界使謄錄』 下, pp. 115-116; 『역주 감계사등록』 하, pp. 218-219.(『자료선역』 3 — 046 — pp. 800-802)

122 李重夏, 「別單草」(번역문), 『間島領有權關係拔萃文書』, pp. 68-71의 「李重夏의 保管文書」; 「[李重夏]別單草(2)」(光緒 13년 5월 28일 또는 그 이후), 『조·청국경회담』, pp. 193-197; 『역주 감계사등록』 상, pp. 340-343. 『역주 감계사등록』 하, pp. 253-261(이 「別單草」는 앞서도 지적하였듯이 원본 『勘界使謄錄』에는 수록되어 있지 않다); 「土門勘界(事實)」, 『白山學報』 2, 1967, pp. 172-174를 참조.(『자료선역』 3 — 049 — pp. 827-837)

결국 모두 텅 비어 버리게 될 것입니다. … 일단 월강(越江)에 대한 금지령이 완화되자 피차간에 서로 법도와 기율이 없어지고 폐단이 날로 심해져서 관리는 관리라 할 수 없고, 백성은 백성이라 할 수 없는 상황이 나타나게 됩니다. … 최근 조선백성이 멋대로 넘어가서 그 땅을 경작하고 그곳에 살게 되자, 저쪽에서도 또한 멋대로 넘어와서 온 마을을 두루 돌아다니며, 여인네들을 겁탈하고 재물을 약탈하며 도처에서 만행을 저지르게 되어, 그 허다한 악폐는 손가락으로 꼽기도 어려울 정도입니다. 강변 부근의 관리들도 [저쪽 땅으로 유입하는 사람들을 막을 힘이 없을 뿐만 아니라, 도리어 그들에게 참혹한 변을 당하는 경우도 자주 있습니다. 또한 조선백성 가운데 불량한 무리들이] 그곳으로 흘러들어 그들의 주구(走狗)가 된 다음 그 세력을 빌려 도리어 조선백성을 학대하는 경우도 부지기수입니다.

… 따라서 피차간에 서로 논의하기를 모두 중국 땅을 빌려 조선백성을 안치시키는 것을 방안[借地安插]으로 생각하게 되었습니다. 신이 이번 답사에서도 누차 중국관원과 논의하였는데, 그들 역시 이런 방안을 위주로 생각하였습니다. 이 방안은 사실 길림 쪽에서 보면 아무런 폐해가 없이 백성들을 끌어들여 황무지를 개간할 수 있는 것이지만, 조선 쪽에서 보면 정말로 백성을 잃게 되는 구멍이 될 가능성이 크므로 부득이하게 임시방편으로 취할 수는 있어도 결코 다행으로 여겨서는 안 될 것입니다. 지금으로서는 일단 이들을 안치시키는 장정을 중국 쪽에서 어떻게 마련할지 모르겠습니다만, 조선에서는 백성들을 단속할 수 있는 방안을 마련하는 데 조금도 늦춤이 있어서는 안 될 것입니다.[123] [밑줄 — 인용자]

123 李重夏, 「別單草」. 이하 다음의 인용도 같다.

"길림 쪽에서 보면 아무런 폐해가 없이 백성들을 끌어들여 황무지를 개간할 수 있는 것이지만, 조선 쪽에서 보면 정말로 백성을 잃게 되는 구멍이 될 가능이 큰" 변계의 위기상황에 직면하여 이중하는 "서북의 변진(邊鎭)을 보존"하기 위한 다음과 같은 대책을 제안하였다.

> 무릇 유민 가운데 저쪽 땅에 깊이 들어간 자들은 일단 제외시켜 두고, 강 언덕 주변으로 월간하거나 왕래하는 사람들에게만 관부에서 [월강] 허가증을 만들어 나누어 주고, 봄·가을에는 남아 있는 허가증의 아래 부분[存根][124]을 검사하되, 강 언덕 북쪽 산등성이를 기준으로 하여 만약 다시 그 경계를 넘어가는 경우가 있다면 하나하나 잡아다 무거운 형벌에 처하고 아직 넘어가지 않은 사람들에게는 멋대로 강을 건너지 못하게 하는 것입니다. 만약 허가증 없이 몰래 넘어간다든지, 가족을 이끌고 새로이 옮겨 가는 경우가 있다면 기존 법률에 따라 처단하여 강변에 효수(梟首)함으로써 경계를 삼게 해야 합니다. 변경관리의 업적평가 역시 이것을 가지고 최고·최저를 가리게 한다면, 이미 넘어간 백성을 안치시킬 수 있고, 장차 넘어갈 백성을 조금이라도 멈추게 할 수 있을 것입니다.

위의 인용문과 같이 살펴보면 길림과 조선 양측이 조선백성의 안치에 대해서 '차지안삽(借地安插)'의 방안에 어느 정도 합의를 본 것이나, 이중하가 결국 변금(邊禁)의 강화를 대책으로 제시한 것은 사실 제1차 공동감계 이후의 상황과도 거의 마찬가지였음을 알 수 있다. 조선 측은 월간민 대책에 부심하면서도 중국 측에 의한 '해결'만을 기대할

124 즉 증명서를 잘라서 지급해 주고 남은 아랫부분으로 증명서와 같은 내용이 기재되어 있다.

수 있을 뿐, 결국은 '[월강]허가증'이라는 보다 구체적인 조치 외에는 더 이상 내놓을 것이 없었던 셈이다.

흥미 있는 것은 이중하의 보고에서는 언급되지 않았지만, 제2차 공동감계가 종결된 다음인 7월 13일 그것을 지원하기 위해 함경북도 무산·회령·종성·온성에서 지출한 비용은 통틀어 계산하면 1만 3,359냥 9전 4분이라는 액수가 되었는데, 이러한 비용을 메울 방도가 부족하자 함경도 지방당국에서 다음과 같은 지시를 내리고 있다는 점이다.

> 형세상 전례에 따라 월간민(越墾民)과 우접민(寓接民)에게 나누어 배정해야 하는데, 이 민호의 총수[戶總]는 반드시 읍유년의 배가 될 것이므로 응당 적간집총(摘奸執總)이 마련하게 해야 한다. 이 또한 폐단을 끼치는 실마리가 되지 않는 것은 아니지만 연전(年前)의 총수를 참고하여 4읍에 고루 배정해야 하는데, 잔민(殘民)에게 수렴(收斂)하는 일은 부득이한 궁리에서 나온 것이니 어찌 조금이라도 함부로 받들겠는가?"[125] [밑줄 — 인용자]

또한 이 지시는 비록 조목조목 삭감하여 거둘 액수가 1만 1,884냥 4전 3분으로 줄어들기는 하지만, 내무부에 보고하여 지시를 기다리면 마감할 기한이 없으므로 배정해서 내려 보내니 "각 고을에서는 현재 있는 결호를 헤아려 등급을 나누어 마련하고 명목에 따라 거두어들이라"고 덧붙이고 있었다. 공동감계를 위한 막대한 액수의 지출비용이 그대로 월간한 '잔민(殘民)'까지 포함한 함경북도 백성에게서 할당되었음을 여기서 알 수 있다. 특히 "전례에 따라 월간민(越墾民)과 우접

125 「甘結會寧」, 『勘界使謄錄』 下, pp. 125-127; 『역주 감계사등록』 하, pp. 230-233. 번역문은 필자가 다시 손본 것이다.

민(寓接民)에게 나누어 배정"하고 있다는 점은 당시 월간지역에 대한 조선 지방당국의 실질적 '지배'의 실상을 보여 준다는 점에서 주목할 만하다. 이 지시는 함경도 지방당국이 두만강 북쪽의 월간민에 대해 실질적으로 통제권을 행사하여 세금과 소작료뿐만 아니라 잡세와 요역까지 부담시켜 왔다고 중국 측이 줄곧 의심해 왔던 것이 분명한 사실이었을 가능성을 뒷받침해 준다. 대규모 월간민의 출현이 두만강 남쪽지역의 공동화(空洞化)를 초래하여 그들에 대한 세금·잡역 징수 등 실질적인 통제 없이는 행정체제나 사회질서 유지라는 기능까지 위협을 받는 위기가 초래될 수밖에 없었으므로 함경북도 지방당국으로서는 그들에 대한 장악이 필수적이었을 뿐만 아니라, 실제 그렇게 그들을 장악해 왔다는 것을 알려 주기 때문이다. 동시에 왜 변계문제가 제기되었고, 거기에 대해 함경도 지방당국(또는 이를 포함한 이해집단)이 월간을 '비호'하면서까지 지속적으로 집착할 수밖에 없었는가 하는 내막과 그 구도를 보여 주기도 한다. "은근히 영토를 넓히려 한다", 대규모 월간민의 뒤에 '지방관의 비호'가 있다는 길림 측의 '의심'은 나름대로 충분한 근거가 있었던 것이다.

여하튼 감계사로서의 임무를 마친 다음, 이러한 곤혹스러운 상황을 초래한 원인에 대해 얼마간 속사정을 파악한 이중하로서는 그 점에 대해서도 보고하지 않을 수 없었다. 그는 "중국인의 눈에 뜨일까 염려되었기 때문"에 "감히「별단」에 올릴 수 없었던 내용", 즉 이러한 사태를 초래한 그 궁극적인 원인과 경과에 대해 다음과 같이 상당히 격정적인 토로를 하게 된 것이다.

> 이 일은 사실 본래 경략사 어윤중이 북쪽을 시찰하였던 일에서 비롯되었습니다. 그는 한두 사람의 주민이 하는 말을 듣고 사람을 보내어 정계비의 비문을 베껴 오도록 한 다음 다시 자세히 문헌을 살펴보지

도 않고 형편도 두루 살펴보지 않은 채 느닷없이 두만강 북쪽이 우리 땅이라고 주장하게 되었던 것입니다. 그는 스스로 백성의 탄원서[民狀]를 만든 다음 그것을 종성부 백성을 시켜 종성부사에게 올리도록 하였고, 종성부사는 이런 백성의 탄원서에 의거하여 중국의 돈화현에 조회를 보내게 되어 마침내 피차간의 논쟁이 시작되었습니다. 이 일이 있은 다음 변민은 단지 경략사가 우리 땅을 되찾아 주어 경작할 수 있게 해 줄 것이라 생각하고 더 이상 아무 거리낌도 없이 월강하여 개간하기 시작하였습니다. 그 후 변경 주변의 관원들 역시 이 일이 영토라는 중대한 문제에 관련된 까닭에 이의를 제기하지 않고 오로지 앞서의 주장에만 따라 다투게 되면서 일이 점점 커지게 되었고, 마침내 조정에서 중국으로 자문을 보내게 되면서 총리아문 주의(奏議)나 북양대신이 부하에게 보내는 지시[札飭] 가운데 누차 꾸짖는 말이 우리의 가장 존엄한 땅을 언급하기에 이르게 된 것입니다. 생각이 여기에 미치면 정말 분통함을 참을 수 없으며, 이것은 변강에 관련된 중대한 일이므로 분명하게 논의하여 검토하지 않을 수 없습니다. 응당 조정에 지시하여 감계사를 면전에 부르시고, 이전의 경략사[어윤중]와 함께 하나하나 사실과 형편을 따지면서 진상을 상세히 밝히게 한 다음에야 비로소 국경을 답사하여 확정하는 일이 아마 적절하게 처리될 수 있을 것이라고 생각합니다.[126] [밑줄 — 인용자]

126 李重夏,「別單草」(번역문),『間島領有權關係拔萃文書』, pp. 68-71의「李重夏의 保管文書」;「[李重夏]別單草(2)」(光緒 13년 5월 28일 또는 그 이후),『조·청국경회담』, p. 196;『역주 감계사등록』 상, p. 343;「土門勘界(事實)」,『白山學報』 2, 1967. p. 174를 참조.(『자료선역』 3 — 049 — pp. 827-837) 한편 앞서 '차지안치론'을 제안한 바 있던 金允植은『續陰晴史』 下(한국사료총서 제11집. 국사편찬위원회, 1960)』의「附錄 追補陰晴史」의 '韓·淸國界 李重夏'(p. 580)에서 "우리 조정이 德源府使 李重夏를 茂山으로 파견하여 보내 함께 감계를 하게 하였는데, 李重夏는 무릇 두 차례 가서 공동감계

어윤중의 성급한 변계문제의 제기와 주도가 도리어 "우리의 가장 존엄한 땅"을 위협받게 만든 중대한 상황에 대해, 그는 분명한 논의와 검토가 필요하다고 여기서 아주 솔직한 의견을 제시하고 있다. 이러한 제안에 대해 당시 조선정부에서 어떠한 조치를 취했는가를 구체적으로 살펴볼 수 있는 자료는 현재로서는 확인되지 않는다. 다만 다음 해에 "감계문제는 의정부(議政府)에서 논의하여 품처하도록 지시하였다"는 고종의 비답(批答)뿐인데, 이에 대해 의정부에서는 고종 25년(1888) 5월 17일 "지난번에 이미 북양대신에게 자문을 보냈으므로 회답을 기다려 조처가 있어야 할 것"이라고 아뢰었을 뿐이다.[127] 이것만 보면 중국 측의 대응만을 기다리고 있는 것처럼 보이지만, 사실 이미 그 전해인 고종 24년(1887) 6월 27일에 감계사 이중하의 보고를 받은 조선정부에서는 그의 「정해장계」에 기초하여 8월 19일에 중국 측에 자문으로 입장을 통보한 적이 있었다. 여기서는 『흠정황조통전』·『황조일통여지전도』·『성경통지』 등에 실려 있는 대도문강과 홍토산수가 서로 들어맞으므로 "석을수는 소백산 동남쪽에서 나오는 두 번째 물줄기로

를 한 결과 비로소 間島가 우리 땅이 아님을 알게 되었다(始知間島非我國地也)"고 기록하고 있다. 김윤식이나 이중하 등은 이미 '영토' 문제에 대해 분명한 결론을 내리고 있었던 것이다.

127 「勘界使李重夏論勘界疏批」(高宗 25년 5월 17일), 『珠淵集』(高宗御製文集. 40卷 20冊) 卷36 「批 六」, 28a-b(한국학중앙연구원 장서각 디지털아카이브 http://yoksa.aks.ac.kr); 『高宗實錄』 25卷, 高宗 25년 5월 17일 두 번째 기사, 「북쪽의 환자에 대해 환곡을 면제하고 바친 사람에게는 돌려주어 폐단이 생기지 않도록 하다」(원본 29책 25권 23장 B면. 영인본 2책 294면).(『자료선역』 4 — 012 — pp. 929-930) 고종은 "감계사 일행이 왕래하는 것을 지원하는 업무를 떠맡게 되면서 두 배로 사정이 힘들어져 더 이상 지탱하기 곤란하다고 하니", "六邑의 還穀을 특별히 면제해 주라"는 지시를 내렸다. 議政府는 "당장 按撫使에게 行會하여 삼가 批旨를 漢文과 諺文으로 베껴서 坊曲에 게시하여 각각 잘 알도록 하겠다."라고 회답하였다.

장백산과 매우 머니, 이곳을 고집하여 경계를 정하는 것이 과연 타당할까요?"라는 의문을 제시하여 석을수는 장백산과 매우 멀어 경계로 삼기 곤란하다는 입장을 보이면서, "유민을 안치하는 문제의 경우 사실 더욱 급한 일인데, 아울러 중국에서 각별한 은전을 베풀어 그들이 살 곳을 잃고 떠도는 일이 없게 한다면 대단히 다행이겠습니다"는 의견을 『담록공문절략(談錄公文節略)』[128] 1책과 더불어 전달하였던 것이다.[129] 앞서 든 의정부의 '품처'는 그로부터 9개월이 지난 다음이니, 결국 어윤중의 문제가 어떻게 처리되었는지를 파악할 수 있는 단서는 없다. 다만 중국 측의 반응을 보아 가면서 이 문제를 다시 논의하겠다는 것만이 구체적으로 파악할 수 있는 조선정부의 입장이었던 것으로 보이지만, 사실 그 내막이 그렇게 단순하지만은 않다. 이에 대해서는 제3차 공동감계의 제기와 관련된 조선정부의 대응부분에서 다시 다루기로 하겠다.

2) 길림당국의 보고와 중국정부의 대응

한편 제2차 공동감계를 마치고 귀환한 길림 측 감계위원의 보고는 어

128 앞서 나온 「[李重夏]覆勘圖們界址談錄公文節略」(光緒 13년 5월 28일)을 가리킨다.

129 「勘界節略核閱轉奏事, 北京禮部咨」(高宗 24년 8월 19일), 高永一 編, 『中國朝鮮族歷史硏究參考資料彙編 第一輯 明代至辛亥革命』(延邊大學出版社, 1989), pp. 266-269의 5. 「圖們江上流界址的紅土水劃定主張記事等」을 참조(이 자문의 원건은 『啓下咨文冊』 15 「勘界節略核閱轉奏事北京禮部咨」에 실려 있는 것으로 보이는데, 원건은 현존하지 않는다). 여기에는 『通文館志』 下 原本第六冊 卷十二 「紀年續編 今上二十四年」條의 記事(12a-13a, pp. 433-435)도 같이 실려 있는데, 이 咨文 내용을 약간 축약한 것이다.(『자료선역』 3 — 053 — pp. 861-865)

떠한 것이었을까? 그 가장 상세한 내용은 그들이 광서 13년(1887) 6월 7일 길림장군에게 올린 보고에서 확인할 수 있다.[130] 이에 따르면 이들은 먼저 '무산 서쪽 280여 리의 밝혀지지 않은 곳'을 살펴본 과정을 서술하면서 "이전의 감계는 때마침 엄동이라 쌓인 눈이 깊고 물이 말라 발원지를 찾는 일이 비교적 곤란하였기 때문에 여전히 지정하여 가리지 못한 부분이 있었지만", 무산 서쪽의 강물은 지난 감계에서는 단지 서두수·홍단수·홍토산수 세 강물만을 찾았는데, 이번에 찾아낸 석을수까지 합하면 모두 네 줄기가 된다고 보고하고 있다. 그 가운데 "그 물길을 따지면 서두수가 비교적 넓으며, 그 흘러가는 방향을 살펴보고 또한 서쪽 연안에 거민이 많고 분묘가 오래되었음을 보면 분명히 경계를 나누는 대도문강이 아니다."라고 하여 먼저 서두수를 대도문강의 후보에서 배제하고 있다. 앞서 서두수의 조사를 완강하게 요구하였던 것이 전략적인 차원에서의 강박이었다고 지적한 바 있는데, 여기서 그 점이 분명히 확인될 수 있다.

반면 "홍단수의 경우 소도문강이라고는 할 수 없고, 오히려 대도문강이라고 할 수 있다"면서 총리아문에서 "압록강 발원을 압록이라 하지 않고 건천구라고 하는 것은 도문강 발원에 반드시 도문이라는 이름이 붙을 필요가 없다."라고 한 것에 근거하면서, 안변부사 이중하가 보내온 이신기(李申耆)가 그린 지도의 모사본과[131] 중국 지도를 검토해

130 「[總理衙門]行北洋大臣李鴻章文」(光緒 13년 10월 21일), 『中日韓』 卷5, pp. 2387-2392. 吉林勘界委員이 吉林將軍에게 올린 보고서 자체는 현재 발견되지 않는데, 이 자료에서 가장 완벽하게 인용되고 있어 그 내용을 모두 파악할 수 있다. 이 자료에는 거의 원래 부건(附件) 29건(「[李重夏]覆勘圖們界址談錄公文節略」(光緒 13년 5월 28일)을 편집·축약한 내용)이 같이 실려 있다. 이하에서 인용하는 길림의 보고내용은 모두 여기에서 나왔다.(『자료선역』 3 — 055 — pp. 870-887)

131 앞서 나온 李兆洛(1769-1841. 字가 申耆이다)의 『皇朝一統輿圖』를 가리킨다.

보면 건천구(建川溝. 조선에서는 艮莫千各里라고 부른다)는 삼급포(三汲泡. 三池라고도 한다)와 완연하게 서로 마주 보고 있으므로 이것이 분수령이 되어야 하는데(이전의 감계보고에서 이야기하였던 것처럼), 이번에 재감계의 상황을 가지고 논한다면 이 역시 곤란하다는 점을 다음과 같이 밝히고 있다.

> 홍단수의 발원지 역시 무산의 남쪽에 있어 총리아문의 원주와 서로 들어맞지만, 장파 일대는 조선거민이 백여 호가 있는데다가, 모든 토지와 가옥·분묘는 그 자취도 역시 옛날식의 것입니다. 비밀리에 중국인들에게 물어보니 모두 "백 년이 넘었다"고 이야기하며, 또한 『무산부지(茂山府志)』 가운데 해당 부분을 찾아보니, 장파의 사창(社倉)을 을사년(乙巳年)에 설립했다고 되어 있었습니다. 그해에 이미 72호가 있었으며, 무신년(戊申年)에 또다시 53호가 늘어났는데, 시간으로 따져 보면 도광(道光)연간의 을사년(1845)이 아니므로,[132] 백 년이라는 주장 역시 증거가 없지는 않는 것 같습니다. 만약 홍단수의 발원을 대도문강 발원지라고 통틀어서 지목한다면, 전체적으로 보아 즉 장파의 내곡(內曲)·소홍단묘(小紅丹廟) 부근 지방이 응당 중국 경내에 들어가야 하는데, 이것은 그다지 도리에 맞지 않는 것으로 보입니다. 따라서 강물의 모양으로 따진다면 이것으로 정할 수 있으나, 실제 상황이나 이치로 보면 이렇게 지정할 수 없는 셈입니다.[밑줄 —인용자]

이것은 제1차 공동감계 때 자신들이 내린 주장·결론이 사실 무리였다는 점을 스스로 인정하는 것이나 마찬가지였다. 따라서 이들은 홍

132 그렇다면 가장 늦어도 건륭 50년(1785)이 된다.

단수가 대도문강이라는 주장을 포기하기 않을 수 없었지만 아울러 조선 측이 내세우는 홍토산수 역시 대도문강이 될 수 없다고 다음과 같이 주장하였다.

> 한편 홍토산수(紅土山水)를 조사하여 확인한 바에 따르면, 이른바 40리를 복류한다는 이야기는 결코 확실한 근거가 없으며, 물줄기가 끝나는 곳은 평평한 비탈로 격리되어 동붕(董棚. 중국인 동씨의 움막)의 남면에서 동북쪽으로 흐르는 물줄기와는 분명히 서로 연결되지 않고 있으며, 비문이나 돌더미 · 흙무더기와도 서로 상관이 없습니다. 안변부사의 조회에서도 역시 그곳의 물줄기는 다시 연결되지 않는다고 했는데, 다시 한 번 조사를 해 보니, 홍토산수는 단연코 대도문강원이 아님을 알 수 있습니다. [정계비는] … 강희 51년에 세워졌지만, 이에 관한 상유가 없고, 또한 이해에 올린 상주문도 찾을 수 없었습니다. 따라서 그 전해의 상유를 기준으로 삼는다면, 비석을 세운 곳이 바로 경계를 나눈 곳이 아니라는 점에 대해서는 분명한 증거가 있는 것입니다. 따라서 비문에 특별하게 "둘러본다[審視]"는 두 글자를 앞에 덧붙였지 "경계를 나눈다[分界]"는 글자를 써 넣지 않았던 것은 원래 깊은 뜻이 있었던 것입니다. … 또한 돌·흙무더기 부분에 관해서 토착인에게 상세하게 물어보니, 옛적에 사냥꾼들이 산에 들어갈 때 길 안내 삼아 쌓은 것이라고 하므로 더 이상 깊이 따져 물을 것이 못 됩니다.[밑줄 — 인용자]

결국 이들은 "저번에는 눈이 깊이 쌓이고 물이 말랐기 때문에" 조사하지 못하였던 소백산 동쪽기슭에서 발원하는 석을수를 찾아내어 이것을 대도문강이라고 판단하게 되었다. "석을·홍토 두 물줄기가 나뉘는 곳을 놓고 비교해 보면 석을수는 약 3장 남짓한 폭이고 홍토수는 겨우 2장 정도로 폭이 한 배 반 차이가 나니, 즉 물줄기의 길이를 따진다면 석을수의 발원지[까지의 거리] 역시 홍토수 발원지보다 더 길고, 게다가 원류가 서로 연결되어" 있을 뿐 아니라 무산에서 그 발원지까지는 모두 '280리 정도'가 되므로, [강희제의 상유에서 말한] '잘 알지 못하는 땅의 길이'와도 일치한다는 것이었다. 따라서 이들은 다음과 같은 결론을 내렸다.

> 생각건대 조선에서 소백산이라고 부르는 곳은 실은 분수령입니다. 만약 이 분수령 아래의 석을수 발원지를 대도문강 발원지로 본다면, 조금도 억지가 없을 것으로 보이며, 또한 발원지 부근 물줄기 양쪽 언덕은 모두 사석(沙石)으로 이루어져, 그 사이를 흐르는 물줄기를 분명하게 지적할 수 있습니다. 또한 소백산에서 압록강 발원지를 측량해 보면, 서로 42리가 떨어져 있으므로 "서쪽은 압록이 되고, 동쪽은 토문이 된다."라는 비문의 여덟 글자와도 모두 하나하나 들어맞습니다.

나아가 이들은 이렇게 새롭게 만들어 낸 '분수령'과 '대도문강 발원지'에 대한 결론에 대해 "안변부사는 마음속으로는 동의하면서도, 조선정부가 반드시 홍토산수를 대도문강의 강원으로 지적해야만 비로소 경계를 확정지을 수 있다고 명령한 바가 있었기 때문에 시종일관 스스로 결정을 내릴 수 없었다"고 보고하였다. 여기서 이들은 이중하 자신의 보고와는 상당히 다른 좀더 '일방적인' 해석을 내놓고 있는 것이다. 아울러 동시에 그들은 다음과 같은 제안을 내놓았다.

> 경계를 정한 이후에는 응당 지시에 따라 따로 계비(界碑)를 세워 옛 경계를 밝혀야 할 것입니다. <u>반면 목극등이 세운 비석은 이미 경계와 관련이 없고, 나아가 돌·흙무더기 또한 송화강 상류로 연결되는</u>

> 것이므로 지금 이 비석을 파괴하지 않는다면 여전히 장래에도 의혹으로 남아 또 다른 말썽이 발생할 수도 있으며, 또한 송화강에도 방해가 됩니다. [그러므로] 이를테면 석을수의 발원지로 경계를 정한다면, 즉 소백산 동쪽 기슭에서 시작하여 무산성에 이르기까지 응당 요지를 골라 비석을 세움으로써, 경계의 구분을 명확히 하고 또한 영원히 흔적이 남도록 해야 할 것입니다. 그래서 마땅히 비석을 세워야 할 곳을 미리 공동으로 결정한 다음 다른 주접 뒤에 첨부함으로써 나중에 다시 우여곡절을 겪는 것을 피하고자 하오니, 대인께서 참작하여 결정하신 다음 아울러 자문을 보내 밝혀 주시기를 간청합니다.[밑줄 — 인용자]

길림 측에서 새롭게 경계를 정한 다음, 거기에 경계비를 세우겠다는 의도로 사전에 준비를 하였다는 점은 앞서 언급한 바 있지만, 목극등이 세운 "비석을 파괴하지 않는다면 여전히 장래에도 의혹으로 남아 또 다른 말썽이 발생할 수도 있으며, 또한 송화강에도 방해가 된다."라는 그들의 설명은 정계비가 공동감계·국경회담에 임한 중국 측에게 얼마나 치명적인 약점, 즉 아킬레스건이었는가 하는 점을 잘 보여 준다. 사실 제1·2차 공동감계·국경회담에서 중국 측의 대응의 초점은 무엇보다도 정계비의 신뢰성을 무너뜨리는 데 있었다고 해도 지나친 말은 아니라고 할 것이다.

한편 이러한 감계위원의 보고를 받은 길림장군은 6월 16일 "이 자리를 경계지역으로 삼고자 한다는 주장은 충분한 근거가 있는 것"으로 보인다면서, 총리아문의 상주에 의한 황상의 결단을 기다려야 하지만, "옛적에 세운 경계비를 갑작스레 철거하기는 곤란하므로, 응당 이번에 경계를 확정할 때 조선위원의 입회 아래 중국 측 감계위원이 정한 '화(華)'자 비석을 세울 자리로 옮겨 나중에 참고로 할 수 있게 해야 한다"고 지시하였다.[133] 아울러 길림장군은 7월 2일(도착일) 총리아문과 이홍장에게 이러한 내용을 통보하였고,[134] 총리아문은 7월 22일 길림장군에게 다음과 같은 답장자문을 보냈다.

> 지금 해당 위원 등이 지목한 석을수의 발원지에서 무산성(茂山城)까지는 약 280리로, 『흠정회전도설』에서 대도문강은 장백산 동쪽 기슭의 두 물줄기가 합류하는 방향에서 나온다고 기록한 것과 대략 맞추어 보면 상당히 들어맞습니다. 따라서 소백산·황화송전자·석을수·장파·부교 등지에 계비를 열 군데 세우고 번호를 붙이는 일 또한 타당하다고 생각합니다. 이번 감계에서 귀 장군이 각 부분에 대해 조사하여 밝힌 방법은 아주 공정하였던 것으로 보입니다. 다만 해당 지역은 길림·영고탑에서 관할하는 지역으로 해당 위원 등이 공동감계를 할 때 이미 단서가 마련되었으므로, 응당 어떻게 조선부사와 함께 계비를 고쳐 세울지, 그리고 앞서 언급된 월간유민을 각기 [조선으로] 쇄환시키거나 아니면 [중국호적에] 편입시켜 안치시킬지 하는 점은 모두 귀 장군이 명확하게 검토한 다음, 조선의 감계관에게 조회하여 함께 조사하고 계비를 세운 다음 독자 안건으로 상주하여 처리하십시오.[135] [밑줄 — 인용자]

여기서 총리아문은 길림 측이 공동감계·국경회담을 통해 내린 결론이 "아주 공정하였다"고 동의하면서 그들이 제안한 경계비의 설립

133 「秦煐來文」(光緖 13년 6월 16일), 『中朝交涉史料』, p. 1222.(『자료선역』 3 — 050 — pp. 838-840)

134 「吉林將軍咨文」(光緖 13년 7월 2일 到着), 『中朝交涉史料』 pp. 1095-1099; 『中日韓』 卷5, pp. 2387-2391.(『자료선역』 3 — 051 — pp. 841-853)

135 앞서 나온 「[總理衙門]行北洋大臣李鴻章文」(光緖 13년 10월 21일)을 참조.(『자료선역』 3 — 051 — pp. 870-887)

에 대해서도 마찬가지 의견을 드러내었다. 다만 어떻게 경계비를 세울지, 그리고 조선 측을 설득하고 조선유민을 어떻게 안치할지에 대해서는 길림장군이 조선의 감계관과 논의하여 처리하라고 지시함으로써 이러한 과제의 처리를 모두 다시 길림장군에게 떠넘겼다는 것도 분명하게 드러나고 있다. 이 무렵의 청조 중앙정부는 전체적으로 보아 이러한 문제에 대한 효과적인 결단이나 정책을 내세울 수 없는 무력함을 보여 주고 있었다고 해야 할 것이다.

8월 2일 이러한 자문을 받은 길림장군은 원래의 감계위원 등에게 "해당 지역 유민인구를 조사하여 도대체 현재 호구가 얼마인지, 혹은 전부 거두어들이게 할 것인지 아니면 현지에 안치시켜야 하는지 힘써 상황을 참작하고 아울러 조선관원 이중하에게 조회하여 적절하게 처리하라"는 지시를 내렸다.[136] 이에 대해 혼춘초간총국 총판위원 가원계(賈元桂)는 8월 19일에 "이번 달 12일 조선백성이 월경하여 개간한 경지를 중국백성이 차지하여 경작하는 것을 엄금하는 고시 20장을 붙이라는 대인[길림장군 — 인용자]의 지시를 받고, 바로 그에 따라 붙일 장소를 기입한 다음 13일에 각처의 향약에게 넘겨주어 각기 고시를 부착하게 함으로써 힘써 뭇사람의 눈에 잘 띄어 모두가 알 수 있게 하였다"고 보고하였다.[137]

뒤이어 11월 8일에는 혼춘부도통이 신설되는 합순(哈順)·대감자

136 「吉林將軍衙門咨文[爲中朝邊界勘查明確, 查明流民人口及酌度安揷辦法的]」(光緖 13년 8월 7일), 『琿春檔案選編』, pp. 349-351; 『中朝交涉史料』, pp. 1224-1225.(『자료선역』 3 — 052 — pp. 854-860)

137 「琿春招墾總局總辦委員五品頂戴府經歷銜候選從九賈元桂呈報」(光緖 13년 8월 19일), 『淸代中朝』, p. 68.(『자료선역』 3 — 054 — pp. 866-869) 고시의 부착 장소는 琿春招墾總局, 南岡招墾分局, 琿春城大街, 琿春城 西門 등 네 군데 외에 和龍峪·帽兒山·高麗崴子 등 '도문강 이북·해랑하 이남지방' 열여섯 곳이었다.

(大坎子)·목극덕혁(穆克德赫)·밀점(密占)·혼춘(琿春) 등 역참을 위한 관지(官地)와 목장(牧場)을 함께 조사하여 징발하라는 지시를 받고 해당 지역의 지도·설명서를 작성하고 면적을 조사하였지만 더 이상의 지시가 없어 대기하던 중, 징발되어 역참에 귀속될 알아하 하구의 도문강 북쪽연안에서 조선백성이 국경이 아직 명확하게 결정되지 않았다는 것을 핑계로 대면서 이 땅을 돌려주려 하지 않는다고 보고하였다.[138] 여기서 혼춘부도통은 본래 그들을 즉각 쫓아내야 하지만 변계교섭과 관련된 사안이므로, 조선국경의 지방관에게 조회하여 "그들을 거두어 들이라고 요구하든지, 아니면 국경이 확정되고 난 다음에 처리하는 것이 옳은지 결정할 수 없다"는 사정을 호소하였다. 다만 그는 신설되는 역참의 예산은 이런 부지에서 징수하는 소작료에 의존하고 있으므로, 국경 정리 후 소작인을 불러 모아 경작하게 한다면 시일이 많이 지체되니, 민간에 넘겨지지 않은 황무지 가운데 역참부지로 징발할 땅을 다시 조사해서 보충하고 소작인들을 불러 모아 개간시켜도 좋은지 문의를 한 것이다.

이상의 두 가지 사안은 변계문제의 해결이 이루어지지 않은 상황 아래서는 길림 측이 조선월간민을 무턱대고 즉각 쫓아낼 수도 없는 난처한 상황에 처하고 있음을 보여 준다. 따라서 길림 측으로서도 국경문제의 해결이 전혀 시급하지 않은 것은 아니었다. 하지만 위의 조치는 일단 회담의 예정된 '결렬'에 따라 다시 늘어날지도 모르는 분쟁에 대비하여 조선월간민을 보호하려는 현상유지 대책을 취한 것이라고 할 수 있다.

138 「琿春副都統衙門右司咨文(呈堂稿)[爲劃撥琿春城站之嘎雅河地段, 先被韓民越界私墾, 不肯讓還, 請示將軍事]」(光緒 13년 11월 8일), 『琿春副都統衙門檔』 卷132, pp. 256-259.(『자료선역』 4 — 001 — pp. 896-900)

여하튼 제2차 공동감계·국경회담을 거친 다음 길림당국 측의 입장은 분명하게 정리되었다. 소백산 동쪽기슭에서 발원하는 석을수가 바로 대도문강이고, 따라서 소백산이 바로 분수령이라는 최종적인 결론을 내렸기 때문이다. 이것은 결국 정계비가 원래 세워진 장소인 소백산에서 조선 측에 의해 몰래 북쪽으로 옮겨졌다는 이설론(移設論)을 반드시 그 전제로 삼아야만 하는 것이었다. 중국 측의 입장에서 보면 이런 논리를 통해 아킬레스건이나 마찬가지였던 정계비 '위치'의 신뢰성을 더욱 깎아내릴 수 있게 되었다. 하지만 그렇다고 해서 그것이 강희제·목극등에 의해 세워진 사실을 말소해 주는 것은 아니었으므로, 이런 곤혹스러움을 타개하기 위해서 억지로 그 비문의 내용에 맞추어 두만강의 물줄기 계통을 '조정'한 셈이 되었다. 공동감계의 결과에 따라 결론을 조정하는 것이 아니라 결론을 정해 놓고 공동감계의 결과를 거기에 따라 억지로 꿰맞추어 조정하는 방식이었던 것이다. 서두수에서 홍단수로, 다시 홍단수에서 석을수로 길림 측이 두만강 본류를 바꾸어 지정하려 했던 것은 바로 이 점을 잘 설명해 준다. 또한 이것은 중국 측이 이중하가 누차 설명한 홍토산수로 경계가 설정된 목극등 '정계' 당시의 과정에 대해 여전히 납득하지 않았다는 점을 알려 주는 것이기도 하다. 정계비 설립의 '수수께끼'를 당시의 중국 측으로서는 이해할 수도 없었고, 또한 이해하려고도 하지 않았던 것이다.

그리고 조선월간민에 대한 대책이 필요한 것은 사실이었지만, 이미 두만강 북쪽에 대해서는 더 이상 영토의 상실을 염려할 것도 없어졌을 뿐만 아니라, 변계문제가 지난 몇 년간 골치를 썩게 했던 것에 대한 반감과 일종의 '보복심리'가 여기에 크게 작용하였으리라는 점은 앞서도 지적한 바 있다. 지금까지 본 것처럼 총리아문·북양대신의 판단 근거는 기본적으로 현지 당사자인 길림장군의 보고에 의지하지 않을 수 없었다. 따라서 사실상 이러한 길림당국의 의사가 제2차 공동감계·국경회담의 '결렬'에 결정적인 중요성을 지니고 있었다고 해야 할 것이다. 청정부의 입장을 총괄하는 총리아문의 조치도 결국은 모든 최종적인 해결을 길림장군에게 떠넘기는 것뿐이었기 때문이다.

앞서 서술한 대로 제2차 공동감계·국경회담에 대한 조선 측의 입장을 표명한 8월 19일자 조선국왕의 자문은 예부와 북양대신 이홍장에게 전달되었다. 9월 17일 이 자문을 받은 이홍장은 이것을 다시 9월 21일 총리아문에 통보하였고, 그 결과 10월 21일에 총리아문은 이홍장에게 "이 문제를 어떻게 처리할 것인지에 대해서는 길림장군이 상주한 다음 유지를 받들 때를 기다렸다가 다시 그에 따라서 시행하면 될 것"이라고 답장을 하였다.[139] 이 점 역시 결국은 길림장군이 어떠한 판단을 내리느냐에 따라 문제의 처리방향이 결정될 수밖에 없었다는 점을 다시 확인해 준다. 또한 조선의 경우도 앞서 서술한 대로 "지난번에 이미 북양대신에게 자문을 보냈으므로 회답을 기다려 조처가 있어야 할 것"이라는 입장이었으므로, 이후의 상황전개는 결국은 길림장군의 결정과 그에 따른 청정부의 반응에 따라 좌우될 수밖에 없었다.

그리고 이러한 반응에 관한 상세한 정보를 알려 주는 것은 바로 길림장군이 광서 13년 11월 26일에 올린 상주문과 그에 대한 황제의 주비(硃批)이다. 길림·두만강 경계지역에 관원을 파견하여 조사를 한 다음 지도를 그리고 설명서를 첨부하여 올림으로써 황제의 결정을 간청하는 이 주접(奏摺)은 길림장군이 12월 10일 이것을 올린 사실을 총리아문에 통보하였고, 12월 14일에 이에 대한 황제의 주비를 덧붙인

139 앞서 나온 「[總理衙門]行北洋大臣李鴻章文」(光緖 13년 10월 21일)을 참조.(『자료선역』 3 — 055 — pp. 870-878) 예부도 받은 자문을 총리아문에 전달하였다. 『국역중일한』 2, pp. 177-178.

원 주접이 군기처로부터 총리아문에 전달되었다.[140] 그 내용은 홍기하를 소도문강, 석을수와 홍토산수가 합류하는 곳을 대도문강으로 설정하고, 아울러 석을수를 따라 무산 서쪽까지 경계비를 세우는 것이 공정한 방안이라는 길림 측 종전의 입장을 고수한 것이었다. 그렇지만 변경지역의 출입(出入)과 관련된 문제인데다가 조선의 안변부사가 "비록 마음으로는 그렇게 생각하지만, 말로는 여전히 책임을 떠넘기려고" 하였기 때문에, "응당 어떻게 조선부사와 함께 계비를 고쳐 세울지, 그리고 앞서 언급된 월간유민을 각기 [조선으로] 쇄환시키거나 아니면 [중국호적에] 편입시켜 안치시킬지"에 대해서는 관원을 다시 그곳에 파견하여 함께 신속하고 적절하게 처리하도록 조선국왕에게 지시를 내려달라고 간청한 것이 이 상주의 핵심이었다.

위에서 마지막으로 인용한 부분은 앞서 총리아문에서 이 문제에 대해 길림장군에게 통보한 자문의 내용을 그대로 다시 베낀 것이므로, 길림장군은 여전히 독자적인 판단을 유보하면서 단지 재감계를 통해 문제를 처리하자는 상당히 '무책임한' 역제안을 총리아문에 내놓은 셈이 된다. 이에 대해서는 이미 12월 13일에 "해당 아문에 알리라"는 황제의 주비가 내려졌다.[141] 결국은 광서제는 물론이고 총리아문·북양

140 「[照錄]吉林將軍來文軍機處交吉林將軍抄摺」(光緒 13년 12월 10일. 光緒 13년 11월 26일), 方郎 編, 「吉朝分界案」, 陳湛綺 編, 『淸末邊境界務檔案』 第1冊(全國圖書館文獻縮微複製中心. 2008), pp. 188-192. 또는 經莉 編, 『國家圖書館藏 淸代孤本外交檔案續編』 第5册(國家圖書館, 2005), pp. 1846-1850; 『中朝交涉史料』, pp. 1093-1095.(『자료선역』 3 — 056 — pp. 888-893)

141 「袁世凱照會」(光緒 14년 2월 16일), 『조·청국경회담』 pp. 290-291; 「圖們勘界委員의 派遣要請」, 『淸案』 1, p. 437; 「致朝鮮督辦交涉通商事務 趙秉式照會」(光緒 14년 2월 16일). 『袁世凱全集』 1, p. 475. 원문에는 12월 3일 주비를 받은 것으로 되어 있으나, 14일에 군기처에서 내려 보낸 것을 보면

대신·길림장군 누구든 이 문제에 대해서는 책임지고 최종 결정을 내리고자 하지 않는 상황이 출현하였다고 볼 수밖에 없다. 청정부가 지금까지 이 문제를 사실상 중국·조선 사이의 문제가 아니라 길림·조선 사이의 문제로 한정하여 다루어 왔던 것도 사실이기 때문에, 어쩌면 길림 측에 문제의 최종적인 해결을 떠넘기는 것이 당연하였을지도 모른다. 하지만 석을수를 대도문강으로 설정하면서 다시 관원의 파견과 감계를 통해 문제를 해결한다는 방법이 도저히 조선 측을 설득할 수 없다는 것은 이미 제1·2차 공동감계·국경회담에서 길림 측이 분명하게 확인한 바이기도 하였다.

그럼에도 불구하고 이렇게 아무런 기대도 할 수 없는 제3차 공동감계를 길림장군이 최종 대안으로 제기한 것은 결국 누구도 책임지고 이 문제해결을 위한 '결단'을 내리려 하지 않았던 데에서 나온 결과이다. 제1·2차 공동감계·국경회담에서 청조가 여전히 '천조상국'으로서 조공국인 '속방'에 대해 '자소지의(字小之義)'를 지키고자 하는 외교적 방침을 고수하는 한,[142] 그리고 조선 측이 이러한 중국의 태도에 기대어 양보와 시혜를 계속 기대하는 한, 이러한 분쟁은 결국에 가서는 청 황제나 길림장군의 '결단'이나 '양보'가 아니면 풀릴 수 없는 난제가

실제로는 13일이 맞을 가능성이 크며, 다른 자료에서 인용된 부분(『中朝交涉史料』, pp. 1228-1230나 『琿春檔案選編』 中冊, pp. 351-353 등)을 보면 13일로 되어 있다.(『자료선역』 4 — 002 — pp. 0901-904)

142 조선과의 관계는 예외적인 것으로 칠 수 있더라도, 1880년대 중국의 조공국에 대한 외교는 여전히 비록 형식적인 것으로 바뀌기는 하지만 전통적인 '책봉'과 '조공' 의례의 존속이라는 점에 집착하고 있었다. 이에 대해서는 荒木敏夫, 「李鴻章の屬國支配觀」, 『中國社會と文化』 2, 1987; 荒木敏夫, 「中華世界の'近代的'變容 — 淸末の邊境支配 —」, 溝口雄三 等 編, 『アジアから考える 2 地域システム』(東京大學出版會, 1993); 權赫秀, 『東亞世界的裂變與近代化』(中國社會科學出版社, 2013) 등의 연구를 참조.

될 수밖에 없었다. 앞서 지적한 대로 일단 '토문강'이 아닌 '두만강'(도문강) 선으로 국경이 설정되는 것은 이미 기정사실이었으므로, 중국 측으로서는 굳이 그러한 결단과 양보가 필요하다고 여기지 않았던 것도 아마 이러한 '유예'에 일정한 영향을 미쳤을 것이다. 결국 이 문제의 해결은 이후 다시 길림장군의 요청에 의한 '제3차' 공동감계와 국경회담의 제기로 연결될 수밖에 없었는데, 이 점에 대해서는 다음 장에서 자세히 다루도록 하겠다.

제5장

제3차 공동감계의 무산과 중국의 동화정책 추진

1. 제3차 공동감계의 제기와 무산

제2차 공동감계 이후 광서 13년(1887) 11월 26일 길림장군이 올린 상주와 그에 대한 황제의 주비에서 두만강 경계지역의 제3차 공동재감계가 결정되었다는 점은 앞서 서술하였다. 이홍장은 이러한 사실을 통보받고 "조선국왕에게 자문으로 알려 신속하게 위원을 파견하여 길림성 위원과 함께 적절하고 신속히 처리하되 조금이라도 지연시켜서는 안 될 것"이라고 원세개에게 지시하여 광서 14년(1888) 2월 16일 조선의 독판교섭통상사무 조병식(趙秉式)[1]에게 이를 전달케 하였다.[2] 하지

1 趙秉式(1832-1907)은 조선 후기 문신으로 본관은 楊州이며, 자가 公訓 시호는 文靖이다. 1885년 陳奏副使로 청에 가서 대원군의 석방을 주청하였으며, 귀국 후 協辦內務府事, 禮曹·刑曹 判書를 거쳐 督辦交涉通商事務가 되어 1888년 조선 대표로 러시아 대표 베베르와 「韓·러陸路通商章程」을 체결하였고, 1889년(고종 26) 함경도관찰사로 있을 때 흉년이 들자 糧穀의 일본 수출을 막고자 防穀令을 선포하여 일본의 반발을 사기도 하였다.

2 「袁世凱照會」(光緒 14년 2월 16일), 『조·청국경회담』, pp. 290-291; 「圖們勘界委員의 派遣要請」, 『淸案』 1, p. 437; 「致朝鮮督辦交涉通商事務趙秉式照會」(光緒 14년 2월 16일). 『袁世凱全集』 1, p. 475.(『자료선역』 4 — 002 — pp. 901-904)

만 이에 대한 조선의 반응이 지연되자 길림장군은 다시 3월 17일에 경계문제는 이미 당시 일을 맡았던 위원을 보내서 조사에 대기하도록 하였다면서, "조선의 감계사 이중하에게 전보로 독촉하여 빠른 시일 안에 변경에 도착하게 해 주시기를 요청한다. 조선의 외서에 독촉하여 신속하게 도착하도록 지시를 전달해 주시기 바란다."라고 요청하는 전보를 이홍장에게 보냈다.[3] 이홍장으로부터 이 전보를 전달받은 원세개는 바로 그날로 "신속하게 해당 관원에게 지시하여 빠른 시일 내에 갈 수 있게 해 주시기를 바란다. 어느 날 출발하기로 정하였는지 답변하여 대신 알릴 수 있기를 간절히 바란다."라는 조회를 조선정부에 보냈다.[4]

그리고 이보다 앞서 3월 9일에 조선정부는 "길림·조선의 경계 설정이나 백성 안치 등의 문제는 여전히 이전에 공동감계를 맡았던 이중하를 다시 파견해 보내서 처리함으로써, 이 문제에 익숙한 점의 도움을 받고자 한다"는 한다는 반응을 보인 바 있었다.[5] 뒤이어 3월 11일에는 내무부(內務府)에서 "도문강 경계를 재감계[覆勘]하는 일에 대해서 북양대신이 또다시 자문이 있었습니다. 감계사 이중하로 하여금 속히 출발하게 하여서 기일을 정하여 공동감계를 하도록 하는 것이 어떻겠습니까?"라고 아뢰어 국왕의 윤허를 받았다.[6] 조선정부도 제3차 공동

3 「[北洋大臣李鴻章]寄朝鮮袁道電」(光緖 14년 3월 17일 申刻), 『李鴻章全集』 卷22, 「電報」 2, p. 327; 「[袁世凱]致北洋大臣李鴻章電」 附錄 「北洋大臣李鴻章來電」(光緖 14년 3월 17일), 『袁世凱全集』 1, p. 483.(『자료선역』 4 — 005 — pp. 908-909)

4 「袁世凱照會」(光緖 14년 3월 17일), 『조·청국경회담』, pp. 291-292; 「勘界使 李重夏의 早速派遣要請」, 『淸案』 1, p. 445.(『자료선역』 4 — 006 — pp. 910-912)

5 「[袁世凱]致北洋大臣李鴻章電」(光緖 14년 3월 9일), 『袁世凱全集』 1, p. 483.(『자료선역』 4 — 003 — pp. 905-906)

6 「內務府啓」(高宗 25년 3월 11일), 『高宗實錄』 25卷, 高宗 25년 3월 11일

감계의 요구에 대해 일단 동의하지 않을 수 없었던 것이다.

하지만 이러한 조선정부의 동의는 상대의 독촉에서 나온 마지못한 대응이었으므로 '적절하고 신속한' 재감계를 바라는 중국 측 태도에 비하면 그야말로 소극적인 것이었다. 이 점은 이 조회를 받은 지 한 달 가까이 지난 4월 12일이 되어서야 외서독판(外署督辦) 조병식이 이미 정부에 그 내용을 전달하여 해당 감계사를 파견해 주시도록 보고하였고 출발 일자에 대해서는 곧바로 알리고자 하였는데, "해당 감계사가 경계문제의 상황에 대해서 급하게 아뢰는 바가 있고, 이에 대해 '의정부에서 의논하여 처리하라'는 국왕의 지시가 내려졌으므로 시일이 지연되어, 아직 답변을 드리지 못하였다."라고 한 데서 잘 드러난다. 같은 날 원세개는 관원을 파견하여 답사하면서 다른 한편으로는 자문으로 의논해도 좋을 것이라고 하였지만, 조병식이 "국왕께 보고를 올린 다음 결정하시기를 기다리자"고 하였으므로 결국 이중하의 행차가 다시 늦어질 것이라는 판단을 이홍장에게 보고하였다. 조병식은 또한 이중하의 보고 때문에 자문으로 상의해야 하니, 미리 그 내용을 전보로 북양대신에게 통보해 줄 것을 요청하기도 하였다.[7]

그리고 결국 4월 20일에 북양대신 이홍장에게 보낸 자문에서 조

두 번째 기사(원본 29책 25권 15장 B면. 영인본 2책 290면).(『자료선역』 4 — 004 — p. 907)

7 「趙秉式照覆」(光緒 14년 4월 12일), 『조·청국경회담』, p. 292; 「[北洋大臣李鴻章]寄吉林將軍希電」(光緒 14년 4월 12일), 『李鴻章全集』 卷22, 「電報」 2, p. 335; 「致北洋大臣李鴻章電」(光緒 14년 4월 12일). 『袁世凱全集』 1, pp. 488-489. 또한 「[朝鮮督辦交涉通商事務]趙秉式照覆」(光緒 14년 4월 22일), 『조·청국경회담』, pp. 293-294; 「勘界使 李重夏 派遣에 對한 回答」, 『清案』 1, p. 448도 같은 내용을 담고 있다.(『자료선역』 4 — 007 - pp. 912-913)

선정부의 구체적인 대응과정이 보다 상세하게 드러난다.[8] 이에 따르면 우선 재감계(제3차 공동감계)의 지시를 받은 이중하가 "급하게 아뢴 바"는 결국 "석을수의 경우 그 발원지는 장백산이 아니라 바로 소백산이며, 제1의 발원지가 아닌 제2의 발원지에 지나지 않아 기존의 지도와 서적에도 전혀 증거가 없으니, 장백산 홍토수 위에 정계비를 세우는 것이 실제 사리에 맞을 것"이며, 따라서 중국 측의 주장에 대해 아무런 이의 제기도 하지 않고 다시 재감계에 나서는 일은 무의미하다고 하여 사실상 그것을 거부하였음을 알 수 있다. 이 때문에 조선정부 역시 이전에 보낸 자문에 관해서는 가타부타 아무런 의견도 표시하지 않고 중국 측에서 단지 "길림장군이 상주한 바대로 시행"하라는 통보만 한 것에 대해 이례적으로 "상당히 생각이 어지럽다[殊屬紆菀]"는 표현을 쓰면서 동의하기 어렵다는 뜻을 드러내었다. 즉 이중하의 주장이 아주 분명한 사실이고 홍토산수와 석을수 사이는 수십 리의 인적이 드문 황량한 지역에 지나지 않는데, "어찌 이렇게 보잘것없는 조그마한 땅 때문에 속방인 조선이 그 영역[封履]도 지킬 수 없게 하느냐"는 불만을 표시하였던 것이다. 아울러 "강압을 두려워하여 억지로 따르게 된다면, 이것

8 「將圖們江勘界情形詳細轉奏以昭公允事, 北洋大臣衙門咨」(光緒 14년 4월 20일), 高永一, 1989, pp. 270-272의 6.「關于土門江上流界址石乙水的再考要請記事等)」; 『通文館志』 下 原本第六冊 卷十二「紀年續編 今上二十五年」條의 記事; 『中朝交涉史料』, pp. 1228-1230나 『琿春檔案選編』 中冊, pp. 351-353에 실린 것도 사실상 같은 내용이다. 다만 이 자문을 이홍장이 총리아문과 길림장군에게 알리자, 길림장군이 혼춘부도통아문의 변무승판처에 알리는 맥락만 다를 뿐이다. 또한 『高宗時代史』 3輯(국사편찬위원회, 1970) 및 『承政院日記』·『日省錄』·『高宗實錄』 25卷 高宗 25년 3월 11일 記事, 『統理交涉通商事務衙門日記』 高宗 25년 2월 17일, 4월 12·22일 기사, 『淸案』 高宗 25년 2월 16일, 高宗 25년 3월 17일, 高宗 25년 4월 12·22·28일 記事 등도 이에 관련된 내용이다.(『자료선역』 4 — 009 — pp. 916-923)

은 또한 지극한 정성으로 큰 나라를 삼기는 도리가 아닐 것"이라면서 조선정부는 이홍장에게 두만강 발원지에 관한 감계상황을 상세하게 대신 상주하여 황상의 공정한 판단을 받아 주기를 바란다고 요청하였다.

뒤이어 조선 측에서는 다시 4월 27일 원세개를 방문하여 재감계를 지시해 달라고 자문으로 상주를 요청하겠다고 하면서, "감계사 이중하가 먼저 가서 오래 기다리기는 불편하고 비용도 많이 들어가므로, 중국[예부와 총리아문]의 답장자문을 기다린 다음 다시 시기를 정해 파견할 것"이라고 통보하였다.[9] 제1·2차 공동감계·국경회담의 실행이 당지의 함경북도 지방민에게는 엄청난 경제적 부담이 될 수밖에 없었던 만큼 조선정부의 태도도 일리가 있지만, 여하튼 조선에서는 일단 북양대신에게 자문을 보냈으니 회답을 기다려야 조치가 가능하다고 생각하고 있었던 것으로 보인다.[10] 하지만 그에 앞서 이홍장은 4월 17일에 이미 "백두산 감계문제에 대해 조선에서 만약 다른 의견이 있다면, 응당 [북양대신인 내가 아니라] 총리아문 쪽에 자문을 보내 검토·처리하게 해야 할 것"이라는 입장을 원세개에게 알린 바 있다.[11] 따라서 조선 측이 기대하는 이를테면 이홍장의 적극적인 개입과 중재에 따른 타

9 「袁世凱照會」(光緒 14년 4월 28일), 『조·청국경회담』, pp. 292-293; 「勘界使 遲延에 대한 電報傳達」, 『淸案』 1, p. 451; 「致朝鮮督辦交涉通商事務趙秉式函」(光緒 14년 4월 28일), 『袁世凱全集』 1, p. 491.(『자료선역』 4 — 011 — pp. 926-928)

10 『高宗實錄』 高宗 25卷, 高宗 25년 5월 17일(戊辰) 두 번째 기사, 「북쪽의 환자에 대해 환곡을 면제하고 바친 사람에게는 돌려주어 폐단이 생기지 않도록 하다」(원본 29책 25권 23장 B면. 영인본 2책 294면).(『자료선역』 4 — 012 — pp. 929-930)

11 「袁世凱照會」(光緒 14년 4월 28일), 『조·청국경회담』 pp. 292-293; 「勘界使 遲延에 대한 電報傳達」, 『淸案』 1, p. 451; 「致朝鮮督辦交涉通商事務趙秉式函」(光緒 14년 4월 28일), 『袁世凱全集』 1, p. 491.(『자료선역』 4 — 011 — pp. 926-928)

협이나 해결은 사실 제대로 이루어지기 어려웠다고 할 것이다.

그리고 이홍장을 통해 조선 측의 입장과 저간의 사정을 대략 전해 들은 길림 측(실제 주체는 琿春副都統衙門 邊務承辦處의 方郎이다)은 다음과 같이 이에 강력하게 반발하는 공문을 5월 23일 이홍장에게 보냈다.[12]

> 지금 석을수를 보니 석을수야말로 무산 서쪽 천연의 경계라고 할 것입니다. 이곳에 경계를 나눈다면 곧 장백산이라는 청조 발상(發祥)의 근본지역을 훼손하지 않을 것이며, 조선에도 전혀 장애가 되지 않을 것입니다. 그런데도 조선은 곧 석을수라는 천연의 경계를 버리고, 강물이 이어지지 않는 홍토산을 가지고 반드시 경계로 구분하고자 하는데, [이렇다고 해도] 조선은 본디 얻을 수 있는 이익이 없고 헛되이 중국의 장백산 발상지에만 좋지 못한 영향을 미치니, 정말 그 의도가 어디에 있는지 이해하기 어렵습니다. 만약 조선이 고의로 교활한 고집을 부리게 놔두어 석을수를 경계로 정하지 않는다면, 위원을 파견하여 재감계를 하더라도 경계를 구분할 수 있는 곳을 다시 찾아내기는 어려울까 염려됩니다. 조선이 홍토산으로 경계를 정하고자 하는 것은 본디 중국 조정에서 법외(法外)의 인자함을 베푸는 것을 기대해야 하므로, 감히 [저희들이] 섣불리 의논할 바가 못 됩니다. … 석을수의 발원지와 물줄기는 분명하므로 반드시 이것으로 경계를 구분해야 하는데, 공동으로 직인을 찍은 지도가 그 근거가 될 것입니다.[13]

12 「吉林將軍希元札飭」(光緒 14년 5월 29일), 『中朝交涉史料』, pp. 1228-1230; 『琿春檔案選編』 中冊, pp. 351-353에 의하면 길림장군이 조선국왕의 자문을 전달받아 혼춘에 보내는 것은 5월 29일의 일이기 때문에 方郎의 입장은 조선국왕의 자문 내용을 알기 이전에 이미 작성된 것이라 할 수 있을 것이다.

13 「[琿春副都統衙門]邊務承辦處來文」(光緒 14년 5월), 『中朝交涉史料』, pp.

석을수를 경계로 삼겠다는 입장은 이전에도 분명하였지만, 길림 측은 이제 홍토산수로 경계를 구분하는 것이 곤란한 이유를 새롭게 세 가지 들고 있다. 그것은 1) 홍토산수를 경계로 정해도 조선에는 전혀 장애가 없고, 본디 조선이 얻을 수 있는 이익도 없다, 2) "장백산이라는 청조 발상의 근본지역을 훼손"하거나, "중국의 장백산 발상에만 좋지 못한 영향을 미친다", 3) "조선이 홍토산으로 경계를 정하고자 하는 것은 본디 중국 조정에서 법외(法外)의 인자함을 베푸는 것을 기대"해야 한다는 것이었다.

1)과 같은 경우는 아무런 이익이나 장애도 없는데 조선이 무조건 반대한다는 식으로 주장하는 억지 비방이라서 더 이상 따질 필요도 없다. 하지만 2)의 경우는 특별히 주목할 만한 내용을 담고 있다. 여기서 방랑(方郎)이 장백산 발상의 근본을 언급하면서 석을수를 경계로 고집하는 것은 지금까지는 명백하게 언급된 적이 없지만 홍토산수의 지류 가운데 하나인 원지수(元池水. 圓池水)가 발원하는 원지(元池. 圓池) 때문이었다. 그리고 길림 측은 바로 이 시점에서 이 원지가 전설에 따르면 만주족(滿洲族)의 시조 포고리옹순[부쿠리용손(布庫里雍順)]이 태어난 장소인 발상중지(發祥重地)라는 점을 강조하면서,[14] 그 때문에 이 부근에서 발원하는 홍토산수를 경계로 설정해서는 안 된다는 근거의 하나를 추가하였다. 이후 중국 측에서는 이 원지에 관한 전설(傳說)을 근거

1226-1227. 또한 「袁世凱照會」(光緒 14년 7월 4일), 『조·청국경회담』, pp. 295-297; 「國界勘定에 있어 韓使 李重夏의 紅土山標準說 否認에 關한 照會」, 『淸案』 1, pp. 476-477; 「致朝鮮督辦交涉通商事務趙秉式照會」(光緒 14년 7월 4일), 『袁世凱全集』 2, pp. 2-3의 내용도 이와 거의 같은 것인데, 원세개가 이홍장으로부터 길림의 자문을 통보받아 조선에 전달하는 것만 다를 뿐이다.(『자료선역』 4 — 013 — pp. 931-936)

14 이 전설의 내용은 물론 후대에 가공된 것이지만, 『大淸歷朝實錄』(中華書局, 1987)의 第1冊에 수록된 『滿洲實錄』(8卷)의 卷1, pp. 1-8을 참조.

로 내세우면서 홍토산수 발원지에 있는 홍토산(紅土山)은 포고리산(布庫里山), 그리고 홍토산수의 발원지 위쪽 부근에 있는 원지(元池. 또는 圓池)는 포고리호(布庫里湖)로 표기하게 된다.[15]

하지만 사실 이 자문에서의 언급 이전에는 이곳이 청 조정의 발상 근본이라는 논리가 전혀 언급된 적이 없었다. 제1·2차 공동감계·국경회담에 관한 기록 어디에서도 그런 내용은 다루어진 적이 없기 때문이다. 청조 정부에서도 물론 그런 발상을 내비친 적이 없다. 그러므로 이러한 '원지·홍토산수=만주족의 발상중지'라는 논리는 바로 이 무렵 처음으로 길림 당국(구체적으로는 方郎)에 의해 새롭게 '발견되어',[16] 길림 측의 입장을 보완하는 새로운 논거의 하나로 '만들어지면서' 추가된 것으로 보인다. 아마도 몇 년 동안의 분쟁과 논쟁 속에서 유리한 자료와 정보·증거·논리를 찾아 정리하던 과정에서 발견되었던 것으로 보이지만, 이런 점에서 보면 공동감계·국경회담은 동시에 양국이 각기 상대방과의 논쟁을 되풀이하는 과정에서 점차 자신의 입장을 강화시킬

15 서길수, 「백두산국경연구」(여유당, 2009), p. 173; 李廷玉 撰, 『長白山崗志略』(中國邊疆史志叢書初編 7·8, 臺聯國風出版社, 1969)의 첨부 지도를 참조. 『長白山崗志略』의 撰者 李廷玉은 당시 長白縣의 지현이고 실제 편찬의 주체는 劉建封인 것으로 보이는데(李澍田 主編, 『長白匯徵錄·長白山崗志畧』, 吉林文史出版社, 1987을 참조), 이 책에서는 이렇게 공동감계·회담을 통해서 개발된 길림 측의 새로운 논리가 그대로 재현·확장되면서 재생산되고 있다. 한편 부쿠리옹손 신화의 형성과정 및 그 장소가 흑룡강 연안 부쿠리 산에서 장백산 남쪽으로 옮겨지는 과정에 대해서는 이훈, 「청 초기 장백산 탐사와 황제권」, 『동양사학연구』 126, 2014을 참조할 수 있다. 이 논문에서는 또한 목극등 이전 청조의 백두산 탐사도 아울러 다루고 있다.

16 이 점에 대해서는 이화자, 2009b, p. 254에서 언급되고 있다. 하지만 그 이전 단계에서 이러한 점에 대해 전혀 언급이 없었다는 것은 제1·2차 공동감계와 국경회담에 관련된 대부분의 자료를 검토한 필자의 조사 결과에 따른 판단이다.

수 있는 새로운 논리·자료를 찾아내 가는 과정이기도 하였다. 하지만 길림 측에서 새로 찾아낸 이 논리는 적어도 만주족(의 청조)에게는 그야말로 무엇보다도 강력한 전가보도(傳家寶刀)가 될 수 있는 강력한 위력을 갖추고 있었다는 데 특색이 있었다. 양국 사이의 영토문제가 만약 만주족의 발상중지에 관련된 것이라면 이에 대해서는 만주족의 청조가 추호라도 양보할 가능성을 상정할 수 없게 되었기 때문이다.

그리고 이러한 2)의 논리가 제기된 이상 "중국 조정에서 법외(法外)의 인자함을 베푸는 것을 기대"하여 홍토산수를 경계로 설정한다는 3)의 기대는 사실상 이제는 완전히 불가능한 일이 될 수밖에 없었다. 아무리 '천조상국'이 인자함과 은혜를 베풀 수 있다고 하더라도 '발상중지'에 대해 양보를 한다는 일이 우선 전제가 되어야 하였기 때문이다. 따라서 이렇게 길림 측이 '원지·홍토산수=발상중지'라는 논리를 만들어 낸 것은 조선 측이 홍토산수로의 양보를 받아 내는 것을 거의 불가능하게 만들어 버린 셈이 되었고, 결국은 양측의 국경회담이 궁극적인 파국으로 치닫는 형세를 자아냈다. 한편 이홍장으로부터 이런 내용을 6월 29일 통보받은 원세개는 7월 4일에 그것을 조선정부에 전달하였다.[17]

이러한 길림 측의 '강경' 노선은 그보다 앞서 5월 29일 이홍장이 길림장군으로부터 받아 원세개에게 전달한 다음과 같은 자문 내용에서도 감지될 수 있다.

17 「袁世凱照會」(光緒 14년 7월 4일), 『조·청국경회담』, pp. 295-297; 「國界勘定에 있어 韓使 李重夏의 紅土山標準說 否認에 關한 照會」, 『淸案』 1, pp. 476-477; 「致朝鮮督辦交涉通商事務趙秉式照會」(光緒 14년 7월 4일), 『袁世凱全集』 2, pp. 2-3, 또한 「袁世凱照會」(光緒 14년 7월 4일), 『조·청국경회담』, pp. 295-297; 「國界勘定에 있어 韓使 李重夏의 紅土山標準說 否認에 關한 照會」, 『淸案』 1, pp. 476-477; 「致朝鮮督辦交涉通商事務趙秉式照會」(光緒 14년 7월 4일), 『袁世凱全集』 2, pp. 2-3도 비슷한 내용의 조회이다.(『자료선역』 4 — 017 — pp. 947-952)

조선이 홍토산으로 경계를 나누고자 하는데, 비단 강물이 비석이나 돌무더기와 이어지지도 않을 뿐만 아니라, 또한 장백산의 근본(발상지)에 장애가 됩니다. 조선백성이 월간하고 있는 곳은 모두 무산 아래 도문강 이북에 자리 잡고 있어 석을수로 경계를 나누면 월간 조선백성은 물론 길림 경내에 속하게 되지만, 이와는 달리 홍토산으로 경계를 나누어도 마찬가지로 월간 조선백성은 여전히 길림 경내에 속하지, 조선에 속하지 않습니다. 따라서 조선 측의 [경계구분에 관한] 계획이 월간 조선백성을 보호하고자 하는 것이 아님을 알 수 있습니다.[18] [밑줄 — 인용자]

여기서도 이제는 '장백산의 근본(발상지)'이 길림 측의 주요 논거로 자리 잡고 있음을 확인할 수 있다. 그렇지만, 홍토산수로 나눠도 조선월간민은 여전히 길림 경내에 속한다는 사실은 엄밀히 따져 보면 석을수·홍토수 경계 설정의 문제와는 무관한데도, 그것을 빌려서 "조선 측의 계획이 월간 조선백성을 보호하고자 하는 것이 아니다"고 비난하는 도구로 사용하고 있는 것은 길림 측의 조선에 대한 강렬한 반감의 표현이라 하지 않을 수 없다. 그리고 방랑 등은 5월에 뒤이어, 아마도 조선 측의 자문 내용을 전달받은 다음의 반응이겠지만 6월 중에 그것을 반박하는 입장을 다시 작성하여 길림장군에게 전달하였다.[19] 그 내용을 요약하면 대략 다음과 같다.

18 「李爵相批」(光緒 14년 5월 29일), 『中朝交涉史料』, pp. 1228-1230. '李爵相'은 이홍장이 伯爵 작위를 받은 것과 內閣大學士 직함을 가지고 있다는 뜻이다.(『자료선역』 4 — 014 — pp. 937-938)

19 「北洋大臣李鴻章爲札飭事」(光緒 14년 8월 20일), 『駐朝鮮使館檔』 「袁世凱-邊界-吉朝會勘土門江界址案」(檔案番號 全宗 01-系列 41-宗號 018-冊號 01), pp. 220-223. 8월 12일 吉林將軍으로부터 이 자문을 받은 李鴻章은 8월 20일 袁世凱에게 발송하였다(9월 6일 수령).(『자료선역』 4 — 019 — pp. 957-961)

1) 홍토산수와 원지수는 모두 비가 올 때나 흐르는 작은 물줄기에 지나지 않고, 합쳐서 남쪽으로 흐르다 동쪽으로 꺾여 석을수와 합류하는데, 이런 걸 가지고 두 물줄기라고 하는 것은 억지로 가져다 붙인다는 의심을 피할 수 없다.
2) 석을수는 분명하게 장백산의 동쪽 기슭에서 발원하는 도문강의 상원(上源)인데, 어찌 석을수로 경계를 나누는 것이 과연 무슨 근거가 있느냐고 따질 수 있는가?
3) "석을수는 소백산에서 발원하지 장백산에서 발원하는 것이 아니다"고 하는데 소백산은 조선에서만 특별히 이렇게 부르는 이름일 뿐이며, 청조의 발상지는 천여 리에 걸쳐 쭉 뻗어 있지만, 모두 이를 장백산이라 부르지 소백산이라는 글자는 전혀 사용하지 않는다.
4) 목 총관이 세운 비석의 경우 변계를 조사하여 여기에 이르자 비석을 세워서 두 강의 발원을 기록한 것이지, 당시 결코 국경을 조사한 일은 없었다. 당연히 이를 경계비라고 할 수 없다.

따라서 길림 측은 이러한 논거에 기초하여 여전히 "석을수로 경계를 정하는 것 외에는 속방을 체휼(體恤)할 수 있는 바가 따로 없고, 이런 일은 저희들이 감히 제안을 내놓을 수 있는 바도 아니다."라는 의견을 마지막으로 제시하였다. 양측의 주장은 여전히 도저히 합의점에 도달하는 없는 평행선을 달리고 있었던 것이다.

하지만 광서 9년(1883) 2월부터 광서 14년(1888) 4월까지 길림장군으로 재임하였던 희원(希元)이 복주장군(福州將軍)으로 조임(調任)되고 대신 정백기한군도통(正白旗漢軍都統) 장순(長順)이 부임하면서(7월)[20]

20 『光緒實錄』卷254 光緒 14년 4월 己酉條.

이러한 상황에는 일정한 변화가 생기지 않을 수 없었다. 제1·2차 공동감계·국경회담 시기 중 줄곧 길림장군직에 있었던 희원이 떠나고 새로 장순이[21] 부임한 것은 아무래도 정책의 연속성 측면에서 영향을 미칠 수밖에 없었기 때문이다. 이를테면 장순은 부임 직후 전임 장군 재임시기의 여러 사안에 대한 밀고가 올라간 일 때문에 이를 조사하라는 상유를 받았는데, 거기에는 "조선과의 경계문제에 대해서는 현재 아직 결정된 바가 없으니, 도대체 어떻게 구획해야 할 것인지도 아울러 명확히 조사하여 답장 상주를 하라"는 지시도 포함되어 있었다.[22] 이에 대해 장순이 "조선과의 경계문제에 대해서는 석일수(石一水[원문 그대로. 아마 石乙水의 잘못인 듯 — 인용자])나 홍토산수 가운데에서 적절한 곳으로 경계를 세워도 되는지 안 되는지, 이전에 총리아문에 서신을 보내 상의한 바 있습니다. 그 답변이 오면, 다시 신중하게 확인하여 처리하고 보고를 올리겠습니다."라고 상주를 한 것을 보면 석을수와 홍토산수 사이에서 변동이 있을 수도 있다는 가능성이 나타나기 때문이다.[23]

물론 이러한 '동요'는 뒤이어 몇 달 가지 않았다. 이후 12월 28일 길림장군이 다시 "원류의 형세와 지도 및 서적, 비문(碑文), 거리[里數] 등으로 살펴보건대 모두 응당 석을수를 수원으로 삼는 것이 정확한

21 長順은 광서 14년(1888) 4월부터 광서 22년(1896) 4월, 그리고 광서 25년(1899) 10월부터 광서 30년(1904) 1월까지 吉林將軍의 자리에 있었다. 『淸史稿』「列傳 二百四十八」에 傳記가 있다. 자가 鶴汀으로 達呼里郭貝爾氏이며 만주팔기 正白旗 소속으로 누차 軍功을 세워 正白旗漢軍都統·內大臣의 지위가 주어졌으며, 광서 14년 길림장군으로 出任하였다. 이때 『吉林通志』를 편찬하였으며, 청일전쟁 때는 依克唐阿와 함께 遼陽을 지키는 공적을 세우기도 하였다.

22 「上諭[著長順迅卽査明具奏]」(光緖 14년 10월 17일), 『光緖實錄』 卷260 光緖 14년 10월 乙未條, p. 494.(『자료선역』 4 — 020 — pp. 962-964)

23 위와 같음.

것이며, 조선에서 지목하는 홍토산수 같은 것은 견강부회로 실제 근거로 삼기에 부족하다고 합니다. 6월에 이미 각 내용에 대하여 총리아문에서 결정해 달라고 연락을 하였으니, 답신이 오기를 기다려 따라서 처리하면 됩니다."라고 하면서 기존 방침을 재확인하고 그것을 그대로 시행할지 아니면 따로 결정해 줄 것인지 총리아문에 지시를 요청하였기 때문이다. 이것은 길림당국이 원래의 방침으로 다시 돌아간 것을 분명하게 보여 준다.[24]

하지만 총리아문·길림장군 측에서 더 이상 이 문제에 크게 주의를 기울였던 것으로는 보이지 않는다. 다만 광서 15년(1889) 12월 24일자에 길림장군 장순이 올린 상주에서는 이 문제가 다시 한 번 마지막으로 언급되었다. 이때 길림장군은 더 이상 재감계가 필요 없어진 무산 동쪽지역의 조선월간민에 대해 종전처럼 "증명서를 발급하고 소작료를 내게 하는" 동화정책으로의 복귀를 제안하면서, 무산부 서쪽의 석을수 경계에 대한 감계는 조선국왕에게 독촉하여 "관원을 파견하여 길림위원과 함께 경계비를 새겨 세워 영원토록 준수케" 하도록 총리아문에 지시를 내려 줄 것을 주청하였던 것이다.[25] 하지만 이 제안

24 「吉林將軍長順函」(光緒 14년 12월 28일), 『中日韓』 卷5, pp. 2554-2555; 『국역중일한』 2, pp. 233-234.(『자료선역』 4 — 025 — pp. 974-976)

25 「照錄軍機處交長順等抄摺·附片, 禮部來文」(光緒 15년 12월 24일), 『吉朝分界案』, 『淸末邊境界務檔案』 第1冊, pp. 243-247. 또는 『國家圖書館藏淸代孤本外交檔案續編』 第5冊, pp. 1901-1905(앞으로 「吉朝分界案」을 인용할 때는 이 두 책의 페이지만 표기하기로 하겠다); 『中朝交涉史料』, pp. 1112-1113. 또한 『吉朝分界案』, pp. 237-241(또는 pp. 1895-1899)이나 『中朝交涉史料』의 pp. 1110-1112에도 「照錄吉林將軍來文」(光緒 15년 12월 22일)이 실려 있는데 길림장군이 앞의 奏摺을 올리고 아직 硃批를 받기 전에 이것을 총리아문에 통보하는 것으로, 총리아문에 통보한다는 구절 부분을 제외하면 거의 같은 내용이다.(『자료선역』 4 — 038 — pp. 1028-1036)

에 대해 총리아문에서는 광서 16년(1890) 2월 18일의 의주(議奏)에서 동화정책의 추진에는 찬성하면서도 무산 서쪽의 석을수를 경계로 하는 문제에 대해서는 "조선은 대대로 번봉(藩封)의 직분을 삼가 지켜 왔고, 오랫동안 중국의 두터운 은혜를 입어 왔으므로, 지나치게 이 문제를 가지고 압박을 가할 필요는 없을 것 같다"는 의견을 제시하여 사실상 길림장군의 요청을 거부하였다.[26]

이 이후에도 길림 측은 조선 측이 길림당국이 추진하는 동화정책에 항의하는 자세를 보이자 "월간[조선백성의 호적 편입과 머리모양·옷차림 변경]문제를 응당 강행해야 할 뿐만 아니라, 경계를 나누어 정하는 일 역시 조금도 늦추어 도모해서는 안 될 것으로 보인다"는 입장을 다시 내세우기도 하였지만,[27] 더 이상 양국의 관련 사료에서는 공동감계의 실행에 대한 논의가 보이지 않는다. 따라서 총리아문의 이러한 의견 표명은 아마도 제3차 공동감계의 무산을 최종적으로 확인하는 기록이 될 것이다. 이렇게 보면 '제3차' 공동감계가 갑작스레 종말을 맞이한 것은 아마도 총리아문, 즉 청정부에서도 더 이상 이 문제로 조선을 '압박'할 필요성을 느끼지 않았던 때문인 것으로 보인다. 한편 조선 측으로서도 공동감계로 얻어 낼 수 있는 것이 전혀 없고, 만약 공동감계를 통해 경계가 확정된다면 적어도 무산 이하 두만강 중하류 북안의 월간민을 반드시 쇄환하지 않을 수 없는 난제에 직면해야 하기 때문에 제3차 공동감계에 대해서는 그야말로 소극적인 반응을 보일 수밖

26 「總署奏, 遵議琿春境內朝鮮越墾流民, 斷難刷還摺」(光緒 16년 2월 18일), 『淸季外交史料』 卷82, pp. 1467-1468; 中朝交涉史料』, pp. 1106-1108; 『吉朝分界案』, pp. 223-228(또는 pp. 1881-1886).(『자료선역』 4 — 040 — pp. 1041-1046)

27 「吉林將軍來電」(光緒 16년 7월 12일 收), 『淸光緖朝中日交涉史料』 卷11, 38b(文件番號 741).(『자료선역』 4 — 048 — pp. 1073-1074)

에 없었다. 그렇기 때문에 이후 양국 간 변계 조사와 국경 설정의 문제는 당분간은 흐지부지된 상태가 지속되었던 것이다. 물론 누차 지적하였듯이 변계문제의 해결 여부와는 상관없이 조선월간민의 존재는 여전히 양쪽 당사자들 사이에 갈등의 기폭제 역할을 하고 있었다.

2. 조선월간민 장악을 둘러싼 경쟁의 심화

1) 조선지방관의 월간민 '수탈'을 둘러싼 양국 간의 갈등

제3차 공동감계를 논의하는 과정에서 중국 측이 "조선 측의 계획이 조선월간민을 보호하고자 하는 것이 아님을 알 수 있다"고 비난하였음은 앞서 서술한 바 있다. 사실 이것은 길림장군 희안(希安)의 이임(1888년 4월)과 새로운 신임장군 장순(長順)의 부임(7월)이 이루어지는 과정에서 공동감계, 즉 '영토'에 대한 관심은 점차 뒤로 밀려나고, 대신 거기에 거주하는 '주민', 즉 조선월간민을 누가 어떠한 방법으로 장악하는가에 대한 길림과 조선 지방당국 사이의 경쟁이 본격화되는 추세를 암시하기도 한다. 길림 측으로서는 이제 더 이상 '잃을' 염려가 없는 변계·변경에 대해 계속 공동감계의 문제를 제기하여 조선을 압박하면서도, 다른 한편으로는 이미 분명하게 중국 땅으로 '확인'된 영토로 넘어와 정착한 조선월간민을 실질적으로 장악하는 데 보다 큰 관심을 기울이게 되었던 것이다. 광서 7년(1881) 대규모 월간민의 존재를 발견한 이래 길림당국의 정책은 사실상 그들을 '구축'·'쇄환'시키는 것보다는 "증명서를 지급하고 소작료를 납부"하게 함으로써 중국의 '판도'에 편입시키는 데 원래부터 주안점을 두고 있었기 때문에, 이것은 일종의 변경이라기보다는 오히려 과거 정책으로의 복귀이자, 그 연장선상에

위치한 것이었다.[28]

이러한 길림당국 측의 의도가 다시 표면화될 수 있었던 계기는 바로 제3차 공동감계가 한참 논의되던 시기인 1888년 4월 조선월간민이 통상국에 몰려가 "종성부(鍾城府)의 차역(差役)이 감히 관청의 고시를 내세우면서 돈을 부과하여 매일매일 돌아다니며 독촉하니, 남자든 여자든 편안히 지낼 수 없게 되었다"고 호소한 데서 비롯되었다. 이에 혼춘초간총국의 방랑(方郎)은 "차역(差役)이 억지로 수탈하는 것인지 아닌지 확인해 달라"고 회령부에 조회를 보냈다. 이에 회령부에서는 "이전에 창고를 열어 곡식을 지급한 적이 있으므로 특별히 대신 돈으로 반납하는 것을 독촉하도록 허락한 적이 있다"면서 차역의 행위를 정당화하였다. 함경도 지방당국은 국경회담의 결렬을 구실로 이전처럼 조선월간민에 대한 실질적인 지배와 통제의 상황을 여전히 존속시키고자 하는 태도를 보인 것이다.[29]

이에 대해 방랑은 "이 백성들을 휴양(休養)하는 것은 바로 대국(大

28 이 시기 길림당국의 '恩威兼施'에 의한 회유와 동화라는 조선월간민 장악 정책에 대해서는 姜龍范, 「清政府對朝鮮移民的政策 — 以懷柔與同化政策爲中心 —」, 『延邊大學學報』 1998-2; 姜龍范, 「清政府移民實邊政策與中國朝鮮族的形成」, 『社會科學戰線』 2000-4; 姜龍范, 『近代中朝日三國對間島朝鮮人的政策研究』(黑龍江朝鮮民族出版社, 2000), pp. 55-66; 孫春日 等, 「清代越界朝鮮人編入華籍之爭與中國國籍法的制定」, 『延邊大學學報』 33-2, 2000; 孫春日, 「論清政府對犯禁朝鮮墾民的土地政策」, 『滿族研究』 2002-3; 衣保中 等, 「論清政府對延邊朝鮮族移民政策的演變」, 『東北亞論壇』 14-6, 2005; 尹向日, 「論清朝對圖們江以北朝鮮墾民的"薙髮易服"政策」, 延邊大學 석사학위논문, 2007; 趙森, 「清政府對越墾朝鮮人政策流變及成因探析」, 『山東社會科學』 2013-7; 倪屹·侯淑娟, 「清季圖們江北朝鮮移民管轄問題探微」, 『白城師範學院學報』 30-7, 2016 등에서 개괄적으로 다루고 있다.

29 「北洋大臣李鴻章文」(光緒 14년 6월 17일), 『中日韓』 卷5, pp. 2491-2492; 『국역중일한』 2, pp. 266-270.(『자료선역』 4 — 016 — pp. 941-946)

局)을 유지하고 번병(藩屛)을 보호하는 일"인데, 조선백성들이 떠돌며 이리저리 옮겨 다니므로 그들을 불쌍하게 여겨 방법을 마련하여 안치시켜야 할 조선관원이 국경을 넘어와 강제 징수를 하는 등 '가렴주구'를 일삼고 있는 상황을 더 이상 용인할 수 없다는 자세를 보였다. "그들은 이미 길림의 개간민이 되었고, 이곳에서는 그 가난함을 불쌍히 여겨 한 푼의 세금도 거두지 않고 있는데, 조선관원이 국경을 넘어와 억지로 돈을 내라 하고 있으니 이것은 실로 법령을 어긴 일"이라 이를 금지하는 것이 직분상 당연한 일로서, "과거에 돈을 강요하던 행적은 억지로 뒤덮어 버리면서도 앞으로도 여전히 악착같이 수탈할 것이라는 속셈을 아주 분명하게 드러내 보이는" 상황이라면, "이 개간민들을 억지로 핍박하여 러시아로 떼 지어 도망가게 만드는 것이나 마찬가지"가 된다는 것이 그의 판단이었다. 때문에 그는 조선국왕에게 자문을 보내어 강변 각 부사들에게 모두 따르도록 지시하게 하는 것이 좋은지 북양대신에게 검토하게 해 달라고 보고를 올렸고, 길림장군이 이런 요청을 이홍장에게 전달하자, 이홍장은 총리아문에 그에 대한 처리를 요청하였다.[30]

이렇게 제3차 공동감계의 문제가 유야무야되면서, 조선월간민 장악을 위한 양측의 경쟁이 더욱 치열해질 것이 예상되는 가운데, 이해 말에는 함경도 지방관들이 화룡욕 세무직원 진영(秦煐. 제1·2차 공동감계에 참여한 바 있다)이 조선월간민이 추수를 하고 곡식을 운반해서 돌아오는 것을 압수하여 수천 거민이 생계를 잃고 소란스럽게 먹을 것을 구하고 있으니, 혹시 이들이 러시아로 넘어 들어가 버리거나 다른 말썽을 일으킬지도 모른다면서, 이 문제의 해결을 정부에 호소하는 일이 발생하였다.[31] 원세개의 보고, 이홍장의 통보를 통해 이를 알게 된

30 위와 같음.

31 「[北洋大臣李鴻章]寄吉林將軍電」(光緖 14년 11월 29일), 『李鴻章全集』

길림장군은 일단 "진영이 먼저 보고도 하지 않은 채 갑자기 조선백성의 미곡을 압수하였다"면서, "조선백성의 빈곤과 어려움은 응당 구휼해 주어야 할 것"이라는 의사를 표명하였다.[32] 그리고 원세개는 조선의 외서독판 조병식(趙秉式)에게 이러한 '위로의 말'을 전달하였으며,[33] 조병식은 즉각 이에 대해 "[원세개가] 사정을 전보로 알려 주신 덕분에 이 변민 수천 호가 거의 죽음의 위기에 빠질 위기에 놓였다가, 다행히 활불(活佛)과도 같은 자비에 의지하여 그들을 구제하는 조치가 취해질 수 있었던 것 같다"는 감사의 뜻을 표명하였다.[34]

이렇게 청정부가 "조선백성의 빈곤과 어려움은 응당 구휼해 주어야 할 것"이라는 자소(字小)의 태도를 표명하면서 이 문제는 마무리될 것처럼 보였지만, 사건의 당사자인 진영은 12월 6일자 길림장군의 질문에 답변을 하면서 다음과 같이 조선관리의 수탈과 허위보고를 문제로 삼고 나섰다.

卷22, 「電報」 2, p. 422; 「致北洋大臣李鴻章電」(光緒 14년 11월 29일). 『袁世凱全集』 2, p. 42.(『자료선역』 4 — 021 — pp. 965-966)

32 「[北洋大臣李鴻章]寄朝鮮袁道電」(光緒 14년 11월 30일), 『李鴻章全集』 卷22, 「電報」 2, p. 422; 「北洋大臣李鴻章來電」(光緒 14년 11월 29일), 『袁世凱全集』 2, p. 42.(『자료선역』 4 — 022 — pp. 967-968)

33 「袁世凱致趙秉式函」(光緒 14년 12월 1일), 『조·청국경회담』, pp. 298-299; 「淸稅員 秦煐이 拘留한 會寧·鐘城地方 韓民의 越江稼穡한 米穀의 放出에 관한 札函」, 『淸案』 1, p. 508; 「致朝鮮督辦交涉通商事務趙秉式函照」(光緒 14년 12월 1일). 『袁世凱全集』 2, pp. 42-43.(『자료선역』 4 — 023 — pp. 969-971) 『袁世凱全集』에는 趙秉式이 모두 趙秉稷으로 잘못 표기되어 있다. 趙秉稷(1833-1901)은 조선 후기 文臣으로 1892년 刑曹判書가 되고, 이듬해 督辦交涉通商事務에 올랐으므로 이 시기에는 趙秉式으로 표기되어야 한다.

34 「趙秉式覆函」(光緒 14년 12월 1일), 『조·청국경회담』, p. 299; 「同上件에 關한 回答」 『淸案』 1, pp. 508-509.(『자료선역』 4 — 024 — pp. 972-973)

길림 경내로 월간한 조선인은 모두 조선에서 온 가족이 남녀노소를 막론하고 이사를 와서, 농사를 짓는 곳에 살집을 짓고 있으며, 아울러 모두 쌀을 저장하는 창고도 가지고 있습니다. 심지어는 분묘까지도 길림 경내에 있는 사람이 있을 정도이니, 조선에는 따로 집이 있을 턱이 없고, 따라서 추수한 미곡은 평상시 쓰는 것이라 모두 집에 저장해 놓지 종래 조선으로 운반해 간 적이 없습니다. 그러니 움직이지 않는 쌀을 제가 어떻게 가로막을 수 있겠습니까?

그렇지만 조선관리가 무엇 때문에 천진에 가서 그렇게 아뢰었는지에 대해서는 역시 이유를 말씀드릴 수 있을 것 같습니다. 조선의 두만강 주변지역 각 부사들은 종래 조선월간민에 대해서 토지면적에 따라 미곡을 납부하도록 부과해 왔고, 이 일은 이미 수년이 지났습니다. 또한 조선 각 아문의 좌수(座首)나 서차(書差) 등이 거짓으로 지주를 자처하는데, 이들 지주가 농민의 자본을 위해 단 한 푼도 쓴 적이 없고, 단 한 치의 땅에라도 힘을 쓴 적이 없는데, 분명히 어리석고 약한 농민이라 충분히 속여 먹을 수 있다고 생각해서, 감히 강을 건너와 사사로이 조선월간민에게서 소작료로 미곡을 거두는 것입니다. 제가 미곡 운반을 가로막았다고 조선관리가 보고한 것은 반드시 바로 두 가지 미곡을 가리킬 것입니다. 그렇지만 결코 지금까지 강을 건너 반출하는 미곡을 가로막은 적은 없습니다.[35] [밑줄 — 인용자]

여기서 진영은 조선월간민이 미곡을 남쪽으로 반출하는 것을 가

35 「會寧·鍾城地方韓民의 越江稼穡한 米穀扣留事件 捏造에 關한 照會」(高宗 21년 2월 1일), 『淸案』 1, pp. 522-524; 「袁世凱照會(附. 粘抄)」, 『조청국경회담』, pp. 303-307(여기에는 2월 2일자로 되어 있다); 「致朝鮮署督辦交涉通商事務趙秉式照會」(光緒 15년 2월 1일), 『袁世凱全集』 2, pp. 59-60.(『자료선역』 4 — 026 — pp. 977-986)

로막은 적이 없다고 하면서, 조선관리가 좌수나 서차 등을 지주로 삼아 월간민에게 거두는 소작료로 미곡을 거두는 것을 '수탈'이라 비난하고 있다. 그는 "정말로 인정을 베풀지 못해 백성들로 하여금 떠돌다가 길림으로 월간을 하게 해 놓고, 백성들이 가까스로 스스로 삶을 꾀할 방도를 찾고 있는데, 하물며 법을 어기고 국경을 건넜다는 것까지 무시하고 어찌 또다시 차마 이들에게 세금을 매길 수 있느냐"고 강력한 비판을 제기하였던 것이다.

나아가 그는 조선 상무위원 진홍구(陳洪九)가 회령부사 이정래(李正來)에게 강을 건너가서 미곡을 [세금으로] 부과하는 것은 아마도 [법도에] 맞지 않을 것이라고 권하였지만, 그는 "역대 부사들이 강을 건너가 세금을 부과해 왔는데, 왜 나만 안 된다는 말이냐고 고집"하면서 진홍구의 만류를 거부하였다는 일까지 폭로하고 있다. 그가 여전히 "종성에 근무하였을 때 진휼 미곡을 나누어 준 적이 있으므로, 반드시 그것을 회수해야 한다"는 주장을 고집하자, 진영은 나아가 진휼 미곡을 받은 사람의 성명과 분량에 대해 목록을 작성해서 보내 주면 그 액수대로 상환하겠다고 진홍구를 통해 요청하였지만 아무런 답장이 없었다는 사실까지 제시하였다. 따라서 그는 "조선관리가 경계를 넘어와 미곡을 부과하는 것을" "차마 그냥 두고 볼 수는 없다"는 뜻을 5월에 혼춘부도통과 전임장군 희원에게 보고한 바 있는데, 수개월 이래 조선측에서는 아무런 반응이 없어 더 이상 상부로 보고를 하지 않았을 뿐이었으며, 11월 28일 종성부사 홍은모(洪殷謨)가 조회를 보내 "서차가 지주를 사칭하였을 뿐"이라고 주장하자 "몸은 조선에 있으면서 길림 땅에 있는 소작료를 받아 먹으려 하다니, 천하에 이런 도리가 있느냐"고 답장을 보낸 것이 실제 경과였다고 진영은 끝맺음하였다.[36]

이러한 진영의 '폭로'에 대해 이홍장은 앞서 '서차의 수탈'을 지적한 방랑의 보고를 언급하면서, 진휼곡식의 회수라고 한 것과 소작료를 받는다는 것은 앞뒤로 서로 말이 달라 그냥 '제멋대로 둘러대서 하는 이야기'라는 판단을 내리고, 이를 1월 21일 원세개에게 통보하였다. 이에 따라 원세개 역시 이 사건을 "북도의 지방관이 사실을 멋대로 조작하여 뒤엎으려 했던 것이 분명"하다면서, 두만강 주변지역에게 지시하여 백성의 수탈을 금지하고 아울러 진영이 조선백성의 미량 반출을 가로막았다고 거짓 보고한 문제에 대하여 상세한 답변을 보내 달라고 고종 26년(1889) 2월 1일 조선정부에 요청하였다.[37]

여기서 진영의 주장 자체가 모두 사실인지 확정하려면 여전히 관련 정보가 부족하다는 난관을 넘어야 한다. 하지만 지금까지 살펴본 바에 의하면 함경도 지방당국이 백성의 월간과 그들에 대한 실질적인 지배(호적 편성과 세금·잡역의 징수)를 관철하고자 하였고 그러한 사실·진상을 중앙정부에 털어놓고 알리지 않았던 것은 분명해 보인다(그렇더라도 앞서 잠깐 지적한 적이 있지만 차지안치론을 제안하면서 월간지역에 대한 호적 편성과 세금 징수 및 사법적 장악까지 시도하였던 조선정부는 어느 정도 현지의 '실상'을 파악하고 있었을 가능성을 배제하기는 곤란하다). 따라서 진영의 '폭로'가 월간 조선민의 '확보'나 '쟁취'를 위한 일방적인 억지주장이라고만 보기에는 무리가 있다. 두 차례 공동감계·회담이 양측 합의를 얻지 못하고 무산되었지만, 진영이 일단 무산 동쪽의 경우에 대해서는 이미 경계가 확정된 것이라는 판단 아래 이 지역에 대한 조선관리의 실질적 '지배'를 더 이상 간과할 수 없다고 실제행동에 나서자, 함경북도 지방관이 '허위보고'를 통해 그것을 저지하려 했던 것이 아마 사실

36 위와 같음. 洪殷謨가 秦煐에게 보낸 조회는 여기에 아울러 첨부되어 있다(「附.粘抄」, 『淸案』 1, pp. 524-525). 洪殷謨가 삼백 년 이래 '供億馱運'하던 관행을 유지해 달라는 농민 金贊興 등의 요청을 전달한 것에 대해 秦煐은 이렇게 거부하였던 것이다.

37 위와 같음.

의 진상에 보다 가까울 것이다(설령 조선정부에서 현지의 실상을 파악하였더라도 그것을 중국정부에게 순순히 인정할 수는 없었을 것이다).

그리고 이에 대해 조선의정부의 영의정 심순택은 2월 13일 "두만강 주변지역의 부사에게 수탈을 금지하고, 허위보고에 대해 상세한 보고를 올리라고 지시"하였다는 사실을 통보하였다.[38] 또한 심순택은 3월 4일에도 비슷한 내용의 답장조회를 보낸 것으로 보이는데,[39] 이에 대해 원세개는 "조사·처리 후 어떻게 엄격하게 처벌하였는지, 수시로 답장을 하여 상세하게 보고를 올릴 수 있도록 해 달라"고 다시 압박을 가하였다. 이에 3월 16일 조선정부는 "일단 조사와 처벌에 대한 보고가 올라오고, 엄격한 금지와 처벌이 실시된 다음 즉각 자세한 공문을 갖추어 다시 상세한 답장을 하겠다"고 하지 않을 수 없었다.[40]

하지만 원세개가 조회를 통해 계속 답장을 독촉하였던 만큼 이 문

38 「朝鮮議政府寧議政沈舜澤照覆」(光緖 15년 2월 13일), 『駐朝鮮使館檔』「袁世凱-僑務-韓民越界開墾滋事案」(檔案番號 全宗 01-系列 41-宗號 023-冊號 07), pp. 16-23.(『자료선역』 4 — 027 — pp. 987-988)

39 국사편찬위원회 편, 『各司謄錄』 42: 咸鏡道篇 1(국사편찬위원회, 1990. 국사편찬위원회 전자도서관 http://library.history.go.kr/)에 수록된 「咸鏡道關草」 제2책, pp. 419-420의 統理交涉通商衙門에서 咸營에 보내는 「關咸營」(高宗 26년 己丑 3월)을 보면 조선정부는 함경북도의 각 읍에 대해 秦煐이 제기한 문제에 대한 철저한 조사 및 보고를 요구하고 그러한 행위를 앞으로는 금지한다고 지시하고 있다.

40 「袁世凱照會」(光緖 15년 7월 14일), 『公文謄錄』(奎古5710-10), 2b-3b.(『자료선역』 4 — 030 — pp. 999-1002) 여기서 인용한 조회의 원문은 아직 찾아내지 못하였다. 한편 光緖 15년 7월 14일자의 이 조회는 袁世凱가 朝鮮議政府 領議政 沈舜澤에게 보내는 것인데 『袁世凱全集』 2에는 실려 있지 않다. 대신 『袁世凱全集』 2에는 같은 날 袁世凱가 朝鮮督辦通商交涉事務 閔種默에게 보낸 조회가 실려 있는데, 이것은 袁世凱가 같은 날 같은 사안에 대해 다른 내용의 조회를 각기 심순택·민종묵에게 보내 압박을 가하는 독촉 방법을 사용하였음을 알려 준다.

제는 결국은 '거짓보고'를 한 지방관 처벌을 둘러싼 양국 사이의 외교 현안으로 비화되지 않을 수 없었다. 더구나 이홍장은 "창고의 곡식을 나눠 빌려 주었으므로, 응당 반납할 것을 독촉해야 하는데 모두 면제해 줄 수 없어 특별히 돈으로 대신해서 반납하는 것을 허락한 것뿐"이라는 조선관리의 변명을 백성들에 대한 직접 심문을 통해 확인하라는 지시를 내려 이 문제에 대한 보다 정확한 상황 파악에 나섰다. 그 결과 진영은 광서 15년(1889) 2월 14일 다시 답장보고를 올려 누차 길주(吉州)·명천(明川)·경성(鏡城)·부령(富寧)·무산·회령·종성 등지에 원적이 있는 조선월간민을 불러 심문하였는데, "옛적 원적지에 머무를 때 모두 창고에서 내준 곡식을 받아 본 적이 없다."라고 하면서, "단지 매년 차역(差役)들이 누차 장부와 영수증 용지를 가지고 찾아와 돈과 쌀 및 모든 잡비를 거두었고, 그다음 바로 책과 용지를 가지고 돌아갔는데 어느 집도 부과하지 않는 경우가 없다."라는 증언을 받아 냈다고 보고하였다. 그는 아울러 이를 입증할 장부와 영수증을 찾은 결과, 종성부사의 장부 5책과 회령부사의 영수증 한 장을 확보하여 제출하였다.[41] 진영은 이 보고에서 다음과 같이 설명하고 있다.

> 그 책에 실린 내용을 자세히 살펴보니 집집마다 돈을 부과하였는데 비록 여러 등급으로 나누기는 하였지만 어느 한 집도 빼놓지 않았고, 심지어는 가난한 호구에게도 역시 돈을 부과하였습니다. 이른바 가난한 호구라는 것은 소도 밭도 없어 남의 품팔이를 하는 사람이거나, 아니면 홀아비·과부·고아·외톨이 등인데, 응당 법도에 따라 무휼해

41 「李鴻章札飭」(光緒 15년 2월 14일), 『駐朝鮮使館檔』「袁世凱-僑務-韓民越界開墾滋事案」(檔案番號 全宗 01-系列 41-宗號 023-冊號 07), pp. 28-34.(『자료선역』 4 — 028 — pp. 989-996)

주어야 하는 사람들까지 일률적으로 부과하였으니 정말로 이치에도 맞지 않고 차마 해서는 안 될 일입니다. 그리고 장부에는 장작이나 석탄·채소·닭 등의 물품을 나누어 부과한 기록도 있어 정말로 탐욕하고 비열함이 극에 달하였습니다. 이로 말미암아 보건대, 길림 경내에 있는 월간 조선백성은 모두 창고의 곡식을 받은 적이 없다는 것이 실제 사정 같습니다.[42]

진영은 이것을 통해 진휼용 곡식의 회수란 것은 거짓핑계일 뿐, 가난한 호구를 포함한 월간민 전체에 대해 돈과 일상 생활용품에 대한 부과가 이루어지고 있음을 확인하면서, “강 주변지역이 길림에 속하는지 조선에 속하는지 아직 결정된 게 없다고 하면서 백성을 속여서 재물을 가로채려는 것”을 막았을 뿐인데, 조선관리가 거짓말을 꾸며 내어 자신을 무고하였다면서, 나아가 이렇게 덧붙이고 있다.

현재 종성부사 아문에서 길림·도문강 주변의 월간지역을 그 좌수·서차 등에게 한 사람당 각기 수 상(晌), 십수 상씩 나누어 주었습니다. 또한 병역 백 명에게도 각기 한 사람당 1상씩 땅을 나누어 주어 모두 지주로 만들었으며, 또한 조선월간민 각 가구를 그들 좌수 등에게 나누어 주어 그 소작인으로 삼게 하였습니다. 이런 일은 비록 확정적인 증거가 없지만, 조선백성들이 이렇게 말하고 있으니, 응당 거짓 고발은 아닐 것입니다. 하물며 그 좌수·서차·병역 등이 대담하게도 경계를 넘어와 소작료를 강탈하고 있는 것도 역시 이 때문인 것으로, 역시 증거가 없는 일은 아닌 것으로 생각됩니다.[43]

42 위와 같음.
43 위와 같음.

이홍장은 이러한 진영의 보고에 대해 "조선관리가 이익을 탐하느라 생각이 짧아 차역들을 풀어 수탈을 일삼았음을 알 수 있다"면서 조선정부에 알려 확인하고 엄금케 하라는 지시를 내렸다. 그런데 만약 위에서 인용한 진영의 보고가 사실에 가까운 것이라고 추정한다면, 두만강 북쪽 조선월간민의 존재양태는 단순하게 생존자원을 확보하기 위한 빈민의 월경이라는 기왕의 해석만으로는 충분한 설명이 이루어질 수 없는 셈이다. 부사아문에서 좌수·서차·병역 등에게 수 상 내지 수십 상의 토지를 나눠 주고 이들을 지주로 삼아 실제로 땅을 경작하는 월간민을 소작인으로 삼아 그들로부터 소작료를 거두게 하는 상황은 지방당국이 백성의 월간에 적극적으로 개입하면서 그것을 통해 월간토지를 대상으로 일종의 식민지 개척과 경영을 시도한 것이라 하지 않을 수 없기 때문이다. 중국 측의 지적이 만약 사실이라고 한다면, 단순한 월간빈민에 대한 호적 파악과 세금·잡역의 징수라는 형태의 통제권 장악이라는 차원을 넘어서서, 함경도 지방당국과 그 관리·차역들의 '사적'(?) 이익을 위한 소작지 운영으로까지 확산된 특이한 형태의 식민지 경영이 두만강 북변지역에서 이루어진 것이 아닌가 하는 의심을 피할 수 없다. "조선관리가 이익을 탐하느라 생각이 짧아 차역들을 풀어 수탈을 일삼았다"는 이홍장의 판단이나, 길림 측의 월강 징수를 저지하려는 노력에 대해 함경도당국이 '거짓보고'를 통해서라도 그것을 막으려 하였던 일 역시 아마 이러한 배경에서 나왔을 것이다.

이러한 함경도 지방당국의 '식민지 경영'은 여하튼 대규모 월경 때문에 여전히 남아 있는 주민에 대한 장악만으로는 지방의 행정체제와 질서 유지가 곤란하였기 때문에 어쩔 수 없이 월간민에게 호적을 편성하고 세금·잡역을 부과했다는 변명만으로 넘어갈 수 있는 수준의 문제는 아니었다. 또한 현지 지방당국과 그 관리·차역들은 대규모 월간토지에 대한 '식민지 경영'을 통해 확보할 수 있는 상당한 규모의 비정상적·비공식적인 수입을 지속적으로 확보하는 데 심각한 장애가 생기는 것을 바라지는 않았을 가능성이 크다. 따라서 이러한 문제를 "현실적으로 간도한인들의 생존권적 이해가 깔려 있었다"고 간단하게 단순화시켜 버릴 수도 있는 시각은[44] 수정되어야 할 필요가 있을 것으로 보인다. 현실은 이보다 훨씬 더 복잡한 양상을 감추고 있었지만, 진영의 보고를 제외하고는 이러한 현지의 '실상'을 보다 정확하게 알려 주는 자료는 현재로서는 더 이상 찾아볼 수 없기 때문에, 이러한 점에 대한 분석·추론은 일단 앞으로의 연구 과제로 넘길 수밖에 없을 것이다.

여하튼 이러한 진영의 '폭로' 때문에 조선정부로서는 일단 지방관의 '거짓보고' 문제를 둘러싸고 외교적 궁지에 몰리지 않을 수 없었다. 그 때문인지 원세개가 요구한 지방관의 처리문제에 대해 조선정부는 7월 8일에 가서야 해당 관리를 견책하는 처벌을 결정하였다. 하지만 이 문제의 조사는 함경북도안무사에 의해 이루어졌으며, 그의 보고에 따라 처벌이 결정되었다. 따라서 그 실제적인 처벌은 "정해년(1887)에 두 지방관들이 모두 고을의 형편과 백성들의 사정을 고려하여 처음에는 배정했으나 추후에는 도로 내주었다"고 그들을 용서할 수 있는 구실을 찾으면서도, "설사 백성들의 사정 때문이라고 하더라도 변방의 정사(政事)와 관련되는 것"인 만큼 당시의 종성부사(鍾城府使) 목승석(睦承錫)과 회령부사(會寧府使) 김재용(金在容)을 모두 견파(譴罷)하는 처벌을 시행해야 한다는 형식적인 수준에[45] 그칠 수밖에 없었다.

하지만 이 자료에 따르면 지금까지 여기서 살펴본 것과는 달리,

44 은정태, 「대한제국기 '간도문제'의 추이와 '식민화'」, 『역사문제연구』 17, 2007, p. 98.

45 「內務部啓」, 『高宗實錄』 高宗 26卷, 高宗 26년 7월 8일(壬子) 첫 번째 기사 (원본 30책 26권 19장 A면. 영인본 2책 322면).(『자료선역』 4 — 029 — pp. 997-998)

그리고 진영의 확실한 증거를 내세운 보고와도 전혀 다르게, 함경북도 안무사는 이 문제를 1887년에 단 한 차례 이루어졌고 그것도 "추후에는 도로 내준" 부담의 '배정'으로 정부에 보고하였던 것으로 보인다. 따라서 이렇게 '은폐'·'축소'된 현지로부터의 보고를 통해 상황을 파악한 조선정부로서는 중국과의 외교적 마찰을 고려하여 두 명의 부사를 해임하는 차원에서 문제를 수습하게 되었던 것이라 생각된다. 아마도 지방당국의 '부실'한 보고 때문에 현지의 '실상'을 제대로 파악할 수 없었던 조선정부로서는 이런 선택이 어쩌면 당연하였을 것이다(아마 상황을 정확하게 파악하였어도 대응은 비슷하였을 것이다).

하지만 또 다른 문제는 조선정부가 이런 처벌을 결정하고도 중국측에 알리지 않았다는 데서 불거졌다. 왜 이러한 선택을 하였는지 — 아마도 그리 중대한 사안이 아닐 것으로 판단하여 원세개와의 막후교섭으로 이 문제를 마무리하려 하였을 가능성도 있다 — 현재로서는 그 이유를 파악하기 쉽지는 않다. 하지만 이 때문에 이홍장은 위와 같은 결정이 내려진 1주일 뒤에 원세개를 통해 진영의 '폭로'에 대한 해명과 "거짓보고 문제에 대해 조사하여 답변"할 것을 다시 외서독판 민종묵(閔種默)에게 요구하였다. 이전에 요청이 제기된 지 이미 5개월이 지났는데, 아직 답장조회를 받지 못해 이홍장에게 보고를 올릴 수 없다는 원세개의 독촉이 있었던 것이다.[46] 앞서 지적한 대로 원세개는 또한 같은 날 영의정 심순택에게도 "벌써 4개월이 지났다"면서 상세한 답장을 요구하는 조회를 보내는 강경책을 썼다.[47]

46 「袁世凱照會」(光緒 15년 7월 14일), 『조·청국경회담』, pp. 302-303; 「致朝鮮督辦交涉通商事務閔種默照會」(光緒 15년 7월 14일), 『袁世凱全集』 2, p. 142.(『자료선역』 4 — 031 — pp. 1003-1007)

47 「袁世凱照會」(光緒 15년 7월 14일), 『公文謄錄』(奎古5710-10. 마이크로필름 번호 43194), 2b-3b.(『자료선역』 4 — 031 — pp. 1003-1007)

결국 7월 19일 조선정부는 영의정 심순택의 명의로 답장 조회를 보내지 않을 수 없었는데, 여기서 조선정부는 함경북도안무사의 다음과 같은 보고를 근거로 내세우고 있었다.

> 근년이래 변계빈민과 길림 경내 월간백성이 힘을 합쳐 같이 개간하고 가을이 되기를 기다려 소출을 나누어 받아 돌아오는 것이 자연스럽게 연례행사가 되었습니다. 작년에 이르러 길림 경내의 채명오·한덕보 등 수 명이 화룡욕의 독리상무 진영 위원에게 이에 대해 무고를 하였기에, 진 위원은 같이 개간하여 소출을 나누어 갖는 것을 관차(官差)의 강제 수탈로 오인하여, 종성부와 온성부 두 지역 백성이 받은 소출(소작료)을 억류하였습니다. 두 지역 백성은 이 때문에 먹을 것을 구할 길이 막혀 굶주려 얼굴이 누렇게 뜰 정도가 되자, 병영과 관청에 호소하게 되었는데, 마침 다행히 전보에 의한 지시가 내려와 두 곳의 억류당한 소출이 잇따라 돌아올 수 있게 되었습니다. 그래도 22가구의 미곡이 돌아오지 못했다가 이번 봄에 이르러서야 전체 모두가 확실하게 돌아오게 되었습니다. 지난 겨울에 억류를 했던 것이나, 이번 봄에 돌아온 것에 대해서는 곡식장부에 아주 분명하게 기록되어 있으니, 어찌 털끝만치라도 감히 숨길 수 있겠습니까?[48]

이렇게 연례행사로 반출되는 미곡의 억류가 사실이라는 주장을 근거로 조선정부는 "종전에 진영 위원이 잠시 억류를 하였던 일은 변경에 대한 금지령을 엄격히 지키려는 뜻에서 비롯되었고, 해당 지역에서 다급하게 간청을 해 온 것은 진실로 백성을 안타깝게 여기는 감정

48 「朝鮮議政府領議政沈[舜澤]照覆」(光緒 15년 7월 19일), 『公文謄錄』, 1b-2b.(『자료선역』 4 — 032 — pp. 1008-1010)

에서 비롯된 일이니, 실로 양쪽 모두 각자의 직분을 지킨 것이라 할 수 있다"면서, "응당 피차간에 서로 없는 일을 만들어 비방한 것도 아니니, 바라건대 잘 살펴보시고 완곡한 말로 상부에 보고를 올려 변계백성을 안정시켜" 달라는 입장을 택하였다.[49] 조선정부는 안무사의 보고를 기초로 진영의 '억류'가 분명한 사실이지만, 피차 각자의 직분을 다한 것으로 양해를 하자면서, '거짓보고'의 문제는 없었던 것이라는 기존의 입장을 고수하여 사건의 '축소'를 통한 마무리를 바란 것이다.

한편 원세개의 조회가 두 건이었으므로, 조선정부는 또 다른 답장 조회를 보내 진영의 '폭로'에 대해서도 다시 7월 10일 안무사의 보고를 근거로 상세한 해명을 시도하였다.[50] 함경북도안무사는 정부의 지시공문과 원세개의 조회에 따라 "병영과 관청에서 직접 조사를 하면서 조목조목 따져 물었던" 결과 회령부의 승원(丞員) 허린과 종성부의 승원 김민하로부터 다음과 같은 진술을 받아 내었다.

1) 회령부에서 해마다 정해진 액수로 공용(公用)을 징수한 일이 있었는데, 근년 백성들 다수가 강을 넘어가 버린 통에 가구 수가 날로 줄어들었습니다. 생각건대 원적을 가진 백성 한 사람은 본 지역에 머무르고, 다른 한 사람은 길림 경내에 머무르면서 강줄기 하나를 사이에 두고 교묘하게 자신에게 부과된 요역을 피하는 것 때문에 본토에 남아 있는 가구들의 부담이 늘어나, [이 때문에] 뭇 백성이 원망하지 않을 수 없습니다. 그 가운데 중강(中江)과 야동(野洞) 두 촌락의 백성들은 본 지역에 원적을 가진 백성들로, 강북에 집을 짓고 남쪽으로 내

49 위와 같음.

50 「朝鮮議政府領議政沈照覆」(高宗 26년 7월 19일), 『公文謄錄』, 4a-5a.(『자료선역』 4 — 033 — pp. 1001-1016)

왕하면서 거주하고 있으므로 그 행적을 보면 반은 길림에 있고 반은 조선에 있습니다. 따라서 이곳 원래의 호적을 가진 가구에 대해서는 절반으로 깎아 1냥 50전씩만 받아서 돌아왔을 뿐입니다. 그렇지만 떠돌다 이곳으로 흘러든 유민에 대해서는 한 가구에 대해서도 징수한 바가 없습니다. 진영 위원은 "한 가구도 빠지지 않았다"고 말하지만, 월간한 백성이 수천 호에 그치는 것이 아닌데, 어찌 유독 이 두 촌락에서만 거두었겠습니까? 장작이나 석탄, 채소와 닭 등의 일에 대해 설명하자면, 본지의 지형은 강 건너 월간한 지역의 땅이 도리어 본경의 촌락에 가깝기 때문에, 혹시라도 급한 수요가 있으면 돈을 주고 사서 쓰는 바입니다. 영수증 용지에 기록된 계란 360개, 닭 33마리, 채소 10통, 녹용 한 되, 말먹이용 건초 400묶음, 석탄 21수레는 가격이 모두 합해 156냥 5전으로, 관청에서 해당 백성에게 지급하였으며, 이를 증명하는 관청의 장부 또한 분명하게 존재합니다. 그리고 쌀을 거둔 문제에 대해 설명하자면, 처음부터 이런 일은 아예 없었으며, 아마도 잘못 전해진 이야기 때문인 것 같습니다.

2) 최근 강북으로 월간한 본 지역 백성은 그 수가 아주 많아, 남은 사람이 기의 없을 정도라서, 세금을 내려 해도 힘에 부치니, 모두가 월간한 백성들에게 허물을 돌리면서 중론이 분분합니다. 그래서 주민들의 감정을 위로하고자, 왕년에는 [강북의 월간민에 대해] 약간의 징수가 있었습니다만, 안무사의 금지 지시를 전후하여 거둔 바는 모두 합해 520냥 71전이었고, 정해년(1887) 겨울 그들에게 모두 되돌려주었습니다. 이에 대해서는 그들이 돌려받았다고 손으로 쓴 영수증들이 확실한 증거가 될 수 있습니다. … 땅에서 나는 소출을 강제로 빼앗는다는 일에 대해 설명하자면, 지척 간에 왕래하고 서로 힘써 개간을 하는데, 혹시 소작인은 강북에 있지만 땅 주인은 강남에 살고 있다면 당연히 그 소출을 나누게 되며, 형이 강북에 있고 동생이

> 강남에 있다면 마찬가지로 소출을 나누게 됩니다. 비록 강을 사이에 두었지만 차이가 없고 한 평의 땅에서 나는 농작물을 서로 나누는 것은 인정이나 형세상으로 금지하기 곤란합니다. 길림 위원이 강제로 소출을 빼앗아 간다고 생각한 것은 실은 오해이거나 잘못 전해 들은 것입니다. 빈민들이 먹을 것이 없어 상국(上國)의 땅을 경작할 수 있게 된 것에 대해 이미 극도로 감격하여 칭송하고 있는데, 어찌 감히 이를 침범하여 갈취할 수 있다는 말입니까?

이들의 진술에서는 공통적으로 백성의 대규모 월간 때문에 남아 있는 사람들의 불만이 커져서 약간(또는 절반의) 징수가 있었을 뿐이고 그것도 문제가 되자 돌려주었다, 그리고 쌀을 거둔 문제는 단지 소출의 분배이거나 아예 없었던 일에 대한 오해라고 주장하고 있다. 이러한 주장은 일회성의 징수가 아니라 종래 지속적으로 이루어져 왔던 — 앞서 서술한 호적의 파악·편성이나 장부·영수증의 존재는 사실상 그것을 뒷받침해 주는 강력한 증거가 된다 — '부담'의 '분배'를 실질적으로 '은폐'하거나 '축소'시킨다는 혐의가 아주 크다. 더구나 "강북에 집을 짓고 남쪽으로 내왕하면서 거주하고 있다"거나 "소작인은 강북에 있지만 땅 주인은 강남에 살고 있다"는 식의 변명은 그대로 받아들이기에는 무언가 석연치 않는 측면이 있다. 하지만 길림·조선 양쪽 지방의 진술이 엇갈리는 한 어느 쪽의 증언이 사실에 가까운 것인지를 확정하기는 어렵다는 점 또한 인정하지 않을 수 없다.

이 때문에 안무사도 "양 지역의 승원이 진술한 내용은 비록 확실한 증거가 있다고 하더라도 여전히 모두를 믿기에는 곤란하다"면서도 "진실로 속이거나 숨기는 것이 아닌 것 같다"는 식으로 보고를 하였고, 조선정부 역시 "안무사의 보고가 이렇게 상세하고 정확하지만, 처음에 감히 [월경하여] 세금을 거두려 하였던 일 자체가 위법이므로, 나중에 되돌려 주었다는 것을 구실로 모두 용서해 주기는 곤란"하여 당시 "회령·종성 두 지역의 부사였던 사람은 이미 정부에 보고를 올려 견책·파면하였으며" "아울러 주변 각 지역에 지시하여 앞으로는 이런 일을 없도록 따로 금지시켰다"고 중국 측에 통보하였다.[51]

이렇게 조선정부 측에서 상세한 '해명'과 재발 방지를 약속하면서 보다 적극적으로 사건을 무마하려는 자세를 보이자, 원세개는 8월 6일 외서독판 민종묵에게 이 문제에 대한 별도의 답장을 하지 않았다고 독촉을 하였을 뿐,[52] 더 이상 문제의 실상을 파헤치려는 압박을 시도하지는 않았다. 원세개가 이후 9월 19일 하루에 다시 두 건의 조회를 보내면서 조선월간민에게 세금을 거둔 부사들의 파면과 '거짓보고' 문제에 대한 조선의 통보를 이홍장에게 알렸다고 조회하였지만,[53] 이후에는 더 이상 이 문제에 관한 원세개의 언급이 발견되지 않는 것은 이러한 설명을 뒷받침해 준다.

그렇지만 이렇게 진영의 미곡 반출 저지와 관련 사정의 '폭로'에서 비롯된 양국 간의 외교적 갈등이 그럭저럭 무마되었다고 해서 조선월간민의 장악을 위한 길림 측의 시도가 중지되거나 약화되는 일은 없었다. "빈민들이 먹을 것이 없어 상국(上國)의 땅을 경작할 수 있게 된 것에 대해 이미 극도로 감격하여 칭송하고 있다"는 조선 측의 의사표현을 보면 이미 조선월간민을 통해 확보한 기득권을 — 청정부로서는 인정한 적이 없음에도 불구하고 — 함경도 지방당국은 전혀 포기할 생

51 위와 같음.

52 「[袁世凱]致朝鮮督辦交涉通商事務」(光緒 15년 8월 6일), 『袁世凱全集』 2, p. 155.(『자료선역』 4 — 036 – pp. 1023-1024)

53 「袁世凱照會(二件)」(光緒 15년 9월 19일), 『公文謄錄』, 12a-b; 「致朝鮮督辦交涉通商事務閔種默照會」(光緒 15년 9월 19일), 『袁世凱全集』 2, p. 178.(『자료선역』 4 — 037 — pp. 1025-1027)

각이 없었던 것도 분명하기 때문이다. 그렇지만 아무래도 함경도 지방당국의 조선월간민에 대한 통제나 세금·잡세·소작료 징수 등 기득권의 유지는 길림당국의 보다 면밀한 감시 아래 놓일 수밖에 없게 되었을 터이므로, 일단 길림 측은 진영의 시도를 통해 월간민에 대한 조선지방당국의 '간섭'을 최대한 배제할 수 있는 보다 유리한 입장에 설 수 있게 되었다.

아울러 이러한 시도 자체가 길림당국의 정책적 전환(또는 원 정책으로의 복귀)의 발단이 된다는 것은 바로 이 무렵에 월간민 통제를 더욱 확고한 것으로 하기 위해 조선월간민의 호적을 파악하고 그들을 보갑과 그것들을 지리적으로 묶은 사(社) 단위로 편성한 다음, 개간지에 대한 토지증명서를 지급하고 그에 대한 세금 징수를 시작하여 완벽한 동화와 통제를 시도하는 정책, 즉 편갑승과(編甲升科)의 정책을 길림당국이 추진하는 데서 잘 드러나게 된다.

2) 길림당국의 편갑승과(編甲升科) 추진과 조선정부의 대응

앞서 1888년(광서 15) 4월 7월 장순(長順)이 부임하였다는 점을 서술하였지만, 장순은 부임한 이후 기존의 정책을 이어받아 점차 조선월간민의 편입정책을 적극적으로 추진하기 시작하게 된다. 장순이 이해 7월에 혼춘의 참판초간위원(參辦招墾委員) 참장(參將) 방조(方朝)의 요청에 따라 혼춘 흑정자(黑頂子) 지역의[54] 둔간(屯墾)을 초간(招墾)으로 바꾸

54 黑頂子는 두만강 하류의 북쪽 연안에 위치한 오늘날의 敬信鎭인데, 북쪽으로 琿春과 약 80리 떨어진 곳이며, 조선의 慶興府와 강을 사이에 두고 맞보는 곳이기도 하다. 중국·조선·러시아 피차간의 교통요지로 중요한 전략적 의미를 가진 지역이며, 러시아 군의 주둔지인 巖杵河로부터 겨우 수십리 떨어진 곳이었다. 1880년대 초반까지 러시아에 의해 점거되어 있었다가

겠다고 상주한 것은 아마 이러한 정책적 복귀의 출발점으로 보인다.[55] 러시아와의 국경지역에 위치한 변경의 요지 흑정자(黑頂子)는 1886년 오대징(吳大澂)이 맡았던 러시아와의 국경회담을 통해 중국 측에서 회수한 지역이었다.[56] 당시의 길림장군 희원은 정변전로(靖邊前路)의 보병부대 1영(營)과 기병부대 1초(哨)를 이곳으로 옮겨 관원을 파견하고 사무소를 설치하여 둔간(屯墾)을 독솔(督率)하였다. 하지만 당시로서는 이곳이 둔간에 적당한 지역도 적절한 시기도 아니어서 아무런 효과를 거둘 수 없었기 때문에 사무소를 폐지하고 부대를 복귀시키[고 대신 초간을 시행하]겠다고 한 장순의 시도는 "백성을 불러들여 황무지를 개간하는 것을 엄금한다."라는 유지를 받아 중단되지 않을 수 없었다.

그럼에도 불구하고 다음 해인 1889년(광서 16) 7월에 혼춘 흑정자 지역의 초간사무를 맡고 있던 부장(副將) 오영오(吳永敖)가 다시 "둔간(屯墾)을 초간(招墾)으로 바꾸어 조선백성이 월간한 토지에 대해서 일률적으로 증명서를 지급하고 세금을 부과하고자" 장정초안(章程草案)을 만들어 보고하면서 결정을 요청하자, 길림장군이 혼춘부도통에게 이 문제를 상의한 것은[57] 결국 길림당국에서는 둔간이 더 이상 아무런

1886년 이후 청조에 의해 회수되었다. 조선 사료에서는 羅鮮洞으로 나오는데, 羅鮮洞은 1863년부터 경흥 지역으로부터 이탈한 조선백성이 일군 마을이었다.

55 「黑頂子屯墾撤局案」, 『國家圖書館藏 清代孤本外交檔案』 第22冊(全國圖書館文獻縮微複製中心, 2005), p. 9176. 이 자료는 吉林將軍 長順이 光緒 16년 7월 16일에 올린 上奏文(pp. 9174-9179) 1건으로 구성되어 있다. 이하 관련내용은 모두 여기에서 나왔다.

56 金衡鍾, 「吳大澂과 1880년대 清·러 東部國境勘界」, 『中國近現代史研究』 60, 2013을 참조.

57 「吉林將軍咨商琿春副都統[爲韓民越墾之地, 一律給照升科事]」(光緒 15년 7월), 『清代中朝』, pp. 76-77.(『자료선역』 4 — 034 — pp. 1017-1018)

성과도 없이 거액의 군비만 낭비하므로 황무지 개간의 방향을 조정하지 않을 수 없다는 판단을 내린 것으로 보인다. 장순이 광서 15년(1889) 7월 16일 다시 상주를 올려 흑정자의 사무소를 폐지하고 모든 경비·봉록의 지급을 중단하며 부대 역시 정변전로로 복귀시켜 조련(操鍊)하되, 이미 개간된 경지는 기민(旗民)이나 노약병정(老弱兵丁)에 맡기고 유민(流民)의 간황(墾荒)은 여전히 엄금하겠다는[58] 상주를 올린 것은 이러한 배경 때문이었다.

이와 같은 혼춘지역의 사정은 기존에 청조가 추진해 왔던 한족(漢族) 농민이나 기인(旗人)을 동원한 이민실변 정책이나 병사를 이용한 둔간이 길림 남부·동부 지역에서 성과를 올리는 것이 결코 쉽지 않았다는 점을 보여 주고 있다. 때문에 이미 정착해 있는 조선월간민에게 토지증명서를 지급하고 그들이 개간한 토지에 세금을 납부하게 하는 급조승과(給照升科)라는 실질적인 편입정책을 추진하는 것은 길림당국에게는 이민실변의 실질적 효과를 올리는 데는 최상의 선택이 되지 않을 수 없었다(이른바 '以韓實邊'이라고 할 수 있다). 조선 지방당국의 입김을 배제하고 자국의 영토 안에 거주하는 '주민' — 월간한 조선 농민 — 을 확보하기 위한 경쟁에 길림당국이 다시 적극적으로 나선 것은 이러한 사정 때문이었다.

또한 실제 당시 길림당국이 지니고 있던 행정력이나 군사력으로는 조선월간민이 퍼져 있는 길림 남부·동부의 변경지역을 제대로 장악하는 것이 결코 쉬운 일은 아니었다. 이 점은 이 무렵 길림장군으로부터 변경지대의 도시·마을·군부대에 대한 지도와 설명서를 작성하라는 지시를 받은 화룡욕(和龍峪) 상무위원(商務委員)의 다음과 같은 보

58 「黑頂子屯墾撤局案」, pp. 9177-9178.

고에서 잘 드러난다.[59]

> 상무국 부근은 해란하에서부터 두만강에 이르기까지 전혀 촌락이나 마을이 없으며, 주둔하고 있는 부대도 없습니다. 있다면 모두 한두 채씩 엉성한 임시 주택이 있을 뿐이고 가끔 가다 상인들이 장사를 하기도 합니다만 모두 이런 주택 안에 거주합니다. 이를테면 스스로 건물을 짓고 대문까지 갖춘 집은 겨우 서너 군데밖에 되지 않으며 서로 수십 리씩 떨어져 있을 뿐 아니라, 화룡욕 북쪽은 중국인과 조선인이 뒤섞여 살고 있는데, 중국인은 조선인의 십분의 이에도 미치지 못하며, 조선인은 가족을 데리고 온 경우가 대부분이지만 중국인은 가족을 데려온 경우가 열에 하나둘입니다. 또한 서로 수 리, 십수 리, 수십 리 등으로 떨어져 있어 마을을 이루면서 사는 것이 아니므로 서로 돕고 농작물의 망을 본다든지 하는 일도 없고, 이런저런 집들이 분산되어 있어 지도에 이루 다 실을 수도 없으므로 이것들은 기록하지 않았습니다. 화룡욕 동·남·서쪽 삼면의 두만강 주변지역은 모두 강을 건너와 거주하거나 경작하는 조선백성이며, 광제욕 한 군데만을 들어도 부근의 조선월간민은 이미 2천 가구가 넘고, 이 밖에 외사도구 등 깊은 산속에 흩어져 있는 사람은 그 수에 포함되지도 않았습니다.

이 당시 길림 남·동부는 "해란하에서부터 두만강에 이르기까지 전혀 촌락이나 마을이 없으며, 주둔하고 있는 부대도 없는"데다가, 화룡욕 북쪽은 조선인이 십분의 팔을 차지하고, 그 동·남·서쪽 삼면의

59 「和龍商務委員稟文[爲將所管界內, 村屯集鎭相距里數, 給具圖說的]」(光緖 15년 8월 2일), 『淸代中朝』, pp. 78-79.(『자료선역』 4 — 035 — pp. 1019-1022)

두만강 주변 지역은 모두 조선백성으로 "광제욕 한 군데만을 들어도 이미 2천 가구가 넘는" 상황이었다. 두만강 상류에서 혼춘에 이르는 칠백 리에 가까운 광범위한 지역의 상황 역시 대체로 비슷하였을 것으로 본다면, 이 지역에 흩어져 있는 조선월간민을 어떻게 장악·통제하느냐는 바로 길림 남·동부 지역의 질서를 유지하는 데 결정적 의미를 지녔다. 더구나 1885년 이 지역을 관할하기 위해 길림통상국(吉林通商局. 和龍峪에 通商總局, 光霽峪에 通商分局)이 설치된 적이 있지만, 역시 상무(商務) 부진(不振)에 따른 세수부족(稅收不足)으로 누차 인원과 경비 감축을 위한 개편을 시도하다가 결국 광서 19년(1893) 4월 이것이 무간국(撫墾局)으로 개편되면서 조선월간민에 대한 사무를 전담하게 된 사정도 함께 고려할 필요가 있다.[60] 이 지역에 대한 길림당국의 행정적·경제적 장악이 시도되기는 하였지만 실질적인 성과를 거두기는 결코 쉽지 않았던 것이다.

따라서 이렇게 관할 지역 자체에 대한 실질적 장악을 위해서 길림당국이 선택할 수밖에 없었던 것은 바로 조선월간민을 이용하는 방안이었다. 앞서 언급한 1889년 7월의 상주에 뒤이어 12월에 길림장군이 다시 이 문제를 가지고 상주를 한 것은 바로 이런 점 때문이었다. 이 12월 24일자 상주에서 길림장군은 이렇게 말하고 있다.[61]

60 權錫奉, 2007을 참조. 한편 이에 관련된 자료는 『국역중일한』 2, pp. 298-308을 참조.

61 「照錄軍機處交長順等抄摺·附片, 禮部來文」(光緒 15년 12월 24일), 『吉朝分界案』, pp. 243-247 또는 pp. 1901-1905; 『中朝交涉史料』, pp. 1112-1113. 그리고 『吉朝分界案』의 pp. 237-241(또는 pp. 1895-1899), 『中朝交涉史料』의 pp. 1110-1112에도 「照錄吉林將軍來文」(光緒 15년 12월 22일)이 실려 있는데 길림장군이 앞의 奏摺을 올리고 아직 硃批를 받기 전에 이것을 총리아문에 통보하는 것으로, 총리아문에 통보한다는 구절 부분을 제외하면 거의 같은 내용이다.(『자료선역』 4 — 038(1) — pp. 1031-1032)

현재 월간을 한 곳은 조선 무산부 맞은편의 동쪽 광제욕, 육도구, 십팔처외자 등 지방인데, 조선백성이 집을 지은 것이 대략 수천 정도가 있고, 전답이 서로 이어져 대략 모두 합해 1만 상에 이릅니다. 이미 도문강이라는 천연의 경계가 있으므로 본래 다시 재감계를 할 필요가 없으며, 조선국에서 지금까지 미루고 있으니 단연코 그들을 거두어들이기는 어려울 것입니다. 응당 신속하게 이전에 받든 유지에 따라 증명서를 발급하고 소작료를 내게 하여 우리의 판도에 귀속시키고 머리모양과 옷차림을 바꾸고 우리의 정교(政敎)에 따르게 해야 할 것입니다. 저희들이 먼저 관원을 파견하여 토지를 측량하고 보갑으로 편입시키고 세금을 매김으로써 변경 백성들이 서로 안정될 수 있고 각기 다투는 바가 없게 하고자 합니다.

여기서 길림장군은 무산부 동쪽 지역의 경우는 이미 감계가 끝난 것이나 마찬가지이고, 월간 조선민의 집이 수천 호, 개간 토지가 1만 상이 될 정도인데 도저히 조선으로 쇄환될 가능성이 없으니 차라리 종전에 추진하였던 정책으로 돌아가 "증명서를 발급하고 소작료를 내게 하여 우리의 판도에 귀속시키고 머리모양과 옷차림을 바꾸고 우리의 정교(政敎)에 따르게 해야" 하며, 그것을 위해 "관원을 파견하여 토지를 측량하고 보갑으로 편입시키고 세금을 매기는" 방안을 통한 적극적인 동화(同化)를 추진하겠다고 제안하고 있다. 이러한 방안은 조선국왕의 월간민 쇄환요청에 의해 무산되기는 하였지만, 이미 1882년 무렵 길림당국과 예부에서 제안해서 실행에 옮기고자 하였던 방안이기도 하다. 하지만 바로 1년 전에 혼춘 흑정자의 둔간을 초간으로 바꾸겠다고 하였던 주청이 거부당한 것을 생각하면, 길림당국으로서는 결국 이러한 방안으로 회귀하는 것이 그야말로 거의 유일한 선택사항이었을 가능성도 크다.

실제 길림장군은 이 주접에 첨부한 편문(片文)에서도 조선관리의 수탈이 "중국의 조정에서 정한 세금에 비하면 열 배 이상이 되는 정도"라서 "유민들은 청조의 부세가 가벼운 데 탄복하면서 기쁜 마음으로 동화를 원하고 있으며", "러시아로부터 회수한 흑정자 지방의 빈민들도 모두 치발을 하고 토지를 개간하면서 마치 고향처럼 편하게 지내지 않는 경우가 없었던" 것이 이러한 주청의 배경이라고 덧붙였다.[62] 이 상주는 광서 15년 12월 24일, "해당 아문에게 알리도록 하라"는 주비를 받았기 때문에 이 문제의 검토는 사실상 총리아문에 넘겨졌다. 길림장군의 상주문과 편문을 통보받은 예부에서는 이 사안은 총리아문에서 검토·논의할 문제라고 총리아문에 떠넘겼다.[63]

그리고 이 문제에 대해 총리아문이 의견을 묻자 이홍장은 광서 16년(1890) 1월 8일의 전보로 "관리들의 수탈로 조선백성의 삶이 고달프고, 유민들이 중국 측 부세의 가벼움에 대해 탄복한다는 것은 실제상황이니", "지금 혼춘 소속 광제욕 등지의 개간민을 만약 적절한 시기

62 「照錄軍機處抄片」(光緒 15년 12월 24일), 『吉朝分界案』, pp. 248-250(또는 pp. 1906-1908); 『中朝交涉史料』, pp. 1113-1114. 『吉朝分界案』의 pp. 233-235(또는 pp. 1891-1893); 『中朝交涉史料』, pp. 1109-1110에는 「照錄吉林將軍來文」(光緒 15년 12월 22일)이 실려 있는데, 吉林將軍이 奏摺에 덧붙인 附片을 함께 올렸다는 사실을 총리아문에 통보하는 것이라 거의 같은 내용이다.(『자료선역』 4 — 038(2) — pp. 1032-1033) 琿春 黑頂子 지역(敬信鎭. 敬信鄕. 즉 羅鮮洞)의 조선월간민들은 이곳이 중국에 반활될 예정이라고 해서 러시아당국에 의해 러시아 경내로 이주할 것을 요구를 받자 琿春당국을 찾아가 淸에 귀부하겠다고 요청하였고, 이에 대해 善處를 약속한 것은 두만강 북쪽 조선월간민의 존재를 발견하여 청조 정부에 알린 바 있던 李金鏞이었다. 金衡鍾, 2013, pp. 30-33을 참조.

63 「照錄禮部來文」(光緒 15년 12월 26일), 『吉朝分界案』, pp. 248-250(또는 pp. 1906-1908); 『中朝交涉史料』, pp. 1113-1114.(『자료선역』 4 — 038(3) — pp. 1033-1036)

에 분명하게 중국호적으로 편입시킴으로써 우리의 품안에 끌어안지 않는다면", "헛되이 유민들을 몰아서 떠나게 만드는 꼴이고, 강적[러시아]이 그들을 끌어 가는 것을 더욱 편하게 만들 뿐"이라는 찬성의견을 표명하면서, 길림장군의 방안도 시험 삼아 추진할 만하다는 데 동의하였다.[64] 그에 따라 총리아문도 2월 18일에 올린 의주(議奏)에서 이홍장과 거의 같은 의견을 제시하면서 이러한 "사안들을 적절히 처리하고, 관습에 맞게 가르침을 베풀어 그들을 힘써 안치시키도록 하되, 결코 조급하게 일을 추진하여 말썽을 일으켜서는 안 된다는 지시를 내려 주기를" 주청하였다. 아울러 그에 관련된 상세한 장정은 길림장군이 마련해서 상주하여 재가를 받은 다음 시험 삼아 추진하면 될 것이라는 점 역시 마찬가지였다. 그리고 같은 날 이에 대해 "의논한 대로 하라"는 황제의 재가가 떨어졌다.[65] 길림장군의 제안은 정식정책으로 추진될 수 있는 기회를 얻게 된 것이다. 총리아문은 이러한 정책이 황제의 재가를 받았다는 점을 이홍장에게도 통보하였다.[66]

길림장군이나 이홍장의 지적에서 공통적으로 조선월간민을 압박할 경우 모두 러시아로 넘어가 버릴 것이므로, 그것을 막기 위해 적극적인 동화정책을 추진해야 한다고 주장하고 있다는 점이 흥미롭다. 인

64 「[李鴻章]論韓民越墾滬貴通商」(光緒 16년 1월 8일), 『李鴻章全集』 卷22, 「電報」 2, p. 422. 기존 이홍장의 전집 판본에는 「譯書函稿」 卷20에 「論韓民越墾滬貴通商」이란 제목으로 실려 있다.(『자료선역』 4 — 039 — pp. 1037-1040)

65 「總署奏, 遵議琿春境內朝鮮越墾流民, 斷難刷還摺」(光緒 16년 2월 18일), 『淸季外交史料』 卷82, pp. 1467-1468; 方郎 編, 『吉朝分界案』, pp. 223-228. 또는 pp. 1881-1886); 『국역중일한』 2, pp. 272-273; 中朝交涉史料』, pp. 1106-1108.(『자료선역』 4 — 040 — pp. 1041-1046)

66 「[總理衙門]行北洋大臣李鴻章文」(光緒 16년 2월 27일), 『中日韓』 卷5, p. 2756.(『자료선역』 4 — 041 — pp. 1047-1048)

구와 사회경제적 개발이 뒤쳐진 변경 지역이라는 점을 감안하면 영토의 보전을 위해서는 거기에 거주하는 '주민'을 확실하게 장악하는 것이 무엇보다도 중요한 선결과제가 되었던 만큼, 조선월간민은 변경 지역을 둘러싼 중국·조선·러시아 삼국의 경쟁구도에서 필수적인 '쟁취' 대상으로 등장하고 있는 것이다. 이 점에 대해 마침 유배 중이었던 김윤식은 다음과 같이 경고하고 있었다.

> 조선에서도 또한 항상 북도(北道)가 반드시 러시아의 소유가 될 것이라고 스스로 위태롭게 여기고 있다. … 예전에 100호가 있던 마을에 지금은 10호만이 남아 있으니 요역(徭役)은 몇 배나 무거워졌고, 그 고통을 감당하지 못하게 되면 장차 모두 다 저쪽으로 넘어가 버릴 것이니, 남은 자는 관리와 읍민(邑民) 몇 호에 지나지 않게 될 것이다. 지방관리가 된 사람은 오로지 부임하기 전에 경성에서 진 부채[京債]의 무거움만을 걱정하여 남은 백성들을 악랄하게 수탈하니, 장차 이들이 반드시 무리 지어 일어나 서로 앞다투어 읍촌(邑村)을 약탈하고 러시아의 경계로 들어가는 경우가 생겨도 조정에서는 또한 아무런 방법이 없어 못 본 체 외면할 것이고, 마침내 이곳은 깨어진 벽돌과 기와조각만 남는 황량한 폐허가 되어 여우와 토끼의 소굴로 바뀔 것이다. 그때 러시아인이 천천히 강을 건너와 깨진 벽돌과 기와를 치우고 가시덤불을 헤치면서 경영하고 다스려 그들의 경계 안으로 집어넣게 될 것이다. 조정에서 만약 따져 물으면, 그들은 반드시 "우리들은 당신들 스스로 버린 땅을 취한 것이지, 힘으로 빼앗은 것이 아닌데, 당신 나라에서 무슨 상관이냐?"라고 반문할 것이니, 우리는 이치에서 밀리고 힘도 약해 더 이상 다툴 방법이 없으니, 반드시 관남(關南)을 경계로 하여 더 이상 침범하지 않기로 하는 조약을 맺을 것이다. 그러나 민정(民情)을 제대로 돌보지 않으면, 관남 역시 관북처럼 될 터이니 어찌 오랫동

안 버틸 수 있겠는가?[67]

여기서 김윤식은 관북(關北) 지역의 황폐화와 지방관의 학정 때문에 이곳 백성들이 모두 "개간한 땅은 보통보다 훨씬 비옥한데도 그 땅을 경작하게 해 주면서도 조세를 거두지 않아서, 한해 내내 배불리 먹고 즐기며 괴롭힘을 당하지도 않는" 러시아로 넘어가 버린 상황을 묘사하면서, 이러한 상황이 지속되면 관북은 '스스로 버린 땅'이 될 뿐 아니라 관남(關南)까지도 위태로워질 것이라고 경고하였다. 길림이나 조선 당국 모두 러시아가 적극적으로 조선월간민을 끌어들이는 것에 대해 강력한 위기의식을 품고 있었다는 것은 여기서도 확인되지만, 러시아의 남진(南進)에 대비한 변경영토의 확보를 위해서는 무엇보다도 그 주민들이 "즐겁게 생업을 유지할 수 있는 길"을 열어 주는 것이 관건이라는 점에 대해서도 양자 모두 동의하였다는 점 역시 주목할 필요가 있다. 앞서 살펴본 대로 제1·2차 공동감계·국경회담의 임무를 혼자 떠맡았던 이중하가 국가경계의 수호를 위해 완강하게 버티면서도 사실은 월간유민의 안치와 쇄환, 관북 지역의 안정화에 큰 관심을 쏟았던 것도 아마 이와 같은 맥락에서였을 것이다.

여하튼 이와 같은 사전 준비를 거쳐 광서 16년(1890) 중반이 되면 길림당국은 "증명서를 발급받고 소작료를 내게 하며[領照納租]", 그것을 위해 "토지를 측량하고 보갑으로 편입[淸丈編甲]"하는 정책을 점차 시행에 옮기게 되었고,[68] 이러한 동화정책의 강행에 대한 조선월간민

67 金允植, 「十六私議 第十三. 綏北」, 『雲養集』 卷7 「議」, pp. 354-355; 『金允植全集 壹』, pp. 506-509.(『자료선역』 4 — 042 — pp. 1049-1054)

68 이 점에 대해서는 權錫奉, 2007, pp. 94-110; 李志英, 「19世紀 末 淸朝의 對間島朝鮮人 政策 — 越墾 韓人의 地位문제와 관련하여 —」, 『명청사연구』 32, 2009에서 이미 그 개괄적인 상황을 잘 정리한 바 있다.

의 반응도 점차 엇갈리는 상황이 나타났다. 5월에는 일부 조선월간민이나 함경도 지방당국에서는 다시 월간한 각 가구에게 추첨을 시켜 사람을 뽑은 다음, 함경북도 아문과 경성의 원세개에게 찾아가 탄원서를 제출하는 방식으로 대응하였고, 다른 한편으로는 아직 토지측량을 시작한다고 공고하기도 전에 조선백성들이 자발적으로 치발(薙髮)을 자청하여 "증명서가 발급되기를 기다리는" 상황이 나타나 이에 분노한 일부 사람들이 이들을 구타하는 소동도 출현하였다.[69] 길림 측의 적극적인 동화정책의 추진에 대해 현상유지를 위해 버티는 쪽과 아예 이 기회에 동화에 호응하여 토지증명서를 지급받으려는 쪽으로 조선월간민이나 변민(邊民)의 자세에 분열이 나타난 셈이었다.

심지어 5월 4일 "두만강 일대지역부터 우선 토지측량을 실시하도록 하라"는 지시를 내린 길림당국은 통역을 몰래 회령부로 들여보내 조선 측의 반응을 탐문하게 한 결과, 다음과 같은 보고를 받기도 하였다.

> [회령부의 진홍구(陳洪九)] 세관(稅官)은 "중국의 순찰이 비록 엄하다고는 하지만, 단지 낮에만 금지할 뿐일 터이니, 어찌 캄캄한 밤을 밤에 지킬 수 있겠느냐? 너희들이 만약 지키지 않는 깊은 밤에 강을 건너가 경작을 한다면, 안심할 수 있고 아무 일도 없을 것이다"고 백성들에게 사적으로 이야기하였다는 것입니다. 또한 이르기를, "진[홍구] 세관이 며칠 후 총국에 가서 이미 두만강 북안의 조선백성들에게 모두 치발을 하도록 지시하였으니, 한 사람당 토지를 얼마나 나눠 주느냐? 마침내 조선백성을 중국백성으로 거두게 되는 것이냐고 독리(督理)에게 물어볼 것이다"고 하면서 중국이 우리를 구슬리려는 의도가 있다고 말하

69 「吉林將軍長順文」(光緖 16년 5월 25일 收), 『中日韓』 卷5, p. 2789; 『국역 중일한』 2, pp. 274-275.(『자료선역』 4 — 043 — pp. 1055-1057)

였습니다. 또한 치발(薙髮)이라고 하는 문제에 대해서는 쉽지 않을 것으로 보여 장차 어찌 될지 예측하기 어렵고, 토지를 측량하여 증명서류를 나눠 주는 일은 결코 갑자기 이루어지지 않을 것이며, 두만강 남북 양안의 조선백성들 사이에서 사기사건이 빈번하게 출현하고 있다고 이야기하였습니다.[70]

길림 측의 토지측량과 치발 요구 등 동화정책의 추진에 대한 조선 지방당국의 '저항' 심리를 여기서 엿볼 수 있지만, 이러한 지역상황의 변화에 대해서는 러시아의 변경당국 역시 관심을 보여 주었다는 점도 주목할 만한 사실이다. 이 무렵 러시아의 계무관(界務官)이 전에 혼춘소속 지방의 조선인에게 모두 머리모양을 중국인처럼 바꾸게 하라고 지시를 내렸던 것을 알고 있다면서, 조선인이 러시아변계에 와서 교역과 매매 등의 일에 종사하려면 정착지의 증명서를 수령해야 하는데, 중국소속 변계인 삼차구(三岔口) 지역의 수많은 조선인이 중국소속이라면 모두 중국인 모양으로 바꾸고, 중국인과 같은 증명서를 수령하게 해 달라고 영고탑부도통에게 조회를 보낸 것이다.[71] 이에 대해 길림장군은 "조선은 중국의 번복(藩服)이니, 그 백성은 중국소속의 백성이나 다를 바 없다. 경계를 넘어와 개간하거나 거주하는 모든 백성들에 대해 응당 어떻게 처리해야 할 것인지는 중국이 당연히 스스로의 권한을 가지고 있는 바로, 러시아계무관이 개입할 필요는 없다."[밑줄 — 인용자]라고 답장을 하라는 지시를 내렸다. 하지만 그는 동시에 경계를

70 「吉林將軍長順文」(光緒 16년 5월 25日), 『中日韓』 卷5, p. 2790; 『국역중일한』 2, pp. 276-279.(『자료선역』 4 — 044 — pp. 1058-1061)

71 「吉林將軍長順文(附件: 寧古塔副都統收俄廓米薩爾照會)」(光緒 16년 5월 28일 收信), 『中日韓』 卷5, pp. 2791-2792; 『국역중일한』 2, pp. 280-284.(『자료선역』 4 — 045 — pp. 1062-1066)

넘어와 [삼차구에서] 거주하고 있다고 보고된 조선인 60여 가구에 대해서는 치발과 세금부과에 관한 장정에 따라 작은 나라를 어여삐 여기는 조정의 덕의에 부응해야 하며, 아직 치발을 하지 않은 사람들은 바로 조선으로 되돌려 보내도록 지시를 내렸다.[72]

또한 이러한 사실을 통보받은 총리아문에서도 "혼춘의 방법에 따라 삼차구 변계에서 개간하고 있는 조선인들을 일률적으로 치발을 시키도록" 하는 데 동의하면서도, "혼춘에서 월간하고 있는 조선인들을 치발시키고, 세금을 매기는 문제는 상주하여 재가를 받은 다음 처리해야 할 문제"[밑줄 — 인용자]라고 다시 한 번 주의를 상기시켰다.[73] 총리아문은 그래도 외교적 갈등의 발생을 염두에 둔 조심스러운 자세를 보였던 것이다. 이상과 같은 과정에서 우리는 중국 측이 여전히 월간민의 문제를 '상국(上國)-속방(屬邦, 藩服)'의 맥락에서 바라보면서 가능한 한 조선 측의 반발을 사지 않도록 조심스럽게 처리하고자 하는 자세를 갖고 있었음을 엿볼 수 있다. 하지만 중국 측의 동화정책에 항의하는 모습을 보인 조선정부의 반응에서도 이 점은 비슷하게 나타났다.

이해 7월 조선정부는 조선백성에게 20일 기한을 설정하여 머리모양과 옷차림을 바꾸고 중국호적으로 편입시키려 한다는 함경북도안무사 남정순(南廷順)의 보고를 받고, "아직 중국호적으로 편입시킨다는 상유나 예부의 자문을 받아보지 못했다"면서, "넘어가 기거하고 있는 조선백성이 수만 명이나 되는데 한꺼번에 머리모양과 옷차림을 바꾸도록 강요한다면, 특히 말썽이 생기도록 자극하지 않을까 몹시 걱정스

72 위와 같음. 또한 「吉林將軍長順文」(光緒 16년 7월 14일), 『中日韓』 卷5, p. 2812; 『국역중일한』 2, pp. 285-289 역시 참조.(『자료선역』 4 — 050 — pp. 1078-1081)

73 「[總理衙門]行吉林將軍長文」(光緒 16년 7월 1일), 『中日韓』 卷5, p. 2807. (『자료선역』 4 — 046 — pp. 1067-1069)

럽다"는 이유로 7월 9일 원세개와 상의하여 북양대신·길림장군에게 각기 전보를 대신 보내 일 처리를 중단시키도록 요청하라는 지시를 내렸다.[74] 이미 이러한 길림 측의 동화정책은 1880년대 초반 이래로 계속 추진되어 왔던 것이기는 하지만, 조선정부가 이에 동의한 적도 없고 사전에 실행통보를 받은 적도 없으므로 그것을 받아들일 수 없다는 자세를 보였던 것이다. 지금까지의 경과와 대응으로 보아 중국 측이 여전히 '천조적자(天朝赤子)'에 대한 '자소(字小)'의 은혜를 베풀어 조선 측의 항의를 일방적으로 무시하지 않으리라는 기대가 여기에 담겨져 있었다고 할 수 있다.

하지만 이번에는 중국 측의 반응이 종전과는 분명히 다르게 나타났다. 길림 측에서는 조선관리가 경성(京城)에 보고하여 지시를 요청한다고 항의한 데 대해, "이 경우 역시 아마 다시 한 번 강짜를 부리는 데 지나지 않을 것"이라면서 월간[조선백성의 호적 편입과 머리모양·옷차림 변경]문제를 응당 강행해야 할 뿐만 아니라, 경계를 나누어 정하는 일 역시 조금도 늦추어 도모해서는 안 될 것이라는 강경한 자세를 보이면서 총리아문에 이에 대한 지시를 요구하였던 것이다.[75]

한편 조선정부의 중재 요청을 받은 원세개도 7월 10일에 "이 사안은 일찌감치 상주하여 재가를 받은 일이라 아마 정지시키기는 곤란할

74 「袁世凱收韓外署督辦閔種墨函」(光緒 16년 7월 9일), 『中日韓』 卷5, pp. 2816-2817; 「吉林等處居住朝鮮人에 薙髮變服 强要에 대한 抗議件」, 『淸案』 1, p. 723.(『자료선역』 4 — 047 — pp. 1070-1072)

75 「吉林將軍來電」(光緒 16년 7월 12일), 『淸光緒朝中日交涉史料』 卷11, 38b(文件番號 741).(『자료선역』 4 — 048 — pp. 1073-1074) 앞서 서술하였지만 여기에서의 언급이 제3차 공동감계에 대한 길림 측의 최종 언급이다. 이 내용을 보면 이미 공동감계의 실행은 그 자체가 목적이 아니라 오히려 조선 측을 압박하기 위한 수단으로서 보다 큰 의미를 지니게 되었음을 알 수 있다.

것이고, 또 이미 [진행되어] 힘이 미치지 않는 일입니다. 조선조정에서는 아마 미리 알려 주지 않은 것에 불만이 있는 것 같습니다."라면서 이홍장에게 이에 대한 지시를 요청하였다. 이에 대해 이홍장은 "길림 변계의 월간조선백성에 대해서는 일찍이 호적에 편입시킬 것을 상주하여 재가를 받은 바 있으니, 즉시 [원세개가] 직접 기존 안건을 찾아 서신으로 답장을 해 주면 될 것이다."라는 간단한 답장을 보냈다.[76] 이홍장도 조선정부의 항의를 치지도외하면서 변계문제가 아닌 조선월간민의 치발역복(薙髮易服)·편갑승과(編甲升科)는 이미 오래전에 황제의 재가를 받은 사안이라 계속 추진해도 좋다는 의견을 분명하게 내보인 것이다.

앞서 서술하였던 '차지안치'의 문제에 대한 반응과 마찬가지로 이홍장이 '편갑승과'의 문제에 대해서도 이렇게 아주 짧은 답장과 지시를 통해 그야말로 단호한 입장을 보인 것은 지난 몇 년 동안 조선정부의 대응을 겪으면서 축적된 경험을 통해 또다시 종전과 같은 사태를 반복하도록 허용해서는 안 된다고 판단하였기 때문이었을 것이다. 따라서 원세개는 7월 14일 다음과 같은 답장조회를 조선정부에 보냈다.

> 이미 9년이나 지났음에도 귀 정부에서는 여전히 일을 지연시킨 채 모든 유민을 끝내 거두어들이지 않았으며, 광서 16년 2월 총리아문에서 다시 단연코 "월간유민들을 거두어들이기는 어렵다"고 올린 길림장군의 상주를 [내려 받아] 의논한 결과, "이들을 중국의 행정구역으로 편

76 「北洋大臣來電」(光緒 16년 7월 13일), 『淸光緖朝中日交涉史料』 卷11, 38(文件番號 742); 「寄譯署並吉林將軍」, 『李鴻章全集』 卷23 「電報」 3, p. 87; 「致北洋大臣李鴻章電」(光緖 16년 7월 10일), 『袁世凱全集』 2, pp. 331-332.(『자료선역』 4 — 049 — pp. 1075-1077)

입시키고 세금을 부과해야 한다"고 상주하게 되었던 것입니다. 이에 대해 "의논한 대로 하라"는 상유를 받았습니다. 따라서 길림상무국(吉林商務局)의 엽(葉) 국관이 현재 처리하고 있는 업무는 실로 황상의 유지를 받들어 시행하는 일입니다. 귀 정부에서 정지시켜 줄 것을 청하였으나, 당연히 정지시킬 수 있는 형편이 아닙니다.[77]

이미 9년이나 지났는데도 유민을 거두어들이지 않는 조선정부의 무성의를 지적하면서, 이것은 황상의 유지를 받들어 시행하는 일이라 당연히 정지시킬 수 있는 형편이 아니라는 중국 측의 답장은 더 이상 종전과 같은 사태의 반복을 허용하지 않겠다는 강경한 의지의 표명이었다.

이에 대해 조선정부는 또다시 외서독판 민종묵으로 하여금 7월 26일 "황상의 은혜를 간청하는 상주를 통해 조선민을 조선적[韓籍]으로 귀속시키되, 잠시 길림변계지역을 빌려 안치하려는 것입니다. 토지세와 인두세의 징수 및 법률·정령은 모두 길림변계의 [중국]지방관이 관할하되, 머리모양과 옷차림은 옛 방식[즉 조선방식] 그대로 놔 달라는 것뿐입니다"는 입장을 전달하게 하였다.[78] 조선정부가 종래 '차지안치'를 요청하였을 때와는 달리 이제는 "잠시 길림변계 지역을 빌려 안치하려는 조선민"에 대해 "토지세와 인두세의 징수 및 법률·정령은 모두 길림변계의 [중국]지방관이 관할하되, 머리모양과 옷차림은 옛 방

77 「袁世凱覆韓外署函」(光緒 16년 7월 14일), 『中日韓』 卷5, pp. 2817-2818; 「覆致朝鮮督辦交涉通商事務閔種默函」(光緒 16년 7월 14일), 『袁世凱全集』 2, pp. 334-335.(『자료선역』 4 — 051 — pp. 1082-1085)

78 「北洋大臣李鴻章文」(光緒 16년 7월 26일), 『中日韓』 卷5, p. 2816; 『국역중일한』 2, pp. 290-297; 「稟北洋大臣李鴻章文」(光緒 16년 7월 16일), 「稟北洋大臣李鴻章文」(光緒 16년 7월 26일), 「稟北洋大臣李鴻章文」(光緒 16년 8월 8일), 『袁世凱全集』 2, p. 336, p. 343, p. 347.(『자료선역』 4 — 052 — pp. 1086-1089)

식[즉 조선방식] 그대로 봐 달라"는 입장으로 후퇴한 것은 사실상 조선 월간민에 대한 행정적 지배라는 기득권 일부를 포기하겠다는 의사의 표명이었다. 이것은 제3차 공동감계에 대한 길림 측의 요구를 거부함으로써 국경문제에 대해서도 더 이상 얻을 수 있는 것이 없었던 조선정부가 월간민 안치나 그들에 대한 통제(행정적 지배)의 문제에서도 "잠시 길림변계 지역을 빌려 안치"하는 월간민의 '국적'이 바뀌는 것만을 막고자 하게 되는 궁지로 몰렸음을 의미한다. 기왕의 추세로 보건대 '잠시' 중국에 '안치'하[되 기회를 보아 조선으로 귀국시키]겠다는 조선 측의 희망이 이루어질 가능성은 전혀 없었으므로, 사실상 조선정부의 대응은 그저 청조 측의 '자소(字小)'를 바라는 단순한 요청이나 또는 지연 정책에 지나지 않았다. 하지만 총리아문·길림장군에게도 통보된 다음과 같은 이홍장의 답장은 조선정부의 반응에도 불구하고 조금도 태도를 바꾸지 않았다는 점을 알려 준다.

> 길림변계의 월간조선민에 대하여 조선에서는 조선적[韓籍]으로 예속시키고자 하는 것 같은데, 여전히 조선관리가 두만강을 넘어와 조세를 징수하기 위한 목적에서 그런 것 같으니 허용하기는 곤란하다. 호적편입에 대한 안건은 일찍이 상주하여 정해진 것이고, 머리모양과 옷차림을 바꾸라는 명령은 이미 행해진 지 수개월이라 갑자기 논의하여 다시 고치기 곤란하다. 조선에서 조선백성이 호적을 바꾸는 것을 원하지 않는다면, 조선백성이 경계를 벗어나지 못하게 되면 될 것이 아닌가? 원세개가 민종묵에게 답하여 이르기를 "오로지 지방관을 제대로 선발하여 이들을 잘 안무하고 안정시켜 이후 조선백성이 스스로 다시 월경할 생각을 하지 않게 해야 한다"고 했는데, 이것이 최선의 대안이다.[79]

79 위와 같음.

조선정부가 마지막으로 제안하였다가 거부당한 적이 있는 '차지안치'의 방식 — 이 경우 조선정부에서 그들을 '조선적'으로 예속시키겠다고 한 것은 이홍장의 오해처럼 보이지만 — 을 그 내용을 바꾸어 다시 제안하였지만, "호적을 바꾸는 것을 원하지 않는다면, 조선백성이 경계를 벗어나지 못하게 되면 될 것"이라는 이홍장의 단호한 반응은 '자소지의(字小之義)'를 빙자한 조선지방관의 월간민에 대한 직접적 통제 시도라는 종전의 관행을 더 이상 허용하지 않겠다는 단호한 의사 표시였다. "오로지 지방관을 제대로 선발하여 이들을 잘 안무하고 안정시켜 이후 조선백성이 스스로 다시 월경할 생각을 하지 않게 해야 하는" 것이 최선의 대안이라는 이홍장의 지적은 그 점을 잘 보여 준다. 어찌 보면 이것은 종전의 '자소' 정책과는 다른 분명한 변화를 의미하기도 하였지만, 다른 한편으로는 속방의 백성이 상국의 영토를 침범하고, 속방의 지방관들이 그 배후에서 일종의 '식민지 경영'을 시도하는 두만강 북쪽 연안의 비정상적인 상태를 보다 정상에 가까운 상태로 되돌리는 것에 가까웠다.

한편 이러한 상황에서도 여전히 '차지안치'라는 — 이미 오래전에 거부당해 폐기될 수밖에 없었던 — 종래의 방안을 다시 내놓았다는 것은 이 무렵 조선정부가 사실상 이 문제를 해결할 수 있는 역량을 전혀 갖추거나 준비하지 못하였음을 확인시켜 준다. 따라서 오로지 기대가 가능하였던 것은 천조의 적자(赤子)임을 주장할 수 있는 조선월간민에 대해 상국이 시혜를 베풀어 안치해 달라고 계속 요청하는 것만이 거의 유일한 대책이었다. 그렇기 때문에 조선정부는 그들에 대한 징세·통제의 권리도 모두 중국 측에 넘기겠다고 종전의 입장에서 더욱 후퇴한 최후 제안을 내놓았던 것이다. 그렇지만 이 마지막 제안조차 거절당하면서 조선정부는 당시로서는 더 이상 아무런 손도 쓸 수 없게 되었다.

물론 그렇다고 해서 조선 측의 반발이 전혀 사라진 것은 아니었다. 다음 해인 고종 28년(1891) 7월에는 함경북도의 거생(居生) 이용(李龍)이

"중국의 선춘령(先春嶺) 이남과 조선의 두만강 이북(이서) 사이의 땅은 갑신년(1885)에 천진의 이홍장 북양대신께서 특별하게 조선백성을 부양하도록 허락해 주신" 것이니 "황상의 유지가 내려졌다는 구실로 밭을 빼앗고 곡식을 빼앗는 등 백성에 대한 학대가 아주 심하게 나타나고 있는" 상황을 시정해 달라고 탄원하는 일이 나타났다.[80] 또한 함경북도 종성·무산·회령·온성 네 읍의 백성 안정혁 등이 탄원서를 올려 변경 지역 주민의 생계 위기를 구실로 월간 농사와 땔감·장작·목재의 이용을 종전처럼 허용하고, 치발한 머리모양도 다시 장발로 바꾸고, 두만강 주변 네 읍에 다시 다리배[船橋]를 설치하게 해 달라고 요청하였다가 원세개에게 거부를 당한 일도 나타났다.[81] 하지만 앞서도 지적하였듯이 당시로서는 조선정부 자체가 더 이상 중국 측의 정책을 저지할 수 있는 어떠한 역량이나 방안도 확보하지 못하였던 만큼 이러한 저항이나 반발은 길림당국의 동화정책을 가로막는 장애가 될 수는 없었다.

3) 편갑승과(編甲升科) 정책의 성과와 그 의미

이상의 서술처럼 조선정부의 항의에도 불구하고 편갑승과 정책을 추진하게 된 결과, 1890년대 초반에는 토지 측량과 호적 조사, 보갑 편성 등이 이루어지면서 길림당국은 조선월간민에 대해 종전보다 훨씬 확실한 정보 파악과 통제 체제의 설립이라는 성과를 거둘 수 있었다. 이에 대한 구체적인 정보를 제공해 주는 자료는 현재 두 종류를 찾을 수

80 「[袁世凱]致朝鮮督辦交涉通商事務閔種默照會」(光緖 17년 7월 3일), 『袁世凱全集』 2, p. 450.(『자료선역』 4 — 055 — pp. 1097-1099)

81 「[袁世凱]致朝鮮督辦交涉通商事務閔種默照覆」(光緖 17년 8월 23일), 『袁世凱全集』 2, pp. 465-466.(『자료선역』 4 — 056 — pp. 1100-1105)

있다. 먼저 화룡욕총국의 왕창치(王昌熾)와 변무행영문안처 회판 정국균(程國鈞)이 올린 보고서를 살펴보도록 하자.[82] 「길림혼춘[과 토문강 유역] 개간지를 회수하면서 작성한 지도와 장부의 보고[呈報吉林琿春收回墾地圖册]」라는 제목의 이 보고서는 광서 16년(1890) 3월 이후 혼춘·토문강 북안 두만강 주변 조선백성의 월간토지를 '회수[收回]'하고, 사(社)와 둔(屯)을 편성하여 세우도록 지시받은 일에 대한 조사와 처리가 완료되어 올린 것으로, 측량이 완료된 토지의 면적, 응당 징수해야 할 소작료, 올해 과세(課稅)가 시작되어야 할 사항에 대해 각기 나누어 기록하고 있다. 그에 따르면 혼춘과 토문강 북안의 강변 일대 새로 편성된 보(堡)는 안원(安遠)·수원(綏遠)·영원(寧遠)·진원(鎭遠) 4보(堡)이고, 이것은 다시 42사, 131둔(131甲 414牌)으로 구분되었다. 또한 토지를 수령한 개간민호[領地墾民]는 모두 4,689호였고, 남녀 인구는 총 2만 746명으로 파악되었다. 측량하여 보고한 개간된 경지[丈報熟地]는 총 1만 8,934상(晌) 5분, 징수해야 할 소작료[額徵大租][83]는 은(銀) 3,408.129냥(兩)[84]으로 평가되었다. 보다 구체적인 보갑 편성의 내역은 표 3과 같다.

82 「呈報吉林琿春收回墾地圖册」(光緒 17년 7월 이후), 經莉 編, 『國家圖書館藏 淸代孤本外交檔案 續編』(國家圖書館, 2005) 第18册, pp. 7835-7938(또는 陳湛綺 編, 『淸末邊境界務檔案』 第3册, 全國圖書館文獻縮微複製中心, 2008, pp. 989-1091).(『자료선역』 4 — 057 — pp. 1106-1124) 王昌熾는 길림·조선의 상무와 화룡욕총국을 관리하는 직을 임시로 맡고 아울러 월간사무를 처리하는 임무(署理吉·朝商務和龍峪總局兼辦越墾事宜)를 맡았고, 程國鈞은 길림·화룡욕의 월간사무 처리를 보좌하는 변무행영 문안처의 회판(會辦吉林和龍峪越墾事宜邊務行營文案處會辦)이었다.

83 大租(와 小租)가 무엇인지를 정확하게 파악하기 어려우나, 租는 일반적으로 소작료를 가리킨다. 官田일 경우 그 땅을 소작하면 그 소작료는 국가로 귀속된다고 보면 된다. 大租는 바로 뒤에 省으로 올려 보낸다고 되어 있으므로 國家(또는 省)의 稅入으로 파악되고 있음을 알 수 있다. 그렇다면 小租는 여기서는 地方當局의 稅入으로 파악되는 것으로 보이는데, 小組의 액수는 大租의

표 3. 길림의 혼춘·토문강 지역에서 회수한 월간민 토지에 대한 조사·측량 결과

보	사	둔·갑·패	민호	인구	개간토지	소작료총액
安遠堡	숭화사(崇化社)	2屯, 2甲, 6牌	68戶	274名	960晌 2畝 6分	172.8468兩
	선화사(善化社)	4둔, 4갑, 7패	81호	382명	539상 4무 2분	97.0958냥
	덕화사(德化社)	6둔, 6갑, 21패	223호	1,020명	933상 5무 1분	168.0318냥
	상화사(上化社)	4둔, 4갑, 8패	90호	423명	513상 5분	92.3490냥
	산계사(山溪社)	3둔, 3갑, 6패	70호	351명	576상 6무 4분	103.7952냥
	백금사(白金社)	2둔, 2갑, 6패	61호	277명	246상 8무 1분	44.4258냥
	백옥사(白玉社)	4둔, 4갑, 15패	160호	860명	477상 6무	85.9680냥
	선화사(宣化社)	4둔, 4갑, 7패	81호	382명	702상 2무	126.3960냥
綏遠堡	백일사(白日社)	2둔, 2갑, 3패	33호	127명	214상 1무 7분	38.5506냥
	백운사(白雲社)	2둔, 2갑, 2패	27호	99명	226상 1무	40.6980냥
	백학사(白鶴社)	2둔, 2갑, 6패	67호	286명	341상 9무 3분	61.5474냥
	대천사(對川社)	3둔, 3갑, 11패	113호	524명	237상 2무	42.6960냥
	대산사(對山社)	1둔, 1갑, 3패	34호	135명	129상 8무 5분	23.375냥
	대월사(對越社)	2둔, 2갑, 11패	124호	490명	949상 4무 4분	170.8992냥
	대양사(對揚社)	2둔, 2갑, 11패	125호	583명	715상 3무 2분	
	무공사(茂功社)	2둔, 2갑, 5패	57호	283명	254상 6무 1분	45.8296냥
	무상사(茂賞社)	1둔, 1갑, 4패	44호	161명	231상 2무 2분	41.6196냥
	무덕사(茂德社)	3둔, 3갑, 11패	112호	509명	421상 7무 8분	75.9204냥
	무관사(茂官社)	3둔, 3갑, 8패	100호	470명	359상 2무 3분	64.6614냥
	개화사(開華社)	4둔, 4갑, 14패	129호	590명	281상 6무 3분	50.6934냥
寗遠堡	개문사(開文社)	3屯, 3甲, 17패	180호	1,089명	608상 1무 5분	109.4670냥
	개발사(開發社)	3둔, 3갑, 14패	142호	792명	198상 7분	35.6526냥
	개운사(開運社)	4둔, 4갑, 21패	202호	992명	447상 3무	80.5140냥
	개태사(開泰社)	5둔, 5갑, 25패	264호	1,008명	757상 8무 6분	136.4148냥
	광화사(光化社)	3둔, 3갑, 4패	130호	521명	380상 2무 4분	68.4432냥
	광덕사(光德社)	3둔, 3갑	96호	509명	274상 4분	49.1472냥
	광소사(光昭社)	2둔, 2갑, 7패	75호	364명	318상 8무 1분	57.3858냥
	광풍사(光風社)	2둔, 2갑, 5패	55호	240명	213상 5무 7분	38.4426냥
	광종사(光宗社)	3둔, 3갑, 11패	146호	635명	538상 6무 9분	96.9642냥
	제청사(霽晴社)	3둔, 3갑, 11패	95호	545명	309상 3무 2분	55.6776냥
	제하사(霽霞社)	5둔, 5갑, 19패	189호	999명	525상 7분	94.5126냥
	월랑사(月朗社)	4둔, 4갑, 13패	169호	976명	487상 6무 8분	87.7824냥
	월원사(月圓社)	2둔, 2갑, 4패	45호	89명	628상 7무 4분	113.1732냥
	화애사(和靄社)	2둔, 2갑, 11패	140호	443명	1,394상 6무 6분	251.0388냥
鎭遠堡	수성사(輸誠社)	7둔, 7갑, 17패	170호	733명	401상 8무 5분	72.3330냥
	귀화사(歸化社)	9둔, 9갑, 25패	251호	1,113명	657상 5무 5분	118.3590냥
	숭양사(崇讓社)	3둔, 3갑, 6패	62호	266명	201상 4무 5분	36.2610냥
	흥렴사(興廉社)	3둔, 3갑, 7패	74호	355명	213상 3무	38.3940냥
	상의사(尙義社)	3둔, 3갑, 12패	125호	714명	341상 9무 4분	61.5492냥
	돈인사(敦仁社)	1둔, 1갑, 6패	61호	289명	128상 5무 1분	23.1318냥
	회은사(懷恩社)	3둔, 3갑, 10패	93호	523명	261상 2무 1분	47.0178냥
	경신사(敬信社)	3둔, 3갑, 10패	113호	524명	335상 7분	60.3126냥

*[마지막 부분에 있지만 아무런 내용도 기록되어 있지 않은] 화충사(和衷社), 화광사(和光社), 화락사(和樂社) 이 3사는 앞으로 사람들을 불러 개간을 할 예정으로 따로 귀속시켰다.

한편 이때 작성된 이 지역 전체에 대한 지도는 그림 15와 같다.

또한 이 보고서에 첨부된 「길림의 혼춘·토문강 지역에서 회수한 월간민 토지에 대한 조사·측량 결과 작성한 지도와 설명서[勘繪吉林琿春土們江收回越墾地輿總圖說]」는 다음과 같이 이 지역의 당시 상황에 대한 상세한 설명을 덧붙이고 있다.

> 두만강을 따라 위아래로 조선 측 연안에서는 6부 18현이 설치되어 있고, 길림 측 연안에는 처음부터 아무런 관문이나 울타리가 없고 얕은 물줄기는 치마를 걷어 올리고 건널 수 있어 뗏목이나 배도 필요하지 않은 만큼, [조선백성이] 몰래 넘어와 개간을 하고 씨를 뿌리게 된 것도 이곳의 형세가 그렇게 만든 것입니다. 지금은 이들이 월간을 한 토지를 모두 거두어들여 통틀어서 네 개의 큰 보(堡)를 세웠는데, 보는 또는 많고 적은 사(社)로 나눠지며, 이것은 지형을 참작하여 세운 것입니다. 이리하여 각 지역은 그 크기를 계산해 볼 수 있게 되었고, 토지는 귀속되는 바가 있게 되어 [중국과 조선이] 번거롭게 고집하면서 싸울 필요가 없게 되고, 국가의 영역도 저절로 정해지게 되었습니다. 진원보(鎭遠堡)는 흑정자(黑頂子)와 조선의 경흥부(慶興府)가 대치하는 곳인데, 동쪽으로는 러시아[俄夷]와 아주 가까워 가장 중요한 요지로, 정변전로(靖邊前

1/10로 파악된다.

84 원래는 3,408냥 1錢) 2分 9釐으로 되어 있는데, 여기서 兩 이하의 소수점 단위 錢·分·釐·豪는 모두 은의 무게 단위로 역시 같은 무게 단위인 1냥의 1/10(錢), 1/100(分), 1/1000(釐), 1/10,000(豪)에 해당된다. 이하에서는 편의상 냥 이하는 모두 소수점 이하로 표시한다.

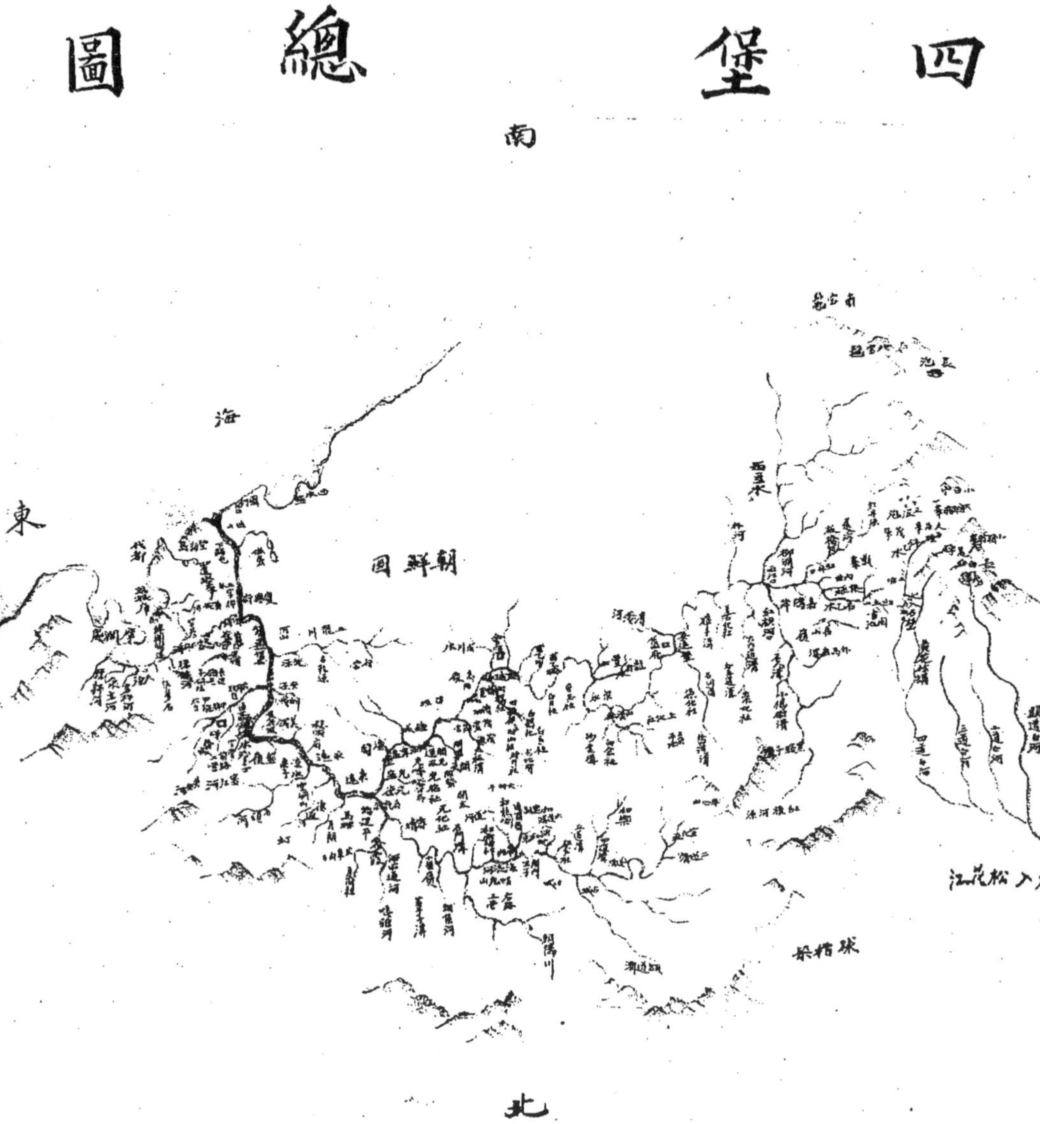

그림 15. 길림의 혼춘·토문강 지역에서 회수한 월간민 토지에 대한 조사·측량 결과를 담은 지도. 자료에 수록된 모든 사(社)에 대해 그 간략한 현황과 지형이 표시되어 있다.
출전: 「呈報吉林琿春收回墾地圖册」(光緒 17年 7月 以後), 經莉 編, 『國家圖書館藏 淸代孤本外交檔案 續編』(國家圖書館, 2005) 第18册, pp. 7841-7842. 또는 陳湛綺 編, 『淸末邊境界務檔案』 第3册(全國圖書館文獻縮微複製中心, 2008), pp. 994-995.

路) 우영(右營) 부대 1개 영이 주둔하고 있습니다. 여기 소속된 8사 가운데 신안·수성·귀화·경신 등의 사는 조선의 건원(乾源)·아산(阿山)·무이(撫夷) 등의 현과 대치하고 있으며, 경신사의 남쪽은 바로 러시아와의 경계에 세운 국경비인 토자비(土字碑)와 이어지며, 두만강 하구로부터 겨우 40리 정도 떨어져 있습니다. 영원보(寧遠堡)는 광제욕에 세워졌는데 소속은 15사로 나뉘며, 조선의 종성과 대치하는 곳인데, 통상분국을 설치하여 징세를 하고 있으며, 마병·보병 부대가 나누어 주둔하고 있고, 관설 나루터가 설치되어 있습니다. 그 가운데 신안·개화·개문·개운·제청·제하 등의 사는 조선의 방원(防垣)·동관(潼關) 등의 현과 대치하고 있으며, 월랑·월원 2사는 조선의 온성부 소속 유원(柔遠)·영원(永遠) 등의 현과 대치하고 있습니다. 서보강(西步江)에는 통상분국을 설치하여 징세를 하고 있으며, 나루터도 세웠는데, 조선의 경원부와 대치하고 있으며, 혼춘성과는 겨우 20리 정도 떨어져 있습니다. 수원보(綏遠堡)는 삼송배에 세워졌는데, 그 소속은 11사로 나뉘며 조선의 회령부와 대치하고 있습니다. 계사처(稽査處) 하나가 설치되고 마병·보병 부대가 주둔하고 있으며, 관설 나루터가 세워져 있습니다. 그 가운데 백옥·백일·백운·백학·무상 등의 사는 조선의 보을현(甫乙縣)·고령(高嶺)과 대치하고 있습니다. 안원보(安遠堡)는 장모득기(章母得基)에 세워졌는데 그 소속 8사는 조선의 무산부와 비스듬하게 대치하고 있으며, 임시 국소(行局)가 설치되고 주둔 부대가 배치되어 있는데, 땅이 우거진 산림과 가까워 인적이 드물고 기후도 비교적 추워서 파종 시기가 조금 늦습니다. 그 가운데 상화·백금 등의 사는 조선의 영흥(梁永)·풍산(豊山) 등과 대치하고 있습니다. 이것이 새로 세운 강 주변의 4보 42사가 조선의 부·현과 대치하고 있는 대강의 형세입니다.

… 또한 의숙(義塾) 82개소가 개설되어 있고, 여기에서 공부하는 학도는 628명인데, 이미 모두 머리모양을 치발로 바꾸고 옷도 [중국식으

> 로] 바꿔 입어 기꺼이 [중국의] 백성이 되고자 하는 모습입니다. 이것이 가구와 인구, 토지 면적과 소작료의 대강입니다. 토질의 경우 영원보 쪽이 가장 상등이라 샘물이 달고 토지가 비옥한데, 수원보가 그다음 갑니다. 진원보와 안원보는 또한 그다음입니다. 생각건대 한쪽은 모두 강줄기 주변에 자리 잡고 있어 양쪽 물이 범람하면 충돌의 우려가 있지만, 다른 한쪽은 백두산에 가까워 기후가 비교적 차가워 씨를 뿌려 거두는 농사일이 크게 번영하기를 기대하기는 어렵지만, 나머지는 모두 다른 점이 없습니다.[85]

길림당국의 적극적인 동화정책 추진에 따라 편성된 4보와 소속 사 및 관련지역의 군부대, 행정기구, 맞은편 조선 측 주현상황 및 토질에 대해서까지 상세한 주석을 달고 있는 이 설명서는 지금까지는 공개된 적이 없으므로, 당시 월간민의 거주 지역에 대한 가장 상세한 정보를 제공해 주는 1차 자료가 될 것이다. 특히 의숙(義塾) 82개소의 설치와 같은 사항에 대한 정보는 월간조선민의 안치가 단순한 행정적 편입 이상의 상당한 수준에 이르고 있음을 시사해 주는 것이라고 하겠다.

하지만 이 보고서는 어디까지나 조사·편성 작업을 완료한 직후의 보고서 초안에 가까운 것이다. 때문에 길림당국이 최종적으로 파악한 정보와는 상당한 차이가 있었다. 이 점은 이 작업이 일단락된 다음 길림장군이 청정부에 올린 최종보고서에서 드러나고 있다. 길림장군이 광서 15년(1888) 이후 혼춘·도문강 북안에서 조선유민이 월간한 토지

85 「呈報吉林琿春收回墾地圖冊」(光緒 17년 7월 이후), 經莉 編, 『國家圖書館藏 淸代孤本外交檔案 續編』(國家圖書館, 2005) 第18冊, pp. 7843-7848. 또는 陳湛綺 編, 『淸末邊境界務檔案』 第3冊(全國圖書館文獻縮微複製中心. 2008), pp. 996-1001.(『자료선역』 4 — 057 — pp. 1109-1111, pp. 1114-1116)

를 회수하기 위해 토지를 측량하고 개간민을 사·갑으로 편성하고 세율에 따라 세금을 부과하고 사무기구를 세운 상황을 최종적으로 보고한 것은 광서 20년(1894) 3월이었는데, 저간의 상황에 대해 이 보고서는 다음과 같이 설명하고 있다.

> 광서 16년(1889) 3월부터 시작하여 광서 17년(1890) 7월까지 두만강 일대 전체 및 흑정자 등지에서 개간된 토지는 이미 일률적으로 측량이 끝났고, 관인을 찍은 증명서[印照]를 발급해 주었습니다. 각 위원이 앞뒤로 함께 제작한 지도와 장부를 보고하여 검토를 받았고, 아울러 그 개간민 등이 광서 17년 성 전체에 통용되는 장정에 따라 매 상(晌)마다 대조(大租)나 소조(小租)로 은 1전(錢) 9분(分) 8리(厘)를 납부하게 되었음을 밝혔습니다. 그래서 대조는 성으로 올려 보내고, 소조는 남겨서 지출하는 비용으로 삼아 징수를 독촉하는 서역(書役)의 경비로 삼게 하였습니다. 또한 지도와 장부에 서로 어긋나거나 다른 내용도 적지 않아, 다시 바꾸도록 지시하였는데, … 지금 일을 맡은 각 관원이 지도와 장부를 수정하여 보내왔습니다.
>
> 신 등은 이에 대해 상세하게 검토하였는데, 회수한 월간토지에 대해서는 모두 네 군데의 대보(大堡)를 세우고, 보는 각기 사(社)로 나누게 하였는데, 진원보는 흑정자에 세워져 8사로 나눠졌고, 조선의 경흥부와 대치합니다. 동쪽으로는 러시아와 인접해 있어, 가장 요지가 됩니다. 영원보는 광제욕에 세워져 13사로 나눠졌는데, 조선의 종성부와 대치합니다. 수원보는 삼송배(杉松背)에 세워져 11사로 나눠졌으며, 조선의 회령부와 대치합니다. 안원보는 장모득기(章母得基)에 세워져 7사로 나눠졌으며, 조선의 무산부(茂山府)와 비스듬하게 마주 보고 있습니다.

모두 4보 39사로 개간민 4,308호를 거두어들여 남녀 인구는 총계 2만 899명인데, 전체를 124개 갑(甲)으로 편성하여 415패(牌)를 정했습니다. 측량의 결과 얻은 경작이 가능한 개간지는 1만 5,442상(晌) 7무(畝) 6분(分)이고, 매년 소작료(大租銀)로 은 2,779냥(兩) 남짓을 거두게 되었습니다. 이것이 새로 두만강 주변에 보·사를 세운 대강의 상황 및 회수하게 된 호구·토지·소작료의 내역입니다.[86]

이 최종 보고서에 따르면 1889년 3월부터 시작하여 1890년 7월까지 두만강 북부 일대 전체 및 혼춘의 흑정자 등지에서 개간된 토지에 대한 편호입적 정책이 추진되었는데, 지도와 장부가 작성되었지만 어긋나지만 틀린 내용도 많아 다시 수정작업이 이루어졌다. 그 결과 모두 4보 39사[←42사]로 개간민 4,308호[←4,689호]를 거두어들여 남녀 인구는 총계 2만 899명[←2만 746]명인데, 전체를 124갑[←131갑]으로 편성하여 415패[←414패]를 정하였다는 사실을 알 수 있다. 또한 측량의 결과 얻은 경작이 가능한 개간지는 1만 5,442상(晌) 7무(畝) 6분(分)이고[←1만 8,934상 5분], 매년 소작료[大租銀]로 은 2,779냥[←3,408.129냥] 남짓을 거두게 되었다. 이러한 수치는 앞서 인용한 초기의 보고서와는 약간 달라진 통계의 양상을 보여 준다.([← 다음의 숫자]는 이전 보고의 통계이다).

그리고 여기서는 그에 대한 구체적인 서술이 배제되어 있지만, 이러한 편갑승과 정책을 통해 조선월간민은 개간한 토지에 대해 토지증명서[地券]를 받아 토지소유권을 확보할 수 있었다.[87] 이렇게 새로 정리

86 「吉林將軍長順等奏」(光緖 20년 3월 19일), 『中日韓』 卷6, pp. 3295-3299. (『자료선역』 4 — 058 — pp. 1125-1135)

87 孫春日, 2009, p. 164에서는 매 상마다 황무지개간 보증금 2,100문, 매년 매 상마다의 소작료 660문을 내기만 하면 地券을 받아 토지소유권을 확보할 수 있었다고 서술하고 있는데, 이 방안은 光緖 7년 銘安·吳大澂에 의해 제안된 것

된 조선월간민에 대한 파악의 구체적인 내역은 정리하면 표 4와 같다.

표 4. 도문강 북안지역에서의 편갑승과(編甲升科) 시행의 성과(光緖 20년)

보	사	토지수령 개간민호	개간토지	납부할 소작료 총액
安遠堡	숭화사(崇化社) 덕화사(德化社) 상화사(上化社) 산계사(山溪社) 백금사(白金社) 백옥사(白玉社) 등 7사	742호	4,097상 4무 4분	은 737.5392냥
綏遠堡	백운사(白雲社) 백일사(白日社) 백학사(白鶴社) 대천사(對川社) 대산사(對山社) 대월사(對越社) 대양사(對揚社) 무공사(茂功社) 무상사(茂賞社) 무덕사(茂德社) 무관사(茂官社) 등 11사	836호	4,030상 1무 5분	은 725.4270냥
寧遠堡	개화사(開華社) 개문사(開文社) 개발사(開發社) 개운사(開運社) 개태사(開泰社) 광화사(光化社) 광덕사(光德社) 광소사(光昭社) 광봉사(光鳳社) 광종사(光宗社) 제청사(霽晴社) 제하사(霽霞社) 월랑사(月朗社) 등 13사	1,855호	5,100상 8무	은 918.1440냥
鎭遠堡	수성사(輸誠社) 귀화사(歸化社) 숭양사(崇讓社) 흥렴사(興廉社) 상의사(尙義社) 돈인사(敦仁社) 회은사(懷恩社) 경신사(敬信社) 등 8사	875호	2,214상 3무 7분	은 398.5866냥
總計	4보 39사 124갑	4,308호 (2만 899명)	15,442상 7무 6분	은 2,779.6968냥

출전: 「吉林將軍長順等奏」(光緖 20년 3월 19일), 『中日韓』 卷6, pp. 3295-3299.(『자료선역』 4 — 058 — pp. 1131-1132).

이고(「銘安·吳大澂奏[爲査明朝鮮貧民占吉林邊地, 擬懇天恩, 准其一體領照納租, 以廣皇仁而綏藩服, 恭摺仰祈聖鑒 事]」(光緖 7년 10월 4일), 『淸代中朝』, pp. 18-20; 『中朝交涉史料』, pp. 1069-1070; 『光緖朝東華錄』 光緖7年 10월 辛巳條, p. 1216을 참조), 이 시기에는 앞서의 인용문에 "성 전체에 통용되는 장정에 따라 매 상마다 大租·小租로 銀 1錢 9分 8厘를 납부"하게 되었다고 하므로 적용 세율과 액수가 달라졌을 가능성도 크다. 또한 토지증명서 발급을 위해서는 개간지를 길림·혼춘당국이 먼저 회수하고 편갑승과를 추진하는 과정에서 토지증명서를 지급하는 과정을 거쳤던 것으로 보이지만, 여기서는 그러한 구체적인 경과에 대해서는 전혀 서술이 없다.

그런데 이 보고서는 또한 이러한 동화정책의 대상이 된 조선개간민의 반응에 대해 다음과 같은 흥미 있는 정보를 제공해 주고 있다.

> 개간민에는 원래 두 부류가 있습니다. 그 하나는 월간한 경우로 가족이 모두 북쪽 연안에 있으며, 옮겨 와 산 지 오래되어 초가집과 무덤이 서로 마주볼 정도라 평소 귀부(歸附)의 의사가 충분하였습니다. 그래서 일단 치발령이 내려지자 즐겁게 따르지 않음이 없었고, 아울러 스스로 탄원서를 올려 매 상마다 은 2전씩을 내서 토지측량 경비에 보태 달라고 하기도 하였습니다. 다른 한 부류는 비록 월간을 하고 있지만 실로는 월우(越寓)여서, 그 가족이 모두 남쪽 연안에 있고 자신만 단신으로 강을 건너와 몰래 경작하는 사람으로, 아침에 왔다가 저녁에 돌아가든지 아니면 봄에 왔다가 가을에 돌아가든지 합니다. 그 절반은 조선관리나 병역이 토지를 개간하는 데 부리는 품팔이노동자여서 뒤에 믿는 것이 있기에 두려워하지 않고, 따라서 악착같이 저항하는 경우가 많습니다. 대략 월간한 사람이 절반이고, 월우한 사람이 절반 정도인데, 월우한 백성도 중국을 낙토(樂土)라고 생각하지 않는 것은 아니지만, 단지 가족이 조선에 있기 때문에 결국 이러저리 눈치를 보는 형편을 벗어나지 못하는 것입니다. 신등은 여전히 일을 맡은 각 관원들에게 지시하여 치발했는가의 여부를 가지고 떠나게 하느냐 아니면 머물게 하느냐를 결정하는 기준으로 삼고자 하는데, 현재 각 보에 있는 조선백성의 수를 대략 계산해보면 머무르는 사람은 열 가운데 일곱이고, 떠나는 사람은 열 가운데 셋 정도입니다. 이미 떠난 조선백성이 남겨 놓은 개간지는 무릇 초간(招墾)한 토지와 맞붙어 있는 경우에는 중국백성이 떠맡아 경작을 하게 함으로써 황무지가 되는 것을 막고, 그 호구는 초간사업에 포함시켜 통계를 작성할 것입니다. 다만 두만강 주변지역이 천 리에 걸쳐 있으므로, 새로 귀부한 백성들은 원래의 주접에서 돈화현과 혼춘에 나누어 귀

> 속시켜 해당 지방관이 관할을 맡게 하였지만 서로 떨어진 거리가 너무 멀어 실제 힘이 미치지 못할까 두렵습니다. 지난해 신 장순(長順)이 이홍장과 함께 통상국과 분국을 폐지하면서도 여전히 원사(員司)·서역(書役) 등을 적당하게 남겨 두어 전적으로 교섭사무를 처리하면서 아울러 개간민을 위무하게 하였던 것은 바로 이 때문입니다.[88] [밑줄 — 인용자]

여기서 길림당국은 개간민을 '월간(越墾)'과 '월우(越寓)'로 구분하면서 대략 각기 개간민의 절반씩을 차지하지만, '월간'의 경우 대부분 동화정책에 적극적으로 호응하였고, 그 결과 "머무르는 사람이 열 가운데 일곱"이라고 평가하고 있다. 그렇다면 '월우'의 경우도 그 절반쯤은 떠나지 않고 머무르는 쪽을 선택한 셈이 되는데, 열 가운데 셋 정도로 떠나는 쪽을 선택한 이 '월우'의 경우는 아마도 "조선관리나 병역이 토지를 개간하는 데 부리는 품팔이노동자여서 뒤에 믿는 것이 있기에 두려워하지 않고, 따라서 악착같이 저항하는 경우"에 해당된다고 보는 것이 타당할 것이다.[89]

앞서 조선관리나 서차·병역 등이 '지주'로서 월간민을 소작인으로 삼아 미곡을 거두어들이는 많았다는 것을 길림당국(秦煐)이 문제

88 「吉林將軍長順等奏」(光緖 20년 3월 19일), 『中日韓』 卷6, pp. 3296-3297; 『국역중일한』 2, pp. 374-383.(『자료선역』 4 — 058 — pp. 1129-1130)

89 앞에서도 다룬 바 있지만, 『各司謄錄』 42: 咸鏡道篇 1(국사편찬위원회, 1990. 국사편찬위원회 전자도서관 http://library.history.go.kr/)에 실린 「咸鏡道關草」 제2책, pp. 423-424의 「關按撫營」(高宗 26년[1890] 庚寅 8월 초4일)을 보면 薙髮의 강행 소식을 듣고 일가가 모두 撤還한 越墾民에 대한 慰撫와 洞諭의 지시가 내려지고 있다는 점을 알 수 있다. 이후 1893년 5월 19일 按撫營에서 統理交涉通商事務衙門에 올린 보고에 따르면 귀환한 월간민은 모두 합해 이때까지 626호, 남녀 2,413명이었다(「咸鏡道關草」 제4책, 「按撫營報」(高宗 31년[1894] 5월 19일, p. 451).

삶은 사건에 대해 서술한 바 있지만, 만약 길림장군의 위와 같은 분석이 비교적 정확한 것이라고 받아들인다면,[90] 이러한 적극적인 동화정책의 실행에 의해 가장 큰 타격을 받은 것은 아마 이러한 집단이었을 것이다. 생존의 자원을 찾아 월경·월간을 감행한 조선 농민들로서는 여하튼 편갑승과, 나아가서는 치발입적(薙髮入籍)을 받아들이기는 하였지만 일단 토지를 지급받고 안정된 삶을 누릴 수 있는 기회를 확보할 수 있었다. 반면에 그들에 대한 실질적인 통제를 통해 미곡이나 세금·잡세와 잡역의 징수를 시행해 왔던 함경북도 지방당국이나 그와 관련된 '지주'들로서는 더 이상 이러한 세입을 효과적으로 확보할 수 없게 되었을 것이다. 그런 만큼 그들은 일정한 수의 주민·소작인과 더불어 그들로부터 얻을 수 있는 세입을 잃는 상당한 '손실'을 감당해야만 하였다. 월간민과 우접빈민[越寓]이 뒤섞인 이 복잡한 상황은 동화정책의 추진에 대해 서로 상반되는 반응을 이끌어 내었던 것이다.

따라서 일단 이 단계에서 길림당국은 동화정책의 추진을 통해 2만 명이 넘는 조선월간민을 확실한 통제 아래 편입시키고 그에 따른 대조·소조 수입을 거두어 실질적인 지방질서의 장악에 한 걸음 더 다가설 수 있었다.[91] 뿐만 아니라 나아가 이것은 조선 지방당국의 이들에 대한 통제와 '수탈'을 차단하는 것이기도 하였다. 제1·2차 공동감계·국경회담을 거치면서 비록 무산되기는 하였지만, 길림당국은 처음부터 모색해 오던 조선월간민에 대한 동화정책을 이때 적극적으로 수행

90 孫春日, 2009, p. 164에서는 일찍 이주한 사람들이나 보다 북쪽 지역의 이주민들은 비교적 薙髮易服에 순응하였지만, 두만강 북쪽 연안과 龍井 부근의 개간민은 상대적으로 순응하는 경우가 비교적 적었다고 하여 이주지역이나 시기에 따른 대응양상의 차이가 있었다는 점도 지적하고 있다.

91 이러한 편갑승과 정책에 대한 청조의 승인과 王昌熾 등 관련 인원에 대한 표창 등에 관련된 자료는 『국역중일한』 2, pp. 318-373에 상세하게 실려 있다.

할 기회를 확보함으로써, 비록 조선월간민의 이주(즉 以韓實邊)를 통해서 이기는 하지만 '이민실변' 정책이 실질적인 결과를 확보하는 단계로 진입할 수 있었던 것이다.[92] 반면 함경도 지방당국이나 거기에 연을 맺고

92 이상의 서술에 따르면 두만강 북쪽으로 조선족이 이주하는 과정과 정책에서 1890년대 초반의 시기는 하나의 중요한 획기가 된다고 할 것이다. 하지만 특히 중국에서 출간된 이 주제와 관련된 수많은 연구나 자료에서는 1885년 중국 측(길림장군)에서 琿春과 和龍峪에 越墾局을 설치하고 두만강 북쪽의 길이 약 700리, 넓이 40-50리에 걸친 지역을 朝鮮人(韓民)을 위한 '專墾區'로 劃出·設定하여 조선 월간유민의 거주를 허용하였다고 기술하고 있다. 이를테면 田志和 等 編著, 『吉林建置沿革概述』(吉林人民出版社, 1990), p. 92; 李鴻文 等 編, 『東北大事記』 上卷(吉林文史出版社, 1987), p. 203; 孫春日, 2009, p. 157, p. 204 등등 무수한 사례를 들 수 있어 중국에서는 이미 공식화된 입장으로 굳어지고 있는 느낌이 든다. 하지만 어느 경우에도 관련된 檔案이나 公文 등의 정식 근거를 제시하고 있지 않는 점 또한 공통적 특징이기도 하다. 그리고 심지어는 이것을 李鴻章의 은혜를 베풀어 준 것이라고 보는 시각도 있는 것처럼 보인다. 하지만 사료적 근거의 부재라는 점 외에도 이러한 조선인을 위한 '專墾區'라는 설정은 상당히 무리가 있어 받아들이기 힘든 측면이 있다. '越墾局'이라는 기구의 이름도 사실 다른 자료에서는 찾아보기 어려울 뿐만 아니라 길림당국에서 그런 용어를 붙인 기구를 만든다는 것 자체가 일종의 넌센스이다. 무엇보다도 北洋大臣 李鴻章은 지금까지 우리가 서술해 본 바를 보면 느낄 수 있듯이 총리아문이나 길림장군의 요청에 대해 자문·찬성 등의 중요한 역할을 한 것은 사실이지만, 그가 이 지역에 대해 이러한 식으로 독자적인 全權을 행사할 수 있는 입장에 있지도 않았다는 점이 분명하다(「중국·조선수륙무역장정」의 議定 이후 봉천·길림에서의 무역장정 실행은 그의 협조가 필요하였으므로 그의 권한이 일부 미친 것은 사실이다). 따라서 이러한 식으로 조선인을 위한 '專墾區'를 획정하는 대단한 '특권'을 부여하는 양보가 가능한 것은 吉林將軍이나 光緒帝 정도가 아니면 안 되는데, 이런 명의로 발표된 지시나 상유가 있다면 지금까지 발견되지 않았을 리 없다. 필자 역시 제1·2차 공동감계와 국경회담을 위해 상당한 자료를 뒤져 보았지만 이러한 越墾局이나 專墾區에 대한 공식 자료는 전혀 찾아볼 수 없었다(1881년 9월 오대징은 예전부터 私墾이 금지되었던 두만강 동북안 일대 황무지에 대해 옛 장정을 변통하고 민간인을 끌어들여 開墾·播種하겠다고 주청하여 허락을 받은 바 있지만, 아울러 청의 禮部는 바로 조선국왕에게 자문을 보내 "이번 개간은 관부에서 경영하는 것으

로, 변경의 소속 지방관에게 명하여 조금이라도 의심이나 염려할 필요가 없다."라고 알렸으므로, 이 조치는 조선민의 월간·이주를 승인하는 것으로 보기는 어렵다). 더구나 1885년 전반기라면 제1차 공동감계가 이루어지기 직전에는 길림당국이 이 문제를 질질 끄는 조선 측을 압박하기 위해 군부대를 동원해서 무력으로 월간민을 쫓아내려 시도하였던 시기이고, 그다음 후반기는 제1차 공동감계·국경회담이 이루어졌고 아무런 합의도 보지 못하고 결렬되어 가던 시기이므로 길림 측이 이러한 조치를 취하였을 가능성도 거의 없다. 그런데 이런 식으로 두만강 북쪽에 조선인을 위한 '專墾區'가 설정되었다고 가장 먼저 언급한 것은 바로 20년 후에 이른바 '間島問題'를 둘러싼 국경분쟁에 뛰어든 吳祿貞이었다. 그는 『延吉邊務報告』(吉林文史出版社, 1986)의 제4장 「조선백성 월간의 경과(韓民越墾之始末)」 결론 부분(p. 65)에서 "광서 11년 월간국을 설치해 도문강 북쪽의 길이 약 700리, 넓이 약 40-50리의 지역을 갈라 한민을 수용하는 땅으로 삼았는데, 한민에게 부여한 권리는 중국인보다 훨씬 유리하여 큰 나라가 작은 나라를 아낀다는 헛된 이름을 얻었다."라고 주장하였던 것이다. 이것은 이후 '專墾區'를 언급하는 모든 자료·연구의 근거가 되고 있는 것으로 보이지만, 지금까지 서술한 것처럼 '근거'를 확인할 수 없는 이야기라 하지 않을 수 없다. 하지만 이러한 '傳聞'이 생겨난 것은 반드시 그 나름의 근거가 있을 것으로 생각되는데, 이것은 아마도 通商局의 설립과 관련되었을 것으로 보인다. 이해 琿春城과 和龍峪에 通商局(그리고 光霽峪과 西步江에 通商分局)이 설립되어 길림·조선 사이의 通商事務를 전담하게 되었지만, 이것은 조선과 러시아 사이의 陸路通商條約에 대응하기 위한 조치로 앞당겨 설치된 것으로 이해 11월 20일부터의 '開市'를 시작으로 업무를 개시하였다. 앞서도 설명하였듯이 역시 商務不振에 따른 稅收不足으로 누차 인원과 경비감축을 위한 개편을 시도하다가 결국 광서 19년(1893) 4월 撫墾局으로 개편되면서 조선월간민에 대한 사무를 전담하게 된 사정도 있었다(權錫奉, 2007을 참조). 이러한 개편을 맞이하기 이전 通商局은 다른 행정기구가 없는 이 지역에서 사실상 조선월간민 사무를 전담하는 유일한 행정기구였기 때문에(또는 孫春日, 2009, p. 157과 같은 경우는 琿春에 越墾總局, 和龍峪·光霽峪·西步江의 通商分局에 越墾分局이 설립되었다고 이야기하고 있다) 通商局의 撫墾局으로의 改編(또는 병합?)이 이러한 추측을 낳은 것이 아닐까 생각해 볼 수도 있다. 더구나 이홍장 자신도 "和龍峪 일대에 局卡을 分設한 것은 본래는 韓民을 통제하기 위한 것이지 결코 세금을 많이 거두어들이기 위한 것은 아니다[本欲羈縻韓民, 非爲多收稅項]"고 언급한 바 있었으므로(李鴻章, 「和龍峪登地局卡商務經費片」(光緒 14년 9월 14일), 『李鴻章全集』 卷12 「奏議」 12, p. 473; 吳祿貞, 『延吉邊務報告』(吉林文史出版社, 1986) 第2章, p. 31), 通商局(+撫墾局)의 설치에 의한 조선월간민 통제를 李鴻章이 주도한 것이 아

있던 '지주'들로서는 기왕의 '식민지 경영'을 통해 얻을 수 있었던 수입에 커다란 결손이 생길 수밖에 없었고, 나아가 종래부터 강북(江北) 지역에 절대적으로 의존해 왔던 함경북도 지역의 경제 역시 크게 손상을 받을 수밖에 없었다. 따라서 이러한 심각한 문제가 새로 생겨난 만큼, 길림당국의 동화정책 추진만으로 '변계'의 사태가 진정될 수는 없는 국면이 되었지만, 이런 문제는 여기서 다루는 범위를 일단 벗어나게 된다.

그러나 길림당국의 '성공' 또는 승리로 평가될 수 있는 이러한 동화정책의 추진에 대해 이로부터 약 20년 후에 '연길(延吉)'문제를 깊이 조사한 오록정(吳祿貞)은 이와는 전혀 다른 평가를 내렸다. 그는 다음과 같이 말하고 있다.

> 연길청 한민(韓民)의 월간은 고용 노복에서 소작으로, 소작에서 지주권을 얻는 것으로 발전하였다. 그 월간 구역은 무산의 맞은편 연안에서 도문강 북쪽 연안으로 확장되었고, 나아가 연길청 전역으로 다시 확산되었다. 오늘에 이르러서는 시끄러운 손님이 주인 자리를 차지하는

마 傳聞의 誤解나 訛傳으로 연결되었을 가능성이 크다. 또한 이 문제에 대한 대표적인 전문가인 金春善과 같은 경우는 1887년의 정해감계 이후 두만강 북안지역이 청국 영토로 인정되자 이 지역에 '한인월간구역(專墾區)'을 설치하여 한인이주민을 관리하고자 하였으며, 4보 39사 설치 이후 通商局을 撫墾局으로 개칭하여 길·조 교섭과 朝鮮越墾民을 관리하는 행정기구로 전환시켰으며, 漢人과 朝鮮人의 거주지역을 획분·분리하여 招墾局에서 설치한 23개 墾荒社 지역을 招墾區域으로, 撫墾局 산하 39개 사 지역을 越墾地域으로 획분하여 漢人·조선인 구역의 상호침범이나 확산을 제한하려 하였다고 서술하고 있다(金春善, 2009, pp. 185-186를 참조). 이런 서술을 보면 朝鮮人'專墾區'라는 명칭은 없었지만, 실질적으로는 그러한 '내용'을 갖춘 무언가가 있었던 것은 분명한 것 같은데, 여전히 근거가 되는 '사료'는 구체적으로 제시되지 않고 있지 않다.

형세가 되어 버렸다. 그 유래를 추정해 보면 중국이 한민을 회유한 정책이 이러한 잘못을 이끈 것이라고 하지 않을 수 없다.

광서 초년 한민이 금지령을 무릅쓰고 개간을 할 때 이미 색출해 놓고서도 과거의 금지령을 명확하게 밝힘으로써 그 후환을 방지하지 못한 것이 그 첫 번째 잘못이다. 광서 8년 한황(韓皇)이 유민을 보내 달라고 간청했을 때 바로 월간 농민 모두를 돌려보냈어야 하는데, 그들에게 피해를 주지 않으려는 자비심을 품어 생업을 잃고 의지할 곳이 없음을 몹시 가련하게 여겨 임시방편으로 받아들임으로써 그 형세가 날로 만연하게 한 것이 그 두 번째 잘못이다.

광서 11년 월간국을 설치해 도문강 북쪽의 길이 약 700리, 넓이 약 40-50리의 지역을 갈라 한민을 수용하는 땅으로 삼았는데, 한민에게 부여한 권리는 중국인보다 훨씬 유리하여 큰 나라가 작은 나라를 아낀다는 헛된 이름을 얻기는 하였으나 도둑을 집안에 끌어들이는 실제의 화근이 되었다는 점을 잊은 것이 그 세 번째 잘못이다.

광서 16년 토지를 측량하고 보갑에 편입시켜 조세를 부과하였는데, 원래는 반드시 머리를 변발로 바꾸고 복식을 바꾼 자만이 토지를 받아 중국 백성으로 편입될 수 있었다(定例에 의하면 토지를 받은 한민에게는 모두 증명서 한 장이 발급되었다. 광서 16년 장순 장군이 증명서를 발급하였는데 그 내용은 다음과 같다. "한민 가운데 떠나기를 원하는 사람은 그 뜻대로 하게 하고, 남기를 원하는 사람은 변발을 하고 복식을 바꾸어서 중국인과 마찬가지로 호적에 백성으로 편입하며, 개간한 땅은 매년 조세를 내야 한다." 이 제도는 처음에는 그래도 지켜졌으나 나중에는 점차 느슨해졌다). 당시 한민은 모두 중국백성이 되어 그 은혜를 입으면서 생업에 종사하고 편안히 거주할 수 있었으니 당연히 중국 법률을 지키고 옛 풍속을 버려야 했다. 그러나 변발을 하고 복식을 바꾸라는 명령을 지방관들이 제대로 실행에 옮기지 못해(현재 오로지 한민의 鄕約 · 牌頭 등 윗사람들만 여전히 이 제도를 따르고 있다) 결국

> 여기 거주하는 한민의 풍속 · 복식이 중국식으로 바뀌지 않은 것이 그 네 번째 잘못이다.
>
> 이상과 같은 몇 가지 원인으로 오늘날 연길 경내의 한민은 5만여 호에 이르는데, 중국인은 도리어 그 1/4에도 미치지 못한다. 수백 년 동안 청조의 근본 중지였던 땅이 조선의 식민지처럼 바뀌어 버린 것이다. 조그만 시냇물이 계속 흐르면 큰 강이 된다는 것, 싹의 잎을 자르지 않으면 장차 도끼질을 해야 한다는 속담이 바로 이를 두고 하는 말이다. 처음에는 중국의 영토가 넓고 경내에 거주하는 아시아 인종만 해도 무려 수십 종류나 되니 모두 끌어안아 받아들인 것이니, 어찌 수백 년 동안 돌봐 왔던 한민을 차별하겠는가? 그러나 오늘에 이르러 한민이 길러 준 은혜를 생각하지 않고 도리어 반대로 깨물려는 잘못을 범하게 될 것을 예상하지는 못했던 것이다.[93]

오록정은 여기서 1907년 무렵 '연길' 경내의 조선인[韓民]은 5만여 호에 이르는데,[94] 중국인은 도리어 그 1/4에도 미치지 못하게 되어 시끄러운 손님이 주인 자리를 차지하는 형세가 되었고 결국 "수백 년 동안 청조의 근본중지였던 땅이 조선의 식민지처럼 바뀌어 버린 것"은 "조선인을 회유한 정책이 이러한 잘못을 이끈 것"이라는 결론을 내리고 있다. 오록정은 조선월간민을 회유하고 동화시키면서 아울러 특

93 吳祿貞, 1986의 第4章 「韓民越墾之始末」, pp. 65-66.

94 참고로 1902년 단계에서 間島에 파견된 이범윤이 호적부 52권을 편성하여 內府로 보고하였는데, 그때 파악된 가구 수는 2만 7,400가구에 남녀 10만여 명이었다. 은정태, 「대한제국기 '간도문제'의 추이와 '식민화'」, 『역사문제연구』 17, 2007, p. 111; 이흥권, 「청의 간도정책과 이범윤의 이주민 관리 연구」, 『인문과학연구』 48, 2016, p. 241. 그렇다면 이 이후에도 여전히 급속한 조선인 가구의 유출과 두만강 북부 유역으로의 유입에 따른 인구 증가가 있었다고 할 수 있는 셈이다.

혜를 주었던 점과 치발역복(薙髮易服)의 성과가 부진하여 동화정책의 실효성이 떨어진다는 점, 두 가지를 집중적으로 비판하고 있다. 그는 '편갑승과'를 통해 조선월간민에 대한 조선지방관들의 '식민지'적 경영을 차단하고 그들을 중국인으로 동화시키려 한 정책의 성과를 평가하기보다는, 그러한 성과 때문에 조선인의 월경·이주가 더욱 촉발되어 "시끄러운 손님이 주인 자리를 차지하는 형세"가 되고, 그 결과 '간도문제(間島問題)'가 불거지게 된 것에 대한 불만을 토로하고 있는 것이다.

오록정이 당시 파악한 인구별 분포 상황은 표 5에 정리되어 있다.

표 5. 화룡욕(和龍峪)의 중국인·조선인의 호구·토지표 (토지면적 단위: 상)

월간보사 (越墾堡社)	중국인 가구수	한인 가구수	토지 면적	월간보사 (越墾堡社)	중국인 가구수	한인 가구수	토지 면적
영원보(寧遠堡)				대산사(對山社)	0	63	181.76
개태사(開太社)	4	339	1,319.03	백학사(白鶴社)	0	67	381.69
개발사(開發社)	0	56	164.63	백운사(白雲社)	0	75	294.27
개화사(開華社)	0	71	240.63	백일사(白日社)	0	51	232.62
개문사(開文社)	0	204	958.97	백옥사(白玉社)	0	145	613.93
개운사(開運社)	2	216	75.68	안원보(安遠堡)			
광풍사(光風社)	5	114	257.27	백금사(白金社)	5	97	351.38
광화사(光化社)	0	149	502.53	산계사(山溪社)	27	48	855.65
광소사(光昭社)	6	226	705.64	상화사(上化社)	11	47	61.97
광종사(光宗社)	21	230	1,013.86	덕화사(德化社)	4	422	1,490.26
광덕사(光德社)	5	255	981.66	선화사(善化社)	25	54	859.39
제청사(霽晴社)	6	166	959.89	숭화사(崇化社)	54		1,329.01
제하사(霽霞社)	0	152	1,184.35	진원사(鎭遠社)			
월랑사(月朗社)	0	76	409.45	회은사(懷恩社)	57	95	1,083.27
수원보(綏遠堡)				돈인사(敦仁社)	5	104	32.33
무관사(茂官社)	0	148	491.56	숭양사(崇讓社)	0	91	245.09
무덕사(務德社)	0	210	571.39	흥렴사(興廉社)	0	119	426.32
무상사(茂賞社)	0	147	319.58	상의사(尙義社)	0	195	656.25
무공사(茂功社)	3	126	345.82	경신사(敬信社)	19	201	720.23
대양사(對陽社)	3	329	1,088.95	수성사(輸誠社)	0	154	290.24
대월사(對越社)	2	346	1,248.19	귀화사(歸化社)	0	301	771.75
대천사(對川社)	0	101	255.48				

*이상 4개보의 중국인은 총 264세대, 조선인은 총 5,990세대이며 농지는 총 2만 5,501상 5무 2분이다.

출전: 吳祿貞, 『延吉邊務報告』(吉林文史出版社, 1986)의 第4章 「韓民越墾之始末」, pp. 66-68.

이 표에 따르면 앞서의 1894년의 통계와 비교하면 혼춘을 제외하고 화룡욕에서만 통계를 잡았어도 조선인 인구는 4,308가구 2만 899명에서 약 1,600가구가 늘어난 5,990가구가 되었고, 토지는 1만 5,442상에서 2만 5,501상으로 늘어났으므로 실제로 조선인 인구와 개간 토지는 상당한 증가 속도를 보여 주고 있다고 할 것이다. 이 점은 길림당국의 편갑승과 정책 추진 이후에도 조선인의 '월간'이 여전히 끊이지 않고 있었다는 증거로 볼 수도 있다. 동시에 조선인 5,990세대와 비교하면 중국인은 겨우 264세대로 5% 수준에도 미치지 않았으므로 오록정이 '조선의 식민지'나 마찬가지가 되었다고 분개한 것도 전혀 근거가 없는 일은 아니었다고 할 것이다. 하지만 오록정은 동시에 다음과 같이 지적하기도 하였다.

> 이 시기에 한민이 월간한 땅은 오늘날 화룡욕경력(和龍峪經歷)이 관할하는 지역에 지나지 않았고, 농민을 불러 모아 개간[招墾]한 땅(즉 연길청 관할 지역)은 없었다. 월간 한민이 늘어나자 황무지를 불하받은 중국인들은 대부분 개간하고 경작할 능력이 없어 모두 한민을 소작농으로 고용하였으며, 아예 황무지를 한민에게 팔아 이익을 도모하는 사람도 있었다. 이 때문에 해란하(海蘭河)·포이합통하(布爾哈通河)·알아하(嘎牙河)의 유역에 한민의 종적이 퍼져 나가 거의 연길 경내 전체에 미치게 되었다.[95]

오록정의 설명은 농업에 진력하는 조선월간민이 '중국인'들보다 개간과 경작에 훨씬 더 능력을 발휘하였다는 점을 인정한 것인데, 당

95 吳祿貞, 1986의 第4章「韓民越墾之始末」, p. 64.

시 이러한 평가가 그리 일반적이었다는 것은 이를테면 『동삼성정략(東三省政略)』「변무(邊務) 혼춘편(琿春篇)」의 「기간무(紀墾務)」에서 다음과 같이 서술하고 있는 것을 보면 알 수 있다.

광서 7년 길림성에서는 금산(禁山)·위장(圍場) 제도가 폐지되자, 혼춘성(琿春城)과 남강(南岡)·동구(東溝)·흑정자(黑頂子) 등지에 모두 개간국을 설치하였다. 혼춘에서는 춘화(春和)·춘방(春芳)·춘화(春華)·춘명(春明)·춘융(春融)·춘양(春陽) 사(社)를 설치하고 숙지(熟地) 5,620상 남짓을 개간하였다. 남강에는 지인(志仁)·상의(尙義)·숭례(崇禮)·용지(勇智)·수신(守信)·명신(明信) 사를 설치하여 숙지(熟地) 1만 8,939상 남짓을 개간하였다. 동구(吳道溝)에서는 춘인(春仁)·춘의(春義)·춘례(春禮)·춘지(春智)·춘신(春信) 사를 설치하여 숙지 3,073(원문은 2,027이나 이보다 앞서 출간된 『吉林通志』의 기록에 따랐다 — 인용자)상 남짓을 개간하여 모두 주보(奏報)한 적이 있었다. 이것이 혼춘에서 개간사무를 처리하게 된 시초이다.

광서 20년에는 다시 조선 유민의 월간개간지를 회수하고 아울러 개간민에게 사를 세우고 보갑을 편성하게 하면서, 세칙에 따라 세금을 내게 하였고 무간국(撫墾局)을 세워 이를 관리하였는데, 그 결과 숙지 1만 5,400여 상을 측량할 수 있었고, 매년 대조은(大租銀) 2,779냥을 거둘 수 있었다. 이 이후 황무지 개간이 점차 경영의 성과를 올리기 시작하였다. <u>하지만 혼춘 백성들은 평소 놀면서 빈둥거리는 것[游惰]을 탐하여 토지를 가진 집이 스스로 경작하지 않고 대부분 조선백성에게 소작을 주어 앉아서 이익을 누리는 경우가 많았으며, 그렇지 않으면 그 토지가 황폐해지도록 놔두어 개간지가 다시 황무지로 바뀌는 일도 있었다. 비록 땅은 넓고 사람은 드물어 모두 다 돌볼 수 없기 때문이라고는 하지만 생업에 제대로 종사하지 않음은 여기서 그 윤곽을 엿볼 수 있</u>

다.[96] [밑줄 — 인용자]

여기서 이 지역의 황무지 개간이 성과를 올린 것은 조선월간민의 역할이 상당히 컸다는 점을 다시 확인할 수 있지만, 인용한 부분에서 마지막의 구절을 빼면 그것은 길림장군이 장순이 편갑승과의 성적을 보고한 다음 바로 편찬한 『길림통지(吉林通志)』의 내용을 거의 그대로 따온 것이다.[97] 『동삼성정략(東三省政略)』은 그 서문에 의하면 선통(宣統) 3년(1911)에 작성된 것인데, 아미 이 10여 년 사이에 덧붙여진 '경험'이 이러한 혼춘백성에 대한 '평가'를 덧붙이게 한 원인은 아니었을

96 徐世昌 編, 『東三省政略』(中國邊疆叢書 第一輯. 文海出版社, 1965) 「邊務 琿春篇」의 「紀墾務」 13a(p. 853). 吳祿貞, 『延吉邊務報告』의 第2章 「延吉廳建設之沿革」, p. 29에도 이 통계가 인용되어 있다. 한편 이보다 앞서 편찬된 長順 修·李桂林 纂, 『吉林通志』(吉林師範學院古籍硏究所 整理. 吉林文史出版社, 1986) 卷29 「食貨志 二 田賦 上」, 26b-27b(pp. 520-521)에 의하면 이 무렵 琿春에서는 光緖 6년(1880) 銘安 등의 주청으로 황무지 5,854상이 개방되었으며, 光緖 12년(1886)에는 敦化縣의 哈爾巴嶺 以東南岡等處 개간·미개간 황무지 1만 7,998상 남짓을 劃撥하였는데, 그 가운데 바로 그해 세금부과[升科]를 시작한 개간지는 3,941상이었고, 나머지는 10년 후에 일률적으로 승과하기로 결정되었다. 그리고 光緖 17년(1891)에는 琿春의 黑頂子 屯兵墾地 144상이 추가되었다. 그 결과 光緖 19년(1893)에는 측량이 이미 완료되고 황무지 개간금[荒價]을 납부한 개간지[熟地]가 2만 7,740상으로 보고되었다(大租銀 4993兩餘 및 小租銀 499兩餘를 징수). 더불어 황무지 개간금을 내지 않았으나 이미 개간이 완료된 개간지는 1,502상, 황무지 개간금을 냈으나 개간이 완료되지 않은 개간지 1만 355상, 황무지 개간금을 내지도 않고 개간이 완료되지도 않은 개간지 3,304상이 존재한다는 것도 보고되었다. 1893년의 경우 개간이 완료된 토지가 2만 7740상이었는데, 만약 여기에 조선월간민의 개간지(1만 5,442상)가 포함되어 있었다면 거의 2/3를 차지하는 셈이므로, 이 역시 조선월간민의 황무지 개간에서의 기여도를 보여 주는 사례라 할 수 있을 것이다.

97 長順 修·李桂林 纂, 『吉林通志』(吉林師範學院古籍硏究所 整理. 吉林文史出版社, 1986) 卷31 上 「食貨志 四 屯墾」 8a-8b(p. 535).

까?

그리고 오록정이 이렇게 '치발역복'의 동화정책이 실효성을 갖지 못했다고 비판한 것에서도 알 수 있듯이, 편갑승과 정책이 표면상 비교적 성공적인 추진의 성과를 거두기는 하였지만, 그렇다고 해서 두만강 북쪽 연안에 대한 행정적 장악이 확고해진 것은 아니었다는 점 또한 기억할 필요가 있을 것이다. 주지하듯이 조선백성의 이 지역에 대한 진출은 이 무렵은 단지 시작 단계를 거친 것에 지나지 않았기 때문이다. 그리고 이후 청일전쟁이나 의화단 사건 등 국제적인 격변을 거치면서 만주지역은 그 격변의 소용돌이에 휩쓸려 가게 되었다. 길림지역의 정세 역시 마찬가지여서 이에 따라 조선백성의 월경·이주나 그에 따른 토지소유권, 호적 내지는 국적의 문제 등은 이후에도 여전히 길림당국이 마주쳐야 할 수많은 과제를 낳게 되었다. 청일전쟁에서의 패배에 따른 청의 국제적 위상 추락, 의화단사건을 틈탄 러시아의 만주 점령, 나아가 한국 지배를 노린 일본의 개입으로 '간도문제(間島問題)'가 불거지면서 이를 둘러싼 국경·영토문제는 이제 단순하게 청과 조선 양국 간의 문제가 아닌 훨씬 복잡한 국제적 문제로 비화되기도 한다.[98] 일반적으로 이 시기 조선백성의 월경이 일반적으로 '간도이주(間島移住)'의 전사(前史)나 초기단계로 이해되는 것도 바로 이러한

98 이에 대해서는 여기서 다룰 수 없어 그 상세한 내용은 문헌목록으로 넘기지만, 가장 최근의 대표적인 연구는 동북아역사재단 편, 『근대 변경의 형성과 변경민의 삶』(동북아역사재단, 2009)을 참조할 수 있다. 또한 문헌목록에 나와 있는 全海宗·姜龍範·金春善·孫春日·李花子·은정태·고승희·秋月望·이명종 등에 의한 일련의 연구를 참조. 또한 앙드레 슈미드(정여울 옮김), 『제국 그 사이의 한국 1895-1919』(휴머니스트, 2007)의 6장 「반도의 경계들」(pp. 464-494)에서도 백두산 경계문제와 1895년 이후의 '간도'담론을 다루고 있지만, 백두산 경계문제에 대해서는 오류와 오해로 점철된 과거의 연구를 그대로 답습·반복하고 있는 점이 상당히 아쉽다고 하겠다.

사정 때문이다.[99]

또한 지방주민과 지방질서의 장악을 위한 길림당국의 행정적 역량이나 노력 역시 이 단계에서는 여전히 매우 '부족'한 상태였다는 점도 다시 주목할 필요가 있다. 이 점은 길림장군이 앞서 인용한 보고서의 말미에서 초간국 등의 "사무기구[局]를 세워 개간민을 위무하는 일 역시 잠시뿐이지 항상적인 업무는 될 수 없으므로, 장래 적절한 지역에 관리를 두어 나누어 다스리는 문제는 다시 신 장순이 상황을 살펴 수시로 상주하여 지시를 받은 다음 처리하겠다."라고 알린 데서도 잘 드러나고 있다.[100] 혼춘과 가까운 연길강(延吉崗)에 청치(廳治)를 설치

99 지금까지 누차 인용해 온 孫春日의 『中國朝鮮族移民史』에서도 이 시기는 총 4편 가운데 제1편을 차지하고 있을 뿐이라는 점이 단적인 예가 된다. 여기서 자세히 다룰 여지는 없지만, 은정태, 「대한제국기 '간도문제'의 추이와 '식민화'」, 『역사문제연구』 17, 2007는 大韓帝國期의 시점에서 '간도문제'가 어떠한 의미를 가지고 있었는가를 추적하고 있다. 특히 제1·2차 공동감계·국경회담 이후 '토문-두만양강론'이 완전히 부정되었음을 알면서도, 청·일전쟁 이후 나타난 반청·멸시 의식의 보급이나 의화단 사건을 틈탄 러시아의 만주 점령 등 국제정세의 변화에 따라 다시 적극적인 간도정책으로 전환한 대한제국 정부의 대응방식을 은정태는 '皇化'를 선포한 '식민지'로서의 간도를 영토화하려 한 '식민화'의 관점에서 분석하고 있다. 이때 근거가 되는 것은 이미 제1차 공동감계에서 폐기된 '토문강=송화강=국경론'이었는데, 이러한 관찰은 '간도문제'의 역사적 변화상을 이해하는 데 좋은 참고가 된다고 할 것이다. 또한 백동현, 「한말 민족의식과 영토관: 『皇城新聞』과 『大韓每日申報』의 論說에 나타난 領土觀을 중심으로」, 『한국사연구』 129, 2005 역시 20세기 초 러일전쟁을 전후한 시기의 조선에서의 領土觀의 변화를 추적하고 있다.

100 앞서도 서술한 바 있지만 長順修·李桂林 纂, 『吉林通志』(吉林師範學院古籍硏究所 整理. 吉林文史出版社, 1986) 卷53 「武備志 四 兵制 四 靖邊軍」, 7a-9a(pp. 859-860)에 의하면 이 무렵 琿春城에는 보병[步勇] 5營 총 2,000명이 南岡에는 보병부대 1營 400명과 기마부대 1營 200명 등 총 2,600명이 주둔하고 있었다. 길이 700리에 넓이 40-50리가 넘는 조선인 '專墾區'를 장기에 걸쳐 효과적으로 장악하기에는 결코 충분한 병력은 아니었다고 할 것

하여 무민동지(撫民同知) 1명을 임명하고, 화룡욕에는 분방경력(分防經歷) 1명을 두어 연길청의 관할을 받게 하고 아울러 순검(巡檢) 1명을 두어 사법을 맡게 하고, 교유(敎諭) 1명을 두는 일을 길림장군이 상주하여 요청한 것은 광서 28년(1902) 10월의 일이었다. 다음 해에는 길강군(吉强軍) 4영(營)이 추가로 모집되어 연길 경내에 배치되었다.[101] 중국 내지의 각 성(省)과도 같은 주현제(州縣制)를 길림지역에 도입하여 정착시키는 과정은 19세기 후반에는 이제 겨우 시작단계에 들어서고 있었고, 그 과정은 20세기에 들어와서야 겨우 본격화되는 단계에 들어가게 되었기 때문이다. 실제 길림지역에 내지와 같은 성(省)이 건립되고 주현체제가 정착하는 것이 광서 33년(1907)에 가서야 이루어졌다.[102] 그만큼 길림지역의 '내지화'는 보다 시간을 필요로 하는 것이었지만, 역설적으로 그러한 내지화를 가장 촉진하는 역할을 한 것은 바로 조선월간민의 진출이었다.

이다.

101 吳祿貞, 『延吉邊務報告』의 第2章, p. 33.

102 이지영, 「清末 東北地域의 行政改編과 그 意味: 1907年의 建省改制를 중심으로」, 서울대학교 동양사학과 석사학위논문, 2004.

제6장

나오는 말

19세기 후반에 들어와, 특히 1860년대 이후 함경북도 백성이 기근과 가렴주구를 피해서 또는 생존을 위해서 기존의 삼엄하였던 월강(越江) 금지령을 무시하고 집단적으로 러시아의 연해주나 두만강 상·중류 북쪽의 길림지역으로 탈출하고, 거기에서 유랑·걸식하거나 아니면 황무지를 개간·정착하게 되면서 조선과 청(또는 러시아)의 변경지대에서는 점차 국경과 영토 및 그 주민을 둘러싸고 서로의 이해관계가 충돌하기 시작하였다.

하지만 특히 두만강 중류 북안으로 조선백성이 대규모로 월간(越墾)을 하고, 이주하지 않고 남은 현지 백성들 또한 일시적인 이동을 통한 개간을 시도하면서 이 지역 경제 전체가 '강북(江北)'에 크게 의존하는 구조를 만드는 데 결정적 계기가 된 것은 1880년 회령부사 홍남주(洪南周)라는 조선지방관의 적극적인 월간 장려 정책 때문인 것으로 보인다. '국토확척(國土廓拓)의 대공(大功)'을 염두에 둔 그가 '죽음을 무릅쓴' 독단으로 북부지방의 민생고를 해결하려는 의도에서 시작한 이 '경진개척(庚辰開拓)'은 빈민의 집단적 월강개간(越江開墾)을 촉발하여 회령부의 두만강 북안에 100여 정보에 달하는 평야를 순식간에 개간하였다고 일컬어지는 상황을 가리킨다.

종래 이 경진개척에 대해서는 관련 자료의 부족으로 크게 주목해 오지 않았지만, 사실상 금지되어 온 월간·월경이 지방관의 묵인·권유 아래 대규모로 추진되고, 나아가 주변 부(府)로까지 급속도로 확산된 것은 함경북도 주민의 월경·월간의 역사에서 하나의 획기를 이루는 전환점이 되었다. 나아가 이들을 대상으로 호적을 편성하고 각종 세금·잡세나 소작료를 징수한데다가 경작허가증을 발급하는 등 지방당국이 실질적으로 "세금의 수납과 잡역(雜役)의 수응(酬應)이 내·외지(內·外地)의 차이가 없는" '개척지 경영'을 하는 상황에 대해서 안무사나 관찰사 등 함경도 상층당국도 줄곧 묵인하는 자세를 취하였던 것으로 보인다. 연이은 재해나 지방관의 수탈, 그에 따른 주민의 대규모 이탈로 지방질서의 붕괴에 처한 함경도당국이 미봉책으로 대응하면서 중앙정부에 보고하지도 않고 이러한 묵인의 태도를 보인 것은 당시 이 지역이 처해 있던 심각한 사회·경제적 위기 때문이겠지만, 조선정부 역시 안무사의 설치나 단기적 무마책 외에는 그런 흐름을 막을 수 있는 실질적 방안을 마련할 수 없었던 점 역시 아마 큰 영향을 미쳤을 것이다.

그렇지만 이렇게 조선백성의 대규모 월간이 단순하게 일부 빈민들이 생계·생존을 위해 목숨을 걸고 국경을 넘은 것이 아니라, 지방당국의 비호 아래 집단적인 월경·개척을 실행한 것이라는 점을 확인하는 것은 이후의 공동감계·국경회담의 배경과 그 실제 내용을 이해하는 데 있어 기존의 해석과 큰 차이를 낳는다. 대규모로 월간·이주를 한 주민에 대해 이주 이전처럼 호적 편성과 징세 등의 실질적 통제를 관철시킨 지방당국의 이해관계가 거기에 깊숙이 관련되어 있기 때문이다. 정부 차원이 아니라 지방당국의 차원에서 먼저 주도적으로 국경·영토 문제를 제기하는 패턴이 제1·2차 공동감계 전후, 심지어는 그 이후 다시 반복되는 것은 이러한 사정에 힘입은 바가 큰 것으로 보인다.(이상 제2장 제1절)

이것은 동시에 이 무렵 변경지대에서 각국이 변경 강화에 필요한 개발 경쟁을 벌이고 있던 상황과도 밀접한 관련이 있다. 그것을 실질적으로 추진할 수 있는 가장 쓸모 있는 대규모 노동력인 조선 농민을 확보하기 위해 각국이 적극적인 움직임을 보이게 되기 때문이다. 마침이 무렵 청정부는 러시아와의 외교적 긴장에 대응하기 위해 길림지역의 군비 강화를 추진하면서, 그러한 목적을 위해 처음으로 고위 한인관료(漢人官僚) 오대징을 만주지역에 파견하였다. 그는 러시아와의 외교적 위기가 지나간 다음 보다 장기적인 변경 개발에 중점을 두면서 이민실변(移民實邊) 정책을 강력하게 추진하였고, 그 결과 혼춘 관할지역의 현지조사를 위해 파견된 한인관료 이금용(李金鏞)은 '경진개척'이 이루어진 그다음 해인 1881년 가을 두만강 북쪽 연안 약 2백 리 지역을 조사하여 수천 명의 조선백성이 이곳을 침범해서 2천 상(晌) 규모의 황무지를 개간·경작하고 있음을 발견하게 되었다. 이금용의 발견은 단순한 우연이나 정기적인 순찰의 결과가 아니라, 크게 보면 중국-러시아의 외교적 긴장관계가, 짧게 보면 오대징에 의한 적극적인 이민실변의 추진이 가져온 파생물이었다.

그 이전에 수십 내지는 수백 명 규모의 개별적 범월(犯越)이 한두 차례 없었던 것은 아니다. 그렇지만 이렇게 수천 명 규모의 인원이 월간·정착하는 일은 종전에는 상상하기조차 어려운 일이었다. 혼춘당국에서도 계속 정기적인 국경지역 순찰을 하면서 이러한 동향에 대해 줄곧 주목해 왔던 만큼(그 효율성에 대해서는 의심할 수 있지만) 만약 이러한 대규모 월간민이 이전부터 상당 기간 존재하고 있었다면 그동안 그들의 시선을 피해 내기는 사실 어려웠을 것이다. 따라서 실제 이러한 대규모 월간민의 단기간 내 출현은 조선지방관의 묵인이 없었다면 불가능한 일이었다고 보지 않을 수 없다. 그리고 이러한 돌연한 대규모 월간민의 출현에 대한 의문을 가장 효과적으로 해명해 줄 수 있는 것은 '경진개척'의 고사인 것이다.

이금용은 아울러 이 지역 개간지에 대해 조선지방관이 증명서를 발급하기까지 하였다는 점을 알아내서 상부에 보고하였다. 양측의 증언으로 보아 조선지방관은 이들을 등록시키고 증명서를 발급하여 주었으며, 나아가 소작료나 세금·잡세를 징수하는 등 실질적으로 이들 월간민에 대한 통제권을 행사하고 있었던 것이 분명하다. 여기서 주목할 것은 심지어는 조선지방관이 이러한 사실을 확인하는 이금용에게 "주변 사람들 대부분은 북안(北岸)에서 나는 것에 의존해서 살고 있어", "특별히 각별한 은혜를 베풀어 구휼해 주기를 바란다"는 뜻을 태연히 표명하였다는 점이다. 함경도당국은 이 문제를 단지 조선빈민의 생계를 도모하기 위한 월간이라는 사소한 문제로만 간주하면서, 그것이 국경·영토에 관련된 중대한 사안이자 '범법'행위가 될 수도 있다는 것은 전혀 염두에 두고 있지 않았던 것이다. 이 점은 이들이 이러한 문제에 대해 접근하는 틀 자체가 청-조선의 사대(事大)-자소(字小) 관계라는 전통적 중화질서에 크게 의존하고 있었음을 보여 준다. "조선백성은 본래 매우 공손하고 황상의 덕과 위엄을 따르고 두려워하니, 앞으로 감격하여 눈물을 흘릴 것이며, 반드시 법 규정을 따라 받들면서 영원토록 다른 뜻을 보이지 않을 것"이라는 길림당국의 초기 반응 역시 마찬가지다. '천조상국(天朝上國)'의 '속방(屬邦)'에 대한 '일시동인(一視同仁)'이란 기존의 전통적 관행·시혜(施惠)에 의해 이 문제가 무마·해결될 것이라는 기대를 보여 주고 있기 때문이다.

이렇게 전통적인 조선-청 사이의 사대-자소 관계라는 틀에서 이 문제의 해결을 기대하는 태도는 국경분쟁의 본격화 이후 추진되는 공동감계·국경회담에서도 꾸준히 확인된다. 물론 이 과정에서 양측에 의해 만국공법이나 그에 기초한 새로운 국제관계가 그 논거로서 언급되는 경우는 전혀 없었지만, 영토·주민에 대한 배타적인 주권의 확보라는 근대 국민국가적 요구가 이 과정에서 전혀 배제되고 있지 않았다는 점은 그에 대한 조선 측의 지속적인 강렬한 집착만을 보아도 충분히 확인된다. 당시 청-조선 관계는 전통적인 사대-자소의 중화질서에서 점차 만국공법에 기초한 국제법적 질서로의 전환이 이루어지는 과도기에 들어서고 있었다. 양국 사이의 이 시기 외교적 관계가 '양절체제(兩截體制)'(兪吉濬)나[1] '하나의 외교, 두 가지 체제[一個外交 兩種體制]'[2] 등 다양한 용어로 묘사되는 것은 바로 이 때문이기도 하다. 하지만 그럼에도 청은 이 시기 속방(屬邦)의 자주(自主)를 묵인해 왔던 이전의 태도에서 벗어나 조선에 대한 직접적인 개입과 통제의 정책으로 나서고 있었던 만큼, 조선 측이 '자주'·'독립'의 희망을 뜻대로 관철시키는 것은 결코 용이한 일이 아니었다. 임오군란과 갑신정변에 대한 청의 개입과 사실상 '감국(監國)'이나 마찬가지였던 원세개의 파견 등 1880년대 이후 청조의 대 조선정책은 그 점을 잘 보여 준다.

따라서 천조상국과 속방 사이의 불균형·불평등한 구조 속에서 만국공법적 근대질서로의 전환을 꾀하는 조선 측의 시도는 처음부터 강력한 반대에 부딪칠 수밖에 없었다. 이 때문에 국경·영토문제를 둘러싼 양국의 교섭 역시 그러한 구도에서 벗어나기는 어려웠던 점 역시 마찬가지다. 제1·2차 공동감계·국경회담이 사실상 양국 사이의 대등한 교섭이 아니라 속방의 천조상국에 대한 전통적인 '자소'의 요구라는 차원에서 진행되었다는 성격이 강한 것은 바로 이 때문이다. 이후 청·조선정부의 개입을 통해 이 문제가 외교문제로 비화되지만, 중국 측에서는 이 문제를 청과 조선 사이의 문제가 아니라 줄곧 '길림'과 '조선' 사이의 문제로 처리하려는 자세를 고집하였던 점도 이러한 사정을 그대로 반영한다. 처음부터 대등한 국가 간의 외교적 교섭과는

1 정용화, 『문명의 정치사상: 유길준과 근대한국』(문학과지성사, 2004).

2 權赫秀, 『東亞世界的裂變與近代化』(中國社會科學出版社, 2013).

거리가 멀었고, 이 문제에 대한 최종판단을 내릴 수 있는 권한 역시 어디까지나 청 황제에게 있다는 것을 양국 모두 당연히 전제로 인정하고 있었던 것도 사실이다. 하지만 동시에 사대-자소라는 상호관계에 내재된 고유의 특성, 즉 쌍방이 공동으로 준수해야 하는 도덕규범이라는 것 때문에 그것이 청의 일방적인 강압이나 결정만으로 마무리될 수는 없었다는 점 또한 우리는 반드시 주목할 필요가 있다. 단순한 상·하, 또는 대·소국 사이에서 나타나는 '힘의 논리'(권력정치, Power Politics)가 그대로 처음부터 끝까지 적나라하게 관철될 수 있었던 것은 아니라는 말이다. 앞서도 살펴보았지만 청 황제의 공동감계·국경회담에 대한 최종 결정에도 불구하고 — 사실상 청조 중앙정부가 명확한 결정을 회피하고 길림장군에게 그 책임을 떠넘겨 버렸던 성격이 강하지만 — 조선정부가 그것을 그대로 수용하지는 않았다는 것, 그리고 그럼에도 불구하고 청조가 쓸 수 있는 대응책은 매우 제한되어 있었기에 길림장군에 의한 조선월간민에 대한 강제적인 동화정책 실행(더구나 그 성과는 제한적인 범위에 머물렀다) 외에는 달리 뾰족한 수가 없었다는 점이 그것을 잘 보여 준다.

한편 이금용의 보고에 대해 청정부는 그들 모두를 조선정부에 거두어들여 안치시키라고 요구하고 기존의 금지령을 다시 확인하는 것이 정상적인 방안이라고 보아, 그에 대한 조치를 조선 측에 요구하였다. 그러면서도 청은 정부와 지방당국의 협의를 통해 예전부터 사간(私墾)이 금지되었던 두만강 동·북안 일대의 황무지에 초간국(招墾局)을 설치하고 조선월간민을 끌어들여 개간을 추진하는 방안을 동시에 추진하였다. 조선월간민에게 개간 보증금과 소작료를 납부하게 한 다음 증명서를 발급해 주어 그들을 사실상 중국백성으로 편입시키는 정책이었다. 나아가 이들에게 치발(薙髮)과 호적 편입을 실행할 수 있다면(이것은 중앙의 예부에서 제안한 방식이지만 지방의 길림당국은 비교적 관대한 방식의 편입 대책을 채택하였다), 애써 머나먼 관내(關內)에서 한인(漢人) 농민을 끌어들여 정착시키는 수고 없이도 이미 개간된 대량의 토지와 주민을 확보할 수 있게 되는 셈이었다. 대규모의 개간지와 주민의 확보는 행정체제의 정비나 군사적 방어태세의 확충을 위한 재원 마련으로 연결되어 변방(邊防)의 강화에 실질적으로 크게 기여할 수 있었던 만큼, '이한실변(以漢實邊)'이 아닌 '이한실변(以韓實邊)'(金春善의 용어)의 효과는 청정부의 입장에서는 가장 바람직한 결과였다. 따라서 청정부는 그들이 이미 중국의 땅을 경작하고 있으니 중국백성이라고 하면서 조선월간민을 호적에 편입하고 혼춘·돈화현(앞서 서술하였듯이 돈화현은 1882년 혼춘 지역의 일부를 분리하여 설치된 현이었다)에 귀속시켜 관할하라는 지시를 내리는 방향으로 정책을 결정하였다. 길림당국이든 청정부든 조선백성의 쇄환(刷還)보다는 처음부터 그들을 중국으로 편입시키거나 아예 동화시키려는 데 중점을 두고 있었던 것이다.

한편 이때 길림당국에서 정확한 국경의 파악을 위해 정부에 감계의 필요성을 누차 지적하였지만, 아무런 반응을 얻지 못하였다는 점 또한 기억할 필요가 있다. 비슷한 시기에 조선에서도 정부나 지방당국이 국경조사의 필요성을 제기하기는 하지만, 최초의 요청은 길림당국에서 가장 먼저 제기하였던 것이다. 이것은 국경분쟁이 우선 양쪽 지방당국의 문제제기에 의해 비롯되고, 나중에 중앙정부가 결국 개입하게 되는 순서로 진행되었다는 점을 알려 준다. 아울러 당시로서는 길림당국이 공동감계를 제안하였지만, 청정부가 더 이상 반응을 보이지 않아 길림 측도 더 이상 이 문제를 따지지 않게 된 것은 양쪽 모두 이 무렵에는 조선백성의 월간이 보다 심각한 영토·주권과 백성에 대한 통제를 둘러싼 대립으로 확산되리라는 것을 예상하지 못하였음을 보여 준다. 아마도 월간 조선민의 중국 편입이라는 '자소지의(字小之義)'에 기초한 '시혜'로 문제가 가라앉을 것이라는 낙관적인 견해가 당시 지배적이었을 것이다.

그리고 중국 측이 1882년 3월 초에 조선월간민의 존재를 확인하면서 그들을 모두 거두어들이라고 요청하고 그렇지 않으면 모두 중국 호적에 편입하여 동화시키겠다고 통보를 하자, 조선 측에서는 뒤늦게 반년 가까이 지난 8월이 되어서야 습속이 다르고 풍토가 다를뿐더러 중국에 편입시킨다면 말썽이 생길 우려가 있다면서 그들을 모두 거두어들여 원적지로 돌려보내겠다고 요청하였다. 이때 조선 측은 "조선과 중국의 관계는 마치 한집이나 마찬가지여서 실로 중국의 내지(內地)나 다름이 없다"는 점을 인정하면서도, 습속과 풍토의 차이를 구실로 중국으로의 편입을 반대하고, 나아가 이것을 러시아나 일본이 원용하게 되면 큰 문제가 된다고 강조하여 그들을 모두 조선 측에서 거두어들이고 월간의 재발을 막겠다는 입장을 표명하였다. 전통적 중화질서 속의 양국관계를 인정하면서도 일본·러시아 등과의 국제관계라는 새로운 상황의 전개를 대응논리를 펴는 데 이용하고 있는 것이다. 조선의 금령은 매우 엄격하여 본국으로 송환하면 곧바로 처형한다는 논리로 그들의 편입·동화를 꾀한 길림당국의 논리에 대해 조선 측에서 "돌아온 유민을 모두 지방관에게 넘김으로써 본적지로 돌려보내겠다"고 한 것도 이러한 뒷받침이 있어서였다. 이러한 '처벌'이 아닌 '위무'의 정책은 그 이전인 1870-1871년의 사례에서 이미 대규모 월경민에 대한 조선정부의 대응책으로 채택된 적도 있었다.

그렇지만 조선국왕이 유민의 존재를 파악하고 귀환 조치를 허용해 준 청 황제의 "작은 나라를 길러 주시고 먼 나라를 안정시켜 주시는 [중국의] 은혜"에 대해 사의를 표명한 것은 전통적인 사대-자소 관계의 실질을 잘 보여 주는 사례였다. 유민의 수가 너무 많고 한꺼번에 쫓아낸다면 그들을 안치시킬 방법이 없다고 하여 길림당국이 1882년 11월 그 기한을 1년으로 관대하게 늘리는 조치를 취한 것 역시 이런 차원에서 나온 것으로 상당히 우호적이고 유연한 반응이었다. 그야말로 전형적인 사대-자소 관계의 틀 속에서 이 문제를 처리하는 데 양쪽은 거의 이의가 없었던 것이다.

만약 이러한 중국 측의 조치에 따라 조선월간민의 쇄환이 순조롭게 이루어졌다면 문제는 더 이상 확산되지 않았을 것이다. 하지만 사태는 그리 단순하지 않았다. 약속한 기한이 지났어도 조선유민의 쇄환(刷還)은 전혀 이루어지지 않았다. 길림당국 역시 그들을 구축하기 위해 공문을 통한 재촉 이외에 강제력을 동원하려는 의사나 움직임을 보이지도 않았다. 하지만 조선백성의 월간이 도무지 멈추지 않는데다가, 월간으로 개발된 토지를 둘러싼 점유권 투쟁이 불거지면서 양국 백성들의 충돌 가능성이 점차 늘어나게 됨에 따라 이에 대한 대처가 필요하지 않을 수 없었다.

또한 조선정부가 쇄환을 위한 준비나 효과 있는 정책의 추진을 하였거나 시도하였다는 기록도 찾아보기 힘들다. 아마도 그러한 의사나 능력이 전혀 없는 상태에서 일단 시간을 벌려는 의도로 쇄환을 제안하였던 임시방편의 대책이었거나, 아니면 그러한 일을 추진할 만한 역량이나 겨를이 없었을 가능성이 크다. 그리고 실제 조선월간민이 돌아오더라도 정착할 수 있는 토지나 생활기반을 마련하는 것은 불가능하였다. 이미 함경북도의 두만강 상·중류 지역은 대규모 월간을 통해 북쪽 지역에 대한 경제적 의존이 종전보다 훨씬 강해졌고, 두만강 북쪽의 땅이 훨씬 비옥한데다가 상대적으로 지방관들의 가렴주구·수탈로부터도 훨씬 안전하였기 때문일 것이다. 더구나 1년 기한이 다 차기도 전인 1883년 전반기에 조선 측에서는 이미 월간을 한 두만강(토문강) 북쪽의 땅이 중국 땅이 아니고 조선 땅이라는 국경·영토의 문제를 제기하고 있었다. 따라서 조선정부나 지방당국은 유민의 쇄환이 불필요하다는 입장으로 일찌감치 선회하였던 것이다.(이상 제1장 제2절)

그리고 이러한 상황이 뒤이어 본격적인 국경·영토 분쟁으로 전환되는 계기는 양국 사이에 맺어진 「[중국·조선]상민수륙무역장정」 의정(議定)과 관련된 문제를 매듭짓기 위해 1883년 초 서북경략사(西北經略使)로 임명되어 함경북도를 방문한 어윤중(魚允中)이 직접 제공하게 되었다. 1882년 봄부터 본격적인 논의가 시작된 이 「무역장정」을 교섭하는 과정에서 어윤중이 "변계를 공동감계"하자는 내용의 공문을 보낸 것은 흥미를 끌 수 있는 부분이다. 이후에 문제가 되는 두만강·백두산 정계비를 둘러싼 공동조사 이전에 이미 「무역장정」 때문에 호시(互市) 장소 등을 확정하기 위한 차원에서 국경 확정을 위한 공동감계가 제기되었음을 알 수 있기 때문이다.

1880년대에 들어와 조선과의 통상사무 등을 전담하게 된 북양대신 이홍장이 「무역장정」에 호응한 것은 통상무역(通商貿易)으로 전환하는 일뿐만 아니라 변계 침월의 문제를 정리하기 위한 의도도 있었으므로 그는 조선 측의 '공동감계' 요청을 당연하게 받아들였다. 따라서 공동감계는 어윤중이 함경북도에 파견되기 이전 조선정부에서도 제안하였고, 그것은 처음에는 '토문강=분계강'이란 문제와는 전혀 상관이 없었다. 이때의 공동감계는 나중에 함경도 지방당국(물론 그 뒤에는 어윤중이 자리 잡고 있었다)이 제기하게 되는 공동감계와는 그 목적이 분명히 달랐던 것이다. 어윤중의 주도로 함경북도 지방당국의 차원에서 다시 새로운 차원의 감계를 요구하게 된 것은 이 당시로서는 예상하지 못했던 상황의 전개였다.

여기에는 무엇보다도 어윤중의 태도 변화가 결정적인 역할을 하였다. 그는 1883년 4월에서 7월 사이 함경북도 회령부(會寧府)에 머무르면서 길림 측 관원과 만나서 개시(開市)·통상(通商) 등과 관련된 업무를 수행하였는데, 이 기간 동안 그의 태도 변화가 두드러졌다. 그가 10월 4일 입경(入京)하였을 때에는 "두만강(豆滿江)의 북쪽에 다시 토문강(土們江)의 발원지가 있어서 신이 다시 백두산 분수령에 사람을 파견하여 경계를 조사하게 했다"면서, "그곳이 중국의 땅이 아닌 것은 분명하며, 또한 증거가 있습니다."라고 국왕에게 답변을 한 것은 이 점을 잘 보여 준다. 자신들이 개간한 토지는 사실 토문강(또는 분계강) 남쪽이라 조선 땅에 해당되며 백두산정계비가 그 확실한 증거가 된다는 주장을 내세우는 조선월간민의 주장에 어윤중이 동조하게 되고, 그에 따라 이들의 명의로 중국 지방관원에게 탄원서를 올리고, 나아가 조선 지방관이 길림당국(돈화현 등)에 조회를 보내게 되면서 공동감계는 이제 그전과는 상당히 다른 국경·영토의 차원으로 비화하게 되었다. 월간민을 모두 거두어들이겠다고 하였던 조선 측에서 이제 그것이 불필요하다는 입장으로 말을 바꾸게 된 것은 길림 측으로서는 놀랍고도 당혹스러운 태도 변화였다.

이러한 전환의 실제적인 표현은 1883년 4월 무렵 함경북도 종성부의 '빈민' 등이 중국 관원에게 상서(上書)를 올린 일로 나타났다. 이들은 이를 통해 비록 종래 금지(禁地)였지만 토문강(土們江)의 다른 이름(또는 지류)인 분계강(分界江)의 동쪽[즉 남쪽]은 원래 조선에 속하므로 거기 들어가 개간하는 것이 문제가 되지 않는다는 주장을 길림 측에 제기하였다. 청조 측에서 두만강을 토문강으로 오인하였다고 생각한 조선유민들이 목극등이 정계비에 기록한 토문강은 정계비에서 발원하여 동쪽으로 흘러 포이합통하(또는 해란강), 즉 분계강이 되고, 이 강이 두만강 하류로 흘러드는 것이므로, 이 토문강 남쪽은 중국 땅이 아니라 조선 땅임을 주장하였던 것이다.

이들이 동시에 "조선은 중국의 속방이고 저희 또한 성천자(聖天子)께서 교화하고 배양하는 대상이 아님이 없으므로, 설사 중국 영역 내에서 땅을 차지해서 개간하더라도 안 될 것이 없다"거나, "청조에서는 조선을 대할 때 마치 내지와 마찬가지로 대해 왔으니, 조선백성이 중국의 사이 땅을 개간해서 먹고 산다고 해도 무슨 큰 잘못이 되겠습니까?"라는 논리에 의거하였던 것은 이들 역시 여전히 전통적인 사대-자소 관계의 틀에 기대고 있음을 보여 준다. 하지만 이러한 조선 '빈민'의 문제 제기는 종전의 월간민 쇄환문제가 이제는 양국 사이의 국경분쟁으로 비화되는 것을 의미하였다. 그런 점에서 이 문제제기는 이후 전개되는 양국 간 두만강·백두산 공동감계와 국경회담의 실질적인 출발점이 되었다.

지방의, 그것도 민간 차원에서의 국경문제 제기라는 새로운 변화를 반영한 이 '빈민'의 청원은 중국 측으로부터 아무런 반응도 받아 내지 못하였다. 하지만 뒤이어 6월에는 종성부사(鍾城府使) 이정동(李正東)이 맞은편 돈화현 지현 조돈성(趙敦誠)에게 토문강과 두만강이 하나의 강이 아니라고 주장하는 조회를 보냈다. 토문·두만강의 차이를 조사하기 위해 백두산에 비석을 세운 곳을 조사한 결과, "토문강의 양쪽 언덕이 문처럼 서로 마주 서 있는데, 돌이 아니라 흙"(즉 土門)이라는 점을 밝혀냈으며, 또한 종성의 변경 너머 90리쯤 감토산(甘土山) 아래에 있는 분계강도 양국 간의 경계를 잘 보여 준다면서 '토문-두만양강론(土門豆滿兩江論)'을 제시한 것이다.

종성부사의 조회를 통한 국경문제의 제기는 새로운 근대적 외교교섭이 출발점이 될 수는 있었지만, 사실상 종성부사라는 지방관의 권한을 훨씬 벗어나는 조치였다. 더불어 이러한 사태의 배후에 있었던 어윤중이 이러한 문제제기를 주도하였던 것을 묵인한 조선정부는 당시로서는 아마도 확실한 증거가 있어 중국 측에서도 쉽사리 수긍하고 문제 해결에 동의할 것이라고 간주했던 것으로 보인다.

하지만 이 문제는 결코 그렇게 쉽사리 해결될 수 없었다. 길림 측에서는 애초에 조선 측의 문제 제기를 무시하거나 회피함으로써 국경분쟁으로 비화시킬 생각이 없었던 것도 분명하다. 이것 역시 마찬가지로 '영토'라는 큰 문제가 관련된 경우 지방당국의 권한으로 처리할 수 있는 범위 밖의 문제였기 때문이다. 따라서 현재 찾아볼 수 있는 1883년 시기의 자료에는 중국 측의 국경분쟁에 대한 반응이 전혀 나타나지 않으며, 돈화현 지현이 길림장군에게 조선 측의 '감계(勘界)' 요청을 보고하는 것은 1884년 10월에 가서야 최초로 확인된다. 아마 이때까지도 여전히 지체되고 있는 조선월간민의 쇄환을 기대하고 있었기 때문일 것이다. 1884년 5월 무렵에도 돈화현에서 "토문강 북쪽 기슭을 차지한 채 개간하고 있는 조선 유민들을 모두 데려가라"는 조회를 다시 보낸 것을 보면, 양측의 갈등은 이때까지는 아직 여전한 소강상태에 머무르고 있었다고 할 수 있다.

조선 측에서 함경도관찰사의 명의로 다시 공문을 보낸다는 보다 적극적인 자세로 나서자, 1884년 10월 돈화현 지현은 마침내 "군사적인 위협[兵威]에 의존하여 복종하게 만들지 않는다면 월간은 장차 끝이 없을 것이고, 또한 문제가 커지면 나중에 해결하기 더 어려워질까 두려우므로", '변경방어를 맡는 고급관리'에게 이 일의 처리를 맡겨 달라고 길림장군에게 요청하게 되었다. 이러한 돈화현 지현의 요청은 조선월간민의 자발적인 귀국을 기다렸던 종래의 유화적인 태도에서 길림당국이 군사력을 동원한 무력시위와 강제 구축이라는 보다 강경한 자세로 전환하게 되는 계기가 되었다. 길림장군이 이런 요청에 대해 청정부에 보고를 하지 않고 혼춘부도통이 처리하도록 지시한 것을 보면 여전히 양측의 갈등을 지방 차원의 문제로 한정시키려 하였음을 알 수 있지만, 길림장군의 지시는 혼춘당국이 이 문제에 대해 보다 적극적인 자세를 취하는 출발점이 되었다. 1884년 11월 하순 혼춘부도통아문은 함경도관찰사에게 조회를 보내 적극적인 논쟁의 자세를 보이면서 아울러 공동감계에 동의하는 뜻을 처음 전달하게 된다.

이때 혼춘당국은 1) 두만강과 토문강은 발음만 다를 뿐 같은 강이며, 2) 토문강의 지류로 간주된 해랑하(駭浪河. 즉 海蘭江)나 알아하(嘎雅河)가 분계강이라는 주장은 잘못된 지리적 정보에 기초한 것이며, 3) 따라서 그 남쪽은 조선 땅이라는 주장은 빈 땅이 거의 없는 조선 측이 수백 년 동안 황폐해지도록 놔둔 것만 보아도 근거가 부족하며, 4) [백두산정계]비는 옮길 수 있으나 강은 옮기기 어렵기 때문에 강을 가지고 조선과 길림의 변계를 삼으면 믿을 수 있지만, 비석을 가지고 증거로 삼을 수는 없다는 주장을 내세웠다. 또한 그들은 조선 측이 사실 유민들을 안치시킬 땅이 없으니 "마침내 백성의 말을 잘못 듣고 이런 방법을 강구하여 교활하게 발뺌하는 최악의 방법을 선택하게 된 것"이라고 해석하였다. 공동감계에 임하는 길림·혼춘당국의 입장은 이것에 의해 대략을 알 수 있다.

실제 이 주장은 이후에도 공동감계·국경회담 과정에서 지속적으로 언급되는 중국 측의 유력한 논거가 된다. 특히 1)·2)·3)은 비교적 정확한 지적이라서 나중에 조선 측도 철회할 수밖에 없었다. 하지만 "비는 옮길 수 있으나 강은 옮기기 어렵다"는 4)의 주장은 아무런 근거도 없는 추측에 지나지 않는데, 이후 전개된 공동감계·국경회담에서도 이를 반박하는 조선 측과 끊임없는 논쟁의 대상이 되었다.

그리고 위의 조회를 통해 1883년 전반 조선 측에서 제기한 국경문제가 결국은 약 2년 가까운 소강상태를 거치다가, 1884년 말이 되서야 양측이 공동감계에 합의하는 단계에 들어섰음을 알 수 있다. 이에 대해 조선 측에서는 1884년 12월 5일 함경북도안무사 조병직의 명의로 답장 조회를 보내 눈과 얼음이 풀리고 날씨가 화창해지기를 기다려 함께 답사를 하자고 통보하였다. 양국 정부의 이에 대한 구체적인 지시가 확인되지 않기 때문에, 이 단계에서도 여전히 공동감계는 함경도당국과 혼춘당국이라는 지방 차원에서 이루어졌던 것으로 보이는데, 여하튼 이러한 협의 결과 1884년 12월 6일에는 혼춘에서는 덕옥(德玉)과 가원계(賈元桂)가, 조선에서는 회령부사 홍남주가 파견되어 회담을 갖게 되었다.

종래 전혀 주목된 적이 없지만, 국경문제를 둘러싸고 양국 사이에 처음 열린 이 최초의 '국경회담'에서 중국 측은 공동감계를 위해 두만강(토문강)의 하류에서 상류로 거슬러 올라가는 문제를 제안하였지만, 홍남주는 반드시 백두산 계비를 조사해야 하고 눈이 깊어 가기 어려우니 1885년 봄으로 공동감계를 늦추자고 고집하여 서로 합의를 얻지 못하였다. 이렇게 두만강의 강 흐름을 조사하자는 주장과 정계비를 조사하자는 주장을 내놓고 대립하게 되는 것은 이후의 제1·2차 공동감계에서도 꾸준히 반복된다. 서로 평행선을 그리는 대립구도는 이미 이 초기 단계에서부터 고정되어 있었던 것이다.

그러나 지방당국의 의견교환과 회담을 넘어서서 정부에서 직접 이 문제에 개입하는 데에는 사실 좀 더 시간이 필요하였다. 이 동안 양측 지방당국의 회담은 아무런 합의를 얻지 못하고, 도리어 길림 측에서 신번(臣藩)인 조선이 "신하[臣子]가 군부(君父)에게 대들고자 하는" 태도를 보인다고 비난하게 되는 등 감정적인 차원의 분쟁으로 확산되었다. 일단 공동감계에 합의한 다음에는 길림 측에서 그 신속한 실행을 계속 요구하는 반면, 조선 측에서는 도리어 이 문제에 대해 전혀 '성의'를 보이지 않는 태도로 일관하였던 점이 특징적이기 때문이다. 이를테면 함경북도안무사가 다시 "정부에 보고를 올려 [지시를] 기다린 다음 인원을 파견하여 공동감계를 할 것"이라고 통보한 것은 혼춘당국의 큰 불만을 자아내었다.

그리고 이러한 조선 측의 늦장대응은 길림당국이 종전에는 자제하였던 무력행사에 의한 월간민의 구축과 월강 저지에 나서는 계기를 제공하였다. 1885년 3월이 되면 길림당국에서 수백 명의 기마병을 파견하여 월간민의 농막을 파괴하여 불태우고, 그들이 강 건너로 돌아가도록 압박을 가하는 사태가 출현하였던 것이다. 이러한 압박 때문에 자청해서 치발(薙髮)을 하고 중국호적에 편입되기를 탄원하는 조선백성의 집단적인 행동이 나타나기도 하였다. 또한 월간민이 개척한 황무지와 가옥을 노리는 중국인 무뢰배의 행동으로 양쪽 백성의 집단적인 충돌도 나타났다.

이 무렵 혼춘당국의 조사에 의하면 당시 조선월간민의 숫자는 대략 2만여 명 이상에 이르렀고, 조선의 각 지방관은 그들에 대해 소작보증금과 매년의 세금을 징수하고 있었다. 또한 이들 가운데 원거주지에 머물면서 경작 때만 넘어가는 사람이 적지 않았고, 공동감계의 실행을 구실로 혼춘당국의 구축에 완강하게 저항하는 태도를 보였다. 이때 조선월간민과 월간토지의 상황은 혼춘당국의 입장에서 보면 함경도당국에 의한 일종의 '식민지 경영'이나 마찬가지였다.

물론 이러한 충돌에 대해 조선정부로부터 일단 무력행사를 통한 강제를 중단해 달라는 요청을 받고 이를 수락한 청정부의 대응을 보면, 이러한 조처가 청정부의 지시 아래 이루어진 것이 아니라 길림당국의 독단으로 이루어진 것이라는 점도 확인할 수 있다. 그리고 길림·혼춘당국도 이때가 되면 더 이상 지방의 역량만으로는 도저히 해결할 수 없다고 보아 마침내 중앙정부의 직접 개입에 의지할 수밖에 없다는 판단을 내리게 되었다. 이리하여 지방 차원에서 시작되었던 공동감계가 결국 양국 정부가 직접 나서는 단계로 진입하게 된다.

여하튼 이 시기 조선 측의 늦장대응은 아마도 격변을 거치고 있었던 국내 정국 탓도 있었겠지만, 그보다 더 큰 원인은 1884년 11월 2일 조선정부가 중국에 동지사를 파견하면서 공동감계를 요청하는 자문을 보냈지만, 청의 예부(禮部)에서 이 자문의 접수를 거부하였던 데에 있었다. 때문에 조선정부는 1885년 5월 부사직 이응준(李應俊)을 보내 다시 예부의 대주(代奏)를 요청해야만 하였다. 예부가 조선의 요청을 거부하였던 것은 아마 1880년대 들어와 한참 직접적인 정치·군사적 통제의 시도를 강화시키고 있던 속방 조선과의 사이에 '국경분쟁'이 발생한다는 것은 당연히 천조상국의 체면을 손상시키는 일로서 받아들이기 어렵다고 간주하였기 때문이었을 것이다. 조선정부는 1884년 말 이미 청정부에 자문을 보내 국가 차원의 외교문제로 이를 처리하겠다는 방침을 정하였지만, 예부의 거절 때문에 혼춘당국에 의한 적극적인 압박을 받게 된 다음인 1885년 6월이 되어서야 실질적으로 그것을 정책으로 옮길 수 있었다. 이때 비로소 정식으로 공동감계를 요청하는 자문이 예부를 통해 광서제에게 상주되었고, 이에 따라 청정부도 이해 7월 공동감계를 승인하면서 이를 통해 변계문제를 해결하라는 지시를 내렸다. 조선정부 역시 안변부사(安邊府使) 이중하(李重夏)를 토문감계사(土們勘界使)로 정식 임명하였다.

이때 조선정부에서 어윤중을 대신하여 외교 분야를 담당하게 된 김윤식(金允植)은 '중외일가(中外一家)라는 기상'을 내세워 북양대신 이홍장(李鴻章)의 중재를 통해 길림당국의 무력에 의한 압박을 중단시키면서, 공동감계의 조속한 실행을 통해 문제를 처리하리겠다는 방침을 선택하였다. 그 역시 전통적인 사대-자소의 중화질서라는 틀에 의지하여 문제를 해결하려는 태도를 보이고 있었다.

그리고 청정부에서는 관련 자료를 검토하여 '토문-두만양강론'을 부정하는 입장을 확정하고, 이러한 논리를 보완하기 위해 기존 당안을 뒤졌지만 아무런 자료도 찾을 수 없었다. 길림·혼춘당국의 아문에 소장된 기록도 마찬가지였다. 중앙이든 지방이든 강희연간의 정계비 설립에 관련된 자료를 중국에서는 전혀 찾을 수 없었던 것이다. 그리고 이미 1880년부터 조공 이외의 통상사무나 외교 문제는 예부가 아닌 총리아문·북양대신이 직접 간여하는 체제로 전환이 이루어지고 있었지만, 이 문제에 대해서도 예부 대신 총리아문과 북양대신이 전담하라는 조치가 취해졌다. 이후의 양국 간의 교섭 과정에서 보듯이 예부가 이 문제에 대해 여전히 발언권을 누리려고 시도하였지만 사실상 거의 배제되었던 것은 전통적으로 조공 관련 사무를 담당해 왔던 예부라는 부담스러운 기구를 회피할 수 있게 된 조선 측으로 보면 상당히 의미 있는 변화였다.(이상 제2장 제3절)

이렇게 양국 정부의 개입 아래 공동감계가 확정되자, 조선에서는 7월 30일 안변부사 이중하를 토문감계사로 임명하였다. 중국 측에서는 길림장군이 선발한 진영(秦煐)과 혼춘부도통이 추천한 혼춘좌익협령(琿春左翼協領) 덕옥(德玉), 초간국총판위원(招墾局總辦委員) 가원계(賈元桂)가 공동감계의 임무를 맡아 이들이 9월 28일 회령에 모두 모이면서 제1차 공동감계·국경회담이 본격적으로 시작되었다. 이들은 9월 30일과 10월 1일 필담을 나눈 다음, 10월 3일에는 회령에서 강을 따라 거슬러 올라가서, 백두산의 두만강 발원지에 이르기까지의 산수를 측량하고 함께 상세하게 조사하기로 합의하였다. 사실상 백두산 지역이 이미 겨울에 접어든 시점이라 결코 이 시기의 감계가 쉬운 일이 아니었지만, 더 이상 지체할 수 없기 때문에 이루어진 강행군이었다.

이 제1차 공동감계와 회담의 구체적 경과는 이중하가 남긴『감계사등록(勘界使謄錄)』상권에 자세히 서술되어 있는데, 이에 따르면 중국 측에서는 먼저 총리아문 원주(原奏)의 휴대·열람 여부를 문의한 다음, 이 원주에 의거하여 감계를 진행한다는 원칙을 내세웠고, 중국 측에 정계비 관련 기록이 전혀 없다는 이유로 "이번 감계는 도문강변계(圖們江邊界)를 조사해서 결정하려는 것이지, 오로지 비석만을 조사하러 온 것은 아니다"는 입장을 강조하였다. 조선 측이 가장 강력한 증거로 내세우는 정계비를 처음부터 불신하는 자세로 나왔던 것이다.

이러한 다소 일방적인 중국의 태도에 대해 이중하는 "비석(碑石)과 돌·흙무더기[石·土堆]를 한 차례 확인·증명해서 조선은 처음부터 중국 측이 주장하는 것처럼 "말을 꾸며 내거나" "교묘하게 발뺌하려는" 것이 아님을 입증하고, "애초에 땅을 넓히는 것을 힘써 추구한 것이 아니라는 점"을 항변하겠다는 입장을 내세웠다. 강희제가 세운 비석이 가장 중요한 증거가 된다는 논리로 맞선 것이다. 회담이 시작되자마자 중국 측이 증거로서의 정계비 가치를 불신하면서 두만강 감계를 우선시하는 자세로 나오고, 조선 측은 반대로 정계비 검증을 앞세워 이에 맞서는 대립구도가 뚜렷해지는데, 이 점 역시 제1·2차 공동감계 중 줄곧 양측의 기본적인 자세를 특징 짓게 되었다.

중국 측은 또한 이때 임오군란·갑신정변 등을 통해 최근 청이 조선에 베풀었던 은혜를 언급하면서, 조선백성의 안치(安置)를 전제로, "장백산에서 발원하는 도문강을 경계로 삼는 것을 받아들일 것"을 요구하였다. 이중하는 분수령 "동쪽 골짜기로부터 아래에 흙·돌무더기가 있는데 두만강 발원지와는 서로 아주 멀리 떨어져 있고, 중간에 가로막힌 언덕 등이 백여 리 땅이 되므로 조선백성이 두만강을 계한(界限)으로 인정하지 않는 것이 어찌 근거가 없겠느냐"면서 '토문-두만양강론'을 내세워 이에 맞섰다.

이렇게 양측 주장이 계속 평행선을 달렸지만, 중요한 것은 "해란강이 정계비 옆에서 발원한 물줄기와 이어지지 않는다"는 점에 대해 답사가 시작되기도 전에 이미 합의가 있었다는 점이다. 실제 답사 이전이지만 이중하도 이미 함경도 측이 내세운 '토문강=분계강=해란강론'은 잘못된 것이라고 인정하였으므로, 공동감계 시작부터 주요한 논거 하나가 무너진 조선 측은 이후 논쟁에서 크게 불리한 위치로 밀리지 않을 수 없었다. 조선 측이 '실수'를 인정하면, 결국 "말을 꾸며 내고", "교묘하게 발뺌을 한다"는 비난을 피할 수 없었기 때문이다.

그리고 10월 6일 무산(茂山)으로 옮겨 이루어진 회담에서도 이중하는 먼저 비계(碑界)를 조사하자고 요청하지만, 중국 측은 두만강 조사와 지도 작성을 먼저 실행해야 한다는 입장을 바꾸지 않았다. 10월 11일의 담판에서 중국 측은 10월 6일 이후 백두산 쪽으로 가던 여정에 대해 갑자기 이의를 제기하면서 두만강의 가장 남쪽 지류인 서두수(西頭水)로 가자고 고집하였다. 정계비 옆에서 발원하는 황화송구자(黃花松溝子. 조선 측에서 土門江이라 부르던 물줄기)의 하류가 송화강으로 들어가므로 토문강원이 아님이 분명하다는 것이 그 주된 이유였다.

이때 이들이 굳이 서두수 답사를 우긴 것은 제1차 공동감계 직후 그들이 서두수가 두만강의 본류라고 단정하였다는 사실과 같이 놓고 본다면, 이미 감계에 나설 때부터 이런 결론을 가지고 있었다고 보아도 좋을 것이다. 이렇게 해서 두만강 북쪽으로 "영토를 늘리겠다는 조선 측의 행동을 정면으로 맞받아칠 수 있고, 나아가 도리어 두만강 '옛' 경계보다 훨씬 남쪽으로 내려가 경계를 설정하는 일종의 '보복'을 가할 수 있기 때문이다. 결과가 어떻든 조선 측의 논리는 처음부터 받아들여질 여지가 거의 없었다.

이중하가 비석은 설사 옮겨질 수 있더라도 설치하는 데 수많은 일꾼이 필요한 흙·돌무더기는 옮겨질 수 없다는 논리로 반박하면서 서두수 조사를 거부하였으므로, 결국 양측은 정계비와 두만강의 두 지류를 세 갈래로 나눠서 조사하기로 결정하였다. 10월 13일 서두수를 조사할 인원은 중국 측 지도작성관 염영(廉榮)과 조선의 수행원 오원정(吳元貞) 등, 홍단수(紅端水)를 조사할 인원은 중국 감계관(勘界官) 덕옥(德玉), 조선의 종사관 조창식(趙昌植) 등, 비석(정계비)을 조사할 인원은 중국 감계관 진영(秦煐)과 가원계(賈元桂), 조선 감계사 이중하(李重夏) 등으로 결정되었다. 이 인원 분배를 검토해 볼 때 만약 중국 측이 진심으로 서두수가 두만강의 본류라고 확신하였다면, 이곳에 지도작성관만을 보내는 데 쉽사리 동의하였을 것으로 보이지는 않는다는 점만은 기억해 둘 필요가 있다. 은연중에 자신들의 주장이 일종의 억지였다는 점을 인정한 것이나 마찬가지이기 때문이다.

한편 10월 15일에 시작된 감계 일정은 이중하의 「백두산일기(白頭山日記)」에서만 확인할 수 있는데, 10월 15일 백두산 밑 초입인 장파(長坡)에 도착하고 16일에 백두산으로 출발한 공동감계는 온종일 눈과 싸우고 밤에는 노천에서 지새우는 여정이 계속 이어졌다. 10월 18일에는 정계비에서 발원하는 토문강(黃花松溝子) 연변에 쌓인 흙무더기가 끝나는 곳인 삼포(杉浦. 黃花松甸子)를 지나 토문강 남쪽의 흙무더기를 따라 거슬러 올라갔고, 일행은 결국 19일 해 뜨는 무렵에야 백두산 정상에 도착한 다음 다시 정계비 쪽으로 이동하여 분수령에 도착하였다. 얼어붙은 정계비에서 탁본을 뜨고 강행군을 거쳐 일행이 장파로 다시 돌아온 것은 출발 7일 후인 10월 22일이었고, 답사를 마친 모든 인원이 무산부에 도착한 것은 27일이었다.

그리고 11월 8일에 이루어진 감계 결과 정리에 따르면, 1) 정계비 옆에서 시작된 물줄기 남쪽으로는 돌무더기·흙무더기가 설치되어 있는 것이 분명하고, 이 물줄기는 (중간에 삼포, 즉 황화송전자에서의 伏流가 있지만) 송화강 쪽으로 연결되는 것으로 파악되며, 2) 백두산 동쪽으로 120리 떨어진 홍토산과 원지 부근에서 두만강이 발원하며, 3) 소백산 동북쪽의 물줄기는 모두 송화강에 흘러들고 소백산 동남쪽의 물줄기는 두만강으로 흘러드는데, 홍단수(정계비에서 약 130리)와 서두수(정계비에서 약 180리)는 양국의 경계를 이루는 두만강 본류가 되기 어렵다는 것이 확인되었다.

이를 통해 조선 측은 '토문-두만양강론'이 전혀 근거가 없는 주장은 아니라는 점을 확인시킬 수 있었고, 중국 측이 집요하게 추구한 홍단수·서두수의 조사가 공동감계의 핵심목표가 될 수 없다는 점도 마찬가지였다. 하지만 정계비 옆에서 시작된 물줄기가 송화강 쪽 방향으로 연결되는 것 역시 확인되었으므로, 조선의 '토문강=분계강=해란강론'도 더 이상 근거가 없다는 점이 다시 분명해졌다.

그렇다면 남은 과제는 왜 '두만강' 발원지가 아닌 '송화강' 발원지가 있는 곳에 정계비가 세워졌는가 하는 수수께끼를 푸는 것이었다. 때문에 중국 측은 '정계비이설론(定界碑移設論)'을 계속 고집하면서 정계비의 '증거능력'을 깎아내리는 방향을 선택하였다. 조선 측도 토문강이 바로 송화강이라고 주장한다면, 보다 더 큰 규모의 영토분쟁(즉 해란강 남쪽에서 두만강 북쪽 사이의 지역이 조선 땅이라는 주장이 아니라, 송화강 남쪽이 모두 조선 땅이라는 주장이 되는데, 이렇게 되면 길림과 흑룡강 지역뿐만 아니라 러시아의 연해주 지역까지 포함하는 훨씬 더 넓은 지역이 모두 조선 땅이라는 셈이 된다)을 제기하는 꼴이 되므로 도저히 종전의 주장을 고집할 수는 없었다. 또한 토문강이 분계강이라는 주장도 무너졌으므로 분계강 남쪽의 조선월간민이 거주하는 곳이 조선 땅이라는 주장도 마찬가지가 되었다. 양쪽 모두 공동감계에서 크고 작은 상처를 입는 '양패구상(兩敗俱傷)'의 결과를 얻었지만, 월간민의 안치를 고려해야 할 조선 측에 좀 더 상처가 큰 편이었다. 때문에 공동감계를 마치고 이루어진 회담에서도 합의가 어려워지자 이중하는 월간민에 대한 선처를 위해 중국 측의 시혜를 요청하는 쪽에 주의를 쏟을 수밖에 없었다.

다시 감계 결과를 확정하기 위한 회담이 시작된 것은 11월 27일이었지만, 길림 측은 두만강 본류의 북쪽의 소두만강[小圖們江]을 내세우면서 대두만강·소두만강의 정원(正源)을 논의하여 정하자고 고집하였다. 정계비에 대한 언급·논의를 피하는 대신, 가장 남쪽의 지류인 서두수를 두만강 본류로 설정하고 그 북쪽의 홍단수를 소두만강이라고 주장하여 종래의 두만강 발원지를 아예 부정하려는 논리를 세운 것이다. 결국 양측이 아무런 결론도 얻지 못한 채, 공동감계로 그린 지도와 설명서만 각기 보고하고 서로 조회를 보낸다는 데에만 합의하면서 제1차 공동감계에 따른 회담은 12월 3일 마무리되었다.(이상 제3장 제1절)

제1차 공동감계에서 사전에 지리적 정보를 충분히 확인하지 못한 상태였기 때문에 조선 측은 종전에 내세운 주장과 다른 사실이 확인될 때마다 입장을 바꾸지 않을 수 없었다. 이 때문에 중국 측으로부터 "교활하게 둘러댄다"는 의심을 피할 수 없었고, 실제 처음의 주장(토문강=송화강, 또는 토문강=분계강)이 오해에 기초한 잘못임을 부인할 수도 없게 되었다. 하지만 토문감계사 이중하는 회담이 끝날 때까지는 조선 측의 입장을 굽히지 않았고, 제1차 공동감계가 마무리된 다음에도 정계비가 증거로서의 신빙성이 있다는 것을 재차 강조·입증하려는 조회를 보냈다. 그렇지만 조선이 공동감계에 나선 것은 '1만에 가까운' '유민(流民)'문제에서 비롯된 것이었기 때문에 그는 이에 대한 보완조치를 서둘렀다. 국경회담이 진행 중이던 11월 6일 무산에서 함경북도 각지에 공문을 보내 간도(間島)에서 기간(起墾)하는 모든 사람의 이름, 남녀 구성, 개간경지 및 두만강과의 거리를 신속하게 조사하여 보고하라는 지시를 내린 것은 그 점을 잘 보여 준다.

이에 따라 두만강 맞은편 지역으로 이주한 개간민[越墾民]이나 남쪽에 거주하면서 때때로 왕래하는 빈민[寓接貧民] 및 개간경지 면적에 대한 장부책자가 만들어져 그에게 보고되었다. 그에 따르면 회령부(會寧府)는 전체 주민 3,962명 가운데 28%가 넘는 1,124명이 월간을 하였고, 나머지 2,738명이 우접빈민이며, 무산부(茂山府)는 백성 전체 990명 가운데 기간민이 15%가 넘는 153명이고, 우접빈민이 845명이었다. 종성부(鍾城府)는 전체 주민 3,587명 가운데 기간민이 42%가 넘는 1,562명(남자 778, 여자 584)이고, 우접빈민은 2,025명이며, 온성부(穩城府)는 백성이 모두 450호인데 그 가운데 기간민은 10% 남짓인 47호이고, 우접빈민은 403호였다.

가장 먼저 대규모 월간을 시작한 회령부에서 28%의 월간민이 나왔고, 가장 먼저 '변계'문제를 제기한 종성부에서 42%의 월간민이 나왔다는 것은 '경진개척'이 역사적인 실재임을 확인해 주는 증거가 되기도 하지만, 동시에 이 지역의 농업·경제가 분명하게 두만강 북안의 '간도'에 심각하게 의존하게 된 상황을 보여 주기도 한다. 중국 측이 이들 월간민을 동화시키거나 구축하려는 태도로 나왔을 때 함경도 지방당국이 국경문제를 제기하여 그들이 계속 두만강 북안에 머물 수 있게 만들려던 것은 이러한 당지의 현실이 낳은 필연이었다.

이 '간도빈민(間島貧民)'에 관한 조사책자는 12월 2일 작성된 이중하의 서신과 더불어 중국 측 감계위원에게 전달되었다. 또한 공동감계·회담이 진행 중이던 1885년 11월 하순 중국·조선 양국민의 월간지를 둘러싼 상당한 규모의 충돌이 발생하였던 상황도 아마 이러한 이중하의 행동을 더욱 부추겼을 것이다. 여하튼 이중하가 이 자료를 개인적 형식의 서신에 동봉하여 전달하였기 때문에, 중국 측으로서는 이중하가 "스스로의 논리가 맞지 않음을 알게 되어" 두만강이 바로 도문강(토문강)이라는 사실을 '비공식적으로' 인정하는 것으로 받아들였던 것으로 보인다.(이상 제2장 제2절)

그리고 이들이 공동감계의 결과 보고에서 강경책을 선택한 것도 이와 무관하지는 않을 것이다. 귀환한 중국 감계위원들은 서두수를 두만강 본류(대도문강)로 잡고, 홍단수를 소두만강으로 잡았다. 길림장군은 이에 동의하면서, 홍단수(紅丹水)가 『여지전도(輿地全圖)』에 나오는 소도문강이고, 서두수가 실은 『여지전도』의 대도문강이라는 결론을 내렸다. 중국 측이 회담 말미에서 소도문강을 내세운 의도에 딱 들어맞는 셈이다.

이렇게 중국 측은 서두수는 두만강(대도문강), 홍단수는 소도문강이라는 논리로 두만강 경계를 본류가 아닌 훨씬 남쪽 지류에 낮추어 잡음으로써 조선 측의 문제제기에 대한 일종의 '보복'과 대항의 논리를 만들어 냈다. 아마도 '속방'의 변계문제 제기로 인한 '상국'으로서의 자존심 손상, 그리고 공동감계에 이르기까지의 오랜 논쟁과 갈등, 조선 측의 '늦장' 반응 때문에 빚어진 '감정적 격앙' 등이 여기에는 작용하였을 것이다. 더군다나 조선 측의 가장 중요한 논거 가운데 하나가 무너지자, 나머지 주요 논거인 정계비의 증거능력을 완전히 무너뜨려 조선 측을 굴복시키기 위한 목적도 여기에 작용하였을 것이다. 사실 '서두수=대도문강, 홍단수=소도문강론'은 국경회담 마지막 날에 제기하였을 뿐 공동감계 이전이나 도중에 전혀 언급된 적이 없었으므로, 이것은 길림 측이 미리 준비해 왔던 사전 결론으로 보아도 좋을 것이다. 또한 그들은 이것을 통해 경계문제는 "거의 이루어진 셈"이라고 생각하면서, 두만강 북안의 월간조선민을 안치한다는 조건을 내세워 조선 측의 승인과 합의를 얻어 내려 하였다.

하지만 서두수·홍단수 유역이 조선 땅이라는 사실은 너무도 분명하였다. 따라서 길림장군은 정계비 비문의 수수께끼가 가져오는 곤혹스러움을 해소하기 위해 당시 경계를 정하여 비석을 세운 곳은 응당 소백산 삼급포(三汲泡) 일단의 분수령 위이어야 하므로 지금 정계비의 위치는 조선백성이 몰래 옮겨 놓은 곳이라는 '소백산분수령론'을 유지하면서도, 서두수 대신 그 북쪽의 홍단수(소백산 기슭에서 발원한다)를 두만강 본류로 지적하고, 공동감계서 확인된 그보다 더 북쪽의 홍토산수(조선 측에서는 두만강의 본류, 즉 대도문강으로 간주하였다)를 소도문강으로 설정하는 것으로 양보할 수 있다는 식으로 결론을 바꾸었다.

그래서 1886년 1월 7일 총리아문에 보고를 올리면서 그는 삼급포 동쪽의 홍단수가 대도문강으로 두만강의 본류이고, 홍단수 북쪽에서 발원하는 홍토산수(紅土山水)가 소도문강이 될 수 있다고 보고하였다. 홍단수 이북, 홍토산수 이남 지역에 백여 가구의 조선 거주민이 오래전부터 거주하고 있었으므로, 길림장군의 보고는 상당히 무리가 있는 결론이었다. 길림당국의 주장은 일단 강경한 요구·자세를 내보였다가 후퇴를 하면서 원래 목표로 잡았던 선에서 양보를 얻어 내려는 협상전략으로 보인다. 이를 통해 길림 측은 또한 어떻게 해석되든 자신들에게 불리할 수밖에 없는 정계비(와 토문강)를 국경문제에서 아예 배제해 버리고자 하였다.

이중하는 감계 결과를 중국에 조회할 때 토문강(해란강)까지의 지역이 조선 땅임을 주장하는 입장을 굽히지 않았고, 따라서 조선국왕은 감계 결과와 기존의 조선 측 주장이 일치함을 지적하는 자문을 중국에 보냈다. 하지만 1885년 12월 6일 조선국왕에게 올린 보고서(「乙酉狀啓」)에서 그는 토문강 상류가 송화강 쪽으로 흘러들어 가고 길림(吉林)과 영고탑(寧古塔) 등의 땅이 송화강 동쪽에 있으므로 중국 측은 당연히 토문강이 아닌 두만(도문)강이 국경이 되어야 한다고 주장을 하였다. 따라서 조선 측은 더 이상 토문강경계론을 고집할 수는 없었지만 그래도 경계를 표시한 비석과 흙·돌더미를 두고 단지 '토문(土門)'으로 정계를 한 것만 인정하였다는 점을 확인하였다. 여하튼 '토문강=송화강론', 또는 '토문강=분계강론'을 더 이상 주장할 수 없다는 점을 인정한 것이다. 그래서 이 보고서에 추가된 이중하의 또 다른 결과 보고서(「別單草」)는 사실상 불가능한 영토 확보에만 매달릴 경우 자칫하면 땅을 얻더라도 실제로는 백성을 잃는 결과가 되므로, 이들을 안정시켜 북변(北邊)이 텅 비지 않게 하는 방도를 마련하는 것이 무엇보다 중요하다는 대책을 제시하였다.

그러나 이중하가 이후 다시 추가로 올린 비밀보고(「追後別單」)는 — 아마도 『강희임진정계등록』을 읽고 난 다음에야 확인할 수 있었던 사항을 보고한 것으로 보이는데 — 1) 토문강과 두만강은 같은 강이기 때문에 사실상 두만강이 양국의 경계가 된다는 것, 2) 숙종연간 목극등이 정계비를 세웠을 때 "단지 비석 동쪽의 물길을 두만강의 발원지라 생각하고 비석을 세워 동쪽은 토문이라고 새겨 넣었고", "조선에서는 목극등이 돌아간 다음 수년 동안의 공사를 거쳐 비석 동쪽에서부터 흙·돌무더기를 쌓아 동쪽으로 두만강 원류에 연결시키고자 하였으나, 두만강의 원류는 이 물길에 연결되지 않았다"는 사실을 새롭게 확인하였다. 왜 정계비 동쪽의 물길('토문강')이 두만강의 원류로 연결되지 않았는가는 하는 수수께끼의 의문을 풀 수 있는 실마리는 바로 목극등의 수계(水系) 판단 착오라는 '실수' 때문임을 그는 이 시점에서야 비로소 알게 되었던 것이다.

그리고 나아가 그는 3) "그래서 평평한 언덕에 나무울타리를 설치하여 비석 동쪽의 물길로까지 이어지게 하고, 마침내 그것을 토문강 발원지라 부르게 된 것"이므로, 여기에서 '토문강=분계강론'이 파생·와전된 것이라는 점, 그리고 이를 통해 '토문강=분계강=해란강론'을 더 이상 내세워서는 안 된다는 점을 분명히 인정하였다. 결국 정계비에서 시작된 골짜기 옆의 돌·흙무더기가 끝나고 물길이 땅속으로 숨는 평평한 언덕(삼포 또는 황화송전자)에서부터 두만강 발원지로 연결되는 표지가 되는 나무울타리·흙무더기가 설치되었지만, 이후 이 표시가 잊히고 사라지면서 이것을 알지 못하는 후세 사람들에 의해 '토문-두만양강론'과 그에 기초한 국경분쟁이 시작된 것임을 그는 발견하게 된 것이다. 이중하는 이를 통해 조선의 문제 제기는 옛 기록과 지도에 대한 신중한 검토 없이 단지 월간민의 주장과 희망에만 의존하여 이루어졌으며, 그 결과 공식적으로 조선 측의 입장을 철회할 수는 없으나 실제로는 더 이상 그러한 주장을 내세울 수 없게 되었다는 점을 확신하게 되었다.

그리고 그가 이 비밀보고에서 중국 측의 "눈에는 드러나지 않았지만" 그 표시가 "여전히 우거진 수풀 사이에서 은근히 모습을 드러내고 있는" 것으로 지목한 흙무더기(나무울타리?)의 존재는 백두산정계비의 수수께끼를 푸는 핵심적인 실마리가 된다. 기존의 수많은 연구에서는 거의 언급이 없었지만, 현재 남아 있는 백두산 관련 여러 지도에서는 나무울타리를 그려 넣고 있는 지도의 수가 상당하므로 그것은 쉽사리 확인할 수 있다. 반면 이에 관련된 기록 자체는 아주 드물었는데, 이 문제들은 최근 이화자(李花子)·이강원(李康源)의 연구와 답사를 통해 거의 해결된 것처럼 보인다. 이화자가 삼포에서 두만강 상류로 이르는 지역에서 나무울타리를 확인할 수 없지만 그것과 같은 때에 만들어진 것으로 보이는 흙무더기[土墩]가 존재한다는 점을 실지답사를 통해 확인하였기 때문이다. 이강원은 이러한 표지 문제에 대한 이화자의 발견을 더욱 심화시킨 연구결과를 발표하였다.

이화자가 발견한 이 흙무더기의 존재는 기존 연구에서 다루어진 적이 없는 중대한 발견의 하나이지만, 이 나무울타리와 그 울타리 중간에 만들어진 흙무더기에 대해서는 이미 『조선왕조실록』에서도 분명하게 기재하고 있다. 다만 이 외에는 관련된 기록·정보가 부족하였기 때문에 후대 사람들이 이 문제를 보다 정확하게 이해하는 데 큰 장애가 되어 왔던 것인데, 이화자·이강원의 발견을 통해 정계비의 수수께끼는 거의 풀린 셈이 된다. 또한 이중하가 이후 제2차 공동감계에서 내세우는 '정계비-홍토산수경계론'도 상당한 뒷받침을 얻게 된다.

하지만 조선국왕은 나중에 올린 보고들과는 상당히 다른 이중하의 최초 보고를 근거로 삼아 1886년 초에 중국에 자문을 보냈다. 그 내용은 정계비의 증거 능력을 다시 강조하면서, 두만강 발원지는 정계비와 너무 멀어 경계가 될 수 없고, 토문강의 복류가 끝나는 점에 있는 토문자(土門子)가 분계강(分界江)에 합류하므로 토문강과 이 토문자를 잇는 선이 경계가 된다는 내용이었다. 종래 내세웠던 '토문강=분계강론'이 토문자라는 새로운 근거를 기초로 다시 제시된 것인데, 제1차 공동감계·국경회담 과정에서 토문자는 거의 논의의 대상이 되지 않았으므로, 이것은 상당히 엉뚱한 의외의 주장이라 할 수 있다.

아울러 조선 측은 정계비 관련 자료가 중국 측에 전혀 없다는 점을 알고 목극등의 정계와 관련된 공문을 모은 『승문원고실(承文院故實)』을 찾아내어 베껴서 중국에 전달하였다. 물론 이를 통해 정계비가 의심스럽다거나 옮겨졌다는 의문을 얼마간 해소할 수 있었지만, 그렇다고 해서 정계비의 수수께끼까지 모두 해소시킨 것은 아니었으므로, 이후의 제2차 공동감계·국경회담에서도 중국 측은 여전히 '아킬레스건'이나 마찬가지인 정계비의 신뢰성을 부정하는 데 모든 노력을 기울였다.

이중하가 사실상 '토문강경계론'을 포기하였고, 나아가 토문강과 두만강은 같은 강이라 사실상 두만강이 경계가 된다고 보고하였던 내용이 공식 입장에는 전혀 반영되어 있지 않았는데, 조선정부에서 이렇게 기존 주장을 계속 고집한 것은 아마 월간민 안치 문제가 해결될 기미가 없었던 점이 크게 작용하였을 것이다. 이중하의 주장대로 물러난다면 조선정부의 뜻대로 그들을 안치하거나 쇄환시킬 가능성은 더욱 멀어지기 때문이다. 따라서 조선 측은 "백성을 긍휼히 여기신 성조 강희황제의 지극한 인덕(仁德)을 저버릴 수는 없다"고 하면서 기존의 '토문강경계론'을 포기하지 않는 방향을 선택한 것이다.(이상 제2장 제3절).

한편 이러한 조선 측의 통보에 대해 길림장군이나 예부 모두 동의하기 어렵다는 뜻을 표명하였고, 조선에 주재하는 원세개의 보고가 필요하다는 지적 때문에 "황제의 명을 받아 조선에 주재하면서 교섭·통상 사무를 총괄"하게 된 원세개(袁世凱)가 이후에는 이홍장(李鴻章)의 지시를 받으면서 조선과 청정부 그리고 길림당국 사이의 교섭을 중재하게 되었다. 원세개는 부임하기 전인 1885년 9월 10일 백성들이 침범하여 땅을 차지하게 만든 허물을 뒤집어쓸까 염려하여 조선관리들이 국경분쟁을 만들어 냈다고 보면서도, 일단 과거의 문제는 덮어 두고 공동감계를 통해 일을 마무리 짓고, 조선 측에서 만약 유민 안치가 필요하다면 그들을 [중국의] 행정구역에 예속시켜 달라고, 황제의 은혜를 간청하게 하면 될 것이라는 방안을 제안하고 있었다. 이것은 이후 그가 보다 구체적으로 조선 측에 제안하여 호응을 받아 내는 '차지안치론(借地安置論)'을 최초로 언급한 경우였다.

이런 제안을 보고받은 이홍장은 조선월간민은 "응당 합당한 방법을 마련하여 안치하고 적절하게 중국의 판도에 예속시켜 일률적으로 모두 되돌아 옮겨 가는 것을 피하게 함으로써 조정에서 작은 나라를 사랑하고 백성을 구휼하는 큰 뜻을 받들 수도 있을 것"이라고 이에 동의하였다. 월간민을 안치하여 구휼하고 조선 관리들의 잘못을 관대하게 처분할 것이라는 원세개의 요청이나 이홍장의 태도에서 우리는 "작은 나라를 사랑하고 백성을 구휼하는 큰 뜻"을 체현하는 전통적인 사대-자소 관계의 음영(陰影)이 아주 짙게 드리워지고 있음을 엿볼 수 있다. 이러한 구도에 따라 두만강경계론에 기초한 국경문제의 마무리와 월간민의 안치(중국 호적에의 편입)라는 방향이 예정되어 있었던 것이다.

이러한 방안이 통보되었지만 조선정부는 1885년 12월 15일 답장조회를 보내 앞서와 같은 종전의 주장을 되풀이하였다. 더불어 그것을 뒷받침하는 『승문원고실(承文院故實)』을 보내오자, 이전에도 관련기록을 찾아내지 못한 중국 측에서는 당혹스럽지 않을 수 없었고, 당연히 반론의 근거를 자체 기록 속에서 찾게 되었다. 총리아문에서는 이 때문에 『대청회전사례(大淸會典事例)』나 『황조삼통(皇朝三通)』을 모두 조사해 보았으나 아무런 증거를 찾지 못하였고, 다른 아문에도 전혀 관련서류가 남아 있지 않다는 점 역시 확인되었다. 이때 청정부는 『흠정[대청]회전도(欽定[大淸]會典圖)』, 그리고 『일통여도(一統輿圖)』를 찾아내어 두만강(도문강)이 길림과 조선의 경계를 이룬다는 주장을 강화시켰고, 목극등 정계에 대해서도 『대청역조실록(大淸歷朝實錄)』에서 일부 관련된 실마리를 찾아내었다. 하지만 목극등 정계의 과정에 대해서는 여전히 아무런 증거도 얻지 못하였다.

결국 1886년 3월 25일 총리아문은 길림장군에게 지시하여 제2차 공동감계를 하게 해 달라고 주청을 하였다. 이때 총리아문은 "현재 이 사안에서는 응당 구분해서 가려야 할 것이 세 가지, 응당 고증해야 할 것이 다섯 가지가 있다"는 방안을 상주하였다. '응당 구분해서 가려야 할 것' 세 가지는 1) 조선에서는 도문강과 두만강이 서로 다른 강이라고 주장하지만, 다만 방음의 차이일 뿐이다. 2) 조선이 평소 번봉(藩封)의 도리를 지켰는데, 최근 조선관리가 왜 봉금령을 분명하게 위반하면서 은근히 땅을 넓힐 계획을 꾸미게 되었는지 의심스럽다. 3) 길림장군이 홍단수는 바로 소도문강이고, 서두수가 대도문강이라고 했지만 아직 확정적인 것은 아니고 좀 더 따져 보아야 할 부분이라는 것이다.

그리고 '응당 고증해야 할 것' 다섯 가지까지 포함하여 총리아문은 서두수가 대도문강이라는 길림 측의 주장을 부정하고 대신 홍단수를 대도문강, 즉 두만강의 본류로 설정하자는 방안을 도출해 냈으며, 아울러 정계비가 '정계(定界)' 또는 '분계(分界)'의 근거가 된다는 것을 부정하면서 '이설론(移設論)'을 옹호하는 입장을 취하였다. 그리고 총리아문은 "반드시 도문강을 분명하게 확정해야만 경계가 분명해질 수 있는 것"이라면서 '[압록강과 도문강] 두 강 사이의 부분으로 잘 알지 못하는 땅'에 대한 자세한 측량과 지도 작성이 문제 해결의 방안이라는 결론을 내렸다.

총리아문의 이 상주는 이후 중국 측 공동감계의 기본적인 원칙·방침이 되었다는 점에서 중요한 의미를 지닌다. 이에 따른다면 조선 측이 내세운 '토문강경계론'이나 목극등에 의한 '정계'와 정계비 설치라는 논거가 모두 부정될 수밖에 없기 때문이다. 제2차 공동감계에서는 이러한 원칙들이 줄곧 관철되면서 홍토산수를 두만강 본류로 잡고자 하였던 조선 측의 입장은 결국 중국 측의 동의를 얻어 낼 수 없었다. 그렇지만 청정부의 방침 결정에도 불구하고 실제 제2차 공동감계가 시행되는 데에는 상당한 시간이 필요하였는데, 이것은 조선 측의 대응이 지체되었기 때문이었다. 길림장군이 이중하에게 두 차례 공동감계를 하자고 재촉하였는데, 이중하는 조정의 결정이 없다는 이유로 이를 거부하였던 것이다. 길림 측은 결국 총리아문에 대해, 총리아문은 북양대신에게 자문을 보내 조선에 즉각적인 공동감계의 실시를 요청해 달라고 하였다.

한편, 조선 측에서 공동감계에 대해 소극적이었던 것은 1886년 3월 하순 원세개가 '차지안치론'을 정식으로 제안하였던 일이 상당한 역할을 한 것으로 보인다. 원세개는 조선이 근거로 내세우는 토문강과 정계비 비문에 따라 경계를 획정한다면 송화강 동쪽의 길림지역이 모두 조선영토로 편입되는 결과로 이어져 도저히 결말이 날 수 없으니, "중국 땅을 빌려 조선유민을 안치하겠다고 황상의 은혜를 간청하는" 차지안치를 모색하자고 제안하였던 것이다.

김윤식은 이에 대해 "임시로 예전처럼 살게 해 주고, 조선관원이 통행하면서 관할하고 해마다 소작료를 거두어 길림 지방관에게 넘기되, 봉천(奉天) 변문(邊門)의 선례에 따라서 울타리를 설치한 곳을 경계로 한정하여 다시는 한 걸음도 더 나아가지 못하게 하자"는 제안으로 호응하였다. 즉 그는 '토문-두만양강론'을 포기하고 두만강 일대가 경계로 정해져야 한다는 데 동의하지만, 정착한 지 오래되었고 수천 가구가 넘으니 조선월간민을 그대로 안치시켜야 한다고 제안하면서 만약 이것이 중국 측의 뜻에 들어맞지 않는다면 다시 공동감계를 실행하겠다고 통보한 것이다. 이렇게 조선정부의 입장이 '두만강경계론'으로 방향을 선회한 것에 대해서는 종래 연구에서 그다지 주의해 오지 않았다. 하지만, 일단 공동감계는 그가 제안한 '두만강경계론'과 '차지안치론'을 중국 측에서 어떻게 받아들이느냐에 따라서 좌우되게 되었다. 이 제안은 "백두산에 황제의 성지를 받아 세워진 비석이 있으니, 이를 구실로 삼아 한 치의 땅이라도 빌려" 안치시키고자 '성천자(聖天子)'의 '은혜'를 간청하고 있어 '사대-자소'의 전통에 기대는 성격이 강하지만, 동시에 공동감계·국경회담에 즈음한 조선 측의 '고민'과 중국에 대한 '시혜'에 대한 기대가 간절하게 나타나고 있다.

하지만 길림장군은 "반드시 경계를 조사하여 확인해야만 피차 서로 관할하는 지역을 분명하게 할 수 있다"면서, '차지안치론'에 대해 부정적 입장을 취하였고, 다만 날씨가 추워지기 시작하였으므로 내년 봄이 되기를 기다려 공동감계를 하겠다는 의사를 표명하였다. 이리하여 조선 측의 기대나 요청은 일단 수포로 돌아갔다. 길림장군 측의 강력한 공동감계 요구는 결국은 제2차 공동감계 실시에 가장 중요한 계기가 되었다. 북양대신 이홍장과 원세개, 총리아문이나 또는 공동재감계의 필요성을 부정하는 조선정부의 소극적인 반응과는 달리, 반드시 홍단수를 경계로 삼아야만 한다는 길림장군의 강경한 입장이 관철된 것은 이후 제2차 공동감계의 성과에도 실제로 부정적인 영향을 미쳤다. 조선 측은 10월 22일 다음 해인 1887년 3월에 덕원부사 이중하를 파견하여 공동감계를 하겠다고 통보하였다.

원세개는 1886년 10월 23일 조선정부의 이 조회를 받아 보고를 하면서 따로 보고서 한 장을 추가하였다. 그것은 그해 여름 원산좌탐위원(元山坐探委員)으로 임명된 요문조(姚文藻)가 원산상무감독으로 근무하던 이중하와의 대화내용을 보고한 내용이었다. 이에 따르면 이중하는 어윤중이 억지를 부려 '토문강은 따로 강이 있고 도문강과 같은 강이 아니다'는 주장을 만들어 내어 복잡한 상황이 되었으므로 이 문제가 해결되지 않는다면 공동감계는 허사가 될 것이고, 아무런 애쓴 보람도 없을 것이라고 인정하였다는 것이다. 이 자료에는 또한 이중하가 "중국과 조선이 경계를 다투는 것은 처음부터 좋은 일이 아니었던" 만큼 모든 것을 종전대로, 즉 두만강경계를 준수하게 되면 더 이상 문제가 없을 것이라는 분명한 입장을 보였다는 점도 알려 주고 있다. 또한 월간민의 안치에 대해서 "강변에 표지를 세우고 땅을 빌려 주어 그들이 더 이상 고통을 받는 근심이 없게" 해 달라고 호소하였으므로, '차지안치'라는 표현은 없지만 그 역시 거기에 동조하였다는 점 역시 마찬가지다.

그렇지만 길림 측의 강경대응으로 공동재감계가 결정된 다음에도 1887년 2월 13일 김윤식은 마지막으로 다시 한 번 원세개에게 '차지안치론'을 제안하였다. 김윤식은 "월간거민의 소작료를 조선관리가 대신 징수하여 중국관리에게 넘겨주되, 소송사건과 일체의 행정사무[政令]에 대해서는 조선관리가 통제할 수 있으며, 단지 그 지역은 중국에서 나누어 주어 관할하기를 바란다"는 제안을 하였다. 그렇지만 이에 대해 이홍장은 "만약에 조선에서 소작료를 대신 징수하고 소송사건과 행정사무를 관할하려 한다면, 이런 방법은 있을 수 없다"는 단호한 거부의사를 보였다.

앞서 보았듯이 조선월간민의 안치문제는 영토문제일 뿐만 아니라 동시에 변경 주민(의 농업노동력)을 둘러싼 삼국의 쟁탈전이라는 성격도 강하였다. 하지만 중국 땅을 빌려 조선백성을 안치시키되 조선관리가 세금이나 소작료 등을 거두고 소송사건과 행정사무도 아울러 관할하겠다는 제안은 사실상 국경분쟁 이전 상황으로 되돌아가 종래처럼 실질적인 통제를 실행하는 일종의 '식민지 경영'을 계속하겠다는 의사나 마찬가지였다. 영토는 양보하더라도 '주민'만은 넘겨줄 수 없다는 의지의 표현이었지만, 한 걸음 더 나아가 영토 밖에 거주하는 주민에 대한 경제적·사법적 통제권을 확보하겠다는 속방 조선의 제안은 천조상국에게 도저히 받아들여질 수 없는 것이었다. 이 제안은 또한 두만강 이북지역에서 “조선관리가 세금이나 소작료 등을 거두고 소송사건과 행정사무도 아울러 관할”하고 있었던 상황을 조선정부가 어느 정도 인식하고 있었기 때문에 내놓을 수 있는 것이었다. 따라서 직접적인 증거는 없지만 조선정부가 이러한 ‘식민지 경영’에 대해 일정한 정도로 파악하고 있었다고 볼 수도 있는데, 아마 여기에는 현지 지방당국의 요구나 주장이 크게 반영되어 있을 것이다.

물론 조선이 전통적인 ‘사대-자소’질서에 기대어 상국 청조의 ‘시혜’를 요청하고 있었던 점은 아주 분명하다. 종래의 연구에서도 지적하듯이, 이 시기 양국 관계에서 근대적 국제질서와 영토·주민에 대한 배타적인 권한을 강조하는 국민국가의 논리와 전통적 ‘사대-자소’의 중화질서가 교차하고 있다는 점 역시 마찬가지다. 하지만 근대적이든 아니면 전통적이든 어떠한 국제적 질서를 막론하고 상대국가 또는 그 상대국가의 국가주권에 도전하는 것이나 마찬가지인 이런 요구가 받아들여지기는 불가능한 일이었다. 조선 측의 제안은 기존의 전통 질서에 지나친 기대를 하였다는 점을 보여 주는 것이자, 동시에 거기에 의존하여 변화하는 국제환경을 너무 ‘안이하게’ 인식하고 대처하는 한계를 지니고 있었다고 볼 수도 있다.(이상 제4장 제1절)

제2차 공동감계의 임무를 다시 부여받은 이중하는 여전히 소극적인 자세를 보였다. 출발이 다가온 1887년 3월 4일 그는 “오늘날 경계를 확인하는 일은 지난 시절과 비할 것이 못 됩니다. 옛날의 경계를 다시 밝히고 유민들을 찾아다 안착시키는 데 지나지 않기 때문입니다. 그러나 옛날의 경계로 말한다면 발원지가 일치하지 않고 나무울타리도 다 썩어문드러져서 실제의 장소가 옛 문헌과 맞지 않기 때문에 옳게 확인하기가 정말 곤란합니다.”라면서 자기 대신 새로운 사람을 임명하도록 요청하였다. 그가 보기에 공동재감계는 ‘두만강경계론’을 다시 인정하는 데 지나지 않아 얻을 것이 전혀 없었다. 더구나 “강을 건너는 일에 대한 단속이 오랫동안 해이해져 넘어간 사람들이 아주 많아 거두어들일 길이 없는" 상황은 감당하기도 어려운 난제였다. "사양하지 말고 곧바로 가서 일을 처리하라"는 정부 지시로 그는 더 이상 임무를 피할 수 없었으나, 그 결과는 이러한 예측에서 거의 벗어나지 않았다. 그는 중국 측 공세로부터 '두만강(홍토산수)경계론'을 지켜 내는 것을 최선의 과제로 삼을 수밖에 없었다.

한편 길림당국은 방랑(方郎)을 추가로 파견하면서 "총리아문의 이번 주의(奏議)를 상세히 풀어 거기에서 내세운 응당 구분해서 가려야 할 것과 응당 고증해야 할 것에 대해 최선을 다해 연구하여 그 요령을 얻은 다음, 조선의 안변부사에게 조회를 통해 알려 줌으로써 이치로써 변론"을 하라는 지시를 내렸다. 총리아문의 입장은 1) 홍단수를 대도문강, 즉 두만강의 본류로 설정한다, 2) 정계비는 '정계' 또는 '분계'의 근거가 되지 못하며 이설되었을 것이라는 핵심이었다. 그러므로 이에 따라 길림 측이 공동감계에 임한다면 이중하의 임무는 험난한 것이 되지 않을 수 없었다. 제2차 공동감계는 사실상 시작되기도 전에 이미 공통의 합의를 얻기 어려운 한계를 미리 설정하고 있었다.

이후 실행되는 제2차 공동감계의 구체적인 경과를 알려 주는 사료는 제1차의 경우와 마찬가지로 이중하의 『감계사등록』 하권에 실려 있다.[3] 흥미 있는 것은 진영(秦煐)이 3월 26일에 이미 회령부에 도착하여 "미리 15개의 비석을 홍단수(洪丹水) 하구(河口)에 운반해 놓고 홍단수(洪丹水)·삼지(三池) 위에 경계를 세우고자 기세등등하게 기다리고 있었다"는 점이다. 중국 측은 사전에 이미 홍단수를 경계로 정하고 아예

3 『高宗時代史』 2집(국사편찬위원회, 1968) 高宗 24년 5월 28일자 기사 「지난 4月 5日에 土們勘界使 李重夏」에는 제2차 공동감계의 일정에 대해 아주 간략한 소개를 하고 있다.

경계를 표시할 석비까지 설치할 준비를 하고 있었던 것이다(결국 이 석비는 설치되지 못하였다).

이중하는 4월 5일 회령부에 도착하여 4월 7일부터 중국 측 감계 위원과 담판을 나누게 되었는데, 중국 측이 먼저 서두수 답사를 주장하고 이중하는 '조선의 내지'인 이곳의 답사를 거부함으로써, 결국은 4월 22일이 되어서야 양쪽을 합해 모두 100여 명이 넘는 인원이 백두산 산행을 시작할 수 있었다. 하지만 무산의 장파(長坡)에 도착하자 중국 측은 다시 홍단수의 답사를 요구하였고, 이중하는 역시 이곳이 조선의 내지라는 이유로 버티다가 "마침 중국 측이 휴대한 총리아문의 주의 복사본에서 홍단수 역시 도문강 발원지의 후보 가운데 하나로 삼은 구절을 보게 되자", 고집을 접고 윤4월 2일 출발하여 홍단수의 발원까지 찾아 들어간 다음 삼지(三池)·허항령(虛項嶺)까지 답사하고 윤4월 6일 장파로 복귀하였다. 이후 중국 측은 다시 "서두수·홍단수가 토문강의 강원이며, 장파는 길림지역"이라고 고집하면서 홍토산수·정계비 답사를 회피하려 하였지만, 결국 이중하의 반발로 윤4월 13일에 백두산행을 시작하였다. 이후 "1개월 동안의 산행 가운데 궂은비가 장마로 변해 계곡에 물이 넘치고 구덩이들은 물로 가득 찼던 바, 추위와 굶주림에 시달리며 발걸음을 옮기고, 온갖 어렵고 험한 길을 두루 맛보았던" 여정을 통해 감계위원 일행은 홍토수의 발원지를 조사하고 정계비·천지(天池)를 답사한 다음 5월 5일 회령부로 복귀하였다.

이상의 경과는 사실 제1차 공동감계와 비교하면 회담·답사 경로를 놓고 서로 대치한 점에서 거의 비슷하였다. 중국 측이 처음부터 홍단수와 서두수를 도문강으로 삼으려 한 점도 마찬가지다. 다만 이중하의 반발로 서두수 답사가 이루어지지 않고 대신 홍단수의 답사에 보다 중점이 두어진 것이 제2차 공동감계의 특색이었다. 또한 제1차 공동감계에서는 중국 측이 총리아문의 주의를 휴대·열람하는 것을 확인하는 데서 시작하였지만, 제2차 공동감계에서는 그러한 흔적이 보이지 않는다. 길림장군의 지시에도 불구하고 길림 측은 조선 측이 그 구체적인 내용을 알지 못한다는 전제 아래 자신들의 주장에 '불리한' 점은 가능한 한 언급을 배제하면서 제2차 공동감계에 임하였던 것으로 보인다. 총리아문에서는 고증해야 할 첫 번째 과제로 피차간에 확정이 되지 못한 곳은 무산 서쪽에서 목극등이 석비를 세운 곳까지의 땅이므로 이 280여 리 사이를 세밀하게 고찰해 보는 것이 바로 감계 요령이라고 지시한 바 있었지만, 길림 측 감계위원들은 아예 처음부터 제1차 공동감계처럼 서두수·홍단수의 답사에 주안점을 두었다. 이것은 감계·회담에 나선 그들이 초기 협상에서는 총리아문·길림장군의 방침을 어기고 그보다 강경한 입장을 취하였다는 점을 알려 준다. 처음부터 '공정'한 협상이나 대등한 회담은 기대하기 어려운 일이었다.

한편 제2차 공동감계의 과정에서 진행된 회담 내용은 대단히 복잡하고, 논쟁점도 한두 가지에만 걸치는 것이 아니지만, 『감계사등록』 하권에 실린 「도문강 경계지역 공동감계 때의 회담 기록과 공문 요약[覆勘圖們界址談錄公文節略]」(1887년 5월 28일)에 잘 정리되어 있다. 4월 7일 회령부에서의 회담 시작부터 중국 측은 아예 정계비의 신빙성을 부정하고, 이중하가 근거로 확보한 중국 측 자료와 북경으로부터 구입해 온 지도(『일통여도』를 가리킨다. 제1차 공동감계에서는 자신들의 근거로 삼은 바 있었다)도 근거가 되지 못한다는 공세로 나왔다. 공동재감계에 임하는 길림 측의 불만과 강압적인 자세는 진영이 국경문제의 발생 이래 여러 차례 조선의 주장이 바뀐 것에서 생겨난 불신을 노골적으로 털어놓으면서, 청조에 신복(臣服)한 번봉(藩封)인 "작은 나라가 큰 나라를 섬기는 도리"를 지키지 않고 은근하게 땅을 넓히려고 꾀한다는 의심을 제기하고, 나아가 이중하에게 '신하로서 군주를 섬기는 도리'를 다하지 못한다고 비난한 데서 잘 드러난다.

기선을 제압하려는 듯한 진영의 이와 같은 맹렬한 비난에 대해 4월 13일 이중하는 "신하로서 차마 들을 수 없는 이야기를 듣게 되었으니 다만 큰 소리로 길게 한탄하면서 칼로 목을 베어 자결함으로써 이 절실한 심정을 드러내고 싶을 뿐"이라고 항의하였다. 이에 대해 중국 측은 비석을 세운 곳은 분명히 송화강의 발원지이니 더 이상 고증하고 확인할 필요가 없다면서 도문강 발원지를 조사해야 한다고 하였는데, 이중하는 홍토산수가 대도문강임을 확인하면서 홍단수·홍토수 사이에 있는 장파 등의 촌락은 확실히 조선 땅이라 홍단수·서두수 발원지는 애초에 교계와 관련이 없다고 반박하였다. 여기서 우리는 이중하의 반론이 정계비와 거기로 연결되는 홍토산수가 경계가 된다는 점을 역설하는 데 있어 제1차 공동감계 때와 분명히 입장이 달라졌지만, 길림 측의 경우는 거의 바뀐 것이 없음을 알 수 있다. 정계비의 신뢰성을 어떻게 해서든 깎아내리고, 대신 두만강 지류의 조사에만 주안점을 두는 길림 측의 태도는 여전하였기 때문이다.

결국 양쪽의 거듭된 논쟁 끝에 회령부에서의 회담은 대치상태를 벗어나지 못하고 끝났다. 양측은 일단 무산부의 장파(長坡) 쪽으로 이동하였는데 중국 측은 여기서 다시 홍단수의 답사를 요구하였다. 결국 윤4월 2일부터의 일정은 앞서 홍단수의 발원까지 찾아 들어간 다음 삼지(三池)·허항령(虛項嶺)까지 답사하는 것이 되었고, 윤4월 6일 일행은 다시 장파로 복귀하였다. 그다음 이중하가 서두수의 조사 요구를 완강하게 거부하였으므로, 결국 윤4월 13일에는 홍토산수 답사가 시작되었다. 그전인 윤4월 10일 방랑(方郎)은 이중하를 방문하여 홍단수를 경계로 삼되 그 위쪽 장파의 조선거민 백여 호의 집과 분묘 등은 황상의 은혜로 구휼해 줄 수 있다는 제안을 내놓았지만, 그는 "조선의 내지로 그 경계를 축소시켜" 정하는 것이라고 완강하게 거부하였다.

이것은 길림 측이 '서두수-두만강본류론'을 포기하고 대신 홍단수 쪽으로 국경을 정하는 방안으로 방향을 바뀌었음을 알려 주지만, 이중하가 비록 "흙 한 덩이, 돌덩이 하나라도 신하 된 자가 어찌 그 원래 경계를 축소하여 자기 뜻대로 정할 수" 있겠느냐면서 '홍토산수경계론'을 고집하였으므로, 이후에도 홍단수·홍토산수를 둘러싼 양측의 대립은 해소될 수 없었다. 결국 홍토산수에 대한 답사가 끝난 다음 윤4월 16일 본격적으로 국경문제를 논의하지만, 이중하는 상대방의 압박 속에서도 "제 머리는 자를 수 있어도, 나라의 영토를 축소시킬 수는 없다"면서 완강한 거부의 태도를 견지하였고, 중국 측은 "모두 분노와 한탄을 멈추지 않으면서" 회담 결렬을 선언하였다. 제2차 국경회담 역시 결국 아무런 합의된 결론을 끌어내지 못한 것이다.

이중하는 이때의 상황에 대해 "깊은 산속 비 오는 가운데 앉혀 놓고 상국(上國)을 기만한다거나 영토를 넓히려는 음모를 꾸민다고 위협하고 꾸짖으면서 억지로 홍단수로 경계를 삼으려는 태세였다. 그다음에야 하산하였는데, 한 달 가까이 산속에서 버티면서 정말 곤란하고 급박한 상황이었다"고 중국 측의 강압적인 태도를 지적하였다. 공동감계와 국경회담에 임하는 길림 측의 강압적이고 일방적인 자세는 여기에서 분명하게 드러나는데, 회담이 결렬되자 일행은 결국 장파를 출발하여 무산을 거쳐 회령부로 복귀하였다. 그런데 5월에 이르면 점차 중국 측에서 태도의 변화가 나타나기 시작한다. 5월 1일 장파로 다시 돌아온 다음 길림 측은 "홍토수의 두 수원은 모두 경계비나 흙무더기와 상당히 거리가 떨어져 있고 서로 이어지지도 않는다"는 점을 확인하면서 소백산에서 발원한 석을수(石乙水)의 물줄기에 대한 조선 측의 확인을 요구하였던 것이다. 이것은 길림 측이 홍단수 대신 홍토산수의 답사과정에서 새로 발견한 석을수(홍단수의 북쪽에서 발원하고, 나중에 홍토산수와 합류한다)를 두만강의 본류로 지목하게 되었다는 점을 알려 준다. 물론 이 역시 이중하가 거부하였지만, 중국 측이 홍단수를 버리고 대신 마찬가지로 소백산 기슭 가까운 곳에서 발원하는 석을수를 대안으로 제시한 것은 총리아문의 지침과도 그다지 차이가 없고, 조선 측이 주장하는 정계비 및 돌·흙무더기와 '홍토산수경계론'을 무력화시킬 수 있다고 생각하였기 때문일 것이다.

그 결과 이후의 회담은 종전에 양측이 내놓은 입장의 차이를 재확인하는 데 지나지 않았다. 5월 15일의 마지막 회담에서 방랑은 "만약 석을수로 경계를 정한다면 장파도 잃지 않을 터인데, 한결같이 굳게 고집하는 까닭이 무엇입니까?"라는 질문을 던졌다. 이에 이중하는 "석을수와 홍토수 사이의 거리는 몇 리에 지나지 않습니다. 그 사이는 사람들이 살 수 있는 곳도 아니고, 경작할 수 있는 들판도 아닙니다. 단지 삼나무와 골짜기뿐이라 천 년이 가도 쓸모없는 땅입니다. 어찌 이 땅을 얻고 잃는 것을 가지고 따질 만한 것이 되겠습니까? 하지만 국가의 강토는 한 치, 한 자라도 몹시 중요한 것이고, 홍토수는 명명백백하게 옛 경계입니다. 어찌 멋대로 다른 물줄기에 경계를 정할 수 있겠습니까?"라고 답변하였다. 옛 경계와 국가의 강토는 한 치, 한 자의 땅이라도 반드시 지키지 않을 수 없다는 이중하의 태도에 대해, 방랑 역시 "강토의 중요함은 서로 마찬가지"라고 인정할 수밖에 없었다.

지금까지 감계·회담 과정에서는 양측이 전통적인 사대-자소 관계라는 틀에 의존하여 문제를 해결하고자 하는 태도가 강하게 드러났지만, 이 시점에 와서는 이제 "경계와 국가의 강토"를 반드시 지키지 않을 수 없다는 양측의 입장이 오히려 확실하게 전면으로 부각되었다. 종전과 같은 사대-자소에 기초한 상호 인정과 '배려'·'양보'·'시혜', 쌍방이 공동으로 준수해야 하는 도덕규범이라는 것은 더 이상 양국관계를 규정하는 틀로써 기능하기 어려워졌다는 점을 이러한 대립이 잘 보여 주는 것이 아닐까? 공동감계·회담 과정에서 나타나는 중국 측의 일방적인 강압과 조선 측의 완강한 저항·고집 또한 그것을 뒷받침해 준다.

이리하여 "황상께서 최종적으로 결정을 내려 주시도록 삼가 주청함으로써 경계를 정할 수 있었으면 한다"는 합의로 담판은 마무리될 수밖에 없었다. "깊은 산속 몇 리의 거리"인 "천 년 가도 쓸모없는 땅"을 두고 양측의 주장은 끝까지 평행선을 벗어나지 못하였다. 근대 국민국가의 '영토'에 대한 요구라는 점에서 보면 이것은 당연한 것일 수밖에 없고, 또한 국경회담에 임한 지방관원이 독단으로 양보하여 협상을 타결시킬 수도 없었을 것이다. 총리아문의 주의가 융통성을 부여해 주었으므로 얼마간의 양보도 불가능하지는 않았지만, 길림 측은 그러한 의사를 전혀 보여 주지 않았다.

이미 '두만강경계론'이라는 큰 논점에 대해서는 이견이 없었지만 어느 지류를 두만강 본류·정원(正源)으로 삼느냐는 보다 지엽적인 문제로 회담이 결렬된 것은 길림 측이 두만강 중·하류의 '영토'에 대해서는 더 이상 절실한 부담을 느끼지 않게 된 점이 크게 작용하였을 것이다. 더구나 몇 년 동안 조선이 골치를 썩게 해 왔던 것에 대한 반감과 '보복심리'가 이들의 태도를 결정지었다. 국경문제의 해결이 여전히 다급한 쪽은 수많은 월간민을 안치시켜야 할 과제를 안고 있던 조선이었다. 그렇기는 하지만 두만강 '옛 경계'조차 지키지 못하고 영토의 축소를 가져오는 결말은 조선 측이 받아들이기 어려웠다.(이상 제4장 제2절)

1887년의 제2차 공동감계는 5월 중순 결렬되어 양측은 이후 원래의 임지로 귀환하였다. 이중하는 「정해장계」를 통해 결과를 보고하면서도 따로 「[도문계]변석고증팔조([圖們界]卞晰攷證八條)」를 올려 중국 측이 제2차 공동감계의 기본원칙으로 삼았던 총리아문의 주의와 그 지침에 대해 상세한 반박과 변론을 시도하였다. 여하튼 길림 측은 조선의 내지 쪽으로 들어가 경계를 세우겠다는 방향을 선택하였으므로 석을수로 양보하는 것처럼 보였지만 사실은 조선이 '옛 경계'조차 지킬 수 없게 하는 제안이라는 것이 그의 판단이었다. 하지만 이중하가 인정한 것처럼 "단지 삼나무와 골짜기뿐이라 천 년 가도 쓸모없는 땅"을 조선 측에서 확보하는 것이 가장 시급한 현안은 아니었다. 두만강 북쪽의 조선월간민을 둘러싼 주민확보 경쟁은 여전히 치열하였기 때문이다. 따라서 이중하는 감계 임무를 마친 다음인 5월 26일 함경도 각 지방당국에 대해 변금(邊禁)의 강화를 다시 지시하였고, 아울러 따로 「별단초(別單草)」라는 비밀보고서를 올려 "이처럼 [두만강 북안으로의] 유입이 그치지 않는다면 북쪽 변경의 여러 마을은 결국 모두 텅 비어 버리게 될 것"이라는 우려를 표명하였다. 또한 중국 측 감계위원과 차지안삽(借地安揷)의 방안을 협의하기도 하였지만, "이 방안은 사실 길림 쪽에서 보면 아무런 폐해가 없이 백성들을 끌어들여 황무지를 개간할 수 있는 것이지만, 조선 쪽에서 보면 정말로 백성을 잃게 되는 구멍이 될 가능성이 크므로 부득이하게 임시방편으로 취할 수는 있어도 결코 다행으로 여겨서는 안 될 것"이라고 제언하였다. 위기상황에 직면한 "서북의 변진(邊鎭)을 보존"하기 위한 변금(邊禁)의 강화는 사실 제1차 공동감계 이후 이미 제시된 적이 있었다. 중국 측이 대책을 마련하여 '해결'해 주지 않는 한 조선 측은 변금이라는 소극적인 대책을 취하는 것 외에는 더 이상의 아무런 조치도 내릴 수 없었던 형편이었던 것이다.

흥미 있는 것은 제2차 공동감계가 종결된 다음인 7월 13일 그것을 지원하기 위해 무산·회령·종성·온성에서 지출한 비용을 함경도 지방당국에서 "형세상 전례에 따라 월간민(越墾民)과 우접민(寓接民)에게 나누어 배정해야 한다"[밑줄 — 인용자]고 지시한 점이다. 이 지시는 함경도 지방당국이 두만강 북쪽의 월간민에 대해 실질적으로 통제권을 행사하여 세금과 소작료뿐만 아니라 잡세와 요역까지 부담시켜 왔다고 중국 측이 줄곧 의심해 왔던 것이 사실일 가능성을 암시해 준다.

대규모 월간민의 출현이 두만강 남쪽지역의 공동화(空洞化)를 초래하여 그들에 대한 세금·잡역 징수 등의 실질적인 통제 없이는 지방사회의 위기를 초래할 수밖에 없었으므로 함경북도 지방당국으로서는 그들에 대한 장악이 필수적이었을 뿐만 아니라, 실제 그렇게 그들을 장악해 왔다는 것을 알려 주기 때문이다. 동시에 왜 변계문제가 제기되었고, 거기에 대해 함경도 지방당국(또는 이를 포함한 이해집단)이 월간을 '비호'하면서까지 지속적으로 집착할 수밖에 없었는가 하는 내막과 그 구도를 보여 주기도 한다. "은근히 영토를 넓히려 한다", 대규모 월간민의 뒤에 '지방관의 비호'가 있다는 길림 측의 '의심'은 나름대로 충분한 근거가 있었던 것이다.

여하튼 감계사로서의 임무를 마친 다음, 이러한 상황을 초래한 원인에 대해 속사정을 파악한 이중하는 "중국인의 눈에 띌까 염려되었기 때문"에 "감히 「별단」에 올릴 수 없었던 내용", 즉 이러한 모든 사태를 초래한 잘못이 사실 어윤중에게 있다는 점에 대해 노골적으로 털어놓았다. 그럼에도 불구하고 1887년 8월 19일 조선정부는 이중하의 「정해장계」에 기초하여 중국 측에 공동감계의 결과를 통보하였다. "석을수는 소백산 동남쪽에서 나오는 두 번째 물줄기로 장백산과 매우 먼데, 이곳을 고집하여 경계를 정하는 것이 과연 타당할까요?"라는 의문을 제시하면서도, 유민을 안치하는 문제에 대한 각별한 은전(恩典)을 요청하는 것이 그 내용이었다.

한편 제2차 공동감계를 마치고 귀환한 길림 측 감계위원의 보고는 그들이 1887년 6월 7일 길림장군에게 올린 보고에서 확인할 수 있다. 이에 따르면 서두수·홍단수 유역은 조선거민의 거주가 이미 오래된 곳이라 하여 결국 소백산 동쪽 기슭에서 발원하는 석을수가 대도문강이라는 판단을 내리고 있었다. "물줄기의 길이를 따진다면 석을수의 발원지[까지의 거리] 역시 홍토수 발원지보다 더 길고", 무산에서 그 발원지까지는 모두 '280리 정도'가 되므로, [강희제의 상유에서 말한] '잘 알지 못하는 땅의 길이'와도 일치한다는 것이었다. 따라서 그들은 소백산이 바로 분수령이고, 이 분수령 아래의 석을수 발원지를 대도문강 발원지로 본다면 조금도 억지가 없고 "서쪽은 압록이 되고, 동쪽은 토문이 된다"는 비문 내용과도 들어맞는다는 결론을 내렸다.

이것은 제1차 공동감계 때 자신들이 내린 주장·결론이 사실 무리였다는 점을 스스로 인정하는 것이나 마찬가지였다. 따라서 이러한 논리로는 조선 측을 설득할 수 없음에도 불구하고 그들은 "이중하는 마음속으로는 동의하면서도" 조선정부의 명령 때문에 스스로 결정을 내릴 수 없었다"고 '일방적'으로 해석을 하였다. 이때 주목할 만한 것은 그들이 "목극등이 세운 비석은 이미 경계와 관련이 없고, 나아가 돌·흙무더기 또한 송화강 상류로 연결되는 것이므로 지금 이 비석을 파괴하지 않는다면 여전히 장래에도 의혹으로 남아 또 다른 말썽이 발생할 수도 있으며, 또한 송화강에도 방해가 된다"는 주장까지 내세웠다는 점이다. 정계비가 공동감계·국경회담에 임하는 중국 측에게 '아킬레스건'과 같은 약점이었으므로, 제1·2차 공동감계·국경회담에서 중국 측의 대응의 초점은 무엇보다도 이 정계비의 신뢰성을 무너뜨리는 데 있었다는 점을 여기서 명백하게 확인할 수 있다.

한편 이러한 보고를 받은 길림장군이 그것을 총리아문에 통보하자, 총리아문은 그에 동의하면서도 어떻게 경계비를 세울지, 어떻게 조선 측을 설득하고 조선유민을 안치할지에 대해서는 길림장군이 조선의 감계사와 논의하여 처리하라고 지시함으로써 과제 처리를 모두 길림장군에게 떠넘겨 버렸다. 이리하여 제2차 공동감계·국경회담을 거친 다음 중국 측의 입장은 분명하게 정리되었다. 소백산 동쪽 기슭에서 발원하는 석을수가 바로 대도문강이고, 따라서 소백산이 바로 분수령이라는 최종적인 결론이 내려진 것이다. 이것은 결국 정계비가 원래 세워진 장소인 소백산에서 조선 측에 의해 몰래 북쪽으로 옮겨졌다는 이설론(移設論)을 전제로 한 것이었다. 하지만 그렇다고 해서 그것이 강희제·목극등에 의해 세워진 사실을 말소해 주는 것은 아니었으므로, 이런 곤혹을 타개하기 위해서 억지로 그 비문의 내용에 맞추어 두만강의 물줄기 계통을 다시 '조정'한 셈이 되었다. 서두수에서 홍단수로, 다시 홍단수에서 석을수로 길림 측이 두만강의 '본류'를 바꾸어 가며 지정한 것은 이 점을 잘 설명해 준다. 목극등에 의한 정계비 설립의 '수수께끼'를 당시의 중국으로서는 여전히 이해할 수도 없었고, 이해하려고도 하지 않았다.

그런데 총리아문이나 북양대신 이홍장의 판단 근거는 기본적으로 현지 당사자인 길림장군의 보고에 의지하였으므로, 제2차 공동감계·국경회담의 결렬에서는 길림지방의 의사가 결정적인 중요성을 지니고 있었다. 따라서 길림장군의 판단에 따라 이후 문제의 처리방향이 결정될 수밖에 없었다. 길림장군은 1887년 11월 26일에 올린 상주를 통해 홍기하를 소도문강, 석을수와 홍토산수가 합류하는 곳을 대도문강으로 설정하고, 아울러 석을수를 따라 무산 서쪽까지 경계비를 세우는 것이 공정한 방안이라는 입장을 고수하였다. 그 역시 "응당 어떻게 조선부사와 함께 계비를 고쳐 세울지, 그리고 앞서 언급된 월간유민을 각기 [조선으로] 쇄환시키거나 아니면 [중국호적에] 편입시켜 안치시킬지"에 대해서는 다시 공동감계를 통해 처리하도록 조선국왕에게 지시를 내려 달라고 하는 총리아문의 입장을 받아들였다. 길림장군 역시 독자적인 판단을 유보하면서 단지 재감계를 통해 문제를 처리하자는 상당히 무책임한 결정을 내린 셈이 되었다. 12월 13일에 이를 승인하는 황제의 재가가 떨어졌는데, 광서제는 물론이고 총리아문·북양대신·길림장군 누구든 최종 선택에 대해서는 아무런 결정도 내리지 않았다. 그렇지만 석을수를 대도문강으로 설정하면서 공동재감계를 통해 문제를 해결하기는 불가능하다는 점은 이미 분명히 확인된 바이기도 하였다.

이렇게 아무런 기대도 할 수 없는 제3차 공동감계를 길림장군이 최종 대안으로 선택한 것은 결국 누구도 '결단'을 내리지 않았던 데서 비롯되었다. 지금까지처럼 청조가 조선에 대해 '자소지의(字小之義)'를 지키고자 하는 방침을 고수하는 한, 그리고 조선 측이 이러한 중국의 태도에 기대어 양보와 시혜를 계속 기대하는 한, 이러한 분쟁은 최종적으로는 청 황제나 길림장군의 '결단' 또는 '양보'가 아니면 풀릴 수 없었다. 하지만 이미 두만강으로 국경이 설정되는 것은 기정사실이었으므로, 중국 측으로서는 굳이 그러한 결단이나 양보가 필요하다고 여기지는 않았다.(이상 제4장 제3절)

제2차 공동감계 이후 광서 13년(1887) 11월 26일 길림장군이 올린 상주로 제3차 공동재감계가 결정되자, 1888년 2월 16일 원세개는 이를 조선에 통보하였다. 3월 9일 조선정부는 이중하를 다시 파견해 보내서 처리하겠다고 마지못해 동의하였으나, '적절하고 신속한' 재감계를 바라는 길림 측에 비하면 그야말로 소극적인 대응이었다. 아무런 즉각적인 성과도 기대할 수 없는 상황에서 다시 공동감계와 국경회담을 실행하는 것은 함경북도 현지 주민에게도 무거운 경제적 부담을 안겨 줄 수밖에 없다는 점도 고려되었을 것이다. 결국 4월 20일에 북양대신에게 보낸 자문에서 조선정부는 이중하가 아무런 이의 제기도 하지 않고 다시 재감계에 나서는 일은 무의미하다고 사실상 그것을 거부하였다면서, 중국 측에서 단지 "길림장군이 상주한 바대로 시행"하라는 통보만을 한 것에 대해 이례적으로 "상당히 생각이 어지럽다"고 표현하여 동의하기 어렵다는 뜻을 드러내었다. 조선정부는 또한 이홍장에게 다시 중재를 요청하였으나, 그는 이미 "백두산 감계문제에 대해 조선에서 만약 다른 의견이 있다면, 응당 [북양대신인 내가 아니라] 총리아문 쪽에 자문을 보내 검토·처리하게 해야 할 것"이라고 이를 거부하였다.

그리고 이홍장을 통해 조선 측의 입장을 전해 들은 혼춘당국의 방랑은 "석을수야말로 무산 서쪽 천연의 경계"이며, 이곳으로 경계를 나눈다면 곧 장백산이라는 청조 발상의 근본지역을 훼손하지 않을 것이고, 조선에도 전혀 장애가 되지 않을 것이다"면서, "조선이 홍토산으로 경계를 정하고자 하는 것은 본디 중국 조정에서 법외(法外)의 인자함을 베푸는 것을 기대"할 수밖에 없다는 강경한 입장을 통보하였다. 여기서 방랑이 언급한 장백산 발상의 근본은 홍토산수의 지류 가운데 하나인 원지수(元池水, 圓池水)가 발원하는 원지(元池, 圓池)를 가리키는데, 이 시점에서 혼춘당국은 만주족(滿洲族)의 시조 포고리옹순[부쿠리용손(布庫里雍順)]이 태어난 전설의 장소인 이곳이 청조의 발상중지(發祥重地)라는 점을 강조하면서, 홍토산수를 경계로 설정해서는 안 된다는 근거의 하나를 새롭게 추가한 것이다.

하지만 사실 이 이전에는 제1·2차 공동감계·국경회담에 관한 기록 어디에서도 이런 중국 측의 근거는 언급된 적이 없었다. 하지만 방랑이 찾아낸 이 새로운 논거는 적어도 만주족(의 청조)에게는 그야말로 무엇보다도 강력한 무기가 되었다. 청조를 세운 만주족의 발상중지라면 이 문제에 대해 추호도 양보할 가능성을 설정할 수 없기 때문이다. 그리고 이러한 논리가 제기된 이상 "중국 조정에서 법외(法外)의 인자함을 베푸는 것을 기대"하여 홍토산수를 경계로 설정한다는 희망 역시 완전히 불가능한 일이 되었다. 이렇게 혼춘당국이 '원지·홍토산수=발상중지'라는 '강경' 논리를 만들어 낸 것은 결국 양측의 국경회담을 궁극적인 파국으로 몰아넣었다. 길림 측은 이러한 논거에 기초하여 여전히 "석을수로 경계를 정하는 것 외에는 속방을 체휼(體恤)할 수 있는 바가 따로 없고, 이런 일은 저희들이 감히 제안을 내놓을 수 있는 바도 아니다"는 의견을 마지막으로 제시하였다.

1888년 전반기에 길림장군이 희원(希元)에서 장순(長順)으로 교체되었지만, 그 역시 조선국왕에게 독촉하여 "관원을 파견하여 길림위원과 함께 경계비를 새겨 세워 영원토록 준수하게" 하도록 총리아문에 지시를 내려 줄 것을 주청하였다. 그러나 총리아문에서는 1890년 2월 18일의 의주(議奏)에서 "조선은 대대로 번봉의 직분을 삼가 지켜 왔고, 오랫동안 중국의 두터운 은혜를 입어 왔으므로, 지나치게 이 문제를 가지고 압박을 가할 필요는 없을 것 같다"는 의견을 제시하여 사실상 길림장군의 요청을 거부하였다. 총리아문의 이러한 의견 표명은 아마도 제3차 공동감계의 무산을 최종적으로 확인하는 기록이 되겠지만, '제3차' 공동감계가 무산되어 버린 것은 얻을 것이 전혀 없는 조선 측의 소극적인 반응과 더불어 이렇게 청정부에서도 더 이상 조선을 '압박'할 필요성을 느끼지 않았던 것 때문으로 보인다.

그렇지만 국경문제와는 별도로 조선월간민의 존재는 여전히 양쪽 갈등의 기폭제 역할을 하고 있었기 때문에, 길림당국의 정책 중점도 점차 '영토'에서 거기에 거주하는 '주민', 즉 조선월간민을 어떠한 방법으로 장악하는가에 대한 관심으로 바뀌게 되었다. 이것은 1881년 대규모 조선월간민의 존재를 발견한 이래 길림당국의 정책이 사실상 그들에게 "증명서를 지급하고 소작료를 납부하게" 함으로써 중국의 '판도'에 편입시키는 데 주안점을 두었던 최초 방안으로 복귀하는 것을 의미하였다.

이러한 길림당국의 의도가 다시 표면화될 수 있었던 계기는 바로 제3차 공동감계가 한참 논의되던 시기인 1888년 4월 조선월간민이 통상국에 몰려가 "종성부의 차역(差役)이 감히 관청의 고시를 내세우면서 돈을 부과하여 매일매일 돌아다니며 독촉하니, 남자든 여자든 편안히 지낼 수 없게 되었다"고 호소한 사건이었다. 이것을 구실로 방랑은

"조선관원이 국경을 넘어와 강제 징수를 하는 등 '가렴주구'를 일삼고 있는 상황을 더 이상 용인할 수 없다"는 자세를 보임과 동시에 "과거에 돈을 강요하던 행적은 억지로 뒤덮어 버리면서도 앞으로도 여전히 악착같이 수탈할 것이라는 속셈을 아주 분명하게 드러내 보이는" 상황을 막아야 한다면서, 이에 대한 청정부의 조치를 요청하였다.

이렇게 제3차 공동감계가 유야무야되면서, 조선월간민을 장악하기 위한 양측의 경쟁이 더욱 치열해질 것이 예상되는 가운데, 이해 말에는 함경북도지방관이 화룡욕의 세무직원 진영(秦煐)이 조선월간민이 추수한 곡식을 운반해서 돌아오는 것을 압수하여 수천 거민이 생계를 잃게 되었다면서 이 문제의 해결을 정부에 호소하는 일이 다시 발생하였다. 이를 알게 된 길림장군은 일단 "진영이 먼저 보고도 하지 않은 채 갑자기 조선백성의 미곡을 압수하였다"면서, "조선백성의 빈곤과 어려움은 응당 구휼해 주어야 할 것"이라는 의사를 표명하였고, 청정부도 이에 동조하면서 사태는 마무리될 것처럼 보였다. 그렇지만 사건 당사자인 진영은 다시 1888년 12월 6일자 길림장군에 대한 답변에서 조선관리의 수탈과 허위보고를 문제 삼고 나섰다. 그는 조선관리가 좌수나 서차 등을 지주로 삼아 월간민에게 거두는 소작료로 미곡을 거두는 것을 '수탈'이라 비난하였던 것이다. 이러한 진영의 '폭로'와 앞서 방랑이 언급한 '서차의 수탈'에 대해 중국 측은 "북도의 지방관이 사실을 멋대로 조작하여 뒤엎으려 했던 것이 분명"하다면서, 이러한 거짓 보고 문제에 대하여 상세한 답변을 보내 달라고 조선정부에 요청하였다.

여기서 진영의 주장 자체가 모두 사실인지 확정할 수 없지만, 함경도 지방당국이 백성의 월간과 그들에 대한 실질적인 통제(호적 편성과 세금 및 잡역의 징수)를 계속 유지하고자 노력해 왔고, 그러한 실제적인 진상을 중앙정부에 대해 제대로 알리지 않았던 것이 분명한 만큼,

진영의 '폭로'가 일방적인 억지주장이라고만 보기에는 무리가 있다. 공동감계·회담이 양측 합의를 얻지 못하고 무산되었지만, 일단 무산 동쪽 두만강 중·하류 지역의 경우에 대해서는 이미 경계가 확정된 것이라는 판단 아래, 이 지역에 대한 조선관리의 실질적 '지배'를 더 이상 간과할 수 없다고 진영이 실제행동에 나서자, 함경북도 지방관들이 '허위보고'를 통해 그것을 저지하려 했던 것이 아마 사실에 보다 가까울 것이다.

나아가 이에 대한 중국 측의 추궁과 조선 측의 변명이 오가는 가운데, 진영은 이를 입증할 종성부사의 장부 5책과 회령부사의 영수증 용지 1장을 확보하고 "종성부사 아문에서 길림·도문강 주변의 월간지역을 그 좌수·서차 등에게 한 사람당 각기 수 상(晌), 십수 상씩 나누어 주었다. 또한 병역 백 명에게도 각기 한 사람당 1상씩 땅을 나누어 주어 모두 지주로 만들었으며, 조선월간민 각 가구를 그들 좌수 등에게 나누어 주어 그 소작인으로 삼게 하였다"고 다시 폭로하였다. 진영의 보고가 사실에 가깝다고 추정한다면, 두만강 북쪽 조선월간민의 존재양태는 단순하게 생존자원을 확보하기 위한 빈민의 월경이라는 차원의 이해만으로는 충분한 설명이 이루어질 수 없는 셈이다. 사실상 지방당국(지방관과 좌수·서차·병역 등)이 중심이 되어 백성의 월간에 적극적으로 개입하면서 월간민과 그 토지를 대상으로 일종의 '식민지 경영'을 수행한 것이나 마찬가지이기 때문이다. 궁지에 몰린 조선정부는 7월 8일에 가서야 해당 관리를 견책하는 처벌을 결정하였지만, 이런 처벌을 결정하고도 중국 측에 알리지 않았기 때문에, 몇 차례나 원세개의 답장 독촉을 받는 난감한 궁지로 몰렸다. 결국 조선정부는 "실로 양쪽 모두 각자의 직분을 지킨 것이라 할 수 있다"면서, 사건의 '축소'를 통한 마무리를 시도하였다. 일회성의 징수가 아니라 종래 지속적으로 이루어져 왔던 월간민에 대한 '부담'의 '분배'를 실질적으로 '은폐'

하거나 '축소'시키고, 아울러 주변 각 지역에 지시하여 "앞으로는 이런 일을 없도록 따로 금지시켰다"고 통보하였던 것이다.

이렇게 해서 마찰이 그럭저럭 무마되었으나, 조선월간민을 장악하기 위한 길림 측의 시도 역시 중지되거나 약화되지는 않았다. 일단 길림 측은 진영의 시도에 의해 월간민에 대한 조선 지방당국의 '간섭'을 최대한 배제할 수 있는 유리한 입장에 설 수 있게 되었기 때문이다. 아울러 이러한 시도 자체가 길림당국의 정책적 전환의 발단이 된다는 것은 바로 이 무렵에 월간민 통제를 확고히 하기 위해 편갑승과(編甲升科)의 정책을 길림당국이 추진하는 데서 잘 드러나게 된다. 이것은 조선월간민의 호적을 파악하고 그들을 보갑과 그것들을 지리적으로 묶은 사(社) 단위로 편성한 다음, 개간지에 대한 토지증명서를 지급하고 그에 대한 세금 징수를 시작하여 완벽한 통제를 시도하는 정책이었다.(제5장 제1절)

1888년 7월 부임한 길림장군 장순(長順)은 이러한 편입정책을 적극적으로 추진하기 시작하였다. 이것은 기존에 청조가 추진해 왔던 한족(漢族) 농민이나 기민(旗民)을 동원한 이민실변 정책 등이 길림 남부·동부 지역에서 성과를 올리기 쉽지 않았던 때문이기도 하였다. 따라서 이미 이 지역에 와서 정착해 있는 조선월간민에게 토지증명서를 지급하고 그들이 개간한 토지에 세금을 납부하게 하는 급조승과(給照升科)의 편입정책을 추진하는 것은 길림당국에게는 이민실변의 실질적 효과를 올리는 데는 최상의 선택이 되었다. 조선 지방당국의 입김을 배제하고 자국의 영토 안에 거주하는 '주민' — 조선월간민 — 을 확보하기 위한 경쟁에 길림당국이 적극적으로 나선 것은 이러한 사정 때문이었다.

이 당시 길림 남·동부는 "해란하에서부터 두만강에 이르기까지 전혀 촌락이나 마을이 없으며, 주둔하고 있는 부대도 없는"데다가, 화룽욕 북쪽은 조선인이 십분의 팔을 차지하고, 그 동·남·서쪽 삼면의 두만강 주변 지역은 모두 조선백성으로 "광제욕 한 군데만을 들어도 이미 2천 가구가 넘는" 상황이었다. 두만강 상류에서 혼춘에 이르는 칠백 리 가까운 광범위한 지역의 상황 역시 대체로 비슷하였을 것으로 본다면, 이 지역에 흩어져 있는 조선월간민을 어떻게 장악·통제하느냐는 바로 길림 남·동부 지역사회를 장악하는 데 결정적 의미를 지녔다. 따라서 관할지역의 통치를 위해 길림당국이 선택한 것은 바로 조선월간민을 효과적으로 통제하는 방안이 될 수밖에 없었다. 1889년 12월 24일자 상주에서 길림장군은 무산부 동쪽 지역의 경우는 이미 감계가 끝난 것이나 마찬가지이고, 조선월간민의 가구가 수천 호, 개간 토지가 1만 상이 될 정도인데 도저히 조선으로 쇄환될 가능성이 없으니 차라리 종전 정책으로 돌아가 "증명서를 발급하고 소작료를 내게 하여 우리의 판도에 귀속시키고 머리모양과 옷차림을 바꾸고 우리의 정교(政教)에 따르게 해야" 하며, 그것을 위해 "관원을 파견하여 토지를 측량하고 보갑으로 편입시키고 세금을 매기는" 방안을 통한 적극적인 동화(同化)를 추진하겠다고 제안하였다. 이러한 방안은 이미 1882년 무렵 길림당국과 예부에서 제안한 적이 있었다.

이홍장이나 총리아문도 그들이 러시아로 이탈하는 것을 막기 위해서라도 "분명하게 중국호적으로 편입시킴으로써 우리 품안에 끌어안는" 데 찬동의사를 표명하였다. 인구가 아주 적고 사회경제적 개발이 뒤쳐진 변경지역이라는 영토의 보전을 위해서는 그곳의 '주민'(과 그들이 내는 세금)을 확실하게 장악하는 것이 무엇보다도 선결과제였던 만큼, 조선월간민은 변경지역을 둘러싼 중국·조선·러시아 삼국의 경쟁구도에서 필수적인 '쟁취' 대상이 된 것이다.

이리하여 1890년 중반이 되면 길림당국은 "증명서를 발급받고 소작료를 내게 하며[領照納租], 그것을 위해 "토지를 측량하고 보갑으로 편입[淸丈編甲]"하는 정책을 시행에 옮겼다. 이러한 동화정책의 강행에 대한 조선월간민의 반응도 점차 제각기 엇갈리게 되어 이를 저지하기 위해 노력하는 사람들과 여기에 적극적으로 호응하는 사람들로 분열 양상이 나타났다. 나아가 이해 7월 조선정부는 조선백성에게 20일 기한을 설정하여 머리모양과 옷차림을 바꾸고 중국호적으로 편입시키려 한다는 함경북도안무사의 보고를 받고, 이러한 일 처리를 중단시키도록 청정부에 요청하였다. 지금까지의 경과와 대응으로 보아 중국 측이 여전히 '천조적자(天朝赤子)'에 대한 '자소(字小)'의 은혜를 베풀 것이라는 기대가 여기에 담겨져 있었던 것이다. 하지만 이 경우에는 중국 측의 반응이 종전과는 달랐다. 원세개를 통해 중재요청을 받은 이홍장까지도 "길림변계의 월간조선백성에 대해서는 일찍이 호적에 편입시킬 것을 상주하여 재가를 받은 바 있으니, 즉시 [원세개가] 직접 기존 안건을 찾아 서신으로 답장을 해 주면 될 것이다."라는 단호한 반응을 보였던 것이다.

조선정부는 그래도 다시 7월 26일에 "토지세와 인두세의 징수 및 법률·정령은 모두 길림변계의 [중국]지방관이 관할하되, 머리모양과 옷차림은 옛 방식[즉 조선방식] 그대로 놔 달라는 것뿐이다"는 제안을 내놓았지만, 이홍장은 "조선백성이 호적을 바꾸는 것을 원하지 않는다면, 조선백성이 경계를 벗어나지 못하게 되면 될 것이 아닌가?"라는 냉정한 대응으로 나왔다. '차지안치'의 문제에 대한 반응처럼 이홍장이 '편갑승과'에 대해서도 이렇게 단호한 입장을 보인 것은 아마도 지난 몇 년 동안 조선정부의 대응을 겪으면서 축적된 경험을 통해 같은 사태의 반복을 가져올 뿐인 유화적인 대응보다는 실제적인 국익(國益)을 우선시키는 쪽으로 대응하는 편이 낫다는 판단을 하였기 때문일 것이다. 즉 '자소지의(字小之義)'를 빙자한 조선지방관의 월간민에 대한 통제라는 관행을 더 이상 허용하지 않겠다는 결심이었다.

한편 이러한 상황에서도 여전히 오래전에 거부당한 '차지안치'라는 대책을 내용만 약간 바꾸어 내놓았다는 것은 조선정부가 이 문제를 해결할 수 있는 역량·준비를 거의 갖추지 못하였다는 점을 확인시켜 준다. 조선월간민의 자발적인 귀환(중국의 동화 정책에 반발하여 월간민·우접빈민 가운데 일부가 귀환하였으므로 아주 없었던 것은 아니다) 외에 오로지 기대가 가능하였던 것은 조선월간민에 대한 '상국'의 시혜뿐이었는데, 이것초자 거절당하면서 조선정부는 당시로서는 더 이상 이 문제에 대해 아무런 손도 쓸 수 없게 되었다.(제4장 제2절)

이상에서 서술한 것처럼 조선정부의 항의에도 불구하고 편갑승과 정책을 추진하게 된 결과 1890년대 초반에는 토지 측량과 호적 조사, 보갑 편성 등이 이루어지면서 길림당국은 조선월간민에 대해 종전보다 훨씬 확실한 정보 파악과 통제 체제의 설립이라는 성과를 거둘 수 있었다. 길림당국이 파악하여 청정부에 올린 1894년 3월의 최종보고를 확인하면 1891년 3월부터 시작하여 1892년 7월까지 두만강 일대 전체 및 흑정자 등지에서 개간된 토지에 대한 편호입적 정책이 추진되었다. 그 결과 모두 4보 39사로 개간민 4,308호를 거두어들여 남녀 인구는 총계 2만 899명이었고, 전체를 124갑으로 편성하여 415패를 정하였다는 사실을 알 수 있다. 또한 측량의 결과 얻은 경작이 가능한 개간지는 1만 5,442상(垧) 남짓이었고, 매년 소작료(大租銀)는 은 2,779냥 남짓이었다.

이러한 편갑승과 정책을 통해 조선월간민은 개간한 토지에 대해 토지증명서[地券]를 받아 토지소유권을 확보할 수 있었지만, 이러한 동화정책의 대상이 된 조선개간민의 반응에 대해 길림당국은 그들을 '월간(越墾)'과 '월우(越寓)'로 구분하면서 대략 각기 절반씩을 차지하지만, '월간'의 경우 대부분 동화정책에 적극적으로 호응하였고, 그 결과 "머무르는 사람이 열 가운데 일곱"이라고 평가하였다. 한편, "열 가운데 셋" 정도로 떠나는 쪽을 선택한 '월우'의 경우 그 절반은 "조선관리나 병역이 토지를 개간하는 데 부리는 품팔이노동자여서 뒤에 믿는 것이 있기에 두려워하지 않고, 따라서 악착같이 저항하는 경우"에 해당되었다. 나머지 절반은 조선으로 돌아가지 않고 머무르는 쪽을 선택하였다. 만약 길림장군의 위와 같은 분석을 받아들인다면, 이러한 동화정책의 실행으로 가장 큰 타격을 받은 것은 아마 떠나는 쪽을 선택한 집단이었을 것이다. 생존의 자원을 찾아 월경·월간을 감행한 조선 농민들로서는 편갑승과, 나아가서는 치발입적(薙髮入籍)을 받아들이더라도 토지를 지급받고 안정된 삶을 누릴 수 있는 기회를 확보할 수 있었다. 반면 그들에 대한 실질적인 통제를 통해 미곡이나 세금·잡세와 잡역의 징수를 시행해 왔던 함경북도당국(이나 그와 관련된 '지주'들)은 더 이상 이러한 세입을 확보할 수 없게 되었다.

따라서 2만 명이 넘는 조선월간민을 확실한 통제 아래 두게 된 길림당국은 그에 따른 수입을 거두어 지방 통치 질서의 확립에 한 걸음 더 다가설 수 있었을 뿐만 아니라, 조선 지방당국의 이들에 대한 통제와 '수탈'을 차단할 수 있었다. 그동안 중단되기는 하였지만, 조선월간민에 대한 동화정책을 적극적으로 수행할 기회를 확보함으로써 길림당국은 '이민실변' 정책의 실질적인 결과를 확보하는 단계로 진입하게 된 것이다. 길림당국으로서는 제1·2차 공동감계·국경회담의 직접적인 성과를 여기에서도 찾을 수 있었다. 반면 함경도 지방당국은 기왕의 '식민지 경영'을 통해 얻을 수 있었던 수입에 커다란 차질이 생길 수밖에 없었고, 나아가 종래부터 강북(江北) 지역에 크게 의존해 왔던 이 지역의 농업과 경제 역시 심각한 타격을 받았다. 여기서 다룰 수는 없지만 청일전쟁을 거친 1890년대 중반 이후 지금까지 서술한 것과 같은 국경문제와 양국 주민 사이의 분쟁이 재발하게 되는 것은 아마도 이러한 경제적 배경이 크게 작용하였을 것이다.

하지만 길림당국의 '성공' 또는 승리로 평가될 수 있는 이러한 동화정책의 추진에 대해 이로부터 약 20년 후에 '연길(延吉)' 문제를 깊이 조사한 오록정(吳祿貞)은 이와는 전혀 다른 평가를 내렸다. 조선백성의 월간과 이주가 연길청 전역으로 확산되어 "오늘에 이르러서는 시끄러운 손님이 주인 자리를 차지하는 형세가 되어 버렸다. 그 유래를 추정해 보면 중국이 한민을 회유한 정책이 이러한 잘못을 이끈 것이라고 하지 않을 수 없다."라고 그는 평가하면서 "오늘날 연길 경내의 한민은 5만여 호에 이르는데, 중국인은 도리어 그 1/4에도 미치지 못한다. 수백 년 동안 청조의 근본 중지였던 땅이 조선의 식민지처럼 바뀌어 버린 것이다"고 그 '부정적인' 측면을 크게 강조하였다. 그는 '편갑승과'를 통해 조선월간민에 대한 조선지방관들의 식민지 경영을 차단하고 그들을 중국인으로 동화시키려 한 정책의 성과를 평가하기보다는, 그 때문에 조선인의 월경·이주가 더욱 촉발되어 "시끄러운 손님이 주인 자리를 차지하는 형세"가 되고, 그 결과 이후의 '간도문제(間島問題)'가 불거지게 된 것을 비판하고 있는 것이다.(이상 제4장 제3절)

이렇게 편갑승과 정책이 표면상 비교적 성공적인 성과를 거두기는 하였지만, 그렇다고 해서 두만강 북쪽 연안에 대한 길림당국의 행정적 장악이 확고해진 것은 아니었다는 점 또한 기억할 필요가 있다. 주지하듯이 조선백성의 이 지역에 대한 진출은 오록정도 목격하였듯이 이 무렵은 단지 시작 단계를 거친 것에 지나지 않았다. 이후 청일전쟁에 따른 청의 국제적 위상 추락과 청-조선 관계의 재편, 의화단 사건에 따른 러시아의 등장, 한국 지배를 노린 일본의 개입으로 '간도문제'가 본격적으로 불거지면서 국경분쟁이 다시 재연되고, 따라서 조선백성의 월경·이주나 그들의 장악을 둘러싼 경쟁, 이주민의 토지소유권·국적 문제에 따른 갈등 등 이후에도 여전히 수많은 국제적 난제가 출현하는 것이다. 이 시기 조선백성의 월경이 일반적으로 '간도이주

(間島移住)'의 전사(前史)나 초기단계로 이해되는 것도 바로 이러한 사정 때문인 것이다.

제1·2차 공동감계·국경회담 역시 바로 그러한 전사(前史)의 중요한 부분을 이루고 있었다. 이후 시기가 되면 청일전쟁 이후 조선-청 관계의 재편이 이루어지면서 제1·2차 공동감계·국경회담을 강력하게 규정하였던 '사대-자소' 질서와는 전혀 다른 만국공법에 의한 근대적 영토·국가 관념의 기초 위에서 새로운 분쟁이 다시 재연되기 때문이다. 제1·2차 공동감계·국경회담을 통해 양측이 자신에게 유리한 논리와 근거를 끊임없이 찾아서 제시하였던 것처럼, 이후에도 새로운 상황과 배경 속에서 계속해서 새로운 논리가 모색되는 과정을 거치면서 두만강 북안의 '간도'를 둘러싼 국경분쟁은 전혀 새로운 양상·국면을 맞이하게 되었다.

그래서 이런 점에서 보면 이 시기 동안 줄곧 양국 사이에서 문제가 되었던 월간민의 '차지안치'의 문제는 이러한 시대적 특성을 가장 잘 반영하고 있는 것으로 보인다. 제1차 공동감계·국경회담이 끝날 무렵 원세개가 제안한 이 방식은 "중국 땅을 빌려 조선유민을 안치하겠다고 황상의 은혜를 간청하는" 것이었다. 이를 통해 수만에 이르는 '빈민'의 생존권을 보장하겠다는 이 논의는 그야말로 '천조상국' 청의 '자소'라는 전통에 기대고 있었다. 불법적인 월경을 문제로 삼지 않고 이들을 가능한 한 끌어안아 그들을 중국으로 편입시키려는 정책을 모색하였던 길림당국의 초기 태도 역시 그들을 '천조의 적자'로 '일시동인(一視同仁)'하여 관용의 은전(恩典)을 베풀 수 있다는 태도를 반영한 것이었다.

하지만 조선 측이 꾸준하게 모색한 차지안치의 방식은 중국의 영토에 안치된 월간민에 대해서 이후에도 계속 지속적인 통제와 지배를 유지하겠다는 차원의 것(물론 최후에는 그것도 포기하고 머리모양과 옷차림만이라도 유지해 달라는 것으로 축소되었다)으로 중국 측에 받아들여졌다. 이를 통해 조선월간민의 문제가 단순한 빈민의 생존권 차원이 아니라 그 배후에는 이들에 대한 실질적인 통제, 즉 일종의 '식민지 경영'을 시도하는 조선 지방당국이 자리 잡고 있다는 점을 점차 확신하게 되면서, 전통적인 사대-자소의 틀에 기댄 차지안치의 방식은 중국 측이 받아들이기 불가능한 것이 되어 버렸다. 이러한 조선 측의 요구는 전통적인 사대-자소의 틀과 양립할 수 없었을 뿐만 아니라, 영토와 주민, 그리고 주권에 대한 배타적인 독점을 요구하는 만국공법의 국제질서에서도 마찬가지로 용납될 수 없었기 때문이다. 조선의 시도를 조선월간민의 배후에서 "은근하게 영토 확장을 노리면서" 아울러 그들에 대한 실질적인 장악과 '수탈'을 유지하겠다는 의도로 받아들인 중국 측은 '자소'의 은전을 베풀기보다는 차라리 철저하게 영토에 대한 배타적인 지배를 관철하겠다는 방향으로 전환하지 않을 수 없었다.

제1·2차 공동감계·국경회담을 거치면서 국경문제가 해결되기는커녕 조선 측이 도리어 옛 경계, 즉 두만강경계조차 중국으로부터 인정받을 수 없는 궁지로 몰리게 된 것도 이와 밀접하게 관련이 있을 것이다. 길림당국이 시종일관 강경한 대응방침을 취하면서 전혀 양보·배려의 자세를 취하지 않고 국경회담을 파국으로 몰고 간 것이나, 이후 월간민에 대한 조선 지방당국의 개입을 완전히 차단하고 나아가 완전한 편입·동화의 정책을 추진하게 되는 것 역시 마찬가지다. 여전히 종래의 전통적인 관계에 의거하여 황제의 은전을 기대하는 조선 측의 무리한 요구·기대는 더 이상 용납될 수 없었다. 제1·2차 공동감계·국경회담을 거치면서 꾸준히 조선 측에 의해 시도되어 왔던 차지안치 방식의 궁극적인 '폐기'는 바로 이러한 시대적 상황의 변화를 그대로 반영해 주는 하나의 상징이었다.

참고문헌

1. 사료

『高宗時代史』 1·2·3輯(국사편찬위원회, 1967·1968·1969. 韓國史 데이터베이스)

『高宗實錄』(『朝鮮王朝實錄』)

『國譯承政院日記』(古典飜譯院 韓國古典綜合DB)

『白頭山定界碑資料』(光武 7년. 1903. 奎章閣25219)

『備邊司謄錄』(서울대학교 奎章閣韓國學研究院 등)

『承政院日記』(서울대학교 奎章閣韓國學研究院 등)

『日省錄』(서울대학교 奎章閣韓國學研究院)

『大淸歷朝實錄』(中華書局, 1987. 國史編纂委員會 明·淸實錄 데이터베이스)

『調査吉林東邊報告』(編著者[中國], 出版地, 出版年度[20世紀初] 未詳. 奎章閣 想白古 915.28-J77-v.1-2) 上·下冊

『駐朝鮮使館檔』「袁世凱-僑務-韓民越界開墾滋事案」(檔案番號 全宗 01-系列 41-宗號 023-冊號 07)

『駐朝鮮使館檔』「袁世凱-邊界-吉朝會勘土門江界址案」(檔案番號 全宗 01-系列 41-宗號 018-冊號 01)

『籌辦夷務始末 同治朝』

『淸史稿』(中華書局, 1977)

『皇朝文獻通考』(卷293의「四裔考」, 卷294「四裔 東 朝鮮 二」)

『皇朝通典』(王雲吾 主編, 『淸朝通典』, 萬有文庫 第二輯. 商務印書館, 1935)

고구려연구재단 편, 『白頭山定界碑資料輯』(고구려연구재단, 2006)

고구려연구재단 편, 『朝鮮時代北方史資料輯』(고구려연구재단, 2004)

고구려연구재단 편, 『朝·淸國境會談資料輯』(고구려연구재단, 2005)

고구려연구재단 편, 『한중관계사연구논저목록(근현대)』(고구려연구재단, 2005)

高麗大學校 亞細亞問題研究所 編, 『舊韓國外交文書』 第8·9卷 「淸案」 1·2(高麗大學校出版部, 1970)

高麗大學校 亞細亞問題硏究所 韓國近代史料編纂室,『統署日記』1·2(舊韓國外交關係附屬文書. 高麗大學校出版部, 1972-74)
國史編纂委員會 編,『各司謄錄』42-46: 咸鏡道篇 1-5(國史編纂委員會, 1990). 國史編纂委員會 電子圖書館(http://library.history.go.kr/)
國史編纂委員會 編,『同文彙考』1-4(韓國史料叢書第二十四. 國史編纂委員會, 1978)
國史編纂委員會 編,『從政年表·陰晴史』(探求堂, 1971)
國學振興硏究事業運營委員會 編,『江北日記; 江左輿地記; 俄國輿地圖』(韓國精神文化硏究院, 1994)
國會圖書館 編,『間島領有權關係拔萃文書』(『日本外務省陸海軍省文書』第1輯. 國會圖書館, 1975)
權赫秀 編著,『近代中韓關係史料選編』(世界知識出版社, 2008)
金慶門 等 編,『通文館志』下(奎章閣資料叢書. 서울대학교 규장각한국학연구원, 2006)
金光雨,『寧古塔北誌』(奎章閣 想白古 951.054-Y42)
김지남 외 지음, 이상태 외 옮김,『조선시대 선비들의 백두산답사기』(혜안, 1998)
김양수 등,『조선 후기 외교의 주인공들』(백산자료원, 2008)
김위현,『韓中關係論著目錄(1900-1999)』(예문춘추관, 2002)
金允植,『雲養集』(民族文化推進會, 2004)
김태국·우경섭,『중국조선족역사연구문헌목록』(유니스토리, 2013)
金衡鍾 編譯,『1880년대 朝鮮-淸 國境會談 關聯 資料 選譯』(서울대학교출판문화원, 2014)
金衡鍾·배우성 등 옮김,『국역『淸季中日韓關係史料』』1·2·3(東北亞歷史財團, 2012, 2013, 2016)
동북아역사재단,『譯註『統監府間島派出所紀要』』(동북아역사재단, 2013)
배우성·구범진 등 옮김,『國譯『同文彙考』疆界史料』(동북아역사재단, 2008)
배우성·구범진 옮김,『국역『同文彙考』犯越史料』1-4(동북아역사재단, 2008-2012)
承文院 編,『各司謄錄 近代編』「啓下咨文冊」11·12권(國史編纂委員會 韓國史데이터베이스 http://db.history.go.kr), 13권(실물이 현존하지 않지만 アジア歷史資料センタ-(https://www.jacar.go.jp)에 수록된 B03041217300「間島ノ版図ニ関シ清韓両国紛議一件」参考書 第三卷 04「壬午下 啓下咨文冊」으로 실려 있다)
承文院 編,『公文謄錄』(1891. 奎古5710-10. 마이크로필름 번호 43194)
양보경·이현군 · 문상명,『백두산 고지도집: 한국 고지도 속의 백두산』(동북아역사재단, 2016)
양태진,『近世北方國境關聯史抄錄輯』(法經出版社, 1992)
魚允中,『從政年表』, 國史編纂委員會 編,『從政年表 · 陰晴史』(韓國史料叢書第六.

探求堂, 1971)
이서행·정치영 편, 『고지도와 사진으로 본 백두산』(한국학중앙연구원 출판부, 2011)
李重夏, 『勘界使謄錄』 上·下(국립중앙도서관 소장본)
李重夏, 『勘界使問答』(奎21038)
李重夏, 『[其他官啣咸鏡道行安邊都護府使兼土門勘界使]牒呈』(高宗 22年. 1885), 奎26677)
李重夏, 『白頭山定界碑勘界使交涉報告書』(土門勘界使 編. 奎26302)
李重夏, 『二雅堂集』(李興鍾 編. 서울, 1975)
李重夏, 『土門勘界』(奎21306)
李重夏 編, 『勘界使交涉報告書』(奎11514-2)
李重夏 編, 이왕무 등 옮김, 『역주 감계사등록(譯註 勘界使謄錄)』 상·하(동북아역사자료총서. 동북아역사재단, 2008, 2010)
全海宗, 『韓國近世對外關係文獻備要』(奎章閣圖書硏究叢書 1. 서울대학교 문리대학 東亞文化硏究所, 1966)
崔宗範(朝鮮) 等記, 『江北日記』(刊者未詳, 1872. 1943. 최강현 역주, 『간도 개척 비사: 강북일기』, 신성, 2004)
韓國學文獻硏究所 編, 『金允植全集 壹』(亞細亞文化社, 1980)
韓國學文獻硏究所 編, 『魚允中全集』(亞細亞文化社, 1979)

經莉 編, 『國家圖書館藏 淸代孤本外交檔案續編』 5册(國家圖書館, 2005)
經莉 編, 『國家圖書館藏 淸代孤本外交檔案續編』 20册(國家圖書館, 2005)
故宮博物院 編, 『淸光緖朝中日交涉史料』(北京: 1932. 臺北: 文海出版社, 1963. 1970 影印)
高永一 編, 『中國朝鮮族歷史硏究參考資料彙編 第一輯 明代至辛亥革命』(延邊大學出版社, 1989)
顧廷龍 編, 『吳愙齋先生年譜』(燕京大學, 1935)
國家圖書館分館 編, 『淸代邊疆史料抄稿本彙編』 50册(線裝書局, 2003)
國家淸史委員會 編, 『李鴻章全集』 39册(安徽教育出版社, 2007)
吉林師範大學古籍硏究所 編, 『二十六史中朝關係史料選編』(吉林文史出版社, 1995)
吉林師範大學古典硏究所 李澍田 主編 · 吳祿貞 等 撰 朴慶輝 等 標注, 『延吉邊務報告, 延吉廳領土問題之解決』(長白叢書 初集. 吉林文史出版社, 1986)
吉林省檔案館·中國邊疆史地硏究中心 合編, 『吉林省檔案館藏 淸代中朝關係史料選輯』(吉林人民出版社, 2000)
吉林省檔案館 編, 『吉林省檔案館藏 淸代檔案史料選編』 68册(北京: 國家圖書館出版社, 2012)

金源模 編著,『近代韓國外交史年表』(檀大出版部, 1984)
김위현,『韓中關係論著目錄(1900-1999)』(예문춘추관, 2002)
金春善 主編,『中國朝鮮族史料全集 歷史篇 遷入史』1-12卷(延邊人民出版社, 2009-2016)
駱寶善·劉路生 主編,『袁世凱全集』36冊(河南大學出版社, 2013)
朴興鎭 等 編,『東亞三國關係史料全輯 — 中國廿六史及明清實錄』全五冊(延邊大學, 2007)
方郎 編,「吉朝分界案」, 陳湛綺 編,『清末邊境界務檔案』第1冊(全國圖書館文獻縮微複製中心, 2008)
蝠池書院出版有限公司,『近現代中國邊疆界務資料』(香港: 蝠池書院出版有限公司, 2007)
蝠池書院出版有限公司,『近現代中國邊疆界務資料 續編』(香港: 蝠池書院出版有限公司, 2007)
徐世昌 編,『東三省政略』(1911年 鉛印本. 中國邊疆叢書 第一緝. 文海出版社, 1965)
孫星衍 撰,『尚書今古文注疏』(中華書局, 1986)
孫學雷·劉家平 主編,『國家圖書館藏 清代孤本外交檔案』52冊(國家圖書館, 2003)
楊昭全·孫玉梅 編,『中朝邊界沿革及界務交涉史料彙編』上·下(吉林文史出版社, 1994)
吳祿貞,『延吉邊務報告』(吉林官書刷印局, 1908. 奉天學務公所 印刷處, 1908.『近代中國史料叢刊』, 臺北: 文海出版社, 1969 正編 317)
吳祿貞,『延吉邊務報告』(吉林師範大學古典研究所 李澍田 主編·吳祿貞 等 撰·朴慶輝等 標注,『延吉邊務報告, 延吉廳領土問題之解決』, 長白叢書 初集. 吉林文史出版社, 1986)
王其矩 編,『清實錄 鄰國朝鮮篇』(中國社會科學院邊疆史地中心. 內部發行, 1987)
王崇實 等 選編,『朝鮮文獻中的中國東北史料』(吉林文史出版社, 1991)
王彥成 纂輯·王亮 編,『清季外交史料』(北京: 書目文獻出版社, 1987 影印. 沈雲龍 主編,『近代中國史料叢刊』三編 第二輯, 臺北: 文海出版社, 1985 影印. 天津: 學苑出版社, 1999 影印 등)
劉子敏 主編,『中國正史中的朝鮮史料』1·2(延邊大學出版社, 1996)
李澍田 主編,『長白匯徵錄·長白山崗志畧』(吉林文史出版社, 1987)
李澍田 主編,『琿春副都統衙門檔案史料選編』上·中·下(吉林文史出版社, 1991)
李澍田 編,『清實錄朝鮮史料摘編』(吉林文史出版社, 1991)
李廷玉 撰,『長白山崗志略』(中國邊疆史志叢書初編 7·8. 臺北: 國風出版社, 1969)
李鴻文 等 編,『東北大事記』上卷(吉林文史出版社, 1987)
長順 修, 李桂林 纂,『吉林通志』(吉林師範學院古籍研究所 整理. 吉林文史出版社, 1986)
趙中孚·張存武·胡春惠 主編,『近代中韓關係史資料彙編(1860-1945)』12冊(國史館,

1988)
趙興元 等 選編, 『同文彙考中朝史料』 4冊(吉林文史出版社, 2005)
朱壽朋 編, 『光緒朝東華錄』(中華書局, 1958. 1984)
中國邊疆史地研究中心 等 編, 『琿春副都統衙門檔』 238冊(廣西師範大學出版社, 2006)
中國邊疆史地研究中心·遼寧省檔案館 合編, 『東北邊疆檔案選輯: 淸代·民國』 151冊(廣西師範大學出版社, 2007)
中國第一歷史檔案館 編, 『淸代中朝關係檔案史料彙編』(國際文化出版公社, 1996)
中國第一歷史檔案館 編, 『淸代中朝關係檔案史料續編』(國際文化出版公社, 1998)
中國第一歷史檔案館 編, 『光緒朝硃批奏摺』 120冊(中華書局, 1996)
中央研究院近代史研究所 編, 『淸季中日韓關係史料』 11卷(臺北: 中央研究院近代史研究所, 1972)
陳湛綺 編, 『淸末邊境界務檔案』 3冊(全國圖書館文獻縮微複製中心, 2008)
崔蓮 編著, 『中國朝鮮學-韓國學工具書指南』(民族出版社, 2011)
崔蓮·金順子 編, 『中國朝鮮學-韓國學硏究文獻目錄(1949-1990)』(中央民族大學出版社, 1995)
최우길·김규선 공역, 『개항기 한중 지식인의 조선개혁론 삼주합존』(보고사, 2016)
皮明休 等 編, 『吳祿貞集』(華中師範大學出版社, 1989)
韓俊光, 『朝鮮族遷入史資料彙集』(延邊人民出版社, 1988)
『皇輿全覽圖』(1719. 『淸廷三大實測全圖: 康熙皇輿全覽圖』, 北京: 外文出版社, 2007)

「光緒13年 勘界時의 情況을 當時의 隨員이었던 池昌翰에게 質疑한 內容 報告」, 國會圖書館 編, 『間島領有權關係拔萃文書』(『日本外務省陸海軍省文書』 第1輯. 國會圖書館, 1975)
「照會謄抄」, 『白山學報』 4(1968)
「探界公文攷」, 「北輿要選下」, 고구려연구재단 편, 『朝·淸國境會談資料輯』(고구려연구재단, 2005)
「土門勘界(事實)」, 『白山學報』 2(1967)
「黑頂了屯墾撤局案」, 『國家圖書館藏 淸代孤本外交檔案』 第22冊(全國圖書館文獻縮微複製中心, 2005)
金允植, 「附錄 追補陰晴史」, 『續陰晴史』 下(한국사료총서 제11집. 국사편찬위원회, 1960)
『珠淵集』(高宗御製文集. 40卷 20冊) 卷36 「批 六」, 28a-b(한국학중앙연구원 장서각 디지털아카이브 http://yoksa.aks.ac.kr)
金允植, 「十六私議」, 『雲養集』(韓國文集叢刊 328, 民族文化推進會, 2004)

金允植, 「天津談草 節錄」(1882年 8月 15日), 『袁世凱全集』 1
吳大澂, 「愙齋自訂年譜」, 章伯鋒 等 編, 『近代稗海』(四川人民出版社, 1985) 第13輯
吳大澂, 「皇華紀程」, 李澍田 主編, 『松漠紀聞 扈從東巡日錄 啓東錄 皇華紀程 邊疆叛迹』(長白叢書 初集. 吉林文史出版社, 1986)
윤병석, 「尹政熙著『間島開拓史』 附 〈永新學校沿革〉 解題」, 『韓國學硏究』(인하대학교 한국학연구소) 제3집 별집 91, 1991
尹政熙, 『間島開拓史』, 「庚辰開拓과 間島의 命名」, 『韓國學硏究』(인하대) 3 별집, 1991
李瀷, 『星湖僿說』 제1권의 「천지문(天地門) 두만쟁계(豆滿爭界)」, 제2권 「천지문(天地門) 백두산(白頭山)」 한국고전종합DB

고려대학교 해외한국학자료센터(http://kostma.korea.ac.kr/)
國立中央圖書館(http://www.nl.go.kr)
國史編纂委員會 韓國史데이터베이스(http://db.history.go.kr/. 韓國歷史情報統合시스템 http://www.koreanhistory.or.kr/)
國史編纂委員會 電子圖書館(http://library.history.go.kr/)
國會圖書館(http://www.nanet.go.kr)
東北亞歷史財團 동북아역사자료실(https://hflib.kr/#/)
사이버역사박물관(http://erhm.co.kr)
서울大學校 奎章閣韓國學硏究院(http://kyujanggak.snu.ac.kr/)
韓國古典飜譯院 한국고전종합DB(http://db.itkc.or.kr)
韓國歷代人物綜合情報시스템(http://people.aks.ac.kr/index.aks)
韓國의 지식콘텐트(http://www.krpia.co.kr/)
韓國學資料센터(http://www.kostma.net)
韓國學中央硏究院(http://rinks.aks.ac.kr/?searchExtend=0. 장서각 디지털아카이브 http://yoksa.aks.ac.kr)

中國智網(http://www.cnki.net/)

アジア歷史資料センター(https://www.jacar.go.jp. 『間島ノ版図ニ関シ清韓両国紛議一件』 第1-18卷 및 參考書 第1-3卷, 付屬書)[1]

1 이 책에서는 이 자료 가운데 轉載된 것을 제외하고는 대부분 인용하지 않았지만, 李重夏의 보고서 가운데 중요한 것은 대부분 여기에 전문이나 요약·

「壬辰穆胡克澄定時所模」(康熙五十一年, 我肅宗三十八年. 1712), 『輿地圖』(奎. 古4709-1)
「白頭山定界碑地圖」(奎26675)

2. 연구서

강상규, 『19세기 동아시아의 패러다임 변환과 한반도』(논형, 2008)
강상규, 『조선정치사의 발견: 조선의 정치지형과 문명전환의 위기』(창비, 2013)
姜錫和, 『朝鮮後期 咸鏡道와 北方領土意識』(경세원, 2000)
姜龍范, 『近代中朝日三國對間島朝鮮人的政策硏究』(黑龍江朝鮮民族出版社, 2000)
高承濟, 『韓國移民史硏究』(章文閣, 1973)
고승희, 『조선후기 함경도 상업연구』(국학자료원, 2003)
丘凡眞, 『조선시대 외교문서 — 명·청과 주고받은 문서의 구조분석』(한국고전번역원, 2013)
丘凡眞, 『청나라, 키메라의 제국』(민음사, 2012)
具仙姬, 『韓國近代對淸政策史硏究』(혜안, 1999)
權錫奉, 『淸末對朝鮮政策史硏究』(一潮閣, 1986)
權赫秀, 『19世紀末韓中關係史硏究 — 李鴻章의 朝鮮認識과 政策을 中心으로』(백산자료원, 2000)
권혁수, 『근대한중관계사의 재조명』(혜안, 2007)
김기혁, 『근대한·중·일관계사』(연세대학교출판부, 2007)
김성근, 『朝·淸 외교관계 변화연구 — 朝貢·冊封을 중심으로』(한국학술정보, 2010)
김성배, 『유교적 사유와 근대국제정치의 상상력: 구한말 김윤식의 유교적 근대 수용』(창비, 2009)
김세민, 『한국 근대사와 만국공법』(경인문화사, 2002)
김용구, 『거문도와 블라디보스토크: 19세기 한반도의 파행적 세계화 과정』(서강대학교출판부, 2009)
김용구, 『만국공법』(한국개념사총서 1, 소화, 2014)
김용구, 『세계관 충돌과 한말 외교사 1866-1882』(문학과지성사, 2001)
김용구, 『세계관충돌의 국제정치학』(나남, 1997)
김용구, 『세계외교사』(서울대학교출판문화원, 2006. 2012)

번역문이 수록되어 있다.

김용구, 『임오군란과 갑신정변』(도서출판 원, 2004)
김종원, 『근세 동아시아관계사연구 — 조청교섭과 동아삼국교역을 중심으로 —』(혜안, 1999)
김춘선, 『북간도 한인사회의 형성과 민족운동』(高麗大學校 民族文化研究院, 2016)
김태웅, 『한국근대지방재정연구 — 지방재정의 개편과 지방해정의 변경』(아카넷, 2012)
김택중 등 옮김, 『근대한중무역사』(교문사, 2001. ← 張存武, 『清韓宗藩貿易 1637-1894』, 中央研究院近代史研究所, 1978)
김호동, 『근대 중앙아시아의 혁명과 좌절 — 신강(新疆) 무슬림 국가 연구(1866-1877) —』(사계절, 1999)
盧啓鉉, 『間島領有權紛爭史』(한국연구원, 2006)
동북아역사재단 편, 『한중일 학계의 한중관계사연구와 쟁점』(동북아역사재단, 2009)
말로제모프, A.(석화정 옮김), 『러시아의 동아시아정책』(지식산업사, 2002)
밀워드, 제임스 A.(김찬영·이광태 옮김), 『신장의 역사』(사계절, 2013)
배우성, 『조선과 중화: 조선이 꿈꾸고 상상한 세계와 문명』(돌베개, 2014)
배우성, 『조선 후기 국토관과 천하관의 변화』(일지사, 1998)
박 보리스 드리트리예비치(민경현 옮김), 『러시아와 한국』(동북아역사재단, 2010)
박상섭, 『국가 주권』(한국개념사총서 2. 소화, 2008)
박인호, 『조선시기 역사가와 역사지리인식』(이회, 2003)
박인호, 『조선후기역사지리학연구』(이회, 1996)
박정현 외, 『중국 근대 공문서에 나타난 韓中關係: 「清季駐韓使館檔案」解題』(한국학술정보, 2013)
白山學會 編, 『間島領土의 관한 연구』(白山資料院, 2006)
白山學會 編, 『韓中領土의 관한 研究』(白山資料院, 2005)
서길수, 『백두산국경연구』(여유당, 2009)
송금영, 『러시아의 동북아 진출과 한반도 정책(1860-1905)』(국학자료원, 2004)
宋炳基, 『근대한중관계사연구 — 19세기말의 聯美論과 朝清交涉』(단국대학교출판부, 1985)
슈미드, 앙드레(정여울 옮김), 『제국 그 사이의 한국 1895-1919』(휴머니스트, 2007)
시노다 지사쿠(篠田治策. 신영길 역), 『간도는 조선땅이다: 백두산정계비와 국경』(지선당, 2005. ←『白頭山定界碑』, 樂浪書院, 1938)
申基碩, 『韓末外交史研究 — 清韓宗屬關係를 中心으로 —』(一潮閣, 1967)
심헌용, 『러시아의 한반도 군사관계사』(국방부 군사편찬연구소, 2002)
오카모도 다카시(岡本隆司. 강진아 옮김), 『미완의 기획, 조선의 독립』(소와당, 2008)
유승주, 『조선후기 중국과의 무역사』(경인문화사, 2002)

劉恩瑞·劉惠瑞(손준식 옮김), 『중국근현대영토문제연구』(국방부 군사편찬연구소, 2012)
陸洛現 編, 『白頭山定界碑와 間島領有權』(백산자료원, 2000)
이성무, 『조선왕조실록 어떤 책인가』(동방미디어, 1999)
이성환, 『간도는 누구의 땅인가』(살림, 2004)
李陽子, 『朝鮮에서의 袁世凱』(신지서원, 2002)
이철성, 『조선후기 대청무역사연구』(국학자료원, 2000)
李花子, 『朝淸國境問題硏究』(집문당, 2008)
李花子, 『韓中國境史硏究』(혜안, 2011a)
정용화, 『문명의 정치사상: 유길준과 근대한국』(문학과지성사, 2004)
조경달 지음, 최덕수 옮김, 『근대 조선과 일본: 조선의 개항부터 대한제국의 멸망까지』(열린책들, 2015)
조광, 『조선후기 사회의 이해』(경인문화사, 2010)
주성화, 『중국조선인이주사』(한국학술정보, 2007)
최소자, 『明淸時代中·韓關係史 硏究』(이화여자대학교 출판부, 1997)
최소자, 『淸과 朝鮮: 근세 동아시아의 상호인식』(혜안, 2005)
한국민족운동사학회 편, 『한·러관계와 민족운동』(국학자료원, 2002)
玄圭煥, 『韓國流移民史』(語文閣, 1967)
홍웅호 외, 『근대한러관계연구: 수교와 교섭의 시기 한러관계』(동국대학교 대외교류연구원 연구총서 1. 선인, 2008)

姜龍范, 『近代中朝日三國對間島朝鮮人的政策硏究』(黑龍江朝鮮民族出版社, 2000)
姜長斌, 『中俄國界東段的演變』(中央文獻出版社, 2007)
高樂才, 『近代中國東北移民硏究』(北京: 商務印書館, 2011)
魁喜等, 『近代東北史』(黑龍江人民出版社, 1984)
權赫秀, 『東亞世界的裂變與近代化』(中國社會科學出版社, 2013)
廖敏淑, 『淸代中國: 對外關係新論』(臺北: 政大出版社, 2013)
孫庫等 編, 『中朝邊界的歷史演變』(瀋陽, 2002)
孫春日, 『中國朝鮮族移民史』(中華書局, 2009)
王明星, 『韓國近代外交與中國(1861-1910)』(中國社會科學出版社, 1998)
劉國石, 『中朝疆界與民族關係硏究』(吉林文史出版社, 2006)
林明德, 『袁世凱與朝鮮』(臺北: 中央硏究院近代史硏究所, 1970)
林士鉉, 『淸季東北移民實邊政策之硏究』(國立政治大學歷史學系, 2001)
楊昭全·孫玉梅, 『中朝邊界史』(吉林文史出版社, 1993)
呂一燃 主編, 『中國近代邊界史』 上·下(四川人民出版社, 2007)

李治亭 主編,『東北通史』(中州古籍出版社, 2003)
張禮恒,『在傳統與現代性之間: 1626-1894年間的中朝關係』(社會科學文獻出版社, 2012)
張存武,『淸代中韓關係論文集』(臺北: 商務印書館, 1987)
張存武,『淸韓宗藩貿易 1637-1894』(中央硏究院近代史硏究所, 1978)
田志和 等 編著,『吉林建置沿革概述』(吉林人民出版社, 1990)
趙中孚,『淸季中俄東三省界務交涉』(中央硏究院近代史硏究所專刊. 臺北: 1970. 1998年 2판)
陳慧,『穆克登碑問題硏究 — 淸代中朝圖們江界務考證』(中央編譯出版社, 2011)
蔡建,『晚淸與大韓帝國的外交關係(1897-1910)』(上海辭書出版社, 2008)
佟冬 主編,『沙俄與東北』(吉林文史出版社, 1985)
佟冬 主編,『中國東北史(修訂版)』 第5卷(吉林文史出版社, 2006)

『岩波講座 東アジア近現代通史 1 東アジア世界の近代』(岩波書店, 2010)
岡本隆司,『屬國と自主のあいだ — 近代淸韓關係と東アジアの命運 —』(名古屋大學出版會, 2004)
岡本隆司,『袁世凱』(岩波書店, 2015)
岡本隆司,『李鴻章 — 東アジアの近代』(岩波書店, 2011)
岡本隆司,『宗主權の世界史: 東西アジアの近代と飜譯槪念』(名古屋大學出版會, 2014)
岡本隆司,『中國の誕生 — 東アジアの近代外交と國家形成』(名古屋大學出版會, 2017)
吉田金一,『近代露淸關係史硏究』(近藤出版社, 1974)
名和悅子,『內藤湖南の国境領土論再考 — 二〇世紀初頭の淸韓國境問題「間島問題」を通して —』(汲古書院, 2012)
山本進,『大淸帝國と朝鮮經濟 開發·貨幣·信用』(九州大學出版會, 2014)
李盛煥,『近代東アジアの政治力學 — 間島をめぐる日中朝關係の史的展開』(東京: 錦正社, 1991)
條田治策,『白頭山定界碑』(樂浪書院, 1938)
酒井裕美,『開港期朝鮮の戰略的外交 1882-1884』(大阪大學出版會, 2016)
片岡一忠,『淸朝新疆統治硏究』(雄山閣, 1991)
Kirk W. Larsen, *Tradition, Treaties, and Trade: Qing Imperialism and Chosŏn Korea, 1850-1910*, Harvard University Press, 2008

3. 연구논문

강석화, 「조선후기의 북방영토의식」, 『한국사연구』 120, 2005

고바야시 레이코(小林玲子. 이성환 번역), 「일본에서의 간도연구의 현황: '만주'사변이전의 간도문제를 중심으로」, 『간도학보』(한국간도학회) 2, 2005

고성훈, 「조선 후기 조·청 국경문제에 대한 연구사검토 — 백두산정계비를 중심으로 —」, 『한중관계사 연구의 성과와 과제』(국사편찬위원회·한국사학회, 2003)

고승희, 「19세기 후반 함경도 변경지역과 연해주의 교역 활동」, 『조선시대사학보』 28, 2004

고승희, 「1880년대 조청 감계 협상과 국경 문제 인식」, 동북아역사재단 편, 『근대 변경의 형성과 변경민의 삶』(동북아역사재단, 2009)

구범진, 「동아시아국제질서의 변동과 조선-청 관계」, 『동아시아 국제질서 속의 한중관계사』(동북아역사재단, 2010)

구범진, 「19세기 성경 동변외 산장의 관리와 조·청 공동회초」, 동북아역사재단 편, 『근대 변경의 형성과 변경민의 삶』(동북아역사재단, 2009)

구범진, 「청대 대러시아 외교의 성격과 그 변화 — 체약대신(締約大臣)과 교환 조약문의 언어를 중심으로」, 홍웅호 외, 『근대한러관계연구: 수교와 교섭의 시기 한러관계』(선인, 2008)

구선희, 「근대 한중관계사의 연구경향과 쟁점분석」, 『한중일 학계의 한중관계사연구와 쟁점』(동북아역사재단, 2009)

權錫奉, 「淸末 間島地方의 越墾韓民對策硏究」(상·하), 『인문학연구』 23, 24, 1995-1996(→權錫奉, 『淸末 對朝鮮政策史硏究 續編』 下卷. 한모임, 2007)

權錫奉, 「淸末 吉林通商局에 대하여」, 『中央社論』 8, 1995 (→『淸末對朝鮮政策史硏究 續編』 下卷. 도서출판 한모임, 2007)

權赫秀, 「조공관계체제 속의 근대적 통상관계 — 『中國朝鮮商民水陸貿易章程』 연구」, 『동북아역사논총』 28, 2010

권혁수, 「중국 학계의 근대 중한관계사 연구현황에 대하여」, 『근대한중관계사의 재조명』(혜안, 2007)

金炅春, 「朝鮮朝後期의 國境線에 대한 一考」, 『白山學報』 29, 1984

金炅春, 「朝·淸國境問題의 一視點: 犯越을 中心으로」, 『경주사학』 6, 1987

김기훈, 「간도 담론의 연구사적 검토」, 한석정 외 지음, 『근대만주자료의 탐색』(동북아역사재단, 2009)

金基勳, 「近代中國東北(滿洲)史硏究의 動向」, 『白山學報』 47, 1996

김기훈, 「韓人의 만주이민사 연구의 현황과 과제」, 『백산학보』 76, 2006

金宣旼, 「國境地帶에서 國境線으로 — 19세기말 淸과 朝鮮의 關係」, 『中國史硏究』

82, 2013

김선민, 「변경의 인삼을 둘러싼 조선과 후금의 갈등」, 인하대학교 한국학연구소 편, 『범월과 이산: 만주로 건너간 조선인들』(인하대학교출판부, 2010)

김선민, 「18세기 후반 청-조선의 범월문제와 경계관리: 金順丁·朴厚贊 사건을 중심으로」, 『민족문화연구』 72, 2016

김선민, 「옹정(雍正)-건륭년간(乾隆年間) 망우초(莽牛哨) 사건(事件)과 청(淸)-조선(朝鮮) 국경지대(國境地帶)」, 『중국사연구』 71, 2011

김종건, 「백두산간도 역사연구의 현황과 쟁점」, 『동북아역사논총』 18, 2007

김춘선, 「'간도협약' 체결 전후 북간도 지역 한인사회」, 동북아역사재단 편, 『근대 변경의 형성과 변경민의 삶』(동북아역사재단, 2009)

金春善, 「北間島地域 韓人社會의 形成과 土地所有權 問題」, 『전주사학』 6, 1998

김춘선, 「鴨綠·豆滿江 국경문제에 관한 한·중 양국의 연구동향」, 『한국사학보』 12, 2002

김춘선, 「연변에서의 조선족 역사 연구동향」, 『한국학연구』 27, 2012(→『동아시아한국학의 분화와 계보 — 복수의 한국학들』, 인하대학한국학연구소, 2013)

김춘선, 「조선인의 동북이주와 중·조(한) 국경문제 연구동향 — 중국학계의 연구 성과를 중심으로 —」, 『한중관계사 연구의 성과와 과제』(국사편찬위원회·한국사학회, 2003)

金春善, 「조선후기 한인의 만주로의 '犯越'과 정착과정」, 『白山學報』 51, 1998(→ 白山學會 編, 『韓中領土의 관한 硏究』, 백산자료원, 2005)

김춘선, 「중국 조선족사 연구현황과 과제」, 『중앙사론』 24, 2006

김춘선, 「중국한인사 관련자료집 현황」(한국사데이터베이스 http://db.history.go.kr에 수록된 『재외동포사 총서 15 중국 한인의 역사(자료집)』 No. 34, 「중국 한인사 관련 자료집 현황」)

김춘선, 「1900-1920年代 北間島地域 佃民制와 韓人의 토지소유권 문제」, 『역사문제연구』 3, 1999

김춘선, 「1880-1890년대 청조의 '移民實邊'정책과 한인이주민 실태연구 — 북간도 지역을 중심으로 —」, 『한국근현대사연구』 8, 1998

김춘선·김태국, 「조선후기 한인의 북방이주와 만주개척」, 『한국사론』 34, 2002

金泰雄, 『開港前後-大韓帝國期의 地方財政改革 硏究』, 서울대학교 국사학과 박사학위논문, 1997. 8

김택경, 「淸末 '韓淸境界地域' 行政體制 構築과 韓人 管理 — 輯安·臨江·長白 地域을 중심으로 —」. 『동국사학』 55, 2013

金衡鍾, 「吳大澂과 1880년대 淸·러 東部國境勘界」, 『中國近現代史硏究』 60, 2013

김형종, 「최근 중국에서의 청대사 연구동향의 분석 — 특히 조청관계사와 국경문제를 중심으로 —」, 유장근 외 지음, 『중국 역사학계의 청사 연구 동향 — 한국 관련 분야를 중심으로 —』(동북아역사재단, 2009)

金慧子, 「朝鮮後期北邊越境問題硏究」, 『梨大史苑』 18·19, 1982

김희신, 「근대 한중관계의 변화와 외교당안의 생성 —「淸季駐韓使館保存檔」을 중심으로 —」, 『中國近現代史硏究』 50, 2011

남이슬, 「康熙年間 淸國人의 海洋犯越과 朝·淸 양국의 대응」, 『명청사연구』 44, 2015

노기식, 「중국의 청 전기 만주(東北) 및 조선 관계 연구 동향」, 고구려연구재단 편, 『중국의 東北邊疆 연구 동향 분석』(고구려연구재단, 2004)

따찌아나, 씸비르쩨바, 「1869-1870년간에 진행된 러시아와 조선간의 경흥협상과 그 역사적 의의」, 한국민족운동사학회 편, 『한러관계와 민족운동』(국학자료원, 2002)

리시주, 「이홍장의 대일 인식과 외교책략 — 1870년대를 중심으로 —」, 『동북아역사논총』 32, 2011

문상명, 「한국 고지도에 표현된 백두산 동류 수계」, 『한국지역지리학회지』 19-2, 2013

문상명·양보경, 「한국 고지도 속 백두산 북동류 하천에 나타나는 북방영역에 관한 인식과 사회적 담론」, 『문화역사지리』 25-2, 2013

박명용, 「연해주를 둘러싼 한국과 러시아 영토문제 — 1650년에서 1900년까지 —」, 『북방사논총』 4. 2005

박상수, 「중국학계의 근현대 한중관계사 인식」, 『한중일 학계의 한중관계사연구와 쟁점』(동북아역사재단, 2009)

朴泰根, 「러시아의 동방경략과 수교이전의 한러교섭(1861년 이전)」, 『韓露關係100年史』(한국사연구협의회, 1984)

반병률. 「근대 동아시아 변경형성과 러시아 연해주 한인이주」, 2013년 11월 8일. 동북아역사재단 발표

潘炳律, 「러시아 연해주 두만강 하구의 한인마을 크라스노예 셀로(鹿屯島)의 형성과 변화」, 『한국근현대사연구』 54, 2010

潘炳律, 「러시아 연해주 한인마을 연추의 형성과 초기 모습」, 『동북아역사논총』 25, 2009

반병률, 「러시아 최초의 한인 마을 地新墟」, 『한국근현대사연구』 26, 2003

潘炳律, 「한국인의 러시아 이주사 — 연해주로의 유랑과 중앙아시아로의 강제이주」, 『한국사시민강좌』 28, 2001(또는 『문화역사지리』 18-3, 2006)

방향숙, 「중국학계의 한중관계사 연구, 어제와 오늘」, 『한중일 학계의 한중관계사연구와 쟁점』(동북아역사재단, 2009)

배성준, 「중국의 조·청 국경문제 연구 동향」, 고구려연구재단 편, 『중국의 東北邊疆 연구 동향 분석』(고구려연구재단, 2004)

배성준, 「한·중의 간도문제 인식과 갈등구조」, 『동양학』 43, 2008

배우성, 「18세기 청의 지리지·지도와 백두산 수계」, 『역사와 경계』 65, 2007
배항섭, 「朝露수교(1884) 전후 조선인의 러시아관」, 홍웅호 외, 『근대한러관계연구 — 수교와 교섭의 시기 한러관계』(선인, 2008)
백동현, 「한말 민족의식과 영토관: 『皇城新聞』과 『大韓每日申報』의 論說에 나타난 領土觀을 중심으로」, 『한국사연구』 129, 2005
孫春日, 「청대 江北의 개척과 한인에 대한 토지정책」, 『청계사학』 13, 1997
宋廉鎬, 「三田渡 大淸皇帝功德碑의 硏究 — 滿漢文 對譯을 中心으로」, 『만주연구』 11, 2011
宋炳基, 「金允植·李鴻章의 保定·天津會談 (上·下) — 朝美條約 締結(1882)을 위한 朝淸交涉 —」, 『東方學志』 44, 45, 1984
沈志華(박종철 옮김), 「'중·북 국경문제 해결'에 대한 역사적 고찰(1950-1964)」, 『아태연구』(경희대학교 국제지역연구원) 19-1, 2012(← 沈志華·董潔, 「中朝邊界爭議的解決(1950-64年), 『二十一世紀』 124, 2011)
심헌용, 「조선인의 러시아 이민사: 이민 초기의 쟁점과 현대적 의미」, 서대숙 편, 『한국과 러시아 관계: 평가와 전망』(경남대학교, 2001)
아키츠키 노조미(秋月望), 「화이질서에서의 경계지대와 국제법적 '국경'」, 동북아역사재단 편, 『근대 변경의 형성과 변경민의 삶』(동북아역사재단, 2009)
梁大彦, 「白頭山(長白山)和 中韓(朝鮮) 國境線 問題」, 『택민국학연구원』 8, 2011
양보경·이현군·문상명, 「논고: 백두산과 한국의 고지도」, 『백두산 고지도집: 한국 고지도 속의 백두산』(동북아역사재단, 2016)
유승주, 「조선후기 서간도이주민에 대한 일고찰 — 「강북일기」의 해제에 붙여」, 『아세아연구』 21-1, 1978
윤병석, 「조선인의 간도 개척과 조선인 사회」, 『한국사 시민강좌』 28, 2001
윤병석, 「한인(조선인)의 간도 이주 개척과 『간도개척사』」, 『백산학보』 79, 2007
은정태, 「대한제국기 '간도문제'의 추이와 '식민화'」, 『역사문제연구』 17, 2007
은정태, 「대한제국기 간도 정책 추진의 조건과 내·외부의 갈등」, 동북아역사재단 편, 『근대 변경의 형성과 변경민의 삶』(동북아역사재단, 2009)
李康源, 「『대동여지도(大東輿地圖)』 백두산(白頭山), 두만강(豆滿江) 일대에 표시된 몇 가지 지명(地名)의 검토 — 국경인식(國境認識) 위치(位置), 어원(語源) 및 오기(誤記) 문제를 중심으로 —」, 『한국지역지리학회지』 16권 5호, 2010a
이강원, 「백두산(白頭山)·천지(天池) 지명(地名)에 대한 일고찰 — 한(韓)·중(中) 지명표기를 중심으로 —」, 『국토지리학회지』 44권 2호, 2010b
李康源, 「역대 실지조사기록 검토를 통한 임진정계 경계표지물 분포 복원」, 『대한지리학회지』 51- 5, 2016
李康源, 「임진정계시 '입지암류(入地暗流)'의 위치와 '토문강원(土門江源)'의 송화강

유입 여부」, 『대한지리학회지』 50- 6, 2015
李康源, 「조선 초 기록 중 '豆滿' 및 '土門'의 개념과 국경인식」, 『문화역사지리』(韓國文化歷史地理學會) 19-2, 2007a
李康源, 「조선후기 국경인식에 있어서 두만강·토문강·분계강 개념과 그에 대한 검토」, 『정신문화연구』 30-3, 2007b
이동진, 「1872년 '江北'의 조선인 사회」, 『동북아역사논총』 8, 2005. 12
이명종, 「대한제국기 간도영토론의 등장과 종식」, 『동아시아문화연구』 54, 2013
이민원, 「19세기 말의 한·러관계와 〈俄國輿地圖〉」, 『장서각』(한국학중앙연구원) 29, 2013
이성환, 「간도문제 연구의 회고와 전망 — 새로운 연구지평의 확장을 위한 비판적 검토 —」, 『백산학보』 76, 2006
이완종, 「러시아의 극동진출과 중-러 국경획정과정 연구」, 『북방사논총』 4, 2005
이왕무, 「『俄國輿地圖』에 나타난 조선의 러시아 영역 인식과 국경 상황」, 『동북아역사논총』 5, 2005
이왕무, 「조선시대 녹둔도(鹿屯島)의 역사와 영역 변화」, 『정신문화연구』(한국학중앙연구원) 34-1, 2011
이왕무, 「조선 후기『강북일기』에 나타난 만주지역 인식」, 『동북아역사논총』 4, 2005
이재훈, 「근대 조선과 러시아의 경제관계 형성」, 홍웅호 외, 『근대한러관계연구 — 수교와 교섭의 시기 한러관계』(선인, 2008)
李志英, 「19世紀末 淸朝의 對間島朝鮮人政策 — 越墾韓人의 地位문제와 관련하여 —」, 『명청사연구』 32, 2009
이지영, 「淸末 東北地域의 行政改編과 그 意味: 1907年의 建省改制를 중심으로」, 서울대학교 동양사학과 석사학위논문, 2004
李華, 「淸의 中原入關전후 조선인의 越境문제를 둘러싼 朝·淸교섭」, 『韓國學報』 29, 2003
李花子, 「광서연간 조청 양국의 을유·정해 감계에 대한 재평가」, 『문화역사지리』 21-1, 2009b
이화자, 「대한제국기 영토관과 간도정책의 실시」, 『전주사학』 35, 2009c
이화자, 「명·청시기 중한 지리지에 기술된 백두산 수계」, 『한국문화역사지리학회지』 20-3, 2008
이화자, 「백두산 정계의 표식물 — 흑석구(黑石溝)의 토석퇴에 대한 새로운 고찰」, 『동방학지』 162, 2013
이화자, 「18·19세기 조선의 토문강·분계강 인식」, 『근대 변경의 형성과 변경민의 삶』(동북아역사재단, 2009a)
이화자, 「중국·북한 국경 답사기: 백두산 토퇴군(土堆群)의 새로운 발견」, 『문화역사

지리』 24-3, 2012
이훈, 「청 초기 장백산 탐사와 황제권」, 『동양사학연구』 126, 2014
이흥권, 「청의 간도정책과 이범윤의 이주민 관리 연구」, 『인문과학연구』 48, 2016
임계순, 「白頭山 定界碑와 朝淸間의 乙酉·丁亥 國境會談」, 『한국의 북방영토』(백산자료원, 1998)
임마누엘 쉬, 「청 말의 대외관계(1866-1905년)」, 『캠브리지 중국사 11(1800-1911) 청제국말 2부 上』(새물결, 2007)
임학성, 「20세기 초 西間島 거주 조선인의 거주 양태 — '邊界戶籍' 자료의 분석 사례」, 『한국학연구』 21, 2009
장상훈, 「청대 『皇輿全覽圖』 수록 「朝鮮圖」 연구」, 서강대학교 동양사학연구실 편, 『한중관계 2000년: 동행과 공유의 역사』(소나무, 2008)
全海宗, 「동북(만주)사에 대한 중국에서의 연구(1949-1988)」, 『동아시아사의 비교와 교류』(지식산업사, 2000)
전해종, 「연변 한족의 정착과정과 초기 한인사회 — 19세기 말에서 1920년대 초까지의 이민과 농업경영 —」, 『동아연구』, 1994
全海宗 等, 「延邊의 韓族에 대한 基礎硏究」, 『東亞硏究』 24, 1992
전해종 등, 「漢族의 滿洲(특히 間島)移住에 대하여」, 『東亞硏究』 26, 1993
정혜중, 「광서년간(1875-1908)의 동북관리와 1907년 동삼성 설치-동북 봉금지대의 내지화」, 『중국학보』 54, 2006
정혜중, 「청대 조선인과 청국인 범월의 특징 — 양국 범월사례의 분석을 중심으로 —」, 『明淸史硏究』 26, 2006
제홍일, 「근대 여명기 일본의 조선정책과 宮本小一」, 『역사와 세계』 37, 2010
趙珖, 「白頭山定界碑 關係資料解題」, 『白山學報』 17, 1974
趙珖, 「實學 및 開化期의 領土問題硏究」, 『領土問題硏究』 創刊號, 1983
趙珖, 「朝鮮後期의 邊境意識」, 『白山學報』 16, 1974
陳尙勝, 「최근 15년간 중국학계의 淸朝와 朝鮮關係史에 대한 연구논평」, 『이화사학연구』 37, 2008
최덕규, 「제국주의 열강의 만주정책과 간도협약(1905-1910)」, 동북아역사재단 편, 『근대 변경의 형성과 변경민의 삶』(동북아역사재단, 2009)
최소자, 「淸朝의 對朝鮮정책」, 『동양사학연구』 91호, 2005
崔韶子, 「한국명청사학 — 성과와 과제: 명청시대 대외관계사의 성과와 과제」, 『明淸史硏究』 19, 2003
崔熙在, 「光緖初 淸朝의 滿洲開發과 中韓關係의 再調整」, 『東洋學』(檀國大) 제35집, 2004
하원호, 「개화기 조선의 간도인식과 정책의 변화」, 『동북아역사논총』 14, 2006

한철호, 「근대 한중 국경조약과 국경문제의 연구현황과 과제」, 『한중관계사 연구의 성과와 과제』(국사편찬위원회 · 한국사학회, 2003)
허경진, 「강북일기」, 연세대학교 국학자료원 편, 『중앙도서관소장 고서해제 III』(평민사, 2005)
허동현, 「1880년대 한국인들의 러시아 인식 양태」, 한국민족운동사학회 편, 『한러관계와 민족운동』(국학자료원, 2002)
홍웅호, 「19세기 후반 러시아 동아시아정책의 변화」, 홍웅호 외, 『근대한러관계: 수교와 교섭의 시기 한러관계』(선인, 2008)
홍웅호, 「1858-1898년 러시아의 동아시아 팽창과 만주」, 『동북아역사논총』 14, 2006
黃銘浚, 「間島 領有權 問題의 國際法的 分析」, 서울대학교 법학석사학위논문, 2005. 2

姜龍范, 「清政府對朝鮮移民的政策 — 以懷柔與同化政策爲中心 —」, 『延邊大學學報』 1998-2
姜龍范, 「清政府移民實邊政策與中國朝鮮族的形成」, 『社會科學戰線』 2000-4
顧松潔, 「清代琿春八旗駐防初探」, 『歷史檔案』 2008-3
高艷, 「愛國愛民的一代名臣吳大澂」, 『黑龍江史志』 2005-4
郭衛東, 「照會與中國外交文書近代範式的初構」, 『歷史研究』 2000-3
郭春芳, 「從清代檔案看琿春副都統衙門的機構設置和沿革變化」, 『滿族研究』 2004-3
權赫秀, 「陳樹棠在朝鮮的商務領事活動與近代中朝關係」, 『社會科學研究』 2006-1
權赫秀, 「最近三十年來國內學界的中韓關係史研究綜述」, 『過去的經驗與未來的可能走向 — 中國近代史研究三十年(1979-2009)』(社會科學文獻出版社, 2010)
金春善, 「鴨綠江 · 圖們江國境問題研究動態 — 以中韓兩國學界爲中心 —」, 『延邊大學學報』 47-3, 2014
南慧英, 「19世紀60-80年代俄國境內朝鮮移民法律地位形成的中朝因素探析」, 『求是學刊』 39-3, 2012
南慧英, 「俄國的朝鮮移民政策研究(1860-1917)」, 吉林大學 박사학위논문, 2012
魯子權, 「淺論淸朝封禁政策及朝鮮邊民犯越」, 『黑龍江史志』, 2014-5
馬孟龍, 「穆克登査邊與『皇輿全覽圖』編繪 — 兼對穆克登審視碑初立位置的考辨 —」, 『中國邊疆史地研究』 19-3, 2009
徐少卿, 「清代東北巡防體系研究 — 以『琿春副都統衙門檔』所載1736-1860年琿春協領轄區爲例」, 復旦大學 석사학위논문, 2014
薛剛, 「清代琿春駐防旗官管理相關問題考論」, 『黑龍江民族叢刊』, 2013-6
孫春日, 「淸季東疆的經營與朝鮮邊民的冒禁遷入」, 『韓國學論文集』, 2002
孫春日 等, 「清代越界朝鮮人編入華籍之爭與中國國籍法的制定」, 『延邊大學學報』 33-2, 2000

孫春日,「論清政府對犯禁朝鮮墾民的土地政策」,『滿族研究』2002-3
宋佳,「鴨綠江北岸朝鮮移民社會研究(1860-1910)」, 廣西師範大學 석사학위논문, 2008
辛聖鳳,「朝鮮人的滿洲移民史研究」, 延邊大學 박사학위논문, 2013
沈志華·董潔,「中朝邊界爭議的解決(1950-64年)」,『二十一世紀』124, 2011
習書仁,「康熙年間穆克登查邊定界考辨」,『中国邊疆史地研究』2003-3
廉松心,「清代對鴨綠江北岸朝鮮移民的政策」,『社會科學戰線』2009-8
廉松心,「清朝同治年間鴨綠江中上游地區的社會狀況 — 以《江北日記》爲中心」,『中國邊疆史地研究』2010-6
倪屹·侯淑娟,「清季圖們江北朝鮮移民管轄問題探微」,『白城師範學院學報』30-7, 2016
王帥,「清代琿春駐防旗官補正」,『歷史檔案』2013-2
王帥,「清代琿春副都統衙門及其轄區研究」, 黑龍江大學 석사학위논문, 2014
王燕杰,「清朝前期與朝鮮邊務交涉與合作研究 — 以朝鮮人越境犯罪案件的審理爲中心」, 山東大學 박사학위논문, 2012
王尉冰,「清朝封禁東北時期朝鮮人犯越動機探析」,『黑龍江史志』, 2014-5
劉偉坤,「穆克登查邊問題再探討」, 長春師範大學 석사학위논문, 2014
尹向日,「論清朝對圖們江以北朝鮮墾民的"薙髮易服"政策」, 延邊大學 석사학위논문, 2007
衣保中 等,「論清政府對延邊朝鮮族移民政策的演變」,『東北亞論壇』14-6, 2005
李博,「近代圖們江流域國際關係與延邊地區軍行政機具沿革」, 延邊大學 석사학위논문, 2012
李細珠,「李鴻章對日本的認識及其外交策略 — 以1870年代爲中心」,『社會科學輯刊』2013-1(← 리시주,「이홍장의 대일 인식과 외교책략 — 1870년대를 중심으로 —」,『동북아역사논총』32, 2011)
李花子,「康熙年間穆克登立碑位置再探」,『社會科學輯刊』197, 2011b-6
李花子,「圖們江邊是否設立"十字碑"考辨」,『延邊大學學報』46-4, 2013
李花子,「中日"間島問題"和東三省"五案"的談判詳析」,『史學集刊』2016-5
李花子,「1905-1909年日本調查"間島"歸屬問題的內幕」,『近代史研究』2015-02
李花子,「1885年·1887年中朝勘界的重新認識」,『社會科學輯刊』2015-1
李花子,「黑石溝土石堆考」,『清史研究』2014-1
林明德,「李鴻章對朝鮮的宗藩政策, 1882-1894」, 劉廣京 編,『李鴻章評傳 — 中國近代化的起始』(上海古籍出版社, 1995)
任藝,「晚清琿春地區外邊問題研究」, 吉林師範大學 석사학위논문, 2015
張存武,「近代中韓關係史的研究」,『六十年來的中國近代史研究』下(臺北: 中央研究

院近代史研究所, 1989)
張存武, 「穆克登所定的中韓國界」 및 「清代中韓邊界問題探源」, 『清代中韓關係論文集』(臺北: 商務印書館, 1987)
張存武, 「清季中韓關係之變通」, 『清代中韓關係論文集』(臺北: 商務印書館, 1987)
張存武, 「清代中韓邊界問題探源」, 『清代中韓關係論文集』(臺北: 商務印書館, 1987)
趙森, 「清政府對越墾朝鮮人政策流變及成因探析」, 『山東社會科學』 2013-7
趙中孚, 「近代東北移民開發史研究的回顧」, 『六十年來的中國近代史研究』 下(臺北: 中央研究院近代史研究所, 1989)
趙中孚, 「清代東三省的北部開發與漢化」, 『中央研究院近代史研究所集刊』 15, 1986
趙中孚, 「清代東三省的地權關係與封禁政策」, 『中央研究院近代史研究所集刊』 10, 1981
趙興元, 「從"犯越"到墾居 — 19世紀60年代朝鮮邊民偷越圖們江性質的變化」, 『東北史地』 2006-5
陳尙勝, 「近16年來中國學術界關于清朝與朝鮮關係史研究術評」, 『當代韓國』 2009 秋季號
陳躍, 「論清政府對越境朝鮮人管理政策之演變」, 『昆明學院學報』 2014-4
陳慧, 「穆克登碑后世位移考辨」, 『社會科學戰線』 2010-4
陳慧, 「李重夏與"土門"、圖們"兩江說"」, 『中國邊疆史地研究』 22-1, 2012
陳慧, 「清代穆克登碑初立位置及圖們江正源考論」, 『清史研究』 2009-4
陳慧, 「清代中朝圖們江境界 研究 — 穆克登 碑文을 中心으로 —」, 延邊大學 박사학위논문, 2007
陳躍, 「清政府對越界朝鮮人民之管理」, 『明清論叢』 2014年 2期
詹守, 「乾隆時期朝鮮人越境案探析」, 『東北史地』 2014-1
初智巍·潘曉偉, 「略論1863—1884年俄國遠東地區朝鮮人」, 『西伯利亞研究』 2011-3
許淑明, 「清代東北地區土地開墾述略」, 馬汝珩·馬大正 主編, 『清代邊疆開發研究』 (中國社會科學出版社, 1990)
許學權, 「清朝莽牛哨設汛事件及其對清·鮮關係影響」, 長春師範大學 석사학위논문, 2011

丘凡眞, 「大淸帝國の朝鮮認識と朝鮮の位相」, 『中國史學』 22, 2012
金衡鍾, 「1990年以來の韓國における清代政治史研究の動向」, 『中國史學』 14, 2004
名和悦子, 「內藤湖南の近代東アジアへの視角 — 間島問題に對する洞察」, 『中國史研究』 22, 2003
小林玲子, 「大韓帝國政府による間島における朝鮮人保護政策 — 界警務署と北墾島視察使, 管理使李範允を中心に —」, 『石堂論叢』 2010, Vol. 46

秋月望, 「鴨綠江北岸の統巡會哨について」, *The Oriental Studies* 11, 1983
秋月望, 「魚允中における'自主'と'獨立'」, 『年報朝鮮學』 創刊號, 1990
秋月望, 「朝露國境の成立と朝鮮の對應」, 『明治学院論叢國際學研究』 8, 1991
秋月望, 「朝中間の3貿易章程の締結經緯」, 『朝鮮學報』 115, 1985
秋月望, 「朝中勘界交渉の發端と展開 — 朝鮮側の理念と論理」, 『朝鮮學報』 132, 1989
秋月望, 「朝中貿易交渉の經緯: 一八八二年派使駐京問題を中心に」, *The Oriental Studies* 13, 1984
秋月望, 「朝清境界問題にみられる朝鮮の'領域觀' — '勘界會談'後から日露戰争期まで」, 『朝鮮史研究會論文集』 40, 2002
秋月望, 「一九世紀後半の鴨綠江境界と越江朝鮮人: 『江北日記』を通して」, 『東アジア近代史』 16, 2013
荒木敏夫, 「李鴻章の屬國支配觀」, 『中國社會と文化』 2, 1987
荒木敏夫, 「中華世界の'近代的'變容 — 清末の邊境支配 —」, 溝口雄三 等 編, 『アジアから考える 2 地域システム』(東京大學出版會, 1993)

찾아보기

ㄷ

ㅇ

발간사

다가오는 미래가 아시아의 시대가 될 것이라는 인식은 이제 우리에게 그리 새롭지는 않습니다. 그렇다면 우리에게 주어진 과제는 한국인과 한국사회는 어떤 존재로서 아시아의 시대를 살아가고자 하는가 하는 질문을 통해 우리와 남의 모습을 상상하고, 우리와 남의 관계에 대한 그림을 그리고, 그것들을 실천하는 일일 것입니다.

그러나 아시아의 시대가 온다고 해서 아시아 사람들이 저절로 잘 살게 되는 것도, 아시아가 저절로 평화롭고 정이 넘치는 공동체가 되는 것도 아닐 것입니다. 그러므로 우리는 아시아 지역을 살아가는 사람들이 어떤 공동체를 만들어가고 싶은가, 아시아 공동체가 잘 되면 인류에게 무슨 도움이 되는 것인가 하는 질문을 해야 하지 않을까 싶습니다. 오히려 아시아의 시대가 왔다고 생각하기 시작한 지난 20여 년 간 아시아 내부의 갈등과 적대, 민족주의와 인종차별 등은 더 심해지고 있다는 착각이 듭니다. 그것을 착각이라고 생각하는 까닭은 외양으로 보면 그렇게 보이지만, 실제 내부에서 일어나는 현상을 찬찬히 살펴보면, 아시아 내부의 상호이해와 교류가 느리지만 거대한 규모로 일어나고 있다고 믿기 때문입니다. 지표면에서 보면 날씨 변화도 심하고 지진도 자주 일어나지만, 땅속 깊은 곳에서 아시아의 시대를 만들어가는 지하수의 물줄기가 형성되고 있는 것 아닌가 싶습니다.

20세기 유럽과 미국이 축적한 자연과학과 인문·사회과학 등 근대의 학문적 지식은 인류 문명의 새로운 길을 열었고, 인류의 행복과 안정에 커다란 기여를 했습니다. 물론 제국주의 지배와 전쟁, 차별과 빈곤을 동시에 가져다주기도 했습니다. 아시아의 세기는 서양의 근대를 넘어서서 새로운 '근대 이후'를 만들어나가는 일이어야 합니다.

지식의 생산과 공유, 인재 양성을 책임지고 있는 대학이라는 공간에서 아시아에 대한 어떤 지식을 생산하고, 아시아에 대해 무엇을 어떻게 가르칠 것인가 하는 문제의식이야말로 서울대학교 아시아연구소에 주어진 책무일 것입니다. 서울대학교 아시아연구소는 2009년 9월 출범한 이래 지역과 주제의 결합에 기초한 아시아 연구의 세계적 허브 구축을 목표로 아시아 연구 기반 구축과 우수 연구활동 지원 등의 다양한 학술 활동을 진행해왔습니다. 특별히 아시아에 대한 지식 생산의 기반을 다지는 작업으로서, 우수한 기초 연구 활성화를 위해 노력해왔습니다.

서울대학교 아시아연구소총서는 바로 이러한 학문적 노력의 결실입니다. 앞으로도 서울대학교 아시아연구소는 국내외 연구자들의 우수한 연구를 지원하여 그 결과물을 지속적으로 발간해나갈 것입니다. 이러한 아시아연구소총서가 아시아의 시대를 열어가는 데 필요한 기반을 만드는 중요한 지적 자산이 되기를 기대합니다. 이를 바탕으로 아시아 시대를 만들어가는 지하수를 실증적으로 드러내고, 아시아 내부의 상호 이해와 교류를 넓혀갈 수 있길 바랍니다.

서울대학교 아시아연구소

김형종

김형종(金衡鍾, Kim, Hyoung-chong)

현 서울대학교 인문대학 동양사학과 교수(전공: 중국근대사)

1982.3.	서울대학교 인문대학 동양사학과 졸업
1984.8.	동 대학원 졸업(석사) 「상해에서의 신해혁명의 전개과정: 혁명세력과 각 계층의 대응」
1997.8.	동 대학원 졸업(박사) 「청말 강소성의 신정과 신사층」
1988-1990	서울대학교 인문대학 동양사학과 조교
1990-1994	서울대학교 인문대학 동양사학과 강사
1989-1994	한국외국어대학교 사학과 강사
1993-1994	성심여자대학교 국사학과 강사
1997	한림대학교 사학과 강사
1998.9.	서울대학교 인문대학 동양사학과 조교수
2002.10.	서울대학교 인문대학 동양사학과 부교수
2008.10.	서울대학교 인문대학 동양사학과 교수

저서 및 역서

저서 『清末新政期의 硏究: 江蘇省의 新政과 紳士層』(서울대학교출판부, 2002)

편역 『1880년대 조선-청 국경회담 관련 자료 선역』(서울대학교출판문화원, 2014)

편역 『서문으로 보는 중국의 역사 사상』(위더스북, 2017)

공저 朴漢濟 등, 『아틀라스 中國史』(사계절, 2007)

공저 兪長根 등, 『중국의 청사공정 연구』(동북아역사재단, 2008)

공저 정혜중 등, 『중국 역사학계의 청사 연구 동향』(동북아역사재단, 2009)

공저 김형종 등, 『중국의 청사 편찬과 청사 연구』(동북아역사재단, 2010)

공저 배경한 엮음, 『동아시아 역사 속의 신해혁명』(한울, 2013)

공저 유인선 엮음, 『사료로 보는 아시아사』(워더스북, 2014)

역서 金衡鍾, 『中國現代思想史論』(한길사, 2005. ← 李澤厚, 『中國現代思想史論』)

공역 金衡鍾 等, 『新中國史』(까치, 2005. ← J.K. Fairbank, *China: A New History*)

공역 朴漢濟·金衡鍾, 『진인각의 최후 20년』(사계절, 2008 ← 陸建東, 『陳寅恪的最後二十年』)

공역 김형종·배우성 등, 『국역≪清季中日韓關係史料≫』 1·2·3(동북아역사재단, 2012, 2013, 2016)

공편 근대한국외교문서편찬위원회, 『근대한국외교문서』 제3-II권(동북아역사재단, 2012. 서울대학교출판문화원, 2013-2015)

논문

「上海에서의 辛亥革命의 展開過程: 革命政權과 各政治勢力의 對應」, 『東洋史學硏究』 20, 1984

「辛亥革命의 展開」, 서울대학교 東洋史學硏究室 編, 『講座中國史』 6(知識産業社, 1989)

「辛亥革命에서의 反帝問題의 認識과 實踐: 革命瓜分論과 革命派의 對應」, 『東洋史學硏究』 20, 1990

「江蘇教育總會小論」, 서강대학교 동양사연구실 편, 『東아시아歷史의 還流』(지식산업사, 2000)

「清末 革命派의 '反滿'革命論과 '五族共和'論」, 『中國現代史硏究』 12, 2001

「近代中國에서의 傳統과 近代: 淸末民初 西學受容 試論」, 『인문논총』(서울대학교) 50, 2003

「1990年代以來の韓國における清代政治史硏究の動向」, 『中國史學』 14, 2004

「韓國의 學術硏究 東洋史 第4章 明淸-近現代」, 『韓國의 學術硏究』(大韓民國學術院, 2006)

「清代國家權力의 性格: 財政史的 觀點에서의 理解」, 『東亞文化』 45, 2007

「清代後期 江北社會의 이해: 張謇과 江淮行省의 設置問題를 중심으로」, 『東亞文化』 47, 2009

「吳祿貞과 『延吉邊務報告』: 100년 전의 '東北工程'?」, 『역사문화연구』 35, 2010

「清末 革命派의 내셔널리즘: 吳祿貞과 『延吉邊務報告』」, 『中國近現代史硏究』 第54輯, 2012

「吳大澂과 淸·러 東部國境勘界」, 『中國近現代史硏究』 第60輯, 2013

「명·청 시대 중국의 관잠서 — 황육홍(黃六鴻)과 복혜전서(福惠全書)』를 중심으로」, 『다산과 현대』 7, 2014

「최근의 명청대 한·중관계사 연구와 '신청사' — 연구동향의 분석과 전망 —」, 『동북아역사논총』 53, 2016